L'intégralité de votre livre* accessible en ligne

avec une simple connexion Internet !

OFFERT
LIVRE EN LIGNE

+ Des outils utiles et intuitifs :

- sommaire interactif
- surlignage en couleurs
- notes personnelles et marque-page.

Smartphone Tablette PC/Mac

Pour ACTIVER votre livre en ligne

- Rendez-vous sur www.nathan.fr/livre-en-ligne .
- Créez un compte **Nathan** en suivant les indications en ligne.
- Cliquez sur « Activer un livre », saisissez votre clé d'activation personnelle puis le mot du livre qui vous sera demandé.

Votre clé d'activation personnelle :

DABBM4-NBS-B24G

Pour toute CONNEXION ULTÉRIEURE

Connectez-vous sur www.nathan.fr/livre-en-ligne avec votre identifiant **Nathan**.

IMPORTANT

Votre clé d'activation est unique et personnelle : une fois utilisée, elle ne sera plus valide. Elle offre un accès de 24 mois à compter de la date d'activation. Elle est réservée à un seul utilisateur et ne peut être partagée.

Configuration minimale requise : Internet Explorer 8, Mozilla Firefox 3.4, Chrome, Safari, Opera toutes versions.

Retrouvez les conditions générales d'utilisation sur www.nathan.fr/livre-en-ligne.

*Service disponible à partir du 19 juin 2025.

La Mondialisation contemporaine : 978-2-09-505169-3

Nathan

La MONDIALISATION CONTEMPORAINE

RAPPORTS de FORCE et ENJEUX

Ouvrage dirigé par Nicolas Balaresque

Delphine Acloque
Agrégée et docteure en géographie

Laetitia Balaresque
Agrégée de géographie, ENS Lyon

Nicolas Balaresque
Agrégé d'histoire, professeur en classe préparatoire ECG au lycée Henri-IV (Paris) et à PSL

Aurélien Delpirou
Agrégé de géographie, maître de conférences à l'université Paris-Est Créteil

Judicaëlle Dietrich
Agrégée de géographie, enseignante chercheuse en géographie à l'université Jean-Moulin – Lyon 3

Hadrien Dubucs
Agrégé de géographie, maître de conférences à Sorbonne Université

Jean-Yves Piboubès
Agrégé d'histoire, professeur en classe préparatoire ECG au lycée Hélène Boucher (Paris)

Cécile Picardat
Agrégée d'histoire-géographie, professeure de chaire supérieure en classe préparatoire aux grandes écoles au lycée Henri-IV (Paris)

Nathan

Dans la même collection

Les grandes Mutations du monde – De 1913 à nos jours

Ouvrage coordonné par Éric Godeau

Auteurs : Nicolas Balaresque, Noël Bonhomme, Ismaël Ferhat, Matthieu Osmont, Jean-Yves Piboubès

Dans la collection Guide

Nouvelle Histoire du monde contemporain – De la fin du XIXe *siècle à nos jours*

Sous la direction de Jean-Yves Piboubès

Préface de Bertrand Badie

Auteurs : Nicolas Balaresque, Juliette Benelli, Mathias Burgé, Julie Delamard, Léo Cayeux, Virgile Cirifice, Éric Godeau, Mathilde Harel, Stephanie Leu, Philippe Lacombe, Thomas Maineult

Ressources numériques

Pour accéder à vos ressources numériques vous pouvez :
- soit flasher les QR Codes avec votre téléphone ;
- soit utiliser l'URL de type « liennathan » que vous trouverez à côté de chaque QR Code.

Édition : Clémence Bousseyroux
Relecture préparation de copie : Catherine Lainé
Maquette intérieure : Dany Mourain
Mise en page : Nadine Aymard
Couverture : Clémentine Largant
Cartographie : Légendes cartographie
Fabrication : Alexy Jeanjon

contact@nathan.fr
ISBN : 978-2-09-505169-3
Code éditeur : 125790

Sommaire

CHAPITRE 8
VILLES ET MONDIALISATION 151

Laetitia Balaresque

CHAPITRE 9
LE RETOUR DES FRONTIÈRES 167

Cécile Picardat

CHAPITRE 10
TERRITOIRES GAGNANTS ET PERDANTS 189

Delphine Acloque

PARTIE 3

La France, une puissance en mutation depuis les années 1990

Introduction

Le développement du capitalisme libéral depuis le XIXe siècle s'est accompagné de son expansion géographique continue, contrariée cependant par les guerres mondiales, les logiques divergentes du colonialisme puis du socialisme, avant d'être libérée, dans le dernier quart du XXe siècle, de ces obstacles. L'internationalisation des échanges ne connaît alors quasiment plus de limites spatiales, entrant alors dans une nouvelle phase, celle de la mondialisation. Dans une perspective économique, celle-ci consisterait en une convergence des prix, une homogénéisation des marchés locaux en un seul marché unique, intégré. Une telle tendance ne peut être relevée à aucune autre des époques d'élargissement des échanges, pas plus à la Renaissance qu'à la fin du XIXe siècle. Les révolutions techniques de la communication ont en effet bouleversé nos sociétés et nos économies, rendant possible une quasi-instantanéité des informations. Dans le même temps, l'expansion et la densification des réseaux de communication fluidifiaient et intensifiaient les mobilités à l'échelle de la planète.

UN SYSTÈME : CAPITALISME ET DISPARITÉS

Le processus de mondialisation résulte en effet d'une convergence de logiques à l'œuvre dans divers domaines. Les améliorations techniques dans les transports et dans la production, la révolution numérique des communications et celle de l'informatique permettent des ruptures quantitatives et qualitatives dans les échanges. Des modes d'organisation anciennement repérés prennent une nouvelle dimension. Les **économies-monde** analysées par Braudel autour des premiers empires coloniaux du XVIe siècle – à savoir l'organisation des flux autour d'un centre – préfiguraient les dynamiques de polarisation et de diffusion qui se jouent désormais à l'échelle de la planète. Le capitalisme sans frontières des banquiers génois ou des Fugger, la puissante famille de marchands d'Augsbourg, annonçait les logiques des firmes transnationales : une organisation en réseau qui permet d'abolir les distances tout en jouant sur les différenciations offertes par les territoires. L'élargissement planétaire de ce jeu constitue alors **un système-monde d'interactions impliquant, à une échelle ou une autre, les différents territoires**. Ce concept, défini dans les années 1970 par le sociologue et historien américain Immanuel Wallerstein, suppose une organisation systématique et universelle autour de centres s'appuyant sur des périphéries, et l'imposition d'un mode de production unique. Il met en valeur les disparités structurelles d'une économie mondialisée, insiste sur les dépendances, à rebours de la vision irénique, développée dans les années 1990, d'une mondialisation dispensatrice des bienfaits du développement. Dans le même mouvement donc, le processus de mondialisation est à la fois unificateur du monde dans une logique économique libérale extensive, tout comme il recherche et exploite les différences offertes par les différents territoires qu'il hiérarchise.

L'IMPACT SOCIAL : BAISSE DE LA PAUVRETÉ ET HAUSSE DES INÉGALITÉS

Mais là où ces logiques capitalistes pouvaient auparavant se déployer à leur rythme propre, déconnecté souvent de celui de la civilisation matérielle dans laquelle était immergé l'essentiel de l'humanité, la mondialisation multiplie les interconnexions, imbrique en profondeur les différents plans de l'économie, du travail, des cultures, des modes de vie et de l'environnement : elle correspond à « l'invention d'un espace d'échelle mondiale », à tous les niveaux, selon le géographe Jacques Lévy. La logique de l'efficacité des firmes transnationales, par exemple, leur permet de générer un tiers de la richesse du monde, en produisant tout autour de la planète. Ce rôle économique décisif a aussi un prix socialement élevé : elles ne fournissent dans le même temps que 2 % des emplois. Mise en contact des différents espaces du monde, la mondialisation impose en effet des rapprochements et une mise en concurrence des territoires. **Cette compétition universelle heurte les sociétés qu'elle bouleverse**, diffuse certes la croissance économique mais s'appuie aussi sur des inégalités dont elle exploite les dynamiques. Cette question est au cœur des débats intellectuels, comme des réactions politiques, sur les conséquences de la mondialisation. D'un côté, elle a coïncidé avec **une diminution de la pauvreté globale**, une autre rupture historique sans précédent : depuis les années 1990, et jusqu'en 2020, 550 millions de personnes sont passées au-dessus du seuil de pauvreté. Les écarts entre pays ont aussi récemment diminué, après un creusement spectaculaire à partir de la moitié du XXe siècle. Si on compare le niveau de vie entre les 10 % les plus riches et les 10 % les plus pauvres de la planète, on passe d'un rapport de 1 à 100 en 1989 à un taux de 1 à 90 en 2006. Pour les plus optimistes, la mondialisation serait donc un processus vertueux de redistribution permanente des richesses. Pourtant, ces derniers chiffres peuvent aussi être lus différemment : l'écart en valeur absolue entre les 10 % les plus riches et les 10 % les plus pauvres est passé, dans le même temps, de 6 000 à 27 000 euros. C'est un autre versant de la mondialisation qui apparaît alors, **une amplification des inégalités locales, internalisées**, qui bouleverse les équilibres de sociétés traditionnellement égalitaires, comme en Chine, et accentue des tendances antérieures, y compris dans les pays riches, comme aux États-Unis. Ses effets diffèrent selon les catégories sociales, et partout, y compris dans les plus pauvres des pays en développement, des élites bien insérées dans le jeu des échanges mondialisés engrangent les bénéfices liés à leur position : elles sont liées à l'exploitation des matières premières, au déploiement des infrastructures de communication ou aux économies culturelles ou sportives. À l'inverse, les classes moyennes des pays riches s'estiment déclassées, tandis que celles des émergents, au Brésil ou en Turquie par exemple, s'inquiètent de la fragilité de leur ascension récente.

L'UNIFORMISATION CULTURELLE

Processus omni-englobant, la mondialisation s'accompagne d'une culture de masse, objet d'un marché global, qui impose des références universelles construites autour du sport-spectacle, de la variété internationale et des figures médiatisées du *star-system*. Cette diffusion universelle d'une culture populaire mondiale, qui s'est installée en quelques années, reste équivoque. Elle s'appuie sur un essor formidable de la circulation des informations, mais aussi sur une rupture historique dans la mobilité. Depuis l'origine de l'humanité, l'immense majorité des hommes ne quittaient pas, leur vie durant, un cercle d'une vingtaine de kilomètres autour de leur lieu de naissance. Un Français de 2020 parcourt, lui, plus de 15 000 km dans l'année (c'était moins de 10 000 en 1980). Au début du XXIe siècle, un touriste (ils sont près d'un milliard et demi chaque année) parcourt à lui seul plus de 1 000 km en moyenne pour se distraire. Il serait pour autant illusoire de croire en l'émergence d'une société-monde, régie par les mêmes soucis globalisés, porteuse d'une opinion publique mondiale. Au contraire, plus la mondialisation est perçue comme un écrasement des cultures locales, une négation des particularismes, plus elle réactive en retour les affirmations identitaires et réveille les marqueurs civilisationnels. Elle est donc à la fois porteuse d'homogénéisation et de distinction, d'uniformisation culturelle et de singularisation des sociétés. Le renouveau de l'islamisme ou les tensions religieuses en Asie du Sud-Est, par exemple, sont aussi, au-delà des contextes locaux, des contrecoups de l'immixtion des logiques globalisées dans des sociétés qui se sentent agressées. Tout comme le nouveau souffle des mouvements sociaux dans les pays développés, ou en Amérique latine, mais aussi l'essor des nationalismes populistes. Loin de correspondre à une poussée continue, la mondialisation est créatrice de crises ; loin de glisser sur les progrès dont elle est porteuse, **elle se frotte à la rugosité du monde dans une réception conflictuelle** qui infléchit plus ou moins profondément son cours.

LES CHANGEMENTS DE RYTHME

Celui-ci n'a ainsi rien de linéaire. Si la mondialisation se lit dans l'essor des échanges internationaux, leur nature mouvante découpe sa dynamique en différentes phases. Dans un premier temps, c'est la **fragmentation des chaînes de production** qui en a été le moteur : la segmentation des processus industriels favorise la captation des fonctions productives par des pays-ateliers, en fonction de leurs avantages comparatifs. Mais les progrès de l'automatisation, la valorisation des données numérisées (*big data*) et l'essor de nouveaux outils (imprimantes 3D) ne justifient plus l'éclatement de la chaîne de valeur puisque la main-d'œuvre compte moins qu'avant dans le coût final. Comme, par ailleurs, les salaires augmentent dans ces nouveaux territoires de l'industrie, produire en Chine pour le marché européen ou américain n'est plus une option évidente depuis le milieu des années 2010. La hausse du prix du carburant comme la probabilité d'une taxation carbone plus lourde et générale est aussi prise en compte par les entreprises en faveur d'un rapprochement de leur production. La **contraction de cette chaîne de valeur globale** n'efface pourtant pas, loin de là, la mondialisation. En 2020, on estimait ainsi que la distance moyenne entre un consommateur et un producteur s'établissait à 6 700 km. Si un économiste comme Patrick Artus pouvait parler, en 2016, de « démondialisation des biens », puisque le commerce mondial croît désormais moins vite que la création de richesses, on enregistre, à rebours des enseignements de la crise de 2008, une accélération de la mondialisation financière et de celle des services, notamment numériques. La crise de la Covid-19 souligne davantage encore les turbulences qu'entraînent les interdépendances du monde : une pandémie qui atteint en quelques mois l'ensemble des sociétés humaines, des chaînes d'approvisionnement suspendues, des pans gigantesques de l'économie ébranlés par la suspension des mobilités. Mais, dans le même temps, la nécessité d'une réponse coordonnée et d'institutions multilatérales efficaces s'impose, tandis qu'en mai 2020 la moitié des habitants de la planète était soumise, fait sans précédent, à des régimes de confinement assez similaires : jamais, dans les temps historiques, l'unité du monde n'avait été aussi évidemment ressentie.

LA GÉOPOLITISATION DES ÉCHANGES

La pandémie aurait dû renforcer les logiques coopératives et raffermir la régulation multilatérale. Cette dernière est pourtant victime depuis le début du siècle du retour d'une concurrence accrue entre les principales puissances. Les États-Unis craignent qu'un partage renforcé des échanges technologiques n'érode leur domination globale. La Chine s'est imposé des objectifs de rattrapage à moyens termes dans les domaines qu'elle a identifiés comme stratégiques. La Russie, tout à son rêve de restauration d'une puissance impériale, sacrifie les bienfaits de l'insertion dans les échanges aux bénéfices douteux de la confrontation militaire et diplomatique. L'Union européenne elle-même se met à parler de protectionnisme devant les stratégies commerciales offensives de ses partenaires. Derrière l'appellation fourre-tout de « sud global », une grande partie des émergents remettent en cause un ordre du monde trop favorable à un « occident global » démographiquement minoritaire et vieillissant, mais qui reste en position dominante dans les institutions internationales, malgré une part décroissante de la richesse mondiale. Pour favoriser les productions nationales au détriment des importations, les subventions se multiplient (*Inflation Reduction Act* américain de 2022, Pacte vert de la Commission européenne en 2019 ou plans *Make in India* en 2014 et *Made in China 2025* en 2015). S'estimant victimes de pratiques déloyales de la Chine, les États-Unis de D. Trump lancent une **guerre commerciale** contre la Chine à partir de 2018. L'impact sur le commerce mondial du ralentissement des échanges entre les deux premières puissances mondiales est incontestable, même si les restrictions douanières et les sanctions aboutissent surtout à un redéploiement des chaînes de valeurs vers des **pays connecteurs** (Vietnam, Mexique, Indonésie, Maroc) : le Mexique a ainsi remplacé, à partir de 2023, la Chine comme principal partenaire commercial des États-Unis. Mais la signification de la mondialisation a néanmoins profondément changé : le commerce est de nouveau perçu comme une arme au service de la puissance, le droit et les normes ne sont plus produits au service d'une harmonisation globale, mais bien comme des instruments de domination, pour exclure des adversaires et intégrer des partenaires.

DÉFINITIONS ET APPELLATIONS

Le terme « mondialisation » apparaît précocement en français, mais il ne se généralise pas avant les années 1980. En 1904, c'est un néologisme sous la plume de Pierre de Coubertin, on le retrouve sous celle du critique littéraire Albert Thibaudet en 1928, mais il ne gagne le dictionnaire Larousse qu'en 1980. Les économistes se le sont alors approprié depuis une vingtaine d'années : en 1964, par exemple, pour commenter l'ouverture du *Kennedy round* du GATT, Paul Fabra signait dans *Le Monde* un article intitulé « Vers la mondialisation des échanges ? » tandis qu'en 1961, François Perroux parlait, lui, de « mondialisation des marchés ».

L'expression a été lancée en anglais en 1983 par un professeur de marketing, Theodore Levitt, dans un article paru dans la *Harvard Business Review*, « *The Globalization of Markets* », pour décrire l'intégration des marchés financiers et des entreprises transnationales. En référence à la description du monde devenu un « *global village* », selon le sociologue canadien Marshall McLuhan (*The Gutenberg Galaxy*, 1962), la notion, qui n'a pas de rivale en anglais, privilégie une approche fonctionnelle et insiste sur les interconnexions rendues possibles par l'instantanéité des communications contemporaines.

En français, le mot « globalisation » était alors souvent utilisé dans ce sens restrictif de mondialisation financière. Pour certains, il correspondrait plutôt à une différence d'intensité : la globalisation serait un stade extrême de la mondialisation. Récemment, en 2019, le juriste Alain Supiot les partageait selon des critères de morale : « *Globaliser*, c'est œuvrer au règne du Marché, de la croissance illimitée, de la flexibilisation du travail et de l'hégémonisme culturel. *Mondialiser* consiste à établir un ordre mondial respectueux de notre écoumène[1]. » Aucune de ces distinctions ne s'étant imposée, on utilisera ici indifféremment les deux termes, vidés de toute charge affective.

La mondialisation contemporaine se construit ainsi au carrefour des dynamiques de mobilités, de la prétention à l'universalité du capitalisme libéral, et des interdépendances tissées par les mises en contact des sociétés et des territoires qui en résultent.

DÉFINITION

Mondialisation : processus continu, mais non linéaire, de multiplication et d'intensification des interactions à l'échelle du globe dans une logique d'économie libérale.

1. Soit la partie habitée de la Terre.

Partie I

La mondialisation : acteurs, dynamiques et espaces

1 LA MONDIALISATION, UN NOUVEAU SYSTÈME D'ACTEURS

La mondialisation n'est pas un processus désincarné qui s'imposerait aux sociétés de l'extérieur. Elle se construit au contraire sous l'action d'acteurs économiques, politiques, sociaux ou culturels. Depuis les années 1970, les caractères de la globalisation contemporaine ont remis en cause la domination de l'État. **Celui-ci est désormais concurrencé par des acteurs supranationaux et des acteurs non étatiques qui agissent selon une logique transnationale, c'est-à-dire qui dépasse les frontières et échappe, au moins partiellement, au contrôle de l'État :** firmes transnationales, organisations non gouvernementales, organisations internationales, intégrations régionales. Pour reprendre la formule du politiste américain James Rosenau, un monde multi-centré, celui des acteurs transnationaux, s'affirmerait face au monde stato-centré c'est-à-dire uniquement organisé autour des États.
La fin des années 2000 a marqué une inflexion dans l'équilibre entre ces acteurs. La crise financière de 2008 a provoqué une **réaffirmation du rôle de l'État**. Le renouveau des rivalités entre les grandes puissances qui s'est manifesté à la même période a engendré une **crise du multilatéralisme mondial comme régional**.

Notions principales

Géoéconomie : ensemble des stratégies des États pour renforcer leur économie dans la compétition mondiale entre les grandes puissances pour la suprématie économique.
Multilatéralisme : élaboration collective par les États de règles et de politiques concertées destinées à régir leurs relations.
Organisation non gouvernementale : association à but non lucratif, indépendante de l'État, qui repose sur l'engagement volontaire de ses membres pour la défense d'un idéal ou d'une cause.
Régionalisme : forme institutionnalisée de coopération entre des États d'une même région qui définissent ensemble des politiques et des objectifs communs.

CHRONOLOGIE

1945 : Création de l'ONU
1971 : Création de Greenpeace et de MSF
1989 : Définition du Consensus de Washington par John Williamson
1991 : Création du Mercosur
1992 : Conférence de Rio. Traité de Maastricht
1995 : Création de l'OMC. Création d'Oxfam International
1998 : Création de la Cour pénale internationale
2008 : Première réunion du G20
2009 : Plans de relance aux États-Unis et dans les principales puissances économiques européennes. Début de la crise grecque
2016 : Brexit
2017 : Retrait des États-Unis du *Trans-Pacific Partnership* (TPP)
2018 : Nouveaux tarifs douaniers américains sur un ensemble de produits chinois
2020 : Retrait des États-Unis de l'OMS
2021 : Les États-Unis réintègrent l'OMS et les accords de Paris.
2022 : Lancement de l'IPEF par les États-Unis en Indo-Pacifique.

I. La diversification des acteurs

La scène internationale actuelle a vu l'affirmation, à côté des États, d'acteurs publics supranationaux qui agissent à une échelle plus large que celle de l'État, et d'acteurs privés dont les plus actifs sont les organisations non gouvernementales.

A. LE RÔLE CROISSANT DES ORGANISATIONS INTERNATIONALES

Une organisation internationale est une institution créée par un traité entre des États afin qu'ils coordonnent leur action en vue d'atteindre des objectifs communs. Elle dispose d'un siège, d'un personnel et d'un financement permanent. Très diverses dans leur forme, dans leurs objectifs et dans leurs dimensions, les organisations internationales se sont affirmées comme des acteurs incontournables de l'espace mondial.

1. L'évidence multilatérale

La première étape vers la constitution d'un système d'organisations internationales est la création, en 1919, de la Société des Nations (SDN) et de l'Organisation internationale du travail (OIT). La fin de la Seconde Guerre mondiale voit la naissance des organisations économiques prévues par les accords de Bretton Woods en 1944 et la mise en place du système onusien. Le nombre d'organisations internationales grandit par la suite : il passe de 154 en 1960 à plus de 250 aujourd'hui. Il n'est désormais aucun domaine qui échappe à la compétence d'une organisation internationale.

L'institutionnalisation des relations internationales autour de grandes organisations paraît constituer une évidence dans le contexte de la mondialisation. La multiplication du nombre des États impose une plus large coopération internationale. L'émergence de problèmes globaux, comme les risques environnementaux, alimentaires ou sanitaires, rend illusoire toute politique strictement nationale. Les États y trouvent aussi des avantages : les organisations internationales fournissent un cadre aux négociations et leur donnent accès à une expertise sur les grands enjeux contemporains. L'essor des organisations internationales a changé le sens du multilatéralisme, dorénavant fondé sur l'élaboration collective par les États de règles et de politiques concertées destinées à régir leurs relations.

2. Le renouveau de l'ONU

L'action de l'ONU s'était trouvée bloquée par l'opposition Est-Ouest. L**a fin de la guerre froide apparaît donc comme une opportunité pour retrouver un rôle international majeur.** L'autorité du Conseil de sécurité est restaurée : le nombre de résolutions bondit et son domaine de compétences s'élargit à la non-prolifération nucléaire ou au terrorisme. Le Conseil renforce aussi son rôle dans la prévention et le règlement des conflits. Les opérations de maintien de la paix se multiplient : en 2024, l'ONU en mène onze, qui mobilisent 68 574 personnes. **L'action de l'ONU a aussi consisté à développer le droit international par la multiplication des traités et des conventions liant les États.**

L'**ONU** a œuvré à la **mise en évidence des nouveaux enjeux globaux**. Elle a été pionnière dans la défense de l'environnement : Conférence de Stockholm en 1972, Conférence de Genève sur le changement climatique en 1979, création du GIEC en 1988, Conférence de Rio en 1992. Reprenant l'ambition d'édicter des grandes valeurs communes à l'humanité tout entière, le PNUD a défini en 1999 des **biens publics mondiaux***, c'est-à-dire des biens considérés comme propriété de l'humanité et dont chacun est responsable pour la

Interventions de maintien de la paix de l'ONU depuis les années 1990

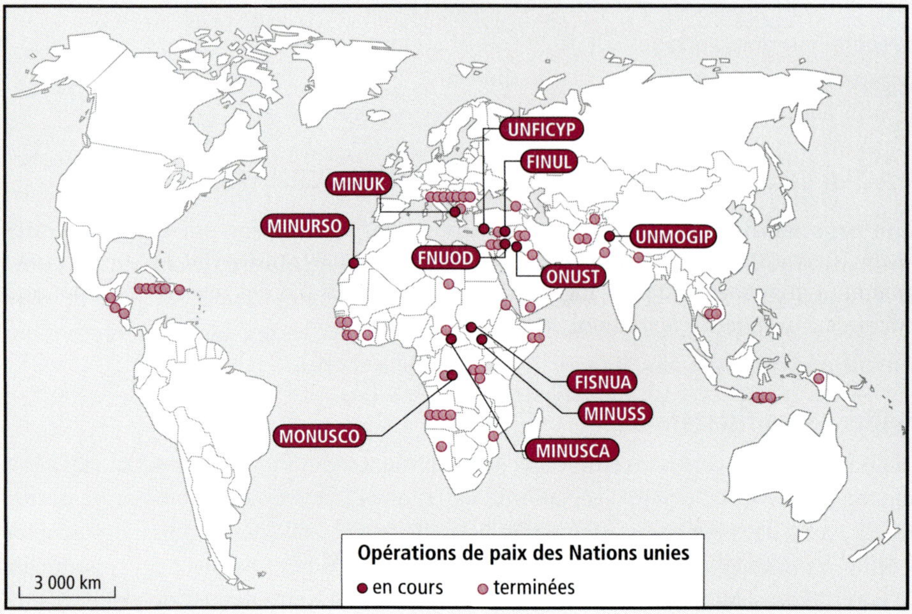

Le système onusien

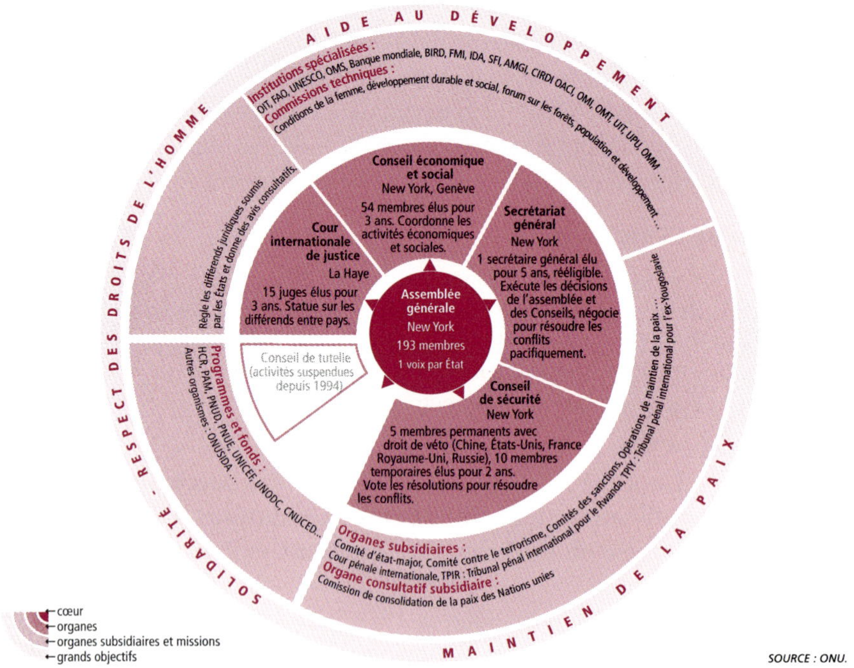

SOURCE : ONU.

survie de tous : paix, sécurité individuelle, sanitaire, alimentaire et économique, droit à un environnement sain, accès à l'eau, respect de la diversité culturelle.

À partir des années 1990, **l'ONU a aussi relancé sa politique de défense des droits de l'homme** par la création d'un Haut-Commissariat aux droits de l'homme en 1993 puis du Conseil des droits de l'homme en 2006. Elle a soutenu les interventions menées en leur nom, comme en Haïti en 1994 ou en Libye en 2011. Elle est à l'origine de nouveaux concepts, comme le droit d'ingérence humanitaire ou la responsabilité de protéger, définie en 2001, qui justifie l'action de la communauté internationale par le fait qu'un État se montre incapable d'assurer la sécurité de ses concitoyens ou menace leur sécurité. Une justice pénale internationale, dont l'organe principal est la Cour pénale internationale, créée en 1998, a également été construite pour juger les crimes perpétrés par des responsables politiques ou militaires contre leur population.

Pour aller plus loin
Le site de l'ONU
liennathan.fr/yc936u

3. L'influence majeure des organisations économiques

Dans le domaine économique, les organisations internationales ont aussi joué un rôle important dans l'accélération de la mondialisation. **Elles ont contribué au triomphe du modèle néolibéral.** Avec la crise de la dette des pays en développement dans les années 1980, le FMI s'est spécialisé dans la prévention et le règlement des crises financières. En échange de son aide, il a imposé aux États des **plans d'ajustement structurel (PAS) qui reposent sur l'application de recettes libérales** : ouverture au commerce et aux capitaux internationaux, privatisation. La Banque mondiale a suivi la même voie en se lançant aussi dans des prêts conditionnels. C'est également pour favoriser la libéralisation des échanges que le GATT est institutionnalisé en 1995 par la création de l'Organisation mondiale du commerce (OMC).

À la fin des années 1990, **ces organisations ont été vivement critiquées** pour les effets sociaux dramatiques de leurs plans, pour leur dogmatisme économique et leur manque de représentativité. Le FMI s'est trouvé affaibli dans les années 2000 par la volonté de beaucoup de pays de se dégager de ses prêts pour échapper à sa tutelle. Pour répondre à ces critiques, il a amendé ses politiques afin de tenir davantage compte de leurs conséquences sociales et a fait un effort de transparence. En 2010, il a lancé une réforme des quotes-parts qui augmente les droits de vote des émergents. Bloquée par le Sénat américain jusqu'en décembre 2015, celle-ci a fini par entrer en application début 2016. Enfin, la crise financière lui a redonné de l'influence. Ses moyens financiers ont été renforcés et, au sein de la troïka avec l'Union européenne et la Banque centrale européenne, le Fonds a participé à la gestion de la crise grecque, à partir de 2010.

DÉFINITION

Biens publics mondiaux : biens ou services non rivaux (dont chacun peut profiter sans léser la consommation des autres) et non exclusifs (à la libre disposition de tous sans que personne n'en soit exclu). Ce sont des biens qui ne peuvent être gérés qu'au niveau mondial car ils sont globaux (environnement, santé, gestion de l'eau, sécurité, connaissances...) et que les entreprises privées et les États se révèlent incapables de fournir de manière satisfaisante.

ZOOM ▶ L'Organisation mondiale du commerce (OMC)

En 1995, à l'issue de l'Uruguay Round, l'Organisation mondiale du commerce est mise en place afin de constituer une structure permanente pour les négociations commerciales et l'administration des accords commerciaux. Sa création marque une double évolution par rapport au GATT. Alors que celui-ci s'occupait surtout du commerce des biens, l'OMC dispose d'un plus large champ de compétences : services, propriété intellectuelle, barrières non tarifaires. Seconde innovation : un Organe de règlement des différends (ORD) est créé pour arbitrer les litiges commerciaux entre États. Il peut imposer des sanctions commerciales en cas de non-respect de ses décisions. Plus de 628 différends ont été soumis à l'ORD depuis 1995, principalement par l'Union européenne et les États-Unis.

Les négociations commerciales reprennent le modèle du GATT. Elles se déroulent selon des cycles ponctués par de grandes conférences ministérielles tous les deux ans. Le cycle actuel s'est ouvert à Doha en 2001 et s'est fixé des ambitions élevées : le programme, intitulé « Cycle du développement et du millénaire », distingue 21 sujets de négociations. Cependant, dès la Conférence de Cancún en 2003, les discussions achoppent à propos de l'agriculture, à cause de l'opposition entre les pays occidentaux et les émergents.

Ce n'est qu'en 2013 qu'un accord finit par être conclu à la Conférence ministérielle de Bali sur trois seulement des 21 domaines de discussion : la facilitation du commerce international, le développement des PMA et l'agriculture. Encore est-il temporairement remis en cause par le revirement de l'Inde entre l'été et novembre 2014, et seul le traité sur la facilitation des échanges a été ratifié depuis (2019). Les droits de douane prohibitifs et systématiques annoncés par D. Trump le 2 avril 2025 mettent fin, *de facto*, à la régulation commerciale multilatérale.

B. L'ESSOR DU RÉGIONALISME

Après la Seconde Guerre mondiale, un nouveau type d'organisations internationales voit le jour : les organisations régionales. **Ce régionalisme repose sur des formes institutionnalisées de coopération entre des États d'une même région qui définissent des politiques et des objectifs communs.** Il se distingue de la régionalisation, qui correspond à une concentration d'activités économiques et de flux humains à un niveau régional de manière informelle sous l'action d'acteurs privés.

1. Du régionalisme au néo-régionalisme

Les premières organisations régionales naissent immédiatement après la Seconde Guerre mondiale. Leurs logiques sont très variées : visée politique comme la Ligue arabe (fondée en 1945) ou l'Organisation de l'Unité africaine (1963) ; logique de guerre froide comme l'OTAN (1949), le Pacte de Varsovie (1955) ou le CAEM (1949) ; objectifs économiques d'élargissement du marché dans le cadre de la politique d'industrialisation par substitution aux importations, comme le Marché commun centre-américain (MCCA, 1960). La construction européenne qui se consolide par le traité de Rome en 1957 se distingue, dès l'origine, par l'existence d'institutions supranationales et de politiques communes qui traduisent l'ambition d'une véritable union entre les États européens au-delà de la simple coopération économique.

Après deux décennies sans initiative majeure, le régionalisme connaît un spectaculaire renouveau à partir de la fin des années 1980, qui a justifié l'emploi du terme « néo-régionalisme ». En 2024, l'OMC recense ainsi 369 accords régionaux en vigueur. La fin de la guerre froide a en effet facilité le rapprochement entre des pays voisins auparavant séparés par l'idéologie. En même temps, l'effacement du mouvement du tiers-monde suscite la recherche de nouvelles coopérations. Des organisations apparaissent : le Mercosur en 1991, l'ALENA en 1992. D'autres, qui étaient en sommeil, sont réactivées : l'ASEAN à partir de 1992, le Pacte andin qui se transforme en Communauté andine en 1996, la SACD quand l'Afrique du Sud l'intègre en 1992. Quant à l'Union européenne, elle approfondit son intégration avec le traité de Maastricht en 1992 et s'élargit à de nouveaux pays.

■ **Les principales organisations régionales**

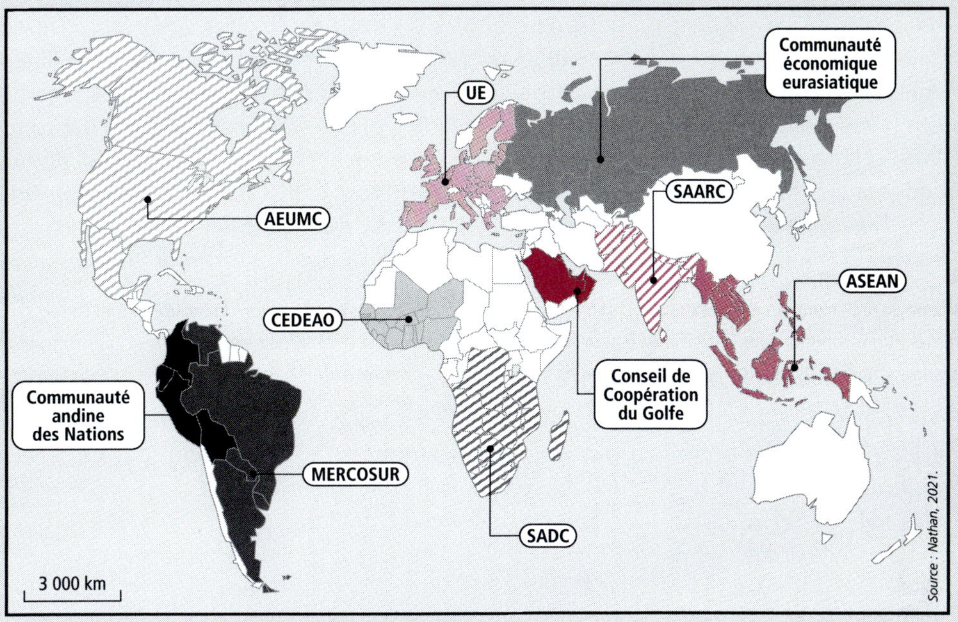

■ **Les différents types d'organisations régionales selon la typologie de l'économiste hongrois Bela (1961) revue par Jean-Marc Siroën (en 2004)**

Forums de coopération économiques	Préparation des négociations en vue d'accords de libre-échange : APEC.
Zone de libre-échange	Libéralisation du commerce par élimination des droits de douane : AEUMC, ASEAN.
Union douanière	Zone de libre-échange qui implique la création d'un tarif douanier unique et le partage des recettes douanières : Communauté andine, SADC.
Marché commun	Union douanière étendue aux facteurs de production : Mercosur.
Union économique et monétaire	Mise en commun des politiques monétaires et budgétaires : UE.

2. Mondialisation et régionalisme

Le néo-régionalisme n'est pas qu'une simple extension des initiatives. Il correspond à un changement de logique de la construction régionale. **Dans les années 1990, les organisations régionales sont perçues comme le moyen d'une insertion mieux maîtrisée à la mondialisation et comme un instrument de renforcement de la compétitivité régionale.** La région est considérée comme un cadre géographique pertinent car elle occupe une position médiane entre une échelle mondiale trop vaste et une échelle nationale dorénavant trop petite. À l'instar des pays européens, l'intégration régionale est considérée comme le seul moyen d'atteindre la taille critique suffisante pour rivaliser avec les économies des grands États comme les États-Unis ou la Chine.

On s'interroge cependant sur la compatibilité entre mondialisation et régionalisme. Reprenant l'analyse menée par Jacob Viner en 1950, des économistes redoutent que les accords régionaux ne provoquent un **détournement du commerce**, c'est-à-dire une hausse du commerce intrarégional au détriment des échanges avec le reste du monde. Jagdish Bhagwati voit dans les intégrations régionales la menace du retour de blocs régionaux protectionnistes qui fragmenteraient l'économie mondiale, comme dans les années 1930. Les partisans du libre-échange mettent aussi en avant les dangers du régionalisme pour le multilatéralisme commercial. **Pourtant, le régionalisme des années 1990-2000 semble démontrer que les accords préférentiels constituent plutôt des vecteurs de mondialisation.** Ils concernent en effet des régions très ouvertes sur l'extérieur où l'essor des flux internes n'a pas entravé celui des flux externes. En outre, le choix de l'intégration régionale n'empêche pas les pays de se rallier au multilatéralisme de l'OMC.

3. La régionalisation de la sécurité

Les initiatives régionales ne se limitent pas à la dimension économique. **Depuis la fin de la guerre froide, les organisations régionales jouent un rôle croissant dans la sécurité de leur région.** L'ASEAN entend gérer les problèmes sécuritaires régionaux par le Forum régional de l'ASEAN (ARF) en 1994 et dans le cadre du Sommet de l'Asie orientale qui s'est réuni pour la première fois en 2005. L'UE s'est dotée d'une politique étrangère et de sécurité commune (PESC) en 1992, complétée en 1999 par une politique de défense qui a pris le nom de PSDC avec le traité de Lisbonne (2007). En 1990, la CEDEAO a créé l'ECOMOG, un organisme de règlement des conflits. La Russie a construit, en 2002, l'Organisation du traité de sécurité collective (OTSC) avec l'Arménie, la Biélorussie, le Kazakhstan, le Kirghizistan et le Tadjikistan.

L'OTAN en 2020

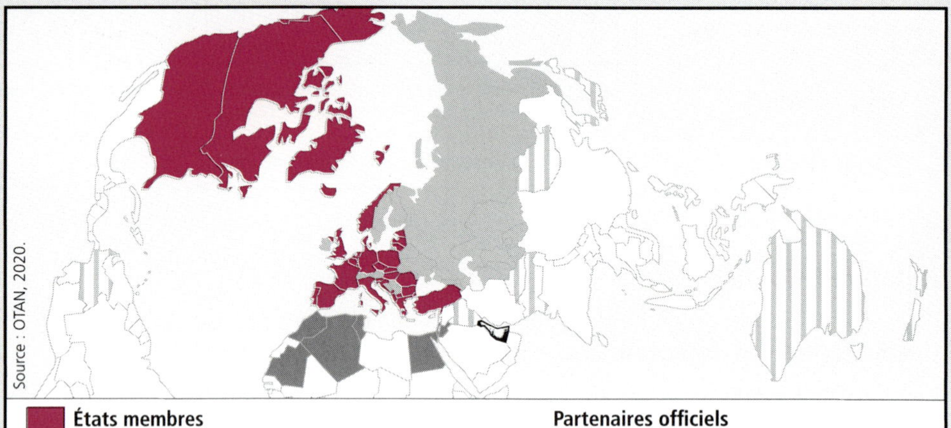

Une autre manifestation de la régionalisation de la sécurité est la gestion des conflits par des organisations régionales qui interviennent souvent avec l'aval de l'ONU : l'UE a envoyé des soldats et des policiers dans les Balkans, au Darfour ou en République démocratique du Congo. L'ECOMOG est intervenue en Côte d'Ivoire, au Liberia et, en 2013, au Mali.

ZOOM ▶ L'OTAN depuis la fin de la Guerre froide

L'Organisation du traité de l'Atlantique Nord a été fondée en 1949 dans le cadre de l'affrontement Est-Ouest. Légitimée par la guerre froide, elle aurait dû logiquement disparaître avec elle. Pourtant, au sommet de Londres en 1990, les membres de l'OTAN confirment le maintien de l'organisation et, lors du sommet de Rome en 1991, ils lui donnent des nouvelles missions : la gestion des crises aux périphéries de l'Europe. Dès 1994, le principe de son élargissement aux pays de l'Est a été entériné. Le nombre des États membres est passé de 16 en 1991 à 32 en 2024. La France, qui avait quitté les structures intégrées de l'alliance en 1966, s'y est réinstallée en 2008. Alors qu'elle n'avait jamais utilisé la force contre l'ennemi soviétique, l'OTAN a multiplié les interventions armées comme en Bosnie en 1995, au Kosovo en 1999, en Afghanistan à partir de 2003, en Libye en 2011. Son champ d'action a ainsi dépassé le simple théâtre européen.

Cette évolution de l'alliance est l'objet des débats entre les pays européens et les États-Unis. Un premier sujet de divergences oppose les premiers attachés à la vocation défensive et européenne de l'organisation, logique relancée par les tensions croissantes avec la Russie depuis 2014, et les seconds qui insistent sur la vocation de l'OTAN à intervenir hors d'Europe et voient dans l'OTAN un instrument de résolution des crises à l'échelle mondiale et de lutte contre le terrorisme. Depuis plusieurs décennies, les Américains réclament aussi que les Européens contribuent davantage au budget de l'OTAN (les États-Unis y contribuent à hauteur de 22 %, mais à 70 % de la dépense militaire totale de l'alliance) et augmentent leurs dépenses militaires. Enfin, les relations entre l'OTAN et la politique européenne de défense, que les membres de l'UE veulent approfondir, doivent être clarifiées.

L'intervention militaire russe en Ukraine a eu pour effet de renforcer la légitimité de l'OTAN en tant que garante de la sécurité de l'Europe, objectif autour duquel l'action de l'organisation s'est recentrée, de resserrer les liens entre les alliées et d'inciter la Finlande et la Suède à intégrer l'organisation pour bénéficier de sa protection. Mais, le retour de Donald Trump à la Maison Blanche a plongé l'OTAN dans une crise existentielle. Le président américain exige que des pays européens consacrent 5% de leur PIB à leurs dépenses militaires (elles correspondent à 2% du PIB des pays européens en 2024) sous peine de se désengager de l'alliance. Le rapprochement qu'il paraît opérer avec la Russie et ses déclarations contradictoires concernant le maintien des États-Unis dans l'OTAN aboutissent à ce que les Européens, pour la première fois depuis 1945, ne savent plus si les Américains sont encore leurs alliés. La politique de Donald Trump est ainsi devenue une source majeure d'inquiétude pour la sécurité du continent.

C. L'AFFIRMATION D'UN ACTEUR NON ÉTATIQUE : LES ORGANISATIONS NON GOUVERNEMENTALES (ONG)

1. La globalisation des ONG

Il n'existe pas de définition juridique précise des organisations non gouvernementales. Sous ce terme se trouvent rassemblées une multitude d'associations, très diverses, par leur taille, leurs objectifs et leur capacité d'action. Cependant, quelques critères communs permettent de les cerner : **une ONG est une association à but non lucratif indépendante de l'État. Elle a une vocation d'utilité sociale et repose sur l'engagement volontaire de ses membres pour la défense d'un idéal ou d'une juste cause**.

Les ONG ne sont pas des structures nouvelles : la plus ancienne d'entre elles est la Croix-Rouge, qui a vu le jour en 1863. Elles ont cependant connu un brusque développement à partir des années 1960-1970. Leur nombre est très difficile à estimer : elles seraient entre 50 000 et 100 000 uniquement dans les pays développés. Seule une minorité d'entre elles dispose des moyens suffisants pour une action internationale. Longtemps, les grandes ONG occidentales étaient les seules à avoir cette dimension. **Elles continuent à dominer le paysage mondial des ONG, mais elles ont vu apparaître des ONG du Sud, venant notamment des pays émergents**, en particulier des ONG islamiques dans le monde musulman.

2. Un acteur international influent

Les ONG sont devenues des acteurs incontournables de la scène internationale. **Elles se sont rendues indispensables dans la gestion des conflits et dans les politiques de développement. Elles ont aussi obtenu une reconnaissance mondiale grâce au soutien des organisations internationales.** S'appuyant sur l'article 71 de sa Charte, l'ONU accorde un statut consultatif à 6 484 ONG en 2024 au sein du Conseil économique et social. Ces organisations sont de plus en plus nombreuses à participer aux grandes conférences onusiennes : elles étaient déjà plus d'un millier à Rio en 1992. Elles sont également admises à assister aux séances plénières de l'OMC. L'Union européenne leur a aussi accordé un rôle consultatif.

Cette position internationale leur a permis de devenir des producteurs du droit international. Elles ont joué un rôle important dans la rédaction de la Convention d'Ottawa sur l'interdiction des mines antipersonnel en 1997, dans la création de la Cour pénale internationale en 1998 et, en 2013, dans le Traité sur le commerce des armes (TCA). En 2017, a été signé le Traité d'interdiction des armes nucléaires (TIAN) grâce à l'action de la Campagne internationale pour l'abolition des armes nucléaires (ICAN), un groupe d'ONG qui a reçu le prix Nobel de la paix pour cette cause. Enfin, les ONG ont réussi à mettre à l'ordre du jour de l'agenda international leurs thèmes de mobilisation comme l'environnement, le développement durable et les droits de l'homme.

3. Une diplomatie non gouvernementale

L'affirmation internationale des ONG repose sur l'élaboration d'une véritable diplomatie non gouvernementale qui s'appuie sur des modes d'action spécifiques : stratégie de dénonciation (*naming*) ou de stigmatisation (*shaming*), plaidoyer-témoignage (*advocacy*), lobbying. Les ONG se sont aussi imposées grâce à leur expertise dans certains domaines ou par leur expérience des grandes rencontres internationales. La grande ONG britannique Oxfam a ainsi conseillé des pays pauvres lors de la conférence de l'OMC à Cancún en 2003.

Les ONG n'agissent pas de manière isolée et s'organisent en réseaux pour mieux défendre leur cause. Ainsi, la campagne menée à partir de 1992 pour l'interdiction des mines antipersonnel a été dirigée par six ONG qui ont réussi à mobiliser derrière elles plus d'un millier d'autres dans une soixantaine de pays. On assiste ainsi, au niveau international, à la constitution de plateformes nationales d'ONG intégrant, aux côtés d'organisations du Nord, des ONG de pays du Sud. **L'objectif est de structurer, à côté de la diplomatie classique, une *track two diplomacy* censée représenter les sociétés civiles.**

D. VERS UNE GOUVERNANCE MONDIALE*

1. La gouvernance, un nouveau modèle de gestion des affaires mondiales

La complexification de la scène mondiale a imposé la recherche d'un nouveau modèle de coordination entre des acteurs internationaux plus nombreux et plus hétérogènes. La notion de gouvernance est apparue dans les années 1980 pour désigner ce **nouveau mode de gestion des relations internationales, à mi-chemin entre un gouvernement mondial, qui reste irréalisable, et la simple coopération entre nations**. Elle part de l'idée que la mondialisation doit être contrôlée du fait de ses effets négatifs. La régulation de ces enjeux ne peut plus se faire à l'intérieur du cadre des institutions de 1944-1947 ou par de simples politiques interétatiques. Elle prend en compte la diversité des acteurs et a l'ambition d'associer dans une relation horizontale, sans domination, acteurs étatiques et acteurs non étatiques. Elle promeut des formes flexibles de coopération et de concertation à plusieurs échelles.

2. Une société civile mondiale* ?

La gouvernance mondiale favorise la création d'un espace public où les différents acteurs internationaux débattent des grands enjeux globaux. Les grandes conférences organisées par l'ONU sont des exemples de ces lieux où se forge une conscience planétaire. Elles mettent ainsi en présence les États, les organisations régionales, les firmes transnationales, les ONG, les syndicats, les experts scientifiques. Pour peser au sein de ces grandes enceintes internationales, les acteurs non étatiques s'associent : les ONG participent aux mobilisations altermondialistes, collaborent avec les milieux scientifiques pour renforcer leur expertise, s'appuient sur les médias pour mobiliser autour de leur cause et trouver des sources de financement, coopèrent avec les grandes entreprises pour faire évoluer les pratiques de celles-ci. Largement relayées par les médias et par Internet, ces rencontres participent à la construction d'une **opinion publique internationale**, ensemble des représentations socialement construites de ce qu'est supposée penser la population mondiale sur les questions d'actualité. Celle-ci fonctionne selon des formes plus démocratiques d'expression donnant davantage d'influence aux individus dans une logique de mondialisation par le bas. **Cependant, cette société civile mondiale n'en est qu'à ses prémices.** Les acteurs qui la composent sont très hétérogènes, ils ne défendent pas tous les mêmes positions et ne disposent pas des mêmes capacités d'influence. Une logique Nord-Sud se reconstitue entre eux, les organisations des pays développés prétendant parfois parler au nom de celles des pays en développement.

DÉFINITIONS

Gouvernance mondiale : le terme anglais « *governance* » s'impose depuis les années 1980 dans le discours libéral. Il prétend se substituer à celui de « gouvernement », jugé trop étatique, en valorisant l'efficacité gestionnaire. Dans les relations internationales, il suggère une coordination autour de normes, règles, conventions et contrats négociés de façon consensuelle entre différentes échelles d'acteurs (organisations régionales, États, entreprises, ONG).

Société civile mondiale : ensemble des mobilisations qui se construisent en dehors du contrôle de l'État sur la scène internationale en vue de l'adoption de normes internationales.

II. L'État dans la mondialisation

L'affirmation des acteurs supranationaux ou non étatiques a remis en cause le monopole de l'État sur la scène internationale. Certains commentateurs, comme Bertrand Badie, ont vu dans cette évolution la manifestation d'un déclin inéluctable du pouvoir de l'État. D'autres, à l'instar d'Hubert Védrine, ancien ministre français des Affaires étrangères, leur ont répondu que celui-ci restait le principal acteur de l'espace mondial. **Dans les faits, plus qu'un recul ou une résistance de l'État, c'est plutôt à une transformation de celui-ci à laquelle on a assisté.**

A. LES PARADOXES DE LA MONDIALISATION

1. La mondialisation, une atteinte à la souveraineté* étatique

Les États fragiles selon le Fund for Peace

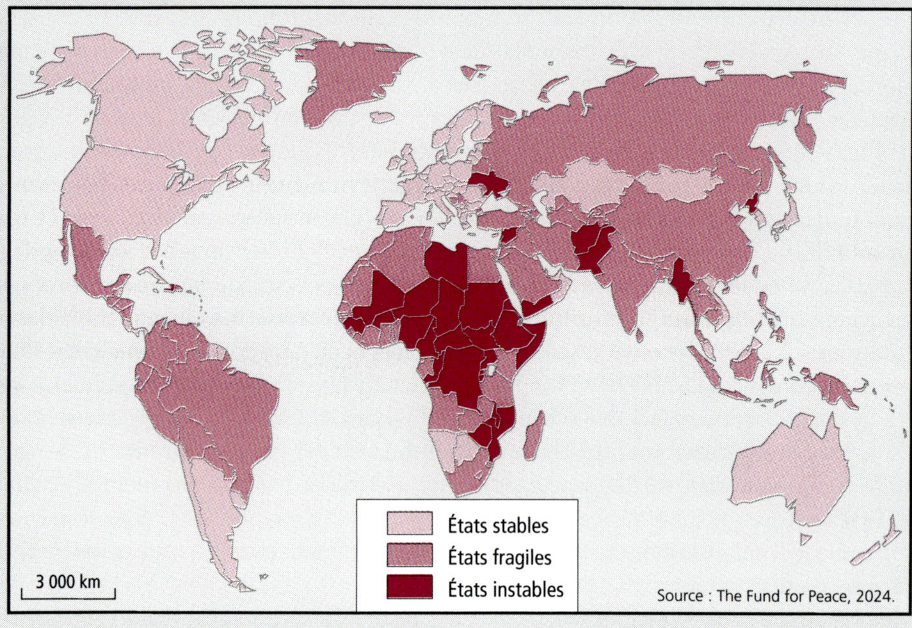

Les logiques de mondialisation actuelle paraissent contradictoires avec les fondements de l'État. **Elles remettent particulièrement en question la souveraineté de l'État, c'est-à-dire son pouvoir de décision et son contrôle sur le territoire national.** Les flux économiques et migratoires érodent la capacité des États à contrôler leurs frontières. Le pouvoir croissant des acteurs économiques privés restreint les marges de manœuvre de l'État dans l'élaboration de sa politique économique. La multiplication des acteurs

DÉFINITION

Souveraineté: notion politique selon laquelle l'État ne connaît pas d'autorité supérieure à la sienne sur son territoire.

rend aussi la décision politique beaucoup plus complexe. Les normes établies par les organisations internationales ou régionales exercent également une action contraignante sur les choix de l'État.

La légitimité de l'État est, elle aussi, remise en cause. La perte de contrôle sur les frontières fragilise sa capacité à assurer la sécurité du territoire. Sur le plan économique, l'État a subi les assauts du néolibéralisme, qui présente les acteurs privés comme plus efficaces. Son action internationale est aussi critiquée par les ONG, qui se prétendent de meilleures représentantes des intérêts de la société et dénoncent l'absence de prise en compte des valeurs morales par les diplomaties étatiques. Les organisations économiques internationales ont également joué un rôle dans la délégitimation de l'État dans les années 1980, par leurs plans d'ajustement fondés sur le désengagement de l'État.

2. Une mondialisation qui réclame des institutions stables

Paradoxalement, alors que sa souveraineté paraît contestée, l'État comme forme d'organisation politique n'a jamais été aussi désiré. Depuis 1945, le nombre d'États reconnus par l'ONU a connu une croissance spectaculaire : ils étaient 51 à l'origine, ils sont 193 en 2024. La mondialisation de l'État s'est opérée par importation du modèle de l'État-nation européen. **Cependant, la greffe n'a souvent abouti qu'à la création de structures politiques faibles qui ne possèdent de l'État que les attributs symboliques.** Leur autorité sur leur territoire et sur leur population reste fragile, ce qui fait qu'ils sont souvent le théâtre de guerres civiles. Cette situation ne délégitime pourtant pas l'État. **Les États faibles souffrent au contraire de l'absence d'institutions fortes. Une bonne insertion à la mondialisation suppose une régulation étatique efficace.**

La mondialisation n'est donc pas un processus qui s'oppose aux logiques étatiques. Le XIXe siècle l'a montré, qui a vu l'épanouissement parallèle de la mondialisation et de l'État-nation. À partir de la seconde moitié des années 1970, **ce sont les grands États qui ont favorisé l'entrée dans la mondialisation contemporaine**. La dérégulation financière a été engagée à l'initiative des États-Unis et des États occidentaux, qui ont également soutenu la libéralisation des échanges dans les cycles de négociation du GATT. Les pays émergents ont cherché, par une plus grande intégration à la mondialisation, un instrument de développement et d'affirmation internationale.

Dans le nouvel équilibre mondial, l'État dispose aussi d'atouts qui en font toujours l'acteur central des relations internationales. Il se trouve en effet au cœur des institutions internationales et des organisations régionales. **Il conserve le monopole du militaire, ce qui en fait un acteur indispensable en cas de crise grave.** En définitive, malgré la mondialisation, les relations internationales restent guidées par des motivations étatiques très classiques : sécurité, intérêt national et compétition de puissance.

B. LA TRANSFORMATION DE L'ÉTAT

Dire que l'État n'est pas forcément victime de la mondialisation ne signifie pas que son pouvoir n'a pas changé.

1. Un nouvel équilibre privé/public

Les fonctions de gestion directe de l'économie ont été en grande partie abandonnées à la suite des vagues de privatisation qui se sont succédé depuis les années 1980. **L'expansion du privé a brouillé les frontières entre sphère publique et sphère privée :** les intérêts privés influencent de plus en plus l'élaboration de la politique publique. L'État a ainsi délégué certaines de ses missions au secteur privé, y compris des fonctions régaliennes, comme l'a montré le recours à des sociétés privées de sécurité par l'armée américaine en Irak à partir de 2003. Il a décentralisé certaines de ses missions ou les a confiées à des autorités indépendantes ainsi qu'à des agences soumises à une logique contractuelle.

L'État n'a cependant pas abandonné tout contrôle sur les entreprises. En Chine, les secteurs stratégiques restent sous la domination des grandes entreprises publiques, qui sont aussi les principaux investisseurs à l'étranger. En Russie, les grands groupes sont dirigés par des proches de Vladimir Poutine. Les entreprises à capitaux publics sont également nombreuses en Europe. L'État français possède ainsi des participations dans 80 grandes sociétés.

Pour aller plus loin

Un site institutionnel très factuel et clair : vie-publique

liennathan.fr/8jtr95

2. La reconfiguration du rôle économique de l'État

S'il a vu ses prérogatives économiques rognées à partir des années 1980, **l'État s'est transformé en État « mondialisateur » ou en ce que le politiste américain Jonah Levy a appelé en 2006 le « *market making state* ».** Son rôle vise à **rendre l'économie nationale plus efficace dans la compétition internationale en améliorant ses avantages comparatifs**. La priorité a été d'attirer les IDE. Des politiques fiscales avantageuses pour les investisseurs étrangers ont été mises en place, à l'instar des zones économiques spéciales chinoises ou de la politique fiscale irlandaise. **Pour séduire les investisseurs étrangers, les États ont développé des stratégies de *nation branding*, qui consistent à vendre le pays comme un produit en utilisant des techniques publicitaires.**

L'État incite aussi à la montée en gamme de l'économie par des politiques d'innovation et de formation. Au Japon, le METI et le MEXT identifient les secteurs à fort potentiel et développent la coopération entre la recherche et les entreprises, en particulier par la création, en 2001, du CSTP (*Council for Science and Technology Policy*). En France, la politique d'innovation s'est traduite par la création des pôles de compétitivité en 2005. L'État a aussi développé l'intelligence économique. En 1993, le ministère du Commerce américain s'est doté de l'*Advocacy Center*, un organisme chargé de collecter et de mettre en commun les informations économiques stratégiques. En France, une délégation générale à l'intelligence économique a été créée en 2005.

ZOOM ▶ Les États face à la crise de 2008

La crise de 2008 a montré que les États restent les garants de la stabilité du système économique. Tenant compte des leçons de la crise de 1929, les États sont massivement intervenus comme jamais en temps de paix. Dans l'urgence, ils se sont d'abord attachés à sauver le système bancaire. En octobre 2008, l'État américain a injecté 700 milliards de dollars dans le secteur bancaire par le plan Paulson, du nom du secrétaire au Trésor. Au Royaume-Uni, l'État a nationalisé temporairement certaines banques comme Northern Rock. Au total, la recapitalisation des banques aurait représenté un coût de 12 000 milliards de dollars. Pour éviter un ralentissement économique général, les États sont revenus aux recettes keynésiennes classiques par d'ambitieux plans de relance : Barack Obama a lancé un plan de 787 milliards de dollars, la Chine a investi 458 milliards d'euros, les pays de l'UE 200 milliards d'euros. Au total, ces plans de relance ont représenté environ 5 000 milliards de dollars, c'est-à-dire 10 % PIB mondial. Ces politiques ont été célébrées comme le signe du retour de l'État. Cependant, elles les ont aussi fragilisés, puisqu'elles ont entraîné une augmentation spectaculaire des déficits publics et de la dette, qui approchait les 123 % en moyenne dans les pays du G7 en 2024, un pourcentage qui a spectaculairement progressé après la crise de la Covid 2020.

3. Le redéploiement de l'action de l'État

L'État, ayant vu le périmètre de son action se réduire dans l'économie, s'est concentré sur d'autres missions. Face aux nouvelles menaces et aux migrations, les États ont renforcé leur arsenal sécuritaire, surtout après les attentats du 11 septembre 2001 : contrôle accru des flux migratoires, législations d'exception, pouvoirs élargis des services de renseignement et de la police, surveillance de plus en plus étroite de l'individu avec, par exemple, le recours à la biométrie.

Dans le même temps, l'élargissement de la conception de la sécurité à des domaines comme la santé, l'alimentation, la consommation ou le travail ont ouvert de nouveaux champs à l'action étatique. L'État se présente désormais comme un gestionnaire des risques et un réparateur des dégâts sociaux par la réorientation de l'État-providence vers les plus fragiles. Ces nouvelles politiques rencontrent l'assentiment d'une population qui réclame une intervention croissante de l'État dans la société.

C. LES TRANSFORMATIONS DE LA DIPLOMATIE

1. La fin du monopole étatique

La présence d'autres acteurs a mis fin au monopole qu'exerçaient les professionnels des relations internationales, à savoir le gouvernement, le soldat et le diplomate, pour paraphraser Raymond Aron. L'État doit faire face à l'existence de diplomaties parallèles. Sa lecture étatique des événements mondiaux est concurrencée par celle des médias, d'Internet et des ONG. Ces dernières ont critiqué l'inaction des États dans les crises humanitaires ou dans la résolution des grands défis mondiaux comme l'environnement. Elles dénoncent la priorité accordée aux intérêts nationaux sur la défense de valeurs universelles et sur la recherche du bien commun. Enfin, les firmes transnationales et les acteurs financiers, du fait de leur poids économique, paraissent imposer leur loi aux États.

La politique de l'État est en outre soumise au regard critique de l'opinion publique nationale. La diplomatie étatique est ainsi prise dans le **jeu à deux niveaux**, l'international et le national, analysé par le politiste américain Robert Putnam. Mieux formés, les citoyens ont une meilleure connaissance et une meilleure compréhension des affaires mondiales, et souhaitent y participer plus activement et plus directement. Les nouveaux moyens de communication renforcent à la fois leur information et leur capacité d'action.

2. Les relations avec les acteurs non étatiques

Les relations entre État et acteurs non étatiques ne se réduisent pas à la confrontation. Les États ont ainsi créé des structures de coopération. En France, ONG et acteurs économiques sont régulièrement consultés par l'exécutif. Le *Foreign Office* britannique a ainsi mis en place le *GNO Forum* en 1997 afin de collaborer avec une cinquantaine d'ONG nationales. **Une autre stratégie a consisté à déléguer certains domaines de la politique extérieure à des acteurs non étatiques**, comme les missions de développement confiées à des ONG. **Les États favorisent également leurs ONG nationales, car elles sont un facteur d'influence.** Dans les rencontres internationales, chaque délégation travaille en étroite collaboration avec « ses » ONG.

Les acteurs non étatiques, en particulier les ONG, peinent pourtant à modifier de manière notable la politique étrangère des États. L'État bénéficie de leur absence d'homogénéité : ces acteurs sont de natures très diverses et leurs intérêts sont souvent divergents. Cette hétérogénéité est aussi interne à chacune des catégories. **Ceci explique que leur action reste souvent ponctuelle.** Les ONG ont ainsi obtenu un succès sur les mines antipersonnel, mais elles ne parviennent pas à limiter le commerce des armes légères. Elles ont en réalité **besoin des États pour arracher des décisions internationales et se retrouvent démunies quand les grandes puissances s'opposent à leurs revendications**.

3. Une nouvelle diplomatie

Les stratégies des politiques étrangères ont adopté des approches qui s'inscrivent dans les logiques du *soft power*, ces ressources douces de la puissance définies en 1990 par Joseph Nye, et que toutes les grandes puissances ont intégrées dans leur politique étrangère depuis lors. **Les États ont développé leur diplomatie publique**, grâce à laquelle ils prétendent s'adresser directement à l'opinion publique des autres pays pour lui présenter une image attractive d'eux-mêmes, défendre leur vision du monde et ainsi y développer leur influence. La diplomatie publique repose en priorité sur des instruments culturels : création de centres culturels, enseignements de la langue, échanges d'étudiants, promotion du tourisme... Elle utilise la force des nouveaux moyens de communication : chaînes de télévision internationales, sites Internet, agences de presse, réseaux sociaux... Elle s'appuie aussi sur les acteurs non étatiques : ONG nationales, entreprises des industries culturelles, diasporas.

Les diplomaties étatiques se sont aussi adaptées à l'essor des structures multilatérales. Dans ces enceintes, les négociations sont complexes, souvent très techniques et à cheval sur plusieurs domaines. Leur cours est plus imprévisible que dans le cadre bilatéral, et les résultats y sont plus incertains. Ce qui compte, c'est d'orienter les grandes questions soumises à l'agenda international, de fixer les cadres du système et d'y instaurer les règles conformes à son intérêt national, mais aussi à l'intérêt commun. Dans ce contexte, les États, y compris les plus puissants, sont moins à même d'imposer directement leurs décisions. **Leur influence se mesure plutôt à leur capacité à construire des coalitions d'États ou d'acteurs non étatiques derrière eux, à établir des partenariats. Elle repose ainsi sur leur aptitude à négocier.**

III. La crise du multilatéralisme

La crise financière de 2008 et les évolutions des équilibres géopolitiques ont conduit à un renouveau du rôle de l'État, qui nourrit une compétition généralisée entre les grandes puissances et provoque une crise du multilatéralisme global et régional.

A. LE BLOCAGE DES ORGANISATIONS INTERNATIONALES

La crise du multilatéralisme s'explique par l'évolution de la scène géopolitique mondiale depuis la fin des années 2000.

1. La fin du leadership américain

La remise en cause contemporaine du multilatéralisme est d'abord le fait des États-Unis. Cette posture n'est pas nouvelle. Alors que les États-Unis en ont été les initiateurs, Washington a commencé à critiquer les organisations internationales dans les années 1970, lorsqu'elles ont échappé à son contrôle sous l'influence des pays du tiers-monde. Ayant repris la main sur elles dans les années 1980, les Américains ont de nouveau attaqué l'ONU quand ils ont choisi une politique unilatérale dans la seconde moitié des années 1990. Cette remise en cause a culminé lors du premier mandat de George W. Bush, avec l'intervention en Irak, sans mandat de l'ONU, en 2003. L'OMC, bloquée depuis 2003, a été contournée par le développement d'accords de libre-échange bilatéraux. Voulant rompre avec son prédécesseur, Barack Obama est revenu à une posture plus multilatérale. Mais il a souvent préféré des structures minilatérales, qui associent un nombre limité d'États.

Depuis 2021, l'Administration Biden a en grande partie renoué avec les institutions internationales.

Élu une première fois en 2016, Donald Trump s'en est pris directement aux organisations internationales, les accusant de brider la souveraineté des États-Unis, d'être inefficaces et de servir les intérêts des puissances concurrentes. Dès le début de son mandat, le président américain a sorti les États-Unis du Partenariat transpacifique (TPP). Il a ensuite retiré son pays de l'UNESCO en 2017 et du Conseil des droits de l'homme de l'ONU en 2018, puis a décidé de quitter l'OMS en 2020. À l'OMC, il a bloqué l'Organe de règlement des différends en refusant d'en renouveler les juges.

Entre 2021 et 2025, Joe Biden a renoué avec le multilatéralisme. Les États-Unis ont réintégré l'OMS, les accords de Paris et l'Unesco. Cependant, le président américain en est resté à un multilatéralisme sélectif, consistant à s'appuyer sur les organisations internationales lorsque celles-ci vont dans le sens des intérêts américains et à les ignorer dans le cas contraire : poursuivant la politique protectionniste de son prédécesseur et successeur, il n'a par exemple rien entrepris pour surmonter la crise que traverse l'OMC.

A peine investi en 2025, Donald Trump s'est empressé de retirer de nouveau les États-Unis de l'OMS, du Conseil des Droits de l'Homme et des accords de Paris. Il a également prononcé des sanctions contre la Cour pénale internationale pour avoir délivré un mandat d'arrêt contre Benjamin Netanyahou.

2. Un monde post-occidental

Les grandes puissances émergentes suivent des stratégies ambiguës vis-à-vis des organisations internationales. D'un côté, elles se sont investies plus résolument dans leur fonctionnement en prenant davantage de parts au financement de l'ONU ou en participant aux opérations de maintien de la paix : la Chine est ainsi devenue la deuxième contributrice au budget de l'ONU. Cet investissement plus important ne correspond cependant pas à un alignement sur les positions occidentales, mais à une **volonté de mettre les organisations internationales au service de leurs intérêts**. La Chine, par exemple, tente d'imposer ses idées au sein de ces organisations en multipliant les initiatives et en plaçant ses fonctionnaires à des postes clés : un Chinois dirige ainsi la FAO depuis 2019. Cette stratégie est favorisée par le retrait des États-Unis des enceintes multilatérales durant les mandats de D. Trump.

D'un autre côté, **les organisations internationales sont devenues le théâtre de la contestation des émergents, qui tentent de remettre en cause la domination qu'y exercent les pays riches**. L'OMC est vite devenue le théâtre de leur affirmation. Le cycle de Doha, ouvert en 2001, s'est trouvé bloqué à la Conférence de Cancún de 2003. Le Brésil et l'Inde y ont pris la tête d'un groupe qui s'oppose aux protections dont bénéficient les agricultures occidentales.

Au Conseil de sécurité de l'ONU, la Chine et la Russie ont eu davantage recours à leur droit de veto pour s'opposer à des résolutions proposées par les Occidentaux: la Russie l'a utilisé 35 fois depuis 2007 (dont 21 fois à propos du Moyen-Orient), la Chine 15 fois.

Enfin, la Chine s'est attelée à la construction d'un ordre international alternatif. Dans le cadre de la *Belt and Road Initiative*, elle a créé, en 2014, la Banque asiatique pour les investissements dans les infrastructures, qui apparaît comme une concurrente des institutions de Bretton Woods, notamment de la Banque mondiale. Il en est de même pour la Nouvelle Banque de développement des BRICS, fondée aussi en 2014 et installée à Shanghai.

3. Un blocage structurel

La crise actuelle du multilatéralisme met en évidence les difficultés structurelles des organisations internationales. **Les organisations internationales demeurent dépendantes des États et sont, de ce fait, soumises à des rapports de force entre eux et à des logiques de puissance.** Tout en affirmant l'égalité entre ses membres, l'ONU réserve ainsi les décisions majeures aux cinq membres permanents du Conseil de sécurité. **En outre, ces organisations font du respect de la souveraineté une des pierres angulaires de l'ordre international.** Elles fonctionnent de ce fait sur la règle de l'unanimité, si bien que leur efficacité repose sur l'existence d'un consensus entre les États.

Or, celui-ci est plus compliqué à atteindre. La multiplication du nombre des États, aux intérêts divergents, allonge la durée des négociations. L'entrée de ces nouveaux pays a conduit à un **processus de démocratisation des organisations internationales**. Les États du Sud et les petits États sont plus attentifs au respect de leurs droits, plus attachés à ce que leur avis soit entendu, plus rétifs au leadership des grandes puissances, en particulier des États occidentaux qui ont longtemps imposé leur point de vue dans les enceintes internationales.

4. La réaction oligarchique

La crise de 2008 a aussi été l'occasion pour les grandes puissances de relancer la **diplomatie de club** à travers la création du G20. **Elles affaiblissent ainsi le multilatéralisme en lui préférant la logique oligarchique d'une petite élite d'États** décidant seule du sort du monde. Elles justifient cette pratique par un souci d'efficacité alors que la complexité des négociations multilatérales rend les décisions difficiles à prendre. Ces clubs prennent la forme de réunions régulières sur des sujets généraux. L'objectif est alors de conserver le contrôle sur les décisions internationales (G7, né en 1975) ou de contester la domination des Occidentaux (BRICS créé en 2009). D'autres groupes ont aussi été formés pour régler une question précise: le P5+1 (les cinq membres permanents du Conseil de sécurité et l'Allemagne) a négocié l'accord nucléaire de 2015 avec l'Iran; un groupe de six États tentent de régler le problème du nucléaire nord-coréen (États-Unis, Chine, Corée du Sud, Corée du Nord, Japon, Russie); le G5 Sahel (Mauritanie, Mali, Niger, Burkina Faso, Tchad) s'est employé entre 2014 et 2023 à lutter contre le terrorisme dans cette partie du monde.

ZOOM ▶ Du G6 au G20

Dans les années 1970, la crise économique pousse les grandes économies occidentales à relancer la coordination de leurs politiques par l'institutionnalisation de rencontres multilatérales au sommet. C'est ainsi qu'en 1975, naît le G6, qui réunit l'Allemagne, les États-Unis, la France, l'Italie, le Japon et le Royaume-Uni. Le Canada intègre le groupe en 1976 pour former le G7. Depuis 1981, l'UE participe aux réunions. En 1998, le groupe se transforme en G8, s'ouvrant à la Russie, sans toutefois qu'elle soit associée aux réunions des ministres des Finances. L'annexion de la Crimée en 2014 a entraîné l'exclusion de la Russie. À l'origine limitées aux questions économiques, les discussions se sont ouvertes, à partir du début des années 1980, à la sécurité, aux migrations, aux flux illégaux, à l'environnement, au terrorisme…

À la faveur de la crise de 2008, le G20, structure de coordination établie en 1999 entre les ministres des Finances de 20 des plus grandes économies mondiales, est institutionnalisé. Outre les pays du G8, il comprend la Chine, la Corée du Sud, l'Inde, l'Indonésie, le Brésil, l'Argentine, le Mexique, l'Afrique du Sud, l'Arabie saoudite, la Turquie, l'Union européenne et l'Australie. L'objectif est de renforcer la gouvernance mondiale en promouvant une régulation plus étroite de la finance mondiale et de rendre les décisions plus légitimes en tenant compte des nouveaux équilibres de l'économie mondiale. Le premier sommet s'est tenu à Washington en 2008. Cependant, le processus s'est rapidement enlisé et le G20 n'a pas réussi à devenir une enceinte de décision majeure. L'arrivée au pouvoir de Donald Trump a transformé un temps le G20 en théâtre des affrontements entre les grandes puissances.

B. LA GUERRE ÉCONOMIQUE ?

La crise du multilatéralisme tient également à l'atmosphère de guerre économique qui s'est affirmée à partir de la fin des années 2000 et qui a culminé dès l'arrivée au pouvoir de Donald Trump.

1. Un contexte favorable à la guerre économique

L'expression de guerre économique désigne l'utilisation par un État de différents moyens, loyaux ou déloyaux, pour protéger ou contrôler un marché, pour gagner ou préserver une position dominante. Elle a été développée à la fin de la guerre froide. En 1990, le stratège Edward Luttwak invente le terme « géoéconomie » pour démontrer que les affrontements entre les grandes puissances se déplacent du champ militaire vers la sphère économique. Cependant, la prospérité des années 1990 semble, dans un premier temps, plutôt favoriser une grande convergence mondiale. Les inquiétudes renaissent après la crise financière de 2008. Constat est alors fait qu'au lieu d'engendrer une croissance économique partagée, **la mondialisation économique a plutôt entraîné une hypercompétition entre les acteurs économiques, qui distingue des gagnants et des perdants**. La crise de 2008 manifeste aussi l'**ascension des États émergents – surtout celle de la Chine –, qui n'hésitent pas à utiliser tous les instruments de la politique économique pour renforcer leur influence**. Enfin, du fait de la hausse de la consommation et du changement climatique, **la compétition s'exacerbe pour le contrôle des ressources naturelles menacées d'épuisement**.

Dans cette compétition généralisée, les États disposent de toute une palette d'outils. **Ils peuvent inciter leurs entreprises à développer leurs investissements à l'étranger.** Des agences gouvernementales ont été créées dans ce but : l'UKTI (*UK Trade & Investment*) en 2004 au Royaume-Uni, l'agence Business France en 2015. **Les États jouent aussi sur la politique technologique.** Le grand programme stratégique chinois lancé en 2015, *Made in China 2025*, qui vise à faire de la Chine le leader dans un certain nombre de produits technologiques (batteries électriques, 5G…), a déclenché une véritable guerre technologique avec les États-Unis. Donald Trump a interdit l'accès au marché et aux composants américains au géant chinois Huawei en 2018. Il a aussi dénoncé les transferts de technologies et a renforcé la protection des entreprises américaines contre le rachat par une firme étrangère. Joe Biden s'est inscrit dans la politique de son prédécesseur et successeur : depuis 2022, plusieurs mesures ont établi des restrictions drastiques sur l'exportation vers la Chine des puces et des semi-conducteurs les plus performants.

ZOOM ▶ La guerre économique, débat sur un concept

Bien que la logique qu'elle décrive soit ancienne, la notion de guerre économique a été développée, à partir du début des années 1990, par des auteurs très critiques de l'idée que la mondialisation néolibérale entraînerait un triomphe sans combat du capitalisme occidental. En France, ce courant est représenté par Bernard Ésambert (*La Guerre économique mondiale*, 1991), Michel Lorot, promoteur français de la géoéconomie, ou Christian Harbulot, qui s'intéresse à la compétition pour la maîtrise des nouvelles technologies. Robert Blackwill, ancien membre de l'Administration de George W. Bush, a repris cette thématique dans *War by Others Means* (2016). Tous ces auteurs ont appelé à une mobilisation générale de leur État ou des pays occidentaux pour résister à la concurrence des autres grandes puissances, au premier rang desquelles se trouve la Chine.

Si la compétition économique mondiale est une réalité incontournable, la notion de guerre économique n'en pose pas moins problème. Elle réduit le fonctionnement de l'espace mondial à l'affrontement entre des économies nationales sous la conduite des États. Elle minore ainsi le rôle des entreprises privées et fait croire qu'elles défendent les mêmes intérêts que leur État d'origine alors qu'elles suivent en partie des stratégies transnationales. L'idée de guerre économique sous-estime également les multiples formes de coopération économique entre les États et l'interdépendance qui existent entre eux. Elle enferme les relations économiques dans une logique de jeu à somme nulle. Enfin, cette notion est promue par des partisans d'une vision strictement réaliste qui réduit les relations internationales au conflit et qui fait des intérêts économiques le principal moteur de la politique étrangère des États.

2. La politique commerciale, le fer de lance de la guerre économique

Dans la compétition économique internationale, l'État utilise en priorité la politique commerciale. Malgré la domination du discours néolibéral, **les États n'ont jamais renoncé à conserver un certain degré de protection de leurs économies**. L'utilisation de l'arme douanière a ainsi été privilégiée par l'Administration Trump face à la Chine : en 2018 et en 2019, elle a relevé à plusieurs reprises les taxes sur des milliers de produits chinois, provoquant des mesures de rétorsion équivalentes à Pékin. Un accord est intervenu en janvier 2020 : contre la réduction des transferts de technologie, un meilleur accès au système financier chinois et l'achat de 200 milliards de dollars de produits américains, la Maison-Blanche a renoncé à augmenter de nouveau les tarifs américains. La guerre commerciale a repris de plus belle dès le début du deuxième mandat de Donald Trump en 2025. Le président américain considère en effet que les tarifs douaniers constituent le moyen le plus efficace pour obtenir des concessions des autres États dans tous les domaines. Il cherche également à réduire l'énorme déficit commercial américain (918 milliards de dollars en 2024). En mars 2025, des droits de douane de 25% ont donc été décidés sur l'acier et l'aluminium. La Chine a été soumise à des droits de 54%, l'Union européenne de 20 %, le Mexique et le Canada sont taxés à 25 % pour l'automobile. Enfin, la mise en place de droits de douane réciproques a été annoncée, les États-Unis taxant les produits importés sur la même base que les droits de douane que les pays d'origine appliquent aux produits américains.

Les États disposent également d'une large palette de barrières non tarifaires, comme les normes techniques, sanitaires et environnementales. Ils peuvent jouer aussi sur le taux de change afin de sous-évaluer leur monnaie, comme le font les Chinois mais aussi les Américains.

Les États continuent aussi de protéger leurs entreprises. Aux États-Unis, le *Buy American Act* de 1933 réserve toujours une partie des marchés publics aux entreprises nationales. En 2007, le *Foreign Investment and National Security Act* a élargi les domaines considérés comme stratégiques par l'État américain. En France, le thème du **patriotisme économique** est réapparu au milieu des années 2000. En 2014 et en 2018, deux décrets ont étendu les secteurs concernés par une autorisation préalable pour les investisseurs étrangers : énergie, transports, communication électronique, santé publique, intelligence artificielle, spatial, semi-conducteurs, stockage des données. Quant aux grands pays asiatiques, ils pratiquent une **politique mercantiliste** fondée sur le rôle important de l'État dans l'économie, sur la protection de certains secteurs et sur la promotion des exportations, qui leur permet de se constituer d'immenses réserves de change.

3. Le *lawfare*

Depuis les années 2000, dans cette guerre économique, le droit est devenu, lui aussi, une arme stratégique, ce qui a amené à parler de *lawfare*. La direction chinoise a ainsi adopté, en 2003, le concept de guerre légale, qui défend l'utilisation des lois internationales et nationales pour gagner un soutien international. Mais le droit a surtout été utilisé par les États-Unis, non seulement contre des États hostiles, mais aussi pour favoriser les acteurs économiques nationaux. **Au nom du principe d'extraterritorialité, les Américains prétendent appliquer leur droit à l'extérieur de leur territoire.** Par exemple, le Foreign Account Tax Compliance Act (FATCA) de 2010, sur l'évasion fiscale, impose aux institutions financières dans le monde entier la communication à l'administration fiscale américaine des informations relatives aux comptes détenus à l'étranger par des citoyens américains.

Les États-Unis se servent aussi de leur législation anti-corruption pour punir des entreprises étrangères. Le *Foreign Corrupt Practices Act* (FCPA) de 1977 a pris une portée extraterritoriale en 1997-1998. Près de 600 actions ont été menées depuis, dont un tiers porte sur des entreprises étrangères. Certaines ont dû payer des amendes très importantes, comme Siemens (800 millions de dollars en 2008) ou Alstom (772 millions de dollars en 2014). **Les Américains ont aussi pris prétexte des sanctions qu'ils appliquent à certains États** (Corée du Nord, Soudan, Syrie, Cuba, l'Iran, Venezuela ou encore Russie) pour punir des dizaines d'entreprises étrangères en arguant de l'utilisation qu'elles font du dollar dans leurs transactions. Ainsi, ING a dû s'acquitter d'une amende de 619 millions de dollars en 2012, la BNP Paribas 8,9 milliards de dollars en 2015.

C. LA CRISE DU RÉGIONALISME

1. La fin de l'euphorie régionaliste

Après les espoirs suscités dans les années 1990, le régionalisme est entré, lui aussi, en crise. L'Union européenne est confrontée, depuis 2005, à de multiples difficultés : échec du projet de Constitution européenne en 2005, crise grecque en 2009, crise migratoire en 2015, Brexit en 2016. Critiqué par D. Trump, qui lui reproche d'être trop favorable au Canada et au Mexique, **l'ALENA a été renégocié dans le sens des intérêts américains**. L'Accord États-Unis-Mexique-Canada (AEUMC), qui le remplace en 2018, change cependant peu de choses : il impose une plus grande part de composants nord-américains dans la production automobile, une hausse des salaires dans l'industrie automobile mexicaine et ouvre le secteur laitier canadien à la concurrence américaine.

En Amérique latine, les difficultés économiques, la crise vénézuélienne ainsi que l'arrivée au pouvoir de Donald Trump en 2017 et de Jair Bolsonaro en 2019 ont

conduit à une remise en cause des initiatives régionales récentes du fait de la polarisation politique entre gouvernements de droite et gouvernements de gauche. Sept États, dirigés par la droite, se sont retirés de l'UNASUR entre 2018 et 2019, et les membres de la CELAC ne se sont pas réunis entre 2017 et 2020.

2. Un régionalisme compétitif

Depuis la fin des années 2000, le régionalisme s'est mué en un instrument dans la compétition d'influence entre les grandes puissances mondiales avec les accords dits « méga-régionaux ». Ceux-ci visent une « intégration économique profonde » par la mise en place de vastes marchés uniques fondés sur le libre-échange et l'harmonisation des réglementations et des normes dans tous les domaines (concurrence, fiscalité, travail, investissement, environnement…). Mais leur finalité est tout aussi économique que géopolitique. Défendus par Barack Obama, le Partenariat transpacifique (TPP, signé par 12 pays riverains du Pacifique en 2016) et le Partenariat transatlantique pour le commerce et les investissements (négocié à partir de 2012 avec l'UE) visaient ainsi à imposer les normes réglementaires américaines ou occidentales au monde. Hostile au libre-échange, Donald Trump a sorti les États-Unis du TPP en 2017 et a bloqué les discussions avec les Européens.
Cependant, en 2022, Joe Biden a lancé l'*Indo-Pacific economic framework for prosperity* (IPEF) qui prétend harmoniser les normes entre 14 pays du pourtour de l'océan Pacifique dans quatre domaines : lutte contre la corruption, numérique, environnement, chaînes de valeur. Le TPP, conçu comme un instrument d'endiguement de l'influence chinoise, a été relancé par les 11 autres pays signataires dès 2018 et rebaptisé « Accord de partenariat transpacifique global et progressiste » (CPTPP). La Chine a répondu à cette initiative en soutenant le RCEP (*Regional Comprehensive Economic Partnership*), qui a été signé en novembre 2020 après huit ans de négociations entre 15 pays d'Asie-Pacifique. De son côté, la Russie se sert de l'Union économique eurasiatique comme un instrument diplomatique grâce aux accords de libre-échange passés avec des pays amis (Vietnam, Iran). Enfin, dans cette compétition entre grands pôles mondiaux, l'Union européenne a conclu le CETA (*Comprehensive Economic and Trade Agreement*) avec le Canada en 2016, puis un accord économique de partenariat avec le Japon en 2018, des accords de libre-échange avec Singapour et avec le Vietnam, ainsi qu'un accord commercial avec le Mercosur signé en 2019 mais non encore ratifié.

2 LES ENTREPRISES AU CŒUR D'UNE NOUVELLE DIVISION INTERNATIONALE DU TRAVAIL

Les entreprises sont depuis longtemps des actrices majeures de la mondialisation. Les premières firmes de dimension internationale sont nées dans la seconde moitié du XIXe siècle. Leur nombre a connu une spectaculaire augmentation à partir des années 1970 : en 1967, 6000 entreprises multinationales contrôlaient 27000 filiales ; en 2023, elles seraient entre 80000 et 100000 et posséderaient 860000 filiales. **Ces grandes entreprises sont devenues le symbole de la globalisation et de ses limites.** Elles se sont mondialisées pour devenir des firmes transnationales, c'est-à-dire des entreprises qui contrôlent des opérations dans au moins deux pays depuis une maison mère dans le pays d'origine et « qui maîtrisent l'organisation d'activités complexes à l'échelle internationale » (Laurent Carroué). Pour la majorité d'entre elles originaires des pays développés, elles ont favorisé une nouvelle division internationale du travail en contribuant à l'émergence de nouveaux pays industriels. Leur puissance économique en fait des acteurs au pouvoir presque équivalent à celui des États. Cependant, leurs activités ne cessent d'être mises en cause pour leurs conséquences économiques, sociales et environnementales.

Notions principales

Transnationalisation : calculé depuis 1994 par la CNUCED (Conférence des Nations-Unies sur le commerce et le développement), l'indice de transnationalisation des firmes établit la moyenne de la part des actifs, des ventes et des employés à l'étranger.
Capitalisme actionnarial : primauté des actionnaires dans la gouvernance de l'entreprise, par rapport au pouvoir des managers.
Système productif : ensemble des activités produisant de la richesse dans un réseau d'interdépendance.
Chaîne de valeur globale : une chaîne de valeur s'intéresse à la valeur que chaque étape de production ajoute à la valeur totale du produit. Elle est appelée globale quand les différentes étapes de la production, de la conception à la commercialisation, sont effectuées dans des pays différents.

CHRONOLOGIE

1867 : L'entreprise américaine de machines à coudre, Singer, installe une usine en Écosse.
1911 : Ford ouvre sa première usine en Europe.
1961 : Toyota commence à adopter les nouveaux principes d'organisation du travail définis par l'ingénieur Ohno Taiichi.
1971 : Premier Forum économique mondial à Davos, en Suisse
1980 : Ouverture des quatre premières zones économiques spéciales chinoises
1994 : La CNUCED crée un indice de transnationalisation pour mesurer la mondialisation des grandes entreprises.

1999 : Alliance entre Renault et Nissan. Fusion des géants américains du pétrole Exxon et Mobil

2004 : IBM vend sa division PC au Chinois Lenovo.

2006 : L'entreprise indienne Mittal achète le groupe sidérurgique européen Arcelor.

2011 : Lancement du programme « Industrie 4.0 » en Allemagne

2014 : Annonce de l'acquisition par General Electric de la branche énergie d'Alstom

2016 : Procédure de la Commission européenne contre Google pour abus de position dominante

2018 : Loi FIRRMA aux États-Unis

2021 : 140 pays s'entendent pour fixer à 15 % le taux minimal d'impôt sur les sociétés pour les FTN.

2024 : la capitalisation boursière des GAFAM dépasse les 12 000 milliards de dollars.

I. L'entreprise en mutation

A. LES ENTREPRISES ET LA MUTATION DE L'ÉCONOMIE MONDIALE

1. Le premier âge des firmes : une logique internationale

Les premières firmes multinationales modernes naissent dans la seconde moitié du XIXe siècle avec l'accélération de la mondialisation consécutive à la deuxième révolution industrielle. En 1914, la moitié des soixante plus grands groupes mondiaux sont déjà internationalisés. Leurs activités concernent l'extraction de matières premières et les secteurs de la deuxième industrialisation : automobile, pneumatiques, chimie, industries électriques. Cependant, la production de ces firmes ne représente encore que 3 à 6 % de la production mondiale dans la première moitié du XXe siècle. Le choix de l'internationalisation correspond à une simple extension internationale d'activités qui restent centrées sur l'espace national.

À partir des années 1950-1960, une nouvelle phase d'internationalisation s'engage sous l'impulsion des firmes américaines. La part des multinationales dans la production mondiale représente ainsi 11 % en 1974. **La logique de ces entreprises demeure multinationale ou multidomestique. Il s'agit de produire sur plusieurs marchés nationaux des biens adaptés à chacun d'entre eux.** L'organisation de l'entreprise est très centralisée et hiérarchique, les filiales n'entretenant pas de relations entre elles. Elle correspond à la firme intégrée fordiste, qui contrôle tout le processus de production et dont l'espace fondamental reste le territoire national. L'internationalisation s'accompagne souvent d'une stratégie de concentration qui obéit à une logique conglomérale : les firmes achètent des sociétés dont les activités n'ont pas de lien entre elles, dans le seul but d'augmenter leur chiffre d'affaires.

2. La montée de l'incertitude

La crise des années 1970 entraîne une mutation profonde de l'économie mondiale, qui place les entreprises dans une situation d'extrême incertitude. Les firmes se trouvent confrontées à une crise des débouchés sur les marchés des pays développés, désormais saturés. La concurrence s'intensifie entre elles alors qu'elles connaissent une baisse de leurs profits. **Les modes de consommation évoluent.** Le consommateur, plus réticent face aux biens de masse standardisés, se montre plus versatile et réclame des produits plus différenciés et de meilleure qualité. Pour rester compétitif dans ce nouvel environnement,

l'innovation devient un facteur de plus en plus décisif. Or, la complexification et l'accélération du processus d'innovation entraînent une augmentation des coûts et font craindre qu'une innovation de rupture donne un avantage décisif à un concurrent.

Enfin, l'approfondissement de la mondialisation a eu un effet ambivalent sur les entreprises. Les progrès des transports, le développement des nouvelles technologies de l'information et de la communication (NTIC), la libéralisation du commerce et des marchés financiers élargissent leur liberté d'action et leur ouvrent de nouvelles opportunités de financement et de profit. Cependant, la mondialisation accroît les risques: la concurrence devient mondiale, l'instabilité croissante du marché rend toute prévision à long terme impossible.

3. Le poids croissant des logiques financières

Les mutations du secteur financier ont profondément modifié la stratégie des entreprises. La **désintermédiation bancaire*** a permis aux firmes de se financer directement sur les marchés financiers. Ce faisant, elle a entraîné l'entrée de nouveaux acteurs financiers dans le capital des entreprises: les investisseurs institutionnels, les fonds d'investissement privés et les fonds souverains*. Forts de leur poids financier, ceux-ci ont accru leur pouvoir de **contrôle sur la stratégie de l'entreprise**, qui n'est plus considérée que comme un simple actif financier. L'objectif prioritaire est alors de maximiser la valeur actionnariale de l'entreprise afin d'engendrer des plus-values. Les actionnaires se partagent une part croissante des dividendes: en 2023, les grandes sociétés cotées en bourses leur ont versé 1700 milliards de dollars.

Depuis qu'elles y ont été autorisées en 1980 aux États-Unis (en 1998 en France), les grandes entreprises se sont mises à racheter leurs actions pour en faire monter le cours : en 2022, le montant de ces opérations a atteint la somme colossale de 932 milliards de dollars aux États-Unis. Enfin, **les actionnaires ont poussé à l'abandon la logique conglomérale au profit d'un recentrage sur le «cœur de métier» dans lequel l'entreprise dispose d'un avantage sur ses concurrents**.

Pour aller plus loin

La revue de référence du classement des entreprises, *Fortune*
liennathan.fr/v283ue

B. LA RÉORGANISATION DES FIRMES

1. Une nouvelle organisation de la production

Dans ce nouvel environnement économique plus incertain, **les entreprises se sont réorganisées en suivant plus ou moins complètement les principes du toyotisme** inspirés des méthodes expérimentées chez Toyota à partir du début des années 1960. Afin de réduire les coûts, la hiérarchie a été «aplatie» par suppression des échelons intermédiaires. Le salarié

DÉFINITIONS

Désintermédiation bancaire: pour se financer, les acteurs économiques, comme les entreprises, ne passent plus prioritairement par les banques, qui étaient jusqu'alors des intermédiaires incontournables, mais émettent des titres négociables directement sur les marchés financiers.

Fonds souverains: fonds d'investissement créés par des États et alimentés, le plus souvent, par les ressources issues des exportations d'hydrocarbures ou des excédents commerciaux.

n'est plus spécialisé dans une tâche, il doit en assurer plusieurs au sein d'une équipe. Il se voit confier davantage de responsabilités et d'autonomie.
Le toyotisme entend également améliorer la compétitivité hors coût. **L'adoption de la production juste à temps**, qui inverse la relation entre la vente et la production, rend l'entreprise apte à s'adapter plus finement et plus rapidement à l'évolution de la demande. Elle entraîne un changement plus fréquent de la gamme, ce qui répond à l'exigence de nouveauté. La compétition devient une compétition pour le temps. Elle se fait également autour de la qualité, comme le rappellent les slogans « 0 défaut » et « 0 panne ».
Enfin, les capacités d'innovation deviennent décisives. **La compétitivité de l'entreprise repose sur sa capacité à produire des connaissances** et passe par un effort durable dans la recherche-développement. Afin de faire face au coût croissant de l'innovation et de profiter des compétences des autres entreprises, les partenariats entre firmes se sont multipliés pour concevoir de nouveaux produits. En 2019, Ford et Volkswagen ont annoncé une coopération pour concevoir des véhicules utilitaires, électriques et autonomes.

2. Firme allégée, firme en réseau

■ L'usine mondiale

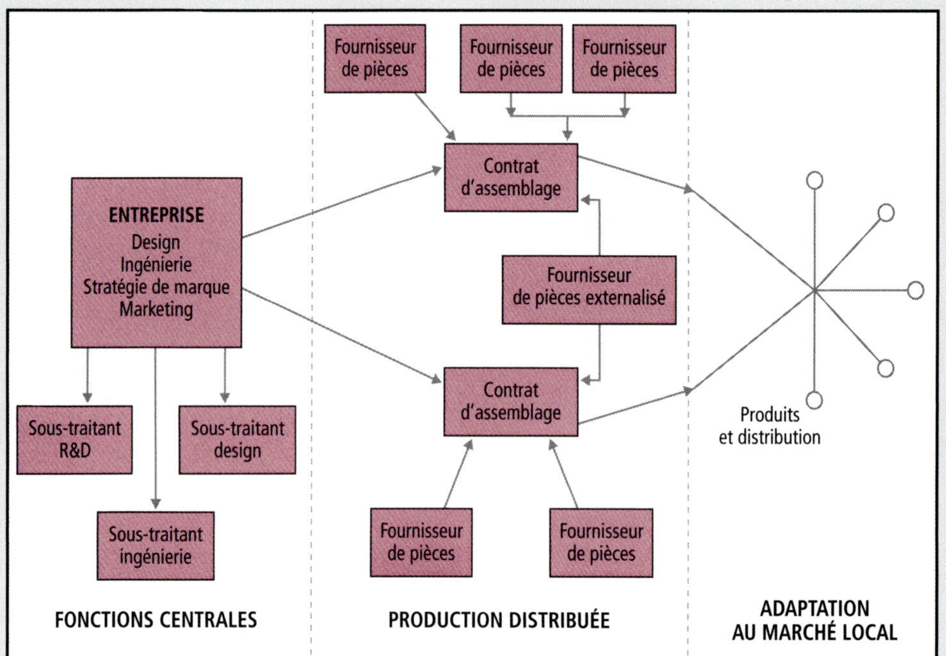

Source : Mayrhofer Ulrike, *Le management des firmes multinationales*, Vuibert, 2011.

La généralisation des principes du toyotisme conduit à la firme allégée ou à « l'usine minimum ». Les firmes renoncent à une intégration verticale de la production, c'est-à-dire à en contrôler toutes les étapes. Elles confient la fabrication des composants du produit final et certains services à des sous-traitants. Cette évolution a été permise par la modularisation de la production, l'essor des NTIC et la réduction des coûts de transport. L'externalisation de l'activité réduit les coûts, reporte une partie des risques sur les fournisseurs et renforce la faculté de s'adapter à la demande grâce à une organisation plus flexible et une meilleure division du travail.

La fabrication du produit concerne ainsi un réseau complexe d'entreprises dont l'activité est coordonnée par la firme. Celle-ci conserve une position stratégique et se réserve les segments les plus rentables. Sur le modèle de l'usine mondiale [→ SCHÉMA PRÉCÉDENT], elle s'organise autour de fonctions centrales, le plus souvent directement contrôlées par la firme, tandis que la production est largement externalisée à des fournisseurs à l'échelle locale, nationale et internationale. Renault estime ainsi le nombre de ses fournisseurs à 17000. L'éclatement de la production entraîne l'essor des fonctions logistiques, qui deviennent stratégiques.

3. Une nouvelle phase de concentration

À partir des années 1980, les investisseurs financiers ont d'abord favorisé la réduction du périmètre d'activité des entreprises, le *downsizing*. Les entreprises se sont recentrées sur leur métier d'origine, dans lequel elles disposent d'un savoir et de compétences qui leur permettent de se différencier des autres. **Une fois réorganisées, les firmes ont repris leur croissance à partir des années 1990**, qui ont été marquées par des méga-fusions, comme celle d'Exxon et Mobil, les deux géants américains du pétrole, en 1999. La crise financière de 2008 a entraîné une pause dans les grandes opérations, mais celles-ci ont repris à partir de 2013 : depuis 2015, le montant annuel des fusions-acquisitions oscille autour de 4000 milliards de dollars par an. En 2014, les cimentiers Lafarge et Holcim ont formé le leader mondial de la construction tandis qu'en 2015, DuPont et Dow Chemical ont constitué le numéro 2 mondial de la chimie, dépassé depuis 2017 à l'occasion du rachat du Suisse Syngenta par le Chinois ChemChina. En 2016, Bayer a annoncé le rachat de Monsanto ; en 2017, PSA s'empare d'Opel, avant de fusionner en 2021 avec Fiat-Chrysler pour donner naissance au groupe Stellantis.

Si les entreprises ont cherché à grandir, c'est parce que la taille présente toujours des avantages considérables en termes de productivité, d'économies d'échelle, de capacités de financement et de pouvoir sur le marché. La concentration est en outre favorisée par les nouvelles technologies, qui nécessitent des investissements considérables. Les acquisitions permettent aussi d'avoir accès à des technologies maîtrisées par une entreprise plus petite. Depuis quelques années, elles se font également pour résister à la concurrence des immenses groupes publics chinois. Le Français Alstom a ainsi acquis le Canadien Bombardier en 2022 pour faire face à l'entreprise chinoise CRRC, numéro 1 mondial du matériel ferroviaire.

L'économie des grandes entreprises repose donc sur une logique oligopolistique. En 2011, une étude suisse a démontré que, par le biais de leurs participations croisées, 147 FTN possédaient 40% de la valeur économique et financière des 43000 transnationales les plus importantes dans le monde. En 2017, les 100 plus importantes d'entre elles représentent 60% de la valeur ajoutée des FTN et 15% de la main-d'œuvre. Elles possèdent 30% des filiales à l'étranger alors que 70% des FTN n'en possèdent qu'une seule.

C. LES ENTREPRISES À L'ÂGE DU NUMÉRIQUE

1. Une nouvelle révolution industrielle

De nombreux économistes, comme Jeremy Rifkin, présentent l'avènement de l'économie numérisée comme la troisième ou la quatrième révolution industrielle. En effet, le numérique n'est pas un nouveau secteur qui apparaîtrait à côté des autres, il bouleverse le fonctionnement de l'économie tout entière. Aucun domaine n'est ainsi épargné par l'appétit des géants numériques, à l'instar des GAFAM qui ont investi dans la santé, l'automobile, l'environnement, l'éducation ou encore la télévision. L'économie numérique favorise donc l'émergence rapide de redoutables concurrents pour les acteurs établis. Par ailleurs, elle met fin à la distinction entre industrie et services. **Les entreprises assurent à la fois une production physique, des services et des logiciels : c'est l'*advanced manufacturing* ou le *smart manufacturing*.** Apple fait ainsi davantage de bénéfices avec ses applications qu'avec ses produits. Dans l'économie numérisée, la richesse provient en effet davantage de sources non matérielles (marque, algorithme, réseau d'utilisateurs, données) que d'actifs physiques comme des machines et des biens.

La nouvelle économie paraît, au premier abord, favoriser les petites et moyennes entreprises sur le modèle des start-up, des petites structures innovantes. La particularité de ces acteurs numériques est de bénéficier très vite d'une influence mondiale malgré leur taille réduite. Malgré tout, la grande taille demeure décisive, comme l'illustre la stratégie de développement effrénée des nouveaux géants du numérique : Facebook s'est emparé d'Instagram en 2012 et de WhatsApp en 2014, Microsoft de LinkedIn en 2016, Apple de Shazam et Amazon de Whole Foods (une chaîne de magasins de produits biologiques) en 2017. Ces achats s'inscrivent à la fois dans une stratégie d'intégration verticale pour le contrôle de l'ensemble de la chaîne de valeur et dans une optique d'intégration horizontale pour étouffer la concurrence. Ils correspondent aussi à la volonté de recruter de nouveaux talents. De cette manière, ces géants « agglomérants » imposent leur loi au marché selon la logique du « *winner takes all* ».

Ils disposent pour cela d'immenses capacités de financement. Leur capitalisation boursière est très supérieure à celle des FTN plus anciennes : en octobre 2024, celle des GAFAM dépasse 12 000 milliards de dollars ; celle de la société de semi-conducteurs Nvidia les 3300 milliards de dollars.

ZOOM ▶ L'« Industrie 4.0 »

L'« Industrie 4.0 » est un programme lancé par les industriels et le gouvernement allemands lors de la foire de Hanovre en 2011. Inquiets de la concurrence des géants du numérique américains et désireux de profiter des nouvelles opportunités offertes par les avancées technologiques, ce plan vise à renforcer la compétitivité de l'économie allemande et à maintenir le rôle central qu'y joue l'industrie. La démarche est caractéristique du « modèle économique allemand » en ce qu'elle associe les grands groupes, les PME du Mittelstand, les universités, le ministère de la Formation et de la Recherche et les syndicats. Une centaine de projets ont été lancés pour réorganiser les entreprises afin qu'à côté de leurs capacités industrielles, elles développent des compétences dans les logiciels et dans les plateformes. Tout en continuant à s'appuyer sur des produits industriels dans lesquels elles peuvent capitaliser sur l'ancienneté de leurs compétences, les firmes allemandes ont développé des services pour accompagner les clients tout au long du cycle de vie du produit.

L'exemple allemand a été suivi par les autres grandes puissances économiques. Les États-Unis ont lancé l'« Advanced Manufacturing National Program Office » en 2011, l'Italie « La Fabbrica del Futuro » en 2012, la France le programme « Industrie du futur » en 2013. L'Allemagne a aussi inspiré le programme « Made in China 2025 » (« MIC 2025 »), annoncé en 2015, qui prétend faire de la Chine le leader dans plusieurs domaines de la technologie : batteries électriques, intelligence artificielle, énergies renouvelables, etc.

2. La compétitivité à l'âge du numérique

L'économie numérique renforce le caractère stratégique de la maîtrise et de l'utilisation des savoirs. **Elle place au cœur de la compétitivité la collecte et l'analyse de volumes toujours plus importants de données techniques ou personnelles (*big data*)** grâce à l'utilisation de serveurs toujours plus puissants dans d'immenses *data centers*. Le *cloud computing* est aujourd'hui dominé par Amazon et Microsoft (respectivement 31 % et 24 % du marché en 2024).

La révolution technologique ouvre également aux entreprises de nouvelles voies pour renforcer leur productivité et leur capacité d'innovation par l'emploi de nouveaux matériaux (composites, nanomatériaux, poudres), le recours à des objets connectés, l'accélération de la robotisation ou encore l'utilisation de nouveaux outils comme les imprimantes 3D, largement présentes dans l'aéronautique ou le secteur de la santé, et bien sûr l'Intelligence Artificielle.

Ces évolutions ont bouleversé la chaîne de valeur par la promotion du client. Elles ont permis de répondre de manière plus réactive à la demande en réduisant encore les délais de fabrication et de livraison, et en individualisant toujours davantage le produit. L'économie numérique voit surtout l'avènement d'une **économie de la collaboration**. Depuis le développement du Web 2.0 en 2003, l'utilisateur ou le client sont devenus des producteurs. Ils fournissent les contenus, comme sur YouTube ou Facebook, ou proposent des solutions techniques par le biais de l'*open innovation* ou du *crowdsourcing*. Des plateformes comme BlaBlaCar ou Airbnb leur permettent de devenir directement des acteurs économiques.

3. Travail et emploi à l'âge du numérique

La nouvelle économie transforme le travail au sein de l'entreprise. Pour que le numérique profite à l'entreprise, celle-ci doit adopter une nouvelle organisation qui repose sur la connexion renforcée entre les systèmes techniques, le décloisonnement des différents services et la collaboration entre les employés.

Les conséquences sur le marché de l'emploi sont également importantes. Les grandes entreprises numériques ont connu une hausse importante de leurs effectifs : Amazon emploie 1,5 millions de personnes, Microsoft 221 000, Apple 161 000 et Google 183 000 en 2023. Le numérique a aussi provoqué un développement du travail indépendant parce qu'il a relancé la compétitivité de petites structures artisanales, mais surtout parce que sont apparues des plateformes d'emplois qui reposent sur le recours à des travailleurs indépendants, autoentrepreneurs ou *free-lance*. Le succès foudroyant d'Uber a popularisé le terme « ubérisation » du marché de l'emploi. Cette évolution accentue la parcellisation des tâches par l'éclatement des temps de travail traditionnels en une myriade de tâches individuelles.

Les conséquences de ces mutations sur l'emploi sont encore difficiles à mesurer. La première interrogation concerne les effets de la robotisation et de l'IA. En 2019, une étude de l'OCDE annonce un déclin de 14 % des emplois d'ici 2040 dans les pays développés à cause de l'automatisation. Selon le rapport de la banque Goldmann Sachs de 2023, 300 millions d'emplois seraient exposés au développement de l'IA. D'autres analystes prévoient, à l'inverse, qu'elle n'entraînera pas la création d'emplois nouveaux. Un deuxième débat concerne l'évolution vers un marché de l'emploi dominé par les travailleurs indépendants. Leur nombre a progressé depuis vingt ans dans les pays développés mais leur part dans la population active n'atteint que 10 %. Enfin, la qualité de ces emplois fait également polémique. Certains travailleurs indépendants profitent de cette nouvelle organisation pour construire leur parcours professionnel de manière volontaire. D'autres, au contraire, effectuent des tâches mal rémunérées qui les maintiennent dans la dépendance des plateformes numériques (*gig economy*).

II. Les acteurs de la nouvelle division internationale du travail

A. LA TRANSNATIONALISATION DES FIRMES

1. Le choix de l'internationalisation

Dès les années 1970, l'épuisement du modèle fordiste et la crise économique ont poussé les entreprises à accélérer leur internationalisation. Par la conquête de nouveaux marchés, celles-ci ont d'abord cherché à retrouver des taux de profit plus élevés. Elles ont ainsi suivi les analyses de l'économiste américain Raymond Vernon (1966) sur le cycle du produit : **une entreprise qui dispose d'une position dominante sur son marché national, notamment du point de vue technologique, a intérêt à investir à l'étranger pour trouver de nouveaux clients et pour accroître son avance sur ses concurrents**. L'internationalisation permet aussi de réaliser des économies d'échelle liées à un marché plus vaste, et d'avoir accès à des compétences et des ressources locales. Elle facilite l'adaptation aux habitudes des consommateurs locaux.

Les entreprises investissent aussi à l'étranger afin de contourner le marché. **Par ce mécanisme appelé « internalisation », elles privilégient les relations avec leurs filiales pour éviter les différents coûts et risques liés au fonctionnement du marché :** protections tarifaires ou non tarifaires, risque de change lié à la variation du cours des monnaies… Le développement de cette stratégie explique qu'aujourd'hui, la circulation internalisée des biens et services représente près de la moitié du commerce mondial.

Une des principales manifestations de cette internationalisation est l'explosion des investissements directs à l'étranger (IDE). Le stock d'IDE sortant est passé de 9 % du PIB mondial en 1990 à 42 % en 2023, progressant à un rythme beaucoup plus élevé que la croissance mondiale. Cependant, depuis cette date, sa progression est plus lente.

■ Évolution des investissements directs étrangers par groupes de pays (montant des flux d'IDE entrants)

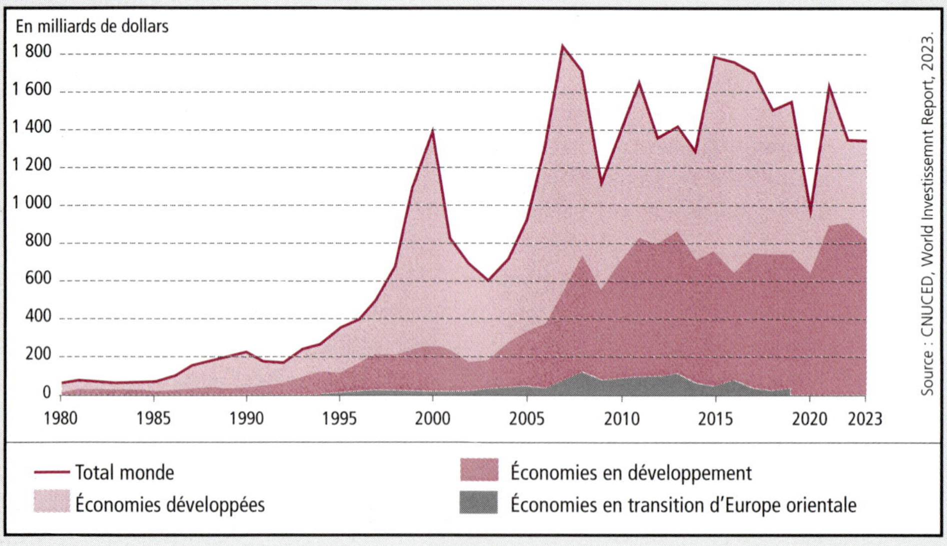

2. La transnationalisation des entreprises

Le développement de leurs activités à l'étranger a conduit les firmes à un degré toujours croissant d'internationalisation. En 1994, la part de l'étranger dans les actifs, dans les ventes et dans les employés était de 45,9 % pour les 100 plus grandes firmes non financières. En 2019, elle est de 62,4 %. Le capital des entreprises est, lui aussi, de plus en plus contrôlé par des actionnaires étrangers. La part des non-résidents au capital des entreprises du CAC 40 est passée de 33,4 % en 1990 à 40,3 % fin 2022. Elle est d'environ 50 % de l'ensemble des actions cotées en Italie, en Espagne et en Allemagne, autour de 60 % au Royaume-Uni.

La mondialisation des grands groupes a nourri l'idée de firmes globales entièrement détachées de leur ancrage national, raisonnant au niveau mondial suivant les seules logiques de la rentabilité financière et des écarts des dotations factorielles entre les États. **Pourtant, les vraies entreprises globales sont une exception. La base nationale reste importante**, comme en témoignent la localisation des sièges sociaux et la nationalité des dirigeants. Les entreprises transnationales occupent encore une place prépondérante dans les économies de leur pays d'origine. **Le degré de transnationalisation des firmes demeure aussi très variable selon les secteurs et le pays d'origine.** Ces différences reflètent la diversité des stratégies des firmes.

Les implantations de Volkswagen en 2024

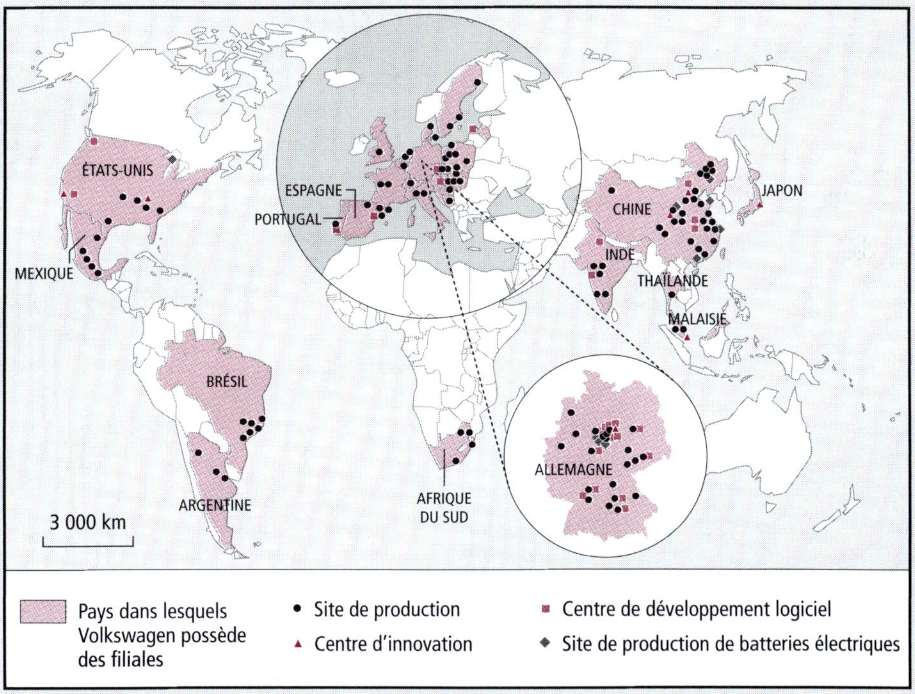

3. Les stratégies géographiques d'internationalisation

Le choix de l'implantation géographique des investissements des FTN à l'étranger répond à deux logiques : la recherche des marchés et l'exploitation des avantages comparatifs. La première stratégie, qui reste la plus courante, consiste à être présent sur les grands marchés mondiaux pour être au plus près des consommateurs, pour rechercher des compétences technologiques dans des régions aux fortes externalités* positives et à la main-d'œuvre très qualifiée. La seconde logique est celle de la division internationale du travail. Les entreprises s'implantent dans un pays selon les avantages comparatifs de celui-ci : coûts de production, main-d'œuvre nombreuse. En réalité, les firmes ont souvent recours en même temps aux stratégies d'accès au marché et de division internationale du travail car elles ne concernent pas les mêmes espaces.

Les progrès des moyens de transport et des NTIC, le développement de la production modulaire, la libéralisation des échanges et des investissements ont **amené les firmes transnationales à recourir à la décomposition internationale du processus productif (DIPP)**. Elles ont constitué des **chaînes de valeur globales** en répartissant entre différents pays les activités nécessaires à la mise sur le marché d'un produit, depuis sa conception jusqu'à son utilisation finale. La valeur des intrants importés dans les exportations est ainsi passée de 23 % à 30 % entre 1990 et 2007. **La logique de la spécialisation internationale ne repose donc plus sur un produit mais sur une tâche.**

Après avoir connu un essor très rapide à partir des années 1980, **le fractionnement des chaînes de valeur stagne depuis une décennie**. La part des intrants étrangers dans les exportations a reculé depuis la crise financière et n'est plus que de 27 % en 2014. Les arbitrages les plus profitables ont déjà été effectués, les coûts de transport ainsi que les barrières douanières ont connu une telle diminution qu'il n'est guère possible d'aller plus loin.

ZOOM ▶ Les chaînes de valeur globales en question

Le confinement imposé en janvier 2020 dans la province chinoise du Hubei a provoqué une interruption de l'approvisionnement en masques et en principes actifs pour les médicaments (80 % de ceux utilisés dans l'UE sont produits en Asie), dont la fabrication avait été délocalisée en Chine et en Inde. La crise a ainsi révélé la fragilité de chaînes de valeur trop fragmentées que la catastrophe de Fukushima en 2011, privant l'industrie européenne de composants japonais, avait déjà montrée. Elle a aussi mis en lumière la dépendance des Européens vis-à-vis de la Chine à l'heure où montent les tensions entre Américains et Chinois, et où l'UE veut s'affirmer comme un acteur stratégique autonome.

En Europe, tous les acteurs politiques et économiques ont souligné l'urgence de relocaliser certains segments de production stratégiques et de réindustrialiser pour créer de nouveaux emplois. En avril 2020, le président français Emmanuel Macron appelait à « *rebâtir une indépendance agricole, sanitaire, industrielle et technologique française et plus d'autonomie stratégique pour notre Europe* ».

Mais passer de la théorie à la pratique n'est pas aisé. Il n'est pas possible pour les entreprises de réorganiser leur système de production du jour au lendemain. Développer de nouvelles usines prend du temps et nécessite des compétences qui ne sont parfois plus présentes localement. Se pose aussi la question du coût de production qui demeure plus élevé dans les pays développés. L'enjeu n'est donc pas de renoncer aux chaînes de valeur globales, qui ont aussi des effets économiques bénéfiques, mais d'en corriger les excès. Enfin, il est illusoire de penser que les usines reviendront telles qu'elles existaient il y a vingt ans. Pour un grand nombre d'experts, la relance des capacités industrielles ne peut passer que par la robotisation et la numérisation, qui permettent de produire rapidement (grâce à des imprimantes 3D, par exemple) à un prix concurrentiel. Mais cette stratégie crée peu d'emplois et uniquement pour des travailleurs très qualifiés.

DÉFINITION

Externalité : situation dans laquelle l'activité d'un agent économique affecte le bien-être d'autres acteurs sans que cela soit volontaire et n'entraîne une transaction commerciale. Une externalité peut être positive ou négative selon que sa conséquence est favorable ou défavorable.

B. LA DÉLOCALISATION EN DÉBAT

1. Qu'est-ce qu'une délocalisation ?

Le terme « délocalisation » désigne le transfert total ou partiel d'une activité vers une société implantée à l'étranger. Le phénomène, qui s'est engagé dans les années 1970, a pris son essor dans les années 1990-2000. L'utilisation courante du terme l'assimile au transfert des chaînes de production des industries traditionnelles (le textile, par exemple) vers un pays à bas salaires. Pourtant, la délocalisation s'effectue davantage entre des pays développés : entre 2009 et 2011, la destination privilégiée des entreprises françaises de plus de 50 salariés qui ont délocalisé est l'Union européenne (55 % des cas), suivie de l'Afrique puis de la Chine et de l'Inde. En outre, depuis les années 1990, elle concerne aussi la recherche, les industries de technologie et les services. La plupart des délocalisations ne consistent pas non plus à transférer l'intégralité d'une unité de production à l'étranger, mais un segment de fabrication.

Les facteurs du déplacement de l'activité sont donc complexes. Même s'il est souvent la motivation principale, **le coût de la main-d'œuvre n'est donc pas le seul déterminant de la stratégie des entreprises**. La délocalisation répond aussi à une volonté d'accéder à certains marchés, de rationaliser la production et de rechercher une meilleure rentabilité financière. Depuis les années 1990, elle est surtout motivée par la quête de compétences technologiques locales et l'existence sur place d'un tissu très dense de fournisseurs industriels ou tertiaires.

2. Délocalisations et emploi

Aux yeux de l'opinion, les délocalisations seraient les principales responsables des pertes d'emploi dans les pays industriels depuis les années 1990. Pourtant, en France, les différentes études menées depuis vingt ans aboutissent toutes à un effet limité des délocalisations sur les pertes d'emploi. 20 000 emplois auraient disparu à cause de la délocalisation dans les entreprises non financières de plus de 50 salariés entre 2009 et 2011. Plus qu'à la délocalisation, le recul des emplois industriels est en effet lié aux gains de productivité et à l'externalisation des services. L'influence de la délocalisation et de la compétition internationale s'accentue cependant depuis les années 2000. Entre 2000 et 2011, les États-Unis ont ainsi perdu plus de 2 millions d'emplois, dont 800 000 dans l'industrie, à cause de la concurrence de la Chine.

En outre, les délocalisations ne font pas que détruire des emplois, elles peuvent en créer dans le pays d'origine de la firme car elles améliorent sa compétitivité. Ainsi, les entreprises allemandes se sont massivement installées en Europe de l'Est sans que cela n'ait affecté ni le dynamisme de l'industrie allemande ni sa part dans le PIB, qui est restée stable. Cependant, les emplois créés, qui sont qualifiés, ne sont pas les mêmes que les emplois détruits, qui sont le plus souvent peu qualifiés. Ceci explique que les délocalisations aient des conséquences sociales importantes dans les pays développés.

Pour aller plus loin

Le site du laboratoire d'économie de l'Université Paris Dauphine, qui propose notamment des travaux de l'économiste El-Mouhoub Mouhoud, spécialiste des délocalisations

liennathan.fr/96gye2

3. Vers la relocalisation des activités dans les pays développés ?

Ces dernières années ont été marquées par des exemples de relocalisation, largement médiatisés et soutenus par les États. Dell et General Electric ont rapatrié d'Inde leurs centres d'appels à cause de problèmes de compréhension entre les consommateurs américains et les employés indiens. En 2013, l'entreprise française Rossignol, qui avait délocalisé une partie de sa production de ski à Taïwan et l'activité de fixation en Pologne, s'est réinstallée dans les Alpes. En 2012 puis en 2018, c'est au tour de Kusmi Tea de rapatrier des tâches effectuées en Chine et au Maroc.

ZOOM ▶ Un exemple de relocalisation, Atol

Le cas de l'entreprise française Atol constitue un exemple emblématique de la relocalisation. Entreprise coopérative, Atol a décidé, en 2009, de réinstaller dans le Jura une partie (30 %) de sa production de lunettes dont la fabrication et le montage étaient auparavant intégralement effectués en Chine et en Thaïlande. Cette décision a été motivée par la volonté de gagner en qualité et en réactivité afin de produire à flux tendus. La société a choisi Morez et Oyonnax, deux **systèmes productifs locaux** (SPL), dont l'efficacité repose sur l'ancienneté de leur spécialisation dans la plasturgie et la métallurgie, et sur la présence d'une grande densité de fournisseurs. Cette collaboration a permis à la société de réduire le temps de développement des nouvelles gammes. La réussite de cette relocalisation tient également aux innovations réalisées par l'entreprise (montures avec branches clipables) et à l'utilisation de nouveaux systèmes de machines.

Ces relocalisations sont motivées par la proximité du marché et l'image positive associée au fait de produire dans son pays. S'ajoutent le souci de rationalisation logistique et la recherche de gains de productivité liés aux compétences plus élevées de la main-d'œuvre dans le pays d'origine. Elles sont aussi la conséquence des difficultés managériales engendrées par l'éloignement et les différences culturelles. Comptent enfin les incertitudes de la production dans les pays en développement : problèmes de qualité du bien et du service, barrières juridiques et administratives, risque de non-respect de la propriété intellectuelle…

Cependant, pour l'heure, les relocalisations sont loin de compenser les délocalisations. En France, entre 2008 et 2017, 92 entreprises seulement ont relocalisé une partie de leur production. **Les effets sur l'emploi sont aussi incertains car les nouvelles usines réinstallées dans les pays développés sont largement robotisées.**

C. UNE NOUVELLE DIVISION INTERNATIONALE DU TRAVAIL

1. Le nouveau rapport Nord/Sud

La géographie des implantations et des investissements des firmes transnationales confirme la persistance de la domination des pays développés. 67 % des 500 plus grandes FTN sont issues des pays développés en 2024. Cette domination se retrouve aussi dans les investissements : en 2023, 68 % des flux d'IDE sortants proviennent des pays développés, qui possèdent les deux tiers du stock des IDE investis à l'étranger.

Si les firmes des pays développés demeurent les principaux investisseurs, elles ont diversifié la destination de leurs IDE vers les pays émergents pour être présentes sur des marchés en pleine croissance et au fort potentiel de développement. Entre 2011 et 2014, les flux d'IDE entrants vers les États en développement ont dépassé ceux à destination des pays développés qui, en 2014, n'en représentaient plus que 41 % contre 67 % en 2006. Cependant, **à partir de 2015, on a assisté à un retournement de tendance, les pays développés attirant un peu plus de la**

moitié des IDE depuis lors (52 % en 2019), sous l'effet de la reprise américaine et de l'effondrement du cours des matières premières qui a réduit les investissements vers les pays producteurs du Sud. Mais, depuis 2020, les pays en développement concentrent de nouveau la majorité des IDE entrants, les deux-tiers en 2023.

Les 500 premières firmes multinationales, 2023

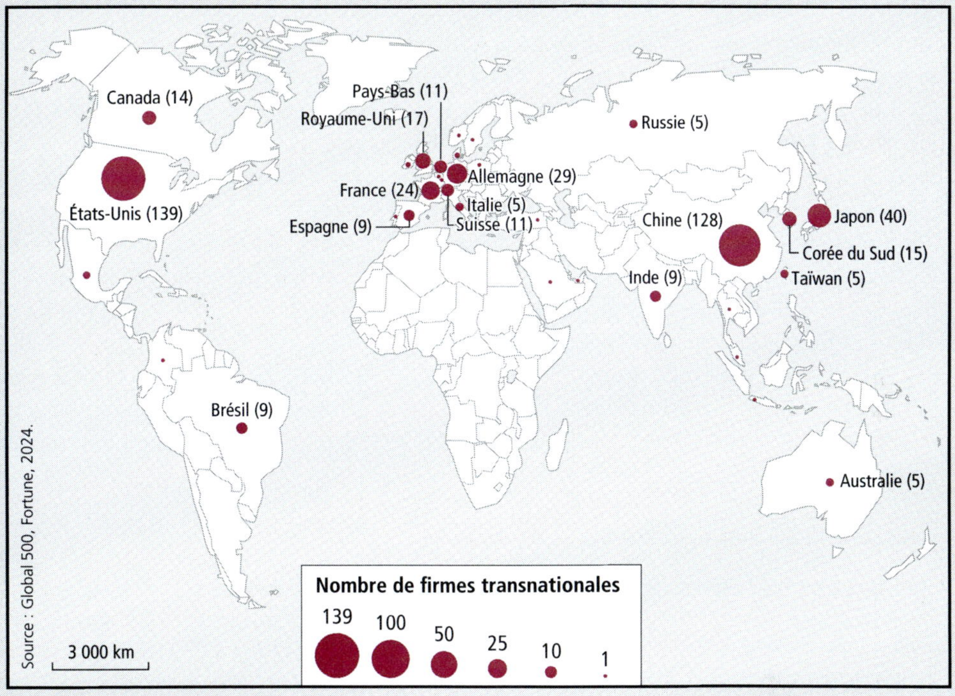

2. Une nouvelle répartition des tâches

Dans les années 1990, avec la réorganisation de leur structure, une nouvelle répartition des tâches s'est esquissée entre pays développés et pays émergents. Suivant le modèle de la firme sans usine incarnée par Nike, **les entreprises occidentales ont voulu se réserver les fonctions de commandement, la recherche-développement, la distribution, et confier une partie croissante de la fabrication aux pays émergents**. En effet, les segments les plus profitables du processus de production se situent désormais avant et après la fabrication (ce que le fondateur du groupe taïwanais ACER, Stan Shih, a schématisé dans la *smiling curve*). Le système productif mondial s'est ainsi transformé en un réseau associant le savoir-faire du Nord et la main-d'œuvre du Sud, les hautes technologies et les bas salaires.

La réorganisation des entreprises explique en partie l'évolution de la géographie industrielle mondiale. Elle a permis l'industrialisation des pays émergents, qui ont bénéficié de transferts de technologie venant des firmes occidentales. Elle a rendu le développement plus accessible car il n'est plus nécessaire pour ces pays de maîtriser tous les stades de la production : il leur suffit de se spécialiser dans une tâche. Dans le même temps, **la désindustrialisation des pays développés s'est amplifiée**. La part de l'industrie dans la valeur ajoutée en Europe est passée de 28,8 % en 1991 à 23,7 % en 2023, de 23,1 % à

17,7 % aux États-Unis entre 1997 et 2021. Malgré ce recul, les pays développés assurent encore environ la moitié de la production industrielle mondiale.

3. De la complémentarité à la concurrence

Le modèle bipolaire, qui repose sur la complémentarité entre pays développés et pays émergents, a été remis en cause à partir des années 2000. Les entreprises des pays développés ont aussi délocalisé leur recherche-développement (R&D) afin de favoriser l'innovation en s'installant près des pôles locaux d'excellence. La compétitivité des grandes entreprises repose aujourd'hui sur leur capacité à apprendre dans le monde entier. Le Nord ne peut plus prétendre avoir le monopole de l'innovation. Les avancées technologiques ont aussi permis la délocalisation croissante des fonctions de service, si bien que les IDE se redéploient vers ce secteur.

Dans le même temps, **les firmes des pays émergents sont devenues des acteurs économiques mondiaux qui concurrencent les entreprises occidentales**. On trouve 128 firmes chinoises dans les 500 plus grandes en 2024 selon le magazine américain *Fortune*, neuf firmes indiennes et autant de brésiliennes. Les investissements de ces entreprises se dirigent vers d'autres pays émergents, mais aussi vers les pays développés, où certaines d'entre elles ont effectué des rachats spectaculaires, comme le groupe indien Tata qui, en 2005, a acquis les fleurons de l'industrie automobile britannique Land Rover et Jaguar. Ces grandes entreprises émergentes poursuivent plusieurs objectifs : diversification des approvisionnements en matières premières, conquête des marchés des pays en développement, transferts de technologies, accès aux grands marchés mondiaux…

ZOOM ▶ Les stratégies des firmes transnationales chinoises

Les grandes firmes chinoises se sont affirmées comme des acteurs économiques mondiaux dans des secteurs très divers : pétrole avec Sinopec et CNPC, acier avec Baosteel, électroménager avec Haier, automobile avec BYD, pharmacie avec China Worldbest Group. Dans les nouvelles technologies, les BATX (Baidu, Alibaba, Tencent, Xiaomi), avec Huawei, sont les seules rivales des GAFAM américaines.

La particularité de ces grandes entreprises est qu'une grande partie d'entre elles sont des entreprises d'État qui bénéficient sur leur marché intérieur de situation de monopole ou d'oligopole. La SASAC (*State-owned Assets Supervision and Administration Commission*), une immense holding, supervise les participations de l'État dans ces groupes dont elle favorise la concentration pour constituer des géants mondiaux. À la suite de l'admission de la Chine à l'OMC en 2001, l'État a aussi incité les entreprises à s'internationaliser par la politique du *Go Abroad* (2002). Les grands groupes chinois ont choisi différentes stratégies. Certains d'entre eux ont investi dans les autres pays émergents ou dans les pays plus pauvres en quête de nouveaux marchés, d'une main-d'œuvre meilleur marché ou de matières premières. D'autres ont choisi de s'installer directement dans les pays développés. Ils ont su profiter de la réorganisation des grandes firmes occidentales pour acheter des activités industrielles abandonnées par celles-ci : Lenovo s'est emparé de la division PC d'IBM en 2004 alors que le géant américain se reconvertissait vers les services informatiques. Les firmes chinoises entendent aussi monter en gamme en rachetant des technologies des pays développés : TCL a ainsi acquis Thomson Multimedia en 2004, le groupe Midea s'est emparé de l'entreprise allemande de robots Kuka en 2016 et Tencent d'Ubisoft en 2018. Leur objectif peut être aussi d'acquérir une réputation internationale par l'achat de marques, comme la firme automobile chinoise Geely avec l'achat du suédois Volvo en 2009.

D. LES TERRITOIRES DES FIRMES TRANSNATIONALES

1. Une sélection très réduite d'espaces à l'échelle mondiale

La mondialisation croissante des firmes transnationales n'a pas entraîné une diffusion égale des activités économiques dans l'espace mondial. Elle repose en effet sur une très forte concentration géographique des investissements. À eux seuls, huit pays développés sont responsables des deux tiers des stocks d'IDE sortants. Les investissements dans les pays en développement ne concernent qu'une poignée de pays : les pays fondateurs des BRICS concentrent près de la moitié des IDE entrants des pays en développement et en transition en 2023. L'Asie de l'Est et du Sud-Est a vu sa part dans les IDE entrants passer de 13,3 % à 41 % entre 2006 et 2023. En revanche, la part de l'Afrique a stagné : en 2023, le continent n'attire qu'à peine 4 % des IDE entrants. Enfin, la délocalisation de la R&D ne concerne qu'un nombre restreint de pays émergents : la Chine, l'Inde et le Brésil.

2. Des firmes globales régionalisées

Plutôt que d'aboutir à une globalisation des firmes, leur déploiement international repose avant tout sur une logique régionale. Les grandes entreprises ont réorganisé leur production et leur investissement au sein de l'Union européenne pour les firmes européennes, de l'Asie orientale pour les japonaises, de l'ALENA pour les américaines. Leurs investissements favorisent la domination de ces trois grandes régions économiques du monde.

L'économie actuelle n'est donc pas totalement intégrée, mais fonctionne selon un emboîtement d'économies nationales, de blocs régionaux et de logiques plus globales. L'affirmation de l'échelle régionale a conduit à une réorganisation interne de la structure des firmes transnationales. Les filiales-relais, qui produisaient pour le marché local, ont été remplacées par des filiales spécialisées qui alimentent un marché régional ou réexportent leur production vers les grands marchés internationaux.

■ **Évolution des stocks d'IDE entre 2006 et 2017**

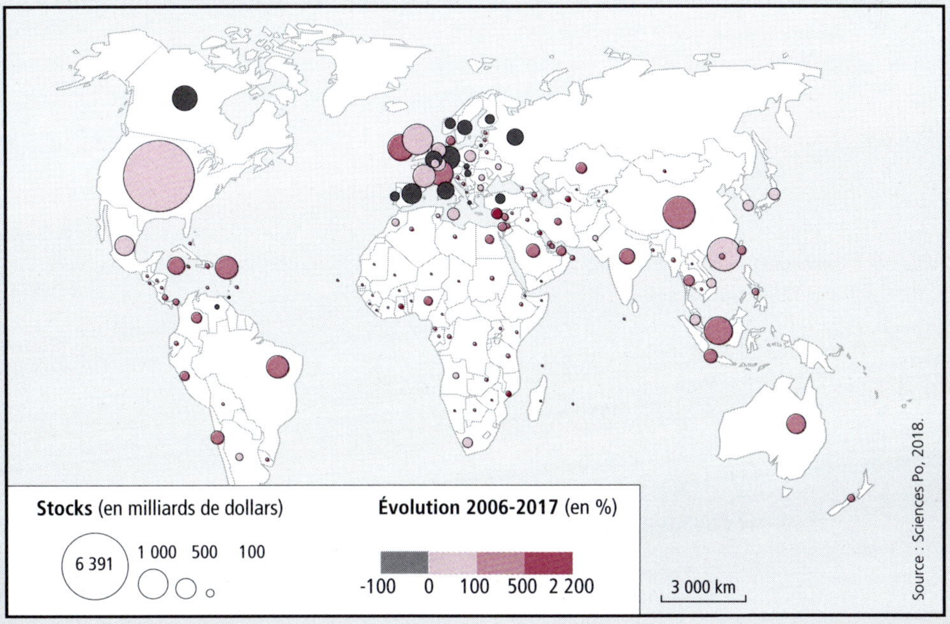

3. L'impact sur les espaces nationaux

La polarisation liée à l'activité des firmes est aussi interne aux espaces nationaux. Les grandes entreprises concentrent leurs investissements dans quelques régions, **ce qui aggrave les inégalités de la géographie économique interne aux territoires nationaux**. En Allemagne, entre 1995 et 2017, les trois quarts des IDE se sont dirigés vers quatre länder de l'ouest et du sud-ouest du pays. En France, les deux tiers des emplois des entreprises étrangères sont situés en Île-de-France, dans les Hauts de France, le Grand Est et la Région Auvergne-Rhône-Alpes. Il en est de même dans les pays émergents, dans lesquels les firmes investissent dans les espaces tournés vers l'extérieur, comme la Chine littorale ou le Sudeste brésilien, au détriment des régions de l'intérieur. Dans ces États, leur installation a été aussi stimulée par la création de **zones économiques spéciales*** : en 2024, il en existe 5 400, dont 93 % se situent dans un pays en développement et près de la moitié en Chine. Dans les pays plus pauvres, les implantations des firmes étrangères correspondent à des **logiques d'enclaves**. L'exploitation des ressources locales ne concerne que des espaces très réduits et n'a que peu d'effets sur les territoires environnants.

La stratégie géographique des firmes transnationales privilégie les espaces où elles peuvent bénéficier de nombreuses externalités positives grâce à la densité des infrastructures et à la grande variété des acteurs, des ressources financières et humaines qui s'y trouvent. **Les firmes transnationales ont ainsi favorisé la métropolisation.** L'éclatement de la production a renforcé les fonctions de coordination au sein de leur siège social situé dans les grandes villes. **Douze métropoles seulement accueillent la moitié d'entre eux.** Les FTN y bénéficient de la présence d'entreprises qui les conseillent dans l'organisation de leurs activités : services financiers, marketing, audit, conseil, droit, informatique.
De même, **les entreprises transnationales ont concentré leur production, leur R&D et leur réseau de sous-traitants autour de districts industriels et de technopoles (ou *clusters**) locaux ou régionaux**. Les logiques de l'innovation ont ainsi tendance à renforcer la polarisation des territoires nationaux. Aux États-Unis, selon Enrico Moretti, la géographie de l'innovation oppose l'archipel dynamique des espaces métropolitains et des grands clusters (Seattle, Boston, Silicon Valley, Austin, Research Triangle Park de Raleigh) à un océan de régions peu actives. Le cas américain comme l'exemple allemand montrent que, dans l'économie contemporaine, les entreprises isolées géographiquement sont en difficulté.

DÉFINITIONS

Zone économique spéciale : espace clairement délimité dans lequel les entreprises échappent au régime commun en vigueur dans le pays d'accueil, surtout dans les domaines douanier et fiscal.

***Cluster* :** concentration géographique d'entreprises interdépendantes, fournisseurs de biens et de services dans des branches industrielles proches, qui coopèrent avec leurs concurrentes, avec des universités et des centres de recherche localisés à proximité.

III. Un acteur tout-puissant ?

A. UN ACTEUR DOMINANT DE L'ÉCONOMIE MONDIALE

1. Une position centrale dans l'économie mondiale

■ **Les dix premières firmes transnationales en 2023**

Nom de la firme	Chiffre d'affaires en milliards de $	PIB, 2023
Wal Mart Stores, États-Unis, grande distribution	611	Belgique : 644
Saudi Aramco, Arabie Saoudite, pétrole	603	Suède : 584
State Grid, Chine, électricité	530	Irlande : 551
Amazon, États-Unis, grande distribution	513	Israël : 513
China national Petroleum, Chine, pétrole	483	Norvège : 485
Sinopec group, Chine, pétrole	471	Venezuela : 482
Exxon Mobil, États-Unis, pétrole	413	Vietnam : 429
Apple, États-Unis, technologie	394	Égypte : 396
Shell, Royaume-Uni, pétrole	386	Afrique du Sud : 380
United Health Group, États-Unis, santé	324	Pakistan : 337

Banque mondiale et Fortune Global 500, 2023.

Les firmes transnationales apparaissent comme les acteurs dominants de l'économie mondiale. En 2017, elles assurent un tiers du commerce mondial, emploient 72 millions de personnes (moins de 4 % du total des actifs dans le monde) et réalisent 57 % du PIB mondial. Les 500 plus grandes entreprises génèrent 80 % du stock IDE.

Leur poids économique explique que les firmes exercent une influence sur les règles économiques mondiales. Avec la libéralisation de l'économie engagée à partir des années 1980, la régulation d'une frange croissante de l'économie se fait selon les règles de la *lex mercatoria*, c'est-à-dire par des normes, des procédures, des règles établies par entente entre les grandes entreprises. Ainsi, les normes comptables internationales adoptées depuis 2005 ont été définies par les grands cabinets internationaux d'audit. Les firmes exercent aussi un pouvoir très important sur les prix. Dans le cadre d'une économie mondiale dominée par de grands oligopoles, la tentation a été forte de développer des alliances informelles, des cartels, afin de limiter la concurrence et de maintenir des prix élevés.

2. Des instruments d'influence

Pour peser sur les décisions économiques internationales, les firmes ont créé diverses structures d'influence. La plus célèbre d'entre elles est le Forum économique mondial, organisé chaque année depuis 1971 dans la station de sports d'hiver suisse de Davos, qui réunit plus d'un millier d'entreprises transnationales. Le Forum s'est imposé comme le lieu incontournable de rencontres entre les grandes entreprises, les milieux financiers et les dirigeants politiques.

Les grandes entreprises ont aussi créé des structures de lobbying. Ainsi, Business-Europe, créée en 1958, réunit une quarantaine de fédérations d'employeurs de 34 pays. En 1983, est fondé le *European Round Table of Industrialists*, qui rassemble des représentants des 45 plus grandes firmes européennes. En 1995, est créé le *Transatlantic Business Dialogue* (TABD, ou Dialogue économique transatlantique, devenu le Conseil transatlantique des Entrepreneurs en 2013) entre les entreprises américaines et européennes. Les grandes banques mondiales se sont aussi réunies au sein de l'*Institute of International Finance* pour accélérer la déréglementation du secteur. À l'initiative de Microsoft, de grandes entreprises américaines de technologie ont créé l'*Americans for Technology Leadership* pour défendre leurs intérêts auprès de l'État américain et s'assurer le soutien des consommateurs.

Washington et Bruxelles sont ainsi devenues les capitales mondiales du lobbying : dans l'UE, 6 000 professionnelles sont reconnues (organisations patronales, entreprises, ONG, syndicats...) qui emploient 50 000 personnes en 2023. Le budget cumulé des lobbies des affaires à Bruxelles serait d'environ 3 milliards de dollars par an. Aux États-Unis, ce montant est estimé à 4,2 milliards de dollars en 2023.

3. Un rôle majeur dans les décisions économiques

S'appuyant sur ces structures, les grandes entreprises sont parvenues à peser sur certaines grandes décisions internationales, en particulier dans l'UE. L'*European Round Table of Industrialists* a favorisé l'instauration de l'Union économique et monétaire. L'essentiel des réunions organisées par la Direction générale du commerce de l'UE en vue de préparer le mandat des négociations du TTIP a concerné des dirigeants des grandes entreprises européennes.

Les lobbies tentent d'empêcher l'adoption de réglementations plus contraignantes. Les firmes européennes de la chimie ont essayé d'entraver la directive REACH sur l'évaluation des risques sanitaires des produits chimiques, qui a finalement été adoptée en 2007. Monsanto a voulu empêcher l'interdiction de l'utilisation du glyphosate par l'UE et a fini par obtenir, en 2017, une prolongation de cinq ans de son autorisation. 60 % des experts auprès de l'Autorité européenne de sécurité des aliments sont accrédités par des grandes firmes agroalimentaires. Quant aux banques, elles se sont mobilisées en 2008-2009 pour éviter le rétablissement d'un contrôle plus strict sur leurs activités.

Les firmes ont aussi une influence sur la politique des grandes organisations internationales. C'est sous la pression des grands groupes financiers américains que l'OMC a inclus les services dans les négociations commerciales internationales. Douze firmes américaines de l'industrie pharmaceutique, du divertissement et de l'informatique ont écrit ce qui allait devenir l'Accord sur les aspects des droits de propriété intellectuelle qui touchent au commerce (TRIPS) en 1995.

B. LES LIENS ÉTROITS AVEC L'ÉTAT

1. Les États sous la contrainte des entreprises

Le développement des firmes transnationales est un défi pour le pouvoir de l'État. Les firmes exercent une pression sur la législation nationale. Certaines entreprises n'hésitent pas à pratiquer un chantage à la délocalisation pour assouplir le droit du travail : en 2008, les salariés de Peugeot Cycles ont évité la délocalisation de la production vers Taïwan en acceptant une réduction de leur RTT. Les firmes jouent ainsi sur l'existence d'un système différencié d'États en utilisant la diversité des législations et les inégalités de développement afin de mettre en concurrence les territoires.

Les grandes entreprises exercent aussi une grande influence sur la politique fiscale des États. Ceux-ci ont adopté des mesures favorables aux intérêts des entreprises transnationales. Les zones franches se sont ainsi multipliées dans tous les pays afin d'attirer les IDE. En France, différents dispositifs fiscaux permettent aux grandes entreprises d'être moins imposées que les PME. Les États développés ont aussi baissé les impôts sur les sociétés : le taux d'imposition sur les sociétés a été ramené de 35 % à 21 % aux États-Unis en 2018 tandis qu'en France, sous le premier mandat d'Emmanuel Macron, il a diminué de 33 % à 25 %.
Malgré ces mesures accommodantes, les firmes contournent les systèmes fiscaux nationaux en utilisant massivement les paradis fiscaux pour placer leur argent, y déclarer leurs bénéfices (40 % en 2017) et trouver plus facilement des financements. Les paradis fiscaux représentent ainsi un tiers des stocks d'IDE. En 2019, les Pays-Bas et l'Irlande, qui offrent des législations fiscales très favorables aux FTN, sont les 4e et 5e destinations des IDE, les îles Vierges britanniques la 7e. 20 % des FTN allemandes et 59 % des FTN américaines possèdent au moins une filiale dans un paradis fiscal. L'économiste Gabriel Zucman estime la perte de recettes fiscales liée aux FTN et aux particuliers à 350 milliards de dollars en 2017. En 2021, 140 pays réunis autour de l'OCDE et du G20 ont fixé à 15 % le taux minimum d'imposition pour les multinationales.

2. Des intérêts partagés

La logique des États et celles des firmes ne s'opposent pourtant pas. La complémentarité l'emporte bien souvent. Les grandes entreprises se sont dotées, au sein de leur direction, d'un bureau chargé des relations avec les gouvernements. Dirigeants d'entreprise et représentants des États se rencontrent très régulièrement pour partager leurs analyses sur les évolutions économiques. Les entreprises trouvent aussi dans leur espace national des réglementations fiscales avantageuses, un accès privilégié aux marchés publics (aux États-Unis) et des aides publiques (elles représentent 6 % du PIB aux États-Unis).
Les États considèrent aussi les grandes entreprises comme des instruments d'influence extérieure. Toutes les grandes puissances économiques poussent leurs champions nationaux. Chinois comme Indiens voient dans l'influence internationale de leurs grands groupes le symbole de l'ascension de leur pays vers la puissance mondiale. Les grandes entreprises sont aussi devenues des acteurs de la diplomatie. Leurs dirigeants sont consultés régulièrement par les chancelleries. Ils accompagnent de manière systématique les chefs d'État lors de leurs déplacements officiels.

3. Le pouvoir renforcé des États sur les FTN

Sur fond de guerre économique entre les grandes puissances, **les États ont renforcé la protection des FTN nationales contre les fusions-acquisitions menées par des entreprises étrangères dans des secteurs considérés comme stratégiques pour la sécurité nationale.** La loi FIRRMA, votée en 2018, renforce le contrôle de l'État américain sur les investissements étrangers. Le Comité pour l'investissement étranger aux États-Unis (CFIUS) s'est ainsi opposé, en mai 2018, au rachat de Qualcomm, un des géants des semi-conducteurs, par le groupe de Singapour Broadcom. En France, les secteurs stratégiques, définis en 2004, ont vu leur nombre s'étendre en 2014 et en 2018. **L'acquisition d'une grande entreprise nationale par une société étrangère se négocie souvent directement avec le gouvernement**, comme l'a montré l'achat de la branche énergie d'Alstom par General Electric en 2014.

ZOOM ▶ Le patriotisme économique est-il une stratégie économique viable ?

Depuis les années 2000, face à la concurrence des émergents, puis en réponse aux effets de la crise de 2008, les appels au patriotisme économique ont fleuri dans les pays développés. Le Brexit, la première élection de Donald Trump et la crise du coronavirus ont encore davantage placé cette thématique au cœur des préoccupations des gouvernements, qui prétendent retrouver leur souveraineté économique.

Le patriotisme économique consiste à défendre les positions des entreprises nationales dans la concurrence mondiale, à les protéger sur leur marché national, à les inciter à développer leurs activités sur leur territoire. Il suppose aussi de renforcer l'action de l'État, en particulier par des politiques industrielles actives. Ainsi, aux États-Unis, Donald Trump a fait pression sur Ford pour que la firme renonce à construire une nouvelle usine au Mexique. En 2018, il a abaissé la taxe sur le rapatriement des profits des entreprises placées à l'étranger afin de relancer l'investissement aux États-Unis. En plus des hausses des tarifs douaniers, il a renforcé la protection des entreprises américaines contre des rachats par des sociétés étrangères et s'en est pris aux grandes firmes chinoises.

Ces mesures politiques se heurtent cependant à la logique des chaînes de valeur globales. En empêchant Huawei de se fournir en composants aux États-Unis, Washington pénalise aussi Qualcomm, une entreprise californienne qui fournissait le géant chinois. L'incitation au retour des usines sur le sol américain a été peu entendue par des firmes. De même, la réforme fiscale de 2018 ne les a pas amenées à relancer leurs investissements. Cet échec illustre les limites de l'action de l'État dans une économie régulée par les acteurs privés. En outre, si, comme ils le souhaitent, les États veulent retrouver un rôle plus important, cela implique qu'ils disposent de ressources financières suffisantes alors que les États occidentaux sont très endettés, situation que la crise sanitaire de 2020 aggrave encore. Enfin, le thème de la souveraineté économique nourrit souvent dans l'opinion le fantasme de l'autarcie économique alors que le véritable enjeu est le degré d'ouverture et de régulation des économies (Élie Cohen) et non une fermeture aussi illusoire que dangereuse.

Le contrôle des États sur les grandes entreprises s'exerce également par le biais de la participation publique, totale ou partielle, à leur capital. Ainsi, en 2019, 1 500 FTN à capitaux publics contrôlent 10 % des filiales mondiales. Seize d'entre elles sont parmi les 100 premières firmes mondiales, notamment les grandes entreprises d'État chinoises. C'est cependant en Europe que l'on en trouve le plus grand nombre, mais les pouvoirs publics n'y ont souvent qu'une participation minoritaire (par exemple, 20 % dans le capital de Volkswagen, 13 % dans celui de PSA). Ces entreprises sont surtout présentes dans les secteurs de l'énergie, des mines, des télécommunications et des transports.

C. FTN ET DÉSÉQUILIBRES MONDIAUX

1. Les FTN, actrices des déséquilibres mondiaux

La concentration a renforcé les logiques de rente qui affectent l'efficacité de l'économie et accentuent les inégalités sociales. Le cas le plus emblématique est celui des États-Unis. Depuis les années 2000, les grandes entreprises ont resserré leur emprise sur leur domaine d'activité, ce qui leur a permis d'augmenter leurs profits. Mais le déclin de la concurrence qui en découle les a amenées à diminuer leurs investissements. Il a aussi entraîné une baisse de l'innovation, un déclin de la productivité et un moindre dynamisme de l'entrepreneuriat. Les choix opérés par les entreprises expliqueraient, en outre, un tiers de la hausse des inégalités sociales entre 1978 et 2013. La concentration a été favorisée par des politiques favorables aux intérêts des grandes firmes et par une moindre application de la législation sur la concurrence, deux évolutions liées à l'intense lobbying de ces entreprises et à leurs contributions au financement des campagnes électorales, qui ne sont plus plafonnées.

La délocalisation de la production dans les pays en développement a permis aux FTN d'augmenter leurs profits au prix de l'exploitation de la main-d'œuvre locale, qui est soumise à des conditions de travail très dures pour des salaires très faibles et qui ne dispose d'aucune protection sociale ni d'organisation syndicale. En 2013, l'effondrement à Dacca (Bangladesh) du Rana Plaza, un bâtiment qui abritaient des ateliers textiles travaillant pour les grandes marques occidentales et qui a fait 1 500 morts, a révélé la réalité de cette exploitation et le non-respect de normes de sécurité élémentaires. À la suite de cette tragédie, une loi a été votée en France, qui impose un devoir de vigilance aux FTN et à leurs sous-traitants concernant les droits humains (travail des enfants, travail forcé, non-respect de la liberté syndicale, locaux non conformes aux normes de sécurité, etc.) et de l'environnement.

Enfin, les FTN exercent un très fort impact sur l'environnement. Cent FTN auraient causé 71 % des émissions de gaz à effet de serre entre 1988 et 2017, au premier rang desquels se trouvent les grands groupes énergétiques. Leur responsabilité a aussi été pointée dans la déforestation, avec le recours à des bois d'origine illégale. La pollution liée aux activités minières est dénoncée à la fois par les ONG internationales et, de manière croissante, par les populations locales, qui en sont les principales victimes (par exemple, en Amérique du Sud).

2. La pression de la société civile

Depuis les années 1990, les firmes transnationales sont confrontées aux campagnes des ONG qui dénoncent leurs pratiques. Greenpeace a ainsi obtenu en 1995 que Shell cesse d'immerger ses plateformes pétrolières vétustes. En 2010, l'entreprise indonésienne d'huile de palme Smart a perdu ses contrats avec Unilever et Nestlé à cause de la mise en évidence par Greenpeace de son rôle dans la déforestation. En 2018, plusieurs ONG ont dénoncé Nike à cause du prix du maillot de l'équipe de France à 140 euros alors que son coût de revient était de 3 dollars.

Les organisations internationales ou régionales tentent aussi d'encadrer les activités des firmes transnationales. L'UE, en tant que gardienne de la concurrence, a condamné Microsoft à trois reprises (en 2004, 2008 puis 2013) à payer de fortes amendes, d'un montant cumulé de 1,918 milliard de dollars, pour non-respect de la concurrence. En 2016, la Commission européenne a lancé une procédure antitrust contre Google à propos de son système Android et réclamé qu'Apple verse 13 milliards d'euros d'arriérés d'impôts à l'État irlandais (décision confirmée en 2024). Elle a condamné le fabricant de puces Qualcomm, en 2018, pour abus de position dominante. Son autorisation est également nécessaire pour toute fusion-acquisition d'envergure : en 2019, elle a par exemple rejeté la fusion entre Siemens et Alstom dans le matériel ferroviaire.

Les principales organisations internationales essaient d'associer les grandes entreprises à la gouvernance mondiale. En 1999, au Forum économique mondial de Davos, le Secrétaire général de l'ONU a proposé un « pacte mondial » entre l'ONU et les entreprises, lancé en 2000 sous le nom de « Global Compact », pour que ces dernières s'engagent à respecter dix principes, dont le respect des droits de l'Homme, le développement de normes sociales plus strictes, la protection de l'environnement et la lutte contre la corruption. Un projet de traité international sur la question des entreprises et des droits humains est en négociation à l'ONU.

3. Une évolution des pratiques

Sous la pression des opinions publiques nationales et des autres acteurs transnationaux, **les grandes entreprises se sont lancées dans des programmes visant à se présenter comme des acteurs responsables et actifs dans la résolution des défis qui concernent l'espace mondial**. Des codes de bonne conduite ont été rédigés pour le respect de normes sociales et environnementales : en 2000 par les grandes entreprises minières, en 2006 dans le secteur du jouet. Les firmes transnationales se sont également dotées de plans internes de développement durable pour limiter les effets de leurs activités sur l'environnement. Elles ont choisi de **coopérer avec les ONG**. Une banque d'entreprises pour le développement a été créée par six ONG, dont Oxfam, et sept firmes transnationales, parmi lesquelles Siemens. Des partenariats directs ont été établis, comme celui entre Carrefour et la Fédération internationale des droits de l'Homme à propos des normes sociales chez les fournisseurs.

Cette évolution n'est pas sans poser certaines questions. **Le développement durable est souvent instrumentalisé par les entreprises dans leur stratégie de communication, ce que les Anglo-Saxons appellent le « *window dressing* ».** Il est aussi devenu un nouveau secteur économique susceptible d'engendrer des profits importants. Même si les entreprises ont pris conscience de leur part de responsabilité dans les effets négatifs de la mondialisation, elles entendent toujours limiter les contraintes réglementaires et défendent une régulation de ces problèmes par le seul secteur privé.

ZOOM ▶ La responsabilité sociale des entreprises

La responsabilité sociale des entreprises (RSE) est un concept qui s'est développé dans les années 1990. Elle repose sur l'idée que les activités de l'entreprise ne doivent pas profiter qu'aux actionnaires (*shareholders primacy*), mais aussi à toutes les parties prenantes à la vie de l'entreprise (*stakeholders*) : salariés, consommateurs, fournisseurs. Il s'agit aussi de développer une véritable gouvernance de l'entreprise, qui associe tous les acteurs en jeu, y compris des représentants de la société. En effet, au-delà de ses simples fonctions économiques, la responsabilité de l'entreprise s'étend aux grands enjeux globaux. L'entreprise se présente comme un acteur majeur du développement durable, et notamment comme un défenseur de l'environnement. Le bénéfice qu'elle en retire ne se limite pas à une image plus positive. L'entreprise responsable se prétend plus profitable par les meilleures conditions de travail qu'elle propose. La RSE a entraîné l'essor des investissements socialement responsables (ISR) qui intègrent dans les choix d'investissement des valeurs sociales, culturelles, éthiques. En France, leur montant est passé de 9 milliards d'euros en 2005 à 860 milliards en 2024.

3 L'ESSOR DES FLUX DE MARCHANDISES ET DE SERVICES

Alors qu'au début du XIXe siècle, le commerce mondial ne représentait qu'un pour cent de la production mondiale, il en représente près d'un tiers aujourd'hui, après avoir été multiplié par mille quand, dans le même temps, la richesse mondiale était multipliée par quarante[1]. Ce contraste saisissant illustre combien la mondialisation contemporaine est intimement liée à l'accroissement quantitatif des échanges marchands internationaux. Il s'agit sans doute là de l'une des facettes de la mondialisation les plus tangibles pour tout un chacun, tant il est devenu banal de consommer des biens – et, de manière sans doute moins visible, d'utiliser des services – produits ailleurs dans le monde, et souvent fort loin. Les flux commerciaux sont également un révélateur très puissant des logiques économiques et politiques abordées dans d'autres chapitres (montée en puissance des firmes multinationales, libéralisation des marchés et régionalisation, circulation des informations et des capitaux). Il importe ici de saisir la nature et les ordres de grandeur des flux commerciaux, les facteurs (techniques et organisationnels) qui les construisent et les redéfinissent, et leur distribution géographique qui montre de manière évidente combien la mondialisation consiste fondamentalement en une sélection et une hiérarchisation des espaces, ce qui n'empêche pas l'émergence de nouvelles puissances et de nouvelles interdépendances commerciales.

Notions principales

Conteneurisation: part croissante du transport par conteneurs au sein du commerce mondial.
Accords méga-régionaux: accords commerciaux entre zones commerciales qui visent à harmoniser les normes.

CHRONOLOGIE

1947: Signature de l'Accord général sur les tarifs douaniers et le commerce (GATT).
1956: Invention du principe du conteneur par le transporteur routier américain Malcolm McLean.
1970: Création d'Airbus Industrie issue d'un partenariat franco-allemand.
1992: Signature de l'Accord de libre-échange nord-américain (ALENA) entre les États-Unis, le Canada et le Mexique. Il entre en vigueur le 1er janvier 1994.
1994: Signature à Marrakech de l'Accord général sur le commerce des services (AGCS) pour libéraliser les échanges mondiaux de services.
1995: Entrée en vigueur de l'Organisation mondiale du commerce (OMC), qui succède au GATT.
1997: Accord sur la libéralisation des services financiers.
2001: Entrée de la Chine à l'OMC.
2003: Fusion Air France-KLM.
2005: Fin des quotas sur le commerce des textiles dans le monde sous l'égide de l'OMC (Accord sur les textiles et les vêtements et Accord multifibres).
2007: Le traité de Lisbonne réaffirme le principe de la coordination des transports à l'échelle européenne.
2009: Contraction, pour la première fois depuis 1945, du commerce mondial.

1. Maddison, 2002.

2013-2016 : Cycle de négociations entre la Commission européenne et les États-Unis pour la préparation du traité de libre-échange transatlantique (TAFTA).

2016 : Le traité CETA (Comprehensive Economic and Trade Agreement) est signé entre l'UE et le Canada. Il doit encore être ratifié par le Parlement européen et les Parlements des 27 membres de l'UE.

2016 : Les électeurs britanniques en choisissant de quitter l'UE et les électeurs américains en élisant Donald Trump votent pour le protectionnisme et contre la libéralisation des échanges.

2019 : Accord de libre-échange UE-Mercosur, en attente de ratification.

2020 : Épidémie du Covid-19 révélant les fragilités des chaînes d'approvisionnement mondiales et entraînant une forte contraction des échanges mondiaux.

2024 : Élection de Donald Trump à la présidence des États-Unis, sur un programme ouvertement protectionniste dans le cadre d'une « guerre commerciale » généralisée.

I. Un monde de flux et de réseaux

A. LES ÉCHANGES COMMERCIAUX : UN MARCHÉ MONDIAL ?

1. La remise en cause du poids du commerce international dans l'économie mondiale

Si le commerce international reste très sensible à des évolutions conjoncturelles, comme l'illustre son effondrement en 2008-2009 dans un contexte de crise économique mondiale (baisse de 12 %), ou pendant la pandémie de Covid-19 en 2020, sa croissance est restée structurellement plus élevée que la croissance du PIB entre la fin de la Seconde Guerre mondiale et le début des années 2010. Depuis, en revanche, la croissance du commerce est assez similaire voire inférieure à celle du PIB mondial, pourtant en net ralentissement. En 2023, le commerce mondial augmente de 0,3% et le PIB mondial de 3,2 %. Trois échelles d'explication peuvent être avancées :

– des choix stratégiques de la part des entreprises expliquent d'abord ce ralentissement. L'extension des **chaînes de valeur globale** a montré ses limites, et les **FTN** préfèrent de plus en plus produire à proximité des marchés de consommation. Or, 60 % du commerce international correspondent à des échanges intragroupes ;

– sous la pression des opinions publiques, les **gouvernements** adoptent par ailleurs des positions de moins en moins favorables au libre-échange, n'hésitant plus à promouvoir ouvertement un néo-protectionnisme. D'un autre côté, les excédents commerciaux excessifs déstabilisent l'économie des géants des exportations : la Chine, notamment, rééquilibre sa croissance au profit de son marché intérieur, et affaiblit proportionnellement le commerce mondial dont elle est devenue la locomotive. La part des importations de pièces détachées et de composants dans la totalité des exportations chinoises est ainsi passée d'un pic de 60 % au milieu des années 1990 à 35 % actuellement ;

– enfin, thèse discutée, pour certains économistes ou analystes (Larry Summers, Robert Gordon), les pays riches entrent depuis le début des années 2010 dans une phase de **stagnation séculaire**, un processus durable de croissance molle liée à la baisse, incontestable, des gains de productivité.

■ **Évolution du commerce et du PIB mondial (1980-2023)**

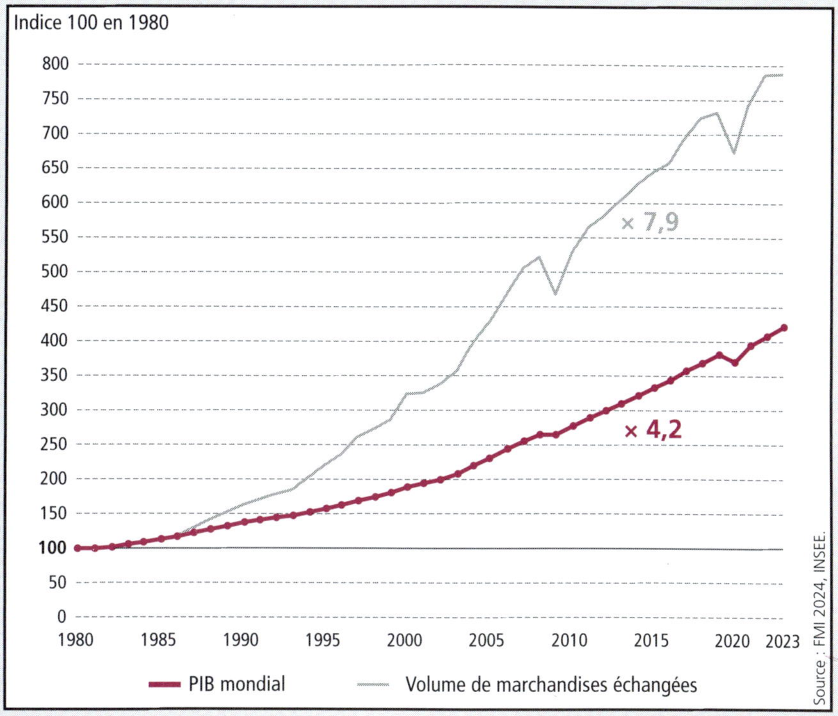

Les composantes du commerce mondial restent cependant stables depuis les années 1960, hormis une diminution régulière de la part des produits primaires (20 % des échanges en 1967) : **un quart de services, environ 60 % de biens manufacturés et 15 % de produits primaires**.

2. Une hiérarchie stable des puissances commerciales

Les États-Unis sont le premier importateur et le deuxième exportateur (derrière la Chine) de marchandises, avec un commerce total de 5,6 milliards de dollars EU en 2019 mais un déficit commercial correspondant à plus de 5 % de leur PIB. La Chine et l'Allemagne (3e exportateur) se singularisent par leur net excédent commercial (respectivement 2 % et 7 % du PIB). Les échanges de marchandises et de services dessinent nettement un monde coupé en deux, avec d'un côté l'Amérique du Nord, l'Europe et l'Asie qui dominent les importations et les exportations dans ces deux secteurs, et de l'autre l'Amérique latine, l'Afrique, le Moyen-Orient et la CEI qui contribuent au mieux à 15 % des échanges (alors qu'ils représentent 30 % de la population mondiale).

3. Des secteurs commerciaux inégalement mondialisés

Le **secteur manufacturier** occupe une place majoritaire et croissante depuis au moins les années 1950 dans le commerce mondial, jusqu'à une stabilisation relative autour de 65 % dans les années 2000. Les biens échangés dans ce secteur sont surtout les **biens d'équipement** (machines, outils, véhicules professionnels) et les **biens de consommation** (c'est-à-dire les produits destinés à l'usage du consommateur final, comme une montre, une paire de jeans ou une automobile), chacun représentant environ 20 % du commerce de marchandises. Viennent ensuite les **biens intermédiaires**, c'est-à-dire les biens destinés à être transformés ou assemblés par les entreprises afin de produire des biens de consommation (composants électroniques, papier, métaux). Le **secteur énergétique** constitue historiquement entre 10 et 20 % des échanges mondiaux de biens, avec une augmentation actuelle de sa part relative après une baisse significative dans les années 1980 et 1990. Enfin, le **secteur agroalimentaire** a vu sa part divisée par deux depuis les années 1970, pour ne plus représenter aujourd'hui que moins de 10 % des échanges de biens.

REPÈRES

L'ouverture économique d'un pays correspond à son niveau de participation aux échanges internationaux. Plusieurs indicateurs permettent de le mesurer.

• **Le taux d'ouverture** est défini par le rapport entre les exportations (notées X) et les importations (notées M) de biens et de services, selon la formule : Taux d'ouverture = [(X + M)/2 / PIB] × 100

Ce taux diffère beaucoup d'un pays à l'autre : la moyenne des pays de l'OCDE est de 45 %, mais les situations sont très contrastées entre l'Irlande (85 %) et la Norvège (36 %).

La part de marché correspond au montant des exportations d'un pays divisé par la somme des importations mondiales, en pourcentage. En général, elle est calculée pour un secteur précis (l'automobile, l'informatique, etc.). La formule est la suivante :

Part de marché = X / somme des M × 100.

• **Le taux de pénétration étrangère** mesure la part de marché des entreprises étrangères dans un pays, là encore dans un secteur économique précis. La formule est la suivante :

Taux de pénétration= (M / marché intérieur) × 100.

Le marché intérieur est aussi appelé « marché domestique ».

Évolution 2005-2023 du classement des puissances commerciales (exportations de marchandises)

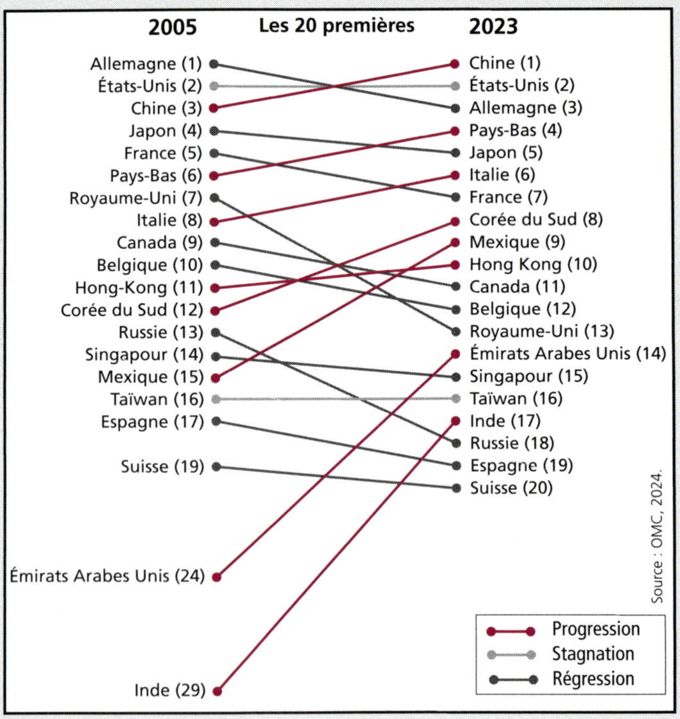

ZOOM ▶ Le commerce international en temps de Covid 19

La pandémie de la covid 19 a eu des conséquences profondes sur l'activité économique mondiale au cours de l'année 2020, et le commerce international n'a pas été épargné (diminution de 10 % en volume).
Logiquement, ce sont les échanges de services liés au tourisme et au transport aérien qui ont été parmi les secteurs les plus touchés. Plus globalement les importations de biens de consommation ont fortement ralenti, les consommateurs privilégiant l'épargne dans un contexte d'incertitude et de diminution des revenus. En outre, nombre d'États ont développé des mesures de limitation des exportations dans certains secteurs stratégiques : matériel médical et produits pharmaceutiques, ou encore certains produits agricoles, dans une perspective de sécurité alimentaire nationale. Mais la contraction globale des échanges masque des réalités plus contrastées. Ainsi certaines limitations douanières à l'importation de produits médicaux ou pharmaceutiques, en provenance de Chine notamment (qui produit plus de 80 % des principes actifs utilisés par l'industrie pharmaceutique mondiale), ont été levées par des pays souhaitant sécuriser leurs approvisionnements. Les scénarios de l'après-pandémie restent incertains et divergents. Certains prévoient un « retour à la normale ». D'autres, au contraire, prévoient, ou du moins appellent de leurs vœux, un changement de paradigme en matière de commerce international. En effet, le modèle des spécialisations nationales induit par la théorie des avantages comparatifs, au fondement de la mondialisation commerciale contemporaine, a entraîné des situations de dépendance et donc de vulnérabilité face aux crises épidémiques. Les difficultés d'approvisionnement en masques, tests viraux ou encore matériels hospitaliers ont mis en lumière la très forte dépendance à la production chinoise dans ce secteur. Le Japon a ainsi lancé dès l'été 2020 un plan de plusieurs milliards de dollars pour rendre ses chaînes d'approvisionnement médical moins dépendantes de la Chine, en rapatriant des entreprises japonaises et en lançant avec l'Inde, l'Australie et les pays de l'ASEAN la *Supply Chain Resilience*.

B. UNE FACE MOINS VISIBLE DU COMMERCE MONDIAL : LES ÉCHANGES INTERNATIONAUX DE SERVICES

Au côté de l'essor des flux internationaux de marchandises, les échanges de services apparaissent comme une véritable nouvelle donne de la mondialisation commerciale. L'**Accord général sur le commerce des services (AGCS)** (en anglais : GATS pour *General Agreement on Trade in Services*), signé à Marrakech en 1994, constitue une étape majeure dans le processus de libéralisation des échanges mondiaux de services, amorcé dans le courant des années 1970. À l'échelle mondiale, **leur croissance annuelle, si on prend en compte le tourisme, est aujourd'hui supérieure à celle des marchandises** et surtout, le développement du marché international des services constitue un enjeu décisif pour des pays anciennement industrialisés dont l'hégémonie commerciale tend à être menacée par les puissances émergentes.

1. Qu'est-ce qu'un échange international de services ?

On peut définir un service comme **une activité ayant pour objet de fournir des produits immatériels contre paiement**. Les services regroupent une très grande diversité de produits : conseil juridique à une entreprise, expédition sécurisée d'un colis, hébergement hôtelier, ou encore création d'un logo pour une association. Depuis l'AGCS de 1994, on distingue usuellement quatre modes dans l'échange international de services [→ TABLEAU CI-APRÈS]. Selon les cas, le passage d'une frontière étatique (condition pour pouvoir être compté parmi les échanges internationaux) est effectué par le service lui-même (programme télévisé), le client (touriste hébergé) ou le prestataire en tant que personne morale (succursale) ou physique (mission professionnelle).

Ces quatre modes correspondent à des types variés d'activité. Dans la **fourniture transfrontière** d'un service (mode 1) le prestataire et le bénéficiaire sont situés dans des pays différents et la prestation s'effectue soit grâce à des moyens de télécommunication (téléphone, Internet, fax, télévision), soit par l'envoi physique de documents. Ce mode concerne principalement les domaines du transport, de l'assurance, des communications. La **consommation à l'étranger** (mode 2) concerne surtout les voyages touristiques et les séjours d'étude. La **présence commerciale** (mode 3) recouvre un large éventail d'activités, industrielles ou financières par exemple, dans la mesure où elle met en jeu les relations entre une société mère et une filiale de celle-ci. La **présence physique d'un prestataire à l'étranger** (mode 4), qui peut être réalisée pour son compte propre ou le compte d'un employeur, concerne souvent les activités de conseil, dans des domaines aussi variés que l'informatique ou la construction.

Les modes de l'échange international de services

Modes de l'échange	Exemples
Fourniture transfrontière	Un programme télévisé diffusé en Europe par une chaîne américaine.
Consommation à l'étranger	Un touriste indien qui passe deux jours à Disneyland Paris.
Présence commerciale	Une banque allemande qui ouvre une succursale en Chine.
Déplacement d'un prestataire	Une société informatique suisse qui envoie un ingénieur encadrer une formation d'une semaine dans une entreprise italienne basée à Milan.

Source : d'après CEPII.

ZOOM ▶ Mesurer les échanges internationaux de services

Face aux grandes difficultés pour s'entendre sur la notion de services, un « Manuel des statistiques du commerce international des services » (MSCIS) a été publié en 2002 à l'initiative de six organisations internationales (Eurostat, la CNUCED, le FMI, l'OCDE, l'OMC et l'ONU). Deux principaux indicateurs statistiques sont utilisés pour mesure les échanges internationaux de services :

– la **balance des paiements** : comptabilité de l'ensemble des flux d'actifs réels, financiers et monétaires entre les résidents d'une économie et les non-résidents au cours d'une période déterminée. Les flux économiques et financiers à l'origine de ces opérations sont répartis en distinguant le compte des transactions courantes (échanges de biens, de services, de revenus et de transferts courants), le compte de capital (transferts en capital) et le compte financier (investissements directs ou de portefeuille) (www.insee.fr) ;

– le **FATS** (***Foreign Affiliates Trade Statistics in Services***) : publiée par l'OCDE et Eurostat, cette statistique concerne la « présence commerciale » [→ DOCUMENT CI-APRÈS] c'est-à-dire les échanges de services entre filiales et sociétés mères.

2. Des services inégalement internationalisés

Les services représentent aujourd'hui près de **25 % de la valeur des exportations mondiales** et ils ont connu, au cours des dix premières années du siècle, une croissance annuelle de l'ordre de 10 % très comparable à celle des exportations de marchandises, avant de la dépasser. Mais les statistiques n'enregistrent pas les échanges, considérables, entre filiales au sein d'une même entreprise. Si la part des services dans le commerce international augmente lentement mais régulièrement, on observe une certaine recomposition dans la nature de ces services. Ainsi, l'exportation par les États-Unis de services en Chine et en Inde a légèrement diminué après la crise de 2008 mais elle a surtout évolué **au détriment des services transfrontières et au bénéfice de la fourniture de services par le biais d'une présence commerciale**, c'est-à-dire de filiales à participation majoritaire : il s'agit là de la stratégie la plus efficace d'exportation des services vers les pays émergents.

Les secteurs de services contribuent très diversement aux échanges mondiaux. **Les transports, les voyages et les services aux entreprises** dominent les échanges (environ 25 % chacun) mais d'autres secteurs connaissent une croissance spectaculaire, notamment les services informatiques avec une croissance annuelle moyenne de 18 % entre 1995 et 2014.

■ **Évolution du commerce de services de 2015 à 2023**

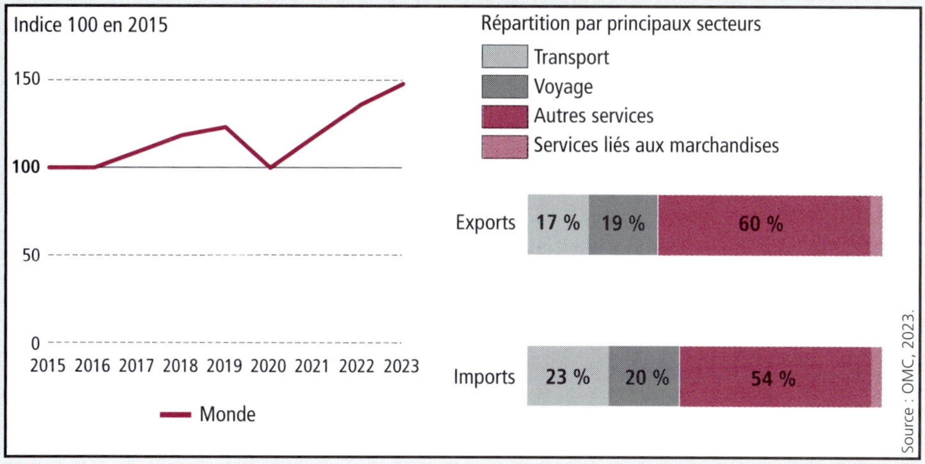

3. La géographie très sélective des échanges de services

■ **Croissance du commerce des services commerciaux de certaines économies au premier semestre de 2023**

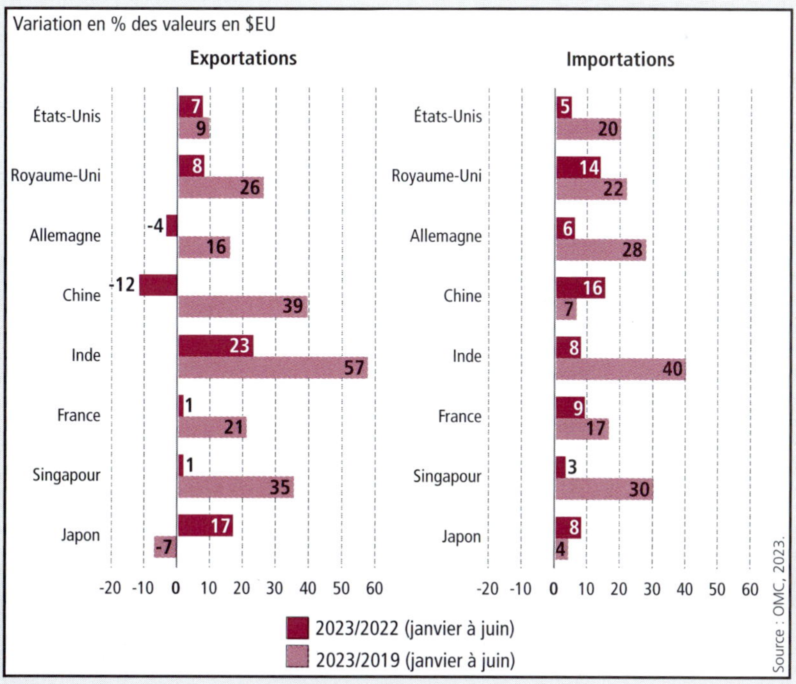

La hiérarchie des puissances commerciales est comparable dans le cas des services et des marchandises, mais le solde commercial diffère nettement. Ainsi, les États-Unis sont le premier importateur et exportateur mondial de services commerciaux en 2015, avec des échanges d'une valeur de près de 1 150 milliards de dollars et surtout un net excédent commercial (contrairement aux échanges de marchandises, déficitaires). En revanche, l'Allemagne (4e rang mondial dans les échanges de services) tout comme la Chine enregistrent des soldes négatifs : ils importent plus de services qu'ils n'en exportent. L'Amérique du Nord, l'Europe et l'Asie occupent une position aussi hégémonique dans les échanges mondiaux de services (90 % des exportations et 85 % des importations) que de marchandises (respectivement 81 % et 86 %).

Pour aller plus loin

Le site de l'OMC, qui donne accès à son rapport annuel
liennathan.fr/423qar

II. Une révolution des transports

La croissance spectaculaire du trafic de marchandises à l'échelle mondiale depuis la seconde moitié du xxe siècle reflète avant tout les évolutions techniques et organisationnelles qui ont affecté l'ensemble des modes de transport. Les transports routier, ferroviaire, maritime, fluvial et aérien ont des poids très différents à l'échelle mondiale. Chacun répond à des contraintes techniques, connaît des évolutions et revêt des enjeux spécifiques. Pour permettre leur comparaison, les spécialistes de l'économie du transport utilisent des variables particulières, comme la « tonne par kilomètre » (t/km) qui permet de mesurer l'intensité du transport de marchandises (par exemple, 2 tonnes transportées sur 100 km équivalent à 2 fois 100 = 200 t/km).

A. LE FRET AÉRIEN

Si dès ses origines, au début du xxe siècle, l'aviation civile a eu pour vocation de transporter le courrier (compagnie aérienne aéropostale), la part du fret aérien reste extrêmement faible dans l'ensemble des échanges mondiaux : 5 % du tonnage mondial mais 30 % de sa valeur. Néanmoins, on observe une montée en puissance régulière de ce mode de transport.

1. Une croissance lente mais régulière

Alors que le transport de courrier et de marchandises a longtemps été considéré comme une activité complémentaire pour les transporteurs, qui embarquaient les cargaisons à bord des avions de ligne, les années 1970 ont été marquées par une spécialisation des appareils (parfois déclinés à partir d'avions militaires comme le *Lockheed L-500*) et des aéroports. Selon les chiffres de l'IATA (International Air Transport Association), en 2019, le fret a concerné 61 millions de tonnes de marchandises et a généré 102 milliards de dollars de chiffre d'affaires pour l'ensemble des transporteurs aériens mondiaux, qu'il s'agisse de **compagnies dites « mixtes », assurant à la fois du transport de passagers et de fret, ou de compagnies dites « tout-cargo » spécialisées dans ce secteur**. Le fret aérien constitue un secteur économique relativement fragile et sensible aux évolutions conjoncturelles (hausse du prix du carburant, notamment, face à laquelle les compagnies disposent de moins de marge de manœuvre tarifaire que dans le transport passager). En témoigne la faillite brutale en 2008 de l'opérateur Ocean Airlines, lancé en 2003 à partir du hub de Brescia en Italie et spécialisé dans les liaisons commerciales avec l'Asie.

Le fret aérien est **le plus rapide et le plus sûr des modes de transport, mais c'est aussi le plus coûteux et le plus gros consommateur d'énergie**. Son utilisation est donc limitée à certaines catégories de produits : biens de consommation ou d'équipement urgents (vivres humanitaires, pièces de rechange), produits de haute valeur (matériel électronique), produits fragiles (animaux vivants et végétaux périssables).

2. Des stratégies économiques contrastées

ZOOM ▶ Un acteur emblématique du transport globalisé : les « intégrateurs »

Un « intégrateur » est une entreprise capable d'intégrer tout le processus du transport de marchandises, depuis la collecte du colis chez le client jusqu'à sa livraison chez le destinataire, sans restriction de lieu ni de distance et surtout en garantissant contractuellement le délai de la prestation. Initialement fondée sur la messagerie express, l'activité des « intégrateurs » s'est récemment accélérée grâce au e-commerce. Le transport combine la voie aérienne et la voie routière, **l'interconnexion se faisant dans des hubs aéroportuaires spécialisés**. Seuls trois opérateurs sont aujourd'hui des « intégrateurs » d'échelle mondiale :

1. UPS (United Parcel Service)

Créé en 1907, UPS est de loin le leader du secteur (93 milliards de dollars de chiffre d'affaires en 2019, 435 000 salariés). Si sa flotte aérienne place UPS parmi les dix plus grandes compagnies aériennes américaines, c'est surtout sa flotte de camions (160 000 véhicules) qui fonde sa suprématie et lui permet de transporter annuellement près de 5 % du PIB américain. Au cours des dernières années, UPS renforce son implantation internationale à travers des stratégies d'alliances (opérateur néerlandais TPG) et d'acquisitions.

2. FedEx (Federal Express)

Créé en 1973, Fedex (81 milliards de dollars de chiffre d'affaires, 400 000 salariés) possède une implantation très internationale : 45 000 points de dépôts dans 210 pays, des-servis par 80 000 véhicules et 660 avions, ce qui en fait la deuxième plus grande flotte du monde après Delta Airlines. Son hub de Memphis est le second plus grand aéroport de fret du monde.

3. DHL (Dalsey, Hillblom and Lynn)

Créé en 1969 par trois étudiants américains, racheté en 2001 par la Deutsche Post, DHL a un chiffre d'affaires de 94 milliards d'euros, compte près de 880 000 salariés et se singularise par le développement précoce de liaisons vers l'Europe. Son hub européen est localisé à Leipzig.

D'après Dimitri Rzepski, Thierry Delahaye, Julien Zaegel, 2000, Centre d'Économie Industrielle, École des Mines de Paris.

Trois types d'opérateurs se distinguent. Les compagnies « mixtes » sont très majoritaires, la plupart des grandes compagnies aériennes développant le transport de marchandises de manière complémentaire mais dans des proportions très différentes selon les régions. En Europe, Air France-KLM et la Lufthansa tirent 10 % de leur chiffre d'affaires de cette activité. En revanche, les compagnies des « Dragons » asiatiques (Korean Airlines, la hongkongaise Cathay Pacific, les taïwanaises China Airlines et EVA Air ou encore Singapore Airlines), qui sont souvent nées du transport de marchandises, comptent près d'un appareil « tout-cargo » sur quatre avions. Des **compagnies « tout-cargo »** émergent également, soit en mettant des appareils à la disposition de compagnies « mixtes » (cas du groupe américain AAWW), soit en développant de manière autonome un réseau global de liaisons régulières entre les principaux pôles industriels mondiaux. C'est le cas du luxembourgeois Cargolux, leader mondial du secteur, qui assure la liaison entre les centres mondiaux de l'industrie électronique (Shanghai, Los Angeles, Singapour, Helsinki et Budapest) et pétrolière (Houston, Bakou, Lagos). Dans ce contexte, la Chine apparaît comme le marché le plus porteur et voit fleurir des compagnies « tout-cargo » souvent affiliées à de grands opérateurs européens. C'est le cas de Jade

Cargo (2006), filiale de la Lufthansa qui relie les grands pôles industriels chinois (Shenzhen, Shanghai et Tianjin) à des pôles industriels européens comme Amsterdam, Luxembourg, Francfort, Barcelone, Brescia et Stockholm. Enfin, les intégrateurs [→ZOOM PRÉCÉDENT] possèdent leur propre flotte de fret aérien.

■ Classement des aéroports mondiaux en 2023

Trafic cargo des principaux aéroports mondiaux en 2023			
Rang	Aéroport	Pays	Trafic (tonnes)
1	Hong Kong	CN	4 3331 976
2	Memphis	US	3 881 844
3	Shanghai Pudong	CN	3 440 084
4	Séoul Incheon	KR	2 744 136
5	Louisville	US	2 725 451
6	Miami	US	2 525 591
7	Doha	QA	2 355 503
8	Los Angeles	US	2 130 835
9	Taipeh	TW	2 112 988
10	Guangzhou	CN	2 030 523

Transport de passagers en 2023		
Rang	Aéroport	Trafic
1	Atlanta, États-Unis (ATL)	104 653 451
2	Dubaï, É.A.U. (DXB)	86 994 365
3	Dallas/Fort Worth, É.-U. (DFW)	81 755 538
4	Londres, Royaume-Uni (LHR)	79 183 364
5	Tokyo, Japon (HND)	78 719 302
6	Denver, É.-U. (DEN)	77 837 917
7	Istanbul, Turquie (IST)	76 027 321
8	Los Angeles, É.-U. (LAX)	75 050 875
9	Chicago, É.-U. (ORD)	73 894 226
10	New Delhi, Inde (DEL)	72 214 841

Source : Airports Council International (ACI).

Source : Airports Council International, 2024.

3. Des aéroports spécialisés

La géographie du fret aérien n'est pas la même que celle du trafic passager, notamment pour ce qui concerne les hubs aéroportuaires qui, sauf exception (Paris, Francfort), ne figurent pas aux mêmes rangs mondiaux pour ces deux types de transport. Les aéroports de fret se distinguent notamment par des **connexions intermodales** très efficaces pour transférer les marchandises depuis les avions jusque dans des camions.

B. LE TRANSPORT MARITIME DE MARCHANDISES

1. Le mode de transport dominant des flux mondiaux de marchandises

La croissance des flux de marchandises est marquée par la **maritimisation continue de l'économie mondiale** depuis la seconde moitié du XXe siècle [→CH. 7]. En 2019, le transport maritime a dépassé les 11 milliards de tonnes de marchandises et 50 000 milliards de t/km (2/3 du tonnage kilométrique mondial). Il se répartit à parts quasiment égales en trois principales catégories de produits, chacune impliquant l'utilisation de navires très spécialisés :

– les **vracs liquides** (pétrole brut et produits pétroliers) transportés par des pétroliers et des navires gaziers ;

– les **vracs secs** (charbon, minerais, roches, bois, céréales, sucre) transportés par des navires vraquiers ;

– les **marchandises générales** (produits manufacturés, textile, biens d'équipement, produits alimentaires) emballées et la plupart du temps rassemblées dans des **conteneurs**, auquel cas elles sont transportées par des **porte-conteneurs**.

Cette tripartition est néanmoins très schématique et les armements comme les ports doivent prendre en compte la généralisation de navires de plus en plus spécialisés dans le transport de catégories très précises de marchandises : méthaniers pour le gaz naturel (*LNG tankers*), grumiers pour le bois, minéraliers-vraquiers (*bulk carriers*), cargos-citernes, etc.

■ **Évolution de la flotte mondiale par type de navires**

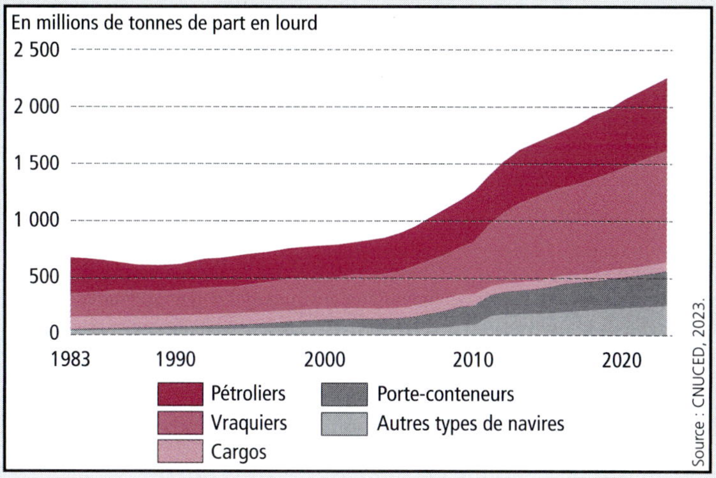

2. Un secteur très concentré : l'exemple de Maersk

Jusqu'à son dépassement en 2022 par le Suisse MSC (Mediterranean Shipping Company), le Danois Maersk était depuis le début des années 1980 le premier opérateur, avec plus de 600 navires et une capacité de transport de près de 3,8 millions EVP (pour rappel : l'unité « équivalent vingt pieds » correspond à un conteneur standardisé d'environ 6 mètres de long). **La distribution mondiale de l'activité de Maersk illustre à merveille la façon dont la conteneurisation a pu accélérer la mise en relation des différentes régions du monde.** L'activité du premier armement mondial est fondée sur un réseau de hubs portuaires développé progressivement depuis les années 1970 : ligne historique transpacifique, liaison Europe-Extrême Orient, ligne conteneurisée entre l'ouest états-unien et le Moyen-Orient *via* Hong Kong, hubs portuaires d'Algesiras (Méditerranée occidentale) et de Dubaï (Afrique orientale). Les grands ports européens (Rotterdam, Felixstowe et Bremerhaven) jouent un rôle similaire en connectant l'Europe aux grandes lignes est-ouest entre Amérique du Nord et Asie. Dans les années 1990, le réseau Maersk se complexifie et se densifie (passage de 30 à près de 100 lignes en dix ans) et renforce les liaisons entre Europe, États-Unis et Asie orientale.

C. LE TRANSPORT FERROVIAIRE DE MARCHANDISES

1. Entre déclin et renouveau

Le chemin de fer est le deuxième mode de transport des marchandises avec une valeur de l'ordre de 10 000 milliards de t/km. Cette valeur totale masque des disparités profondes entre régions et entre pays : la majeure partie du trafic est fournie par le transport ferroviaire à l'intérieur des très grands États (la CEI pour 50 %, les États-Unis pour 20 %, la Chine pour 15 %). **L'Europe domine très nettement le trafic international ferroviaire** en raison de l'association entre une intégration commerciale régionale et le morcellement du maillage étatique. Cependant, même en Europe, **la part du rail reste très minoritaire** : en

2018, le volume intérieur de marchandises transportées dans l'UE est estimé à 2 300 milliards de tonnes-km. Le transport par la route (national et international) représente les trois quarts du total, le rail 18 %, les voies navigables 7 % et le transport aérien (intra-UE) compte pour seulement 0,1 % du total. Selon les pays, la situation est contrastée : dans les pays d'Europe de l'Ouest comme la France, l'Espagne et l'Italie, les parts modales du rail sont inférieures à la moyenne européenne et en baisse depuis 2006 ; en Suisse, en Autriche et en Allemagne, la part modale du fret ferroviaire est d'environ 20 % et ce taux est en augmentation (politique des « routes roulantes » décrite ci-dessous) ; enfin, les pays d'Europe de l'Est sont marqués par un poids historiquement plus important du rail dans le transport de marchandises. Malgré ces différences, l'accroissement du fret ferroviaire est appelé de leurs vœux par la plupart des États et des acteurs économiques du secteur.

D. LE TRANSPORT ROUTIER

1. Une domination écrasante aux échelles régionale et nationale

Dans la plupart des pays du monde, la route est le mode dominant, voire hégémonique du transport terrestre de marchandises, ce qui s'explique par une conjonction de facteurs favorables : le réseau est implanté sur l'ensemble de la surface du globe, sans difficulté technique de franchissement de frontière ; les itinéraires offrent une grande souplesse ; l'ensemble du trajet (du producteur au consommateur) peut être maîtrisé ; le coût est relativement faible. Le trafic routier total a dépassé 50 000 milliards t-km depuis la fin des années 2000, soit près de la moitié de celui du rail et un sixième de celui du transport maritime. Le parc de camions transportant des marchandises est localisé pour 40 % aux États-Unis, 20 % en Europe, 20 % en Asie et 10 % dans la CEI.

2. Contrôle et durabilité : les défis de la régulation du transport routier

ZOOM ▶ Le régime TIR (Transit International Routier)

Le système TIR est à l'heure actuelle le seul système de transport douanier véritablement international (61 pays). Il concerne le transport de marchandises empruntant la route et permet de fluidifier les trajets en limitant les points de contrôle douanier : entre le pays de départ et celui de destination, les marchandises sont couvertes par un document internationalement admis, le **carnet TIR**, qui fournit également une garantie financière pour le paiement des taxes, assurée par l'Union internationale des transports routiers (IRU). Dans ce système, l'Union européenne est considérée comme un territoire unique.

Ce système a été initié en 1949 pour dynamiser l'économie de l'Europe d'après-guerre et son succès a mené à l'établissement en 1959 de la première convention TIR, puis de la convention actuelle en 1975.

Le système repose sur cinq « piliers » :
- l'utilisation des véhicules ou des conteneurs sûrs ;
- la chaîne de garantie internationale ;
- le carnet TIR ;
- la reconnaissance mutuelle des contrôles douaniers ;
- un accès contrôlé pour utiliser le système.

Le régime TIR est aujourd'hui hautement informatisé : envoi de prédéclarations aux douanes, la traçabilité des carnets TIR en temps réel, gestion des risques, procédures normalisées de contrôle et d'enregistrement.

Source : http://ec.europa.eu

Le transport routier est emblématique des difficultés de la coopération internationale en matière de transport. Celle-ci a pour principaux objectifs, parfois contradictoires, de **faciliter le passage de frontières et la mise en place d'itinéraires transnationaux**, et de rendre ce mode de transport le plus compatible possible avec le principe aujourd'hui incontournable, politiquement comme économiquement, de **développement durable**. Aujourd'hui, le transport de marchandises est responsable d'environ 10 % des émissions mondiales de CO_2, dont près de 80 % sont imputables aux modes routier et maritime, loin devant l'aérien et le ferroviaire.

E. LES DÉFIS ORGANISATIONNELS DU TRANSPORT DES MARCHANDISES

1. Le système *hubs and spokes*

Dans la quasi-totalité des systèmes de transport, le modèle organisationnel est celui du « *hub and spokes* » (littéralement : « le moyeu et les rayons »). Ce modèle vient de l'organisation adoptée par l'aviation civile américaine et a ensuite été généralisé. Plusieurs facteurs expliquent son efficacité, en particulier par rapport à une organisation classique en « point à point » (où chaque point du réseau est connecté directement à chacun des autres points) :
– les flux sont concentrés (meilleur taux de remplissage, augmentation de la fréquence, donc diminution des coûts) ;
– les liaisons sont coordonnées (compensation possible des variations de trafic) ;
– l'ajout d'une destination supplémentaire dans le réseau implique de n'ajouter que deux liaisons ;
– les compagnies installées sur un hub sont mieux protégées contre de nouvelles concurrences.

Le terme de hub s'est lui aussi généralisé, mais sa définition est parfois ambiguë. Elle est parfois simplement **quantitative** : un certain nombre minimal de passagers embarqués à l'aéroport permettent de parler de hub (la Federal Aviation Administration distingue ainsi des *large hubs*, *medium hubs*, *small hubs* et *non hubs*). La définition est plus souvent **fonctionnelle** : dans un réseau de transport, le hub joue un rôle précis de coordination entre différents flux (entrants et sortants) et offre des services associés à cette fonction (maintenance des appareils, gestion des personnels navigants, etc.).

■ Les systèmes « point à point » et « *hub and spokes* »

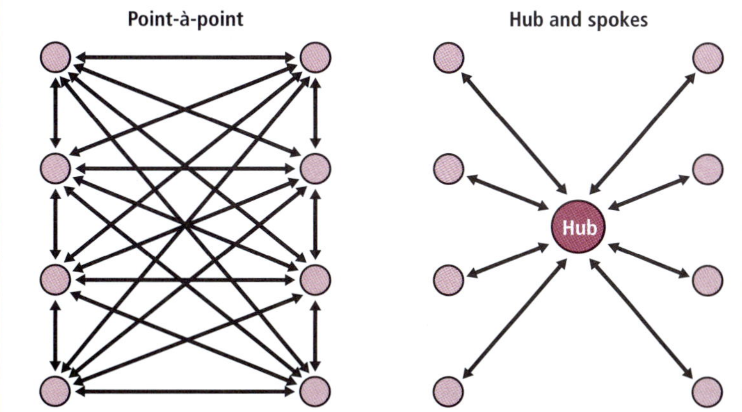

Source : K. Joseph Packiarajah, X. Wang et K. Xu, Les Hub and spokes : atouts et limites, 2006.

La généralisation de ce modèle ne doit pas occulter certaines limites spécifiques : premièrement, les distances parcourues sont relativement plus longues que dans le modèle point à point ; deuxièmement, les temps de parcours totaux sont plus longs pour les trajets avec correspondance, ce qui oblige les opérateurs du hub à baisser leurs tarifs pour ce type de vol ; troisièmement, le système est relativement fragile car très vulnérable au moindre incident sur l'une des branches du réseau. L'exigence de fiabilité est donc beaucoup plus grande – et plus coûteuse – dans le système « hub » que dans le « point à point ».

REPÈRES

Interconnexion : mise en relation, par des solutions techniques, de réseaux aux caractéristiques différentes, de façon à en renforcer l'attractivité. Exemple : un train de banlieue qui peut accéder au réseau de métro d'une grande ville.
Intermodalité : ensemble des possibilités de passage d'un mode de transport à l'autre, tant pour un voyageur que pour des marchandises au cours d'un même déplacement. Dans le domaine des voyageurs, les « intermodaux » sont également des « multimodaux », mais l'inverse n'est pas vrai car l'usage de plusieurs modes de transport n'implique pas qu'il s'agisse du même déplacement. Les lieux d'intermodalité font désormais l'objet d'études de conception soignées, après avoir été longtemps des lieux de simple juxtaposition des différents modes.
Interopérabilité : possibilité pour un exploitant de réseau d'exercer ses activités sur des réseaux tiers, la contrepartie étant possible. C'est un objectif à long terme de l'Union européenne concernant les chemins de fer, qui nécessite que les compagnies en place ou d'éventuels nouveaux entrants s'équipent de matériels roulants compatibles avec les réseaux de plusieurs pays, ou que les normes s'unifient à l'échelle du continent.
Multimodalité : combinaison des différents modes permettant l'acheminement de voyageurs ou de marchandises. Dans le domaine des voyageurs, on utilise ce terme pour désigner l'usage habituel, plus ou moins régulier, de plusieurs modes de transport, voiture et transports collectifs principalement. On parle de chaînes multimodales de transport. Les chaînes sont d'autant plus robustes que leurs maillons sont efficaces ; il est important que la mise bout à bout des modes soit avantageuse en termes de temps, de coût et de régularité.

Source : *Géographie des transports*, Glossaire, 2008, J.-J. Bavoux *et ali*

2. Les intermodalités

Les politiques de transport, aux échelles nationales comme internationales, cherchent de plus en plus à favoriser le **passage d'un mode à l'autre (intermodalité)** et à concevoir des **chaînes de transport** combinant **successivement plusieurs modes (multimodalité)**[2]. Dès les années 1950, aux États-Unis, des solutions sont imaginées pour combiner différents modes (conteneurs transférables du rail à la route, semi-remorques routiers chargeables sur des wagons), et c'est aujourd'hui dans le domaine du fret que ces tentatives se poursuivent le plus activement. C'est ce qu'illustrent les « routes roulantes » (ou autoroutes ferroviaires) développées notamment en Suisse et en Autriche (par exemple, Fribourg-Lugano : 6 000 camions ; Bâle-Lugano : 11 800 camions ; Singen-Milan : 12 900 camions). Il s'agit de convois de fret ferroviaire qui offrent des plates-formes surbaissées pour accueillir des ensembles routiers complets (tracteur + semi-remorque) afin que les poids lourds ne créent pas de goulets d'étranglement lors de la traversée des massifs alpins. Cette solution contribue largement au modèle économique des grands tunnels ferroviaires actuels (Saint-Gotthard, Lötschberg). Mais **le ferroutage, coûteux, reste difficile à rentabiliser, malgré un discours politique très favorable et un intérêt certain du point de vue environnemental**.

2. Bavoux, 2005.

Quelques réalisations et limites de la politique européenne des transports

Réalisations	Limites
Ferroviaire	
Agence ferroviaire européenne (2004); certification commune des conducteurs de trains, des droits minimums du passager ferroviaire; ouverture à la concurrence (2010).	Maintien des différences de normes (licences des conducteurs, écartement des voies, gabarits des tunnels et wagons, systèmes de signalisation); désaccords entre États sur le développement de « corridors ferroviaires » ouverts à la concurrence.
Aérien	
Dispositif « ciel unique » unifiant les contrôles aériens; Agence européenne de la sécurité aérienne.	Maintien de routes aériennes et de normes différentes d'un pays à l'autre (distances de sécurité, altitudes légales, etc.).
Route	
Politique d'« écologisation des transports »; programmes Civitas (modes de transport doux en ville) et Cute (bus à hydrogène dans les villes européennes).	Maintien des différences de normes: vitesses maximales autorisées, charges à l'essieu, taxes sur les véhicules et carburants, règles de circulation pour les poids lourds
Mer et voies navigables	
Agence européenne de sécurité maritime (créée à la suite du naufrage du pétrolier *Erika* en 1999); programme « Marco Polo » finançant des « autoroutes de la mer » (projet Istanbul-Toulon).	Variabilité des gabarits des voies navigables empêchant la continuité des réseaux (Belgique: gabarit européen de 1 350 t; France: gabarit Freycinet de 350 t).

Source: É. Merenne, *Géographie des transports*, Presses universitaires de Rennes, 2008.

3. Réguler et contrôler les flux internationaux de marchandises: vers une Europe des transports?

Pionnière dans l'intégration économique et politique régionale, et caractérisée par un grand nombre de petits États (donc de frontières à franchir), **l'Europe se singularise par une stratégie active et précoce de coordination des transports**. Au-delà des multiples initiatives faites pour renforcer l'**intégration européenne par les transports** (principe réaffirmé par le traité de Lisbonne de 2007) et grâce aux contributions majeures du Fonds de cohésion et de la Banque européenne d'investissement, les évolutions majeures de ces dernières années concernent l'**ouverture à la concurrence**, l'amélioration des **impacts environnementaux** et le développement d'un véritable **réseau transeuropéen de transport** dit « RTE-T ». Il s'appuie sur de grands programmes industriels visant à améliorer la radionavigation par satellite (GALILEO), l'interopérabilité ferroviaire (ERTMS) et la modernisation de la gestion du trafic aérien (SESAR). L'ensemble des modes de transport est concerné [→ TABLEAU CI-APRÈS].

Malgré cet arsenal juridique, technique et financier, il est frappant de voir combien la domination de la route et la répartition modale du transport de marchandises restent inchangées depuis 2005 [→ TABLEAU CI-APRÈS].

■ **Répartition modale du transport de marchandise intra-Union européenne (en % du total)**

	Route	Voie ferrée	Voie fluviale
2005	76	18	6
2010	76	17	7
2018	75	19	6

Source : Eurostat, 2020.

III. La géographie des flux commerciaux, entre interdépendances et sélectivité

A. DES COMPLÉMENTARITÉS COMMERCIALES D'ÉCHELLE MONDIALE

1. Le poids inégal des échanges intrarégionaux

Les tendances récentes des échanges internationaux de marchandises confirment la prédominance des échanges intrarégionaux, particulièrement en Amérique du Nord, en Europe et en Asie. En 2016, le commerce intrarégional reste vigoureux en Amérique du Nord (48 %), en Europe (75 % des exportations) et en Asie (52 %). Les accords régionaux de libre-échange comme l'ALENA (Accord de libre-échange nord-américain devenue ACEUM) expliquent largement cette tendance, mais celle-ci reflète également les écarts de richesse entre régions et de solvabilité entre les marchés. En effet, la part des exportations intrarégionales n'est que de 27 % en Amérique du Sud et Amérique centrale, de 20 % dans la Communauté d'États indépendants (CEI), de 13 % en Afrique et de 9 % au Moyen Orient.

La vogue des accords méga-régionaux, qui ambitionnent d'harmoniser les normes, a fait long feu : ni le Transatlantic Trade and Investment Partnership (TTIP) entre les États-Unis et l'Union européenne (ou TAFTA, Traité de libre-échange transatlantique), pas plus que le Transpacific Partnership (TPP) qui aurait dû associer les États-Unis et 11 pays américains et asiatiques, à l'exception de la Chine, n'ont en 2020 résisté au retour du protectionnisme des États-Unis du président Trump. La Chine en revanche est associée depuis 2020 à un Regional comprehensive Economic Partnership (RCEP) qui regroupe aussi les pays de l'ASEAN, le Japon, l'Australie, la Nouvelle-Zélande et la Corée du Sud. Ces accords visent à renforcer les intégrations commerciales en libéralisant les échanges mais aussi en reformulant les règles relatives aux services, aux marchés publics ou encore à la propriété intellectuelle. C'est pourquoi les négociations de ces accords se heurtent à des résistances fortes dans la plupart des pays impliqués. Plus généralement les crises géopolitiques en cours recomposent les chaînes d'approvisionnement et les relations commerciales, qu'il s'agisse de la guerre en Ukraine consécutive à l'invasion russe ou de la guerre commerciale entre la Chine et les Etats-Unis. Ainsi, la Russie a accru sa dépendance commerciale vis-à-vis de la Chine, tout en la réduisant vis-à-vis de l'Union européenne.

■ **Principaux flux d'importations dans le monde en 2022**

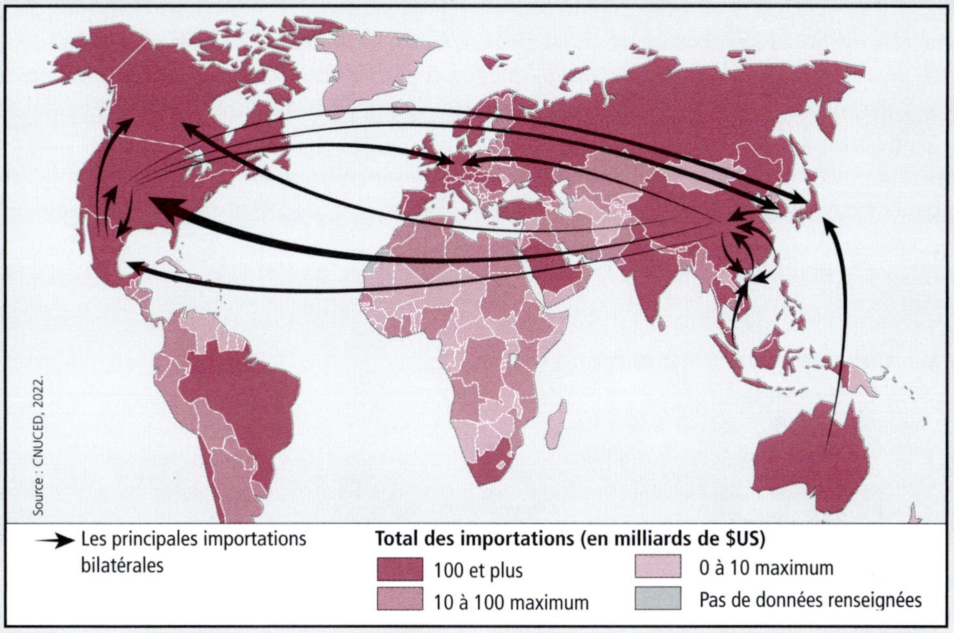

2. Des complémentarités durables dans les échanges interrégionaux

Les échanges commerciaux reflètent des **complémentarités souvent dissymétriques et relativement stables dans le temps entre les différentes régions du monde**. L'Union européenne est ainsi le principal marché d'exportation de l'Afrique, suivie par l'Asie et l'Amérique du Nord. Un peu plus de la moitié des exportations de la CEI sont destinées à l'Europe, et l'Asie reste le principal marché d'exportation du Moyen-Orient.

Les pays émergents ont construit leur développement sur les exportations, en tournant le dos à une politique d'autosuffisance et en bénéficiant de la libéralisation du commerce international engagée depuis l'après-guerre. Ce modèle de développement, dont l'efficacité économique est illustrée avec éclat par la croissance chinoise, contribue à accentuer les **interdépendances à l'échelle mondiale** : l'Amérique du Nord et l'Europe distribuent des capitaux et bénéficient de biens manufacturés bon marché, mais dépendent des exportations des pays émergents qui sont eux-mêmes dépendants des marchés des capitaux et des matières premières. **Depuis les années 1990, ces interdépendances sont en partie redéfinies** : les produits échangés changent progressivement de nature, avec le développement rapide en Inde et en Chine de centres de recherche performant et d'une main-d'œuvre très qualifiée qui leur permet d'exporter des biens à fort contenu technologique ainsi que des services (informatique en Inde, par exemple) ; la géographie des partenariats commerciaux se recompose également, avec notamment la stratégie chinoise très volontariste de conquête du marché africain.

3. L'émergence de nouvelles puissances commerciales

Les pays émergents, en particulier les BRICS, développent d'actives stratégies de partenariats commerciaux qui contribuent à redessiner rapidement la géographie du commerce mondial. L'acronyme désigne le rapprochement diplomatique et économique opéré progressivement à partir des années 2000 entre le Brésil, la Russie, l'Inde, la Chine puis l'Afrique du Sud. Renommé BRICS+ en 2024, le groupe est rejoint par l'Iran, l'Égypte, les Émirats arabes unis et l'Éthiopie, et s'ouvre à de probables futurs élargissements. Il pèse désormais près du tiers du PIB de la planète, contre 16 % en 2001. Ces pays manifestent surtout une volonté forte de développer des politiques économiques et diplomatiques communes, en prenant leurs distances vis-à-vis des organisations dominantes (G20, FMI, Banque mondiale) et de l'hégémonie du dollar. La relation étroite entre politique commerciale et géopolitique est clairement illustrée par le 16e sommet des BRICS qui s'est tenu à Kazan, en Russie, en octobre 2024). Leurs exportations totales atteignaient en 2024 près de 25 % des exportations mondiales.

B. DES INTERDÉPENDANCES QUI DÉPENDENT DES SECTEURS ÉCONOMIQUES

■ **Les flux pétroliers dans le monde en 2020**

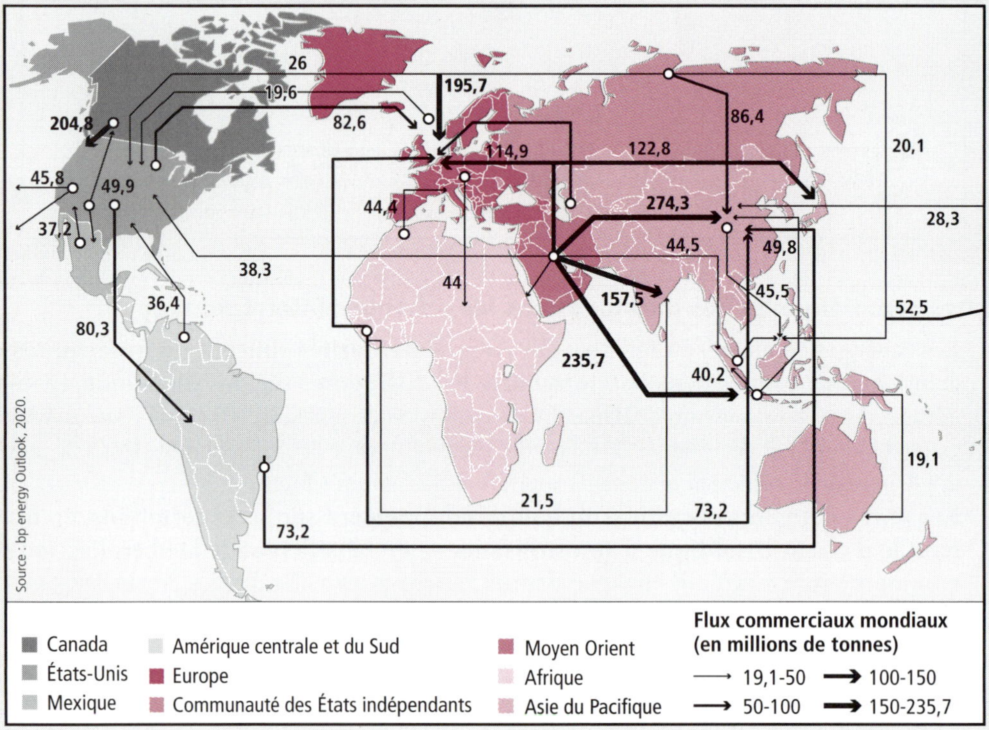

Les flux de marchandises et les interdépendances commerciales qu'ils révèlent diffèrent nettement selon le type de bien considéré. Deux exemples l'illustrent clairement : le pétrole et la drogue.

1. Le transport du pétrole

Le transport du pétrole repose sur la **dissociation entre espaces de production (une soixantaine de pays dans le monde) et espaces de consommation**, ces derniers étant principalement situés en Amérique du Nord, en Europe et en Asie orientale (plus de 80 % des flux d'importation). La géographie de ces interdépendances diffère d'un pays à l'autre, en fonction des **stratégies nationales concernant la question hautement stratégique**

de la sécurisation des approvisionnements. Ainsi, le Japon dépend à 80 % des flux pétroliers du Moyen-Orient, alors que l'Europe importe principalement depuis la CEI. Les flux pétroliers sont essentiellement maritimes (avec une prise de relais par les oléoducs pour desservir les espaces continentaux, notamment entre l'Europe et la CEI) et ils constituent environ un tiers de l'ensemble du trafic maritime en 2017 [→CARTE CI-CONTRE]. Si cette part tend à diminuer (le pétrole constituait plus de 50 % du volume du transport maritime en 1970), la sécurisation des routes pétrolières reste une préoccupation majeure des États comme des organisations internationales [→CH. 7].

2. Les flux commerciaux illégaux: l'exemple des drogues

La drogue constitue un **marché globalisé et en pleine croissance**. Apparu dès le début du XIXe siècle (opium indien vendu en Chine), le narcotrafic a fait précocement l'objet d'accords internationaux concernant la production et le commerce de drogues (accord de Shanghai sur l'opium, 1909 ; convention internationale de l'opium, 1912) et le relais a été pris par l'ONU (convention unique sur les stupéfiants, 1961 ; convention contre le trafic illicite de stupéfiants et de substances psychotropes, 1988). La difficulté à maîtriser le phénomène tient au **caractère très lucratif du trafic** (243 milliards d'euros en 2015 selon l'UNODC, l'Office des Nations unies contre la Drogue et le Crime). En outre, les réseaux criminels contrôlant les filières sont mobiles et structurés de manière complexe, tout en s'appuyant sur des paradis fiscaux ou en investissant les bénéfices dans l'économie légale. La carte du trafic de cocaïne montre clairement une différence entre les pays consommateurs (70 % de la consommation pour l'Amérique du Nord et l'Europe) et les pays producteurs qui sont tous des pays du Sud : Colombie, Pérou et Bolivie pour la cocaïne, Afghanistan pour l'héroïne (90 % de la production mondiale). **Les routes commerciales sont à la fois ramifiées et fluctuantes**, au gré des renforcements des contrôles et du démantèlement de filières locales. Une relative recomposition de cette géographie commerciale s'observe toutefois : les pays de transit (en Afrique, en Amérique centrale, au Moyen-Orient) deviennent également d'importants consommateurs, tandis que les pays du Nord prennent une part croissante dans la production du cannabis et des drogues de synthèse[3].

Pour aller plus loin

Le site de l'agence de l'ONU en charge de la lutte contre la drogue

liennathan.fr/rri254

3. Durand, 2010.

4 UN MONDE DE MOBILITÉS

L'idée que nous vivons désormais dans un monde « en mouvement » est devenue une banalité : la généralisation du déplacement aérien, la démocratisation du tourisme international, la visibilité des quartiers dits « ethniques » au cœur des villes mondiales, ou encore l'accroissement du nombre d'étudiants étrangers dans les universités des pays du Nord contribuent à faire des **mobilités spatiales d'échelle internationale l'une des caractéristiques majeures des sociétés contemporaines**. Est-ce à dire, comme nombre d'observateurs n'hésitent pas à l'affirmer avec emphase, que nous vivons dans une ère de « mobilité généralisée » ? Ce serait assurément verser dans la double illusion d'une généralisation sociale et d'une généralisation spatiale des mobilités, en oubliant le fait que celles-ci sont d'abord caractérisées par leur caractère **très sélectif socialement et spatialement**. En ce sens, elles constituent un très puissant révélateur des dynamiques et des déséquilibres géographiques à l'échelle mondiale. Phénomène complexe, décliné en une multitude de formes spatiotemporelles et relevant d'une grande variété de facteurs, les mobilités spatiales constituent désormais un **enjeu économique et politique incontournable**.

Notions principales

Diaspora : dispersion à travers le monde d'une communauté, et ensemble des membres de cette communauté.
***Brain drain* :** l'attraction des cerveaux désigne les flux de travailleurs qualifiés vers les pays développés.
Multiculturalisme : pluralisme culturel au sein d'un même espace politique.

CHRONOLOGIE

1950 : L'ONU crée l'Office du Haut-Commissaire des Nations unies pour les réfugiés.

1970 : L'ONU crée l'Organisation mondiale du tourisme (OMT). Cette institution spécialisée, dont le siège se trouve à Madrid, a accueilli en 2013 un 56e État membre, Trinité-et-Tobago.

1985 : Première convention de Schengen signée au Luxembourg par 5 États européens pour mettre en œuvre le principe de la libre circulation à l'intérieur de l'Union européenne. En 2021, 26 États européens forment l'espace Schengen.

2002 : Avec le rachat du groupe français Nouvelles Frontières, l'entreprise allemande TUI AG, leader du tourisme dans le monde, choisit de concentrer toutes ses activités dans ce domaine.

2004 : Création de l'Agence européenne pour la gestion de la coopération fonctionnelle aux frontières extérieures (ou Frontex), dont le siège se trouve à Varsovie. Plusieurs organisations européennes et africaines critiquent les activités de Frontex, qui seraient contraires aux droits fondamentaux.

2007-2010 : Existence éphémère en France d'un ministère de l'Immigration, de l'Intégration, de l'Identité nationale et du Développement solidaire.

2015 : Crise migratoire en Europe, où arrivent 1,3 million de migrants en provenance essentiellement de Syrie

27 janvier 2017 : Décret du nouveau président américain, Donald Trump, interdisant pour 3 mois l'entrée sur le territoire des ressortissants de 7 pays majoritairement peuplés de musulmans.

13 juillet 2018 : Signature à Marrakech puis adoption par l'ONU du « Pacte mondial pour des migrations sûres, ordonnées et régulières » visant à faire prévaloir la coopération multilatérale en matière migratoire.

2020 : Pandémie de Covid-19 qui entraîne une fermeture des frontières et une diminution de moitié des flux migratoires mondiaux.

2024 : Élection de Donald Trump à la présidence des États-Unis, après une campagne électorale dénonçant « l'invasion migratoire ».

I. Une planète migratoire entre permanence et renouvellement

A. UN PHÉNOMÈNE ANCIEN EN CONSTANTES RECOMPOSITIONS

1. Migrations et mobilités : de quoi parle-t-on ?

Au sens strict, la migration désigne un **transfert définitif ou durable de résidence d'un lieu à un autre**. Cette définition présente des limites car elle méconnaît les phénomènes de **multirésidence**, de **circulations** entre des lieux de résidence principale et plus ponctuels (à l'occasion de vacances dans une maison secondaire, par exemple) ou entre les lieux de résidence de membres de la famille (certains auteurs parlent de « système résidentiel familial »). La compréhension de ces configurations spatiales complexes implique d'**abandonner l'idée, qui a longtemps prévalu, de la migration comme déplacement définitif depuis un point A (le lieu dit « d'origine ») vers un point B (le lieu dit « de destination »)**. Bien au contraire, l'amélioration des transports à grande distance tout comme les technologies d'information et de communication (Internet, courrier électronique, logiciels comme Skype, etc.) permettent une forme d'**ubiquité** (être présent à la fois « ici et là-bas »), sinon en personne du moins en pensée, en échange d'informations, en ancrage affectif, voire en implication professionnelle, économique ou politique. Ces évolutions concernent l'ensemble des mobilités spatiales, dont les migrations internationales ne sont que l'une des formes. C'est pour tenir compte de ces évolutions que **le terme « migrant » tant à supplanter, dans le langage académique et journalistique, les termes « immigré » et « émigré »**, qui figent de manière excessive les rapports qu'un individu effectuant une mobilité internationale entretient avec les différents lieux qui constituent son espace de vie. Pour autant, il importe de connaître les notions permettant de décrire le phénomène migratoire :

– **migrant international :** individu qui effectue une migration internationale, c'est-à-dire qui change de pays de résidence habituelle pour une durée d'au moins un an. On parlera de migration « interne » lorsque ce changement de résidence s'effectue au sein du même état ;
– **étranger :** individu qui ne possède pas la nationalité du pays dans lequel il réside à titre principal ;
– **immigré :** individu né dans un autre pays que celui dans lequel il réside à titre principal. Un immigré peut être étranger (être ressortissant de son pays de naissance) ou avoir acquis la nationalité du pays dans lequel il réside.

2. Mondialisation et migration : une longue histoire

Les migrations sont au cœur des **processus de peuplement inscrits dans le temps long** et qui donnent ses traits culturels, linguistiques et religieux au monde contemporain. Ainsi, la Turquie actuelle est l'héritière des migrations vers l'Anatolie, à partir du XIe siècle, des Seldjoukides et Turcomans originaires d'Asie centrale.

Plus près de nous, **la seconde moitié du XIXe siècle a été caractérisée par une intensification sans équivalent des migrations internationales**. La transition démographique européenne (accroissement de la population) s'est alors combinée avec les forts besoins de main-d'œuvre dans les pays neufs (Amérique du Nord principalement) pour créer des flux migratoires de très grande ampleur, dont l'Europe occidentale était le foyer principal : entre 1800 et 1930, 40 millions d'Européens s'installent en Amérique du Nord. Ainsi, en 1900, le **taux d'émigration** (nombre d'émigrés rapporté à la population totale) était de 40 % dans les Îles Britanniques, de 30 % au Portugal et en Italie.

Loin de constituer une parenthèse historique refermée, **ces migrations anciennes se traduisent de manière très concrète aujourd'hui dans la physionomie des grandes villes** d'immigration (les *chinatowns* de New York, Los Angeles ou encore Sydney constituent aujourd'hui de véritables centralités commerciales et touristiques). Elles sont également réactivées par certaines politiques migratoires contemporaines, par exemple en Allemagne où ont été mis en œuvre, après la chute du mur, des dispositifs d'aide au « retour » des *Aussiedlers*, minorités germanophones des pays d'Europe de l'Est (Russie, Kazakhstan, Ukraine, Roumanie) descendant des vieilles migrations germaniques datant de trois à huit siècles auparavant. Au Japon, ce même type de politique est mis en œuvre pour favoriser l'insertion professionnelle et sociale des *Nikkeijin*, descendants de paysans japonais émigrés en Amérique du Sud (Brésil, Pérou, Bolivie, Paraguay) à la fin du XIXe siècle.

3. Un accroissement relatif des flux migratoires

Selon les Nations unies, 281 millions de personnes (**3,6 % de la population mondiale**) résident résidaient hors de leur pays de naissance en 2020. Pour 2025, ce pourcentage devrait approcher les 4%. Cette proportion est légèrement plus élevée qu'en 1990 (155 millions de migrants) mais nettement plus faible qu'en 1900 (5 % de la population mondiale). Légèrement supérieure à la croissance démographique, **l'augmentation du nombre de migrants internationaux est d'environ 2 % par an de manière relativement stable** : il n'y a donc pas de véritable intensification du phénomène migratoire, qui reste très minoritaire du point de vue démographique global.

Évolution du nombre de migrants internationaux 1965-2020 (en millions)

1965	1975	1985	1990	1995	2003	2013	2015	2020
75	90	113	153	161	192	221	249	281

Principal pays d'immigration dans le monde depuis la fin du XIXe siècle, les États-Unis sont un bon révélateur de l'évolution des flux migratoires internationaux dans l'histoire contemporaine. La figure [→ PAGE SUIVANTE] montre clairement que la mondialisation contemporaine ne se singularise pas nettement par une intensification des flux. Cette évolution fait surtout apparaître le poids des événements politiques (quasi-annulation des flux pendant les deux guerres mondiales, explosion de l'émigration en provenance des pays de la CEI au lendemain de la chute du rideau de fer) et des inflexions des politiques migratoires : la suppression de la loi des quotas aux États-Unis en 1965 se traduit par une croissance plus rapide de l'immigration. Les migrations sont également affectées par les crises épidémiques. Ainsi, la pandémie de 2020 liée au coronavirus SARS-CoV-2 a entraîné une diminution de près de 50 % des flux migratoires mondiaux au premier semestre 2020, avec une immigration nulle en Australie, au Japon ou encore aux États-Unis.

4. Des migrants aux profils de plus en plus variés

Évolution de l'immigration aux États-Unis (1820-2022)

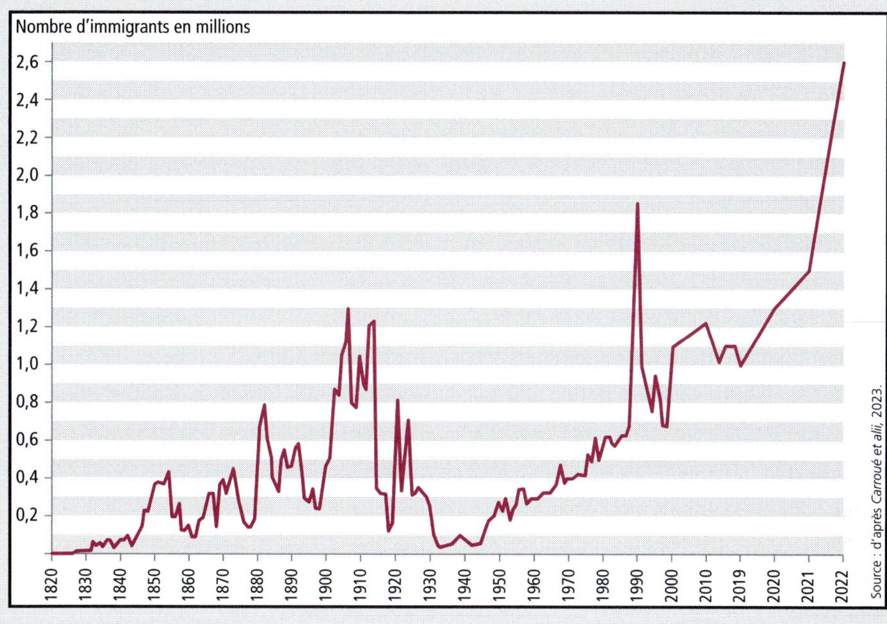

Toute tentative d'élaboration d'une typologie systématique des migrants internationaux se heurte à la multiplicité des critères à prendre en compte : **durée du séjour** à l'étranger (quelques semaines pour un travailleur saisonnier sous contrat dans une exploitation agricole ; trois à cinq ans pour un cadre expatrié dans la filiale à l'étranger d'une grande entreprise ; installation définitive) ; **motif de la migration** (études, travail, retraite, déplacement forcé) ; **niveau de qualification** ; **type et secteur d'activité** ; **caractère légal ou non** de la migration ; etc. Dans une perspective historique, les migrations internationales contemporaines se caractérisent par une **diversification très forte des profils socioprofessionnels et démographiques des migrants** : alors que l'essentiel des flux dans la seconde moitié du XXe siècle était constitué d'une **population masculine de jeunes actifs peu qualifiés** – au regard de leur employabilité dans les pays d'accueil – et motivée principalement par la perspective d'un **emploi salarié**, dans l'industrie principalement, les évolutions structurelles des sociétés d'accueil et de départ (montée en puissance de l'économie des services, généralisation de l'accès au diplôme) ont conduit à une marginalisation de cette figure du migrant, au profit d'autres profils. Une évolution sensible consiste par exemple en une montée en puissance de **migrations « entrepreneuriales »** (artisans, commerçants), par opposition à la migration d'une main-d'œuvre salariée. Des secteurs tels que la confection ou l'hôtellerie-restauration sont historiquement très fortement investis par les travailleurs immigrés et contribuent à marquer de leur empreinte paysagère et sociale certains quartiers des grandes villes internationales. Le secteur de l'import-export est également souvent animé par des entrepreneurs immigrés qui mobilisent les contacts maintenus dans le pays d'origine pour maîtriser l'ensemble de la filière (fabrication-transport-commercialisation).

ZOOM ▶ Femmes et migration, une « révolution silencieuse »[1]

On assiste depuis les années 1990 à une **féminisation globale de la population migrante**, notamment d'origine asiatique (70 % des migrants philippins et sri-lankais et 80 % des migrants indonésiens sont des femmes), et ces migrations concernent de plus en plus des **femmes seules, partant indépendamment de leur conjoint et qui deviennent donc un soutien financier** pour leur famille. En 2023, 52 % des migrants internationaux sont des hommes et 48 % des femmes. Cette évolution doit certes être nuancée (les femmes ne constituent « que » la moitié environ de l'ensemble des migrants internationaux, et le regroupement familial reste la première cause de l'immigration féminine en Europe et aux États-Unis) mais elle reflète des changements profonds qui affectent les sociétés d'origine (émancipation des femmes dans les sphères professionnelles et familiales) comme le marché international de l'emploi (croissance des besoins en matière de soin et de services à la personne parmi les populations vieillissantes dans les pays du Nord). De plus, les migrations féminines bénéficient d'une **approche très favorable de la part des organisations internationales**, qui y voient un levier à la fois pour l'« autonomisation » des femmes dans les sociétés de départ (*empowerment*) et pour le développement économique local (les femmes migrantes sont souvent présentées dans les rapports officiels comme des émettrices de remises financières plus efficaces que les hommes).

B. UNE RECOMPOSITION SPATIALE RELATIVE DES MOBILITÉS INTERNATIONALES

1. Une géographie complexe des flux migratoires

Plus qu'un accroissement quantitatif somme toute modeste, ce sont surtout des évolutions dans la géographie des flux qui caractérisent les dernières décennies. Les flux migratoires entre pays dits « du Nord » et pays dits « du Sud » se sont recomposés : dirigés depuis le Nord vers le Sud dans un contexte colonial, ils se sont inversés après les indépendances (le démographe Alfred Sauvy parlait d'un « renversement des flux migratoires » entre le Nord et le Sud) mais surtout complexifiés puisque nombre d'anciens pays colonisés sont aujourd'hui à la fois des pôles d'immigration et des foyers d'émigration. Au cours des trente dernières années la planète migratoire s'est largement étoffée avec l'émergence de nombreux pays d'immigration et d'émigration, et contraste fortement avec l'image relativement simple de la géographie des migrations transatlantiques prévalant au tournant des XIXe et XXe siècles. Les migrants internationaux se répartissent aujourd'hui en quatre groupes de tailles relativement comparables.

2. Espaces de départ, de transit et d'accueil

La planète migratoire est constituée aujourd'hui de trois catégories d'espaces[2] :

– Les **espaces de départ**

Ils sont surtout situés dans les pays du Sud (Asie, Afrique et Caraïbes principalement) et le fort volume de l'émigration (près de 18 millions d'émigrés indiens, 12 millions de Mexicains et 11 millions de Chinois, pour les principaux pays d'émigration) se recompose d'année en année en fonction d'une conjonction de facteurs : le marché local de l'emploi, les différentiels socio-économiques avec les espaces historiques d'immigration, les politiques incitant plus ou moins au départ, le niveau d'insécurité, etc. Notons que si l'Inde détient aujourd'hui le record du nombre d'émigrés (en valeur absolue), c'est le Cap-Vert qui détient celui du pourcentage d'émigrés : un tiers des personnes nées au Cap-Vert vivent à l'étranger.

1. G. Simon, *La planète migratoire dans la mondialisation*, 2008.
2. Berthomière et Simon, 2006.

Les flux migratoires dans le monde en 2019

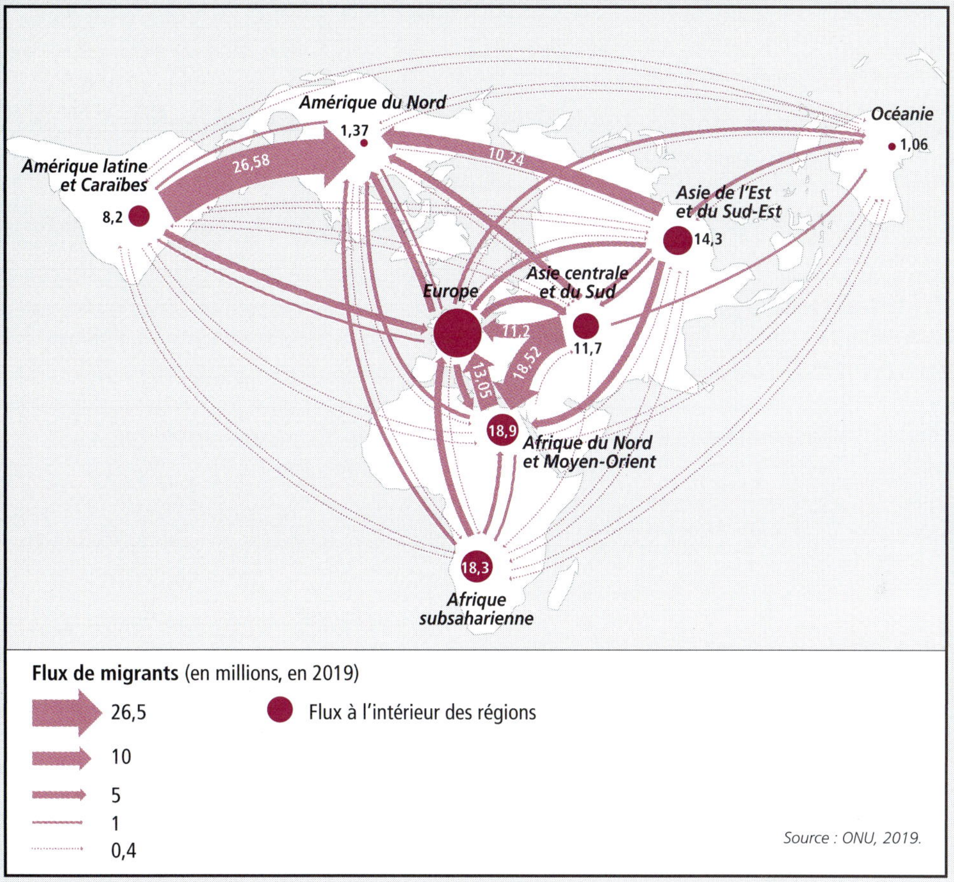

– **Les espaces de transit**

Ils ont été longtemps méconnus par les travaux sur les migrations internationales et apparaissent peu sur les cartes, qui tendent à présenter les destinations « finales » des flux migratoires. Or, ces espaces revêtent une **importance considérable comme étape souvent contrainte, et d'une durée indéterminée, dans les parcours migratoires individuels**. Ils traduisent surtout l'existence de lignes de contact entre grandes aires régionales (Amérique du Nord – Amérique latine ; Europe – Afrique) et sont directement le produit du renforcement des contrôles frontaliers et des restrictions croissantes à l'entrée sur le territoire des régions d'immigration. Le Maroc est un exemple emblématique d'un pays de transit qui doit gérer un flux de migrants subsahariens bloqués dans leur parcours vers l'Europe.

– **Les espaces d'accueil**

Ils se répartissent entre l'Amérique du Nord, l'Union européenne et les États du golfe Persique. Au sein de ces espaces, ce sont les très grandes villes qui polarisent les flux car elles concentrent les emplois et les réseaux facilitant l'insertion des migrants nouvellement arrivés. Les pays d'accueil se différencient par un **poids très inégal de la population immigrée au sein de la population totale**. Ainsi les États-Unis sont au premier rang mondial pour le nombre d'immigrés (50 millions), mais ces derniers représentent 15 % de la population ce qui est loin des chiffres que connaissent des pays de petite taille (Suisse : 30 % d'immigrés ; Singapour : 45 %) et plus encore des cas extrêmes que constituent les petites monarchies pétrolières du Golfe (Koweït : 75 % ; Émirats arabes unis : 90 %).

ZOOM ▶ Ceuta et Melilla, lieux emblématiques de la géographie des migrations internationales

Minuscules territoires d'une vingtaine de km² chacun, Ceuta et Melilla sont des enclaves espagnoles sur le littoral méditerranéen du territoire marocain. Lignes de contact entre l'espace Schengen et les routes migratoires transsahariennes, elles sont l'un des hauts lieux du passage clandestin vers l'Europe, en particulier pour les migrants trop pauvres pour payer les services d'un passeur marocain leur faisant traverser le détroit de Gibraltar. Les accords de réadmission passés avec le Maroc, les barbelés et dispositifs de surveillance policière sur une vingtaine de kilomètres et les tensions extrêmes entre migrants et policiers (onze migrants tués par balle en 2005, notamment) font de ces enclaves un « laboratoire » de la militarisation et de l'externalisation des frontières extérieures de la « forteresse Europe » et cristallisent l'opposition des associations contre les dérives et les contradictions d'une approche sécuritaire des migrations internationales.

II. Facteurs et enjeux des migrations internationales

A. UNE COMBINAISON COMPLEXE DE FACTEURS

Les travaux sur les migrations internationales se sont longtemps cantonnés à identifier des **facteurs répulsifs**, incitant à l'émigration (crise de l'emploi, insécurité économique et politique, croissance démographique rapide), et des **facteurs attractifs** polarisant l'immigration vers telle ou telle destination (besoin de main-d'œuvre, politique d'ouverture). Cette grille d'analyse dite « *push-pull* » a été progressivement abandonnée pour prendre en compte la **diversité et la complexité des facteurs** qui expliquent les décisions individuelles de migrer comme la géographie des systèmes migratoires et leur recomposition. Sans prétendre à l'exhaustivité, on peut citer : l'**histoire migratoire** entre pays, souvent liée à d'anciens liens de nature coloniale ; l'**imaginaire migratoire** porté à la fois par les récits des migrants et par les médias ; les **réseaux sociaux et familiaux** qui interviennent dans la définition du projet migratoire comme dans l'insertion résidentielle et professionnelle du migrant dans le lieu de séjour ; les **politiques migratoires** (voir *infra*) des régions d'accueil ; le **marché de l'emploi** et les opportunités professionnelles ; les **crises et conflits** ainsi que les contextes d'insécurité pour des minorités linguistiques ou religieuses. Les facteurs dits « climatiques » font également l'objet d'une considération spécifique de la part des chercheurs et des institutions, à travers les concepts de « migrations climatiques », « migrations environnementales » ou encore « réfugiés climatiques ».

3. C. Wihtol de Wenden, 2012, *Atlas des migrations*, Paris, Autrement.

Réfugiés et déplacés dans le monde en 2023

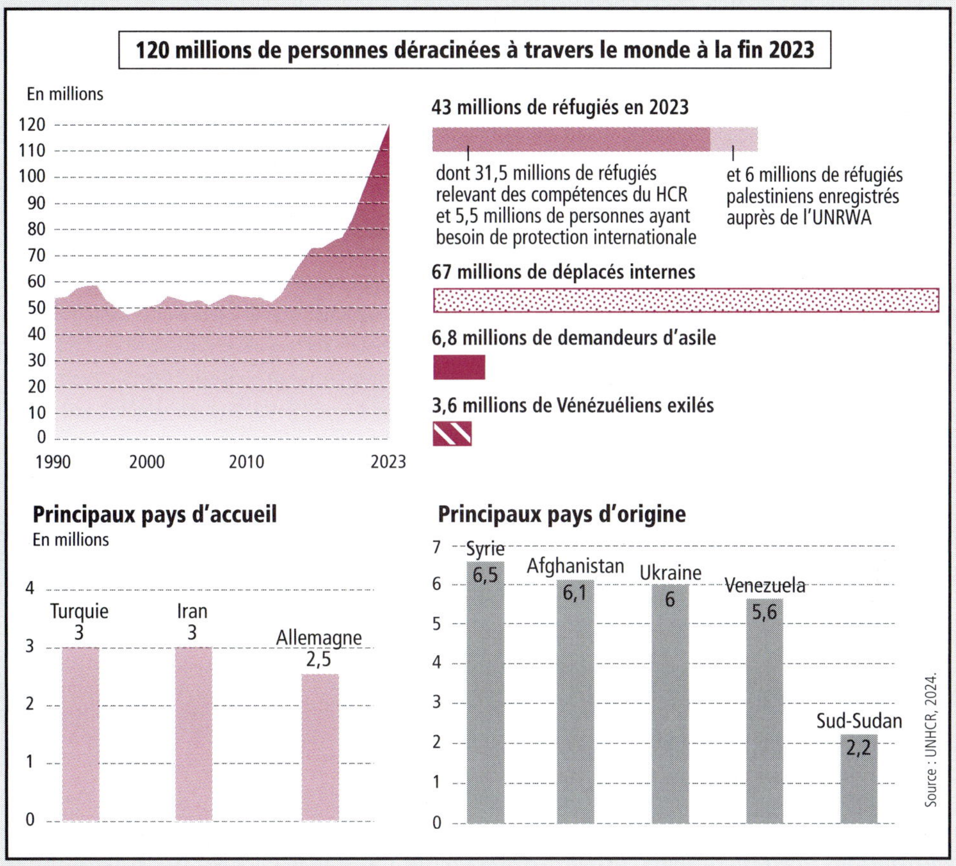

ZOOM ▶ Les migrations en Afrique subsaharienne

Avec près de 20 millions de personnes concernées (contre 12 millions au début des années 2000), les migrations entre États d'Afrique subsaharienne illustrent bien la combinaison de facteurs à l'œuvre dans un système migratoire : une **très forte croissance démographique** (65 % de la population a moins de 25 ans) qui crée une forte tension sur le marché de l'emploi, notamment dans les zones rurales ; un haut niveau de **pauvreté** (34 des 48 pays dénommés « moins avancés » par la Banque mondiale sont africains) qui rend d'autant plus attractifs les pôles économiques dynamiques comme les régions industrielles sud-africaines (400 000 étrangers en situation régulière et entre 3 et 6 millions en situation irrégulière) ; une succession de **conflits** (Rwanda, Congo, Sierra Leone, Côte d'Ivoire, Darfour) entraînant des déplacements forcés (l'Afrique compte près de 18 millions de personnes qui relèvent des compétences du HCR), le plus souvent dans les espaces frontaliers ; la permanence de **solidarités et de réseaux marchands transfrontaliers** à base ethno-linguistiques ; le développement de « corridors » migratoires le long desquels se cumulent d'importants mouvements de population : 1,5 million entre le Burkina Faso et la Côte d'Ivoire ; 1 million entre le Sud-Soudan et l'Ouganda.

ZOOM ▶ La diaspora indienne aux États-Unis

Forte de 3,2 millions d'individus, la diaspora indienne aux États-Unis illustre clairement les effets ambivalents, selon qu'on adopte le point de vue du pays d'accueil ou du pays émetteur, d'une « migration des compétences ». En effet, plus de la moitié des visas H-1B destinés aux travailleurs très qualifiés bénéficie à des ingénieurs indiens, principalement dans le domaine de l'informatique et des nouvelles technologies, pour lequel la formation universitaire indienne est de réputation mondiale. Quelques chiffres suffisent à montrer l'impact économique de cette migration : 1/3 des ingénieurs de la Silicon Valley sont indiens et 15,5 % des start-up qui y sont implantées ont été créées par des Indiens (sur un total de 230000 entreprises « indiennes » aux États-Unis, employant 600000 personnes) ; 300000 Indiens travaillent aux États-Unis dans le domaine des nouvelles technologies, et plus de la moitié de la diaspora occupe une position managériale. Signe de cette réussite, les États-Unis comptent 200000 Indiens millionnaires en dollars. Les Indiens occupent également des positions professionnelles élevées dans d'autres domaines : un médecin sur dix est indien (50000 au total aux États-Unis) et plus de 8 000 universitaires indiens enseignent dans les facultés américaines. Enfin, ce poids économique et entrepreneurial se double d'un véritable pouvoir politique : la diaspora indienne dispose à Washington de puissants groupes de pression, au premier rang desquels l'*US-India Political Action Committee* (USINPAC) qui œuvre non seulement en faveur des résidents indiens aux États-Unis, mais aussi en matière de relations diplomatiques bilatérales (rôle majeur dans l'accord de coopération sur le nucléaire civil signé en 2008 entre Delhi et Washington). Longtemps dans l'ombre des tâches techniques, les Indo-Américains ont récemment gagné en visibilité, parfois de façon spectaculaire, comme en témoignent **Satya Nadella**, PDG de Microsoft depuis février 2014, né à Hyderabad, **Sundar Pichai**, depuis août 2015 à la tête de Google, né à Madras, **Arvind Krishna**, PDG d'IBM depuis 2020, né dans l'Andra Pradesh, ou encore **Vinod Khosla**, le cofondateur de Sun Microsystems, né à Delhi, qu'il a quitté pour se lancer dans le capital-risque.

B. LE RÔLE DES POLITIQUES MIGRATOIRES

1. Sélection et « migration choisie »

Depuis le choc pétrolier du début des années 1970 et la diminution drastique de l'immigration de travail dans la plupart des pays industrialisés, une tendance forte dans les politiques migratoires consiste à **sélectionner les migrants selon leur niveau de qualification professionnelle**. Les États-Unis en sont un exemple emblématique grâce à leur système de visas « H-1 B », qui permet à des employeurs de recruter temporairement un salarié étranger sur un poste spécifique. Il s'agit là d'un **outil majeur de performance économique**, notamment dans le secteur de la recherche appliquée et de l'innovation technologique, d'autant plus qu'en recrutant des cadres déjà diplômés, les États-Unis réalisent d'importantes économies de formation (estimées à 7 milliards de dollars). Par ailleurs, grâce à une active politique de bourses et à des programmes efficaces de détection et de communication, les universités américaines accueillent les plus brillants étudiants étrangers (50 % des doctorants aux États-Unis sont étrangers) qui, pour 60 % d'entre eux, restent aux États-Unis à la fin de leurs études. Ce dispositif nourrit ainsi le débat sur la « fuite des cerveaux » (***brain drain***). Le modèle américain s'est largement diffusé au sein des pays de l'OCDE, à l'instar de la France, qui met en place en 2006 un visa « compétences et talent », permis de séjour de trois ans renouvelable à destination de « l'étranger qui, du fait de ses compétences et de ses talents, contribuerait au développement économique ou au rayonnement intellectuel, scientifique, culturel, humanitaire ou sportif de la France et du pays dont il a la nationalité ».

2. Restrictions et fermetures

Dans un contexte d'accroissement quantitatif des migrations internationales, les États tendent, sinon à fermer leurs frontières, du moins à mettre en place des **politiques d'accueil restrictives**. L'Union européenne en est une illustration très emblématique : elle est l'une des premières régions d'immigration du monde (34 millions d'étrangers y vivaient en 2019, dont 20 millions d'Européens communautaires, pour 510 millions d'habitants) mais depuis la crise pétrolière de 1973, ses dirigeants ont toujours affiché – non sans contradictions – une politique d'« immigration zéro » puis de limitation stricte des flux, qui implique une **harmonisation des politiques migratoires entre États membres** (voir chronologie ci-dessous [→ZOOM] et la mise en place de dispositifs très intégrés de contrôle et de gestion des flux : le **système d'information Schengen (SIS)** permettant l'échange informatisé de données sur les étrangers en situation irrégulière ; l'agence **Frontex** (transformée en 2016 en « Agence européenne de garde-frontières et de garde-côtes ») qui coordonne les contrôles policiers des frontières extérieures de l'UE ; l'**Eurodac** (base informatisée d'empreintes digitales) qui vise à croiser les demandes d'asile et à identifier le pays responsable de son attribution ; le **SIVE** (Système intégré de vigilance extérieure) qui équipe certaines zones considérées comme stratégiques (Gibraltar, notamment) de dispositifs technologiques de surveillance des flux terrestres et maritimes. Le renforcement constant de ces dispositifs intégrés de contrôle policier

ZOOM ▶ Les étapes de la construction d'une politique européenne d'immigration et d'asile

1985 : Accords de Schengen supprimant les frontières intérieures pour les citoyens des pays membres de l'UE.

1990 : Accords Dublin I (complétés par les accords Dublin II de 2003) sur la mise en cohérence des réponses des pays membres aux demandes d'asile.

1992 : Traité de Maastricht affirmant le principe de la liberté de circulation, d'installation et de travail pour les citoyens européens.

1995 : Processus de Barcelone associant la migration et les politiques de développement.

1997 : Traité d'Amsterdam inscrivant les questions de migration et d'asile dans le « pilier » communautaire (et non plus intergouvernemental).

1999 : Conseil européen de Tampere initiant une politique commune de l'immigration (lutte contre l'immigration clandestine, système commun de l'asile, harmonisation des politiques de visas).

2004 : Création de l'Agence européenne pour la gestion de la coopération opérationnelle aux frontières extérieures des États membres de l'Union européenne (Frontex).

2005 : Livre Vert européen articulant le vieillissement de la population et les besoins de main-d'œuvre immigrée.

2007 : Traité de Lisbonne réaffirmant le principe d'une politique commune de l'immigration.

2008 : Pacte européen sur l'immigration et l'asile (contrôle des frontières extérieures, régulation de l'immigration légale, promotion du codéveloppement, etc.).

2011 : À la suite de l'arrivée de migrants tunisiens à Lampedusa (Italie), la Commission européenne appelle à renforcer le contrôle des frontières et à élaborer une politique commune de l'asile.

2013 : Vote d'un « paquet Asile », ensemble de directives composant un régime d'asile européen commun.

2015 : • Année record pour les demandes d'asile reçues par les pays de l'Union européenne (1 323 000, soit une augmentation de 75 % par rapport à l'année précédente). Un tiers des demandeurs viennent de Syrie.
• Plan de relocalisation de 160 000 demandeurs d'asile entre États membres.

2016 : Accord migratoire entre l'UE et la Turquie.

2017 : La Commission européenne lance des procédures d'infractions contre la Hongrie, la Pologne et la République tchèque, qui refusent d'appliquer le plan de répartition.

2020 : Pacte européen sur la migration et l'asile visant à refondre le système de Dublin.

2024 : Réforme du cadre européen pour la gestion de l'asile et de la migration

des frontières extérieures n'offre pas, loin de là, une réponse satisfaisante aux **multiples enjeux impliqués par la politique migratoire**, depuis les principes fondamentaux du droit d'asile jusqu'aux nécessités économiques et démographiques de migrations de travailleurs. Les années 2010 voient un accroissement considérable des demandes d'asile dans l'UE (330 000 demandes en 2012, 1,3 million en 2015, 1 million en 2023) en lien notamment avec les crises politiques et humanitaires en Syrie, en Afghanistan, en Irak ou encore en Érythrée. Le lent et très inabouti processus d'harmonisation des politiques d'immigration et d'asile est mis à mal par cette « crise migratoire » à laquelle les États réagissent de manière très différente (l'Allemagne se distingue des autres pays par le grand nombre de demandes reçues et acceptées), qui conduit à des rétablissements temporaires du contrôle aux frontières intérieures de l'UE, sur fond de crainte des menaces terroristes.

Le système Frontex et les frontières extérieures de l'UE (2024)

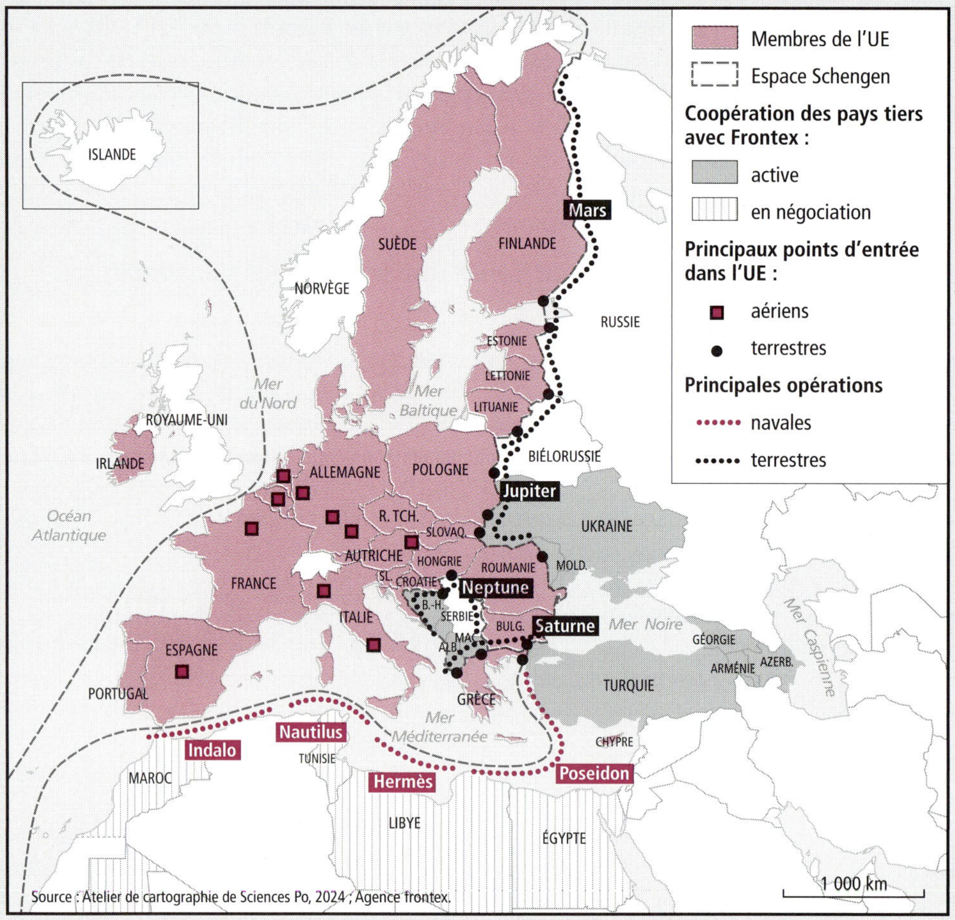

Source : Atelier de cartographie de Sciences Po, 2024 ; Agence frontex.

3. L'asile

L'application du droit d'asile constitue un domaine à part au sein des politiques migratoires. Elle repose sur des textes juridiques internationaux déclinés à partir de la **Convention de Genève relative au statut des réfugiés (1951)**, rassemblant 146 pays signataires, et sur l'action du Haut-Commissariat des Nations unies pour les Réfugiés (HCR) qui assure les droits fondamentaux des réfugiés (non-refoulement dans le pays d'origine, attribution de titres administratifs permettant l'exercice d'une activité professionnelle, etc.). Selon les textes, peut accéder au statut de réfugié toute personne qui « **craignant avec raison d'être persécutée du fait de sa race, de sa religion, de sa nationalité, de son appartenance à un certain groupe social ou de ses opinions politiques**, se trouve hors du pays dont elle a la nationalité et qui ne peut ou, du fait de cette crainte, ne veut se réclamer de la protection de ce pays». Depuis une vingtaine d'années, les conflits et crises politiques en Afrique (Soudan, Rwanda-Burundi, Somalie, Érythrée), en Amérique latine (Colombie, Venezuela), en Europe (Bosnie-Herzégovine), en Asie (Afghanistan, Birmanie) ou au Moyen-Orient (Syrie, Irak) ont entraîné un **accroissement rapide des déplacements forcés**: selon les estimations du HCR pour 2019, le monde compte environ 80 millions de personnes déplacées de manière contrainte (dites «déracinées»), soit près du double de leur nombre en 2010. Parmi eux, 26 millions bénéficient de la protection statutaire du HCR (ou de l'UNRWA pour le cas spécifique des 5,6 millions de réfugiés palestiniens). Les pays qui accueillent le plus de réfugiés sont la Turquie (3,5 millions), l'Iran (3 millions), et l'Allemagne (2,5 millions). Les principaux pays émetteurs sont la Syrie (6,5 millions), l'Afghanistan (6,1 millions), l'Ukraine (6 millions), le Venezuela (5,6 millions), le Sud-Soudan (2,2 millions). On parle désormais communément d'une «crise de l'asile»: les pays d'accueil (en Europe, notamment) sont réticents à accorder le statut de réfugiés à des demandeurs souvent suspectés d'instrumentaliser l'asile pour des motifs principalement économiques (près de 1,2 million de demandes d'asile déposées chaque année, pour des taux d'acceptation qui varient beaucoup selon les pays d'origine et les pays d'accueil). La massification des flux (près de 4,2 millions de demandeurs d'asile dans le monde en 2019) et les blocages liés à la gestion d'une question très sensible politiquement entraînent la pérennisation dans le temps de situations dramatiques sur le plan humanitaire, notamment dans les pays frontaliers des zones de conflits (8 millions de personnes vivent dans des camps depuis plus de 10 ans). La question des réfugiés tend à se poser de manière d'autant plus épineuse que **le HCR élargit progressivement son champ d'intervention** en intégrant notamment les victimes de catastrophes naturelles (tsunami en Asie en 2004) et en discutant la création de la catégorie de «réfugié climatique». Le terme «migrant», qui désigne une personne résidant ailleurs que dans son pays de naissance, est donc beaucoup plus large que celui de «réfugié», qui renvoie à la définition précise du HCR. Mais dans le contexte européen actuel, cette distinction lexicale recouvre un vif débat sur les politiques d'asile et d'accueil, et sur les limites éthiques d'une opposition entre «vrais» et «faux» réfugiés».

4. Limites et contradictions des politiques de fermeture migratoire

Les politiques migratoires des pays les plus riches tendent à se traduire principalement en une gestion d'un «risque» migratoire décliné, selon les cas, au gré des contextes nationaux et des préoccupations des opinions publiques, en périls économiques (crise de l'emploi), politiques (menaces terroristes) ou identitaires (dilution des bases ethniques et religieuses des sociétés d'accueil). Une première traduction en est la **militarisation des frontières** extérieures: dispositifs policiers de contrôle des détroits de Gibraltar (Union européenne) et de Torres (Australie) ou encore le long de la frontière États-Unis – Mexique (opération *gatekeeper* lancée en 1994 et mobilisant près de 11 000 patrouilleurs). On assiste également à des stratégies d'**externalisation** du contrôle des flux migratoires, *via* des accords bilatéraux passés avec des pays de transit (Maroc-Espagne, Libye-Italie, Australie-Nauru). Les flux migratoires peuvent être instrumentalisés à des fins géopolitiques régionales. En menaçant d'ouvrir ses frontières aux réfugiés syriens vers l'Europe, le président turc Erdogan négocie ainsi, à l'automne 2020, un accroissement des aides financières européennes. Portées par la société civile comme par des acteurs politiques, de nombreuses critiques se font jour à l'encontre de politiques ruineuses, à l'efficacité limitée et qui surtout **mettent à mal des principes juridiques et éthiques relatifs aux droits de la personne et au droit d'asile**. Les noyades de migrants se comptent par milliers en Méditerranée (plus de 10000 en 2014, 2015 et 2016), et les centres d'enfermement et de rétention se multiplient (dans les zones frontalières mais aussi dans les zones d'attente des grands aéroports). Les associations dénoncent le flou juridique qui entoure ces outils de « mise à l'écart » plus que de véritable gestion administrative des flux migratoires. Le réseau Migreurop dénonce ainsi une « Europe des camps », où les drames humanitaires ponctuent régulièrement l'actualité, comme en septembre 2020, où un incendie ravage le gigantesque camp de Moria, sur l'île grecque de Lesbos, et jette 13 000 migrants à la rue.

C. ENJEUX POLITIQUES

1. Diasporas et transnationalisme

Le terme « diaspora » est aujourd'hui incontournable dans l'analyse des migrations internationales. Issu du grec *spiro* (« dispersion »), la diaspora désigne les membres d'un peuple dispersé dans le monde (souvent à la suite d'un événement politique brutal) mais restant en relation les uns avec les autres et partageant, au fil des générations, un même rapport avec le lieu d'origine, notamment dans la perspective même fantasmée d'un « retour » possible. L'application du terme à telle ou telle population émigrée fait l'objet de débats constants, mais le terme est utilisé fréquemment pour caractériser entre autres les Juifs, les Arméniens, les Indiens et les Chinois. Au-delà des processus migratoires, les diasporas revêtent clairement des **enjeux d'ordre politique car elles constituent un exemple fascinant d'une communauté spatialement éclatée, mais politiquement et culturellement dotée d'une incontestable cohérence, indépendamment du cadre classique des États-nations**. La notion de **transnationalisme** est dès lors indispensable pour penser l'ensemble des circulations humaines et des échanges immatériels ou symboliques qui témoignent des appartenances territoriales multiples qu'entretiennent les membres des diasporas, « à la fois ici et là-bas ». Elle permet surtout de concevoir des **formes émergentes de citoyenneté** et d'investissements politiques et économiques ne reposant pas sur la présence physique d'un individu sur le territoire d'un État.

ZOOM ▶ De « l'Australie blanche » à l'affirmation d'un multiculturalisme politique

« Pays neuf » dont l'histoire du peuplement est liée à la migration de colons anglais et irlandais aux XVIIIe et XIXe siècles, au détriment des populations aborigènes en place, l'Australie a toujours développé une active politique d'accueil de populations étrangères (ce dont témoigne le slogan fameux du ministre de l'Immigration Arthur Calwell en 1945 : « *populate or perish* »). Aujourd'hui, les 6 millions d'immigrés officiellement recensés constituent plus de **26 % de la population australienne**. Cette politique migratoire a été fortement redéfinie depuis les années 1970 : initialement fondée sur l'idée d'une « **Australie blanche** » et l'accueil privilégié (quotas) de migrants européens, elle s'est progressivement ouverte à une immigration asiatique et latino-américaine pour répondre aux forts besoins de main-d'œuvre. Dans le même temps a été élaborée une véritable **doctrine valorisant la diversité ethnique et affirmant officiellement le caractère multiculturel de la société australienne** : soutien à l'expression culturelle et à la représentation politique des minorités culturelles, programmes pédagogiques d'accès à la citoyenneté, etc. Le choix d'une **politique d'intégration** (accès à la citoyenneté en maintenant la diversité culturelle) **plutôt que d'assimilation** (atténuation des traits culturels distinctifs) n'est aujourd'hui pas remis en question, mais les réglementations produites depuis les années 1990 tendent à **rendre l'immigration en Australie beaucoup plus sélective et favorable au « capital humain »** (étudiants, diplômés, actifs ayant des compétences dans des domaines professionnels spécifiques). Depuis le début du siècle, la politique de rejet des réfugiés est parallèlement devenue l'une des plus dures des pays de l'OCDE. Le pays sous-traite à l'étranger la gestion des réfugiés interceptés : deux camps ont été ouverts, à Nauru et en Papouasie-Nouvelle-Guinée, qui hébergent 2 400 réfugiés venus d'Afrique et du Proche-Orient dans des conditions dénoncées par les ONG. Depuis 2014, l'opération « Frontières souveraines » a durci cette politique.

2. Entre multiculturalisme et assimilation

Dans les pays d'accueil, la formulation politique de la question migratoire porte principalement sur la **capacité des sociétés à « vivre ensemble » et à tirer parti de la diversité culturelle permise par l'immigration**. Cette question est très sensible car elle touche aussi bien des questions identitaires, religieuses et linguistiques (comme l'illustre le débat suscité en France par l'existence, entre 2007 et 2010, d'un ministère de l'Immigration, de l'Intégration, de l'Identité nationale et du Développement solidaire) que des préoccupations socio-économiques, les immigrés constituant des boucs émissaires faciles dans le contexte de chômage de masse que connaissent la plupart des pays depuis les années 1970. Chaque pays a développé au cours de son histoire sa propre conception intellectuelle et ses textes réglementaires concernant l'acquisition de la nationalité pour un individu né hors du territoire national. L'opposition classique entre **droit du sol** (acquisition de la nationalité par naissance ou résidence longue sur un territoire national) et **droit du sang** (acquisition de la nationalité par filiation) est de moins en moins opérante car, de fait, les États combinent souvent ces deux approches : ainsi, l'Allemagne, souvent citée en exemple d'une conception historique de la nationalité fondée sur le droit du sang (on est allemand parce que ses parents le sont), a introduit en 2000 dans son code de nationalité la possibilité d'acquérir la nationalité allemande pour les enfants d'immigrés ayant vécu durablement sur le territoire allemand.

D. ENJEUX SOCIO-ÉCONOMIQUES

1. Les effets socio-économiques ambivalents de l'émigration : l'exemple du *brain drain*

L'émigration a des impacts socio-économiques majeurs dans les pays émetteurs : à l'échelle nationale, **elle prive ces pays de leurs jeunes actifs les plus dynamiques et, de plus en plus, les plus diplômés**. Concernant les migrants les plus qualifiés, cette question fait, depuis les années 1960, l'objet de vifs débats parmi les chercheurs spécialistes des migrations internationales, les économistes et les responsables politiques sous le terme « *brain drain* » (traduit par « fuite des cerveaux ») : les élites intellectuelles et professionnelles des pays du Sud, en émigrant au cours ou à la fin de leurs études pour saisir les opportunités professionnelles que leur offrent des pays du Nord et leurs dispositifs d'accueil des « compétences », risquent de compromettre le développement économique et social de leur pays d'origine en le privant de ses médecins, ingénieurs et potentiels cadres dirigeants. Près de **85 % des 20 millions de migrants hautement qualifiés vivent aujourd'hui dans les pays de l'OCDE**. Depuis une vingtaine d'années, ces mobilités se sont accentuées et complexifiées car elles ne se limitent plus désormais à un flux sud-nord. En outre, les parcours des migrants très qualifiés et leurs rapports au pays d'origine ne consistent pas en un « abandon » pur et simple de celui-ci : des réseaux professionnels et universitaires d'échelle mondiale, des programmes de coopération économique et académique se mettent en place grâce notamment à Internet, au point que certains chercheurs parlent désormais de « diasporas scientifiques et techniques[4] » pour décrire une forme de **transnationalisation des pratiques et des savoirs**, qu'on ne peut pas réduire à la « perte » d'une ressource pour un pays au bénéfice d'un autre. Le foisonnement conceptuel produit actuellement sur ce thème traduit bien la difficulté d'une analyse simple du phénomène (*transit brain drain* : « exode transitoire des cerveaux » ; *delayed return* : « retour différé » ; *brain mobility* : « mobilité des cerveaux »).

4. J.-B. Meyer.

2. La difficile évaluation de l'impact économique de l'immigration : l'exemple de la France

Les 10 premiers pays récepteurs de remises des migrants en 2022 (en milliards de dollars))

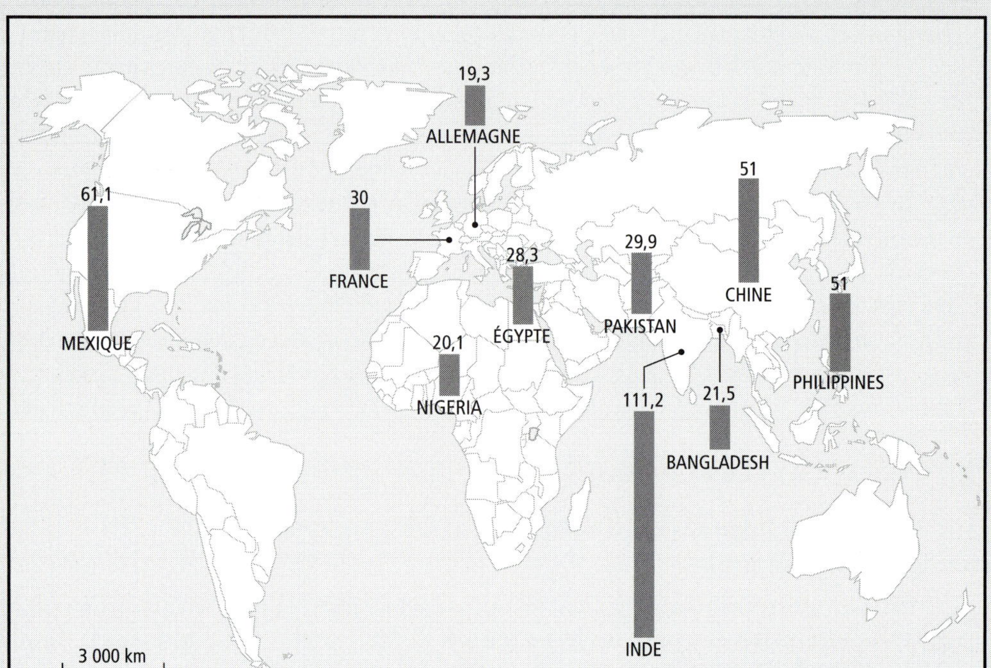

Source : migrationpolicy.org, 2022.

Les conséquences économiques de l'immigration pour les pays d'accueil sont une question difficile scientifiquement et sensible politiquement. Elle dépend de l'échelle temporelle à laquelle on aborde le problème. La plupart des analyses convergent pour indiquer, qu'à court terme, l'immigration a un coût limité, voire nul, et, qu'à long terme, elle constitue un apport économique indubitable, en particulier pour les pays du « Nord » confrontés à un processus structurel de vieillissement de la population et donc à un accroissement des coûts liés à un taux de dépendance (ratio entre la population inactive, retraitée notamment, et la population en âge de travailler) de plus en plus élevé. À l'instar de nombreux autres pays d'immigration, la France a développé, depuis le milieu des années 1970, des outils réglementaires pour orienter l'immigration de travail en fonction des besoins précis du marché de l'emploi national : les titres de séjour pour motif « économique » (environ 10 % des entrées annuelles) sont accordés selon une liste de métiers dits « en tension ». L'impact économique s'analyse aussi en termes de prestations sociales (santé, logement, chômage). En France, le taux de chômage est particulièrement élevé parmi la population active immigrée (18 % contre 7,5 % pour le reste de la population), mais ce coût est nuancé par la moindre utilisation de prestations sociales dans d'autres domaines comme la santé, comparativement avec la population non immigrée, plus âgée en moyenne.

3. Migration et développement: les «remises» en question

Les «remises» (transferts financiers opérés par les migrants depuis leur lieu de résidence à l'étranger à destination de leur famille ou de leur localité d'origine) représentent près de 830 milliards de dollars en 2022, contre 130 milliards de dollars en 2000 – le montant exact est très difficile à mesurer –, soit une **somme près de trois fois supérieure à l'aide publique au développement**. Cette observation justifie que les migrations internationales puissent être considérées comme l'**un des leviers majeurs du développement**, d'autant plus que les remises constituent des **fonds directement mobilisables dans la consommation courante** (alimentation, santé) ou dans les **biens d'équipement**, sans passage par des filtres administratifs parfois inefficaces. Si le volume de ces transferts est souvent impressionnant (près de 125 milliards de dollars par an en Inde), c'est surtout leur poids dans le PIB de certains États qui crée des situations de **véritable dépendance économique vis-à-vis des émigrés**: 48% du PIB du Tadjikistan, 28% de celui du Liban et du Nicaragua.

Pour aller plus loin

Le site de l'observatoire des migrations et de l'asile, l'IFRI
liennathan.fr/c4wd82

III. Les mobilités touristiques

A. LES FLUX TOURISTIQUES DANS LE MONDE, UNE GÉOGRAPHIE SÉLECTIVE DES LIEUX ET DES HOMMES

1. Les formes de plus en plus variées des mobilités touristiques

Évolution des entrées touristiques internationales, 1995-2023

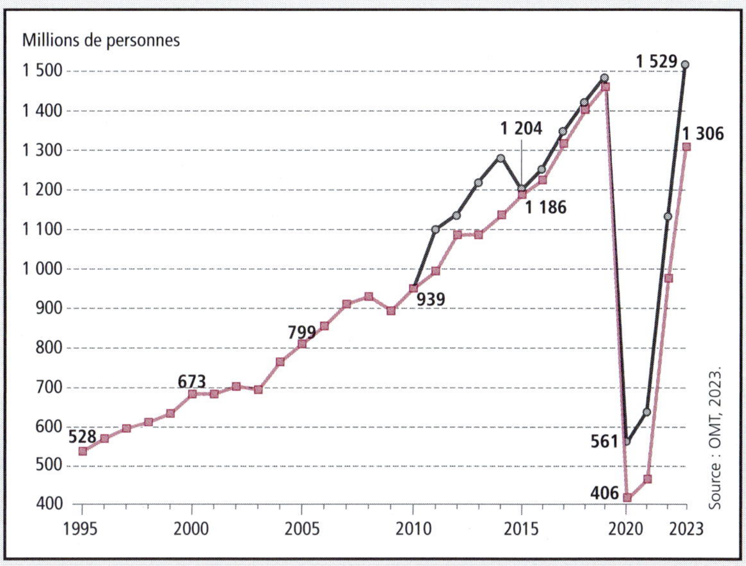

La mobilité touristique se distingue de la migration sur plusieurs points : il s'agit d'un **changement temporaire de lieu de résidence** (les visas touristiques couvrent généralement une période d'un an, et les organismes officiels comme l'OMT – Organisation mondiale du tourisme, rattachée à l'ONU – retiennent également ce seuil temporel) ; les **motifs du déplacement** relèvent du loisir, de la découverte culturelle et du dépaysement ; enfin, il s'agit d'une **mobilité non contrainte**. Le tourisme recouvre, de manière large, l'ensemble des « activités déployées par les personnes au cours de leurs voyages et de leurs séjours, dans des lieux situés en dehors de leur environnement habituel pour une période consécutive qui ne dépasse pas une année, à des fins de loisirs, pour affaires et autres motifs non liés à l'exercice d'une activité rémunérée dans le lieu visité » (OMT). Le secteur se partage en quatre segments distincts : **tourismes de loisir** (plage), **tourisme de santé** (thermalisme, par exemple), **tourisme culturel** (visite de musée, *city trip*) et **tourisme d'affaires** (déplacement de courte durée à but professionnel). Les données chiffrées sur le tourisme à l'échelle mondiale présentent donc l'inconvénient de rassembler des types très différents de mobilités.

ZOOM ▶ Le secteur touristique face à la pandémie de Covid-19

À l'échelle mondiale comme dans la plupart des pays, le tourisme a été l'un des secteurs économiques les plus sévèrement affectés par la pandémie. L'Organisation mondiale du tourisme mesure une diminution de près de 70 % de l'activité du secteur en 2020 par rapport à l'année précédente. Cela correspond à une diminution de 300 millions de déplacements internationaux et une perte de 320 milliards de revenus. 120 millions d'emplois sont estimés pouvant être détruits par la crise. Les destinations d'Asie-Pacifique apparaissent particulièrement touchées (– 80 %), ainsi que les petits pays très dépendants des entrées touristiques internationales : pour le Costa Rica, la Grèce, le Maroc, le Portugal ou encore la Thaïlande, les pertes économiques pour la seule année 2020 sont estimées à près de 3 % du PIB. Si les restrictions de voyages et la fermeture des frontières ont paralysé le tourisme international, c'est aussi dans chaque État que le secteur touristique traverse une crise sans précédent. Les mesures de confinement et de limitation des activités collectives – mesures prophylactiques plus ou moins contraignantes selon les États – ont profondément fragilisé les secteurs de la restauration, de la culture, du sport et du loisir. Ainsi, aux États-Unis, près de 50 % des quelque 20 millions d'emplois détruits au 1er semestre 2020 concernent ce secteur. La crise a également entraîné la fermeture de plus de 80 % des biens inscrits au patrimoine mondial de l'UNESCO et l'annulation ou le report de grands événements sportifs (Jeux Olympiques de Tokyo) ou culturels (Exposition universelle de Dubaï). Les soutiens sectoriels publics et les plans de « reconstruction » orientés vers un secteur touristique plus résilient, qualitatif et diversifié apparaissent pour l'heure très hypothétiques.

Les voyages de détente, de loisir et de vacances représentent aujourd'hui un peu plus de la moitié des arrivées de touristes internationaux, les voyages d'affaires 15 %, les autres motifs (visite à un parent, pèlerinage, traitement médical, etc.) 30 %. **Le tourisme international ne constitue qu'une part marginale (un voyage sur dix environ) de l'ensemble des flux touristiques qui sont donc principalement limités aux territoires nationaux.** Dans la seconde moitié du XXe siècle, le tourisme international a néanmoins connu un accroissement rapide : 25 millions d'arrivées de touristes internationaux en 1950, 113 millions en 1965, 530 millions en 1995, 1,2 milliard en 2015 et 1,5 milliard en 2019 et 1,1 milliards en 2024 (dans un contexte post-pandémique de forte reprise de l'activité).

Pour aller plus loin

Le site de l'OMT, l'organisation de l'ONU en charge du tourisme, qui donne accès à son rapport annuel
liennathan.fr/jy642w

■ La planète touristique : la répartition des entrées touristiques internationales en 2022

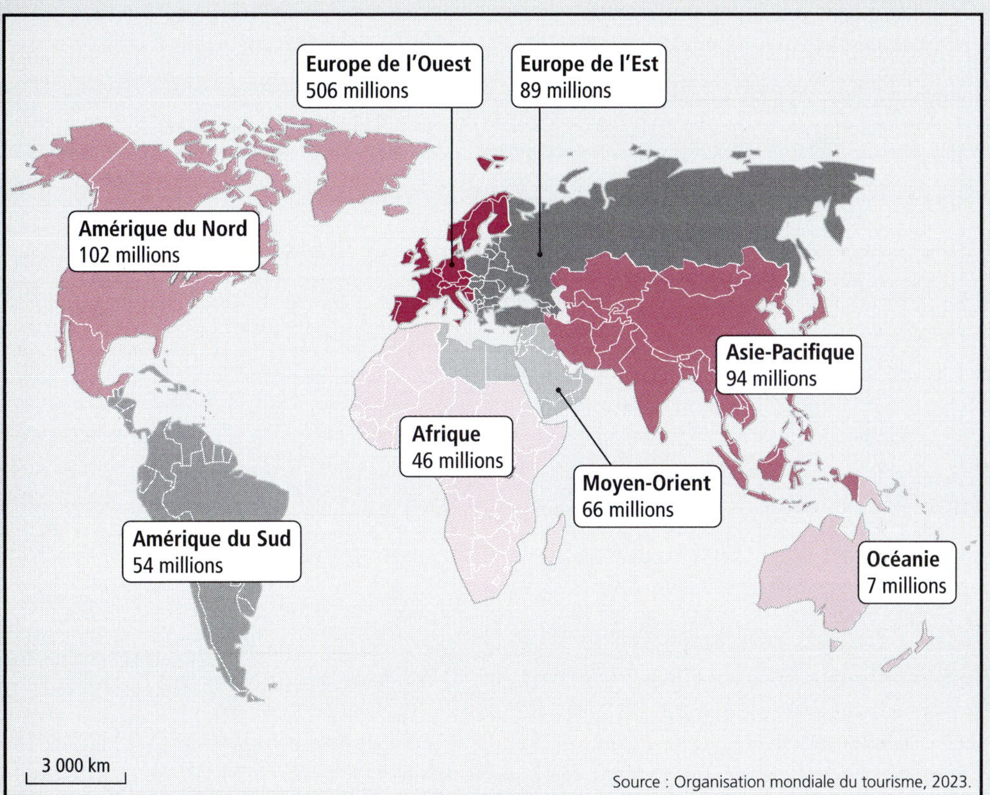

Source : Organisation mondiale du tourisme, 2023.

2. La concentration des espaces émetteurs et récepteurs

Les flux touristiques sont **très inégalement répartis dans le monde** : la quasi-totalité (95 %) est concentrée dans les Amériques, l'Europe et l'Asie. À l'intérieur de ces trois grandes zones, les **cinq plus grands pays touristiques**, inchangés depuis 25 ans, à l'exception de la Chine, représentent à eux seuls près d'un tiers des entrées touristiques internationales. L'image d'une mobilité touristique d'échelle planétaire doit être fortement relativisée de deux points de vue : d'une part, **les déplacements nationaux et régionaux restent largement dominants** (70 % des voyages s'effectuent entre pays d'un même continent) ; d'autre part, au sein même des pays récepteurs, **un petit nombre de « hauts lieux » concentre l'essentiel de la fréquentation**. Ainsi, la moitié des touristes internationaux ne visite qu'une cinquantaine de sites, parmi lesquels les plus fréquentés sont La Grande Muraille de Chine, la Tour Eiffel (7 millions de visiteurs par an, dont 75 % d'étrangers), le Colisée (Rome), les Pyramides de Gizeh (Égypte), le Machu Picchu (Pérou), ou encore la statue de la Liberté (New-York). Parmi ces sites, les parcs d'attraction concentrent les flux : près de 80 millions de visiteurs cumulés pour les cinq premiers en 2023 (Disney World et Disneyland Anaheim aux États-Unis, Universal Studios et Tokyo Disneyland au Japon, Shanghai Disneyland en Chine).

3. Pôles touristiques émergents et recomposition de la géographie internationale du tourisme

■ **Principales destinations touristiques entre 1980-2023 (en millions d'entrées)**

Rang en 1980	Rang en 2023	Pays	1980	2000	2023
1	1	France	30	77	100
3	2	Espagne	22	45	85
2	3	États-Unis	23	51	66
18	–	Chine	4	31	–
4	5	Italie	22	41	57
52	4	Turquie	1	10	55
8	6	Mexique	12	21	42
7	7	Royaume-Uni	12	23	37
9	8	Allemagne	11	19	34
Total monde			**285**	**674**	**603**

Banque mondiale, 2024.

Les pôles émetteurs comme récepteurs des flux touristiques internationaux connaissent une relative recomposition qui modifie légèrement la hiérarchie des destinations touristiques.
On observe ainsi l'émergence, dans les pays à forte croissance économique (Chine et Brésil, notamment), d'une classe moyenne nombreuse aspirant à accéder aux voyages à l'étranger. Dans le même temps, des pays jadis peu connectés aux grands circuits touristiques tendent à développer des **stratégies de valorisation économique par le tourisme domestique et international**. C'est le cas de la Turquie, dont le bond spectaculaire dans le classement mondial des destinations touristiques (52e rang en 1980, 14e depuis 2023) reflète avec éclat la stratégie active d'accession au rang de puissance régionale, qui passe notamment par la valorisation d'un patrimoine naturel (Cappadoce) et culturel (Istanbul) exceptionnel et par un **marketing urbain** très offensif qui tend à faire d'Istanbul une destination incontournable pour les salons internationaux et le tourisme d'affaires. À cela s'ajoute une spécialisation florissante dans les domaines de la santé et du soin (chirurgie esthétique, notamment) qui ont attiré, en 2023, près de 1,5 millions de « touristes médicaux » étrangers en provenance du Moyen-Orient, du Golfe, d'Asie du Sud-Est mais aussi de plus en plus de pays européens.

B. LES EFFETS TERRITORIAUX AMBIVALENTS DES MOBILITÉS TOURISTIQUES

1. Un secteur économique à part entière

Le tourisme est un secteur économique qui inclut différentes branches : le transport, l'hébergement, la restauration, les activités culturelles. **Le secteur du tourisme compte pour près de 10 % du PIB et 8 % de l'emploi mondial** (*World Travel and Tourism Council*). Les acteurs de l'économie touristique sont très variés. Celle-ci repose à la fois sur un petit entreprenariat très divers (vente de produits artisanaux, location de véhicules, hébergement hôtelier) et sur une poignée d'opérateurs très concentrés développant leur activité à l'échelle mondiale : conglomérats hôteliers (groupes Accor, Marriott, Hilton, Best Western, Global Hyatt), agences de voyages (World of TUI, Thomas Cook, Rewe Touristik).

Certains groupes touristiques mondiaux développent aussi des stratégies de concentration verticale visant à maîtriser une palette large d'activités touristiques. C'est le cas du leader mondial, le groupe allemand TUI AG (TUI Aktiengesellschaft), qui possède quelque 3 500 agences de voyages dans 31 pays, 285 hôtels (163 000 lits), des compagnies aériennes (Hapagfly, Corsair) et plus d'une centaine d'avions, 10 navires de croisière et 79 tour-opérateurs. Employant près de 77 000 salariés dans le monde et fort de 30 millions de clients annuels, le groupe déploie également une importante activité dans le transport maritime (Hapag-Lloyd AG) avec 115 porte-conteneurs.

ZOOM ▶ La Chine, géant touristique

Depuis dix ans, la Chine est le foyer émetteur de tourisme qui connaît la plus forte croissance : 150 millions de déplacements touristiques internationaux en 2018 contre 10 millions en 2000, et une multiplication par dix des dépenses touristiques à l'étranger sur la même période (280 milliards de dollars en 2018, soit le premier rang mondial, et 20 % des dépenses touristiques globales). Parallèlement le nombre d'entrées touristiques connaît un accroissement spectaculaire depuis les années 1980 qui place aujourd'hui la Chine dans le trio de tête et devrait la conduire, dans les prochaines années, au rang de première destination mondiale. La Chine est d'ores et déjà la principale destination touristique pour les Japonais et les Sud-Coréens, et la troisième pour les Russes, ainsi que la première destination asiatique pour les Français. Elle concentre également 20 % des touristes américains et allemands en Asie. Une autre caractéristique chinoise est le volume du tourisme intérieur, en pleine croissance également (200 millions de déplacements touristiques intérieurs en 1985, près de 2 milliards aujourd'hui). Cette croissance s'explique par l'instauration de trois jours de congés payés par an (1999), qui témoigne d'une stratégie de relance de la consommation par l'économie des loisirs. Si l'ouest chinois s'ouvre de plus en plus aux circuits touristiques tant domestiques qu'internationaux, ce sont les villes – et notamment les plus grandes d'entre elles, sur le littoral oriental – qui polarisent l'essentiel des mobilités de loisir.

2. Mise en tourisme et développement économique des territoires

Pour plus de huit États sur dix, le tourisme constitue l'un des cinq premiers secteurs d'exportations, et pour près de 40 % d'entre eux, il constitue la première source de devises. La Banque mondiale comme le FMI encouragent les États à développer leur secteur touristique, en arguant des « **effets d'entraînement** » positifs sur l'emploi, la modernisation du tissu artisanal et commercial, voire la circulation des idées et des modèles culturels. Plusieurs limites sérieuses empêchent toutefois de considérer l'économie touristique comme une « solution miracle » en matière de développement.

Primo, une situation de **dépendance économique** s'observe fréquemment dans les petits États insulaires où le poids des recettes touristiques dans le PNB caractérise des situations de quasi mono-activité : 40 % aux Bahamas (1,4 million de visiteurs), 70 % aux Îles Vierges britanniques (386 000 visiteurs). Les ressources en devises et l'emploi y sont donc très vulnérables face à des changements conjoncturels (transport aérien, aléas climatiques, variations des taux de change, etc.). *Deuxio*, une partie significative des devises est captée par les acteurs économiques liés aux pays émetteurs (dividendes financiers dans les groupes hôteliers, importation de marchandises et de services impliqués par les activités touristiques, etc.). L'enjeu clé est ici celui de la **redistribution des bénéfices du tourisme au sein de la population locale** et dans le financement des aménagements locaux. L'objectif d'une économie touristique « équitable » et impliquant directement la population locale est d'ailleurs au cœur du discours des nouveaux opérateurs du tourisme dit « durable », encouragé en cela par les organisations internationales (Charte du tourisme durable de l'UNESCO). *Tertio*, le tourisme produit localement des **externalités négatives**, notamment en matière de consommation d'eau potable, particulièrement problématique en contexte semi-aride (Maghreb), et de production de déchets, pour la gestion desquels les localités touristiques ne sont pas toujours équipées.

5 LA GLOBALISATION FINANCIÈRE ET LE CREUSEMENT DES INÉGALITÉS DE REVENU

La **globalisation financière** est un « processus d'interconnexion des marchés de capitaux aux niveaux national et international, conduisant à l'émergence d'un marché unifié de l'argent à l'échelle planétaire », selon l'économiste Dominique Plihon. La mobilité internationale des facteurs de production, et notamment des capitaux, est quasiment sans limite. Elle passe par les **IDE** (entre 1 500 et 2 000 milliards de dollars par an, le stock, multiplié par douze de 1990 à 2016, s'élevant à un tiers du PIB mondial), mais aussi par les **différents produits financiers**, de plus en plus variés et complexes, et par la **croissance de l'endettement** (public et privé), issue des politiques monétaires expansionnistes des banques centrales. Ce dernier point rappelle que la mondialisation des flux de capitaux découle de choix politiques conscients, inscrits dans une histoire précisément datée. Les gouvernements des pays de l'OCDE ont choisi d'émettre de la dette pour financer leur croissance et leur niveau de vie à partir des années 1970 : le budget de la France n'a cessé, par exemple, d'être déficitaire, sans aucune exception, depuis 1974. L'ensemble des dettes publiques cumulées des États-Unis est passé de moins de la moitié du PIB du pays en 1975 à plus de 160 % au début des années 2020, avec des perspectives de 250 % au milieu du siècle. Le montant de la dette mondiale, publique et privée, dépassait ainsi déjà de trois fois la richesse créée par le monde en 2020, un ratio appelé à se creuser largement avec la crise de la Covid-19.

Si le total des flux de capitaux équivalait à celui des flux commerciaux dans les années 1980, il était neuf fois plus important en 2010. Un temps freinée par la crise de 2008, la globalisation financière a ensuite repris son cours, à un rythme cependant moins soutenu.

Dans la logique capitaliste de la mondialisation contemporaine, cette croissance de la finance correspond à la nécessité de fournir du carburant à l'économie réelle, celle de la production et de la consommation. Mais, faute de régulation suffisante, la redistribution de cette richesse s'accumule entre un nombre limité d'acteurs privilégiés. Les inégalités préexistent évidemment aux échanges globalisés, elles s'inscrivent dans des structures sociales construites par chaque civilisation, mais, dans bien des cas, elles sont accentuées au XXIe siècle par la captation de ces flux financiers, qui rapporte globalement bien plus que ne le fait la rémunération du travail. **La financiarisation de l'économie mondialisée participe à un creusement des inégalités de revenus**, tant au nord qu'au sud, qui fragilise les équilibres sociaux et nourrit les tensions politiques.

Notions principales

Dette souveraine : dette publique accumulée par les États.
Dérégulation : simplification des marchés par suppression des règles contraignantes.
Financiarisation : augmentation de la part des activités financières dans le PIB d'un État.
Néolibéralisme : courant économique prônant un retour aux fondamentaux de la doctrine libérale, notamment un effacement de l'État et de la régulation.

CHRONOLOGIE

1971 : Fin du système de Bretton Woods et dévaluation du dollar
1973 : Choc pétrolier et essor du marché des pétrodollars
1976 : Conférence de la Jamaïque qui instaure des taux de change flottants
1982 : Crise de la dette au Mexique
1983 : Début de la politique monétaire accommodante de la Réserve fédérale américaine
1986 : « Big Bang » de la Bourse de Londres, dérégulation des marchés financiers
1997-1998 : Crise monétaire puis économique en Asie
2001 : Éclatement de la bulle des nouvelles technologies à Wall Street et au Nasdaq
2008 : Crise financière mondiale provoquée par la crise immobilière des subprimes aux États-Unis
2010-2012 : Crise de la dette souveraine dans la zone euro
2020 : Les dégâts économiques de la crise sanitaire entraînent une envolée des dettes publiques.

I. Les risques de la financiarisation

A. LA GLOBALISATION FINANCIÈRE, CŒUR DE LA MONDIALISATION

1. L'ouverture des marchés

La crise d'usure du régime de croissance fordiste des Trente Glorieuses, au début des années 1980, entraîne un **nouveau régime d'accumulation financière**. Deux présupposés le sous-tendent : le premier affirmait que les baisses d'impôts s'autofinanceraient, grâce aux gains de croissance qu'elles entraîneraient, le second prétendait que les marchés financiers étaient capables de s'autoréguler. En conséquence, les transactions financières bénéficient d'avantages fiscaux et les règles prudentielles sont allégées. Le **« *Big Bang* » de la Bourse de Londres**, en 1986, supprime ainsi les commissions fixes sur les échanges d'actions, tandis qu'aux États-Unis, une loi de 1999 démantèle le ***Glass-Steagall Act*** de 1933, qui imposait une séparation entre banques d'affaires et banques de dépôt.

Par leur position centrale dans les circuits de la finance, par l'hégémonie du dollar, les États-Unis bénéficient de l'accroissement des échanges financiers, qui renforce leur capacité à faire supporter leurs déficits au reste du monde. Dans la logique néolibérale qui prévaut dans les années 1980, celles de Ronald Reagan aux États-Unis et de Margaret Thatcher au Royaume-Uni, la relance de la croissance passe par la lutte contre l'inflation et la libération des forces du marché. Trois directions sont suivies pour appliquer ce programme : **la déréglementation** (suppression des limites à la circulation des capitaux), **le décloisonnement des marchés** – qui met fin à la séparation entre marchés monétaires (à court terme) et marchés financiers (à long terme) – **et la désintermédiation**. Pour réduire l'endettement auprès des banques (alors que les taux d'intérêt sont encore élevés au début des années 1980), les entreprises comme les États se financent directement sur les marchés, émettant actions et obligations, ce qui correspond à une **désintermédiation bancaire** (on parle aussi de passage d'un financement indirect à un financement direct). Les États du Sud, pris dans une crise de leur dette dans les années 1980, voient cette dernière transformée en titres échangeables par le procédé de la **titrisation***, généralisé notamment par le plan Brady de 1989.

DÉFINITION

Titrisation : transformation en obligations d'une dette, à l'origine celle des pays du tiers-monde, en la mélangeant à d'autres actifs. Elle devient donc un produit financier échangeable sur les marchés.

Cet afflux de liquidités entraîne, à partir des années 1990, une complexification des produits financiers, qui doivent générer des taux toujours plus importants de retour sur investissement (*return on equity*) : les produits les plus attractifs promettent des taux de 15 % à 25 %, ce qui, dans un environnement concurrentiel, pousse les entreprises à s'aligner. Celles-ci prennent donc des risques pour satisfaire et attirer les actionnaires, notamment dans les **fusions-acquisitions**, en utilisant des leviers d'endettement (*leverage buy out*, **LBO**), qui permettent de multiplier leur force de frappe. Le succès est tel que la croissance de la sphère financière se déconnecte de celle de l'économie réelle. En 2014 déjà, les transactions sur les marchés des changes dépassaient, à elles seules, chaque jour, le PIB japonais, le troisième au monde (5 300 milliards de dollars contre 4 880).
L'essentiel des opérations financières, loin de servir de carburant au commerce mondial, sa fonction traditionnelle, consiste dès lors en des va-et-vient incessants et spéculatifs. Le secteur financier se retrouve ainsi dans une position centrale, les entreprises étant dirigées en vue de créer de la valeur pour l'actionnaire, au détriment des autres acteurs de l'économie.

ZOOM ▶ Les principaux marchés financiers

– Les **marchés boursiers** sont fortement polarisés sur les Bourses nord-américaines et européennes (deux tiers de la capitalisation), et asiatiques (presque un tiers). Entre 1990 et 2007, la valeur annuelle des échanges d'actions a été multipliée par dix-huit, atteignant alors le **double du PIB mondial**. Mais si les principales Bourses sont très internationalisées, pour l'immense majorité, à l'inverse, y compris les chinoises, les cotations y sont à 90 % le fait d'entreprises nationales.
– Sur les **marchés obligataires** se négocient des titres de dettes publiques et privées. Depuis le début du XXIe siècle , leur valeur a dépassé celle du PIB mondial.
– Sur les **marchés des produits dérivés** s'échangent des titres permettant de se prémunir d'un risque sur un produit réel sous-jacent (pétrole, devise, taux d'intérêt, action, matières premières, etc.). Diverses formes de produits dérivés existent (les *options*, utilisées pour se couvrir contre un risque de change, les *swaps*, les *futures*), qui permettent aussi de parier sur le prix, à un certain terme, d'un de ces actifs. L'intérêt pour le spéculateur (investisseur institutionnel, par exemple) est d'éviter de s'encombrer du sous-jacent, d'avoir à le stocker ou à payer des taxes dessus. En septembre 2012, les produits dérivés liés aux seules matières premières représentaient entre 20 et 30 fois leur production réelle, selon la CNUCED.
– Le **marché des changes** ou des devises : la fin du système de changes fixes de Bretton Woods et l'instauration des changes flottants permettent de parier sur les variations de leurs cours. Le volume moyen des transactions quotidiennes sur le marché des changes a été multiplié par 6,5 entre 1990 et la crise de la dette souveraine de l'Union européenne en 2012. La majorité de ces opérations sont à court terme (moins de deux jours). Il s'agit, là encore, d'un marché très polarisé, Londres et New York concentrant 90 % des transactions, et cinq banques contrôlant 55 % du marché (la Deutsche Bank étant la plus impliquée). Les transactions annuelles sur ce marché représentaient, en 2019, 28,5 fois le PIB mondial.

2. Les transformations techniques

Dans le même temps, les progrès techniques permettent de mettre en place une véritable globalisation financière, soit l'instauration d'une concurrence internationale des placements et une circulation mondiale des capitaux. **Les marchés financiers sont caractérisés par une double continuité, de lieu** (l'interconnexion des différentes places a supprimé la distance) et de temps, les cotations sur les places d'Extrême-Orient, d'Europe et d'Amérique du Nord se succédant sans interruption suivant les fuseaux horaires. L'apparente dématérialisation des marchés est orchestrée par ordinateurs, en un temps imperceptible (de l'ordre de la nanoseconde) : ces « **transactions à haute fréquence** », apparues en 2007, représentaient déjà les deux tiers des transactions financières au milieu des années 2010. Le marché des changes connaissait ainsi en 2019 un volume de transactions quotidiennes qui dépasse 6 590 milliards

en 2019 de dollars (à comparer au volume annuel du commerce de biens, marchandises et services, de 25 000 milliards de dollars la même année). Cette **dématérialisation** permet une mise en réseau des acteurs, l'accélération et l'augmentation des flux, mais entraîne aussi une opacité (titrisation) et une absence de localisation, et donc de possibilité de contrôle.
Au total, l'économie financière est devenue incroyablement plus étendue que l'économie réelle : l'ensemble des produits dérivés s'élevait, selon les estimations les plus généreuses, à 1,2 million de milliards de dollars en 2019 (il s'agit de la valeur notionnelle, la valeur de référence des contrats, les sommes mises en jeu ne dépasseraient pas 20 000 milliards de dollars), soit environ 14 fois le PIB mondial.
Le mécanisme global crée assurément de la richesse, de façon considérable, mais en la redistribuant de façon inégalitaire à l'intérieur des sociétés, mais aussi dans la hiérarchie des pays. Ainsi les pays avancés et la Chine sont responsables de plus de 90 % des 28 000 milliards de dollars de dette supplémentaire contractée en 2020, par les plans massifs permis par leurs facilités d'endettement. Les pays en développement, à l'inverse, sont limités par le coût plus élevé de leurs emprunts.

3. Un domaine dérégulé

À partir de septembre 1957, les banques d'affaires londoniennes obtiennent la liberté de servir d'intermédiaires pour des transactions en devises étrangères, et d'abord en dollars, un accord qui a vite permis aux institutions financières de la City de multiplier les transactions en dehors de toute régulation nationale. La naissance de ce marché des **eurodollars** est à l'origine de la **finance *offshore***, des espaces d'opérations transnationales, affranchies de la supervision publique.
Ce capitalisme globalisé passe aujourd'hui, par exemple, par des marchés de gré à gré, incontrôlables, sans chambre de compensation, donc sans véritable contrepartie financière pour les sommes investies. Leur souplesse favorise notamment la croissance des « ***credit default swaps*** » (**CDS**), les contrats d'échange du risque de défaut de paiement d'un emprunteur (entreprise ou État). L'acheteur de CDS paie à un tiers un flux régulier et reçoit de ce tiers un paiement en cas de défaillance. Ces produits sont logiquement utilisés pour transférer un risque de crédit, mais aussi pour spéculer sur sa survenance. La possibilité d'**achats à découvert**, comme les **ventes à nu** (vente de CDS sans le produit couvert), aggrave les risques de déstabilisation : un possesseur de CDS ne possédant pas les actifs couverts par ces CDS a intérêt à spéculer contre eux – c'est ce qui s'est passé lors de la crise de la dette souveraine de 2011 en Grèce, par exemple. L'ampleur de ce marché spécifique en fait l'un des plus dangereux : apparu en 1994, il couvrait déjà 120 % du PIB mondial en 2007.
L'accélération des flux financiers est allée de pair avec le développement des **paradis fiscaux*** et réglementaires, qui ont doublé en cinquante ans. Caractérisés par leur opacité (le secret bancaire et la possibilité de créer des sociétés-écrans, *trusts*), ils brassent l'argent qui cherche à échapper au fisc ou à la loi. Ils concentreraient 32 000 milliards de dollars, soit l'équivalent des PIB réunis des États-Unis et du Japon. Ce sont près de 1 250 milliards d'euros qui échappent ainsi chaque année aux administrations fiscales, dont 21 milliards pour la France (10 milliards de revenus privés, 11 milliards de FTN). Leurs localisations (micro-États européens, îles des Caraïbes) s'expliquent par la proximité nécessaire avec les grandes

DÉFINITION

Paradis fiscal : État ou territoire ayant choisi une fiscalité accommodante et une législation laxiste pour attirer les localisations d'institutions financières.

places de la finance internationale. Même des banques institutionnelles y sont présentes en force. Ainsi, la BNP est installée dans sept des vingt paradis fiscaux recensés par l'OCDE. Elle y réalise 20 % de son chiffre d'affaires total, y employait, au milieu des années 2010, 28 500 personnes, contre 56 585 salariés en France. À Jersey, par exemple, la succursale de la BNP fait travailler 222 employés à la fin des années 2010.
Les nécessités de la lutte contre le terrorisme ont cependant accentué leur mise sous surveillance, notamment par le **Gafi** (Groupe d'action financière contre le blanchiment des capitaux), institué par le G7 depuis 1989 : la plupart des paradis fiscaux se sont engagés à coopérer dans la lutte contre l'argent sale. Ils continuent, en revanche, à accueillir 84 % des fortunes privées mondiales : l'équivalent de 10 % du PIB mondial est ainsi détenu *offshore* par 0,01 % des plus riches des particuliers (un tiers de leur patrimoine dans un pays comme la France, mais la moitié des avoirs financiers en Russie). Selon l'économiste Gabriel Zucman, 40 % des profits des multinationales atterrissent aussi dans les paradis fiscaux (plus de 600 milliards d'euros). Un manque à gagner pour les États qui alimente les inégalités, les prélèvements fiscaux étant reportés sur les classes moyennes.

ZOOM ▶ Les îles Caïman

Dans les îles Caïman sont présentes 222 banques (dont les 40 plus grosses au monde), 755 compagnies d'assurances et plus de 85 000 sociétés-écrans, dont 9 500 **hedge funds** immatriculés dans l'île. Spécialité locale, les *special purpose vehicles* (SPV) sont des coquilles vides qui abritent toute sorte d'activités voulant éviter les taxes : du *leasing* de navires ou d'avions, des entreprises gazières, des fonds spéculatifs, etc. Aucun impôt, ni sur les revenus, ni sur les sociétés, ni sur les plus-values : l'archipel vit du revenu des licences bancaires. Le secteur financier y est relativement l'un des plus développés au monde, pesant la moitié du PIB.

B. LES ACTEURS

1. Les investisseurs institutionnels et les fonds souverains

Le vieillissement de la population au nord s'est traduit par une hausse du taux d'épargne dont profitent les fonds d'investissement spécialisés dans la gestion collective. Ces **investisseurs institutionnels** occupent, depuis les années 1990, une place de premier plan dans la finance mondiale. Il s'agit, pour l'essentiel, de trois types d'organismes :
– les **fonds de pension** qui mobilisent l'épargne-retraite dans les pays à système de capitalisation (États-Unis à 70 %, Royaume-Uni). Ils gèrent, de façon assez prudente, des sommes qui excèdent souvent le PIB de leur pays (États-Unis ou Royaume-Uni). CalPERS (*California Public Employees' Retirement System*), le fonds de retraite de 1,6 million de fonctionnaires californiens, verse sur dix ans un rendement annuel de 5,5 %, assis sur 230 milliards de dollars d'actifs financiers (actions et obligations pour moitié) ;
– les **fonds mutuels d'investissement** (Sicav en France). Aux États-Unis, les fonds d'investissement ont capté jusqu'en 2022 une part importante de la généreuse création monétaire. Le plus important, **BlackRock**, a dépassé en 2021 les 10 000 milliards de dollars sous gestion (plus que le PIB de la zone euro).
– les **compagnies d'assurances**, qui mobilisent des sommes colossales, représentant 12 % des actifs financiers mondiaux. Comme les autres investisseurs institutionnels, elles doivent s'engager à long terme auprès de leurs clients et privilégient les actifs sur dix à quinze ans. Jusqu'à présent polarisées par l'OCDE (plus de 80 % des placements), elles devraient bénéficier de la montée en puissance des classes moyennes des émergents.

Les États-Unis abritent environ 60 % de ces investisseurs, le Japon 11 %, le Royaume-Uni 10 %, la France 5,5 % et l'Allemagne 5 %. Par incitations légales et par aversion pour le risque, ils investissent à 90 % sur leurs marchés nationaux, notamment dans la dette publique. Le comportement grégaire et mimétique des gestionnaires et les sommes considérables en jeu expliquent leur rôle fondamental dans l'instabilité des marchés financiers.
Le XXIe siècle a par ailleurs vu se développer un autre type d'acteurs : les **fonds souverains**, qui agissent pour placer les excédents de liquidités de certains États, pétroliers ou exportateurs nets. Leur gestion reste opaque, à l'exception du plus important d'entre eux, celui de Norvège (1 000 milliards de dollars, 3 % de la capitalisation mondiale). Leurs investissements, longtemps cantonnés à l'immobilier, aux marchés boursiers et obligataires, s'étoffent désormais (fonds de capital-risque, *hedge funds*). Les 22 fonds souverains asiatiques contrôlent ainsi près de la moitié de leurs avoirs (5 380 milliards de dollars pour le total), devant les fonds des pétromonarchies.

2. Les *hedge funds*

Les principales places financières

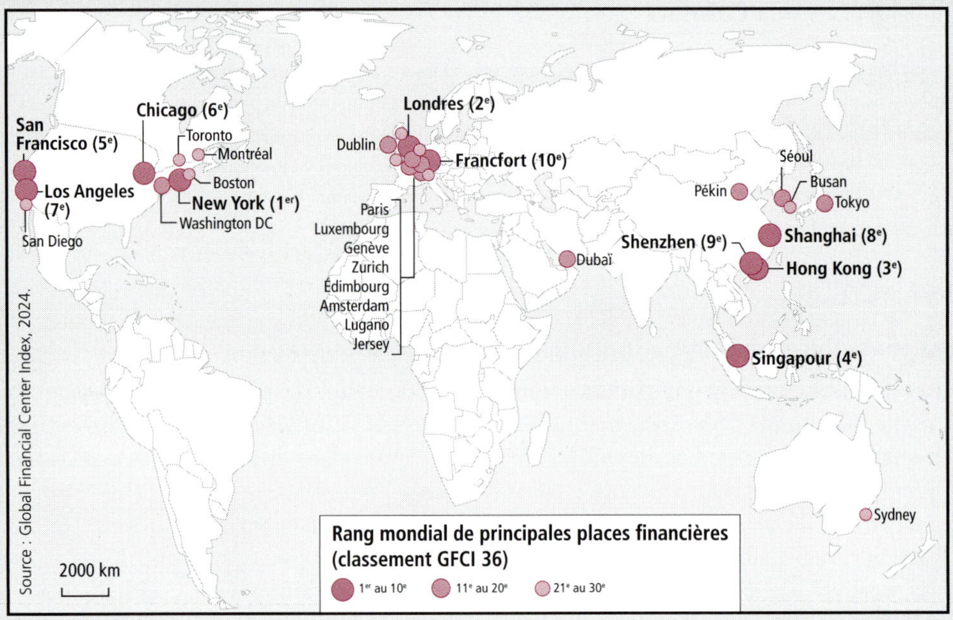

La croissance de ces fonds spéculatifs, à la gestion dite « alternative », est récente (300 en 1990, 10 000 en 2019), et s'explique par leur rentabilité spectaculaire dans les années 2000 : plus de 31 % pour les dix principaux entre 2002 et 2007. La prise de risque n'est pas nouvelle (en 1998, LTCM a fait faillite après s'être engagé pour 125 milliards de dollars avec un

DÉFINITION

Shadow banking : ensemble hétéroclite qui regroupe tous les acteurs dont les activités se rapprochent de celles des banques, mais qui ne sont pas des banques – ils ne sont donc pas soumis aux mêmes contraintes réglementaires : des *hedge funds*, mais aussi des entités soumises à d'autres types de régulation, telles que des assureurs, des OPCVM (organismes de placement collectif en valeurs mobilières), des fonds monétaires.

capital 50 fois moindre), elle se perpétue encore. N'étant pas des banques, ces fonds ne sont pas soumis aux règles prudentielles de ces dernières, et participent à ce titre au «***shadow banking****». S'adressant à une très riche clientèle, ils sont extrêmement concentrés, 85% des capitaux étant gérés par une centaine d'institutions localisées à New York et Londres (même si, juridiquement, ils sont installés dans des paradis fiscaux). Bridgewater, le plus important d'entre eux, est responsable de plus de 10 milliards de dollars pour environ 250 clients (particuliers ou institutionnels). Traditionnellement à la recherche de titres hyperspéculatifs, ils ne s'encombrent pas d'actifs liquides, moins rémunérateurs, ce qui augmente les risques de défaut de ces fonds. Le danger de cette finance parallèle est qu'elle est, par de multiples ramifications, connectée au système bancaire qu'elle peut donc déstabiliser, comme en 2007-2008.

C. LA CRISE STRUCTURELLE DU SYSTÈME FINANCIER

1. L'explosion de 2008

Avant même la crise de 2008, le système financier mondial était fondamentalement instable, connaissant vingt-quatre crises entre 1971, fin du système monétaire international de Bretton Woods, et 2008, soit une crise tous les dix-huit mois en moyenne. Si elles restaient confinées à un ensemble régional, ces crises étaient de plus en plus coûteuses (l'effondrement de la bulle Internet de 2001 correspond à l'évaporation de 40% du PIB américain). Au-delà du flottement des monnaies, c'est le débit inédit de la création monétaire qui est à l'origine de ces embardées. La politique accommodante de faibles taux d'intérêt de la Réserve fédérale américaine, la Fed, a en effet été appliquée sans discontinuer depuis le milieu des années 1980 pour pallier le ralentissement des gains de productivité (résultat du passage d'une économie industrielle à une économie tertiaire). Après la crise des nouvelles technologies de 2001 – et pour éviter, avec succès, que les attentats du 11-Septembre ne provoquent une récession –, cette politique a été amplifiée pour réinjecter des liquidités dans le circuit américain. Or, la répartition des dividendes de l'économie financière est extrêmement inégalitaire. La concentration des profits du capital, accompagnée d'une baisse des revenus salariaux, pour cause de compétitivité, favorise une société et une économie d'endettement. L'excès de capital, ne débouchant plus sur une amélioration salariale, nourrit les bulles spéculatives. Aux États-Unis, les ménages s'endettent d'autant plus facilement que la croissance est alors régulière et le chômage faible. Les prix de l'immobilier grimpent donc et les investisseurs en font un marché privilégié, jusqu'à mettre au point des produits adaptés à une clientèle fragile et risquée (***mortgage subprimes****). La tendance haussière du marché permet de s'abriter derrière une mutualisation des risques : l'emprunteur défaillant est couvert auprès des organismes de crédit hypothécaire par la possibilité de saisie de son bien, dont la valeur a augmenté. Mais en 2007, le marché commence un retournement cyclique : les investisseurs anticipent un ralentissement de l'économie américaine, ils redoutent un choc énergétique et prennent conscience d'un trop grand décalage entre la valeur réelle des biens et le prix assigné par la spéculation. L'endettement des ménages, considéré comme un produit à forte valeur négociable devient source d'actifs pourris (***junk bonds***), et les organismes de prêts les plus exposés font faillite.

DÉFINITION

Mortgage subprimes : crédits hypothécaires accordés à des ménages peu solvables, à des taux de remboursement en conséquence plus élevés.

Ces prêts risqués ont été mêlés à d'autres actifs pour créer des produits financiers attractifs (**titrisation**), cautionnés par les agences de notation (Standard et Poor's, Moody's, Fitch). Ils se sont donc répandus partout, à plus ou moins forte dose : l'année 2007-2008 voit les banques découvrir l'ampleur de leurs pertes. L'opacité relative des échanges nourrit la suspicion ; or, le système repose sur la confiance. Les banques n'osant plus se prêter, le crédit se raréfie (risque de ***credit crunch***). Les banques centrales sont obligées d'intervenir en injectant des liquidités dans le système, tandis que les États jouent les pompiers en nationalisant (« mise sous tutelle ») les organismes défaillants (Northern Rock au Royaume-Uni, Freddie Mac et Fannie Mae aux États-Unis, Fortis et Dexia en Belgique et en France).

Le **15 septembre 2008**, en revanche, le gouvernement américain refuse de renflouer (*bail out*) la cinquième banque d'affaires américaine, **Lehman Brothers**, espérant par là mettre fin aux dérives permises par l'**aléa moral** (« *too big too fail* »). La crise tourne alors à la panique, répercutée dans tout le système financier mondialisé : la capitalisation boursière mondiale chute de 48 %, soit une évaporation de l'ordre de 58 % du PIB global. **Crise de suraccumulation**, elle se traduit par 60 000 milliards de dollars évanouis entre 2007 et 2011. Des pans entiers de l'économie sont paralysés, les échanges se contractent de 12 % en 2009, comme la plupart des PIB des pays développés. Les exportations en baisse, le ralentissement des remises, la chute momentanée des cours des matières premières et la rétraction des IDE sont les vecteurs de la contagion. Dans les pays de l'OCDE, le chômage s'accroît de 40 % – il n'avait que partiellement reflué en Europe lorsque éclate la crise suivante, celle de 2020. Aux États-Unis, les pertes des fonds de pension renvoient plus de 900 000 retraités au travail. Partout, l'intervention des pouvoirs publics se traduit par une **socialisation des pertes**, supportées par les ménages sous la forme d'une contraction des revenus et d'une hausse de la pression fiscale. Globalement, les réactions des pouvoirs publics – à l'instigation du FMI, du G20 et du **Conseil de stabilité financière*** – se sont déployées en deux temps : une relance abondante, puis une consolidation financière, sous forme de mesures d'austérité. Le FMI s'est vu reprocher d'avoir incité trop tôt au basculement vers cette deuxième phase. C'est une des explications, avec les faiblesses structurelles de la monnaie unique, de la **crise de la dette souveraine** qui malmène les pays les plus fragiles de la zone euro entre 2010 et 2012 : la Grèce, l'Espagne, le Portugal, l'Italie et l'Irlande doivent faire face à un renchérissement de leur taux d'emprunt, avant que la Banque centrale européenne (BCE) ne rassure les marchés par sa détermination.

2. La reprise financière

L'efficience des marchés, défendue par les théories néoclassiques, n'apparaît plus que comme un mythe. Il est difficile de persister à croire, en effet, que les dysfonctionnements de la sphère financière s'expliqueraient par les obstacles réglementaires qui auraient empêché une allocation optimale des ressources à l'échelle planétaire. Les sommes gigantesques engagées dans les plans de relance et le sauvetage des banques, prolongées par la création monétaire sans limites, ont pourtant relancé l'accumulation financière. Les Bourses ont rapidement retrouvé leurs niveaux d'avant la crise, et les rendements les plus attractifs sont de nouveau proposés par des produits financiers, et non par l'économie réelle. Le 25 août 2014, l'indice Standard & Poor's passait la barre des 2 000 points, trois fois plus qu'en 2009, et le **Nasdaq**, la Bourse des nouvelles technologies depuis 1971, retrouvait son niveau de 2001. Le Dow Jones

DÉFINITION

Conseil de stabilité financière : organisme international de coopération créé en 2009 par le G7 pour superviser les institutions financières.

L'évolution de l'indice Dow Jones à Wall Street au XXIe siècle

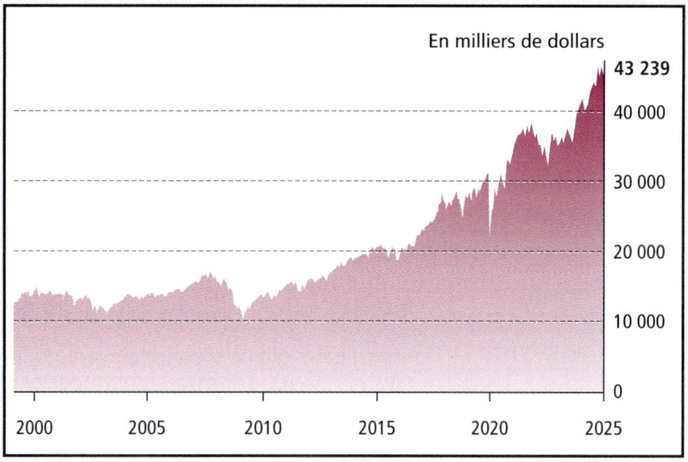

a, lui, doublé entre 2013 et 2018. Aux États-Unis, la capitalisation boursière excède alors le PIB de 150 %, un record qui bat celui de 2000, 145 %, juste avant l'explosion de la bulle Internet. Alan Greenspan, qui a incarné, à la tête de la Fed entre 1987 et 2006, le laxisme monétaire, évoquait en 1996 une « **exubérance irrationnelle** » des marchés, qu'aucune alerte ne semble capable de raisonner : en août 2020, alors que les États-Unis sont engagés dans leur pire récession depuis 1929, sans perspective rassurante à moyen terme, la capitalisation à Wall Street bat son record, en hausse de 50 % depuis le point bas de mars 2020 (pour l'indice S&P 500), au début de la phase de confinement.

L'origine de cette euphorie boursière se trouve dans les **banques centrales**, qui ont largement repris la main dans le grand jeu de l'économie, aux antipodes de la neutralité à laquelle les assignait l'orthodoxie libérale. Elles ont élargi le champ de leurs interventions, sortant de leur rôle de prêteur en dernier ressort pour prendre à leur charge des actifs douteux et les neutraliser. D'où un gonflement sans précédent de leur bilan (une multiplication par quatre pour la Fed dans les cinq ans qui ont suivi la crise de 2008, de presque cinq pour la BCE, de plus de six pour la Banque d'Angleterre). Les politiques monétaires agressives de la Fed (trois phases de ***quantitative easing*** jusqu'en décembre 2014) ou de la Banque d'Angleterre et de la Banque du Japon constituent un équivalent des dévaluations compétitives, que refusait de suivre la BCE jusqu'à l'automne 2014. Les politiques offensives de *quantitative easing* se sont imposées pour prendre le relais de politiques conventionnelles au plafond de leurs possibilités (les taux d'intérêt étant déjà nuls). Le **bilan** des banques centrales, qui pesait 15 % du PIB mondial en 2007, est monté en 2016 à 30 % ; la crise de 2020 a depuis ouvert encore plus grand les vannes de la création monétaire.

REPÈRES

L'assouplissement quantitatif consiste à racheter massivement des titres de dette gouvernementale. Ce qui tire vers le bas la valeur de la monnaie et favorise les exportations. La baisse du loyer de l'argent (la hausse de leur prix réduit d'autant leur rendement) favorise aussi le remboursement de la dette publique (les taux des pays de la zone euro ont été divisés par quatre ou cinq au premier semestre 2015), ce qui constitue le deuxième effet recherché. Enfin, on espère inciter les investisseurs à se rediriger vers les marchés d'actions et le financement des entreprises. Mais le marché obligataire semble ainsi contrôlé par des banques centrales qui lui ont imposé des rendements médiocres, alors que le risque n'a pas diminué, formant une bulle obligataire.

Ces torrents de liquidités se sont investis, dans un premier temps, dans les économies des pays émergents, là où la rentabilité était la meilleure, avant de se replier, au printemps 2013, vers les États-Unis, à l'annonce d'un resserrement de l'émission monétaire de la Fed (qui n'a eu lieu, très timidement, qu'en décembre 2015, avant que le président Trump ne la pousse à baisser de nouveau ses taux). Même l'Irlande, la Grèce et le Portugal ont pu émettre de nouveau de la dette au printemps 2014, la demande ayant excédé l'offre. Les marchés financiers semblent intoxiqués par ces injections illimitées d'argent gratuit, incapables de se sevrer. Parallèlement à la Bourse, l'immobilier s'est de nouveau envolé. Les fonds de *private equity* (spécialisés dans les entreprises non cotées) ne savent plus où placer leur argent, préférant le redistribuer à leurs actionnaires ou racheter leurs actions : la distribution de dividendes atteint 80 % des profits, contre 25 % dans les années 1980. En 2022, les entreprises du monde entier ont reversé 1390 milliards de dollars de dividendes à leurs actionnaires, en hausse de 50 % sur dix ans, et ont racheté leurs propres actions pour la même somme (1310 milliards de dollars, une multiplication par trois en dix ans). Aux États-Unis, les baisses d'impôts pour les entreprises, instaurées en décembre 2017 par Donald Trump, accentuent un mouvement qui a tout d'une bulle.

La dette mondiale rapportée au PIB pour les vingt-cinq plus importantes économies

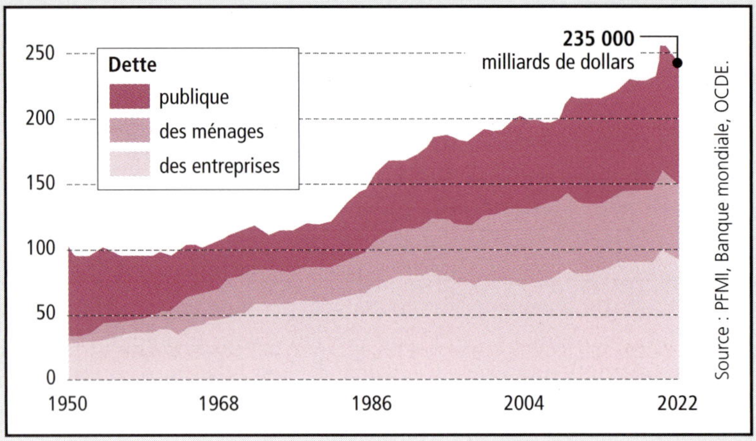

En 2022, les entreprises du monde entier ont reversé 1390 milliards de dollars de dividendes à leurs actionnaires, en hausse de 50 % sur dix ans, et ont racheté leurs propres actions pour la même somme (1310 milliards de dollars, une multiplication par trois en dix ans).

Pour aller plus loin

Le site du Fonds monétaire international
liennathan.fr/8nnb38

ZOOM ▶ Un monde de dettes

La crise de 2008 a relancé l'usage de la dette comme instrument privilégié de financement de l'économie : la dette totale (ménages, États, entreprises, acteurs financiers) a crû de 40 % entre 2008 et 2020, pour atteindre plus de trois fois la richesse produite par le monde (258 000 milliards de dollars pour un PNB mondial de 88 000 milliards de dollars). La dette des ménages est restée stable, autour de 60 % du PIB mondial ; celle des institutions financières, devenues plus prudentes, a diminué relativement, de 92 % à 84 % du PIB mondial ; celle des États s'est envolée, de moins de 60 % à plus de 93 % en 2024 (100 000 milliards de dollars), au-delà de 100 % avant la fin de la décennie. Les pays de l'OCDE en sont les principaux responsables, leur endettement moyen dépassant leur PIB, puisqu'il s'élevait déjà à plus de 110 % avant la crise de 2020 (la France, qui était un peu au-dessus de 60 % avant 2008, est passée à plus du double avec la crise de la Covid-19). Même l'Allemagne, traditionnellement très orthodoxe sur la question budgétaire, s'est officiellement convertie à l'usage de la dette depuis l'été 2020.

Enfin, les entreprises non financières sont devenues les principales actrices de ce marché, leur endettement étant passé de moins de 80 % à 95 % du PIB mondial en mars 2020, avec des taux élevés dans les pays riches (plus de 150 % du PIB pour les françaises), mais aussi dans les pays émergents (les entreprises chinoises ou turques ont un endettement une fois et demie supérieur à la richesse produite par leur pays).

3. Le retour possible des frontières financières

La crise de 2008 a pourtant relancé les efforts de régulation. Les États ont imposé aux banques, en dépit de leurs réticences, des règles prudentielles plus exigeantes. La Banque des règlements internationaux (**BRI**) de Bâle, qui fixe la réglementation bancaire, exige un nouveau **ratio de levier** (rapport entre les fonds propres des banques et leurs actifs) de 3 %, en deçà cependant de ce que l'on attendait après 2008. Les États-Unis ont adopté des règles prudentielles plus strictes et, à partir de 2010, par la loi **Dodd-Frank**, un renforcement de la supervision par la Fed, censée mettre fin au « *too big too fail* ». Les pouvoirs du gendarme de la Bourse, la **SEC** (*Securities and Exchange Commission*), sont renforcés tandis que le Trésor gagne deux nouvelles agences de réglementation. La loi intègre aussi la ***Volcker rule*** (prônée par l'ancien président de la Fed, Paul Volcker), qui limite à 3 % de leur capital les sommes que les banques et compagnies d'assurances peuvent investir dans des fonds d'investissement en capital ou en instruments dérivés. Critiquée par l'Administration Trump, elle a été, à partir de 2018, limitée aux seules douze plus grosses banques (la Silicon Valley Bank, qui a fait faillite en mars 2023 n'en faisait pas partie).

En Europe, la **BCE** est au cœur du dispositif de la supervision centralisée du secteur bancaire. L'adoption d'une taxation des opérations financières n'a en revanche toujours pas été adoptée en 2020. **Ce retour de l'État a été analysé comme la fin de la phase néolibérale ouverte avec les années 1980.**

La crise de 2008 a aussi été l'occasion d'un tournant sur le marché de la dette publique : alors que, jusque-là, ce dernier ne cessait de s'internationaliser, il se recentre désormais de façon régulière. En France, la dette publique était ainsi détenue à 70 % par des non-résidents en 2010, un chiffre passé en dessous de 54 % en 2020 ; dans le même temps, les États-Unis baissaient de 50 % à 20 %. Autre indicateur d'un mouvement de repli de la mondialisation financière, les prêts et dépôts interbancaires internationaux ont baissé d'un tiers entre 2008 et 2019. La crise des *subprimes* puis celle de la zone euro ont conduit les banques à plus de prudence au-delà de leurs frontières ; les emprunts internationaux, qui pesaient 60 % du PIB en 2008, n'en valaient plus que 40 % en 2016. La spéculation sur les dérivés a, elle aussi, entamé son déclin, leurs échanges ayant été divisés par trois entre le sommet de 2008 et 2019.Les entreprises enfin, parient désormais sur une régionalisation accrue des échanges, ce qui se traduit par une réduction du poids des IDE : de 3,3 % du PIB mondial dans les années 2000 à 1,3 % en 2022 (les flux ont baissé de 12 % cette année-là, de 12 % encore vers l'Asie en 2023).

II. Mondialisation et inégalités

A. UN ENRICHISSEMENT DU MONDE

1. Le recul de la pauvreté

La globalisation financière, en accélérant la création de richesses, a incontestablement fait reculer la pauvreté globale. La mondialisation a, en effet, constitué un **tournant historique : la sortie de la pauvreté de plus de 1,1 milliard de personnes en trente ans**. Le nombre de personnes vivant dans l'extrême pauvreté (1,90 dollar par jour) est passé d'un tiers de la population mondiale dans les années 1990 à 10 % à la veille de la crise de la Covid-19. Ces 783 millions de pauvres ont pourtant été rejoints en 2020 et 2021 par 150 millions de personnes qui en étaient sortis les années précédentes. La crise opérant un retour en arrière inédit, elle a cassé un mouvement régulier (baisse annuelle de 1 % entre 1990 et 2015), qui n'avait été suspendu que lors de la crise asiatique de 1997-1998. L'objectif de la Banque mondiale de réduire l'extrême pauvreté à 3 % de la population mondiale en 2030 s'en trouve ainsi remis en cause.

Les progrès avaient été jusque-là sans équivalent à aucune autre époque, essentiellement grâce à l'amélioration de la situation de la Chine, malgré la stagnation indienne (encore plus de 170 millions de très pauvres). Pour autant, la pauvreté est loin d'avoir disparu en Chine ; le Premier ministre Li Keqiang reconnaissait, en 2020, que 600 millions de personnes vivaient encore avec moins de 125 euros de revenus par mois.

L'extension des échanges internationaux, la mobilité du capital et des travailleurs, tout comme la diffusion des technologies et de la production sont incontestablement des accélérateurs du développement des pays moins avancés. Ces derniers sont moins nombreux : 27 pays à très bas revenus en 2022 (PIB par habitant inférieur à 1 045 dollars) contre 64 en 2001 selon la Banque mondiale, la moitié sont donc devenus des pays à **revenu intermédiaire**. Ces pays en retard polarisent la pauvreté, avec moins de 10 % de la population, on y trouve 40 % des pauvres du monde, essentiellement en Afrique (26 des 27 pays les plus pauvres).

Au-delà de ces indicateurs quantitatifs, les progrès sont surtout passés par des marqueurs qualitatifs. L'indice de développement humain (**IDH**), calculé par le Programme des Nations unies pour le développement (PNUD), a d'abord progressé parmi les pays les plus pauvres. En Afrique subsaharienne, l'espérance de vie à la naissance est passée de 49 ans en 2000 à plus de 62 en 2019, la moyenne mondiale s'élevant à 73 ans. Le ralentissement de la croissance mondiale depuis la deuxième décennie du siècle, le choc de la pandémie ensuite, ont suspendu cette dynamique : en 2021, après deux ans de baisse, l'IDH mondial avait régressé à son niveau de 2016 (0,732). Les pays du Sud sont encore plus touchés que les autres, le Niger, le Tchad et le Soudan du Sud stagnent en dessous de 0,4. En 2023, la moitié des PMA n'avaient pas retrouvé leur IDH de 2019. L'ONU avait fixé une série d'objectifs de réduction des marqueurs de pauvreté à atteindre en 2015, en calculant le coût et en fixant des perspectives accessibles. Si de nombreux pays en développement ont connu une croissance économique significative et les gains sociaux considérables qui y sont associés, ces **Objectifs du Millénaire pour le développement** (OMD) étaient loin d'être tous validés en 2015 : les droits de l'homme et le sort des femmes s'étaient dégradés, 1,3 milliard d'êtres humains vivaient avec moins de 1 euro par jour, 805 millions souffraient de la faim, 100 millions d'enfants n'étaient pas scolarisés, plus de 750 millions d'adultes étaient analphabètes, la corruption ne s'était pas réduite et les conflits continuaient à perpétuer la misère.

Les 44 indicateurs mesurant les sept OMD de résultats ont connu une amélioration, mais aucun n'a vu toutes ses cibles atteintes.

2. La hausse des niveaux de vie et des inégalités globales

L'accroissement de la richesse globale entraîne celle des niveaux de vie, mais elle favorise aussi les inégalités globales. La fortune du 1 % de l'humanité le plus riche équivaut à peu près à ce que possèdent les 99 % restants. Le creusement est continu depuis la révolution industrielle, et le processus d'accumulation a augmenté ces dernières années. Entre 2010 et 2014, la richesse des 80 personnes les plus aisées a augmenté de 600 milliards de dollars, tandis qu'elle a diminué pour la moitié la plus pauvre de la population. Aujourd'hui, selon les calculs de l'ONG Oxfam, les 26 personnes les plus riches au monde possèdent autant que les 50 % les moins aisés. Le **coefficient de Gini*** mondial reste extrêmement élevé : 0,66, de loin au-dessus des records nationaux (Afrique du Sud de l'apartheid) historiques, même s'il est, lui aussi, en diminution (plus de 0,7 en 1989). Il est modéré dans les pays de l'OCDE et fort dans les pays émergents (0,61 en Chine, selon des estimations officieuses).

Mais, notamment depuis le premier rapport sur les inégalités mondiales, le *World Inequality Report*, publié fin 2017, les critiques contre les insuffisances qualitatives de l'indice de Gini ont pris de l'ampleur ; un indicateur commun plus qualitatif serait souhaitable, comme on avait ajouté, pour la mesure des richesses, l'IDH (indicateur de développement humain) au PIB.

L'indice de Gini dans le monde (2022)

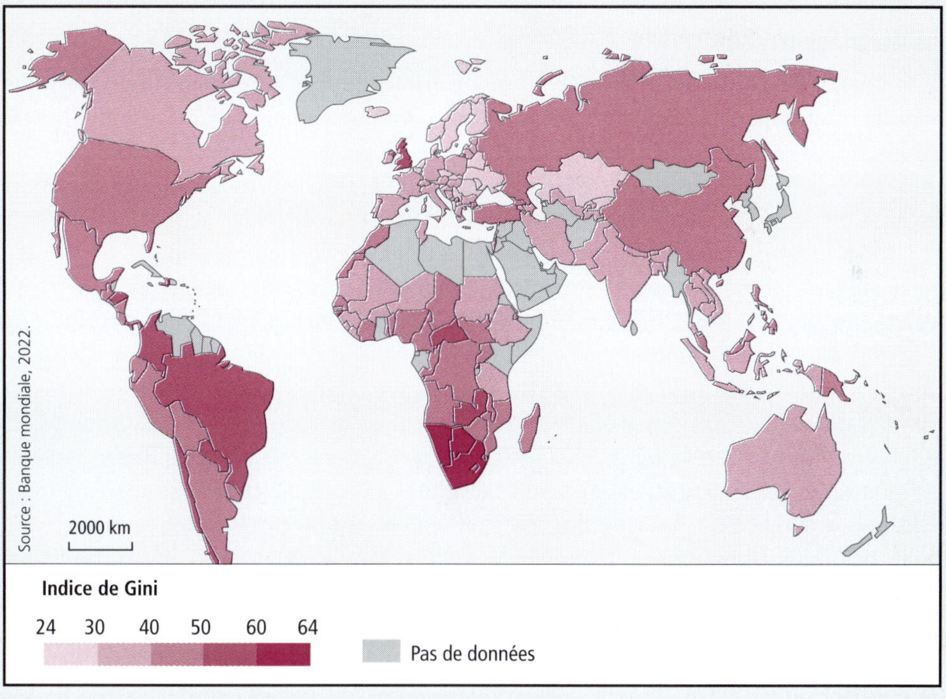

DÉFINITION

Coefficient de Gini : mesure l'écart de la distribution des richesses, de 0 (égalité parfaite) à 1 (inégalité absolue).

3. Les ambitions globales

Depuis 2016, les OMD sont remplacés par un nouvel agenda, non prescriptif (les pays mènent, s'ils le veulent, les politiques pour atteindre les objectifs), fixant le cap jusqu'en 2030, les **Objectifs de développement durable (ODD)**, qui rapprochent les Agendas du développement et de l'environnement. Une liste de 17 objectifs et 169 cibles intègre l'ensemble des dimensions du développement durable, économique, social et environnemental. Les ODD ciblent la **plus grande pauvreté**, qui pourrait être éradiquée pour la première fois dans l'histoire, avec une croissance de 5 % et des politiques pertinentes. Celles-ci devraient être inclusives pour offrir 500 millions d'emplois supplémentaires, les institutions devraient être **ouvertes**, un **partenariat global**, associant acteurs publics et privés, devrait être mis en avant. La logique reste celle d'une progression par objectifs, qui permet une meilleure visibilité pour les bailleurs de fonds ; y est aussi intégrée, désormais, une approche différenciée par pays, en fonction des niveaux de développement, à la différence des OMD. L'élargissement aux **biens publics mondiaux** (qualité de l'air, biodiversité, paix, etc.) inclut aussi l'ensemble des pays, prenant acte du dépassement de la coupure Nord/Sud. Les pays les plus vulnérables doivent bénéficier de traitements particuliers. Le financement, en milliers de milliards de dollars chaque année, ne peut être assuré par la seule aide publique (de l'ordre de la centaine de milliards annuelle) : celle-ci doit mobiliser les ressources domestiques et les investissements privés.

B. LES MODULATIONS DE LA REDISTRIBUTION DES RICHESSES

1. Les échelles de l'inégalité

Les écarts de richesse entre pays ont diminué depuis une trentaine d'années. La mondialisation contemporaine a débuté à un moment où les inégalités de richesse entre continents atteignaient leur maximum, dans une progression séculaire : le PIB par habitant de l'Europe et de l'Amérique du Nord était passé de 225 % de la moyenne mondiale en 1970 à 250 % en 1990. Dans le même temps, celui de l'Asie et de l'Afrique se rapprochait des 50 %. En 2012, le premier chiffre était redescendu à 225 %, le second est monté à 61 %. Si l'écart reste abyssal, il diminue nettement grâce, notamment, aux performances de l'Asie. Si, il y a vingt-cinq ans, on vivait 20 fois mieux en Europe de l'Ouest qu'en Chine et en Inde, l'écart a depuis été réduit de moitié, sans qu'on vive moins bien dans les pays riches. **La mondialisation offre donc une opportunité historique de réduction des inégalités entre pays**, d'autant plus qu'à côté de la forte croissance des émergents, ce sont désormais une part importante des pays les moins avancés (PMA) qui bénéficient des plus fortes dynamiques économiques. La constitution de classes moyennes en Afrique subsaharienne – même si, en chiffres absolus, la pauvreté continue d'y augmenter – est un signe de cette tendance lourde. Mais **François Bourguignon** rappelle que l'écart entre les 20 pays les plus riches en termes de revenu par habitant et les 20 pays les plus pauvres, s'il a diminué incontestablement avec le processus de mondialisation, reste encore proche de 60 à 1.

Les **inégalités internes** suivent une autre logique. Elles se mesurent essentiellement par le **coefficient de Gini** et par les écarts de vie entre les déciles extrêmes (10 % les plus et les moins riches). En France (indice de Gini de 0,28), l'écart est de 1 à 6 entre les déciles extrêmes ; il est de 1 à 5 dans les pays scandinaves, les plus égalitaires. Aux États-Unis, traditionnellement le plus inégalitaire des pays développés, il est de 1 à 15 (indice de Gini de 0,39). Au Mexique, classiquement un pays très inégalitaire, l'écart est de 1 à 23. Globalement, c'est à ce niveau que pèsent les dynamiques inégalitaires de la mondialisation. Si, dès les années 1980, les inégalités entre pays ont commencé à diminuer, elles ont augmenté à partir de cette date à l'intérieur des pays, après une longue période stationnaire. Dans les pays riches, l'État-providence des Trente Glorieuses avait considérablement réduit les inégalités, un processus interrompu par les exigences de la mondialisation. Dans les pays communistes, la fin du totalitarisme a libéré les processus de différenciation. La mondialisation fonctionne désormais comme un processus d'intériorisation des inégalités. Les États-Unis sont exemplaires de ces transformations, avec une envolée des hauts salaires par rapport au salaire médian (ce que montrent notamment les travaux de **Thomas Piketty** et **Emmanuel Saez**) : les 10 % les plus riches se sont attribué les deux tiers de l'ensemble de la croissance des revenus entre 1979 et 2006. 1 % des Américains les plus fortunés se sont approprié 95 % de la croissance postérieure à la crise financière, depuis 2009, et les 90 % les moins riches se sont appauvris. À l'échelle mondiale, depuis le début du siècle, 1 % des plus riches ont capté la moitié de l'augmentation des richesses. Même en Scandinavie, traditionnellement plus égalitaire, la part des plus riches s'est accrue de 70 %, pour représenter de 7 % à 8 % du revenu total avant impôt. En revanche, la France – comme les Pays-Bas et l'Espagne – tranche dans ce panorama : la part des plus fortunés y est stable depuis 1980, à 8,5 % du revenu national.

La montée en puissance du **capitalisme actionnarial** depuis les années 1980 est au cœur du processus. En 2019, les 1 200 plus grandes entreprises ont ainsi distribué environ 1 500 milliards de dollars de dividendes à leurs actionnaires. Une tendance qui rappelle à certains les excès du ***Gilded Age**** de la fin du XIXe siècle (1870-1900). Joseph Stiglitz (*Le Prix de l'inégalité*, 2013) comme l'ancien secrétaire américain au Travail Robert Reich recoupent les analyses de Thomas Piketty.

Part de la richesse totale détenue par le 1 % des plus riches au début des années 2020 (en %)

Russie	74,5
Inde	58,4
Thaïlande	58,0
Indonésie	49,3
Brésil	47,9
Chine	43,8
États-Unis	42,1
Afrique du Sud	41,9
Mexique	38,2

Sept personnes sur dix vivent dans un pays où l'inégalité économique a augmenté au cours des trente dernières années : la plupart des pays riches, les pays émergents, notamment la Chine, où le processus est spectaculaire. Le Brésil, champion classique des inégalités, voit en revanche ces dernières légèrement diminuer, comme dans l'ensemble de l'Amérique latine :

DÉFINITION

Gilded Age : l'expression est employée ironiquement par Mark Twain, dans le sens de « doré de façon clinquante », pour décrire la période d'expansion sans précédent de l'économie américaine dans le dernier quart du XXe siècle.

les 10 % de Brésiliens les plus riches le sont 33 fois plus que les 10 % les plus pauvres, mais le ratio montait à 50 fois à la fin du XXe siècle. Une baisse historique due aux choix politiques des premiers mandats du président Lula (2003-2011).

Les inégalités de revenus se traduisent spatialement, elles se lisent aussi dans les écarts entre générations. À partir de la crise économique mondiale de 2008, le chômage des jeunes a explosé. Dans les pays développés, son taux était de 18 % pour les 16-24 ans, avant même la récession entraînée par la crise de la Covid-19. En Allemagne, il est resté relativement bas (9 %), mais il atteint 16 % aux États-Unis, 20 % en Grande-Bretagne et dépasse 50 % en Espagne et en Grèce. La situation au Moyen-Orient et en Afrique du Nord est d'autant plus préoccupante (respectivement 28 % et 24 %) qu'il s'agit de classes démographiques pleines. En revanche, le taux de chômage des jeunes est de seulement 10 % en Asie de l'Est et de 9 % en Asie du Sud. **Ces inégalités intergénérationnelles dans l'accès au monde du travail reproduisent les segmentations sociales existantes** (plus les jeunes sont issus de milieux aisés, moins ils sont frappés par le sous-emploi, ayant plus de facilités à poursuivre des études coûteuses). Elles les accentuent aussi en les amplifiant à l'avenir : en Grande-Bretagne, par exemple, seuls 7 % des enfants fréquentent une école privée, mais environ la moitié des hauts dirigeants du pays et deux tiers de ses médecins ont été formés dans le privé. En France, les travaux de **Louis Chauvel** montrent que les vingtenaires sont les grands perdants de la crise de 2008, leurs revenus ne cessant de s'éloigner de ceux des 60-70 ans. L'exclusion passe par des tendances issues de la mondialisation, comme la hausse de l'immobilier, tiré par un alignement du marché sur des standards internationaux (dans les grandes villes), et la moindre rémunération des emplois peu qualifiés, conséquence de leur mise en concurrence avec les pays à bas salaires.

Évolution de la part du revenu national détenue par les 10 % les plus riches et les 50 % les plus pauvres en Chine et en Inde entre 1980 et 2016

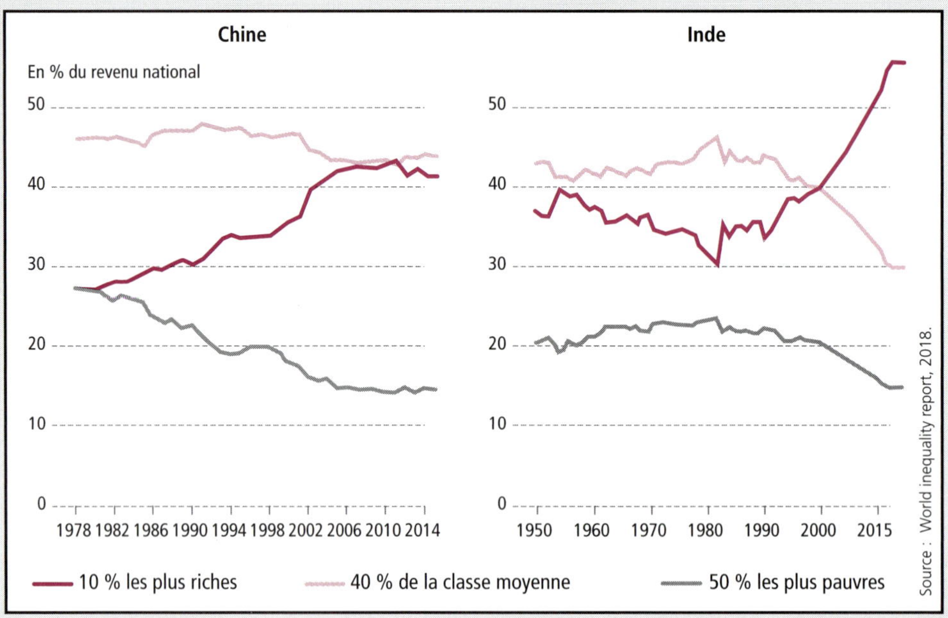

Les inégalités se creusent en Chine, où la classe moyenne résiste, elles explosent en Inde, au détriment de la classe moyenne.

Les structures sociales restent par ailleurs globalement discriminatoires pour les femmes, dont les revenus du travail ne représentent qu'à peine plus d'un tiers des revenus du travail mondiaux (un pourcentage qui descend à moins de 15 % dans les pays du Moyen Orient et d'Afrique du Nord, mais qui ne dépasse pas non plus 40 % dans les pays occidentaux). Il s'agit pourtant d'un des plus importants gisements de croissance : selon la Banque mondiale, en 2024, la réduction des disparités hommes-femmes en matière d'emploi et d'entrepreneuriat pourrait accroître le PIB mondial de plus de 20 %, alors que **la moitié seulement des femmes sont dans le monde du travail** contre trois-quarts des hommes. Deux facteurs bloquent principalement l'égalité : l'accès à des modes de garde des enfants et la faiblesse des protections contre les violences de genre. En moyenne mondiale, les tâches domestiques accaparent les femmes 2,4 heures de plus chaque jour que les hommes. **Juridiquement**, si l'égalité des genres est pratiquement assurée au Canada, en France et au Royaume-Uni, elle est en revanche souvent déficiente dans de nombreux pays du Sud.

2. Les moteurs et les freins

Les logiques salariales et les politiques fiscales sont parmi les principaux facteurs de création d'inégalités. Le poids de l'impôt est passé du capital, qui est mobile, au travail, qui est immobile (au Royaume-Uni, les revenus du travail sont taxés en moyenne à 30 %, ceux du capital à 3 %). Partout dans le monde, la fiscalité pesant sur les facteurs de production a régressé, et a basculé sur les ménages. Les revenus du capital s'accroissent systématiquement plus vite que ceux du travail, tandis que si les plus hautes rémunérations s'alignent à la hausse, la diminution de la demande de main-d'œuvre non qualifiée dans les pays riches entraîne la baisse de sa rémunération relative. L'augmentation du nombre de milliardaires dans le monde, et, parmi ces derniers, de ceux issus de pays du Sud, témoigne du développement d'une classe supérieure de revenus internationalisée qui capte par le haut des profits de la mondialisation. Selon le classement Forbes de 2020, on compte 2 095 milliardaires en dollars dans le monde, leur fortune cumulée montant à 8 000 milliards de dollars, presque un dixième du PIB mondial. Au bas de la pyramide, la précarité des emplois les moins qualifiés gèle, à l'inverse, la progression des revenus. La deuxième décennie du nouveau siècle a été marquée par une contestation générale de cette tendance lourde. Dans la foulée des travaux de l'anthropologue David Graeber sur les « *bullshit jobs* », le mouvement américain ***Occupy Wall Street*** a dénoncé, en 2011, le fossé entre le « 1 % » et les « 99 % », donnant un contenu plus précis à la mouvance des **Indignés** développée au même moment en Europe. En 2018, la France était secouée par un phénomène protéiforme, les **Gilets jaunes**, nourris par un même sentiment d'être laissés pour compte. L'année suivante, dans des villes aussi différentes que Santiago du Chili, La Paz, Beyrouth, Bangkok, Bagdad ou Téhéran, la contestation contre la corruption et la confiscation de la richesse prenait la forme de manifestations de masse, interrompues par la pandémie de 2020.

Les classes moyennes ne sont pourtant pas fragilisées avec la même ampleur tout autour du monde. Après 2008, les politiques redistributives coûteuses, par l'impôt en amont et les services sociaux en aval, ont permis de limiter le creusement des inégalités dans certains pays riches, notamment en France. Dans les pays émergents, ni l'Inde ni la Chine n'ont, en revanche, fait coïncider leurs politiques de réduction de la pauvreté, mécaniquement réduite par la croissance vigoureuse de ces dernières années, avec une efficace mise en place d'un État-providence. Les tensions sociales qui en découlent sont suffisamment fortes pour que cette question soit désormais une des priorités des pouvoirs publics.

6

LES NOUVEAUX TERRITOIRES : LE NUMÉRIQUE ET L'ESPACE

La numérisation du monde accompagne, depuis les années 1980, la nouvelle phase de la mondialisation. Rupture majeure dans l'histoire, elle a transformé l'univers des communications comme elle remet en cause bien des présupposés du capitalisme libéral. Géopolitiquement, elle a d'abord bénéficié aux États-Unis, berceau incontestable de cette nouvelle économie et de ses transformations sociales. Mais la Chine a fortement comblé son retard au XXIe siècle, grâce à un mélange, devenu sa marque de fabrique, de firmes géantes et d'implication étatique. Industriellement en retard, l'Europe constitue en revanche un marché trop important pour être négligé par les oligopoles digitaux, ce qui lui permet d'essayer d'imposer ses normes et règlements, à défaut de pouvoir s'abriter derrière une hypothétique souveraineté numérique.

L'essor des services numériques a valorisé le domaine spatial, en mobilisant toujours plus de satellites pour couvrir la surface du globe. Des entreprises ambitieuses ont rejoint les États dans cet univers à l'origine accaparé par la lutte entre les deux superpuissances de la guerre froide. Comme le cyberespace, l'espace extra-atmosphérique est devenu un théâtre ouvert à la compétition de toujours plus d'acteurs, sans que se dégagent de règles communes fortes.

Notions principales

Innovation : généralisation et amélioration de l'usage d'une invention.
Réseaux sociaux : communautés virtuelles d'Internet dont la gratuité est assurée par la marchandisation par les opérateurs des données personnelles des usagers.
Capitalisme de surveillance : mutation du capitalisme sous l'influence des technologies de la communication et de leur poids croissant dans l'économie.
Cyberconflit : conflit utilisant le cyberespace, avec une intensité variable.
New Space **:** forme que prend le marché spatial avec une collaboration entre les traditionnels acteurs étatiques et de nouveaux opérateurs privés, souvent issus de l'économie numérique : Starlink et SpaceX (fondés par Elon Musk), Blue Origin (dirigée par Jeff Bezos, PDG de Amazon).

CHRONOLOGIE

1957 : Premier satellite artificiel, le Spoutnik soviétique
1969 : Premiers hommes sur la Lune
1991 : Invention du World Wide Web
2002 : Création de SpaceX
2003 : Naissance du Web 2.0
2004 : Création de Facebook
2005 : Aux États-Unis, la défense nationale identifie le cyberespace comme un théâtre d'opérations.
2011 : Plus de 2 milliards d'internautes dans le monde
2022 : Apple dépasse les 3 000 milliards de dollars de capitalisation.

I. La numérisation du monde

A. LES IMPACTS DE LA RÉVOLUTION DES COMMUNICATIONS

1. Une mutation historique majeure

Marshall McLuhan décrivait déjà le monde, en 1967, comme un *global village*, village planétaire à l'heure de la télévision. La numérisation dans les années 1980 et 1990, couplée à la transmission par fibre optique, constitue une rupture plus radicale encore. Là où un câble en cuivre supportait quelques milliers de communications, les câbles en fibre optique, déposés à partir de 1988, en permettaient 40 000 dans un premier temps, plusieurs dizaines de millions en 2020. À l'aube des années 1990, l'ingénieur britannique **Tim Berners-Lee**, du CERN (Centre européen pour la recherche nucléaire), invente le ***World Wide Web***, qui permet l'accès généralisé au **réseau Internet**, constitué progressivement entre ordinateurs à partir de la fin des années 1960. Les données s'échangent instantanément, dans des volumes inimaginables auparavant, sans distinction de contenus, au point que, depuis 2007, la création de données excède la capacité de stockage. Les flux internationaux de données (*data flows*) se sont imposés comme une nouvelle dynamique de la mondialisation : entre 2005 et 2016, ils ont été multipliés par 45 (une hausse de 50 % par an). Fin 2022, ils atteignaient 997 terabytes par seconde, trois fois plus qu'en 2018.

Cette **révolution numérique**, avènement d'une nouvelle économie dont la prospérité serait fondée sur la généralisation des technologies de la communication, aurait dû générer, selon la théorie économique, d'immenses gains de productivité. Dès 1987, pourtant, **Robert Solow** (prix Nobel d'économie) énonçait le paradoxe qui porte son nom : « Vous pouvez voir l'informatique partout, sauf dans les statistiques de la productivité. » En effet, si la productivité américaine a crû au rythme de 2,6 % par an de 1952 à 1972, ce chiffre n'a atteint que 1,1 % entre 1972 et 1995, alors que l'informatisation et la robotisation battaient leur plein. Le capital libéré par les gains de productivité n'est pas allé dans l'investissement, créant ainsi de nouveaux emplois, mais dans l'accélération de la substitution des emplois par la technologie déjà existante, au profit de la rente des actionnaires. Ainsi, entre 2000 et 2010, les entreprises ont investi dans l'**innovation** un tiers seulement de ce qu'elles avaient investi lors de la décennie précédente. Autre caractéristique problématique, le glissement du numérique de l'industrie aux services, bien plus rémunérateurs mais moins créateurs d'emplois. Les pionniers américains ont ainsi presque tous délaissé le champ du *hardware* pour celui du logiciel : après avoir vendu une grande partie de ses activités industrielles – la fabrication de PC et les serveurs entrée de gamme ont été cédés au Chinois Lenovo –, IBM s'est ainsi clairement orienté vers les services informatiques, notamment le ***cloud computing**** (particulièrement le *Business to Business*).

Le champ de réception s'élargit aussi, par les possibilités offertes par la téléphonie mobile : la **fracture numérique*** qui caractérisait une première phase de la mondialisation a été en grande partie dépassée. Les gains espérés du raccordement au réseau de populations gigantesques, l'amortissement des technologies par leur usage dans les pays riches permettent de

DÉFINITIONS

Cloud computing **:** l'« informatique dans les nuages » propose de louer d'énormes capacités de calcul, éventuellement très peu de temps, sans avoir à engager les frais de leur possession ni de leur entretien.

Fracture numérique : retard et insuffisance d'accès aux technologies numériques des pays en développement.

sauter les étapes de la communication filaire. Le projet pionnier **O3b** (pour *Other 3 Billion*), financé par Google, doit permettre de s'affranchir de l'installation de coûteuses infrastructures au sol (fibre optique, câble, antennes) en plaçant en orbite* autour de l'équateur – à 8 000 km d'altitude – une constellation de petits satellites pour servir de relais spatiaux entre les utilisateurs et la Toile à l'aide de seules antennes paraboliques. Les 20 satellites du projet ont été placés en orbite par Arianespace. SpaceX, désireux lui aussi de créer un réseau Internet par satellites, a obtenu en 2018 l'autorisation pour sa filiale Starlink de placer 4 425 satellites en orbite basse (550 km). Le troisième concurrent, OneWeb, a connu des difficultés financières, avant de voir, en 2020, l'État britannique intervenir, puis le français Eutelsat le racheter en 2023.

2. Transparence et surveillance

Portées par la vague libertaire des années 1970, les nouvelles technologies de l'information et des communications (**NTIC**) ont participé à la remise en cause des structures sociales. Elles étaient identifiables à une prise du pouvoir par les plus jeunes générations, et leurs logiques horizontales menaçaient les relations d'autorité traditionnelles. Mais leur développement au sein des sociétés en a fait un enjeu politique et géostratégique majeur. L'**affaire Snowden*** (juin 2013) est à l'articulation de ces deux dimensions : au nom de la lutte contre les menaces sur la sécurité nationale, les autorités américaines (*National Security Agency*, **NSA**) ont entrepris de surveiller systématiquement les communications, à une échelle d'une ampleur inédite. La collaboration des entreprises de la netéconomie, à rebours de leurs valeurs revendiquées, souligne à quel point la société de communication est aussi une société de contrôle. Pour accéder au marché chinois et à ses 900 millions d'internautes (en 2020), Facebook est ainsi prêt à accepter toutes les conditions de filtrage imposé par l'État-parti, comme l'avait montré, en décembre 2014, la réception par Mark Zuckerberg du ministre chinois de l'Administration du cyberespace. Une politique déjà suivie par LinkedIn, qui a intégré les mécanismes de censure à ses algorithmes.

À l'inverse, le succès aux États-Unis du réseau social TikTok du groupe chinois ByteDance est vécu comme une menace, en termes de capacité d'influence comme de récolte des données, au point de voir le Congrès voter en 2024 une obligation de le vendre à un groupe américain.

À côté du programme **Prism**, qui lui donne accès aux serveurs des géants du secteur, les États-Unis se sont eux directement branchés (méthode du *tapping*) aux intersections les plus importantes des 486 câbles sous-marins qui maillent le globe en 2021 sur 1,3 million de km. 99 % des télécommunications mondiales transitent par cette colonne vertébrale de l'Internet (*backbone*). La NSA disposerait de vingt accès majeurs à ces câbles, dont la plupart passent par le territoire américain, et les services britanniques comme français collaboreraient probablement. Le Brésil a décidé en 2014 de se câbler directement à l'Europe, *via* le câble EllaLink.

Les régimes autoritaires ont profité de ces nouvelles technologies pour renforcer, comme jamais dans l'histoire, leur appareil de surveillance. En Chine, le contrôle social est passé à un stade supérieur à l'occasion de la pandémie de Covid-19, qui a permis de renforcer la reconnaissance faciale et le traçage social au nom des nécessités de la lutte sanitaire.

DÉFINITIONS

Orbite : trajectoire courbe d'un satellite sur laquelle il gravite. L'orbite basse est distante de moins de 2000 km de la Terre (elle regroupe les trois quarts des satellites), la moyenne se situe entre 2000 et 36000 km, la haute à 36000 km, où sont installés les satellites géostationnaires.

Affaire Snowden : en 2013, un ancien analyste de la NSA (*National Security Agency*), Edward Snowden, commence à révéler l'ampleur des écoutes illégales des services de renseignement américains.

ZOOM ▶ Les câbles sous-marins, artères vitales du monde numérique

Un câble ne contient que quelques fibres, organisées par paires, chaque fibre transportant les données dans un sens, avec une espérance de vie d'une vingtaine d'années. Les entreprises de l'Internet ne se contentent plus d'utiliser les infrastructures des opérateurs télécoms, exploitants historiques des réseaux câblés, mais déploient leurs propres câbles pour sécuriser les prix (Google est présent dans 11 consortiums d'exploitation, une formule qui permet de répartir les risques). Les 6 600 km du câble Marea, alors le plus puissant du monde, ont été posés entre Virginia Beach (États-Unis) et Bilbao pour le compte de Microsoft et Facebook en février 2018. Ses 8 paires de fibres peuvent transporter 71 millions de vidéos HD en streaming en parallèle. Depuis la fin 2022, le câble **Grace Hopper**, posé à travers l'Atlantique par Google, déploie une puissance plus de deux fois supérieure. Au même moment, Meta déployait **2Africa**, le plus long câble au monde (45 000 kilomètres), tout autour de l'Afrique.
Google a investi massivement dans son infrastructure globale la plus importante au monde, par laquelle transiterait un quart du trafic mondial. Si ces câbles transocéaniques sont amortis par leurs millions d'utilisateurs, ce sont les premiers et derniers kilomètres, financés par les opérateurs télécoms – fournisseurs d'accès (Orange, SFR, Bouygues et Free en France) – qui coûtent le plus : ces derniers restent donc en position de force, surtout aux États-Unis, où la fin de la **neutralité du Net** devrait permettre aux opérateurs de faire payer cet accès ultime de façon différenciée.

3. Les enjeux de l'information à l'heure de la mondialisation

Les grandes agences de presse restent occidentales (AP, Reuters, AFP) et témoignent d'une prééminence maintenue de l'Europe et des États-Unis. Dans le paysage télévisuel, cette domination n'est plus de mise : **CNN**, qui avait le monopole de la couverture en continu de l'information à l'heure de la première guerre du Golfe en 1990-1991, devait composer en 2003 avec **Al-Jazeera**, la chaîne qatarie capitalisant sur sa proposition d'un point de vue non occidental. Les puissances les plus ambitieuses comptent sur leurs groupes audiovisuels publics pour diffuser leur vision du monde (BBC World Service pour le Royaume-Uni, France 24 pour la France, CGTN pour la Chine).
L'essor des **réseaux sociaux** a brouillé ce paysage médiatique classique, sans pour autant aboutir à constituer une opinion publique mondiale. Leur capacité à sauter les frontières inquiète pourtant suffisamment les gouvernements autoritaires pour qu'ils les contrôlent étroitement. En Turquie, le gouvernement de R. T. Erdogan a suspendu **Twitter** au printemps 2014, lors de la contestation à Istanbul d'un projet immobilier sur le parc Gezi ; Wikipédia a subi le même sort en mai 2017. La digitalisation de l'information remet en cause un axiome de la relation basique entre le pouvoir et l'information, sa verticalité. Internet, par sa logique horizontale, correspond en effet à une dérégulation maximale de l'information. Peser sur l'information consiste dès lors à la contrôler en interne, dans une logique d'exclusion et de filtrage intenable dans un régime démocratique, et à la brouiller, dans des stratégies de diffusion et d'intoxication : l'extrême droite américaine s'est imposée sur la scène politique en répandant des ***fake news***, ce qu'a théorisé le philosophe américain Harry G. Frankfurt (*On Bullshit*, 2005). En 2016, année de l'élection de Donald Trump et du référendum sur le Brexit, « *post-truth* » a été désigné mot de l'année par l'*Oxford Dictionary*. Les opinions publiques ont toujours été travaillées par les rumeurs, la désinformation n'a rien d'une nouveauté (on pense au *Protocole des Sages de Sion*, ce faux document forgé par la police du Tsar au début du XXe siècle, et qui n'a cessé depuis de jouer un rôle fondamental dans l'antisémitisme du siècle). Mais les régimes autoritaires ont identifié la liberté d'expression comme une faiblesse des démocraties, qu'ils pouvaient exploiter à moindres frais. La Russie utilise ses chaînes de propagande (RT et Sputnik) et tente de modeler les opinions publiques par les réseaux sociaux et Internet : des « **fermes de trolls*** » ont été activées en Russie dans les campagnes électorales de 2016, la présidentielle aux États-Unis et le référendum sur le Brexit au Royaume-Uni.

B. UNE PLACE SINGULIÈRE DANS L'ÉCONOMIE MONDIALE

1. Le poids des firmes

Le monstre **GAFAM** (Google, Amazon, Facebook, Apple, Microsoft), cinq des six premières entreprises au monde pour la capitalisation, pesait encore 7 300 milliards de dollars de **capitalisation cumulée** fin 2020, autant que les PIB allemand, français et italien additionnés. La crise de 2020 ne les a non seulement pas déstabilisés, mais elle les a renforcés : d'avril à juin 2020, Amazon a vu son chiffre d'affaires progresser de 40 %. La spectaculaire capacité du numérique à attirer les capitaux, indispensable pour un secteur où l'innovation est la principale discrimination, répond à la loi des **rendements croissants** qui caractérise l'économie en réseau : plus les connexions sont nombreuses, plus elles sont valorisées. Netflix, qui occuperait ainsi, aux heures de pointe, un tiers de la bande passante aux États-Unis, est devenu, en 2018, la plus importante capitalisation de l'industrie culturelle, devant Disney.

Évolution du chiffre d'affaires des GAFA

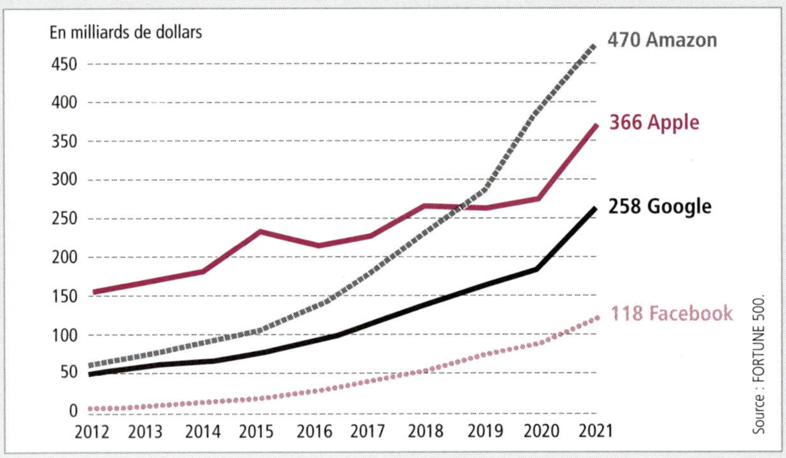

Le gigantisme résulte aussi d'une histoire capitalistique darwiniste récente, mais déjà chargée. Les crises (2001, 2008, 2020) n'affectent que superficiellement un univers en recomposition permanente : chacun de ces géants a profité d'une nouvelle étape mieux négociée que ses prédécesseurs. IBM, inventeur du PC en 1981, ne repère pas l'importance du **logiciel**, qui va propulser Microsoft au premier plan. Maîtresse des suites bureautiques et des systèmes d'exploitation, la firme de Bill Gates ne voit pas venir les **moteurs de recherche** (Google), les **réseaux sociaux** (Facebook, Twitter), le ***cloud computing*** (Amazon). Cette dernière, contre toute attente, passe du stade de distributeur classique de livres, utilisant la fluidité d'Internet, en pionnier de la nouvelle architecture des réseaux. Apple rebondit avec iTunes et s'installe durablement en force dans les contenus audio et vidéo. En 2014, **Facebook** a déboursé **19 milliards de dollars** – 10 % de sa capitalisation boursière – pour mettre la main sur **WhatsApp**, une cinquantaine d'employés dont 32 ingénieurs et un chiffre d'affaires d'une vingtaine de millions de dollars en 2013. Mais surtout, deux ans après avoir racheté

DÉFINITION

« Ferme de trolls » : groupe organisé saturant les réseaux sociaux de messages orientés à fin de propagande ou de déstabilisation en utilisant des robots.

Instagram, Facebook s'approprie **450 millions d'utilisateurs** actifs, dont 70 % le sont quotidiennement. Cela fait 350 millions de dollars environ déboursés par employé, mais une quarantaine de dollars par utilisateur. L'exubérance irrationnelle des marchés (selon l'expression d'Alan Greenspan, ancien président de la Fed) explique cette prodigalité : Facebook est capitalisé à 80 fois ses bénéfices, **Netflix** à 129 fois. Une situation qui n'est pas sans évoquer le gonflement de la bulle de 2000-2001 (en 2014, l'introduction en Bourse d'Alibaba a battu tous les records). La polarisation est de ce fait extrême dans ce marché : Google occupe près de 92 % du marché des moteurs de recherche, Facebook recense 2,7 milliards des 4 milliards d'utilisateurs des réseaux sociaux, iTunes 80 % des plateformes musicales. Google (Android) et Apple (iOS) vampirisent à eux deux 99,4 % des systèmes d'exploitation pour téléphones mobiles. Malgré la montée en puissance des Chinois, les entreprises américaines concentrent encore 80 % d'un marché de l'Internet, utilisé pourtant à 81 % par des non-Américains. La nouvelle rupture numérique prend forme selon des modalités semblables autour du duo Nvidia, fournisseur de puces pour l'intelligence artificielle (AI) et de Open AI, qui a lancé en novembre 2023 son robot conventionnel ChatGPT.

ZOOM ▶ La concentration du secteur du *cloud computing*

AWS, filiale d'Amazon, occupe 34 % du marché, presqu'autant que ses trois poursuivants réunis : Microsoft 21 %, Google 10 % et Alibaba 5 %. HP a abandonné. Le Français OVHcloud (15ᵉ) est le seul Européen de taille. En 2016, la division *cloud* d'Amazon lui a fourni 12 milliards de dollars de chiffre d'affaires, une performance qui a dopé ses actions et lui a permis de dépasser Walmart en capitalisation. La progression du secteur semble irrésistible, de plus d'un tiers par exemple en 2021. Le marché mondial s'élevait à 400 milliards de dollars en 2022, plus du double est attendu en 2027.

2. Un secteur menaçant

Cette concentration des revenus entre les mains des détenteurs de brevets des entreprises dominantes limite l'émergence de nouvelles générations d'innovateurs. Elle constitue pourtant le cœur de leur stratégie : Google a déposé 2 700 brevets en dix ans, Apple 4 100 en douze ans.

Surtout, ces entreprises sont installées au cœur de la vie quotidienne, et influent considérablement sur les choix des consommateurs. La Commission européenne a ainsi infligé de lourdes amendes pour abus de position dominante à Microsoft, puis à Google. L'écrasante part de marché de Google risque d'étouffer l'innovation sur le continent. Pour certains plaignants, il faudrait demander son « **dégroupage** », la scission entre le moteur de recherche et ses autres activités (YouTube, Gmail, Android). Même la Chine a interdit, en 2020, l'entrée en Bourse de la filiale financière d'Alibaba (Ant), sanctionnée ainsi que Tencent pour leur situation de quasi-monopole privé.

Aux États-Unis, la *Federal Communications Commission*, l'agence de régulation des télécommunications américaines, même pendant l'abandon de la « **neutralité du Net*** » entre 2017 et 2024, s'interroge sur les risques d'abus de position dominante et de stérilisation de l'innovation par absorption des concurrents, des reproches qui pourraient justifier un déman-

DÉFINITION

Neutralité du Net : principe d'un accès égal à la bande passante pour tous les usagers, indépendamment de leur consommation, supposant que l'Internet est un bien public. Les entreprises du Web y sont favorables, redoutant les discriminations. À l'inverse, les fournisseurs d'accès s'y opposent, espérant financer les coûteuses infrastructures par des droits d'accès hiérarchisés.

tèlement (comme pour la Standard Oil en 1911 ou AT&T en 1982). Une cinquantaine de procureurs, le ministère de la Justice et la FTC (*Federal Trade Commission*) ont lancé trois enquêtes parallèles en 2019, et Facebook a dû s'acquitter d'une amende de 5 milliards de dollars pour non-respect de la vie privée. Le poids boursier désormais exorbitant de l'oligopole le préserve pourtant : le risque d'une crise financière est difficilement envisageable. D'autant plus que ces géants se retrouvent au cœur du dynamisme économique des États-Unis. Fin 2024, Google, Microsoft et Apple figuraient parmi les cinq entreprises les plus profitables du monde.

3. Un univers révolutionnaire

Les pratiques de gratuité, de participation coopérative (l'univers Wiki, les MOOCs), tout comme l'encouragement inhérent à la duplication que porte le numérique bouleversent les fondements de l'économie marchande, plus encore que l'e-commerce qui a révolutionné la finance, le tourisme, la distribution, la santé. L'Internet des objets (*IoT, Internet of Things*) promet, par la multiplication des connexions, l'éclosion de nouveaux services.

ZOOM ▶ L'essor de l'e-commerce

Le chiffre d'affaires d'Amazon, en forte augmentation dans les années 2000, s'est envolé à l'occasion de la pandémie de 2020. Le groupe capte plus de 38 % du secteur de la vente en ligne aux États-Unis, 14 % à l'échelle du monde. Sa capitalisation a été la principale bénéficiaire des torrents de liquidités déversées par les banques centrales et a dépassé celle d'Alphabet, pour devenir la quatrième au monde fin 2020. Les investissements en informatique, logistique et marketing sont colossaux dans un marché hyperconcurrentiel où les plus gros – Amazon, le Chinois Alibaba ou le Japonais Rakuten – peuvent mener des politiques de prix agressives. Le secteur de la vente en ligne pèse déjà 16 % du commerce de détail mondial.

L'individualisme y coexiste avec les communautés virtuelles les plus larges, tout comme l'expansionnisme de l'industrie de l'*entertainment* avec les formes culturelles les plus rares. La déterritorialisation apparente du numérique cache une géographie d'Internet aux localisations stratégiques : si l'utilisateur est devenu de plus en plus autonome (portable, Wi-Fi), les données s'accumulent dans près de 8 000 ***data centers*** au gigantisme croissant. Le plus important en 2025 est installé à Hohhot, la capitale de la Mongolie intérieure, pour le compte de China Telecom, dans un gigantesque complexe de 25 km^2, regroupant des centres d'appels et des bureaux. La perception d'une nouvelle économie détachée des contraintes de l'ancienne tient donc du mythe, et le monde dématérialisé de la nouvelle économie n'existerait pas sans une architecture physique que constituent les *data centers*, les réseaux de câbles et les interconnexions, autant de supports vulnérables aux accidents, voire aux attaques. Des déterminations classiques subsistent dans leur localisation, située de préférence au plus près des points d'atterrage des câbles et des grandes agglomérations.
L'impression de rupture avec une vieille économie, carbonée et prédatrice pour l'environnement, est, elle aussi, en partie illusoire : la dépense énergétique est à la fois diffusée (batteries) et reportée vers les centres de données. Le numérique est responsable de 4 % des émissions de gaz à effet de serre et de la consommation d'énergie primaire, jusqu'à 8 à 10 % dans les pays riches, un poids qui devrait s'accroître avec la 5G et la généralisation annoncée des objets connectés. *In fine*, un smartphone consomme plus qu'un réfrigérateur (361 kWh par an, contre 322). Télécharger en *streaming* un film en haute définition avec un réseau sans fil consomme davantage que de fabriquer et transporter un DVD du même film : en 2019, la

consommation énergétique des jeux vidéo en *streaming* a autant pollué qu'un pays comme l'Espagne. Le développement annoncé des cryptomonnaies pèse déjà en 2022 un tiers de la consommation électrique de toutes les infrastructures numériques dans le monde, au point que la Chine a interdit le **minage** en mai 2019. La plus grande usine de minage de bitcoins des États-Unis, à Rockdale, Texas, possède une capacité de 700 mégawatts, presque un demi-réacteur nucléaire. Selon l'AIE, l'électricité consommée par l'ensemble des centres de données devrait doubler entre 2022 et 2026 (de 460 TWh en 2022 à 1 050 TWh).

■ Part des implantations des data centers des 20 plus gros acteurs du cloud, par zones géographiques

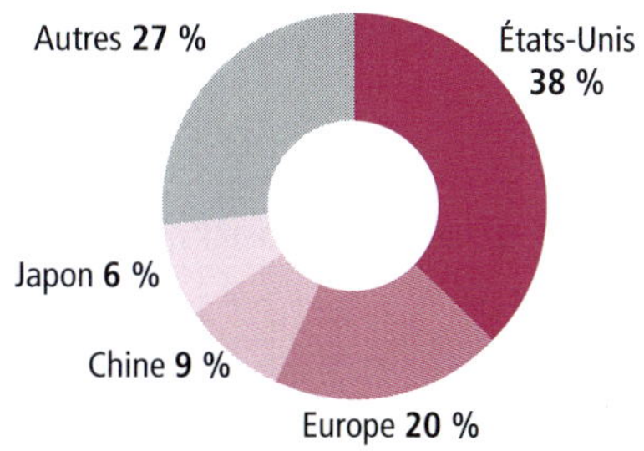

Source : IDC, Gartner, Seagate, Synergy Research, Ministère de l'économie.

ZOOM ▶ Les *data centers*, paradigmes des nouveaux espaces industriels

Énormes dévoreurs d'énergie, les *data centers* sont souvent localisés à proximité de centrales énergétiques, de préférence écologiquement vertueuses (hydroélectricité, solaire) pour mieux servir le discours consensuel des groupes numériques (mais Netflix, le plus gros consommateur mondial de bande passante, est alimenté, en 2020, à 83 % par de l'énergie carbonée). Microsoft a signé en 2024 un contrat pour bénéficier durant vingt ans de la relance de la centrale nucléaire de **Three Mile Island**, tandis que Google entend se doter de sept petits réacteurs nucléaires modulaires. La plus grande part de l'énergie absorbée est consacrée au refroidissement des ordinateurs, d'où des stratégies de localisation privilégiant les basses températures. L'Arctique devrait accueillir le plus grand centre de stockage de données à Ballangen, dans le nord de la Norvège ; construit par une société américano-norvégienne, Kolos, sur 60 hectares, il serait alimenté par de l'éolien et de l'hydroélectricité, pour une consommation qui monterait à 1 gigawatt. Microsoft teste un petit *data center* à 3 m sous la mer, au large des côtes écossaises, alimenté par des énergies marines renouvelables, dans un caisson conçu par le Français Naval Group.

L'accumulation des données a créé par ailleurs un nouveau secteur économique, le ***big data***, paradoxal : le support devient l'objet du marché. Le secteur de l'exploitation des données, dont le volume créé a triplé entre 2015 et 2020, promet des millions d'emplois (23 millions en 2017 dans les trois pôles que sont les États-Unis, l'Union européenne et le Japon) et pèse une centaine de milliards de dollars au début des années 2020. Le cœur d'une mutation possible vers une économie des usages, mais avec le risque de voir les libertés individuelles et collectives menacées.

ZOOM ▶ L'intelligence artificielle, IA, nouveau moteur de la Silicon Valley

Google comme Amazon, Facebook et Microsoft considèrent l'**intelligence artificielle**, qui vise à une amélioration de l'efficacité des logiciels par l'exploitation des données, comme le principal gisement de profits à venir. Google s'appuie sur sa filiale DeepMind (à l'origine d'AlphaGo, le programme qui a battu l'homme au jeu de go) et s'est attaqué au marché de la domotique numérique avec Home, un boîtier à commande vocale, en concurrence avec Echo, l'assistant d'Amazon. Le groupe de Mountain View propose aussi la messagerie intelligente Allo, face aux *chatbots* de Facebook. Plus ils sont utilisés, plus ces logiciels s'améliorent, un principe de base extrêmement attractif pour les entreprises de services (banques, voyage, assurances) qui y placent leurs marques. L'essor fulgurant de **Chat-GPT** le robot conversationnel d'Open AI en novembre 2022 a marqué le début du déploiement commercial de la technologie. La valorisation de **Nvidia**, fabricant de composante pour l'AI l'a porté en quelques mois à la hauteur de Google ou d'Amazon (3,3 milliards de dollars en 2024).

C. GOUVERNANCE DIGITALE ET SOUVERAINETÉ NUMÉRIQUE

1. La gouvernance de l'Internet, miroir des contradictions de la mondialisation

À l'origine du réseau des réseaux, les États-Unis n'ont jamais passé la main dans le contrôle de sa gestion. La plupart des serveurs racines se trouvent aux États-Unis, et l'**ICANN** (*Internet Corporation for Assigned Names and Numbers*) est longtemps restée sous tutelle du département américain du Commerce. L'organisation par le Brésil, au printemps 2014, du sommet **NETmundial**, a posé la question de la désaméricanisation du Net, sans fournir de réponse.

ZOOM ▶ La réforme de l'ICANN

Placée jusqu'en octobre 2016 sous la supervision du département américain du Commerce, l'ICANN est depuis administrée par un système élargi de gouvernance collective internationale, mais reste une association de droit américain, enregistrée en Californie. L'Administration Obama, malgré l'opposition des conservateurs qui y voyaient un abandon de souveraineté, a dû consentir à cette réforme pour atténuer les effets désastreux des révélations en 2013 d'Edward Snowden, qui dévoilaient la surveillance de masse de l'Internet par les services de renseignement américains. Les États-Unis ont, en revanche, toujours repoussé l'idée de confier à une agence de l'ONU la gestion de l'Internet. Trois instances constituent désormais l'ICANN : un conseil d'administration exécutif, un collège de juges indépendants et une assemblée générale représentant tous les acteurs de l'Internet – 160 gouvernements, des associations issues de la société civile, les organismes gestionnaires des adresses Web et les entreprises du secteur. Ces dernières sont les grandes gagnantes du nouveau système, même si l'ICANN n'est qu'un organisme technique, en charge de l'attribution des noms de domaine et des adresses Internet à l'échelle mondiale. Dans l'héritage de l'esprit d'origine, les décisions sont consensuelles, les blocages étant contournables par un mécanisme de super-majorité.

Au-delà de cette question de gouvernance, se pose celle du maintien de l'unité de l'Internet. Une question d'autant plus importante que les 35 % de connectés de 2014 sont 80 % de la population en 2025. Ainsi, la Chine pourrait se laisser tenter par la constitution d'un Internet nationalisé. En 1996, 80 % des internautes avaient l'anglais pour langue maternelle, ils sont moins de 25 % aujourd'hui. Le contenu en chinois disponible sur le Web a dépassé celui de langue anglaise depuis 2014. Et les géants du Web chinois – Baidu, Alibaba, Tencent et Xiaomi : les **BATX** –, s'ils sont moins internationalisés que leurs homologues américains, tiennent fortement leur marché, le plus important au monde. Alibaba pèserait 20 % de l'ensemble du commerce de détail chinois, tandis que WeChat, filiale de Tencent, assure 60 % des paiements en ligne du pays, un mode de règlement désormais privilégié. Leur prospérité s'est déployée à l'abri de la « **grande muraille virtuelle** » (GFW pour *Great Firewall*) qui exclut la plupart des sites étrangers. L'ONU espère la signature en 2025 d'un « pacte numérique mondial » pour prévenir la fragmentation de l'Internet.

ZOOM ▶ La technologie *blockchain*, une possible ouverture vers la décentralisation de l'Internet

Développée notamment par les usagers du **bitcoin**, la plus utilisée des cryptomonnaies, le protocole ***blockchain*** assure l'échange d'informations entre pairs, sans intermédiaire. L'intégrité des échanges est garantie par l'ensemble du réseau à travers un système de validation cryptographique. Tous les utilisateurs conservent une copie infalsifiable des échanges, et ne dépendent plus d'une autorité centrale. Le déploiement de cette technologie pourrait permettre une nouvelle architecture du réseau sur un mode **DAO** (*Decentralized Autonomous Organization*), en se passant de la gestion étatisée des noms de domaine, **DNS** (*Domain Name System*), que gère l'**ICANN** depuis 1998.

La Déclaration de Tunis, lors du Sommet mondial sur la société de l'information (SMSI) en 2005, affirmait qu'acteurs privés, entreprises et sociétés civiles sont, au même titre que les organisations internationales et les États, parties prenantes de la régulation de l'Internet. Le Web est donc un **bien commun**, mais le rôle de la société civile reste largement tributaire du bon vouloir des États et des entreprises. La technologie *blockchain* pourrait redistribuer les cartes en sa faveur, la décentralisation faisant d'une ressource rare, les noms de domaine, un bien abondant, échappant donc en partie aux enjeux de pouvoir. Une **gouvernance horizontale** de l'Internet qui pourrait préfigurer celle d'autres grands enjeux à l'échelle globale.

Pour aller plus loin

Le podcast du journaliste Xavier de La Porte couvre l'actualité numérique

liennathan.fr/e2g25k

2. Les enjeux de souveraineté

Le ***Patriot Act*** de 2001 permet aux enquêteurs du FBI et de la NSA d'accéder, en toute discrétion et au nom de la lutte contre le terrorisme, à l'immense quantité de données stockées sur les serveurs des entreprises américaines, une mesure doublée depuis 2018 par le ***Cloud Act***, qui autorise la justice américaine à en faire de même. La position de force de ces géants américains les rend par ailleurs incontournables pour les firmes et institutions étrangères : 60 % des données mondiales sont stockées, en 2020, par des acteurs américains ou chinois. Faute d'entreprise européenne suffisante, l'Agence spatiale européenne (ESA) est ainsi obligée de sous-traiter à Amazon. D'où la tentative franco-allemande en 2020 de lancer GAIA-X, un « Airbus du *cloud* », qui doit favoriser l'interopérabilité et la réversibilité entre les différentes solutions nationales, avec l'ambition de déroger ainsi à l'extraterritorialité de la justice américaine. L'Union ne peut plus ignorer que son retard dans le secteur du numérique la rend dépendante d'entreprises étrangères, d'un point de vue de sa souveraineté comme de son économie. L'adoption en 2018 du règlement général sur la protection des données (**RGPD**), qui protège les données personnelles, marque de ce point de vue un tournant : actionnable par tout citoyen européen, où qu'il se trouve dans le monde, il donne à la législation européenne une dimension extraterritoriale essentielle. L'amende de 4 % du chiffre d'affaires est prohibitive (elle s'élèverait à 1 milliard et demi d'euros pour Facebook) et constitue un levier d'influence pour l'Union : deux mois après l'adoption du règlement, la signature de l'accord commercial avec le Japon a vu Tokyo aligner sa législation sur les règles européennes. En 2020, **en phase avec un mouvement général de volonté de**

régulation, visible en Chine comme aux États-Unis, la Commission s'est dotée d'un double dispositif protecteur : le *Digital Markets Act* (**DMA**), qui doit préserver la concurrence dans le numérique, amende de 10 % du chiffre d'affaires mondial à la clé, et un *Digital Services Act* (**DSA**) renforçant la régulation des contenus. La Commission espère que l'Union européenne sera « *numériquement souveraine* » à l'horizon 2030. Le retard de l'Europe dans le domaine de l'IA loin derrière les investissements chinois et américains risque pourtant de la laisser simple spectatrice de la rivalité entre les deux géants, pourquoi pas même victime d'un **technocolonialisme** qui la verrait contrainte d'adopter des normes et des technologies qu'elle ne contrôle pas.

La Chine avait la première affirmé cette notion de **cybersouveraineté**, déjà en 2010, à l'heure où les occidentaux imaginaient encore le cyberespace comme un univers de liberté absolue et de réciprocité bienveillante : dès 1996, l'informaticien **John Barlow publiait une déclaration d'indépendance du cyberespace**, qui semble bien utopique aujourd'hui. À l'inverse, la Chine a imposé dès le début à ses entreprises une responsabilité pour le contenu des réseaux, dont se défaussaient en revanche les opérateurs occidentaux, en prétextant n'être que de simples tubes, ce que garantirait la gratuité de leur usage. La censure en Chine a renforcé les pouvoirs du Parti-État, au point de lui donner les moyens d'un contrôle quasi-totalitaire de sa population. En 2021, la Banque centrale de Chine a ainsi exigé d'Ant Financial, la branche financière d'Alibaba, le transfert de l'intégralité des données prélevées sur les 700 millions de clients auxquels elle a octroyé des prêts.

3. L'ère de la cyberguerre

L'omniprésence du numérique a fait des réseaux digitaux des éléments cruciaux du fonctionnement des sociétés contemporaines, et donc des sources de grande vulnérabilité. Le crime organisé s'en est logiquement emparé, l'anonymat et la fluidité de ce nouvel univers se prêtant à merveille aux escroqueries ou aux prises d'otages : par des **rançongiciels** (*ransomwares*), les pirates (*hackers*) paralysent un système informatique et exigent, pour ne pas détruire l'ensemble des données, une rançon, payable en monnaie digitale intraçable (bitcoins).

REPÈRES

Trois dimensions du cyberespace peuvent être visées par des attaques : la couche **physique**, celle des infrastructures (câbles, *data centers*), la couche **logique** (systèmes d'exploitation, serveurs – par la saturation d'un serveur, un virus, un cheval de Troie) et la couche **sémantique** (piratage de site, destruction d'informations, modifications).

Si la plupart des attaques relèvent d'opérateurs privés, les plus complexes utilisent des moyens qui ne semblent mobilisables que par des États : le logiciel malveillant **WannaCry**, qui a frappé des milliers d'ordinateurs le 12 mai 2017, comportait des portions de codes auparavant repérés dans des attaques du groupe Lazarus, lié à la Corée du Nord. Si cette dernière semble ne pas avoir de scrupules à se financer par des attaques crapuleuses, la Russie et la Chine, régulièrement dénoncées par les États-Unis et l'Union européenne comme responsables d'attaques informatiques, utilisent cette nouvelle arme comme un instrument de déstabilisation ou d'espionnage. Moscou semble ainsi être à l'origine de l'infiltration, découverte en décembre 2020, d'une grande partie de l'Administration américaine par un logiciel de la société **SolarWinds**. En 2007 déjà, les systèmes informatiques estoniens étaient attaqués par des hackeurs opérant très probablement pour le compte de la Russie. Dans le cadre global de la « **guerre non linéaire** » (« guerre hybride », selon l'OTAN), les services russes utilisent des hackeurs, comme le groupe APT29 (aussi appelé *Cozy Bear*), une unité du FSB (les services de renseignement intérieur).

Mais les Occidentaux ne sont pas non plus en reste, même entre alliés. En Europe, les opinions publiques ont été frappées par les révélations de l'**affaire Snowden** (mi-2013). À l'automne 2014, le virus **Regin**, élaboré probablement par les États-Unis, avec la complicité éventuelle des services britanniques, était découvert dans les systèmes de l'opérateur Belgacom et des institutions européennes qui l'utilisent.

En conséquence, le **cyberespace** est désormais partout intégré comme la cinquième dimension de la guerre, après la terre, la mer, l'air et la stratosphère. Depuis 2014, l'OTAN a lancé une «**politique de cyberdéfense renforcée**»: toute attaque contre les réseaux informatiques d'un membre sera considérée comme une attaque contre tous, au même titre que s'il s'agissait d'une agression classique. Le cyberespace des pays de l'OTAN devient ainsi «indivisible».

4. Une guerre commerciale pour la primauté technologique

Commencée comme une guerre commerciale contre Pékin en vue de rééquilibrer les échanges entre les deux premières puissances commerciales, les restrictions aux exportations stratégiques en direction de la Chine sont vite apparues comme une bataille dans une rivalité plus décisive encore pour la place de première puissance technologique. La maîtrise des **microprocesseurs**, les briques de base de l'informatique, a été identifiée par Washington comme la principale faiblesse de Pékin (les semi-conducteurs constituent leur premier poste d'importation, devant le pétrole, 432 milliards de dollars d'achat en 2021). En 2018, à la suite d'une violation de l'embargo sur l'Iran, le chinois ZTE avait été sanctionné d'une interdiction d'importer des puces électroniques depuis les États-Unis et leurs alliés, une interdiction qui avait quasiment ruiné le groupe, tandis que la plupart des analystes estimaient jusqu'alors que le plan ***Made In China* 2025** avait rendu la Chine autonome. Washington n'est pourtant pas dominant sur ce marché, ses alliés asiatiques occupent en revanche une position de force : l'américain Intel longtemps en tête a perdu de sa superbe, au profit du taïwanais **TSMC**, qui produit 90 % des puces les plus sophistiquées (ils ont été les premiers à pouvoir graver en dessous de 7 nanomètres et commercialisent désormais des puces de 3 nm), et du sud-coréen Samsung. Washington a proposé à Tokyo, Séoul et Taipei la formation d'une **alliance *Chip* 4** qui reste encore informelle (aucune des trois puissances asiatiques ne veut prendre le risque de perdre le gigantesque marché chinois, pas plus qu'elles n'envisagent de gaieté de cœur les représailles de Pékin). Pour compenser le manque à gagner des entreprises américaines privées de marché chinois, le gouvernement Biden a promulgué en 2022 un ***Chips and Science Act*** de 280 milliards de dollars. Les géants du secteur investissent en conséquence dans de nouvelles usines sur le sol américain : Intel, dans l'Ohio (20 milliards de dollars), Samsung au Texas (17 milliards de dollars), l'américain Micron Technology (20 milliards de dollars) dans l'État de New York et même TSMC pour 40 milliards de dollars en Arizona. Indispensables dans les armes contemporaines, les puces réinscrivent ainsi la compétition économique dans un combat vital aux yeux des États, qui ne peuvent sacrifier leur souveraineté dans ce domaine.

Le plan chinois s'élève lui à 135 milliards d'euros, tandis que les Japonais annoncent un champion national, Rapidus, regroupant les moyens de huit industriels, dont Toyota, Sony et NEC. 35 milliards d'euros d'investissements sur dix ans doivent lui permettre de viser dès 2027 des gravures de 2 nanomètres. L'Europe, inquiète du plan américain, a répliqué par un ***Chips Act*** de 43 milliards d'euros pour le secteur d'ici à 2030. L'absence de coordination risque cependant de déboucher sur de gigantesques surcapacités de production, dans un marché extrêmement cyclique. Ces réappropriations nationales d'un secteur crucial dans les chaînes de valeur globales pousse Morris Chang, le fondateur de TSMC, à estimer que « le libre-échange et la mondialisation sont presque morts. »

II. L'espace, de la compétition aux risques de confrontation

A. LE RENOUVELLEMENT DES ENJEUX ÉCONOMIQUES

1. Un marché paradoxal

Malgré un rôle crucial dans l'émergence d'une société de la communication, **le secteur spatial n'a jamais été financé par ses revenus propres**, il n'a pu se développer que grâce aux gigantesques subventions motivées par la compétition de la guerre froide. Si les États-Unis inauguraient l'ère des communications modernes en plaçant en orbite, dès 1962, un premier satellite de communication, c'était dans le cadre d'une course à l'espace qui résultait elle-même de la recherche militaire : les fusées ne sont jamais que la version civile des missiles, et c'est cette dimension stratégique qui a justifié leur mise au point. Le programme des navettes spatiales (1981-2011) avait succédé au programme Apollo (suspendu en 1975) avec la promesse d'un abaissement des coûts grâce à la réutilisation des navettes : la NASA espérait alors réduire le prix de la mise en orbite avec des vols hebdomadaires, qui n'ont jamais eu lieu. Si, ces dernières années, le coût de la mise en orbite a diminué en raison d'une concurrence accrue, associé au coût de l'heure de travail dans l'espace, il reste largement rédhibitoire pour une rentabilité commerciale de l'espace. **Si, au début des années 2020, plus des deux tiers des satellites placés en orbite le sont par des entreprises commerciales, en valeur, les trois quarts des lancements sont l'œuvre des gouvernements.**

L'essor actuel du marché des nanosatellites (de quelques dizaines de kilos) en orbite basse reste à la merci d'une alternative technique : Starlink, la filiale de SpaceX, doit placer en orbite basse une gigantesque constellation de 42 000 nanosatellites (ils sont passés de 7 000 à 12 000 en 2025). L'opération doit être amortie grâce à l'amélioration escomptée de l'Internet, un pari suivi aussi par Amazon à travers sa filiale Kuiper, en partant du constat que l'utilisation d'un smartphone sollicite quotidiennement une quarantaine de satellites. Mais le déploiement au sol de la 5G pourrait offrir les mêmes avantages à un coût bien moindre. Déjà dans les années 1990, plusieurs projets de constellations se proposaient de couvrir des zones peu accessibles. Mais au même moment, l'adoption de la norme GSM pour la communication mobile leur a fait perdre tout intérêt et a supplanté le téléphone par satellite.

L'intérêt en termes de création de richesse n'est ainsi pas garanti. En 2020, le marché des lanceurs s'élève à 5 milliards de dollars, celui des satellites à 15 milliards, et ce sont les applications qui en découlent qui doivent les financer, à supposer que le public accepte de s'équiper de services informatiques toujours plus performants : le modèle économique qui sous-tend le spatial n'a toujours pas fait ses preuves. Placer en orbite basse des petits satellites coûte effectivement bien moins cher, le prix du kg lancé a été divisé par 6 depuis le début du siècle, et un lanceur peut être développé pour 100 à 150 millions d'euros, mais les candidats seront à l'avenir de plus en plus nombreux sans certitude d'absorption par le marché.

2. Le *New Space*, promesses et fragilités

Les années 2010 ont été marquées par l'affirmation de nouveaux compétiteurs privés, proches de la culture des entreprises du numérique, aux côtés des acteurs étatiques traditionnels. Les besoins accrus de la numérisation d'un côté, la baisse des coûts de l'autre grâce aux nouvelles technologies (imprimantes 3 D notamment) ont permis d'abaisser considérablement les coûts d'entrée sur le marché. **Moins qu'une privatisation de l'espace, il s'agit en réalité d'une collaboration** entre les États en quête de financement pour des projets de plus en plus coûteux, et des entreprises moins soucieuses de réaliser des profits que de lever de gigantesques sommes sur les marchés financiers. Ces derniers, abreuvés de liquidités par les politiques accommodantes des banques centrales, sont rassurés par les subventions captées par ces jeunes entreprises. Le modèle du ***New Space*** reste en réalité essentiellement américain et s'inscrit dans une double logique : d'un côté, la baisse du financement de la **NASA** – qui reste de loin la mieux dotée des agences spatiales, mais dont le budget ne représente plus que 0,5 % du PIB américain, contre plus de 4 % au milieu des années 1960 –, de l'autre côté, la nécessité pour le capitalisme libéral de se réinventer en permanence pour rester un marché de promesses. Dans une mise en scène dont il est friand, **Elon Musk** a assis, dans cette optique, la notoriété de **SpaceX**, envoyant dans l'espace, en 2018, son cabriolet Tesla, dont l'autoradio passait en boucle le « *Space Oddity* » de David Bowie. Son alter ego néo-zélandais Peter Beck, fondateur de Rocket Lab, a lui placé sur orbite, en janvier 2018, une boule disco géante pour en faire, avant qu'elle ne s'abîme dans l'atmosphère, le satellite artificiel le plus visible de l'espace. Le « *we can do it* » est supposé valoir démonstration de la rentabilité future de ces entreprises. Celles-ci réussissent, il est vrai, à faire baisser le prix de l'accès à l'espace grâce à des stratégies variées. Depuis 2015, SpaceX réussit à récupérer le premier étage de ses fusées, tandis que Rocket Lab propose un modèle low cost : son petit lanceur (17 m) en fibres de carbone et ses moteurs produits par des imprimantes tridimensionnelles permettent de placer en orbite, à 500 km, une charge utile de 150 kg pour 5 millions de dollars.

La **NASA** est le principal pourvoyeur de commandes pour ces groupes, qui lui permettent, à moindre coût, de prendre le relais des navettes spatiales dont le programme a pris fin en juillet 2011. **SpaceX** (fondée en 2002 par Elon Musk grâce à la revente de ses fonds dans PayPal) a pris une longueur d'avance sur **Boeing**, qui a aussi reçu des fonds de la NASA pour développer des fusées privées de transport d'astronautes vers la Station spatiale internationale (**ISS**). Pour le fret, SpaceX a obtenu un contrat de 1,6 milliard de dollars pour effectuer douze missions de livraison à la Station en quatre ans, puis un autre de 2,6 milliards pour six voyages habités vers la Station ; chacun étant facturé 430 millions de dollars, alors que SpaceX s'est imposée, au détriment des Européens, sur le marché des lanceurs commerciaux en cassant les prix (60 millions de dollars contre une centaine pour Arianespace) à la faveur de cette subvention déguisée. La moitié des 25 milliards de revenus engrangés par Space X entre 2002 et 2021 ont été injectés par la puissance publique. La mise au point de la **fusée Falcon Heavy**, la plus puissante sur le marché, est justifiée dans le discours de l'entreprise par le projet de colonisation martienne, mais en attendant sa très hypothétique réalisation, elle pourrait être surdimensionnée pour un marché déprimé et encombré de concurrents. L'intégration complète de la chaîne de valeur que promeut SpaceX fait reposer tous les risques sur un seul acteur, qui produit à la fois les lanceurs, les satellites, et pourquoi pas les contenus qu'ils doivent relayer.

Pour aller plus loin

Une analyse de la place nouvelle de l'espace en quatre épisodes
liennathan.fr/x2f47u

B. LES INCERTITUDES DE LA GÉOPOLITIQUE SPATIALE

1. L'élargissement du club des puissances spatiales

• **Les États-Unis** restent le leader d'un domaine qui s'est considérablement élargi : si, au début des années 2000, une trentaine de pays investissaient dans le spatial, ils sont 85 en 2020. L'Union africaine s'est dotée en 2019 d'une agence spatiale, les Émirats arabes unis ont lancé en 2020 une sonde vers Mars depuis une fusée japonaise. Puissance dominante dans ce domaine aussi, les États-Unis avaient cependant perdu du terrain dans les années 2010, quand la fin tragique du coûteux programme des navettes les avait placés dans une impasse. Stimulée par les financements abondants du secteur privé et confrontée aux nouveaux défis géopolitiques de la deuxième décennie du siècle, la NASA a obtenu des crédits pour le programme **Artemis** de retour vers la Lune, présenté désormais comme un possible point de départ d'une éventuelle conquête martienne.

• **L'aérospatial russe** repose toujours sur les mêmes qualités de puissance, de robustesse et d'expérience. Mais il semble peu capable d'innovation et la décennie 2010 a été marquée par des échecs, imputés au manque de moyens de l'agence spatiale russe, **Rokcosmos**. Cette dernière diversifiait ses financements grâce au tourisme spatial (une niche marginale) et à l'association de son lanceur Soyouz avec Arianespace. Une collaboration qui n'a pas survécu à la guerre d'Ukraine en 2022. Le monopole de l'acheminement des astronautes vers l'ISS, à 80 millions de dollars le voyage, avait constitué une rente jusqu'à l'arrivée de SpaceX en 2020. La fin de la coopération avec les Européens, suivie de l'annonce du départ de l'ISS en 2024, témoigne d'un effacement progressif de la présence russe dans l'espace.

• **La Chine** est rapidement devenue une puissance spatiale majeure, en suivant un calendrier méthodique. Troisième pays à même, depuis 2003, d'opérer des vols habités, elle suit, avec les missions **Chang'e**, un ambitieux programme à destination de la Lune (en novembre 2020, **Chang'e 5** a rapporté des échantillons lunaires), notamment de son pôle Sud où une base habitée est prévue dans la décennie 2030. Depuis 2012, le déploiement du système de localisation par satellites **Beidou** permet une localisation sur l'ensemble du globe (2020) grâce à une trentaine de satellites, à l'instar des GPS américain, Galileo européen et GLONASS russe. Surtout la Chine a compensé sa non-participation à l'ISS par l'élaboration en seulement un an et demi (2021-2022) de sa propre station de présence permanente dans l'espace, « **Tiangong** » (« palais céleste »), de la taille de l'ancienne station soviétique Mir. L'Inde a pris du retard vis-à-vis de sa rivale, notamment dans la course à la Lune (premier alunissage d'un robot en 2019) ; l'**ISRO**, l'agence spatiale installée à Bangalore, communique en revanche régulièrement sur sa stratégie d'« innovation frugale » (*jugaad*) : en septembre 2014, la sonde spatiale indienne Mars Orbiter Mission (MOM) a atteint la planète rouge pour un coût équivalent à 10 % à celui de la sonde américaine Maven arrivée la même semaine autour de Mars. L'Inde est devenue en septembre 2019 le quatrième pays capable de déposer un robot sur la Lune, un exploit confirmé en août 2023 par le succès de la mission Chandrayaan 3 (« vaisseau lunaire » en sanskrit), pour un coût dix fois moindre que la sonde chinoise posée en janvier 2019 sur l'autre pôle lunaire.

• **La politique spatiale européenne**, une **compétence communautaire partagée** avec les États depuis le traité de Lisbonne, repose sur une articulation efficace entre coopération intergouvernementale, recherche publique et entreprises privées. Les choix stratégiques (refus de se lancer dans les vols habités, notamment) ont permis d'obtenir des résultats durables pour des coûts maîtrisés. Depuis 1979 et son premier tir, **Ariane** s'était imposée comme le premier lanceur commercial au monde ; un succès concurrencé par l'arrivée sur le marché des fusées low cost, en 2006, de SpaceX, qui a cassé les prix d'un tiers et s'est emparé, depuis 2017, de la tête du marché. L'adoption d'un nouveau lanceur, **Ariane 6**, décliné en deux modèles à partir de 2025, a permis d'abaisser les coûts de 40 %. **Arianespace** est devenue, depuis l'été 2016, une filiale de **ASL** (**Airbus Safran Launchers**, 8 400 salariés), co-entreprise d'**Airbus Group** et **Safran**. Mais la conjoncture économique est difficile pour l'opérateur européen, qui peine à s'adapter à la diminution des lancements de satellites géostationnaires de télécommunications. Seul un quart des lancements européens sont le fait de commandes institutionnelles (militaires ou civiles), dans des marchés ouverts, alors qu'aux États-Unis, il s'agit de plus de la moitié des lancements, payés au double du prix des lancements privés, exclusivement à des entreprises américaines (Boeing ou SpaceX, notamment). La recherche spatiale européenne, dont le budget n'est que le quart de celui des États-Unis, est un domaine partagé entre l'ESA, l'agence spatiale européenne, et ses États membres. Le système de localisation **Galileo** est le principal projet en cours, avec l'espoir, pour sa version payante, plus précise que ses concurrentes, de milliards d'euros de bénéfices. La constellation européenne offre un satellite visible de n'importe où sur Terre, 90 % du temps, et son signal est le seul à pouvoir être authentifié afin d'éviter les leurres. Les services liés à des systèmes de positionnement par satellites, évalués à 10 % du PIB, pourraient monter à 30 % en 2030 avec, en particulier, le développement de la voiture autonome et des objets connectés. Le départ des Britanniques du projet, à l'occasion du Brexit, devrait aussi faciliter l'usage de la constellation à des fins militaires, en s'affranchissant ainsi d'une dépendance stratégique à l'allié américain.

2. Les risques de militarisation de l'espace

Le **traité de Moscou de 1963**, premier engagement de la détente après la crise de Cuba, interdisait les expérimentations nucléaires dans l'espace. Depuis 1967, un **traité de l'espace** engage ses signataires à une utilisation pacifique de l'espace et des corps célestes, mais admet la possibilité d'une légitime défense. En 1983, le lancement, par les États-Unis de Ronald Reagan, de l'**Initiative de défense stratégique** (IDS) avait déjà établi le peu de cas que les grandes puissances faisaient de ce texte (il s'agissait de mettre en place un bouclier antimissiles reposant notamment sur des tirs depuis l'espace), même si le projet n'a jamais abouti. La destruction en janvier 2007, à 800 km de la surface de la Terre, d'un satellite météorologique en déshérence par un missile chinois a établi la nouvelle maîtrise technologique de l'Armée populaire de libération. D'autres tirs ont suivi, dont un à 10 000 km. Les États-Unis n'ont pas tardé à faire de même, tout comme les Indiens en 2019. L'espace n'est plus un sanctuaire, et s'il n'est pas encore un champ de bataille, il est désormais le théâtre de rivalités permanentes. En 2017, par exemple, un satellite russe a été repéré par Arianespace s'approchant d'un satellite militaire franco-italien, dans l'intention vraisemblable de capter ses communications. La France, qui compte doter ses satellites stratégiques de laser à haute énergie capables d'aveugler un satellite hostile, a intégré, depuis 2019, un commandement militaire de l'espace au sein de l'armée de l'air. En 2018, les États-Unis ont réuni tous leurs commandements spatiaux au sein d'une sixième arme, la ***Space Force***. Le soutien au secteur commercial se comprend aussi dans cette optique d'hégémonie spatiale, les opérateurs privés américains démultiplient les moyens à disposition du Pentagone pour étoffer son usage de l'espace (surveillance, communication, contrôle des adversaires) ce qui permet à la NASA d'utiliser plus de la moitié de son budget annuel de 50 milliards de dollars à des fins militaires.

3. Du multilatéralisme à l'appropriation de l'espace

Le traité de l'espace de 1967 interdisait toute revendication étatique sur un astre, mais n'avait rien prévu quant à l'exploitation commerciale par une société privée de ressources extraterrestres. Un traité plus ambitieux, signé en 1979, interdit l'appropriation de l'espace, de la Lune et des corps célestes, présentés comme des «biens communs de l'humanité». Mais seuls 18 pays l'ont ratifié, dont aucune puissance spatiale. Les ressources spatiales, en l'état, ne sont pas exploitables dans une logique de rentabilité, mais différents projets d'exploration de Mars envisagent un départ depuis la Lune, en exploitant dans ce cas l'eau qui s'y trouve sous forme de glace pour en tirer de l'hydrogène et de l'oxygène. C'est dans cette perspective que l'Administration Obama a promulgué, en 2015, un *Space Act* ouvrant unilatéralement la voie à une exploitation privée. Le domaine spatial, longtemps inaccessible, souffre, à l'heure de la multiplication des lancements de satellites en orbite basse, d'une insuffisante réglementation. Le nombre de satellites actifs (3000 environ en 2020, sur les 8000 envoyés depuis 1957) est appelé à s'accroître considérablement. En 2012, les nouvelles mises en orbite de satellites (1250) étaient neuf fois moins nombreuses qu'en 2020 (872 satellites américains, 138 russes, 95 chinois). Aucun organisme n'assure la gestion du trafic, les opérateurs privés n'ont presque aucune obligation de détruire les résidus en orbite de leurs satellites. Or, ces débris sont près de 30000 de plus de 10 cm, pour la plupart identifiés, tandis qu'il y aurait 130 millions de débris de plus de 1 mm, générant un risque croissant de collision.

ZOOM ▶ La Station spatiale internationale (ISS), un fruit menacé du multilatéralisme

Les Américains et les Soviétiques ont voulu faire de l'espace un terrain de coopération lors de la Détente, un rapprochement illustré en 1975 par l'arrimage dans l'espace d'une capsule américaine Apollo et d'un vaisseau Soyouz soviétique. Mais la relance de la guerre froide dans les années 1980, notamment le projet reaganien d'IDS, a réintégré la conquête spatiale dans le domaine de la rivalité. La chute de l'URSS a permis de donner un contenu spatial au multilatéralisme renaissant avec la construction, en 1998, de la **Station spatiale internationale**, qui a accueilli, en 20 ans, 240 astronautes de 19 pays en orbite basse à 410 km de la Terre. Plus gros satellite artificiel de la Terre, l'ISS a coûté plus de 115 milliards de dollars pour des résultats scientifiques mitigés. La NASA en est le principal opérateur et contributeur, même si, entre 2011, fin du programme de navettes spatiales, et 2020, premier vol habité d'un opérateur privé (*Crew Dragon de SpaceX*), seuls les Russes ont pu assurer les liaisons avec la Terre. À côté de la NASA et du Russe Roscosmos, les agences spatiales européenne, canadienne et japonaise sont associées dans un projet qui exclut donc la Chine, qui a en projet sa propre station spatiale. Les Américains envisagent de construire, pour succéder à l'ISS, une station en orbite lunaire, le *Lunar Gateway*, à laquelle les Russes ne seraient pas associés.

7 LES ENJEUX RENOUVELÉS DE L'APPROPRIATION DES MERS

Les enjeux des activités liées au domaine maritime sont multiples et considérables : son extension, 71 % de la surface du globe, lui assigne une place privilégiée dans la mondialisation contemporaine, comme elle l'avait déjà été lors de la première mondialisation des XVe et XVIe siècles, celle des Grandes découvertes.

Il n'y a pas depuis de puissance sans une dimension maritime, une règle à laquelle aucun des grands conflits depuis la Seconde Guerre mondiale n'a dérogé.

Ces volumes par définition quasiment déserts sont, par ailleurs, au cœur de pans colossaux de l'économie mondiale : tous secteurs confondus (transports, tourisme, exploitation, services portuaires, défense), les activités liées à la mer, l'économie bleue, représenteraient 2 250 milliards d'euros.

Ces deux dernières dimensions, militaire et économique, remettent en cause depuis des années un principe juridique ancien, celui qui faisait des océans une « *res nullius* », un espace n'appartenant à personne et dont l'usage, en conséquence, était ouvert théoriquement à tous. Les bénéfices géopolitiques du contrôle des mers et surtout l'appétit pour leurs ressources ont ainsi favorisé une logique d'appropriation des océans, une territorialisation (le terme est paradoxal) de l'espace et du volume marins. Les promesses en ce domaine sont pourtant hasardeuses, tant les fonds sous-marins (les deux tiers de la croûte terrestre) restent largement inexplorés. La gigantesque masse d'eau salée qui les recouvre abrite des espèces marines qui nous restent inconnues pour encore 90 % d'entre elles, une biomasse qui pourrait offrir des réponses décisives aux défis alimentaires.

Au-delà de ces considérations, la machinerie climatique enfin est largement configurée par l'activité naturelle des océans : ceux-ci jouent donc un rôle crucial, en amont (absorption d'un tiers du CO_2 émis, émission de la moitié de l'oxygène, régulation des températures) mais aussi par les conséquences qu'ils répercutent (hausse du niveau des mers), dans les transformations climatiques.

Notions principales

Territorialisation : appropriation juridique ou économique de l'espace.
Déterritorialisation : au sens large, décontextualisation des relations sociales. Géographiquement parlant, la déterritorialisation serait le résultat de la numérisation de l'économie et des échanges, la mise en réseaux favorisant les flux immatériels.
Maritimisation : processus d'augmentation de la part des échanges transitant par la voie maritime.
Conteneurisation : part croissante du transport par conteneurs au sein du commerce mondial.

CHRONOLOGIE

1851 : Premier câble sous-marin posé entre Calais et Douvres. Il permet les transmissions télégraphiques.
1869 : Inauguration du canal de Suez assurant la liaison entre la mer Rouge et la Méditerranée.
1896 : Premiers forages en mer réalisés au large de la Californie.
1897 : Création du Comité maritime international (CMI), qui se donne pour objectif d'harmoniser le droit maritime.

1914 : Ouverture du canal de Panamá entre Atlantique et Pacifique.

1958 : À Genève, première conférence des Nations unies aboutissant au premier accord sur le droit de la mer.

1970 : Déclaration de l'Assemblée générale des Nations unies sur les ressources des fonds marins au-delà des limites des souverainetés nationales, considérées désormais comme « patrimoine commun de l'humanité ».

1971 : Création du Fonds d'indemnisation pour les dommages dus à la pollution par les hydrocarbures (FIPOL).

1982 : Signature à Montego Bay (Jamaïque) de la Convention des Nations unies sur le droit de la mer. Entrée en vigueur en 1994, elle a été ratifiée par 168 États parties (la France en 1996).

1996 : Première session du Tribunal international du droit de la mer. Son siège officiel est à Hambourg depuis 2000.

2010 : Explosion de la plateforme *offshore* Deep Water Horizon dans le golfe du Mexique.

2019 : Le port de Ningbo annonce avoir dépassé le milliard de tonnes en transit.

I. L'organisation des routes

A. DES VOIES STRATÉGIQUES

1. La persistance des points de passage obligés

Selon le géographe François Bost, la maritimisation des échanges de marchandises atteint désormais 60 % du transport international en valeur et 75 % en volume. Les principales routes maritimes perpétuent de très vieilles liaisons, mais elles ont gagné en épaisseur : elles se doublent, au fond des océans, d'un réseau de fibres optiques, colonne vertébrale d'Internet, et elles s'articulent à un réseau spatial de satellites de communication et de surveillance crucial dans la fluidification des échanges. Se dessinent ainsi une route principale est-ouest, une **artère circumterrestre** en trois tronçons : de l'Asie orientale vers l'Europe du Nord, une deuxième transpacifique, et un dernier segment historique, plus court, transatlantique. S'y raccordent des branchements vers les régions productrices des matières premières : le golfe Arabo-Persique (20 % du pétrole mondial transite par Ormuz), l'Australie, le Brésil et le golfe de Guinée.

L'optimisation des routes maritimes favorise un certain nombre de points de passage obligés (*choke points*), les **détroits** *stratégiques* qui permettent d'accéder aux principaux littoraux. On y trouve les détroits naturels (la Manche, Malacca, Ormuz, Bab El-Mandeb, le Cap etc.) et les isthmes percés par des canaux. Cette persistance des contraintes géographiques impose une gestion du trafic (rail d'Ouessant pour la Manche) pour optimiser la convergence des flux, d'autant plus que l'intensité du trafic et l'étroitesse des passages y augmentent les risques (le détroit de Malacca, par exemple, n'autorise pas un tirant d'eau supérieur à 20 m).

Les grands canaux transocéaniques constituent une rente de situation : le passage de Suez par un porte-conteneurs de 20 000 **EVP*** est facturé 700 000 dollars (chaque année, 25 000 navires y font transiter 1,4 milliard de tonnes, 12 % du trafic mondial). L'élargissement

DÉFINITION

EVP : « équivalent vingt pieds », ou TEU, « twenty-foot equivalent unit », la taille standard d'un conteneur, une « boîte », soit 6 m de long sur 2,40 m en hauteur et en largeur.

de Panama en 2016 (5 % du trafic mondial) a permis de diminuer par trois les anciennes contraintes de tonnage, le gabarit **Panamax**, qui avaient standardisé l'affrètement durant un siècle : le nouveau gabarit **néo-Panamax** autorise le passage des porte-conteneurs de 13 000 EVP (au lieu de 4 000), et des vraquiers et pétroliers de 170 000 **tpl***. Panama, qui traite un trafic environ trois fois inférieur à Suez (518 millions de tonnes contre environ 1,4 milliard en 2022), espère renforcer sa position dans une lutte pour capter les navires asiatiques (le trajet est sensiblement aussi long de Hong Kong à New York par Suez ou Panama). Le canal est aussi concurrencé par le **pont terrestre*** des États-Unis, et par les projets concurrents tels le canal du Nicaragua (lancé fin 2014, à l'arrêt depuis) ou le « canal sec » de Colombie (un corridor ferroviaire). Mais il est aussi menacé par le **changement climatique** : en 2023, faute de précipitations suffisantes (il est alimenté en eau douce par deux lacs), le trafic a été restreint de 40 à 32 bateaux par jour, passant en dessous des 500 millions de tonnes, contre 518 en 2022.

Ces points de passage obligés, détroits et canaux transocéaniques, ont acquis une position cruciale dans la fluidité du commerce mondial, qui devient dépendant de leur bon fonctionnement. 20 % du pétrole mondial transitant par **Ormuz**, ce dernier détroit est l'objet de pressions constantes de son riverain iranien qui monnaie ainsi sa position privilégiée. C'est aussi l'Iran qui a activé ses forces de procuration houthiste pour menacer en 2023 le trafic de la mer Rouge. Les blocages peuvent en effet peser lourdement sur l'économie mondiale : en 2021, l'accident du porte-conteneurs taïwanais ***Ever-Given*** avait paralysé une semaine durant le canal de Suez. Selon l'assureur Allianz chaque jour de blocage coûterait de 6 à 10 milliards de dollars, les pays dépendants des importations alimentaires étant encore plus vulnérables. La sécurité alimentaire serait particulièrement sensible au bon fonctionnement de 13 **goulets d'étranglement** : un quart du soja passe par Malacca, 20 % du blé par les détroits turcs. À l'échelle régionale se joue aussi une compétition entre les ports pour capter ces flux croissants : la circulation d'un navire est relativement peu chère, son immobilisation portuaire est en revanche coûteuse (de 400 000 à 600 000 dollars par jour). Les ports qui garantissent, dans un espace donné, le meilleur traitement captent donc le plus de trafic : sont favorisés ceux situés à proximité des routes principales, encore plus ceux qui bénéficient de l'effet d'entonnoir d'un détroit (Singapour). Maersk, le premier armateur mondial, s'est ainsi installé de part et d'autre de Gibraltar, à Tanger Med et Algésiras.

2. Les enjeux des nouvelles voies

La fonte des glaces polaires, si elle crée des difficultés à la navigation (icebergs), rend envisageable l'exploitation commerciale des passages arctiques. Celui du Nord-Ouest, au nord du Canada, reste compliqué, et d'un intérêt économique limité. La route directe, transpolaire, est encore loin d'être envisageable. Celui du Nord-Est, la **Route maritime du Nord**, comme l'appellent les Russes, peut permettre en revanche de réduire de 45 à 35 jours le trajet entre Dalian (Chine) et Rotterdam. Les flux d'informations pourraient aussi en bénéficier : les **câbles** empruntant le passage du Nord-Ouest permettront de réduire de 50 millisecondes le temps de transmission entre l'Europe et l'Asie-Pacifique (actuellement de 230 millisecondes en passant par Suez), un gain appréciable pour la finance digitalisée.

DÉFINITIONS

Tpl : « tonnes de port en lourd », ou DWT, « deadweight tonnage », l'unité de mesure de la capacité de charge d'un navire.

Pont terrestre (*land bridge*) : continuation ferroviaire des routes maritimes, reliant par exemple le Pacifique à l'Atlantique à travers les États-Unis.

Les Russes utilisent depuis l'été 2017 un méthanier brise-glace, le *Christophe de Margerie*, qui a relié la Norvège à la Corée du Sud en 19 jours (une réduction d'un tiers de la durée du trajet) le premier d'une quinzaine de ces coûteux navires. Jusqu'à présent, le passage se faisait en coûteux et lents convois derrière l'un des cinq brise-glaces nucléaires russes (sur cinquante-cinq au total), pour un tarif de 300 000 à 400 000 dollars, ajusté aux variations du carburant pour être compétitif. Les dangers de pollution restent immenses, la navigation, ouverte désormais de juin à novembre, étant contrariée par les vents polaires autant que par la glace et les courants. Entre 15 et 30 navires seulement l'empruntent chaque année (32 millions de tonnes seulement transportées en 2020), soit environ deux fois moins que Suez chaque jour. Même si, en septembre 2018, Maersk y a fait circuler pour la première fois un porte-conteneurs de 200 m de long, la rentabilité théorique de la route par rapport à Suez ne devrait pas être atteinte avant 2040. D'éventuels bénéfices économiques sont pour autant loin d'être garantis : les infrastructures littorales, déjà très insuffisantes, sont fragilisées par la fonte du pergélisol. L'isolement russe consécutif à l'invasion de l'Ukraine à partir de 2022 fait cependant peser une hypothèque durable sur un espace désormais marqué par la confrontation bien plus que par la coopération.

Les trois routes arctiques théoriques

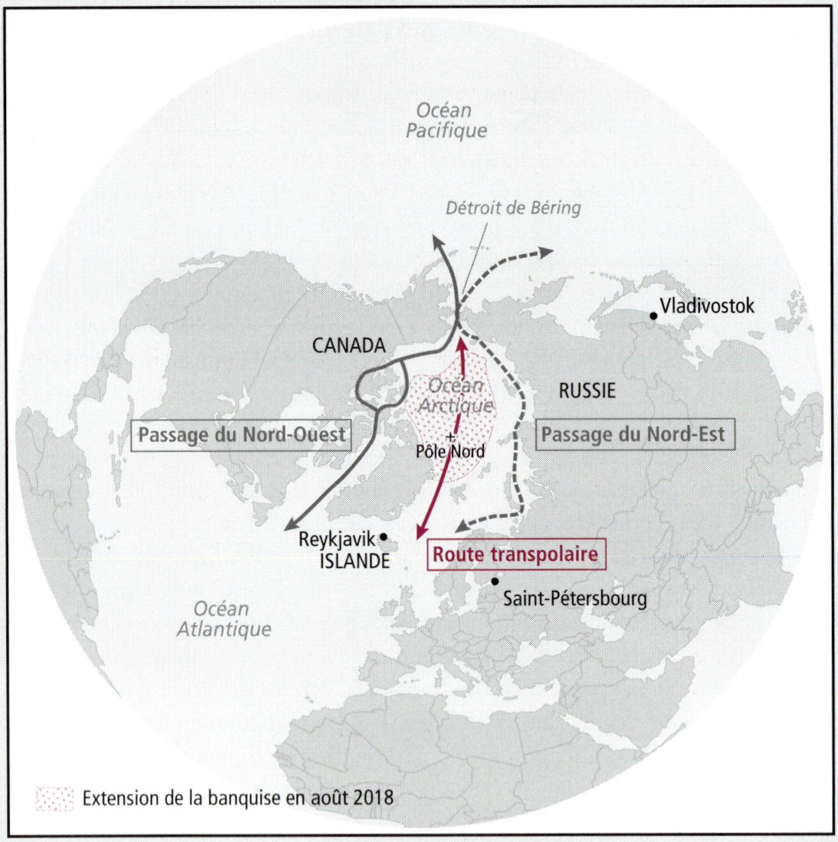

Mais la consolidation de la voie s'inscrit dans une visée géopolitique russe plus large : la constitution d'un « **bastion stratégique nord** », qui englobe l'exploitation des ressources arctiques, le contrôle de la route maritime et la militarisation de la zone, la seule où la Russie soit incontestablement en position de force, tant face à la Chine qu'aux États-Unis et à l'Europe. Moscou a ainsi multiplié les affirmations de souveraineté, comme en 2007 lorsqu'un sous-marin avait planté un drapeau à la verticale du pôle par 4 200 m de profondeur. En 2014, d'anciennes bases soviétiques, tombées en décrépitude, ont été réactivées et 6 000 hommes déployés dans la région de Mourmansk. La même année, les exercices militaires Vostok-2014 – les plus importants depuis la disparition de l'URSS – ont vu les troupes russes effectuer plusieurs missions de combat en Arctique. Aucune menace ne pèse pourtant sur cet espace, dont les ressources ne pourraient être exploitées sans une coopération avec les firmes occidentales.

Pour aller plus loin

Un site de suivi des navires en direct
liennathan.fr/92tsf9

B. ENTRE DÉRÉGULATION ET RÉGLEMENTATION

1. La révolution des conteneurs

L'invention du conteneur par le transporteur américain Malcolm McLean en 1956 a révolutionné l'intermodalité : la boîte se transporte aussi bien par camion, train, péniche que navire. Dix ans plus tard, la guerre du Vietnam est décisive dans le succès de McLean : en 1966, celui-ci obtient du Pentagone qu'il lui confie la logistique du port de Saigon. Pour éviter que les porte-conteneurs n'en repartent à vide, ils passent alors par les ports japonais de Tokyo et Kobe, qui s'équipent en conséquence.

Le modèle standard d'un conteneur mesure 20 pieds (EVP ou TEU), mais il en existe aussi de 30 et 40 pieds. Tous ont la même largeur de 8 pieds. La standardisation permet de réduire les pertes et les vols, elle permet un gain de temps prodigieux lors des ruptures de charge. Associé à la numérisation des informations, qui permet traçabilité et optimisation de la manutention, il s'est imposé depuis les années 1980. **Les routes maritimes sont prolongées par des ponts terrestres** qui traversent les continents pour relier les ports entre eux (Long Beach – Houston, par exemple). La logique des flux tendus atteint ici sa dimension la plus large, et les routes ainsi constituées dessinent les artères de la mondialisation. Le conteneur institue une chaîne robotisée et continue qui abolit presque les distances-coûts par les économies d'échelle qu'elle dégage.

En 2018, 20 % du tonnage maritime était conteneurisé, mais en valeur, le montant atteint 52 % (une tonne de fret conteneurisé est en moyenne 27 fois plus chère qu'une tonne de vrac). Ses avantages en termes de manutention lui font même empiéter désormais sur le vrac sec (éthylène en granules, charbon) et même liquide (*tanktainers*, *flexitanks*). Aux EVP se sont ajoutés des *flats*, conteneurs ouverts pour des colis lourds (rame de train…).

■ **Les principaux armateurs aux conteneurs, en millions d'EVP en 2023**

		Millions d'EVP	Nombre de navires
MSC	Italie-Suisse	5,5	717
Maersk	Danemark	4,1	587
CMA-CGM	France	3,6	501
COSCO	Chine	3	554
Hapag Lloyd	Allemagne	2	257
One	Japon	1,8	221
Evergreen	Taïwan	1,6	197
HMM-Hyundai	Corée du Sud	0,8	74

2. Une flotte de plus en plus spécialisée

Les flottes (environ 110 000 navires commerciaux) se sont adaptées pour répondre aux contraintes portuaires et rationaliser le trafic. Les **vraquiers** sont les navires de charge les plus répandus, par lesquels transitent les plus gros volumes du trafic maritime. La plupart sont spécialisés et s'adaptent aux exigences de leur affrètement. Le principal port de chargement de bauxite, Kamsar en Guinée, a ainsi dicté ses dimensions aux 150 navires de type **Kamsarmax** : 82 000 tpl, 229 m de long, 32 m de large. Le brésilien Vale, pour sécuriser ses exportations de fer vers la Chine, s'est doté d'une nouvelle classe de minéraliers de 400 000 tpl, loin des capacités de Suez (240 000 tpl), les **Valemax**, qui pourraient marginaliser les canaux en accaparant une part consistante du trafic.

Le pétrole brut est transporté par des *Very Large Crude Carriers* (**VLCC**), de 330 000 tpl et 330 m de long, en retrait par rapport aux quelque 550 000 tpl (*Ultra Large Crude Carriers*, **ULCC**) construits dans les années 1970, trop coûteux à assurer. Ils sont désormais tous astreints à la double coque pour limiter les risques de marée noire.

Dans les nouvelles générations de **méthaniers**, le gaz est comprimé 600 fois ou porté à une température de – 160 °C pour se liquéfier, ce qui exige de coûteux terminaux de compression/décompression au départ comme à l'arrivée (un milliard de dollars d'investissements).

La flotte des **rouliers** (aussi appelés « ro-ro », *roll on-roll off*), qui chargent camions et voitures, s'accroît spectaculairement avec l'expansion de l'automobile et des classes moyennes ; le trafic se concentre dans les mers fermées (Baltique) et les archipels (Grèce, Indonésie, Philippines).

Les **porte-conteneurs** de 18 000 boîtes se multiplient malgré la surcapacité de la flotte mondiale : une cinquantaine navigue déjà, détrônant les **néo-Panamax** (13 000 conteneurs EVP). La capacité moyenne des navires a été multipliée par trois en vingt-cinq ans. La flotte totale (environ 5 000 navires) achemine une quinzaine de millions de boîtes. En 2020, les chantiers sud-coréens ont livré, à l'armateur HMM, douze navires de presque 24 000 boîtes (400 m de long et plus de 60 m de large ; les conteneurs s'empilent sur sept niveaux, pour une cargaison qui peut atteindre 1,5 milliard de dollars).

Le gigantisme des navires a permis d'atténuer l'impact du coût du carburant, des économies d'échelle qui font de la voie maritime le mode de transport le moins coûteux. Ainsi, un conteneur coûte moins cher à transporter entre Shanghai et Marseille qu'entre Marseille et Paris par camion.

Pourtant, le secteur a été fragilisé par son inélasticité : l'essor des échanges avait incité les compagnies à commander de nouveaux navires, toujours plus gigantesques. En 2008, ces bateaux ont commencé à être livrés alors que l'économie mondiale ralentissait. Tout le secteur s'est alors retrouvé piégé par les **surcapacités**. Ainsi, le brésilien Vale a fait construire les trente-cinq plus grands vraquiers au monde. Au total, 1 760 vraquiers ont été livrés dans le monde entre 2012 et 2018, un accroissement de plus de 20 % de la capacité. Une situation aggravée en 2020 avec le repli spectaculaire du commerce mondial : le secteur a beau être irremplaçable, il est extrêmement volatil, les années de profits alternant avec celles de déficit. Transporter un conteneur entre Shanghai et Le Havre coûtait ainsi 15 000 dollars en septembre 2021, 3 000 dollars à la fin 2022. Le **choc de la crise de 2020** a été en revanche suivi d'un contrechoc : la reprise rapide en 2021 a libéré une demande excédentaire par rapport à une offre qui peinait à se relancer, d'où une envolée provisoire des prix du fret en 2022. Pour se prémunir la volatilité du fret maritime, les plus gros armateurs se définissent désormais comme des « **intégrateurs logistiques globaux** », investissant dans des terminaux portuaires, des entrepôts et dans l'ensemble de la chaîne logistique.

Constituer des alliances offre une autre solution, même si celle entre **Maersk, CMA-CGM** et l'italien **MSC**, alors les trois premiers armateurs mondiaux avait été bloquée par celles des autorités de la concurrence chinoise en juin 2014. **CMA-CGM** s'est rabattu depuis 2016, sur une alliance avec le premier armateur chinois, **Cosco**, mais aussi avec le Taïwanais **Evergreen** et l'armateur de Hong Kong, Orient Overseas Container Line (**OOCL**). L'alliance pèse un quart du marché mondial, et réunit 350 porte-conteneurs, plus que l'alliance finalement constituée par Maersk et MSC.

ZOOM ▶ Le ralentissement volontaire des porte-conteneurs

La seconde décennie du siècle est marquée par une véritable rupture : les coûts énergétiques ont cessé d'être négligeables, et les arbitrages se font désormais en faveur de leur réduction, au détriment de la vitesse. Entre 1998 et 2013, le coût du combustible a augmenté de 790 % pour les porte-conteneurs (de 8 % à 25 % du coût du fret). Sur les routes les plus longues du transport maritime, les armateurs ont entrepris de réduire la vitesse des navires depuis quelques années (***slow-steaming***). Ce qui se fait en changeant les bulbes d'étrave des porte-conteneurs : à 26 **nœuds*** ils créent une vague à l'avant qui permet aux navires d'aller plus vite pour une même puissance. À 16 ou 18 nœuds, ils se révèlent contre-productifs. Après avoir doté leurs porte-conteneurs de ces appendices de 140 à 200 tonnes d'acier, les armateurs les remplacent par des bulbes plus fins. Le changement coûte 680 000 dollars, mais permet de consommer environ 5 % de carburant en moins ; l'investissement est rentabilisé en moins d'un an.

3. La liberté des mers et ses enjeux

« Un navire qui traverse la mer n'y prend pas plus de droit qu'il n'y laisse de trace », rappelait le juriste hollandais **Grotius** en 1609 dans son *Mare Liberum*. La liberté de circulation, d'exploitation et le refus de toute autorité prévalant sur celle des États constituent, quatre siècles plus tard, le fondement du droit maritime international. Au libéralisme de Grotius s'est en effet progressivement ajoutée, l'idée que les États étaient en droit de contrôler une partie des océans, un compromis fixé par la Convention des Nations unies sur le droit de la mer (**CNUDM**) de **Montego Bay** (non ratifiée par les États-Unis). La convention définit ainsi

DÉFINITION

Nœud : unité de vitesse utilisée en mer. Un nœud correspond à un mille nautique (1852 m) à l'heure.

un emboîtement concentrique de juridictions : d'abord, la mer territoriale jusqu'à 12 milles nautiques (une ancienne appréciation très concrète de la souveraineté : c'était auparavant la limite de la portée des canons qui la définissait), entièrement soumise aux juridictions nationales, puis la **zone contiguë**, où s'appliquent les droits de douane et de police jusqu'à 24 milles nautiques, et enfin, la zone économique exclusive (**ZEE**), 200 milles nautiques, sur laquelle la navigation est libre, mais l'exploitation des ressources et du sous-sol du ressort du pays possesseur. Il ne s'agit pas d'un espace de souveraineté, mais d'un volume où peuvent s'exercer des droits économiques. Ce processus d'appropriation spatiale par les 150 États côtiers ne concerne pas la **haute mer**, qui recouvre 64 % des surfaces marines – plus de la moitié de la surface du globe – et demeure donc, pour l'essentiel, soumise au principe de liberté d'exploitation (l'Autorité internationale des fonds marins, dépendante de l'ONU, est cependant compétente pour les ressources minérales des grands fonds, considérés par l'ONU depuis 1970 comme « **patrimoine commun de l'humanité** ». Mais la **possibilité d'extension des droits sur le plateau continental** jusqu'à 350 milles nautiques, accordée par l'ONU à dix États (dont la France) dans la première décennie du siècle, réclamée par trente-huit dans la deuxième, témoigne de la dynamique des logiques d'appropriation (dans ce cas, le pays a le droit d'exploiter le sous-sol marin, mais la colonne d'eau est ouverte à tous). Surtout, la réglementation est à géométrie variable, malgré l'existence de **l'OMI***, l'Organisation maritime internationale (institution de l'ONU, 1948) : environ 60 % de la flotte mondiale naviguerait sous **pavillon de complaisance** (*open registry flags*), contre 30 % en 1980, une pratique qui permet de baisser les coûts de 50 à 75 %. Offrant le bénéfice d'une fiscalité minimale, ces pays d'attache rendent possible une multiplication des intermédiaires, ce qui permet d'échapper à toute responsabilité en cas d'accident : le naufrage du ***Prestige*** au large de la Galice en novembre 2002 a vu ainsi la justice se heurter à une soixantaine de sociétés-écrans. Ils autorisent aussi le laxisme en matière de sûreté des navires et de droit du travail. Cette double logique est typique des logiques de contournement des législations permises par la mondialisation : élargissement de l'activité à une échelle mondiale, externalisation des tâches en fonction des avantages comparatifs et difficultés à mettre en place une législation contraignante globale. S'y ajoute ici un espace en grande partie déterritorialisé, comme dans le cas de l'aviation ou d'Internet.

ZOOM ▶ Le prolétariat marin

Les marins, environ 1,5 million dans le monde, pour les trois quarts recrutés dans des pays en développement, connaissent des conditions de travail disparates, malgré une convention internationale de 2006 sur le travail maritime. 200 000 d'entre eux ont été piégés par la crise sanitaire de 2020, souvent bloqués dans des navires à l'étranger, avec l'interdiction de débarquer – une situation qui en a vu certains confinés à bord plus de 15 mois. Au-delà de conditions de travail risquées et souvent inconfortables, les équipages peuvent être à la merci d'officiers incompétents, notamment lorsque les navires battent pavillon de complaisance. Des enquêtes menées par Greenpeace et des reportages de l'Associated Press ont dressé un tableau très sombre de la pêche en Asie du Sud-Est, marquée par la violence et l'impunité (un cargo réfrigéré y était resté sur zone quatre ans sans relâcher dans aucun port).

DÉFINITION

OMI (Organisation maritime internationale) : fondée en 1948 sous le nom d'Organisation maritime consultative intergouvernementale (OMCI), installée à Londres, elle prend son nom actuel en 1982. Cette agence de l'ONU est en charge d'harmoniser le droit maritime international et de prévenir les litiges.

■ **Le compartimentage juridique des espaces maritimes**

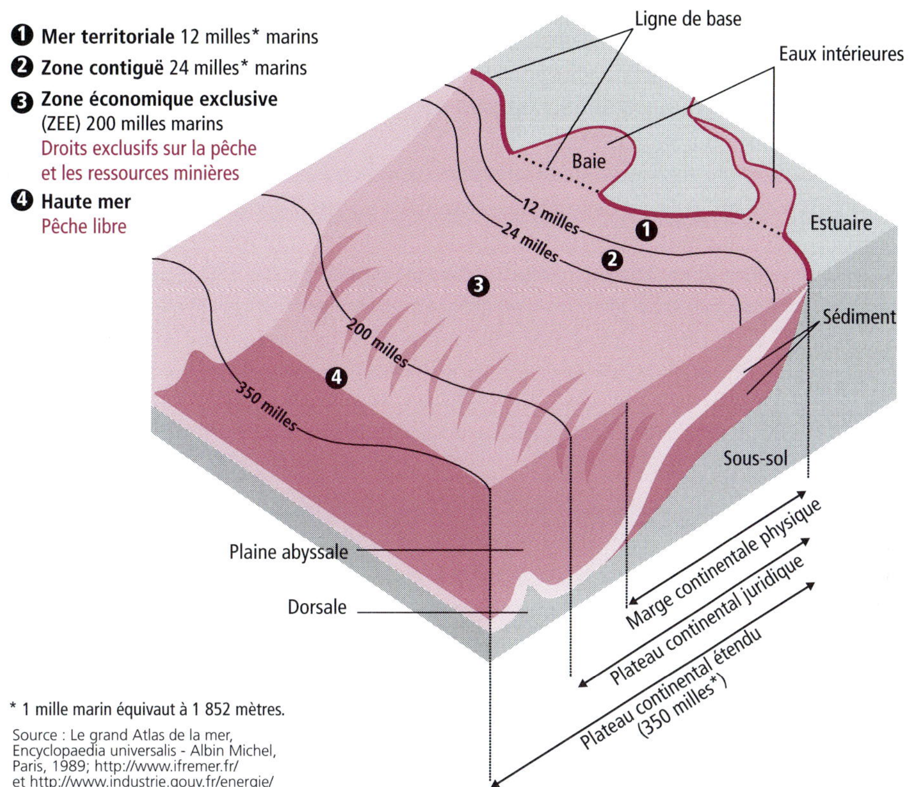

* 1 mille marin équivaut à 1 852 mètres.

Source : Le grand Atlas de la mer, Encyclopaedia universalis - Albin Michel, Paris, 1989; http://www.ifremer.fr/ et http://www.industrie.gouv.fr/energie/petrole/textes/perspectives.htm

REPÈRES

Le Hollandais Hugo de Groot, dit Grotius (1583-1645), est le principal juriste à avoir défini la liberté des mers au xviie siècle. Il est par ailleurs l'un des fondateurs du droit international et de l'idée de droit naturel. Son contemporain anglais John Selden (1584-1654) a proposé la doctrine inverse, celle du principe de Mare Clausum, l'appropriation maritime.

Pour aller plus loin

Le site institutionnel de l'OMI
liennathan.fr/7rq8q7

C. LES RISQUES

1. L'impact environnemental

Près de 150 traités internationaux concernent les océans, sans toutefois permettre une protection cohérente de la haute mer : la Convention de Montego Bay est restée dans le flou sur les questions environnementales. Dans l'attente d'un traité sur la protection des eaux internationales, négocié depuis 2018, aucun mécanisme efficace ne protège la biodiversité des grands fonds, même si les **aires marines protégées** (AMP) se sont étendues dans les années 2010, jusqu'à atteindre 7 % de la surface des océans (la plus grande pour la France a été créée en 2014 au large de la Nouvelle-Calédonie).

Sous la pression des opinions publiques, néanmoins, les acteurs commencent à prendre les devants, alors que les transports ne sont pas pris en compte par les accords de Paris de décembre 2015. Les principaux armateurs s'étaient ainsi entendus avec l'OMI pour une baisse prévue de 40 % de leur rejet de GES à l'horizon 2020 par rapport à 2008, et de 70 % en 2050, ce qui exige des transformations coûteuses qui tardent à être mises en œuvre (CMA CGM a lancé des navires propulsés au gaz liquéfié, l'hydrogène est sollicité, voire des voiles d'appoint sur certaines lignes). Le transport maritime s'est longtemps abrité derrière ses vertus énergétiques : là où un avion-cargo rejette 570 g de CO_2 par tonne et par km et un poids lourd 104 g, un porte-conteneurs de 9 500 EVP n'en rejette que 8,3 g. Mais la croissance du trafic a été telle que sa contribution au réchauffement climatique n'a plus rien d'anecdotique : avec plus de 940 millions de tonnes rejetées chaque année (une augmentation d'un tiers en trente ans), le transport maritime pollue davantage que l'aérien (mais dix fois moins que la route). S'il ne pèse aujourd'hui que 3,5 % des rejets de gaz à effet de serre, sa croissance pourrait l'amener à 17 % en 2050. La décarbonation du secteur coûterait plusieurs dizaines de milliards de dollars par an (entre une trentaine et une centaine), aucune des pistes explorées jusqu'à présent (agro-carburants, éoliens) n'étant entièrement satisfaisante. Par ailleurs, les conséquences environnementales des accidents sont depuis longtemps dénoncées (marées noires du Torrey Canyon en 1967 dans la Manche, de l'*Exxon Valdez* en 1989 en Alaska). Ces marées noires (une très faible partie pourtant de la pollution maritime) ont remis en cause, dans les pays développés, le moins-disant sécuritaire. Le durcissement des règles aux États-Unis, au Japon et en Europe redonne du crédit à l'**OMI**, qui dénombre chaque année plus d'une centaine d'incidents sérieux ou très sérieux : plus de 2 000 tonnes d'hydrocarbures sont ainsi déversées annuellement, parfois volontairement lors de **dégazages et déballastages*** sauvages. Si les normes se sont durcies (pétroliers à double coque, formation des marins), 15 % des navires resteraient des poubelles flottantes. La pollution des océans provient pourtant à 80 % des rejets terrestres. En 2014, 269 000 tonnes de débris s'y dispersaient, dans cinq gigantesques gyres océaniques (*garbage patch*) qui recueillent une partie des 9 millions de tonnes de plastique rejetées annuellement sur les 400 millions produits (8,3 milliards de tonnes de plastique ont été produites en 75 ans). Le ratio tonnes de plastique/tonnes de poissons est aujourd'hui de 1 sur 5, il devrait être de 1 sur 3 en 2025, et s'inverser en 2050. Les chercheurs ont trouvé sur les plages de l'île Henderson (archipel de Pitcairn), une des îles les plus isolées au monde, à 5 000 km de la ville la plus proche, une moyenne de 67 objets en plastique par m^2. Les microparticules résultant de leur décomposition s'infiltrent aux confins de la masse océanique et s'insinuent dans la chaîne alimentaire. Les océanologues enregistrent par ailleurs le long des côtes 700 **zones mortes** (hypoxiques ou, dans le pire des cas, anoxiques) dans lesquelles l'**eutrophisation**, résultante des rejets de phosphates et nitrates issus des engrais agricoles, a fait fuir toute vie. Elles émettent aussi du protoxyde d'azote, un puissant gaz à effet de serre.

DÉFINITION

Dégazage et déballastage : les pétroliers ne pouvant naviguer à vide, à cause de la fragilité de leurs structures, ils chargent de l'eau de mer sur leur route de retour vers les ports d'exportation. Des installations sont prévues pour qu'ils se débarrassent de ce ballast mais, par souci d'économie, certains sont tentés de le rejeter clandestinement à la mer. Le dégazage consiste à nettoyer ses cuves au large, ce qui est aussi interdit.

2. Le renouveau de la piraterie

Aussi ancienne que la navigation, la piraterie avait quasiment disparu au XXe siècle, éradiquée par l'ordre colonial et par le poids de la guerre froide. Le télescopage des flux de richesses et de la pauvreté, l'appauvrissement des stocks de poissons qui constituaient les principales ressources des communautés littorales ont accéléré son renouveau, sur fond de défaillance des États les plus pauvres. L'Asie du Sud-Est est particulièrement concernée, les pirates profitant des opportunités de l'insularité et des morcellements frontaliers (les attaques y ont augmenté de moitié en 2021). La Corne de l'Afrique, zone de broyage par excellence de la mondialisation contemporaine, a vu se déployer, au début du XXIe siècle, une piraterie très réactive, mais obéissant à des configurations très régionales (la piraterie ne semble pas s'inscrire dans des réseaux criminels mondialisés, pas plus qu'elle n'est liée au terrorisme international). La présence navale des grandes puissances (opération **Atalante** depuis 2010 pour l'UE, mais aussi navires américains, chinois et indiens) a néanmoins fait baisser considérablement le nombre d'attaques dans le golfe d'Aden, dépassé désormais par le golfe de Guinée (le Nigeria a concentré 15 % des attaques en 2019), au point que la zone est devenue l'une des priorités stratégiques de la défense française (mission de surveillance **Corymbe** : maintien d'un navire français sur zone en permanence).

Passant de 132 attaques en 2021 contre 439 en 2011, les actes de piraterie sont en recul, selon le rapport annuel du Bureau maritime international (**BMI**). Mais c'est au prix d'un déploiement coûteux de forces navales, voire d'une militarisation privée des navires de commerce (même la France a autorisé, en 2014, l'embarquement de gardes armés sur les navires de commerce battant son pavillon). Le marché de la **sûreté martitime** privée (*maritime security*), en plein essor, pèse déjà 25 milliards de dollars.

3. La militarisation des océans

La mer a depuis longtemps été un des espaces privilégiés d'expression de la puissance. Il s'agissait alors d'y affronter les flottes adverses en vue d'un anéantissement complet. Aujourd'hui, **les flottes servent avant tout à sécuriser les routes d'approvisionnement**, éventuellement de support à une projection des forces outre-mer, et enfin, pour les possesseurs de sous-marins nucléaires lanceurs d'engins (SNLE), de **vecteur privilégié de la dissuasion** (les cinq membres permanents du Conseil de sécurité plus l'Inde depuis 2015). Le coût important et l'intensité technologique expliquent une forte polarisation des flottes de guerre, détenues à 84 % par dix États, les États-Unis en possédant à eux seuls 43 % du tonnage alignant (4,3 millions de tonnes en 2023).

ZOOM ▶ Construction navale militaire : l'affirmation chinoise

Dans un marché porteur (une centaine de projets de commandes de navires de guerre ou de sous-marins sont attendus pour la décennie 2020, pour un coût de 200 milliards d'euros), les Chinois, qui fabriquent une frégate par mois et un sous-marin tous les trimestres, sont de plus en plus présents, ainsi que les Russes.

Le Chinois **CSCC** (10 milliards d'euros de chiffre d'affaires en 2018) a ravi la première place à l'Américain **General Dynamics**, un acteur historiquement dominant (8 milliards de dollars d'activités). Le russe **OSK** devrait grimper de la cinquième à la deuxième place du palmarès en 2020. Les Européens se retrouvent loin derrière : 3,7 milliards d'euros pour le Français **Naval Group**, 1,9 milliard pour l'Allemand **TKMS** et 1,3 milliard pour l'Italien **Fincantieri**. Ce dernier a constitué, en 2019, une coentreprise avec Naval Group pour construire des frégates et des corvettes. Les économies d'échelle (conception, achats) sont indispensables dans un marché très concurrentiel où ni le Français ni l'Italien n'atteignent la taille critique.

Les espaces maritimes au cœur d'enjeux géoéconomiques et géopolitiques majeurs

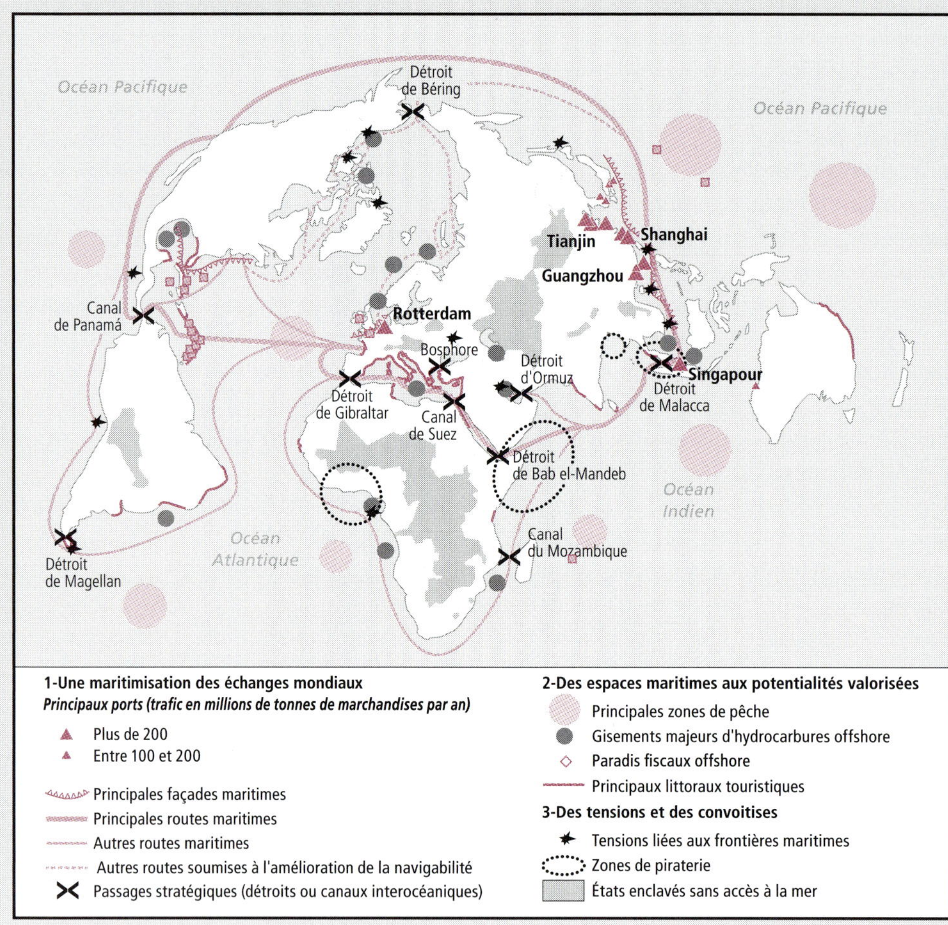

Les pays émergents identifient tous les espaces maritimes comme décisifs dans l'affirmation de leur puissance. Entre 2011 et 2016, le budget naval de la Russie a augmenté de 35 %, celui de la Chine de 57 %, du Brésil de 65 %, de l'Inde de 67 %. Les zones de tension sont celles où les ZEE sont difficiles à déterminer : mer de Chine méridionale, mer du Japon, golfe Arabo-Persique. S'y ajoute la Méditerranée orientale, où les ZEE n'ont pas été définies, mais où les conflits territoriaux attirent traditionnellement une forte concentration navale. Le nouvel attrait des ressources sous-marines sous-tend ces tensions, entre l'Argentine et le Royaume-Uni à propos des Malouines, la Turquie et Chypre et la Grèce, Israël et le Liban (jusqu'à un accord en 2022) autour de la découverte de gisements gaziers. Mais les déterminismes nationalistes sont le plus souvent décisifs, notamment en mer de Chine méridionale (même si elle assure 16 % de la production offshore).

L'expansion maritime et l'affirmation d'une puissance navale sont de plus en plus avancées comme des priorités par les pays émergents : le Brésil évoque une « **Amazonie bleue** » pour sa zone marine, l'Inde entend mettre en avant une « **diplomatie bleue** », et la Turquie a théorisé ses revendications en Méditerranée sous le nom de « **patrie bleue** ».

II. La littoralisation

Plus de 600 millions de personnes vivent dans des régions côtières à moins de 10 mètres au-dessus du niveau de la mer : milieux vulnérables, les littoraux sont pourtant fortement valorisés par la mondialisation, et concentrent populations et activités dans une concurrence parfois conflictuelle pour l'usage des territoires. La dynamique devrait se poursuivre, et en 2050 on pourrait compter 80 % de la population mondiale (plus de 10 milliards d'habitants peut-être) vivant sur une bande large de 75 km le long des littoraux du monde.

A. LA PLACE CENTRALE DE L'ASIE

1. Le glissement industriel

Le processus de glissement sur l'eau d'une part de plus en plus importante des activités industrielles, à partir des années 1970, est consubstantiellement lié à la mondialisation de l'économie. Il a été manifeste dans les pays développés pour la sidérurgie et la pétrochimie, afin de bénéficier directement, et sans rupture de charge, du faible coût des matières premières importées. En France, les **zones industrialo-portuaires** de Dunkerque sur la mer du Nord et de Fos-sur-Mer à l'ouest de Marseille ont été aménagées, à partir des années 1960, en réponse à la concurrence asiatique dans ces secteurs. Les nouveaux pays industrialisés d'Asie, dans la foulée du Japon, y étaient contraints par l'exiguïté de leur territoire, mais loin d'être une illustration d'un déterminisme géographique, cette littoralisation volontaire s'inscrivait dans une démarche planifiée et développementaliste, les façades industrialo-portuaires étant à la fois signes et vecteurs de la puissance industrielle et commerciale de ces nouveaux émergents.

2. La hiérarchie portuaire

En 2002, les dix premiers ports mondiaux traitaient 1,9 milliard de tonnes de marchandises. En 2019, le volume avait été multiplié par plus de 3 et dépassait les 6 milliards de tonnes. La polarisation est importante, puisque les 20 premiers, dont 18 sont asiatiques, concentrent 55 % du trafic. La très longue façade orientale de l'Asie (plus de 2 900 milles nautiques – 5 400 km – séparent Tokyo de Singapour) s'articule autour de trois ensembles principaux : les ports de la **mégalopole japonaise**, trois groupes chinois, du nord au sud, le **golfe de Bohai** (Dalian, Tianjin), le **delta du Yangzi** (Shanghai, Ningbo, premier port mondial), le **delta de la Rivière des Perles** (Hong Kong, Canton), et enfin **Singapour**. Pour les conteneurs, l'Asie orientale en manutentionne plus de la moitié.

La reprise du commerce maritime après la crise de 2008 (– 13 % en 2009) a confirmé le déplacement asiatique des dynamiques maritimes, alors que les ports de la ***Northern Range****
européenne sont restés stables. Sur les dix premiers ports, sept sont désormais chinois. Mais les émergents asiatiques s'affirment aussi : **Port Kelang**, en Malaisie, fait désormais partie des 20 premiers ports mondiaux.

Deux types de ports peuvent schématiquement être distingués dans la constitution du réseau mondial. Ceux qui correspondent à une organisation de *hubs & spokes*, des **ports d'éclatement**, Singapour et Hong Kong en constituant les types les plus aboutis. Ici, l'essentiel du trafic est redistribué par des *feeders* (plus petits navires) vers un sous-réseau régional. La

DÉFINITION

Northern Range **:** ensemble des ports européens sur la façade de la mer du Nord, de Hambourg au Havre.

situation (au sortir du détroit de Malacca, 30 % du trafic mondial, pour Singapour) et les avantages du site (profondeur et largeur de la baie de Hong Kong) expliquent l'avantage pris par ces ports, avantage démultiplié par la conteneurisation. Les ports au plus près de la route principale des navires bénéficient d'un avantage comparatif considérable par rapport à ceux de fonds d'estuaire ou de golfe (Marsaxlokk à Malte, Algésiras ou Le Pirée en Méditerranée, plutôt que Marseille, Gênes ou Barcelone).

Principaux ports en tonnage en 2022			**Principaux ports à conteneurs en 2022**		
Rang	**Nom**	**Millions de tonnes**	**Rang**	**Nom**	**Millions d'EVP**
1	Port de Ningbo-Zhoushan	1 261, 3	1	Port de Shanghai	47,303
2	Port de Thangshan	768, 8	2	Port de Singapour	37,289
3	Port de Shanghai	727, 7	3	Port de Ningbo-Zhoushan	33, 351
4	Port de Tsingtao (Qingdao)	657, 5	4	Port de Shenzhen	30,036
5	Port de Canton (Guangzhou)	655, 9	5	Port de Qingdao (Tsingtao)	25,67
6	Port de Singapour	578, 1	6	Port de Canton (Guangzhou)	24,857
7	Port de Suzhou	572, 7	7	Port de Busan (Pusan)	22,078
8	Port de Rizhao	570, 5	8	Port de Tianjin	21, 021
9	Port Hedland	566, 2	9	Port de Hong Kong	16,685
10	Port de Tianjin	549	10	Port de Rotterdam	14,5

La disposition classique de **port d'*hinterland****, l'autre modèle, n'a pas disparu avec la mondialisation. La qualité de la desserte et la variété des supports de transport favorisent, en Europe, Hambourg, Rotterdam ou Anvers. Un tiers des conteneurs est acheminé par voie fluviale dans les deux derniers, par rail dans le premier. Quelques mégapoles distantes du littoral s'appuient sur un port qui les projette vers la mer : Tianjin pour Pékin (200 km), Santos pour São Paulo (60 km), Incheon pour Séoul. Le projet du Grand Paris entend renforcer ainsi la liaison entre la capitale, Rouen et Le Havre le long de l'axe de la Seine.

Un **modèle mondialisé de gestion des ports** s'est progressivement imposé, celui du *landlord port*. Aux autorités publiques la maîtrise foncière et la propriété des infrastructures, à des opérateurs spécialisés la gestion des terminaux à conteneurs : **Hutchison Whampoa** domine à Rotterdam, le Singapourien **PSA** (*Port of Singapore Authority*) à Anvers, le Chinois **Cosco** au Pirée. Sur **Port 2000** au Havre, à l'inverse, le choix n'a pas été de retenir un puissant manutentionnaire généraliste, mais de confier les opérations aux armateurs : les trois grands Européens disposent chacun de leur propre terminal.

DÉFINITION

Port d'*hinterland* (« arrière-pays ») : port qui dessert un vaste territoire continental grâce à un réseau dense de voies de communication.

B. LA CONCURRENCE DES ACTIVITÉS

1. Le balnéotropisme*

La croissance du tourisme dans les années 1960 et 1970 s'est jouée dans son appropriation des littoraux, au point que ces derniers rassemblent environ la moitié des séjours : l'Espagne comme l'Italie et le sud de la France s'imposent alors comme destinations majeures. Les Baléares passent de 1 million de touristes en 1966 à 15 millions en 2018 et incarnent, avec le littoral levantin espagnol (Benidorm), le bétonnage du littoral. Dans certains pays insulaires, le tourisme balnéaire devient la principale ressource : un quart du PIB des Maldives en dépend, les trois quarts des entrées de devises, un tiers des investissements et 16 % des emplois.

2. L'essor incertain des croisières

La vogue des croisières de luxe, entamée par les États-Unis dans les Caraïbes, a gagné la Méditerranée puis l'Asie, mais elle s'installe aussi dans des mers plus périphériques (Arctique et Antarctique, notamment). Il ne s'agit plus de se rendre d'un point à un autre, mais de distraire, à bord du navire lui-même, la plus grande quantité de passagers (9 000 à bord des 362 m du *Symphony of the Seas*). Malgré le spectaculaire échouage du *Costa Concordia* en 2012 le long des côtes toscanes, les risques d'attentats, d'accidents ou de naufrages n'ont pas ralenti la croissance du secteur. Il a en effet été dopé par le pouvoir d'achat des seniors, catégorie choyée sur ce type de séjour, et l'essor de la clientèle chinoise : les 30 millions de passagers en 2019 témoignent de la dynamique d'un marché qui a connu une progression de deux tiers en dix ans, pour atteindre 45 milliards d'euros en 2019. La surcapacité menace pourtant l'industrie de la croisière : les navires en construction ajouteront, à terme, plus de 200 000 couchettes à l'offre existante, soit une hausse de près de 50 %. Par ailleurs, l'immobilisation du *Diamond Princess* dans le port de Yokohama, en février 2020, a constitué le premier acte de l'internationalisation de la crise de la Covid-19. Les perspectives des trois géants du secteur (*Carnival, Norwegian Cruise Line, Royal Caribbean*), tous situés à Miami, sont depuis plus floues. Enfin, l'impact environnemental de ces quelque 300 paquebots est de plus en plus mal accepté par une partie de riverains des ports fréquentés (Venise, notamment), d'autant plus que l'immense majorité fonctionne au fioul lourd, y compris au mouillage, pour satisfaire leurs importants besoins énergétiques. Longtemps toléré pour les activités maritimes, ce combustible est très polluant : les teneurs en soufre admises en mer dépassent de 1 500 fois celles autorisées pour le diesel automobile.

3. Des milieux fragilisés

Espaces de contact, les littoraux sont fragiles. Les eaux douces et salées, froides et chaudes qui s'y mêlent en font des zones de reproduction de nombreuses espèces marines. La compétition des activités y est souvent radicalement néfaste pour les écosystèmes. Après la mer intérieure japonaise, la mer de Bohai (le golfe de Tianjin) a vu disparaître 95 % de son stock de poissons. Les effluents terrestres qui y terminent leur course engendrent des phénomènes d'algues vertes et d'eutrophisation*. Les accidents industriels littoraux (Fukushima en 2011) menacent les océans d'une dispersion des polluants (césium 137 pour la centrale nucléaire japonaise). L'exploitation des potentialités des littoraux remet aussi en cause leurs fonctions de protection.

DÉFINITIONS

Balnéotropisme : attraction des activités touristiques littorales

Eutrophisation : appauvrissement en oxygène de l'eau à la suite de la prolifération d'algues.

Le développement de l'élevage de crevettes pour l'exportation détruit les mangroves* tropicales (Bangladesh, Thaïlande), ce qui, au-delà d'un appauvrissement de la biodiversité, fragilise les littoraux face à la montée du niveau des mers et à l'augmentation de la fréquence des tempêtes tropicales (entre 1980 et 2015, 30 % des mangroves ont été détruites).
Le sable, deuxième ressource naturelle dans le monde après l'eau, est présent dans quantité de produits, du verre aux microprocesseurs, mais il est surtout exploité parce qu'il entre à 80 % dans la composition du béton. Chaque année la consommation atteint 50 milliards de tonnes (18 kilos par personne et par jour), en augmentation de 5 % en 2021, en grande partie prélevée sur les littoraux (la granulométrie du sable des déserts est trop régulière pour être utilisée dans la fabrication de béton). L'augmentation des prélèvements littoraux s'avère catastrophique : effet accru des tempêtes, inondations, arrivée de la mer dans des nappes d'eau douce... Un quart des côtes sableuses mondiales recule en moyenne de plus de 50 cm chaque année. Les pays africains et d'Asie du Sud-Est sont les plus concernés, faute de pouvoir faire appliquer les réglementations.
Enfin la fonte des glaces, conséquence du réchauffement climatique, entraîne une hausse du niveau des mers (**eustasie**, ou **eustatisme**) qui pourrait atteindre 1 m à la fin du siècle.

III. Les ressources marines

A. LA PÊCHE

1. Une activité millénaire à bout de souffle

La pêche, dernière activité de prélèvement d'une ressource vivante sauvage, a longtemps passé pour inépuisable. Pour Daubenton, à la fin du XVIIIe, la pêche au hareng, par rapport au stock, ne serait que comme « un est à un million ». Au siècle suivant, la fécondité des océans faisait dire à Michelet que ces harengs « arriveraient en fort peu de générations à solidifier l'océan ». L'inquiétude est aujourd'hui inverse : après une multiplication par trois des prises entre 1950 et 1970, un pic en 1996 (86 millions de tonnes selon la FAO, 130 en réalité selon des chercheurs canadiens), contre 79 millions de tonnes en 2021, celles-ci ne progressent plus depuis une vingtaine d'années, et déclinent même désormais, alors que les moyens mis en œuvre ont été largement étoffés, et que les flottes du Nord et de l'Asie ont glissé vers les plateaux continentaux des Sud, et même plus au large : 6 % des prises ont désormais lieu dans les eaux internationales (55 % de la surface des mers du globe est exploitée, quatre fois la superficie de l'agriculture terrestre). **Les espèces les plus consommées devraient avoir disparu d'ici 2050**, tant les stocks semblent avoir été épuisés, au-delà de leur taille critique : un moratoire sur la pêche au cabillaud (morue), effectif depuis 1992 au large de Terre-Neuve puis de l'ensemble des eaux atlantiques canadiennes, n'a toujours pas permis la reconstitution des effectifs.
La **surpêche*** concerne désormais les trois quarts des espèces recherchées, et les eaux européennes ne sont pas épargnées, les prises étant passées de 7 à 4 millions de tonnes en

DÉFINITIONS

Mangroves : formation végétale littorale, elles protègent les côtes de l'érosion et constituent des espaces privilégiés pour de nombreuses espèces animales.
Surpêche : exploitation d'un stock de poissons au-delà de sa capacité de régénération.

vingt ans, malgré la **politique commune de la pêche** (PCP) qui promeut, en théorie, une pêche durable : 88 % du stock de l'Atlantique Nord est pourtant exploité au-delà du rendement durable, 92 % des stocks méditerranéens sont surexploités. En Baltique, les prises de cabillauds ont été divisées par vingt depuis 1985. Partout, cette disparition des poissons laisse place à une abondance des méduses, dont la masse totale dépasserait de deux fois et demie celle des poissons.

La concurrence d'une pêche industrialisée et mondialisée, qui voit notamment les navires européens et asiatiques opérer au large, par exemple, de l'Afrique occidentale, a aussi laminé la pêche locale artisanale : le long des côtes sénégalaises, les prises de thiofs, poisson emblématique de la gastronomie locale, ont été divisées par trente en trois décennies, une catastrophe pour un pays qui tire de la pêche un quart de ses exportations, et l'essentiel des protéines animales consommées par sa population. Le difficile contrôle des mers laisse se déployer une pêche clandestine (filets dérivants, pêches à l'explosif ou au poison), dont les prises s'élèveraient à plus de 20 milliards de dollars par an. Les autorités de la Sierra Leone estiment qu'elle divise par dix les revenus que le pays pourrait tirer de l'exploitation de ses 618 km de côtes. Tant pour la pêche industrielle que pour l'activité artisanale, l'Asie domine le secteur, avec les trois quarts des navires motorisés et 84 % des pêcheurs et employés de l'aquaculture.

2. Les réponses de l'aquaculture

Le poisson est la denrée alimentaire relativement la plus échangée au niveau mondial, de l'ordre de 40 % des captures. La pêche s'inscrit donc dans une logique mondialisée. Par ailleurs, dans les pays en développement, le poisson représente 20 % en moyenne de l'apport en protéines animales, un chiffre qui dépasse les 50 % pour les pays côtiers ou insulaires (Japon, Bangladesh, Indonésie, Ghana, Guinée, Sénégal), bien au-delà de la moyenne mondiale de 7 %. L'essoufflement des prises impose donc l'aquaculture comme la réponse la plus efficace à cette menace sur l'approvisionnement, alors que la consommation de produits de la mer augmente environ de 3 % chaque année depuis 1960 tandis qu'au début des années 2020 les prises en mer baissent officiellement de 4 % (2021). Dès 2013, la pisciculture assurait plus de la moitié de la production, un chiffre qui devrait atteindre 62 % en 2030. 70 % sont assurés par l'Asie, la moitié par la Chine. Le volume de 2020 était six fois supérieur à celui de 1990. Les deux tiers de la production se fait en eau douce (carpes, tilapias), elle se développe aussi pour les algues. Les problèmes sanitaires et environnementaux font néanmoins peser de nombreuses hypothèques sur cette activité (alimentation des poissons par **pêche minotière**, rejets de ces derniers, épizooties et antibiotiques, pollution accrue du littoral).

B. L'ÉNERGIE

1. L'essor de l'*offshore*

La progression de l'exploitation *offshore**, rendue possible par la hausse du prix du pétrole depuis les années 2004-2005, a fait des océans les producteurs d'un tiers de la consommation pétrolière (8 % pour l'*offshore* profond) et de 20 % de celle de gaz, avec un pourcentage équivalent des réserves. Dans l'ensemble du mix énergétique mondial, l'offshore monte à

DÉFINITION

Exploitation *offshore* : exploitation au large des côtes

16 %. Les nouveaux territoires de l'exploitation (Arctique) et l'accès à des zones de plus en plus profondes (jusqu'à 5 000 m désormais) multiplient pourtant les risques. Les technologies (plateformes fixes, flottantes ou FPSO – *floating production storage and offloading*) ne sont jusqu'à présent maîtrisées que par les majors occidentales et quelques émergentes (Petrobras). Cette croissance a pourtant été mise en question par l'accident de la plateforme ***DeepWater Horizon*** en avril 2010, qui a fait augmenter les exigences des assurances. Total avait ainsi annoncé qu'il renonçait à forer dans les eaux arctiques, reconnaissant que le coût d'un accident serait difficilement envisageable, avant de se raviser. Au côté du Russe Novatek, le groupe français participe effectivement à l'exploitation du gaz naturel du gisement **Yamal**, sur le littoral sibérien de la mer de Kara, bien au-delà du cercle Arctique. Depuis mai 2018, une centrale nucléaire flottante alimente les usines et les plateformes d'extraction.

Les perspectives les plus prometteuses visent à exploiter l'énergie infinie de la rotation de la Terre : le développement des **éoliennes *offshore***, avant celui des **hydroliennes**, des unités **houlomotrices**, ou de l'exploitation des différences de températures, accélère spectaculairement. Un équipement croissant permettra d'obtenir des économies d'échelle, indispensables pour rentabiliser une électricité encore très coûteuse. Les fermes éoliennes sont encore très polarisées en Chine et en Europe, et des éoliennes flottantes permettent désormais de s'éloigner des côtes pour capter plus de vent. Pour les États, l'éolien offshore offre de multiples avantages : son gigantisme (290 m de hauteur) permet de renouer avec la techno-politique des Trente glorieuses (le **colbertisme high-tech** de l'hydraulique, du nucléaire ou du TGV en France). Les parcs, au coût moyen très élevé (2 milliards d'euros pour celui de Saint-Nazaire), dégagent une gigantesque puissance installée, de 500 MW à 1,5 GW, contre une moyenne de 10 MW pour un parc terrestre. La mise à distance des côtes de l'off-shore flottant permet aussi de renouer avec **l'invisibilisation de l'énergie**, à l'inverse de l'éolien terrestre, et de dépasser à terme les réticences qu'il suscite. La perspective enfin de le coupler à la production **d'hydrogène vert** semble justifier son spectaculaire développement.

2. Les ressources non conventionnelles*

Trois formes de concentrations minérales intéressent les nations maritimes, selon l'Ifremer* :

– les **nodules polymétalliques** (la seule zone de Clarion-Clipperton, dans le Pacifique Nord, recèlerait plus de 8 milliards de tonnes de manganèse, nickel, cuivre et cobalt) ;

– les **amas sulfurés** : formés par l'activité volcanique et hydrothermale sous-marine, ils présentent des teneurs en cuivre et en zinc pouvant dépasser 10 %, et l'on y trouve aussi de l'or, de l'argent et des éléments rares ;

– les **encroûtements** : couvrant plus de 6 millions de km^2, ils sont riches en cobalt, platine et terres rares.

Ces ressources sont hautement stratégiques, puisque seul un petit nombre de pays dispose des technologies nécessaires pour les exploiter théoriquement. Le coût des investissements pour lancer de telles exploitations est pourtant rédhibitoire, sans même évoquer les risques environnementaux considérables.

Le Japon s'intéresse, quant à lui, à l'exploitation des **hydrates de méthane**. Ces hydrocarbures non conventionnels pourraient bouleverser la donne énergétique mondiale.

DÉFINITIONS

Ressources non conventionnelles : ressources que les capacités technologiques ne permettaient pas d'exploiter auparavant.

Ifremer : l'Institut français de recherche pour l'exploitation de la mer est un établissement public d'exploration et de surveillance du monde maritime, en vue de son exploitation.

8 VILLES ET MONDIALISATION

La ville est césure, rupture, destin du monde. Quand elle surgit, porteuse de l'écriture, elle ouvre les portes de ce que nous appelons l'histoire. Quand elle renaît en Europe avec le XIe siècle, l'ascension de l'étroit continent commence. Qu'elle fleurisse en Italie et c'est la Renaissance. Il en est ainsi depuis les cités, les *poleis* de la Grèce classique, depuis les *medinas* des conquêtes musulmanes, jusqu'à nos jours. Tous les grands moments de la croissance s'expriment par une explosion urbaine. Par ces mots, Fernand Braudel rappelait l'importance historique de la ville, lieu d'attraction et de rayonnement, et lieu de concentration des pouvoirs, des populations, des richesses. Depuis les années 1950, le fait urbain n'a cessé de s'accroitre, puisque nous sommes entrés dans une phase d'urbanisation accélérée, une « révolution urbaine » selon Henri Lefebvre. En 1900, un humain sur dix vivait en ville. Aujourd'hui, c'est le cas de plus de la moitié de la population, et en 2050, les urbains représenteront 70 % des habitants de la planète. Les villes sont donc des lieux de cristallisation des enjeux du XXIe siècle : environnementaux, sociaux, démocratiques, ou encore stratégiques. Traduction urbaine de la mondialisation, la métropolisation semble toucher tous les espaces urbains. Ceux-ci demeurent néanmoins des territoires pluriels, mouvants, appropriés, et vulnérables.

Notions principales

Archipel mégalopolitain mondial (AMM) : expression d'Olivier Dollfuss (1994) décrivant le fonctionnement réticulaire des plus grandes agglomérations. L'AMM se comprend à deux échelles : à la fois régionale, entre métropoles formant les mégalopoles, et à la fois mondiale, entre **métropoles** éloignées.
Métropole : ensemble urbain de grande importance qui exerce des fonctions de commandement, d'organisation et d'impulsion sur une région et qui permet son intégration avec le reste du monde.
Métropolisation : processus de concentration des populations, des activités et des valeurs dans les métropoles.
Produit urbain brut (PUB) : équivalent du PIB à l'échelle d'une ville.
Ville globale (ou mondiale) : terme forgé par la sociologue Saskia Sassen en 1991 pour désigner les métropoles situées en haut de la hiérarchie urbaine mondiale, et souligner l'ancrage du capitalisme dans la ville. Ces villes sont celles où la création de richesses est la plus importante. Elles sont caractérisées par la concentration d'établissements de finance, de banques, de services aux entreprises, par une très bonne accessibilité, et connectées en permanence.

CHRONOLOGIE

1965 : Tokyo dépasse les 10 millions d'habitants
1991 : Parution de *The Global City* : London, New York, Tokyo, de Saskia Sassen
Janvier 2011 : manifestations sur la place Tahrir au Caire
Septembre – novembre 2011 : Mouvement Occupy Wall Street à New York
2016 : Création de la Métropole du Grand Paris
2024 : Jeux Olympiques de Paris

I. Le fait urbain au cœur de la mondialisation

A. UNE URBANISATION PLANÉTAIRE

1. La métropolisation est l'expression urbaine de la mondialisation

Le terme de ville désigne un espace à fort degré d'anthropisation où se concentrent des populations, des activités, des bâtiments et des infrastructures. L'objet ville est complexe à délimiter : on peut se fonder aussi bien sur des critères administratifs, variables selon les pays, sur une définition morphologique (continuité du bâti), que sur une définition fonctionnelle (fonction de commandement). Pour désigner les invariants et insister sur la dimension matérielle de ce phénomène géographique, on peut alors parler de fait urbain.

Il existe une hiérarchie entre les villes, qui se mesure de différentes manières, par exemple avec des critères démographiques. **Les villes les plus peuplées, qui dépassent dix millions d'habitants sont appelées mégapoles.** On en comptait deux en 1950, 49 aujourd'hui, dont 31 en Asie.

Dans le contexte de mondialisation, les villes les plus importantes sont les métropoles, qui tendent à concentrer les activités économiques et les populations. Ce processus de métropolisation, qui a des effets sur toutes les villes (de la petite ville à la mégalopole), permet de comprendre les formes et les pratiques urbaines contemporaines. **La métropolisation ne concerne pas seulement les villes qui se situent au sommet de la hiérarchie urbaine, comme les mégapoles, ou les villes « Superstars »** qui ont un rôle de commandement mondial, mais aussi les **villes « secondes »** (Markusen). Celles-ci se caractérisent par un passé préindustriel et industriel, des infrastructures de transport les reliant au reste du monde, une tradition de l'innovation, et une attractivité touristique. Le taux de croissance des emplois et le solde démographique y sont supérieurs à la moyenne nationale. La géographe Cynthia Ghorra-Gobin développe l'exemple de la métropole de Minneapolis Saint-Paul, ville seconde qui se distingue par l'importance de ses institutions culturelles (le théâtre de Guthrie est de renommée internationale) et sa spécialisation dans la recherche médicale et l'industrie de la santé (c'est là qu'a été inventé le *pacemaker*, stimulateur cardiaque).

2. L'urbanocène

L'urbanisation contemporaine se caractérise par une **concentration métropolitaine** mais aussi une **diffusion généralisée**. Le géographe Michel Lussault va jusqu'à affirmer que la distinction entre urbain et rural n'aurait plus lieu d'être : l'urbanisation est devenue **planétaire** (le concept d'urbanisation « planétaire », ou encore « globale » ou « généralisée » est forgé par Henri Lefebvre dans les années 1970), et a rendu toute partie de l'espace terrestre exploitable. Cette urbanisation, qui redessine la terre depuis les années 1950, est selon Michel Lussault **extractiviste** (tout espace est considéré comme une ressource exploitable), elle menace gravement les écosystèmes, et mène à une « crise de l'habitabilité planétaire ». Le géographe propose d'ailleurs de parler d'**urbanocène** plutôt que d'anthropocène pour insister sur le rôle majeur des villes dans les changements globaux.

3. À l'échelle mondiale, des situations contrastées

Tous les continents ne sont pas urbanisés de la même manière. Sur le sous-continent européen, les trois quarts de la population vivent en ville. En Asie, les taux varient beaucoup selon les pays (23 % au Cambodge, 91 % au Japon). L'Amérique du Sud est le sous-continent le plus urbanisé, avec un taux supérieur à 80 %, mais les situations sont très contrastées selon les régions et les pays. Le continent africain est aussi hétérogène dans la qualité de son urbanisation. La plupart des villes sont marquées par un **habitat spontané**, c'est-à-dire autoconstruit, très développé, mais on observe aussi des logiques de **patrimonialisation*** dans certains centres (casbah d'Alger), ou encore des centres d'affaires (Lagos).

Ces différences signifient que toutes les régions du monde n'en sont pas au même stade de leur **transition urbaine**. Ce schéma (Zelinski, 1971) décrit le passage d'une société majoritairement rurale à une société majoritairement urbaine. On distingue plusieurs phases ; le démarrage, l'urbanisation accélérée, le ralentissement, puis la stabilisation, voire la décroissance (à Paris *intra-muros*, par exemple). Dans les pays les plus riches, la transition est achevée. Les taux de croissance y sont aujourd'hui faibles, nourris en grande partie par les phénomènes migratoires. Dans les pays émergents, la transition a commencé plus tard, dans le premier quart du XXe siècle. Dans plusieurs États des Suds, la phase d'augmentation rapide n'est pas terminée. À Lagos, le taux de croissance de la population urbaine s'élève à 5,1 % ; à Dhaka, il atteint 4 %. C'est sur le continent africain que la croissance urbaine est la plus forte, alimentée par les migrations et un taux de fécondité élevé.

ZOOM ▸ Le corridor urbain d'Accra à Lagos

Les théories urbaines **post-coloniales** invitent à considérer les villes des Suds comme des espaces urbains à part entière et non comme des reflets des villes occidentales. On y observe des formes originales de production de la ville. La géographe Armelle Choplin, appelant à rompre avec l'image d'une Afrique sous-urbanisée, analyse le corridor urbain abritant plus de trente millions d'habitants qui relie Accra (Ghana) à Lagos (Nigeria) sur 500 km. Cette dorsale économique concentre les fonctions politiques, les individus, et la production de richesse. Entre les grands centres-villes (Accra, Lomé, Cotonou, Porto-Novo, Lagos) espacés d'une centaine de kilomètres, se trouvent des marchés, des boutiques de téléphonie mobile, des quincailleries et des dépôts de ciment, des écoles, ou encore des églises évangélistes. On ne retrouve pas les marqueurs de la ville concentrique occidentale mais plutôt des marqueurs de l'urbain (bâti, densité, équipements), qui ne permettent pas de parler de ville puisqu'on n'y trouve pas de centralité (les services sont hors-réseau, les équipements informels).

B. UN FONCTIONNEMENT EN RÉSEAUX

1. Les pôles urbains mondiaux

Les villes fonctionnent en réseaux à différentes échelles. Le terme de **mégalopole** permet ainsi de décrire un réseau de villes reliées par un tissu dense d'axes de transports. L'expression « mégalopolis » est d'abord utilisée par Jean Gottman en 1961 pour désigner l'entité urbaine allant de Boston à Washington. Surnommée « BosWash », cette mégalopole regroupe aujourd'hui un peu plus de 20 % de la population du pays et est le centre décisif de la puissance américaine. Le terme a ensuite été appliqué à différents espaces : au Japon, aux métropoles des grands lacs de Chicago à Toronto, à la façade Pacifique de San Diego à Seattle, ou encore au pôle d'Europe occidentale, de Londres à Milan, moins homogène territorialement et plutôt qualifié de **dorsale européenne**.

DÉFINITION

La **patrimonialisation** : processus de fabrication de « patrimoine », c'est-à-dire de quelque chose perçu par une société comme digne d'intérêt et devant être transmis aux générations futures.

La mégalopole japonaise

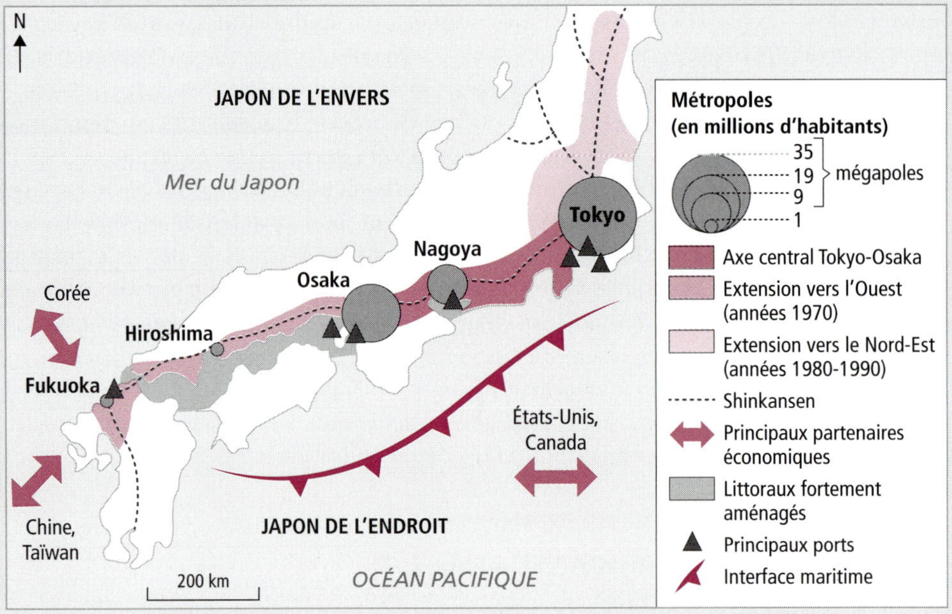

ZOOM La mégalopole japonaise

Au Japon, troisième puissance économique mondiale, les deux-tiers de la population et l'essentiel des activités sont concentrés dans la mégalopole. Elle s'étend sur un ruban littoral de 1300 km de long pour une centaine de km de large, de Kumamoto au sud-ouest à Sendai au nord-est. C'est le « Japon de l'endroit », le plus dynamique, ouvert sur le Pacifique. Les densités y sont très fortes (plus de 700 habitants au km²). Trois **mégapoles** structurent cet espace, Nagoya, Osaka, et Tokyo, rassemblant 60 millions d'habitants sur 6 % du territoire. Le grand Tokyo, avec ses 36 millions d'habitants, forme la première **conurbation** du monde. La mégalopole s'inscrit dans une échelle plus vaste, se prolongeant vers Busan et Séoul en Corée, ce qui explique le dynamisme de Fukuoka au sud-ouest.

Les **transports** jouent un rôle fondamental dans la structuration de la mégalopole. Les *shinkansen*, trains à grande vitesse roulant à 300 km/h, relient les différents pôles urbains mais accentuent aussi le déclin de certains territoires qu'ils ne font que traverser. Entre les pôles, on observe des discontinuités, des espaces moins urbanisés.

La mégalopole est soumise à des défis majeurs. Si elle s'étend à l'aide de grandes infrastructures de franchissement vers les îles, vers le nord et vers le sud, elle abrite aussi des villes en déclin. C'est également un espace vulnérable, soumis à des risques, naturels, comme les séismes, typhons, le risque volcanique… mais aussi aux risques économiques et sociaux, comme les bulles financières.

Le fonctionnement en réseau se comprend aussi à l'échelle mondiale. Les différentes métropoles du monde entretiennent entre elles des liens, parfois plus forts que ceux qu'elles ont avec leur hinterland. On parle d'« **économie d'archipel** » (Pierre Veltz, 1996).

2. Les villes sont au cœur de tous types de flux : l'exemple du tourisme et des migrations.

Les villes recueillent toutes sortes de flux de personnes, qui recomposent les territoires urbains. Le tourisme joue un rôle primordial pour les villes. Bien que la pandémie de Covid ait mis un coup d'arrêt aux flux touristiques mondiaux, les voyages et le tourisme ont rattrapé fin 2024 les chiffres de 2019, année record avant la crise. Les villes européennes captent la majorité de ces flux touristiques. Certaines vivent du tourisme voire en sont devenues dépendantes : le secteur représente 11 % du PIB de Venise et 17 % de celui de Dubrovnik en 2018. Ce **tourisme de masse**, permis par la baisse des coûts du transport aérien, ne va pas sans pressions. Les formes du tourisme se diversifient, avec par exemple le développement du court séjour urbain (moins de quatre nuits). Berlin est une destination d'« *easyjet-setting* », un tourisme urbain nocturne et festif de courte durée. **La muséification de certains centres, la surfréquentation, la hausse des prix et donc l'éviction des habitants des quartiers touristiques sont autant de conséquences négatives du tourisme.** Ces nuisances soulèvent la question du **surtourisme**, le phénomène de saturation des sites touristiques. Il génère alors des protestations et mobilisations des populations ; on parle parfois de tourismophobie.

Depuis la fin des années 2000, **Barcelone est emblématique des mobilisations habitantes contre le surtourisme et de sa régulation**. La ville de 1,6 million d'habitants a accueilli 7,8 millions de touristes en 2010, et 14,6 millions en 2019, notamment grâce au développement de l'offre de logement à usage touristique. Durant la dernière décennie, les loyers ont augmenté de 68 %. Les habitants ont organisé de nombreuses manifestations et la municipalité de gauche a pris depuis plusieurs années des mesures contre le tourisme festif et les locations touristiques dans les quartiers résidentiels. Depuis 2014, l'ouverture de nouveaux logements touristiques est interdite. En 2021, pour limiter la spéculation, la location de chambres par des particuliers est prohibée pour moins d'un mois. En 2024, la mairie a annoncé vouloir interdire la location d'appartements touristiques d'ici 2029.

ZOOM ▶ Le tourisme de croisière

Le **tourisme balnéaire de croisière**, en pleine croissance, est particulièrement critiqué pour ses atteintes à l'environnement. Les prix demeurent abordables pour des classes moyennes occidentales, notamment grâce aux économies d'échelles permises par l'augmentation de la taille des navires et à une main-d'œuvre bon marché. Selon une étude de *Transport and Environment*, en 2022, les navires de croisière européens ont rejeté 509 tonnes d'oxyde de soufre, soit autant qu'un milliard de voitures. Ils rejettent d'autres particules dangereuses pour la santé, comme l'oxyde d'azote ou les particules fines, polluant les villes portuaires. Barcelone est le port le plus pollué d'Europe, suivi de Civitavecchia au nord de Rome, puis du Pirée, à Athènes.

Les migrations représentent un autre type de flux constitutif des villes. **La ville globale est nécessairement multiculturelle et les villes sont historiquement produites par les flux migratoires**. Les migrations sont multiformes et multifactorielles, contraintes ou choisies, et les migrants peuvent être qualifiés (entre un tiers et 40 % de la population de la Silicon Valley est née à l'étranger), comme en situation d'illégalité. L'ONU estime à 281 millions le nombre de migrants dans le monde en 2020, soit 3,6 % de la population mondiale. Ce sont essentiellement les villes qui recueillent ces flux. Les migrations illégales s'incarnent dans l'habitat temporaire et informel, en centre-ville comme en périphérie. La banlieue sud de

Beyrouth est ainsi faite de quartiers informels qui accueillent des migrants forcés venus des zones en guerre de la région. Les flux de migrants ont aussi donné naissance aux *ethnoburbs*, « quartiers ethniques » suburbains en périphérie des grandes métropoles.

Les métropoles sont également émettrices et réceptrices de **flux immatériels**, flux d'information et de communications, en particulier depuis l'apparition d'Internet. Elles sont aussi des nœuds de transport mondiaux, caractérisées par la présence de nombreuses infrastructures de transports et la concentration de hubs.

C. LES MÉTROPOLES, LIEUX DE CONCENTRATION DU POUVOIR ET VITRINES DE LA PUISSANCE

1. La concentration des activités de commandement

Le poids démographique d'une ville ne dit rien de son développement économique et de son niveau de commandement. Par exemple, Londres, première ville à passer le cap des deux millions d'habitants à la fin du XIXe siècle, ne fait plus partie des trente premières agglomérations en 2015 mais demeure une capitale financière mondiale. Ce qui fait la métropole n'est pas la taille, mais la concentration de pouvoirs. Par exemple, les **mégapoles** n'ont pas forcément de pouvoir de commandement. Dhaka, capitale du Bangladesh, compte 18 millions d'habitants mais ne rayonne pas au-delà de son territoire national. Au contraire, Genève ne compte qu'un million d'habitants environ, mais elle fait partie des principales places financières au monde.

Le secteur tertiaire fait la puissance des métropoles. **Les plus grandes métropoles concentrent des fonctions métropolitaines supérieures.** Celles-ci comprennent « les services industriels périproductifs (services supérieurs aux entreprises dans les domaines financier, logistique, de l'information et de la communication, de l'ingénierie, etc.) ; les services directionnels et de régulation (contrôle et réglementation des systèmes politiques et administratifs, économiques, sociaux) ; les services de la formation et de la culture ». La concentration des activités abstraites, de recherche et d'innovation dans les métropoles contribue à renforcer la métropolisation ainsi que le **PUB** des villes, qui permet de mesurer leur **puissance**.

Les métropoles abritent des sièges sociaux de nombreuses firmes de premier rang. La carte des cinq cents premières entreprises aux États-Unis laisse par exemple apparaître une forte concentration sur la Mégalopolis, de Boston à Washington. Les NATU (Netflix, Airbnb, Tesla, Uber) et les GAFAM (Google, Apple, Facebook, Amazon, Microsoft) sont essentiellement implantés en ville, par la présence de leurs sièges sociaux, mais aussi **concrètement** via les services qu'elles proposent (voitures avec chauffeur, location de logements…). La concentration d'entreprises enrichit les villes et en fait des puissances économiques mondiales. Le PUB de Tokyo est par exemple équivalent au PIB de la Russie. Les métropoles accueillent aussi les sièges des grandes instances internationales : l'ONU à New York, la Banque mondiale et le FMI à Washington, le HCR à Genève, ou encore la FAO à Rome.

Les universités sont un autre acteur du fonctionnement économique des villes. De plus en plus organisées en **clusters** (concentration d'activités regroupées autour d'un secteur ou d'une filière), elles participent au rayonnement international et à la métropolisation. À une vingtaine de kilomètres au sud de la capitale, le pôle scientifique et technologique de de Paris-Saclay se veut ainsi une « *Silicon Valley* à la française ». « Opération d'intérêt national » depuis 2009, abritant 15 % de la recherche nationale, la mise en place de ce cluster doit renforcer le secteur de l'économie de la connaissance et la compétitivité de la France dans ce domaine à l'échelle mondiale.

Classement des villes par leur PUB en 2024

Pays	Ville	PUB (en milliards de dollars)
Japon	Tokyo	1 520
États-Unis	New York	1 210
États-Unis	Los Angeles	789,7
Corée du Sud	Séoul	779,3
Royaume Uni	Londres	731,2
France	Paris	669,2
Japon	Osaka	654,8
États-Unis	Chicago	524,6
Russie	Moscou	529,1
Chine	Shanghai	516,5

Source : *2024 world population review*

Tout cela contribue à attirer les « **classes créatives** » (Richard Florida, 2002), soit une population à haut niveau de diplôme (finance, arts, haute technologie…), composée d'individus urbains, plutôt jeunes, mobiles, et connectés. Sa présence contribuerait au développement économique des villes.

2. Le paysage du pouvoir

Dans le paysage urbain, ces fonctions de commandement s'incarnent dans les quartiers d'affaires, calqués sur le modèle américain du CBD (*central business district*). **L'urbanisme vertical dessine des *skylines* standardisées tenant plus ou moins compte des spécificités locales et culturelles** : cela relève d'un processus de « **glocalisation** ». Depuis la crise de la Covid et le développement du télétravail, ces quartiers connaissent cependant des difficultés. Dans le quartier londonien de la finance, Canary Wharf, progressivement délaissé par certains grands acteurs financiers (HSBC, Barclays, Citigroup…), le taux de vacance s'élève à 15 %. Les « **starchitectes** », architectes mondialement connus, sont des acteurs importants de cette mise en scène urbaine du pouvoir, comme en témoignent les réalisations de Norman Foster (le Gherkin à Londres, la coupole du Reichstag à Berlin, la Hearst Tower de New York, ou encore l'Inconsiam à Bangkok (le plus grand mall de Thaïlande)), ou de Zaha Hadid (le Guangzhou Opera House, le MAXXI à Rome, Dongdaemun Design Plaza à Séoul, la tour CMA CGM à Marseille).

La **verticalisation** du bâti concerne aussi les tours d'habitation. Au Japon, celles de plus de cinquante étages, les *kôsômanshon*, essaiment dans les centres depuis la fin des années 1990. En Europe, à Paris, Londres, ou encore, Lyon, les tours d'habitation se multiplient aussi depuis une vingtaine d'années. Elles sont un outil au service de la **régénération urbaine** des centres-villes, permettant un renouveau fonctionnel mais aussi symbolique de certains quartiers. Le quartier de Porto Nuova à Milan, conçu par Stefano Boeri, illustre cette tendance, avec notamment le « *bosco verticale* », « bois vertical », constitué de deux tours couvertes de végétation censées filtrer la pollution de l'air.

3. Contre-pouvoirs et mouvements sociaux

Les villes, lieux du pouvoir, sont aussi le support et l'enjeu de revendications, et sont au cœur des mouvements sociaux. Certains lieux emblématiques ou stratégiques (places, artères principales, monuments historiques) sont souvent l'épicentre de mouvements de grande ampleur. Depuis les révolutions arabes de 2011, un mode de contestation s'est répandu partout dans le monde : l'occupation de places. Les revendications correspondent toujours à un contexte national spécifique (plus de démocratie dans le contexte égyptien autoritaire, visée altermondialiste en ce qui concerne *Occupy Wall Street*) mais le mode de protestation est international et les luttes sont globales. Ces « mouvements des places » sont caractérisés par une appropriation matérielle de l'espace public (présence dans la durée, campements) et symbolique, avec une utilisation massive des réseaux sociaux, qui participe à rendre les mouvements transnationaux, articulant les échelons local et global.

II. Uniformisation ou hiérarchisation des territoires urbains ?

A. INTERNATIONALISATION ET PRIVATISATION DES POLITIQUES URBAINES (QUI FAIT LA VILLE ET POUR QUI ?)

1. Les villes sont des acteurs politiques

Les villes émergent aussi comme des acteurs politiques à part entière. Depuis la fin des années 1990, elles sont de plus en plus présentes sur la scène internationale à côté des États. Les maires des grandes métropoles ont un poids politique et une visibilité à l'échelle mondiale ; on parle en France de **présidentialisme municipal**.

Les villes apparaissent notamment comme des acteurs majeurs dans la lutte contre les changements climatiques. Aux États-Unis, cette tendance s'est accélérée en réaction à la première présidence de Donald Trump (2016-2020). La ville de **Portland** (Oregon), très polluée dans les années 1960, est l'une des premières à tenter de réduire ses émissions de gaz à effet de serre, mettant en œuvre le premier Climate Action Plan en 1993. Elle s'est fixée pour objectif de réduire d'ici 2030 ses émissions de carbone de 40 % par rapport à 1990 et 80 % d'ici 2050, en agissant sur les mobilités. Le pont Tilikum Crossing sur la rivière Willamette, interdit aux voitures et éclairé la nuit en fonction de la température de l'eau, symbolise cette politique.

L'importance de l'échelon municipal s'illustre aussi sur le plan judiciaire. Depuis novembre 2022, seize municipalités portoricaines poursuivent en justice différentes sociétés pétrolières (Exxon Mobil, Royal Dutch Shell, ou encore BP) pour les dommages causés par l'ouragan Maria de 2017. Responsables de 40 % des émissions mondiales de gaz à effet de serre depuis 1965, elles sont accusées d'avoir délibérément dissimulé les conséquences de leurs activités sur l'environnement.

Le rôle des villes s'incarne également dans les politiques migratoires. En réaction au tournant sécuritaire et à la fermeture des frontières à l'échelle européenne depuis les années 2000, de nombreuses villes ont mis en place des politiques d'accueil des migrants. En Italie, en réponse au décret-loi anti-immigration d'octobre 2018 du ministre de l'Intérieur Matteo

Salvini menaçant le droit d'asile, le maire de Palerme, le déclarant anticonstitutionnel, refuse de l'appliquer et appelle à la désobéissance. Il est rejoint par d'autres villes comme Naples, Florence, ou Parme.
L'échelon municipal n'est cependant pas toujours le plus puissant sur la scène politique. Vincent Béal (2024) montre qu'aux États-Unis, les États mettent en place des **stratégies de préemption** pour entraver les tentatives progressistes des villes. Dans l'État d'Ohio, où quelques villes votent démocrate (Cleveland, Columbus, Cincinnati, Toledo ou encore Akron) tandis que le reste du territoire est républicain, soixante-quinze projets de loi de préemption ont été élaborés entre 2015 et 2018. Dans des contextes politiques et législatifs différents, on retrouve des situations comparables en Europe. En 2020, pour lutter contre la **gentrification*** et la spéculation immobilière, la ville de Berlin a voulu geler ses loyers, mais la mesure a rapidement été jugée inconstitutionnelle et annulée.

2. Quelle gouvernance dans / de la ville néolibérale ?

Il existe donc un pouvoir urbain. Cependant, celui-ci n'est pas uniquement le fait des élus ou des acteurs publics. **Les grandes métropoles sont gouvernées par des « régimes urbains », c'est-à-dire par une coalition d'acteurs publics et privés** selon Pinson. Les acteurs techniques et économiques agissant à l'écart des assemblées locales ont un rôle de plus en plus important, ce qui amène Gilles Pinson à parler d'« **évasion institutionnelle** ». Ce fonctionnement est caractéristique de la **ville néolibérale** pour Hackworth. Ce concept, issu de corpus néomarxistes, a été forgé pour critiquer l'application des principes du néolibéralisme aux espaces urbains depuis les années 1980. Dans ce contexte, la puissance publique ne disparaît pas mais se désengage pour faciliter les investissements privés, ce qui donne lieu à une **financiarisation** de la ville et à une dépendance accrue au secteur privé. Cela offre aux villes une **solvabilité** sur les marchés mais augmente les risques financiers et remet en cause les notions **d'espace public** et de **représentation politique** des citoyens, au risque de basculer dans une société **postdémocratique**. Celle-ci est décrite par le sociologue britannique Colin Crouch comme une société dans laquelle les élites sociales, économiques et culturelles contrôlent entièrement la vie politique et les politiques publiques. Les populations affectées par ce fonctionnement sont les plus vulnérables. Natacha Aveline a montré qu'à Hong Kong, la privatisation des fonds de commerce (centres commerciaux, marchés, et parkings) a mené à la dégradation des conditions de vie des habitants des logements sociaux, à des hausses de loyer très brutales, et à l'éviction de certains marchands jugés indésirables.

3. Démocratiser la gestion des villes : quand les citoyens prennent le pouvoir

La **réappropriation de l'espace urbain constitue un enjeu fondamental qui passe par différentes stratégies.** Dans les années 1970 apparaît par exemple la *guerilla gardening* aux États-Unis : des habitants sèment illégalement des plantes dans des friches pour protester contre l'artificialisation et reconquérir matériellement et symboliquement l'espace, et ainsi revendiquer leur **droit à la ville**. Cette notion est forgée par le philosophe et sociologue marxiste Henri Lefebvre (1968) pour critiquer la logique de profit dans la ville, analysée

DÉFINITIONS

Gentrification : le géographe Neil Smith est l'un des premiers, en 1996, à formuler un regard critique sur la dynamique urbaine globalisée. Il dénonce la **gentrification** comme un impact social négatif. Ce terme désigne l'embourgeoisement d'un espace populaire, qui passe par la transformation des commerces, de l'espace public, de la population. Les populations d'origine sont évincées, remplacées par des catégories à plus haut niveau de revenu.

comme le produit et le support de stratégies et de luttes. À Bangalore, où les deux tiers des 8,5 millions d'habitants résident dans des quartiers précaires, des habitants d'un quartier d'habitat spontané ont su faire reconnaître l'occupation de terres traditionnellement considérées comme des « **communs** » face à la pression foncière due à l'implantation d'acteurs du numérique encouragée par les pouvoirs publics.

B. COOPÉRATION OU COMPÉTITION ?

1. Diplomatie urbaine et politiques de coopération métropolitaine

Les villes s'affirmant comme des échelons de plus en plus importants fonctionnent en réseau. Des modèles de pratiques et de gouvernance circulent, à travers des réseaux et des forums mondiaux. Cela leur permet de mettre en avant leur image et leurs intérêts, mais aussi de se faire reconnaître par les organisations internationales comme des partenaires politiques. Metropolis, ou encore le *Global Parliament of Mayors* sont deux réseaux de métropoles qui illustrent cette tendance et participent de la formation d'une **diplomatie urbaine**. Le *Global Parliament of Mayors* a pour but de faciliter les discussions entre maires, favoriser la circulation de l'information, débattre des enjeux communs aux espaces urbains. Les alliances de villes travaillent parfois à des objectifs précis, comme le *Cities Climate Leadership Goup* (C40) pour le climat. Le C40 regroupe 96 villes (New York, Rio de Janeiro, Bangkok, Lagos, ou encore Paris) abritant 600 millions d'habitants, produisant un quart du PIB mondial et 70 % des émissions de GES. Le groupe mobilise les villes pour qu'elles réduisent leurs émissions de GES et de les aider à devenir plus résilientes face aux effets du changement climatique.

2. L'impératif de la compétitivité : séduire ceux qui sont censés tirer la croissance économique

L'objectif principal des villes reste d'être compétitives, pour attirer des investissements et maintenir leur place sur la scène internationale. Gilles Pinson souligne que depuis les années 1980, les enjeux liés au développement économique et à l'attractivité occupent une place de plus en plus importante dans les agendas urbains. Cela se retrouve dans les critères utilisés pour classer les villes. Le classement le plus cité est celui du GaWC (*Globalization and World Cities Study Group*), groupe de chercheurs fondé par le géographe Peter J. Taylor à la fin des années 1990 à l'université de Loughborough (Royaume-Uni). Le GaWC classe les villes mondiales en trois catégories (*alpha, beta, gamma*) en fonction de la localisation des services de haut niveau des firmes multinationales (comptabilité, publicité, finance, assurance, services juridiques). Pour se hisser dans ce type de classement, les villes favorisent la compétitivité et le déploiement de pratiques spéculatives dans une logique d'« **entrepreneurialisme** » (Harvey, 1989). La municipalité de San Francisco a par exemple instauré en 2012 le « *Twitter tax break* » : le géant numérique est exempté de taxes pour encourager les entreprises du secteur à venir s'installer dans la Silicon Valley.

L'image que la ville renvoie est au cœur de cette compétition intermétropolitaine. Pour se positionner dans la compétition internationale, les agendas urbains valorisation l'attractivité, la reconquête des centres-villes, dans une logique de **marketing territorial**. Depuis la fin des années 1980, on parle de « gouvernance par le projet » pour désigner les grandes opérations d'urbanisme mobilisant une multitude d'acteurs différents. Ces projets visent à requalifier des morceaux de villes, valorisant des éléments en particulier, comme l'eau, le patrimoine architectural, ou encore les friches urbaines. L'accueil de grands événements internationaux, notamment sportifs, est un autre moyen de stimuler **l'attractivité** et la **croissance** économique urbaine.

ZOOM Les JOP de Paris 2024, un méga-événement sportif aux conséquences socio-territoriales incertaines

Les Jeux olympiques et paralympiques de Paris qui se sont déroulés en juillet, août, et septembre 2024 sur plusieurs sites en France témoignent **de l'importance du festif et de l'événementiel dans l'affirmation de la puissance métropolitaine**. Ils mettent aussi en lumière les **effets territoriaux majeurs** (et discutables) d'un méga-événement de cette ampleur.

Le coût total de ces jeux, présentés comme les plus **sobres** de l'histoire, s'élèverait entre 3 et 5 milliards d'euros, une somme modique en comparaison des 28 milliards d'euros dépensés à Pékin en 2008, ou des 37 milliards d'euros de Sotchi (Russie) en 2014. Les critiques des jeux se multiplient depuis plusieurs olympiades et le nombre de candidatures de villes baisse face aux investissements démesurés que cela nécessite.

À Paris, les investissements, réalisés dans les **infrastructures olympiques**, mais aussi dans les transports (68 nouvelles gares ont été créées pour le Grand Paris Express) ont été présentés comme pertinents sur le temps long afin d'éviter les **éléphants blancs** (équipements surdimensionnés abandonnés après les jeux, comme on a pu le voir par exemple après les Jeux de Rio en 2016).

Ils ont aussi été présentés comme un moyen de résorber les fractures entre Paris et sa banlieue, ou encore de rendre plus attractifs et améliorer l'image de certains territoires, comme Vaires-sur-Marne où a été construit un stade nautique. La Seine-Saint-Denis, très transformée dans le cadre de ces jeux, en bénéficie particulièrement. Une piscine olympique et le **village olympique**, qui s'étend sur 52 hectares d'anciennes friches urbaines, y ont été construits. Ayant accueilli 14 000 athlètes pendant les jeux, il doit recevoir presque autant de salariés et habitants à partir de septembre 2025.

Les transformations territoriales ont des conséquences sociales. Pour mener à bien tous les programmes de rénovation urbaine, 20 000 personnes ont été expulsées (selon le collectif « Le revers de la médaille »). Dans les quartiers rénovés, les prix de l'immobilier ont grimpé, avec une progression de 50 % en six ans autour du village olympique. Les nouveaux logements ne comprendront que 20 % de logements sociaux et le prix du m^2 se situe autour de 7000 €, peu accessible pour la population de Seine-Saint-Denis, où le taux de pauvreté s'élève à 28 % en 2021. Les retombées locales des transformations induites par les JO pourraient donc être négatives. La dimension durable semble paradoxale alors que de nombreux sites ont été bétonés. La construction du stade nautique de Saint-Denis a aussi déclenché des protestations et des mobilisations puisqu'elle a nécessité la destruction d'une partie des jardins ouvriers des Vertus à Aubervilliers.

Enfin, la fabrique de la ville olympique n'échappe pas au **marketing territorial**, comme l'illustre l'« Adidas Arena », salle polyvalente construite dans le quartier de La Chapelle à Paris et qui aurait dû s'appeler Alice Milliat. Pour que l'infrastructure porte son nom, la multinationale verse une redevance annuelle de 2,6 millions d'euros, ainsi que de 260 000 euros à la Ville, et 180 000 euros pour les clubs et associations sportives du XVIIIe arrondissement.

3. Se distinguer par l'innovation technologique

Les villes qui parviennent le mieux à se distinguer sont aujourd'hui celles qui allient innovations technologiques et écologiques. La création d'éco-quartiers ou de quartiers connectés sont au cœur de la production contemporaine de la ville. La « *smart city* » est censée être plus écologique et plus durable, accélérer la transition énergétique, et la « *green city* » se fonde sur la technologie. Le numérique occupe une place majeure, sous forme de réseaux de capteurs, de caméras de vidéosurveillance, ou encore d'applications de services. Le traitement de ces données est utilisé pour rendre la **gestion urbaine** plus efficiente, ce qui soulève la question de la protection des données et de la gouvernance démocratique. Le risque de la dérive **sécuritaire** voire d'une gouvernance autoritaire existe. Il faut aussi souligner l'importance de l'emprise territoriale de la *smart city* et ses conséquences écologiques. Les données sont stockées dans des *data centers* très consommateurs d'espace, d'énergie et d'eau.

À l'échelle européenne, la priorité est donnée à l'innovation technologique pour réduire les émissions de GES, notamment dans le cadre du pacte vert européen de 2020. Son orientation **techniciste** ne remet pas en cause le dogme de la croissance, et s'appuie notamment sur le développement des villes intelligentes pour atteindre l'objectif de neutralité carbone en 2050. **Le programme « 100 villes intelligentes et climatiquement neutres » est ainsi doté d'un milliard d'euros sur la période 2021-2027**. Plusieurs villes se sont distinguées, comme Saragosse (Espagne), où des robots de livraison autonomes mis en œuvre par la startup Goggo Network ont été déployés dans la ville, soulevant le mécontentement de la population en raison du danger pour la sécurité routière, et des menaces pour l'emploi. Le **numérique est aujourd'hui omniprésent dans la production de la ville**. Avec la crise de la Covid, le modèle de la **ville du quart d'heure**, adopté par le C40, s'est imposé dans les agendas urbains. Très médiatisé dans la campagne d'Anne Hidalgo pour les élections municipales à Paris en 2020, il postule que tout doit être accessible dans un périmètre de quinze minutes, encourageant à rapprocher services et lieux de résidence. Il est critiqué pour la place importance qu'il donne aux GAFAM (à Toronto, un projet de « ville google » a été abandonné), mais aussi parce qu'il est difficilement applicable dans les villes des Suds, et qu'il pourrait favoriser la gentrification et augmenter les inégalités entre ceux qui peuvent s'affranchir des contraintes de l'espace-temps (en télétravaillant) et les autres (qui occupent des emplois plus précaires).

III. Des territoires fragmentés et sous pression

A. DES CONFIGURATIONS TERRITORIALES MOUVANTES

1. Les métropoles sont polycentriques

Le modèle classique centre-périphérie ne suffit pas à décrire l'organisation spatiale des métropoles. On parle plutôt de polycentrisme. Déjà en 1991, Joel Garreau forgeait le concept de « *edge cities* » pour désigner les **pôles inframétropolitains** dans le contexte nord-américain (Tysons Corner à Washington DC par exemple). Souvent situées à proximité des aéroports et échangeurs autoroutiers, marquées par la verticalité, les *edge cities* rassemblent des emplois, des bureaux, ou encore des sièges sociaux, et constituent des lieux de vie. L'urbaniste Robert Lang propose en 2003 le terme de ***edgeless cities*** pour insister sur le caractère diffus de l'organisation spatiale des métropoles et relativiser la notion de pôle. Le géographe Ed Soja parle lui d'entité « **post-métropolitaine** » et suggère le concept d'« **exopolis** » pour mettre en évidence les effets conjoints de **l'étalement urbain** et de la **décentralisation**. Tous ces termes désignent une même réalité, le polycentrisme des métropoles.

Il se traduit aussi par le processus de **périurbanisation**, c'est-à-dire l'extension des surfaces artificialisées sur des espaces non bâtis en périphérie des agglomérations. Aujourd'hui, 55 % de la population américaine et 66 % de la population canadienne vit dans des espaces périurbains. Le processus, commencé à la fin du XIXe siècle aux États-Unis, s'accélère après la Seconde Guerre mondiale, sous l'effet de la généralisation de l'automobile et de l'accession à la propriété. Le modèle périurbain est critiqué pour la **consommation d'espace**, **l'artificialisation des sols, et le mode de vie individualiste et dépendant de l'automobile** qu'il encouragerait. En France, il est au cœur de controverses intellectuelles et médiatiques. Les espaces périurbains ne sont pas réductibles à une définition unique ; ils sont situés en périphérie de l'agglomération, socialement différenciés, laissant une place plus ou moins grande au rural. Ils s'autonomisent aussi, comme le souligne le géographe Renaud Le Goix, qui appelle à ne pas voir le périurbain uniquement comme une conséquence de la métropolisation mais comme un phénomène qui a sa **trajectoire propre**.

Pour aller plus loin
La périurbanisation
liennathan.fr/ls1bxm

2. Les *shrinking cities,* une autre traduction spatiale de la mondialisation

Les **villes en décroissance**, ou ***shrinking cities***, sont un autre corolaire spatial de la mondialisation et de la métropolisation puisque ce sont des villes qui ne s'insèrent pas bien dans les réseaux globaux ni ne trouvent leur place dans la compétition mondiale. La **décroissance urbaine** se produit sous l'effet conjoint de trois facteurs : **démographique** (diminution de la population), **économique** (dévitalisation), et **social** (hausse du chômage, appauvrissement) sur un temps relativement long. Le déclin urbain s'incarne dans le paysage par des bâtiments abandonnés, des espaces vacants, des friches industrielles. Une *shrinking city* peut perdre des habitants mais continuer de s'étaler, comme elle peut encore avoir des quartiers très attractifs (la Tate à Liverpool par exemple). Ces villes ou quartiers sont vieillissants, avec peu de services, souvent marqués par une forte ségrégation.
La décroissance urbaine est d'abord observée dans les années 1960 aux États-Unis, notamment dans les villes de la *Rust Belt* marquées par la désindustrialisation et le déclin démographique. La transition post-socialiste des années 1990 en a aussi fait apparaître en Europe de l'Est. Le phénomène concerne la plupart des pays des Nord et existe aussi au Sud. Quatrième ville des États-Unis en 1960 grâce à l'importance de l'industrie automobile, Détroit comptait alors 1,8 million d'habitants, contre moins de 700 000 en 2016. En 2013, la ville a connu la plus grande faillite municipale de l'histoire des États-Unis avec une dette proche de 19 milliards de dollars. Elle concentre aujourd'hui les problèmes sociaux, avec un taux de chômage très élevé (27 %) et 38 % de la population sous le seuil de pauvreté. La **ségrégation** socio-spatiale et raciale y est très marquée, les services municipaux sont en déshérence et les espaces vacants s'étendent sur 120 km^2, soit un peu plus que la surface de la municipalité parisienne. La géographe Flaminia Paddeu montre que l'agriculture urbaine, qui a essaimé sur les espaces vacants, est un moyen de lutter contre le déclin et pour la justice alimentaire.
Leipzig fournit un autre exemple de trajectoire de ville en déclin. En 1989, la chute du mur a conduit à la disparition de plus 80 % des emplois industriels, et au déclin généralisé de la ville dans une trajectoire classique de décroissance urbaine. Le taux de chômage y atteint 21 % en 2005. Cependant, la municipalité a capitalisé sur cette image de ville post-industrielle et a mis en place de nombreux projets (coopératives, jardins communautaires, centres culturels…) pour attirer des jeunes, des universitaires, des artistes, ce qui lui a permis, grâce aussi à un relatif retour de l'industrie, de redevenir attractive.

B. DES TERRITOIRES FRAGMENTÉS

1. L'espace public est sélectif et excluant

Les villes sont traversées par des inégalités intenses et des fractures sociales. C'est en milieu urbain que les inégalités sont les plus marquées, et les plus gros écarts de revenus se trouvent dans les plus grands pôles urbains. Dans les centres-villes, les prix des loyers s'envolent. En 2019 à Paris, le prix du m² dépasse 10 000 euros. Vienne « la rouge » (social-démocrate depuis un siècle) fait figure d'exception. En 2024, plus de 600 000 Viennois vivent dans un logement social. Les territoires urbains sont fragmentés, et on y trouve des enclaves, des phénomènes de sécession urbaine, subie dans la plupart des cas, parfois choisie. L'espace public est sélectif, politique, et non neutre. Les minorités et les personnes les plus vulnérables y sont moins représentées. Au Cap, en Afrique du Sud, les personnes noires continuent d'habiter dans des *townships* hérités de la période de l'apartheid.

2. Les territoires de la relégation et de l'extrême-pauvreté

Les quartiers d'habitat informel, *favelas* brésiliennes, *slums* indiens, ou encore *compamentos* chiliens, sont une facette de la fragmentation des villes. Ils sont caractérisés par des conditions de vie très difficiles, le manque d'eau, d'électricité, l'insalubrité. Les bidonvilles concernent 62 % de la population urbaine en Afrique, 43 % en Asie du Sud. Le droit au logement convenable est inscrit dans la Déclaration universelle des droits de l'Homme de 1948, mais selon ONU Habitat, **un milliard de personnes vivent aujourd'hui dans des bidonvilles**. Ce chiffre pourrait s'élever à trois milliards d'ici 2050. Pour désigner la multiplication de l'habitat précaire, l'anthropologue Michel Agier parle d'« encampement du monde ». Le terme de bidonville masque une variété de situations, les habitations pouvant être construites en dur ou bien se résumer à des tentes. La « jungle de Calais », rasée en 2016, abritait 10 000 exilés et comptait des cafés, des écoles, des lieux de culture et de culte. Les **centres-villes** aussi peuvent être des territoires de relégation. À Marseille, où 13 % de l'habitat est considéré comme indigne, des immeubles centraux mal entretenus qui étaient loués à des populations précaires se sont effondrés en 2018, causant huit morts.

Pour aller plus loin

Kenya : dans les bidonvilles de Nairobi, le fléau des raccordements illégaux au réseau électrique
liennathan.fr/u28ntc

3. Les territoires de la richesse et de la marginalité choisie...

La sécession urbaine peut aussi être choisie. **Les *gated communities* sont des espaces résidentiels clos nés aux États-Unis dans les années 1950 qui se sont ensuite diffusés partout dans le monde** (*barrios-cerados* et *condominios fechados* sud-américains, *compounds sud*-africains). En rupture avec l'environnement immédiat, ils se fondent sur un projet séparateur. Les résidents sont sélectionnés selon des critères sociaux, financiers, ou encore d'âge (la société immobilière *Leisure World* aux États-Unis propose des ensembles résidentiels pour les plus de 55 ans). De taille et de nature variables, ces quartiers résidentiels fermés ne concernent plus seulement les classes les plus aisées comme à l'origine. Certains constituent de véritables villes, avec leur propre gouvernance et services internes (bureaux, restaurants, hôtels, équipements de loisirs).

C. DES TERRITOIRES VULNÉRABLES

1. Les émissions de gaz à effets de serre et la pollution de l'air

Dans les territoires urbains se côtoient plusieurs types de vulnérabilités. Les villes sont des territoires très pollués. Elles sont à la fois **responsables et victimes de la pollution de l'air**, considérée par l'OMS comme la « principale menace pour la santé humaine ». En effet, elles consomment plus de 65 % de l'énergie mondiale et représentent plus de 70 % des émissions mondiales de CO2. Les émissions de **particules fines** atteignent dans certaines métropoles des niveaux particulièrement inquiétants. Les villes des Suds, où il y a moins de réglementations et où les automobiles sont plus anciennes, sont les plus polluées. L'Inde concentre ainsi 22 des 30 villes les plus polluées au monde. À New Delhi, la pollution de l'air, qui peut être plus de soixante fois supérieure aux normes de l'OMS, est responsable de 11,5 % de la mortalité annuelle. Dans l'Union européenne, la pollution de l'air a causé 238 000 morts prématurés en 2020. La **régulation** permet de lutter contre la pollution, comme l'instauration de zones à faible émission dans de nombreux pays européens (restriction de circulation pour les véhicules les plus polluants).

2. La chaleur

La chaleur, conséquence directe du changement climatique, est un autre grand enjeu urbain contemporain. Les villes sont de plus en plus touchées par l'effet d'« **îlot de chaleur urbain** » **(ICU)**, un terme forgé par le GIEC pour désigner l'élévation des températures de l'air et de surface des centres-villes par rapport aux périphéries. Les villes, puisqu'elles sont constituées de surfaces minérales et artificialisées, stockent la chaleur le jour et la relâchent pendant la nuit, où l'ICU est le plus marqué. Un phénomène aggravé par différents facteurs comme la morphologie urbaine, qui piège les vents et peut freiner l'évacuation de l'air. La **climatisation**, qui rejette de l'air chaud à l'extérieur, et l'usage de la **voiture** font encore grimper les températures.

L'**habitabilité** des villes est remise en question par la récurrence accélérée d'événements de chaleur extrême. En juin 2018, les habitants de la ville de Quriyat à Oman ont subi pendant 51 heures une température supérieure à 42,6°C. En zone tempérée, on parle de « **nuits tropicales** » lorsque la température ne descend pas en-dessous de 20°C. Pendant l'été 2024, 60 nuits tropicales successives ont été enregistrées à Nice. À Paris, on avait compté 10 nuits de ce type entre 1901 et 1932, c'est la moyenne annuelle depuis 10 ans. **Les épisodes de forte chaleur causent une surmortalité :** en 2003, 70 000 personnes sont décédées en un mois et demi en Europe en raison de la canicule. Les villes doivent non seulement **atténuer** (agir sur les causes) mais aussi **s'adapter** (sur les conséquences) au réchauffement. Il existe des solutions pour rafraîchir la ville, que ce soit en jouant sur les matériaux et les couleurs, l'eau et la végétation, en rénovant les bâtiments dont beaucoup sont des **passoires thermiques**, ou encore en favorisant les **mobilités douces**. Après la canicule de 2022, un plan de 500 millions d'euros a été mis en place pour renaturer et revégétaliser les villes en France.

Pour aller plus loin
Pourquoi il fait si chaud en ville ?
liennathan.fr/yopjkg

3. Les autres risques

Plus généralement, les villes sont des territoires particulièrement sensibles aux risques, qui sont la combinaison d'un aléa et d'une vulnérabilité. Les régions urbanisées ont les degrés d'exposition les plus élevés. Les aléas sont naturels, mais aussi anthropiques (technologiques, industriels…). On parle de plus en plus de **risques combinés**. L'aléa peut être faible mais le risque très élevé si la vulnérabilité est importante (en raison de la densité de population élevée par exemple, ou de l'importance des enjeux). **Vulnérabilités sociales et spatiales se combinent, les populations les plus marginali-**

sées, pauvres, étant les plus exposées aux risques. Parmi les risques naturels les plus fréquents, on trouve les **séismes,** fréquents au Japon, les glissements de terrain, ou encore les inondations. En octobre 2024, celles qui ont affecté Valence (Espagne) ont causé plus de 200 morts. La vulnérabilité du territoire a été renforcée par l'urbanisation en zone inondable, et la catastrophe s'explique donc en partie par la concentration de populations dans des espaces à risque. Dans le monde, 1,8 milliard de personnes vivent dans des zones à haut risque d'inondation, en particulier dans les zones côtières et les plaines fluviales densément peuplées et à urbanisation rapide des pays en développement, qui concentrent 89 % de la population mondiale exposée à des risques d'inondation. Les aléas **anthropiques** exposent aussi les métropoles aux risques. Un tiers de l'agglomération lyonnaise est ainsi une zone à risque, en raison de la présence d'usines (industrie chimique et pétrolière) implantées dans le sud de la ville qui créent un risque d'explosion, un risque thermique, ou encore toxique.

Pour aller plus loin

Au Tchad, les « guerriers de l'eau » luttent pour garder leurs rues au sec

liennathan.fr/j3bo4z

9 LE RETOUR DES FRONTIÈRES

Les frontières constituent pour les États les limites à l'intérieur desquelles ils exercent leur souveraineté, ce sont « des discontinuités territoriales à fonction de marquage politique » selon Michel Foucher. Si durant l'expansion de la mondialisation (décennies 1990 et 2000), les frontières ont connu un processus d'effacement, afin de réduire les obstacles aux échanges économiques et permettre une meilleure fluidité des flux de marchandises et des mobilités, la pandémie du Coronavirus (SARS-CoV-2) en 2020 a provoqué une fermeture quasi généralisée des frontières dans le monde et la mise en place de contrôles sanitaires aux frontières. **Depuis, la reprise des échanges mondiaux s'est réalisée dans un nouveau contexte géoéconomique et géopolitique. La mondialisation connaît un ralentissement, des modifications dans son fonctionnement et son organisation spatiale.** La concurrence économique entre les États s'est renforcée, en particulier entre les États-Unis, l'Europe et la Chine, avec un retour du protectionnisme douanier. Depuis la pandémie, et dans un contexte géopolitique mondial très incertain, les flux commerciaux se réorganisent à différentes échelles, en particulier régionales et locales. **L'instabilité géopolitique due aux très fortes tensions aux portes de l'Union européenne** (invasion de l'Ukraine par la Russie en 2022) et **au conflit entre Israël et le Hamas** (octobre 2023) au Proche-Orient, **participe d'un « retour des frontières » (M. Foucher).** Si Kenichi Ohmae défendait la thèse d'un monde sans frontières (*The Borderless World,* 1990) ou Bertrand Badie *La fin des territoires* (1995), les États-Unis ont renforcé la sécurisation de leur territoire depuis les attentats de 2001 (*Homeland Security*) et ont imposé au reste du monde des mesures de contrôle. Aujourd'hui, **partout des murs et des barrières de tous types se construisent sur les frontières pour contrôler les flux, en particulier migratoires. La barriérisation et les contrôles marquent le « retour des frontières » qui demeurent des limites politiques majeures du maillage et de l'organisation du monde actuel.** Mais ce mouvement de fermeture ne serait qu'une sécurisation croissante mais différenciée et inégalitaire entre les territoires et les individus, les frontières n'ayant jamais disparu avec la mondialisation (A.-L. Amilhat Szary). La fermeture des frontières participe de la teichopolitique du monde (F. Ballif et S. Rosière, 2009). Les **nouvelles formes des frontières, leur pixellisation (Bigo et Guild, 2005) en réseaux de points de contrôle, modifient le modèle de la frontière ligne héritée de l'État-nation européen.** La question de l'utilité de la barriérisation généralisée se pose tant son coût humain est alarmant pour les clandestins morts en tentant de les franchir, et alors que les virus peuvent s'affranchir des frontières ou que le changement climatique pousse de nouveaux réfugiés au-delà de leurs États. S'il existe bien une permanence des frontières, elles semblent aujourd'hui montrer les limites de la souveraineté des États et du contrôle de leur territoire.

Notions principales

Souveraineté : renvoie à l'exercice du pouvoir d'un État et sa capacité à être indépendant dans le domaine politique ou commercial.
Effet frontière : ensemble des manifestations spatiales de la présence d'une frontière susceptibles de créer à cette l'échelle des espaces frontaliers à l'organisation spécifique.
Barriérisation : processus de fermeture des frontières par la création de barrières frontalières (ou murs ou murs-barrières) construites sur ou à proximité de la frontière pour contrôler ou bloquer les flux de biens ou de personnes. Ce processus s'accompagne d'une militarisation de la frontière.
***Rebordering* :** retour des frontières et du contrôle de leurs frontières par les États.

Teichopolitique : politique de cloisonnement de l'espace, avec un renforcement du contrôle territorial, et un « retour des frontières » (Michel Foucher), dans leur fonction de fermeture, marqué par la construction de murs et de barrières.

CHRONOLOGIE

1982 : Convention de Montego Bay définissant le statut juridique des espaces maritimes
1991 : Dissolution de l'URSS
1991-2001 : Dislocation et conflits en Yougoslavie
2011 : Sécession du Soudan du Sud avec le Soudan
2012 : La Grèce commence la construction d'un mur sur sa frontière terrestre avec la Turquie qui suit ailleurs le fleuve Évros sur 200 km.
2015 : La guerre, les conflits au Moyen-Orient (Irak, Syrie) entraînent un afflux de réfugiés en Europe et le rétablissement temporaire des contrôles aux frontières nationales.
2020 : La pandémie du coronavirus SARS-CoV-2 provoque la fermeture quasi généralisée des frontières dans le monde.
2022 : L'invasion de l'Ukraine par la Russie en février pousse 6 millions de réfugiés vers les pays limitrophes européens.
2023 : L'Azerbaïdjan prend le contrôle total de la République autoproclamée du Haut-Karabakh (RAHK) et en chasse les 120 000 Arméniens qui y vivaient.
2024 : En septembre, l'Allemagne rétablit pour six mois, des contrôles sur toutes ses frontières terrestres.

I. Les frontières organisent le découpage politique du monde

A. LA DIVISION DU MONDE, ENTRE HÉRITAGES ET FRAGMENTATIONS RÉCENTES

Les frontières ont acquis aujourd'hui des fonctions autres que strictement militaires, mais l'étymologie souligne la relation forte, originelle, entre « front », « ligne de front » et « frontière ». De nombreuses frontières aujourd'hui paisibles furent hier des fronts. L'inverse est également vrai. **Ligne sinueuse, floue, zone fluctuante, la frontière évolue en fonction des rapports de force en présence.** À partir du XVIIe siècle, la frontière devient progressivement une ligne bornée, limite entre deux États, tracée selon une conception européenne de l'État, l'État-nation.

L'Europe du XIXe siècle qui domine le monde impose son système frontalier dans les empires coloniaux, avec surimposition des lignes de frontières dans des espaces sans limites nettes, comme en Afrique, et sans considération des territoires ethniques ou des modes de vie (sédentaires/nomades). Lors des indépendances, l'affirmation des nouveaux États s'accompagne de conflits, comme en Amérique du Sud, dans le Cône sud. Certains se perpétuent aujourd'hui (Afrique, Moyen-Orient), manifestation de l'importance des relations entre les peuples, les nations et leur espace, du rôle des tracés et des héritages historiques.

De nombreuses frontières qui structurent l'espace mondial sont relativement récentes, comme l'atteste la multiplication des États représentés à l'ONU : 51 États en 1945, 110 en 1962 après la décolonisation de l'Afrique, 179 en 1992 après l'éclatement de l'URSS, 192 en 2006 et 193 depuis 2017. Ce découpage du monde correspond à 261 570 kilomètres de frontières terrestres, dont 29 464 créées depuis 1990.
Cette fragmentation progressive du monde, mais accélérée au cours du XXe siècle, est le résultat des coupures héritées des mondialisations successives et de la colonisation.

B. LES GRANDES ÉTAPES DE LA CONSTRUCTION DES FRONTIÈRES MONDIALES

Le partage du monde entre Portugais et Espagnols amorce une première partition et administration du monde. Le traité de Tordesillas, en 1494, attribue les territoires à l'est du méridien 46°37' aux Portugais, ceux à l'ouest aux Espagnols. Le traité de Saragosse, en 1529 (après la circumnavigation de Magellan), fit de même en Asie : les territoires situés à l'ouest du 133e méridien de longitude est, à 297 lieues à l'ouest des Moluques, sont attribués aux Portugais, l'est revenant à l'Espagne.
La deuxième étape, à la fin du XIXe siècle, avec la conférence de Berlin (1884-1885), correspond au partage du monde par les Européens. En Afrique, 70 % des tracés frontaliers actuels sont décidés entre 1885 et 1910 ; au Proche et au Moyen-Orient, les frontières sont fixées entre 1910 et 1930.

ZOOM ▶ La conférence de Berlin et le « partage » de l'Afrique

L'expression de « partage » du monde est commode. Cependant, les objectifs de la conférence de Berlin, réunissant, entre le 15 novembre 1884 et le 26 février 1885, les puissances colonisatrices européennes et les États-Unis, ne consistaient pas en une distribution des territoires. Il s'agissait d'abord d'établir les règles de la prise de possession, de l'occupation de ce continent mal connu, en évitant les conflits. Le drapeau d'un pays devenait le signe de l'appropriation, la négociation des tracés frontaliers venant ensuite. La France et l'Angleterre ont négocié près de 250 traités, sans écarter totalement le risque de conflit armé. La géométrie des tracés constitue une caractéristique des frontières d'Afrique, dont plus de 85 % n'ont pas été renégociés après la décolonisation et l'OUA (Organisation de l'unité africaine créée en 1963, remplacée en 2002 par l'Union africaine) a décidé, en 1964, d'entériner les tracés en place, de garantir leur caractère intangible, ce qui n'exclut pas les litiges.

Le découpage se poursuit en Chine, territoire qui se voit imposer des traités par les puissances occidentales, traités « inégaux » qui seront ensuite dénoncés tandis que de nouvelles puissances s'affirment : Russie, Japon, États-Unis.

ZOOM ▶ L'Europe, un espace fragmenté par les frontières

En Europe, le processus d'horogenèse* s'est déroulé sur plus de huit siècles (XIIIe-XXIe) et n'est sans doute pas achevé si l'on considère les mouvements régionalistes/séparatistes/nationalistes dans certains pays d'Europe (Espagne, Italie, Belgique)

DÉFINITION

Horogenèse : processus de création de frontières, à ne pas confondre avec **orogenèse**, processus de formation des montagnes. Ce néologisme a été proposé par le géographe Michel Foucher.

et les recompositions territoriales possibles de la guerre entre la Russie et l'Ukraine. Si de vieux États-nations sont constitués entre le XIIIe et le XVIIIe siècle, comme le Portugal, l'Espagne, la France, le Royaume-Uni, la Suède ou la Suisse, en dehors de retouches ultérieures dans les tracés, la plupart des États se constituent au XIXe et au début du XXe siècle. C'est en Europe, avec les traités de Westphalie, en 1648, qui mettent fin à la guerre de Trente Ans, que se concrétise l'idée d'une Europe constituée d'États souverains, aux frontières non pas floues, mais délimitées, linéaires, reconnues. La mise en place du système international dit « westphalien », fondé sur les négociations entre États-nations et souverains plutôt que sur la guerre, fait des États le socle du droit international. Cependant, à la suite d'autres conflits, la carte de l'Europe est revue. De nombreux tracés frontaliers sont issus de conférences qui décident d'un partage, comme le congrès de Vienne (1814-1815), puis le congrès de Berlin de 1878. C'est le début du démantèlement de l'Empire ottoman. La grande Bulgarie est découpée et trois nouveaux États sont créés : Roumanie, Serbie et Monténégro. Les guerres balkaniques, le règlement de la Première Guerre mondiale achèvent le démantèlement des empires (Autriche-Hongrie, Empire ottoman, Allemagne). La Seconde Guerre mondiale puis la guerre froide modifient environ un quart des tracés frontaliers et entraînent le déplacement de millions d'Européens. C'est la fin du système soviétique qui provoque les derniers changements frontaliers majeurs.

Quinze États ont pris la place d'anciennes républiques de l'Union soviétique, dont les limites sont devenues des frontières internationales. Les trois États baltes retrouvent leur indépendance (acquise en 1919, perdue en 1939 avec le pacte Ribbentrop-Molotov et leur incorporation à l'Union soviétique). Les autres sont des États nouveaux : Moldavie, Ukraine, Biélorussie (qui a changé de nom et devient Bélarus), les États du Caucase (Géorgie, Arménie, Azerbaïdjan), les cinq États d'Asie centrale, la Fédération de Russie. En 1993, la Tchécoslovaquie se partage en deux États : la République tchèque et la Slovaquie. En Yougoslavie, sept États ont été créés dans le cadre d'une série de violents conflits à base de nationalisme et de purification ethnique. Les limites des républiques yougoslaves ont été conservées comme tracés des frontières. Le Kosovo, province de la Serbie, a proclamé son indépendance et est reconnu par une majorité d'États de l'ONU aujourd'hui.

Face à cette fragmentation étatique européenne, il n'y a eu qu'une seule réunification : celle de la RFA et de la RDA en 1990. L'Europe comptait trente États en 1945, 50 aujourd'hui.

Les frontières tracées depuis 1991

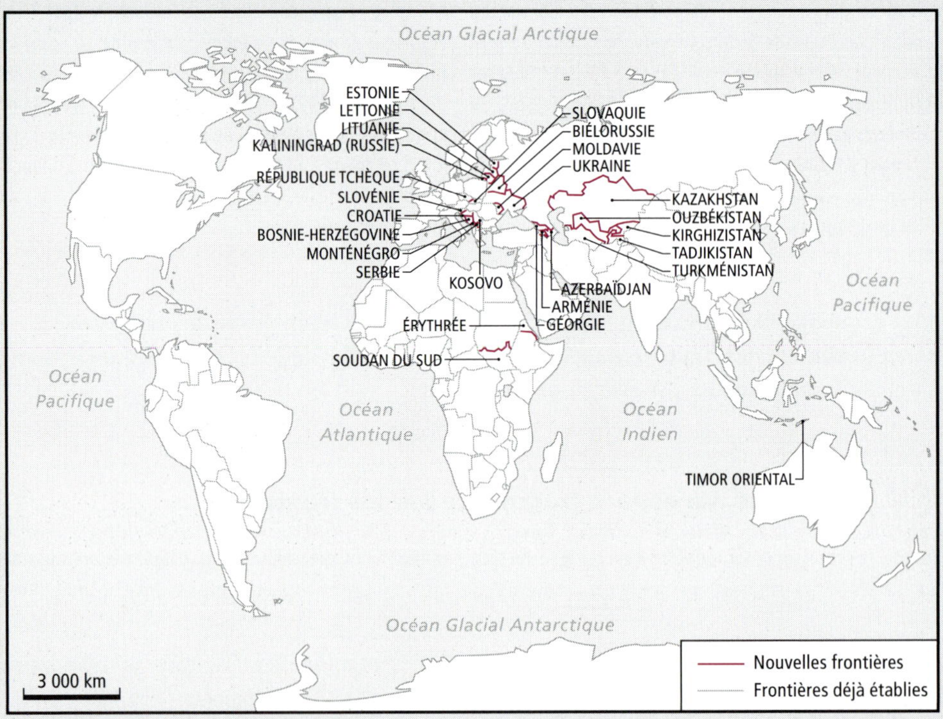

La troisième étape se développe après la Seconde Guerre mondiale, dans le contexte de la guerre froide. Environ un quart des frontières européennes sont modifiées. Le rideau de fer et le mur de Berlin instaurent une coupure idéologique aux effets durables. La décolonisation transforme les limites administratives internes aux empires coloniaux en frontières internationales, dans certains cas de façon conflictuelle (partition de l'Inde). La création de l'État d'Israël amorce l'instabilité durable de cette partie du monde où la question territoriale et des frontières présente des dimensions spécifiques. Des conflits en Asie (guerre du Vietnam), au Proche-Orient (guerre des Six Jours, puis du Kippour), des modifications économiques (essor des monarchies pétrolières, des nouveaux pays industrialisés – NPI –, l'endettement du tiers-monde) marquent aussi cette étape.

La quatrième étape s'amorce après 1989, avec la réunification allemande, l'éclatement de l'URSS, de la Fédération de Yougoslavie, la partition de la Tchécoslovaquie. Les frontières des nouveaux États suivent des tracés antérieurs, internes aux fédérations. Il y a de nouvelles frontières, mais pas de nouveaux tracés. Vingt-sept États ont été créés ou recréés en Europe, en Eurasie, ainsi qu'en Afrique orientale (l'Érythrée en 1993, le Soudan du Sud en 2011) et en Asie du Sud-Est (Timor-Leste ou Timor oriental, 2002). 29 000 kilomètres supplémentaires de frontières ont été mis en place depuis 1990.

Les contentieux frontaliers se développent à propos de l'appropriation de l'espace maritime, nouvel espace à conquérir. 30 % seulement des frontières maritimes font l'objet de traités [→CH. 7].

C. LES AUTRES FRONTIÈRES QUI STRUCTURENT LE MONDE

1. Les frontières aériennes

Les frontières terrestres des États forment leur enveloppe territoriale et garantissent leur intégrité. Les voies d'eau, les eaux intérieures et la mer territoriale en font partie. **Un État contrôle également la couche atmosphérique qui surplombe son territoire, c'est la projection en altitude de ses frontières terrestres et maritimes.** Cet espace aérien est partagé en zones d'altitude afin de permettre la circulation aérienne dans les meilleures conditions de sécurité. L'espace aérien inférieur est subdivisé en régions d'information de vol, les FIR (*Flight Information Regions*). Il y en a cinq en France. Les limites de ces FIR ne sont pas des frontières, mais leur tracé s'en approche. Les FIR se développent du sol à environ 5 800 mètres d'altitude. Au-delà de 5 800 mètres, c'est l'espace aérien supérieur, qui n'est formé, en France, que d'une seule région d'information de vol (UIR, *Upper Information Region*). Mais cette réglementation varie selon les États, et la limite altitudinale entre les FIR et les UIR peut différer.

Le contrôle de l'espace aérien, les consignes de sécurité varient en fonction de l'altitude, du trafic et de la proximité des aéroports. L'espace est subdivisé en classes selon le niveau de contrôle et les modalités de vol. La zone de contrôle terminale (CTR, *Control Zone*) est délimitée pour gérer les décollages et les atterrissages jusqu'à 500 mètres d'altitude environ, la région de contrôle terminale (TMA, *Terminal Manoeuvring Area*), plus vaste, permet de gérer l'espace d'aéroports plus grands ou de plusieurs aéroports. Les TMA sont reliées par les voies aériennes.

Les zones réglementées, souvent militaires, peuvent perturber la continuité d'utilisation de l'espace aérien par le trafic civil avec, dans certains cas, des interdictions de pénétrer l'espace ou l'obligation de demander des autorisations pour le transit. Il existe aussi des zones interdites à tout trafic civil, peu nombreuses. La plus connue en France concerne l'espace aérien au-dessus de Paris intra-muros, la zone P23, dont le survol en dessous de 2 000 mètres (6 600 pieds) est prohibé.

■ **Le découpage de l'espace aérien en Europe**

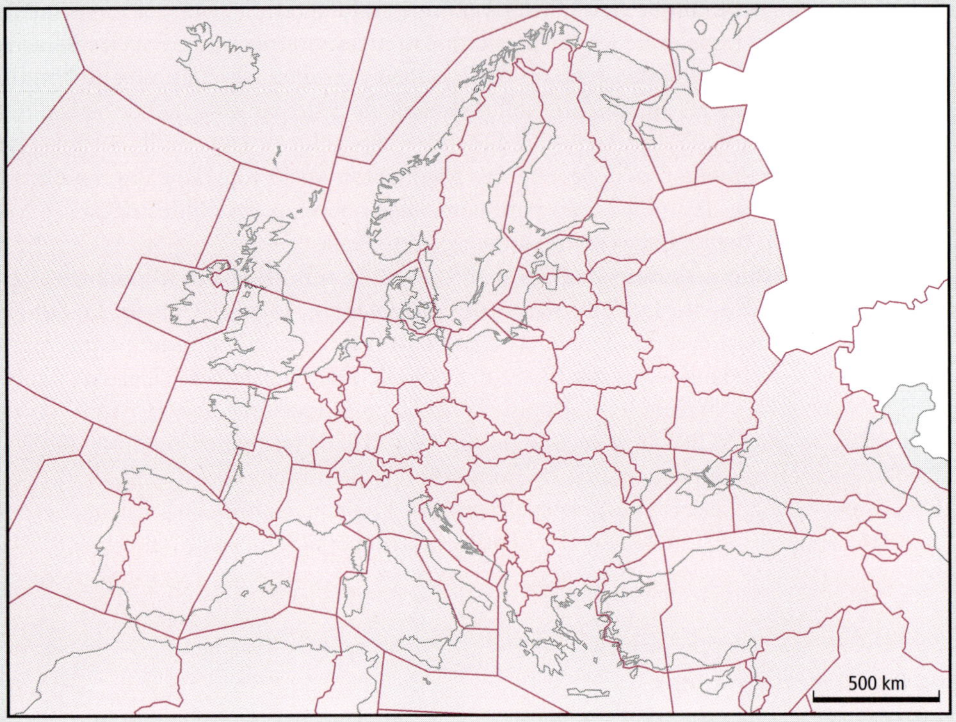

2. Les frontières maritimes

Elles prolongent vers la haute mer la souveraineté des États, selon une subdivision en zones établies par la convention de Montego Bay en 1982 [→CH. 6]. Elles sont l'objet de contentieux compte tenu des enjeux d'appropriation et de contrôle des ressources (énergétiques, minières, halieutiques) dans les ZEE, ainsi que des enjeux sécuritaires de circulation des navires.

3. Les frontières réticulaires

Si les frontières linéaires et terrestres sont toujours placées en périphérie des territoires, il apparaît, avec les processus de mondialisation et de métropolisation, que les frontières sont de plus en plus franchies, par les personnes et les marchandises, au niveau des ports, des aéroports et des gares. Ce sont des frontières réticulaires (qui se rapportent au réseau) ou nodales, déplacées, projetées au cœur des territoires, et où s'exercent les fonctions classiques de la frontière : contrôle, filtrage, douane. Les frontières réticulaires se relocalisent selon les nœuds des réseaux de transports : aéroports, ports maritimes ou fluviaux, gares routières et ferroviaires, plates-formes multimodales. Les fonctions de contrôle frontalier se spécialisent : contrôle des marchandises, contrôles migratoires.

4. Les frontières et la circulation de l'information : Internet

Internet, abrégé d'*international network*, n'est pas un réseau unique, mais un réseau de réseaux interconnectés, un réseau distribué. Chaque réseau forme un système autonome ou AS (*Autonomous System*) ; il est administré, selon la législation nationale, par un opérateur ou fournisseur d'accès à Internet (FAI – en anglais ISP, *Internet Service Provider*), qui en est propriétaire – comme, en France, Orange, SFR ou Free. La circulation des informations sur le réseau Internet suit des itinéraires et implique le passage entre les AS, assuré par des ordinateurs appelés « routeurs ». Plus de 20 000 AS couvrent la planète, leurs limites constituent les frontières du réseau Internet. Les routeurs qui assurent le passage entre les AS sont des IXP (*Internet Exchange Point*), transit qui implique des accords entre les opérateurs.

Internet : un réseau distribué

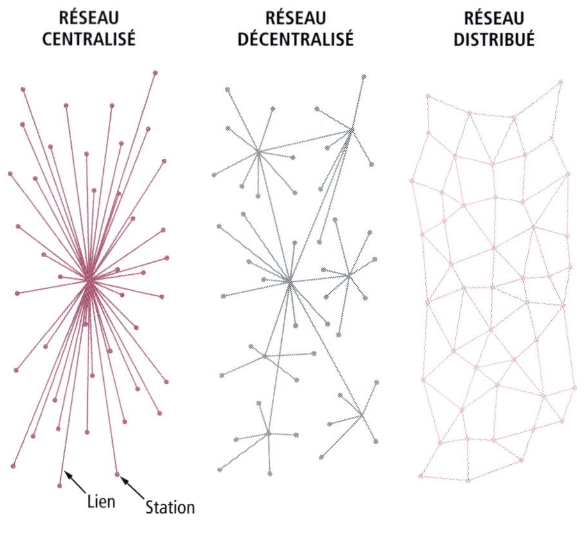

Source : *Questions Internationales* n° 47, « Internet à la conquête du monde », La Documentation française, 2011.

Si Internet constitue un réseau qui est théoriquement supposé dépasser les frontières, les opérateurs s'inscrivent cependant dans des territoires nationaux et sont héritiers de monopoles étatiques. Les noms de domaine attachés à un pays (« .be » pour la Belgique, « .fr » pour la France) restent des marqueurs partiels de la territorialité nationale sur Internet, leur attribution est gérée au niveau national. **Si, avec Internet, la frontière subit des évolutions avec une dématérialisation, la frontière persiste néanmoins comme barrière aux niveaux technique, économique, politique, réglementaire et administratif, mais aussi à travers l'obstacle de la langue.** Qu'il s'agisse des stations terrestres, des systèmes satellitaires ou des points d'atterrissement des câbles sous-marins, Internet a besoin pour fonctionner d'un ancrage territorial. L'État reste un acteur majeur, car il a souvent la propriété et le contrôle des infrastructures de liaisons. Cette présence de l'État doit également se comprendre dans le domaine juridique, qui définit un intérieur et un extérieur. Certains États ont la capacité de contrôler les informations qui pénètrent sur leur territoire, comme la Chine, qui a d'ailleurs rompu le monopole américain d'attribution des adresses IP (*Internet Protocol*), qui permettent à chaque ordinateur de se connecter au réseau, en créant son propre système de noms de domaines (DNS, *Domain Name System*), et qui s'impose comme puissance du cyberespace avec le projet PEACE de pose de câbles reliant le Pakistan, l'Afrique de l'Est et l'Europe.

D. LES FRONTIÈRES, ENTRE RÈGLEMENTS, TENSIONS ET CONFLITS

Partout dans le monde, les accords frontaliers se sont multipliés pour faciliter les échanges et permettre différentes formes de coopération. Des entités régionales supranationales se sont constituées : Union européenne, ALENA, Mercosur, au sein desquelles les échanges sont facilités. Cependant, les litiges ou différends frontaliers sont nombreux et concernent environ deux tiers des États du monde, différends dus à la remise en question des tracés hérités de l'histoire et de la constitution des États. Ces différends ne suscitent pas tous les mêmes tensions et ne sont pas porteurs des mêmes enjeux. En même temps, on observe un mouvement de règlement de ces litiges frontaliers dans de nombreuses régions du monde, concernant les nouvelles frontières mais aussi les tracés plus anciens. Ces règlements des litiges permettent une affirmation de la souveraineté des États, un contrôle des périphéries, une exploitation des ressources des régions frontalières, en particulier pour les grands États (Brésil, Chine), et aussi un contrôle des minorités. La délimitation d'une base territoriale reconnue permet une insertion dans les relations internationales et l'économie mondialisée. La Chine a ainsi engagé, depuis les années 1990, une « diplomatie du pourtour » par laquelle, en réglant les contentieux frontaliers avec les quatorze pays qui l'entourent et en encourageant l'ouverture par les échanges, elle a pu exercer un rôle géoéconomique et géopolitique majeur en Asie orientale. Les frontières de l'Afrique, souvent dénoncées comme arbitraires, exogènes, n'ont été que peu modifiées avec la décision de l'OUA d'en garantir l'intangibilité, en les conservant comme elles l'étaient au moment des indépendances, ce qui a peut-être évité une balkanisation* du continent. Il a cependant fallu démarquer ces frontières. L'Union africaine a lancé le Programme

ZOOM ▶ Le règlement et l'ouverture des frontières en Chine

Avec plus de 22 000 kilomètres de frontières, qui la séparent de quatorze États, la Chine possède la plus longue enveloppe frontalière terrestre du monde. L'essentiel des tracés a été fixé entre 1858 et 1914, plus largement entre 1842 et 1945 (notamment les traités frontaliers signés sous la dynastie des Qing – 1644-1912 – avec les puissances occidentales). La Chine républicaine (1912-1949), mais surtout la RPC de Mao Zedong n'ont eu de cesse d'effacer ce « siècle d'humiliation nationale » et les conséquences des « traités inégaux ». C'est pourquoi la Chine a renégocié les tracés frontaliers ou s'est engagée dans des conflits, avec l'Inde en particulier, en fonction du contexte géopolitique régional et de son histoire interne. Les frontières ont été délimitées puis démarquées dans les années 1960 avec la Birmanie, le Népal, la Corée du Nord, la Mongolie, le Pakistan, l'Afghanistan, puis durant la période 1990-2010 avec le Vietnam, le Laos, la Russie, le Kazakhstan, le Kirghizistan et le Tadjikistan. Ces règlements frontaliers permettent à la Chine de poursuivre sa politique d'ouverture amorcée dans les provinces littorales, d'engager une intégration des provinces frontalières continentales et un rééquilibrage en matière de développement du territoire, caractérisé par de fortes inégalités. Le gouvernement a autorisé l'ouverture de nombreux postes-frontières, appelés « ports de commerce frontaliers », et de zones économiques frontalières pour dynamiser la coopération avec les pays voisins. Parmi les objectifs multiples qui animent cette politique, la question de la sécurité énergétique est essentielle. À ce titre, la pacification des relations avec la Russie a permis la construction de pipelines transfrontaliers, dont la branche reliant Skovorodino en Extrême-Orient russe à Daqing, inaugurée en 2010. La Chine possède aujourd'hui un peu plus de 140 ports de commerce frontaliers situés dans ou près de localités de taille variable, subdivisés en ports de première catégorie, qui assurent les échanges avec les États voisins et en ports de seconde catégorie, les plus nombreux, qui assurent les échanges du petit commerce. Après trois ans de fermeture due à la pandémie du Coronavirus, la Chine n'a réouvert ses frontières qu'en décembre 2022.

DÉFINITION

Balkanisation: l'expression désigne le morcellement politique en petits États, à l'instar des Balkans, au sud-est de l'Europe, à la suite du démantèlement de l'Empire ottoman à la fin du XIXe siècle et au début du XXe siècle. Elle désigne aussi la reprise de ce processus avec l'éclatement de l'ex-Yougoslavie et de l'ex-URSS.

Frontière de l'Union africaine, en 2007, avec pour objectif la démarcation de 62 000 kilomètres de frontières qui ne le sont pas. Cette démarcation est source de différends. Les recours sont soumis au jugement de la Cour internationale de justice (CIJ) de La Haye. Parmi les neuf contentieux réglés par la CIJ en Afrique, on peut mentionner celui de la bande d'Aozou, entre la Libye et le nord du Tchad, tranché en faveur du Tchad en 1994, ou celui de la péninsule de Bakassi, riche en hydrocarbures, entre le Nigeria et le Cameroun, réglé en faveur de ce dernier en 2002, ou celui entre l'Érythrée et l'Éthiopie, réglé en 2017.

Les accords frontaliers ne signifient pas la fin des tensions. Ainsi, entre la Chine et l'Inde, en juillet 2006, un passage par le col de Nathu-La, situé à plus de 4 500 mètres dans l'Himalaya, sur une section non disputée de la frontière, entre le Sikkim et le Tibet, a été rouvert après plusieurs décennies de fermeture (1959 : soulèvement au Tibet, 1962 : guerre sino-indienne), permettant le transit par camions de marchandises. Pour autant, les relations entre les deux États demeurent très tendues en ce qui concerne le contrôle de l'Aksai Chin ou de la vallée du Shaksgam (nord du Cachemire) et les incidents armés y sont fréquents. De même, la publication par le ministère chinois des ressources naturelles de la nouvelle édition de la « carte nationale de la Chine », en août 2023, qui redessinait les frontières du pays, a suscité de vives réactions des États avec lesquels la Chine conserve des différends frontaliers, différends gommés sur la carte (mer de Chine méridionale, Vietnam, dyade Inde-Chine, Russie) au profit territorial de la Chine.

REPÈRES

Kouriles : le traité russo-japonais de 1855 donnait les îles Kouriles à la Russie à l'exception des quatre îles méridionales proches d'Hokkaido, îles que les Japonais appellent « Territoires du Nord ». En 1875, en échange de Sakhaline, la Russie cédait au Japon l'intégralité des îles Kouriles. Or, le traité de San Francisco (1951), qui règle la situation territoriale dans le Pacifique après la Seconde Guerre mondiale, accorde les îles Kouriles à l'URSS. Le Japon considère toujours que les îles Kouriles méridionales doivent lui revenir et que ces îles se rattachent à Hokkaido.

La mer Égée : depuis la convention des Nations unies sur le droit de la mer (1982) qui, selon son article 3, donne le droit aux États parties d'étendre leurs « mers territoriales » à 12 milles marins au maximum, la Grèce souhaite exercer ce droit, ce qui élargirait sa mer territoriale, actuellement fixée à 6 milles, la faisant passer de 43,68 % à 71 % de la superficie de la mer Égée et ferait de celle-ci une mer quasi fermée et contrôlée par la Grèce. La Turquie, qui n'a pas signé la convention, estime qu'en pareil cas, ses intérêts vitaux seraient lésés.

Les litiges ou différends frontaliers sont nombreux et concernent environ 2/3 des États du monde. Les litiges sur les tracés ou la démarcation des frontières ne conduisent pas, en général, à des conflits. Certains contentieux frontaliers sont anciens comme le différend opposant la Grèce et la Turquie à propos de la délimitation de leurs mers territoriales à 6 ou 12 milles marins ou celui opposant le Japon et la Russie pour la souveraineté des îles Kouriles. D'autres contentieux surgissent, en particulier lorsque des ressources sont en jeu. C'est ainsi qu'un différend oppose Israël et le Liban à propos de leur frontière maritime, qui traverse un important gisement de gaz offshore. Dans les cas extrêmes, ces tensions peuvent déboucher sur des conflits. En Afrique, le Soudan du Sud a obtenu sa reconnaissance internationale en devenant le 193e État de l'ONU, après une guerre de vingt-deux ans pour se détacher du Soudan. Le Soudan du Sud dispose de ressources pétrolières, mais, enclavé, il dépend du Soudan au nord pour faire transiter le pétrole. Le tracé frontalier entre les deux États n'est pas réglé et cette création d'un nouvel État remet par ailleurs en cause l'intangibilité des frontières en Afrique.

À côté des tensions frontalières, il existe aussi des situations conflictuelles durables ayant conduit à la fermeture des frontières. Le cas le plus emblématique est celui de la

DMZ (*Demilitarized Zone*) qui sépare les deux Corées depuis 1953, mais les frontières sont aussi fermées entre la Turquie et l'Arménie, la Turquie et l'Azerbaïdjan, l'Inde et le Pakistan (Cachemire depuis 1947)), le Panamá et la Colombie, l'Ouzbékistan d'une part, le Kirghizistan et le Tadjikistan d'autre part, l'Algérie et le Maroc.

Pour aller plus loin

Les frontières disputées et conflictuelles dans le monde
liennathan.fr/xefgj1

II. Les frontières conditionnent les circulations économiques et les migrations

A. LES FRONTIÈRES RÉVÈLENT DES DIFFÉRENTIELS TERRITORIAUX

ZOOM ▶ Les travailleurs transfrontaliers* en France

En France métropolitaine, environ 478 000 résidents traversent la frontière pour aller travailler dans un pays limitrophe. Il s'agit essentiellement de cinq pays : la Suisse, le Luxembourg, l'Allemagne, la Belgique et Monaco. Les navettes sont très limitées avec l'Italie, l'Espagne et le Royaume-Uni. À l'inverse, seulement 10 000 personnes environ viennent travailler en France, la moitié venant de Belgique, les autres d'Espagne, d'Allemagne et d'Italie. La Suisse est de très loin la destination principale et elle attire de plus en plus de travailleurs transfrontaliers, 226 200 en 2024, contre 189 000 en 2020. Le Luxembourg vient en deuxième position avec 120 000 travailleurs transfrontaliers. Les différences de salaires entre ces deux pays et la France sont la principale cause de ces mobilités.

Quatre grands pôles centrés autour de Genève, Luxembourg, Bâle et Monaco reçoivent près des deux tiers des transfrontaliers. En Suisse, le canton de Genève et le district de Nyon, dans le canton de Vaud, forment, avec la zone d'emploi du Genevois français, l'espace urbain franco-valdo-genevois, véritable agglomération transfrontalière, le Grand Genève. Les navettes ont donc lieu dans un espace fortement intégré. La part de frontaliers français dans l'emploi atteint 28 % dans le canton de Genève. Les habitants du Genevois français travaillent en majorité dans la commune de Genève, et les autres dans les communes suisses de l'agglomération genevoise. L'agglomération transfrontalière de Bâle (l'Eurodistrict de Bâle) constitue l'autre pôle attractif pour les transfrontaliers français. Ils viennent des zones d'emploi de Mulhouse, de Saint-Louis, d'Altkirch et secondairement du nord de la Franche-Comté. Les transfrontaliers jouent un rôle majeur dans l'économie locale. Dans quatre zones (Longwy, Genevois français, Saint-Louis, Menton), les emplois transfrontaliers représentent plus de 40 % de l'emploi de la zone (45 % dans le Genevois français, 51 % dans la région de Longwy).

Les États, organisés au cours du temps dans leur cadre frontalier, constituent des espaces au fonctionnement et à l'organisation variés : langue, monnaie, économie, niveau de développement, culture, système politique. Les frontières terrestres qui mettent en contact ces systèmes spatiaux originaux soulignent ces différentiels de part et d'autre des frontières, très souvent exploités par les populations frontalières, mais aussi par les entreprises. Le travail transfrontalier est représentatif de cette utilisation des différentiels : les différences de salaires ou de fiscalité constituant un facteur d'attractivité.

DÉFINITION

Transfrontalier (ou navetteur) : résident français déclarant travailler à l'étranger. La fréquence (quotidienne, hebdomadaire...) n'est pas observée.

Pour les entreprises, ce sont souvent les différentiels du coût de la main-d'œuvre qui sont utilisés dans le choix des implantations. **La multiplication des zones franches dans le monde illustre, par leur généralisation et leur localisation, la mondialisation de l'économie et l'affranchissement des frontières.**

Le terme « zone franche » désigne un périmètre délimité, fermé et à l'accès très contrôlé (police, douane), dans lequel les entreprises présentes sont soustraites au régime commun en vigueur dans le pays d'accueil, principalement dans les domaines douanier et fiscal. Les États qui accueillent les entreprises étrangères attendent en retour un accroissement de leurs exportations. La multiplication des zones franches depuis une trentaine d'années accompagne la diffusion du processus de la mondialisation et l'ouverture des pays de la planète à l'économie de marché. La diffusion des zones franches dans le monde s'est appuyée sur les modèles de Shannon en Irlande, de la « zone libre » de Colón (Panama), de la zone franche de Manaus (Brésil) pour l'Amérique du Sud, des trois *Foreign Trade Zones* de Porto Rico, de Djebel Ali (Émirats arabes unis) au Moyen-Orient. La distribution des zones franches dans le monde atteste de leur succès, 1 734 zones franches étaient recensées dans 133 pays en 2008, elles sont 2 260 en 2018. Elles constituent un levier de croissance pour les pays émergents (création d'emplois, apports de capitaux, transferts de technologie). Il existe plusieurs catégories de zones franches : les zones franches commerciales (*Free Trade Zones*, FTZ), les zones franches d'exportation (*Export Processing Zones*, EPZ).

Les zones franches sont très variables par leur taille, les activités qui y sont implantées, les statuts (privé – public), leur localisation. Les zones franches commerciales sont souvent en position d'interface à proximité des ports ou des aéroports. Djebel Ali (Émirats arabes unis), Hambourg (Allemagne), Jurong (Singapour), Port-Louis (Maurice) ou Tanger en sont des exemples. Les zones franches d'exportation sont surtout spécialisées dans la production manufacturière (textile, matériel informatique) ou les services (centres d'appels téléphoniques). Un cas particulier est constitué des « **points francs** » (*Free Points*). Les entreprises disposent des mêmes avantages fiscaux que dans la zone franche, mais l'implantation est libre, et ce sont souvent les bassins de main-d'œuvre ou les régions frontalières qui sont choisis.

Les *maquiladoras*, plus de 3 000 le long de la frontière avec les États-Unis, implantées au Mexique dans les *twin cities* en sont l'archétype. On les trouve aussi à Madagascar ou à l'île Maurice. Les ZES chinoises constituent une autre forme d'implantation, dans ces périmètres très vastes, plusieurs milliers de kilomètres carrés, dont Shenzhen constitue l'exemple le plus spectaculaire.

ZOOM ▶ Les *maquiladoras* au Mexique

Le Mexique a été le premier pays à inaugurer des « points francs » en 1965, au travers des entreprises connues sous le nom générique de *maquiladoras* (usines de montage). Localisées le long de la frontière avec les États-Unis, elles ont ensuite été autorisées à se répandre dans tout le pays. Toutefois, la plus forte concentration de *maquiladoras* reste à la frontière américano-mexicaine. Les villes qui les accueillent sont spécialisées : Tijuana (électronique), Ciudad Juárez (pièces détachées automobiles), Matamoros (composants électroniques). Le commerce transfrontalier terrestre s'accompagne de flux intenses et plus de 13 000 camions franchissent chaque jour la frontière, le doublet urbain San Diego-Tijuana étant le plus emprunté au monde à la hauteur du poste-frontière de San Ysidro, qui enregistre le passage vers les États-Unis de plus de 18 millions de voitures chaque année. Les *maquiladoras* ont stimulé l'appel de la main-d'œuvre mexicaine, et les villes, du côté mexicain du doublet, ont connu une croissance démographique spectaculaire. Ce système de points francs a été relayé et concurrencé en Asie, dans les pays dits « ateliers », en Chine avec les ZES.

B. STRATÉGIES DES ÉTATS POUR VALORISER LEURS RÉGIONS FRONTALIÈRES

ZOOM ▶ Dynamiques métropolitaines et intégration transfrontalière : l'exemple du Luxembourg

Au Luxembourg, les fonctions métropolitaines se sont développées dès les années 1970 avec le choix par l'État de la tertiarisation de l'économie, en développant les secteurs de la finance, des assurances, de l'économie de la connaissance, de la logistique ou encore des technologies de l'information et de la communication (TIC), qui ont remplacé les activités sidérurgiques en déclin. Le renforcement de la mondialisation, la construction européenne, la situation de carrefour de ce petit pays (2 586 km²) entre l'Allemagne, la France et la Belgique, ont favorisé l'émergence de la métropole de Luxembourg, au sud du pays, dont l'aire d'attraction s'étend au-delà des frontières. Les travailleurs transfrontaliers représentent plus de 46 % des actifs (212 229 des 458 210 actifs en 2021), les Français étant les plus nombreux (112 399), devant les Allemands (50 360) et les Belges (49 470). Les bassins d'emplois de Thionville (39 % des emplois sont transfrontaliers) et de Longwy (43 %) du côté français ou d'Arlon du côté belge sont dans l'aire d'influence directe de la métropole luxembourgeoise. Cependant, depuis les années 2000, les choix du développement économique semblent montrer des limites avec notamment la cherté de l'immobilier au Luxembourg et la saturation des voies de communication entre la métropole et les régions frontalières. À côté de cette forte métropolisation, le Grand-Duché s'efforce également de promouvoir la coopération transfrontalière avec les États limitrophes, dans le cadre de **la Grande Région** (Grand-Duché, région Grand-Est, Rhénanie-Palatinat, Sarre, Wallonie, Communautés française et germanophone de Belgique), territoire d'expérimentation d'une Europe des régions de dépassement des frontières.

Les régions frontalières sont devenues des espaces à valoriser, des leviers d'intégration régionale. La Chine a engagé plusieurs programmes de développement transfrontalier. Elle participe en Asie du Sud-Est au projet de développement de la Région du Grand Mékong (RGM). La RGM (en anglais, *Greater Mekong Subregion* – GMS) réunit le Cambodge, la Chine (Yunnan et Guangxi), le Laos, Myanmar (Birmanie), la Thaïlande et le Vietnam. L'objectif est de renforcer la coopération économique à l'échelle de l'Asie du Sud-Est continentale, en créant des corridors économiques de développement s'appuyant sur des infrastructures de transport et sur les échanges transfrontaliers. Les axes de développement sont d'orientations nord-sud et est-ouest. Ils doivent relier les villes principales et les capitales de la région par des routes et des autoroutes Kunming-Mandalay-Rangoun, Kunming-Vientiane-Bangkok, Nanning-Hanoï-Vientiane-Bangkok, Nanning-Hanoï-Danang-Ho Chi Minh-Ville, Bangkok-Phnom Penh-Ho Chi Minh-Ville. Ce réseau routier doit être complété par un réseau ferroviaire à grande vitesse et peut-être relier Singapour. La ligne qui relie Kunming (Chine au Yunnan) à Bangkok (Thaïlande) en passant par Ventiane (République populaire démocratique du Laos) est commencée ; elle s'inscrit par ailleurs dans la stratégie chinoise *Belt and Road Initiative* (BRI) ou « Nouvelles routes de la soie », par Vientiane. La ligne à grande vitesse Kunming-Bangkok devrait entrer en service en 2025. Les coûts des aménagements sont assurés par la Banque asiatique de développement (BAsD), les États, mais surtout la Chine et la Thaïlande, ainsi que la Banque mondiale, l'ASEAN et la BAII (Banque asiatique d'investissement dans les infrastructures).

■ **Programmes INTERREG 2021-2027 aux frontières françaises**

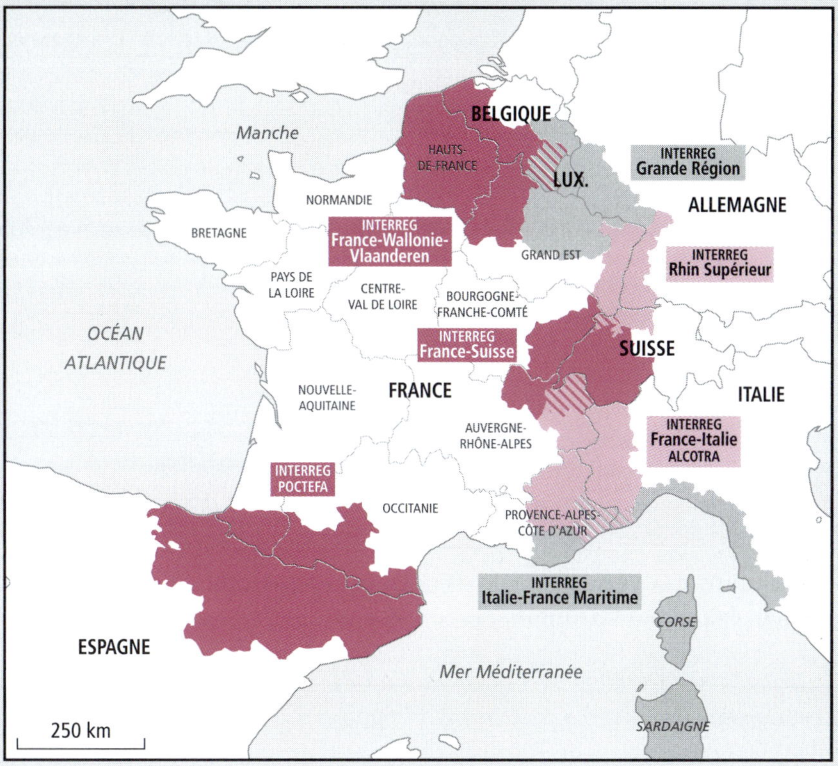

La France fait partie de 7 espaces de coopération transfrontalière :

1. Alcotra entre la France et Italie
2. France-Suisse
3. Rhin Supérieur entre la France et l'Allemagne
4. France-Wallonie-Flandres entre la France et la Belgique
5. Grande Région entre la Belgique, la France, le Luxembourg et l'Allemagne
6. France Italie Maritime
7. France Espagne Andorre

ZOOM ▶ Les eurorégions : une forme de coopération transfrontalière européenne

La coopération européenne transfrontalière a d'abord pris la forme des eurorégions. Les eurorégions sont des entités territoriales de coopération qui associent des collectivités territoriales variées, des communes aux régions, de part et d'autre d'une frontière, dans le but de créer des espaces intégrés transfrontaliers. Les eurorégions sont soutenues financièrement par l'Union européenne et par le Conseil de l'Europe. Situées en périphéries frontalières nationales, ces territoires, dans un contexte d'effacement des frontières, ont pu réorienter leur développement de part et d'autre de la frontière, autour de projets axés sur l'économie locale, les échanges culturels, les héritages historiques, le réaménagement des réseaux de transports, l'environnement, et créer des espaces transfrontaliers. Il existe une centaine d'eurorégions qui correspondent à des regroupements divers, sans statut juridique défini. La délimitation des eurorégions ne recoupe pas les régions géo graphiques ou les régions administratives. Les villes ou les communes peuvent en constituer la base, avant la conclusion d'un accord de coopération transfrontalier.

La première eurorégion, l'Euregio, a été créée dès 1958, regroupant cinq régions frontalières situées le long de la frontière germano-néerlandaise. En 1963, la Regio Basiliensis est constituée entre la France et la Suisse, rebaptisée depuis TriRhena, en s'élargissant à l'Allemagne. Puis d'autres entités eurorégionales apparaissent, comme Alpe Adria (Alpes orientales, 1977), Rhein-Waal (1978), Cotrao (Alpes occidentales, 1982), Commission de travail des Pyrénées (1982), Conseil du Léman (1987), Pamina (1988) et SaarLorLux (1995). L'élargissement de l'Europe en 2004 a vu la création d'eurorégions au niveau des espaces frontaliers d'Europe centrale et orientale, mais aussi entre les pays membres de l'Union européenne et les pays voisins, non membres de l'Union européenne, mais membres du Conseil de l'Europe, comme la Norvège, l'Islande, la Suisse ou la Russie.

Parmi ces eurorégions, on peut mentionner Pomerania (1991), l'eurorégion trinationale DKMT (Danube-Kries-Mures-Tiza), articulée autour de la triple frontière entre Roumanie-Hongrie-Serbie, et l'eurorégion des Carpates. La création des Groupements européens de coopération territoriale (GETC) en 2006, disposant de compétences propres, a eu pour objectif de renforcer l'intégration territoriale transfrontalière, sans supprimer les eurorégions. Les projets de coopération des eurorégions peuvent être soutenus par les fonds Interreg (volet A) dédiés à la coopération transfrontalière.

Pour aller plus loin

Les programmes Interreg 2021-2027 en France
liennathan.fr/xthjkq

La valorisation des ressources hydrauliques et agricoles est aussi un moyen de développer des régions frontalières. C'est le cas du *Brasiguay*, région orientale du Paraguay, où a été construit le barrage d'Itaipu et où se réalise l'extension de la culture du soja par les agriculteurs brésiliens en quête de terres qui ont franchi la frontière. La culture du soja s'est répandue dans cet espace peu développé, devenu attractif et où la ville de Ciudad del Este, à la triple frontière du Paraguay, du Brésil et de l'Argentine, connaît une forte croissance, alimentée par le commerce transfrontalier mais aussi par les activités illégales. C'est la demande mondiale de soja, en provenance essentiellement d'Europe et de Chine, qui est à l'origine de ce développement régional et de la transformation de l'espace, confirmant son intégration dans l'économie mondialisée et créant autour du Rio de la Plata un espace transfrontalier de la culture du soja.

Dans l'Union européenne, l'intégration frontalière n'est pas nouvelle. Elle est désormais institutionnalisée dans le cadre de la coopération transfrontalière, volet A des programmes Interreg. Dans le cadre de cette coopération, l'Union européenne finance 64 projets (6,7 milliards d'euros) pour permettre à des territoires situés de part et d'autre d'une frontière commune, terrestre ou maritime, de réduire les obstacles dus à la présence d'une frontière et d'en exploiter le potentiel de développement. L'objectif est l'intégration de régions qui furent périphériques dans le cadre de leurs territoires nationaux, et l'effacement des différences de niveau de développement de part et d'autre des frontières. Cependant, les tensions géopolitiques dues à la guerre en Ukraine vont modifier la coopération transfrontalière à l'est de l'Union européenne.

Pour aller plus loin

Les frontières de l'Europe
liennathan.fr/kg4q8g

C. LES AMÉNAGEMENTS TRANSNATIONAUX

L'intégration régionale s'entend comme la réalisation d'accords de coopération volontaire, entre pays proches géographiquement, pour constituer des ensembles régionaux plus ou moins unifiés, comme l'Union européenne, l'Alena (CAEUM depuis 2018), le Mercosur ou l'ASEAN [→CH. 1]**.** Le contexte de la mondialisation a renforcé cette tendance pour favoriser l'accroissement des échanges. Cela suppose une modification de la perception des États voisins, en passant de la méfiance, voire de l'affrontement, à la coopération. Au-delà de la réalisation d'un espace de coopération comme celui de l'UE, qui est le plus abouti aujourd'hui, l'intégration régionale passe aussi par le commerce, les échanges énergétiques notamment.

Les frontières nationales, par l'ouverture, changent de fonction, au moins en des lieux d'échanges frontaliers spécifiques. Elles n'ont plus l'unique fonction de limites de l'intégrité territoriale nationale, de limites fermées, de barrières ; elles deviennent des espaces transfrontaliers dans les cas des dynamiques les plus avancées, espaces de passage dans d'autres cas.

■ **Les axes d'intégration et de développement en Amérique du Sud (IIRSA)**

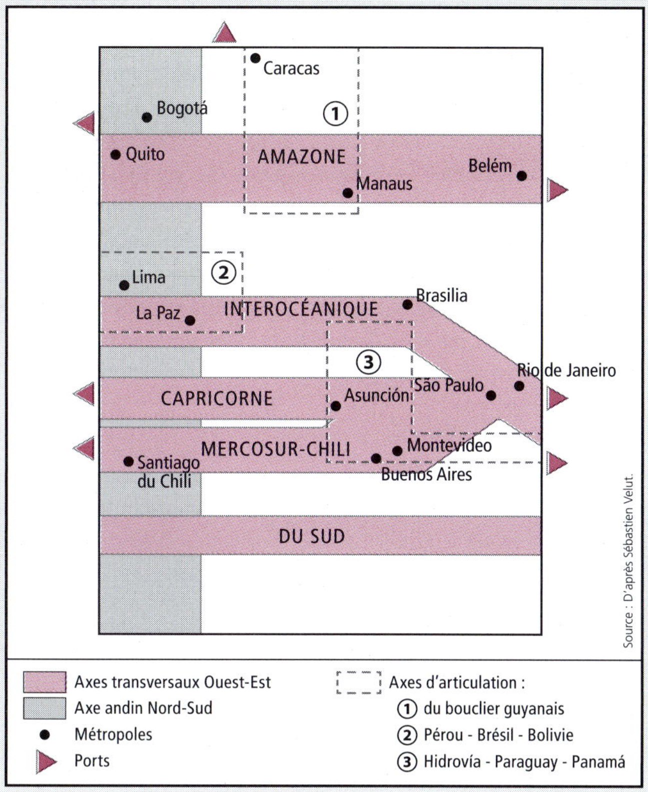

Permettre la fluidité des circulations de marchandises, c'est assurer la continuité territoriale des échanges, effacer les frontières. Or, l'aménagement des réseaux de transports réalisés historiquement dans des limites nationales ne permet pas toujours cette continuité transfrontalière pour des raisons techniques : écartement des rails différents, absence de ponts. La modernisation des infrastructures de transports, les aménagements sont donc nécessaires. Ces aménagements sont désormais envisagés dans le cadre des entités supranationales qui se sont constituées partout dans le monde.

En Amérique du Sud, les fleuves, puis les réseaux ferroviaires ont contribué à la maîtrise des territoires, mais de façon très inégale, la navigabilité des fleuves n'étant souvent que partielle. Pour les réseaux ferroviaires, le tracé des réseaux a été commandé par la configuration des territoires et par les orientations du développement. Les connexions internationales, trop peu nombreuses pour former un réseau unifié, doivent en outre s'interrompre à la frontière à cause de différences d'écartement des voies. Les connexions transandines ne fonctionnent pas, à l'exception de la liaison La Paz-Arica.

Les distances sont grandes: 2500 kilomètres entre Buenos Aires et São Paulo, 5000 kilomètres entre Santiago et Brasilia. De plus, les temps de transport dépendent de l'état des routes, le plus souvent médiocre. La vitesse des camions en Amazonie est estimée entre 30 et 40 km/h. C'est pourquoi le sommet des Présidents de l'Amérique du Sud, organisé à Brasilia en 2000, a lancé une Initiative pour l'intégration régionale de l'Amérique du Sud (IIRSA). Il ne s'agit plus seulement de mieux connecter les États deux à deux, mais d'organiser l'ensemble des infrastructures à l'échelle du continent. La notion de corridor bi-océanique, limitée, par définition, à la traversée du continent, est remplacée par celle d'axe d'intégration, ce qui permet d'intégrer les Andes et l'axe nord-sud avec des axes méridiens. De nombreuses liaisons routières sont en cours de modernisation, de même que les ports et les voies navigables. Un ensemble de projets, connus sous le nom de *Hidrovia,* concernent la voie fluviale du Paraná. Il est également question de faciliter la navigation sur les cours supérieurs des fleuves Paraguay et Paraná. Le premier permettrait la desserte, à travers le Paraguay, du centre-ouest du Brésil, qui connaît une forte croissance de la production de soja. S'ils se réalisent, ces projets donneront une certaine unité au bassin du Paraná, qui pourrait structurer l'espace sud du continent.

Les corridors de fret (*freightway* ou *freeway*) sont des infrastructures exploitées en commun par plusieurs gestionnaires pour permettre la circulation sur un même itinéraire. Ils constituent des outils indispensables pour l'ouverture des économies et pour le désenclavement de certains États. Les échanges entre la Chine et l'Europe alimentent des projets de corridors ferroviaires, susceptibles de compléter, voire de remplacer, les échanges de conteneurs par voie maritime. Depuis 2008 et les premiers convois ferroviaires de conteneurs reliant Pékin au port de Hambourg, permettant de parcourir les 12000 kilomètres les séparant en 17-18 jours, soit en deux fois moins de temps que par la voie maritime, de nombreux tracés de corridors transcontinentaux eurasiatiques ont été réalisés. Les ponts terrestres ferroviaires parcourus par des trains-blocs entre les façades maritimes européennes et asiatiques se multiplient, comme le train-bloc* Sun (Saulé), qui parcourt en 13 jours les 10 929 kilomètres qui séparent la Baltique, port de Klaipéda en Lituanie, et Chongqing (Chine), en passant par Vilnius (Lituanie) et Dostyk (Kazakhstan). En relation avec ces corridors, des plates-formes multimodales se développent, comme à Slawkow, en Haute-Silésie, au sud de la Pologne, où l'Euroterminal permet de relier la ville polonaise à Moscou-Irkoutsk et Vladivostok d'une part, Urumqi et Shanghai d'autre part. Ces corridors participent au développement des territoires et à l'intégration de l'hinterland eurasiatique.

DÉFINITION

Train-bloc: train complet de marchandises qui va directement d'un point à un autre sans être modifié.

III. Les limites de l'ouverture des frontières

A. SÉCURISER ET RENFORCER LES FRONTIÈRES

En même temps que se réalise une ouverture des frontières, les contrôles se renforcent et certaines frontières se ferment, comme l'atteste la construction de murs, partout dans le monde. Les murs réalisés ou en projet concernent plus de 25 000 kilomètres de frontières. On compte près d'une centaine de murs ou barrières frontières aujourd'hui, contre une dizaine en 1989 et 65 en 2010. La sécurisation des territoires et le contrôle de certains flux (migratoires, illicites, drogue en particulier) conduisent les États à renforcer partout la fonction de barrière de la frontière. Le retour de la fonction de fermeture des frontières a été symbolisé par la remise en vigueur des pratiques de séparation physique sous forme de murs, dont l'objet premier est de servir de barrières migratoires. L'un des premiers se situe entre l'Espagne et le Maroc, avec la création d'un nouveau périmètre frontalier autour des enclaves espagnoles de Ceuta et de Melilla depuis les années 1990, et toujours renforcé depuis (triple barrière espagnole et barrière marocaine), dont le coût est estimé à 47 millions d'euros.

Après les attentats du 11 septembre 2001, les États-Unis s'engagent dans une guerre contre le terrorisme. Le concept de *Homeland* institue l'idée de la sanctuarisation du territoire.

L'Administration Bush regroupe, dans le *Department of Homeland Security* (DHS), la gestion de l'immigration, de la frontière et de la sécurité du territoire. L'immigration est ainsi associée aux enjeux sécuritaires. Le 25 octobre 2006, le président George W. Bush a signé la loi autorisant la construction d'une clôture de 1 100 kilomètres sur cinq segments de la frontière américano-mexicaine, approuvée par le Sénat et la Chambre des représentants le mois précédent sous le nom de *Secure Fence Act*. En 2017, le Congrès avait validé le budget de 1,6 milliard de dollars pour le renforcement ou l'extension du mur voulu par Donald Trump.

En réalité, la sécurité du territoire des États-Unis s'étend bien au-delà de ses frontières linéaires terrestres et maritimes. L'augmentation de la piraterie maritime et des actes terroristes contre les navires a conduit à un renforcement des mesures de sécurité et de coopération entre les États. Un code international ISPS (*International Ship and Port Security*) a été adopté par l'**Organisation maritime internationale** (OMI) dès 2002. Il est obligatoire depuis 2004 et permet une traçabilité des navires. Les États-Unis peuvent refuser l'entrée de leurs ports aux navires qui proviennent de ports où le code ISPS est mal appliqué. Un contrôle du trafic de conteneurs a aussi été instauré en 2002 par les douanes américaines (code CSI, *Container Security Initiative*). En 2022, 61 ports dans le monde participent au programme, ils représentent 85 % des échanges de conteneurs dans le monde.

La sécurisation du territoire et la construction de murs, de barrières expriment aussi des enjeux idéologiques spécifiques, comme dans le cas de l'État d'Israël. La construction du mur est conçue, du côté israélien, comme nécessaire à sa survie face aux attaques terroristes des kamikazes venus de Cisjordanie. Le dispositif de séparation, barrière électronique ou de béton selon les endroits, est mis en place depuis 2003, et quasiment achevé huit ans plus

DÉFINITION

Ligne verte : après la première guerre israélo-arabe de 1948, une ligne d'armistice, provisoire, tracée en vert sur la carte lors des discussions (1949), a fixé la position des forces en présence (Israël / Syrie, Liban, Transjordanie, Égypte), avant des négociations de traités de paix jamais signés par la suite. Cette ligne verte n'est pas la frontière internationale reconnue de l'État d'Israël, mais elle a donné à Israël un territoire plus vaste que celui prévu par l'ONU.

tard sur 730 kilomètres. Le tracé ne suit la ligne verte* que sur 20 % de celle-ci. Il a pour effets de fragmenter les territoires palestiniens en archipel (Cisjordanie), de matérialiser l'annexion des territoires par Israël et d'instaurer une séparation qualifiée de ségrégation par les Palestiniens. Ce mur-barrière est contesté par l'ONU. Toutes les frontières israéliennes sont par ailleurs clôturées. Cette barriérisation sécuritaire n'a pas empêché l'attaque du 7 octobre 2023 depuis la bande de Gaza par le Hamas.

Les principaux murs et barrières antimigratoires dans le monde

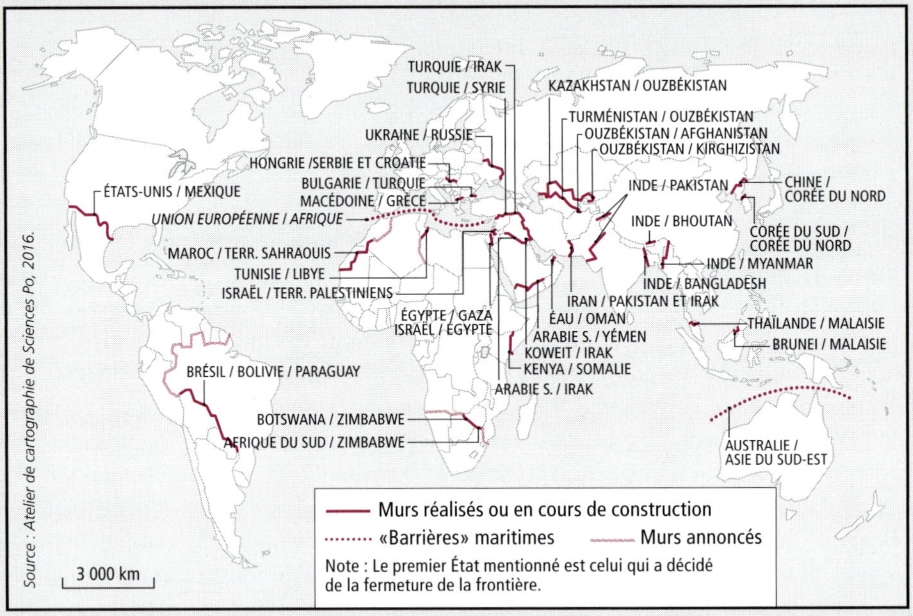

D'autres pays dans le monde ont érigé des barrières pour contrôler les flux migratoires ; c'est le cas entre l'Inde et le Bangladesh, entre le Botswana et le Zimbabwe, entre plusieurs pays d'Asie centrale. L'Australie, de son côté, a adopté une série de mesures pour contrôler sa frontière nord et limiter l'afflux de *boat people** en provenance d'Afghanistan, d'Irak ou d'Iran et transitant par l'Indonésie.

Pour aller plus loin

Le site institutionnel du *Department of Homeland Security*
liennathan.fr/39e9as

DÉFINITION

Boat people : expression anglaise désignant à l'origine des migrants vietnamiens fuyant leur pays à la fin des années 1970 en utilisant des embarcations sommaires. Le terme est toujours utilisé pour désigner les migrants d'aujourd'hui (Afghans, Irakiens, Iraniens) cherchant à gagner l'Australie par voie maritime.

B. LES ENJEUX DE LA FERMETURE DES FRONTIÈRES

Les enjeux de la fermeture des frontières sont multiples : économiques, géopolitiques, humains. **Certains des enjeux de la fermeture des frontières sont économiques. Les coûts de la sécurisation sont élevés. La libre circulation des marchandises est entravée.** Si des firmes comme Boeing tirent des bénéfices de cette sécurisation (l'entreprise a obtenu le contrat américain pour l'équipement sécuritaire intérieur – aéroports – et celui des frontières terrestres – tours de surveillance avec capteurs et caméras), d'autres entreprises dénoncent la hausse des coûts due au temps d'attente pour franchir les frontières. La surveillance qui s'exerce sur la façade mexicaine se déploie désormais aussi du côté canadien, avec une des plus longues frontières terrestres (la plus longue, 8 891 kilomètres, en comptant le segment Alaska-Canada), qui était considérée comme la moins surveillée jusqu'aux attentats de 2001. Entre le Canada et les États-Unis, l'interdépendance commerciale est forte. Les échanges commerciaux réciproques de biens et de services ont atteint une valeur de 752 milliards de dollars en 2019, ce qui représente une valeur de 2 milliards par jour d'échanges quotidiens. Le trafic se concentre sur six points de passage, dont le pont Ambassadeur entre Windsor et Détroit, qui polarise 40 % des échanges. Les flux de personnes sont tout aussi intenses : plus de 30 millions de passages par an dans les deux sens. Les contrôles ralentissent la fluidité, et les embouteillages génèrent des pertes estimées à 10 milliards par les industriels. Face aux risques de fermeture d'usines, les milieux d'affaires, en premier lieu le MEC (Manufacturiers et exportateurs du Canada), sont favorables à un retour à la situation antérieure de dévaluation de la frontière et critiquent le risque de « mexicanisation » de la limite. Le coût de la sécurité est élevé pour le gouvernement fédéral. Le coût de la construction du mur varie de 21, 6 milliards de dollars à 40 milliards selon les estimations. En 2020, il en avait déjà coûté 18 milliards, en partie prélevés sur le budget du Pentagone, pour achever les 1 425 kilomètres de nouvelles clôtures d'ici au printemps 2022. Le gouvernement américain n'avait construit que 162 kilomètres de mur sur les 724 annoncés pour fin 2020 par le président Trump.
Les enjeux de la fermeture des frontières sont aussi géopolitiques. Qu'il s'agisse de l'Australie ou des États-Unis, l'afflux de migrants illégaux est devenu, comme en Europe, un enjeu de politique intérieure. Le rejet par les opinions publiques de l'entrée des migrants illégaux sur les territoires nationaux a conduit à la fermeture croissante des frontières. Les milices civiles tendent à remplacer les autorités jugées inefficaces pour assurer la sécurité ; c'est le cas des *Minutemen*, des États fédérés et même des municipalités. Les États du sud des États-Unis voient les Hispaniques devenir majoritaires dans la population, tandis que les discours anti-immigrants se multiplient. Il y aurait 12 millions de migrants illégaux aux États-Unis. En 2010, le Sénat de l'Arizona a adopté un projet de loi, dénommé « Arizona SB 1070 », extrêmement sévère sur l'immigration clandestine, qui a déclenché d'importantes controverses. L'Arizona a pourtant été imité par d'autres États américains, avec toutefois l'invalidation de certains articles. En 2019, Washington avait obtenu un contrôle renforcé, assuré par le Mexique, de l'immigration illégale, qui avait diminué de plus de 30 %. Dès son arrivée à la Maison Blanche en janvier 2017, le nouveau président américain Donald Trump avait confirmé la construction d'un mur continu le long de la frontière avec le Mexique, dont le coût serait à la charge de ce dernier, affirmant « une nation sans frontières n'est pas une nation » et « à partir d'aujourd'hui les États-Unis reprennent le contrôle de leurs frontières ». En 2023, la fin du dispositif « Title 42 » permettant l'expulsion immédiate du territoire des sans-papiers, appliqué pour raisons sanitaires pendant la pandémie et remplacé par le « Title 8 » plus sévère encore, toute reconduction entraînant une interdiction d'entrée d'au moins cinq ans aux États-Unis, a provoqué une « crise migratoire ». Le nombre de migrants clandestins a fortement augmenté, pour atteindre 2,4 millions de personnes par an. Le président démocrate Joe Biden a autorisé la

reprise de la construction du mur et renforcé les effectifs de surveillance. Le contrôle des migrations se combine avec la lutte contre les flux illicites de drogue. La violence explose dans certaines *twin cities*, comme à Ciudad Juárez, où transitent 40 % de la drogue qui approvisionne le marché américain. Vouloir contrer ces trafics est illusoire sur une frontière qui enregistre près de 400 millions de passages par an. 150 000 voitures transitent chaque jour entre El Paso et Ciudad Juárez, rendant les contrôles aléatoires et coûteux pour une efficacité limitée. Les enjeux de la fermeture des frontières sont aussi humains. Le nombre de morts aux frontières ne cesse d'augmenter. En 2023, l'Organisation internationale pour les migrations estime que plus de 8 565 personnes sont mortes en tentant de les franchir. La route vers l'Europe par la Méditerranée est la plus meurtrière dans le monde, avec 3 129 migrants morts ou disparus en 2020 et un total de plus de 21 200 migrants qui y ont perdu la vie entre 2014 et 2020.

Les contrôles renforcés et la barriérisation ne dissuadent pas les migrants poussés par la misère, l'instabilité politique ou les catastrophes climatiques qui vont s'amplifier avec le réchauffement. Les réfugiés climatiques risquent d'augmenter la pression sur les frontières.

Pour aller plus loin

Toute l'Europe. Comprendre l'Europe. Comment fonctionne l'espace Schengen ?
liennathan.fr/91dyzv

C. RETOUR DES FRONTIÈRES : VERS UNE REMISE EN CAUSE DE LA SOUVERAINETÉ DES ÉTATS ?

La lutte contre les trafics illicites, contre l'immigration illégale s'avère difficile, en particulier pour la surveillance des espaces maritimes. De nombreux États ne disposent pas des moyens de contrôler leurs frontières. Les États-Unis ont ainsi passé des accords bilatéraux avec les États des Caraïbes, États fragilisés, micro-États, pour obtenir la sous-traitance de leurs compétences répressives et contourner la souveraineté territoriale de ces États. La convention de Montego Bay interdit la poursuite de navires suspects dès le franchissement des mers territoriales. Par les accords *Entry to Investigate*, les navires américains peuvent cependant patrouiller dans les eaux territoriales des États caribéens signataires, ce qui autorise les États-Unis à franchir leur frontière et entame leur souveraineté.

Les contrôles frontaliers prennent des formes nouvelles. Ils ne se situent plus, ou moins, sur les frontières linéaires des États où tous les types de contrôle étaient assurés. Les contrôles sont externalisés, projetés en amont, directement dans les pays de départ des migrants.

Ils s'inscrivent aussi au sein des territoires : douanes mobiles, contrôles aléatoires, points d'entrée portuaires et aéroportuaires. **Les frontières deviennent mobiles et réticulaires.**

Si la mondialisation à la fin de XXe siècle a contribué à l'ouverture des frontières, à leur effacement, elle a surtout permis la libre circulation des marchandises mais dans un cadre normé, excluant tous les échanges informels. En même temps, elle a favorisé « l'assignation à résidence » des migrants potentiels, et elle a renforcé les inégalités entre les territoires à différentes échelles. La sécurisation des territoires est devenue la préoccupation majeure des États-Unis, des pays développés et émergents mais aussi des pays en développement. Partout, la lutte contre différents trafics, les affirmations identitaires et de souveraineté contribuent au retour des frontières dans leurs fonctions de barrière et de contrôle. Entre les États riches capables de s'adapter aux nouvelles normes sécuritaires et ceux qui sont obligés de déléguer leurs fonctions régaliennes, les inégalités se perpétuent ou se renforcent. La croissance des mobilités internationales, la pression migratoire partout dans le monde soulignent la nécessité d'une gestion plus globale des frontières et des problèmes politiques à l'origine des migrations. **Les frontières héritées de l'ordre wesphalien** demeurent une composante majeure de l'organisation du monde, mais leur fonctionnement, entre ouverture et fermeture, et leurs formes ne cessent d'évoluer. La ligne ne définit plus la frontière. La relation des individus et des groupes aux frontières devient plurielle mais inégalitaire, dans des **frontiérités différenciées**, entre ceux qui peuvent franchir les frontières et ceux qui en sont empêchés. Le renforcement des frontières à toutes les échelles et de leur fonction de coupure s'impose partout, y compris dans l'espace Schengen, qui représentait un espace, encore rare, de libre circulation, libre circulation qui recule aujourd'hui dans un monde plus fragmenté et cloisonné.

Pour aller plus loin

Carte de la situation migratoire actuelle en Europe
liennathan.fr/3a3y3f

ZOOM ▶ La surveillance des frontières de l'Union européenne

Face aux arrivées croissantes de migrants, notamment sur les côtes du sud de l'Europe, depuis le début des années 2000, l'Union européenne a mis en place une collaboration entre les États de l'Union européenne et les États associés à l'espace Schengen, pour la surveillance des frontières extérieures de l'Union européenne, avec la création de l'Agence Frontex, dont le siège est à Varsovie, devenue fin 2016, l'Agence européenne de gardes-frontières et de garde-côtes.
Elle dispose d'une réserve de réaction rapide de 2 100 agents et sera dotée progressivement, d'ici 2027, d'un corps permanent de 10 000 agents qui aident les autorités nationales. Mais, depuis 2014, et surtout 2015, les entrées irrégulières par les côtes sud-européennes ont explosé. Près d'un million de migrants sont arrivés en Europe en 2015, contre environ 40 000 en moyenne dans les années 2000. Cette arrivée massive de migrants s'explique par les conditions d'existence et les conflits (guerre civile en Syrie, Irak, Libye) dans les pays de départ, qui poussent de plus en plus d'hommes mais aussi de femmes et d'enfants à gagner l'Europe au péril de leur vie. Frontex avait d'ailleurs lancé, en février 2018, l'opération « Themis » toujours en vigueur, visant à mieux surveiller l'activité des passeurs, soulager l'Italie ou l'Espagne, parfois démunies face aux arrivées et aux drames, et porter secours aux migrants en mer. L'ampleur inédite des flux depuis 1945, a provoqué une crise migratoire qui, combinée aux attentats terroristes, a remis en question le fonctionnement de l'espace Schengen et la libre circulation des personnes. Les États de l'espace Schengen doivent respecter les obligations fixées par le « Code frontières » institué en 2006, modifié en 2016 pour renforcer le contrôle à l'entrée des frontières de l'espace Schengen. Ils peuvent rétablir temporairement des contrôles aux frontières en cas de menace grave : crise migratoire, attentats terroristes, crise sanitaire de la Covid-19. Depuis mai 2024, le nouveau code Schengen permet aux États d'instaurer des restrictions de déplacements aux frontières extérieures et de réduire les points de passage des frontières.
Confrontée à la montée de l'extrême droite aux élections régionales et à des attaques meurtrières contre ses ressortissants par des réfugiés, l'Allemagne a rétabli, en septembre 2024 et pour six mois, le contrôle de toutes ses frontières terrestres, invoquant la protection de sa sécurité intérieure et le contrôle de l'immigration illégale.
L'Union européenne a également contribué à l'instauration d'un réseau permanent de patrouilles côtières à ses frontières méridionales (European Border Patrols Network, EPN). Des accords bilatéraux et régionaux ont été signés avec les États voisins d'Afrique du Nord, dans le but de procéder à des patrouilles maritimes mixtes. Des équipes d'intervention rapide (Rapid Border Intervention Team – RABIT) ont été instaurées depuis 2007. Ces différentes mesures permettent par ailleurs d'assurer une surveillance générale des frontières contre diverses menaces, le terrorisme et pas seulement une surveillance des flux migratoires illégaux. Elles permettent d'envisager une gestion intégrée de la surveillance des frontières appuyée par des moyens techniques importants, comme la surveillance par satellite, l'identification et le suivi des navires à distance (Long Range Identification and Tracking – LRIT).

Ces mesures viennent renforcer celles déjà mises en place par différents systèmes de contrôle informatiques : le système d'information Schengen (SIS), le système d'information sur les visas (VIS), le système EURODAC de comparaison des empreintes digitales des demandeurs d'asile, et aussi les informations d'Interpol. De nouveaux systèmes de contrôles sont créés : le système d'entrée/de sortie (EES) fin 2024, le système européen d'information et d'autorisation concernant les voyages (ETIAS) en 2025 ou le système européen d'information sur les casiers judiciaires (ECRIS-TCN). La surveillance devient réticulaire et s'établit tout au long des parcours migratoires. Ces moyens semblent aujourd'hui insuffisants face à la crise migratoire. D'où un renforcement du contrôle des frontières dans certains États, la fermeture de frontières, la construction de murs, entre la Hongrie, la Serbie et la Croatie ou entre la Bulgarie et la Grèce face à la Turquie. Cette situation sous tension, accentuée par la guerre en Ukraine, nourrit la crise politique européenne, ce qu'a partiellement reflété le Brexit décidé en 2016 par le Royaume-Uni, la montée de l'extrême droite aux élections, et les divisions entre les États sur la question migratoire.

10 TERRITOIRES GAGNANTS ET PERDANTS

Si l'impact de la mondialisation et ses recompositions actuelles varient selon les territoires, tous les espaces de la planète, même ceux qui sont situés à la limite de l'écoumène*, sont concernés. Les déserts froids ou chauds, les forêts denses et les fonds sous-marins sont devenus des enjeux de la mondialisation, alors que les grandes puissances de la planète convoitent leurs ressources et que les conséquences du changement climatique menacent leur équilibre.

La mondialisation est un processus qui met en compétition l'ensemble des territoires de la planète et qui accentue à ce titre les différences territoriales, en renforçant les inégalités internes des grandes régions, des États ou des villes. Elle recompose par ailleurs l'organisation des territoires mondiaux : **la mondialisation contribue à créer de nouveaux territoires, à renforcer certains d'entre eux, à fragiliser des territoires en difficultés socio-économiques ou politiques, mais aussi à intégrer des territoires marginaux.** Si G. Benko et A. Lipietz ont introduit, dès le début des années 1990, la notion de « régions gagnantes » dans leur nouvelle géographie de l'industrie, une distinction à l'échelle mondiale entre des territoires perdants, d'une part, et des territoires gagnants, d'autre part, – distinction rassurante et confortable pour l'esprit – se révèle très malaisée. Une telle dichotomie se heurte à la question de l'échelle considérée, mais aussi à celle de l'évolution permanente des territoires, dans un monde où les réseaux et les flux se recomposent très rapidement.

La sélectivité du processus de mondialisation requiert une approche nécessairement nuancée. Les dynamiques territoriales doivent être analysées en précisant les échelles considérées, en étudiant les situations contrastées selon ces échelles et en prenant en compte les temporalités. Sur un même espace régional ou métropolitain, peuvent en effet coexister des territoires où se concentrent richesses, flux et pouvoirs, et d'autres en déprise et cumulant les difficultés sociales, économiques ou environnementales. Ces territoires aux dynamiques opposées ne sont pas nécessairement déconnectés, ils sont même interdépendants sous divers aspects. En témoignent les flux quotidiens de travailleurs pauvres des périphéries des grandes métropoles qui sont indispensables au fonctionnement des services et des fonctions urbaines subalternes. La dimension temporelle est en outre indispensable à la compréhension de ces dynamiques : des espaces périphériques et marginaux deviennent des lieux d'attractivité renouvelée, ou encore, des espaces en crise s'imposent comme des laboratoires d'expérimentation, combinant innovation, résilience et dynamiques créatives.

Notions principales

Zone franche : zone industrielle ou commerciale bénéficiant de dérogations fiscales et douanières afin d'attirer des investissements.
Zone grise : espace mal délimité qui échappe en partie aux régulations nationales ou internationales.
Littoralisation : polarisation des activités sur les côtes.
Hub : espace de concentration et d'éclatement de flux.

DÉFINITION

Écoumène : dans son sens le plus traditionnel, ce mot d'origine grecque (« *oikeo* » signifiant « habiter ») désigne la partie de la Terre occupée par l'humanité. Mais depuis une quinzaine d'années, il acquiert un sens plus riche grâce aux travaux du géographe Augustin Berque pour qui l'écoumène, est « la relation d'un groupe humain à l'étendue terrestre ». Ainsi, aujourd'hui, le concept d'écoumène en tant qu'espace humanisé n'a plus grand intérêt dans la mesure où il n'existe plus d'espaces vierges; cependant, il conserve une valeur dans la relation de l'homme à sa planète.

CHRONOLOGIE

1965 : Programme « *Maquiladora* » au Mexique.
1973 : Crise pétrolière et début d'un vaste mouvement de désindustrialisation des pays du Nord.
1990 : *WorldWideWeb*, premier navigateur web.
1994 : Création de l'Organisation mondiale du commerce (OMC).
2000 : Apogée de la bulle Internet.
2001 : Adhésion de la Chine à l'OMC.
2007 : Crise des *subprimes*.
2007 : Les Russes plantent leur drapeau sous le pôle Nord.
2008 : Crise financière internationale.
2015 : 3,4 milliards de voyageurs aériens.
2017 : Relance par Donald Trump du projet de mur à la frontière Mexique-États-Unis.
2020 : Pandémie de Covid-19 (apparue en novembre 2019 à Wuhan, Chine).
2021 : Brexit : la Grande-Bretagne quitte l'Union Européenne.
2024 : L'Égypte, les EAU, l'Éthiopie, et l'Iran rejoignent les BRICS, qui deviennent les BRICS+.

I. Une sélection par les flux : territoires intégrés *vs* territoires marginalisés ?

A. INTERFACES* ET *HUBS* : DES TERRITOIRES GAGNANTS, FAÇONNÉS PAR LES ÉCHANGES

1. Les littoraux : des interfaces privilégiées de la mondialisation contemporaine

Le littoral est un territoire privilégié d'interface, dont la profondeur varie en fonction des activités qui s'y développent. Un littoral portuaire se caractérise par un arrière-pays très profond lorsque le port est de rang régional ou mondial : l'arrière-pays de Rotterdam s'étend par exemple à une grande partie de l'Europe à laquelle il est connecté par un réseau de canaux et d'axes terrestres performants.
Environ 37 % de la population mondiale vivent à moins de 100 km de la mer, où l'on trouve une densité de population deux fois supérieure à la moyenne et une concentration croissante des activités économiques. Ainsi, dans le cas français, le littoral se singularise par une densité de 281 hab/km^2 en 2021, soit 2,4 fois plus que la moyenne de la France métropolitaine (119 hab/km^2). La majorité des grandes villes sont par ailleurs localisées sur les littoraux et disposent d'une ouverture maritime : six des dix premières métropoles de la planète sont littorales. L'Asie regroupe 60 % de la population littorale mondiale et les littoraux d'Asie et d'Afrique concentrent environ 78 % de la croissance démographique littorale.
Ce mouvement de concentration des populations, des activités et des constructions, appelé « littoralisation », est à relier à l'accroissement des échanges maritimes, mais aussi au développement du tourisme. Un processus de maritimisation de l'économie a ainsi valorisé les littoraux, qui sont devenus des lieux particulièrement actifs et attractifs. Il s'agit des interfaces privilégiées d'une économie

DÉFINITION

Interface : espace de contacts et d'échanges entre deux territoires distincts, à l'origine de dynamiques démographiques, économiques, sociales et/ou culturelles (interface terre-mer, interface frontalière, etc.).

mondialisée, qui repose de façon croissante sur les échanges maritimes, ceux-ci assurant 90 % du transport international de marchandises. Les littoraux sont alors équipés en vastes infrastructures portuaires (bassins en eaux profondes, quais, terre-pleins, etc.), capables d'accueillir des tankers et des porte-conteneurs devenus gigantesques. Des zones industrialo-portuaires et des plateformes logistiques, facilitant les ruptures de charge, renforcent l'artificialisation littorale. Alors que la création de zones industrialo-portuaires a transformé et artificialisé de nombreux espaces littoraux avec l'installation de grandes infrastructures dédiées à l'importation de matières premières et à l'industrie lourde, les années 1990-2000 voient la révolution du conteneur (cf. chap 7) qui propulse un nombre limité de grands ports au cœur de la mondialisation des échanges. L'Asie orientale et ses corridors maritimes en sont les territoires gagnants par excellence, concentrant la moitié des conteneurs manutentionnés dans le monde.
La littoralisation du peuplement et des activités de services est par ailleurs liée à l'attractivité touristique et, plus généralement, à la valorisation du cadre de vie offert par le littoral, combinant fréquemment héliotropisme* et balnéotropisme*. **Les flux de population en direction des littoraux engendrent une forte croissance urbaine et périurbaine des espaces côtiers. Les territoires littoraux sont ainsi convoités par des usages et des usagers multiples.** De territoires répulsifs pour nombre d'entre eux, en raison des risques liés au rivage, les littoraux sont devenus, au cours du XXe siècle, des espaces emblématiques de la mondialisation et des dynamiques démographiques et socio-économiques qui l'accompagnent. Cependant, **ils figurent aussi parmi les espaces les plus menacés par ces mêmes dynamiques**. **La disparition d'écosystèmes, l'accélération de l'érosion, la pollution des eaux sont à l'origine de nécessaires mesures de protection des environnements littoraux à différentes échelles. Les littoraux sont par ailleurs les territoires les plus exposés au changement climatique global, en raison du risque lié à la montée des eaux marines.** Les espaces insulaires et les grands deltas, pour la plupart très densément peuplés, figurent parmi les espaces les plus menacés par le changement climatique et la montée des eaux. En témoigne le Delta du Nil, qui abrite environ un-tiers de la population égyptienne et constitue le cœur économique du pays. Les pêcheurs du delta du Nil, au cœur des crises de la biodiversité et du climat, décrivent une baisse de la production halieutique à l'origine de conditions de vie plus difficiles. En Méditerranée, le GIEC (Groupe d'experts intergouvernemental sur l'évolution du climat) prévoit une élévation de 1,1 mètre du niveau marin d'ici la fin du siècle, ce qui pourrait aboutir à la disparition d'une partie de la côte deltaïque. Pour lutter contre l'érosion côtière sur les rivages de la Méditerranée, le gouvernement égyptien mène des travaux d'endiguement et a construit des infrastructures de défense le long de nombreuses villes et villages, notamment Alexandrie. Toutefois, ces infrastructures lourdes sont au centre de nombreux débats environnementaux, d'autant que la protection qu'elles offrent tend à accélérer l'érosion des espaces voisins. Des solutions fondées sur la nature sont donc recherchées, à l'image du projet contemporain de construction d'un cordon dunaire financé par le *Green Climate Fund*.

Pour aller plus loin

Carte interactive et prospective de l'impact de la montée de la mer
liennathan.fr/6j3z3e

DÉFINITIONS

Héliotropisme : attraction exercée sur la population par le climat ensoleillé.
Balnéotropisme : attraction du rivage à des fins de loisirs balnéaires.

2. Les grands *hubs*, nœuds des réseaux de transport et de communication [→ CH. 3]

L'accroissement des échanges entraîne la montée en puissance des territoires capables de concentrer et d'émettre des flux nombreux aux échelles régionale et mondiale. De tels pôles sont appelés des *hubs*, selon le modèle *hub and spokes* (moyeu et rayons), qui a initialement été utilisé dans le domaine de l'aviation civile par la compagnie Delta Airlines dès la fin des années 1950. Son objectif était de simplifier et d'améliorer la performance des réseaux de transport en concentrant les vols d'une compagnie sur un seul aéroport. Ce modèle est aujourd'hui présent dans la majorité des réseaux de transport et de télécommunications. Il engendre par conséquent **la promotion, à l'échelle mondiale, d'un nombre réduit de pôles – généralement de grandes métropoles –, où le développement d'infrastructures de transport performantes accompagne la croissance des flux**. Ainsi, les *hubs* sont les lieux d'investissements privilégiés : nouveaux terminaux portuaires, aéroportuaires ou ferroviaires ; développement de l'intermodalité ; extension des plateformes logistiques ; croissance des zones d'activités situées à proximité. Ces dynamiques liées au transport et à la logistique contribuent à l'attractivité des villes et constituent un élément clé du rayonnement et du pouvoir métropolitains [→ CH. 7]. Ainsi, l'aéroport de Roissy, *hub* de la compagnie Air France et deuxième aéroport européen en termes de passagers, est à la fois une plateforme multimodale (gare TGV ; autoroutes ; gare RER), une plateforme logistique qui accueille le siège européen de l'entreprise américaine FedEx, un centre hôtelier et une zone d'activités commerciales (Paris Nord). Roissy est par conséquent au cœur de la stratégie métropolitaine du Grand Paris.

3. Des espaces frontaliers façonnés par les flux et les dynamiques d'ouverture et fermeture

La mondialisation et ses flux ont des impacts majeurs sur les espaces frontaliers et contribuent à l'émergence de territoires d'interface, traversés et façonnés par les mouvements de personnes, de marchandises ou d'informations [→ CH. 9]. Ces flux – légaux ou illégaux - exploitent notamment les différentiels frontaliers en termes de monnaie, de fiscalité, de droit ou de marché du travail et contribuent à la fixation d'activités et de personnes qui cherchent à bénéficier de cette rente frontalière. La frontière américano-mexicaine est l'un des exemples les plus emblématiques du processus de territorialisation qui évolue au gré de la politique américaine d'ouverture et de fermeture. Celle-ci dépend notamment des besoins de main-d'œuvre des États-Unis, des projets économiques à la suite du premier grand programme *maquiladora* qui avait été lancé en 1965 au Mexique, et de la politique migratoire. Le projet de mur lancé par D. Trump lors de son premier mandat a été prolongé par J. Biden en dépit de ses engagements de campagne et malgré les controverses sur la faible efficacité des murs frontaliers pour contenir les flux migratoires.

La pandémie de Covid-19 a entraîné une recomposition des relations frontalières avec la fermeture des frontières et la perte de centralité de nombreux espaces frontaliers, à l'image des territoires de la frontière entre le Nord lorrain en France et le Luxembourg. Du point de vue des pratiques de consommation liées à la frontière, la fermeture de la frontière en 2020 a eu un effet gagnant - perdant tantôt au profit de l'un ou de l'autre côté de la frontière. Les commerces qui ont réussi à poursuivre leur activité ont perdu leur clientèle transfrontalière. La crise sanitaire a impliqué une baisse de 80 à 90 % des ventes de carburants dans les stations-services frontalières du Luxembourg, engendrant une réduction drastique des rentrées fiscales liées à ce « tourisme à la pompe ». De l'autre côté de la frontière, les grandes surfaces françaises ont été privées de leur clientèle belge et luxembourgeoise.

B. LES TERRITOIRES DONT LA RÉUSSITE DÉPEND FORTEMENT DES ÉCHANGES MONDIAUX

1. Les territoires très intégrés au commerce international

La multiplication des échanges a contribué à la sélection d'un ensemble de pôles et d'aires aux dimensions variées : vastes aires métropolitaines, « vallées technologiques » ou encore grandes plaines agro-exportatrices. Ces espaces productifs contrôlent, orientent et bénéficient des échanges commerciaux internationaux par leur capacité de production, de rayonnement et d'attractivité (des capitaux, des technologies ou des personnes selon les cas). Ils s'appuient et mobilisent à leur profit un ensemble de lieux et de réseaux indispensables à leur pérennité et à leur reproduction : espaces de stockage (marchandises et données), réseaux d'énergie, réseaux logistiques, réseaux internet. On peut citer ici l'exemple des **territoires de l'innovation et des hautes technologies**, à l'image de la Silicon Valley californienne qui regroupent les géants de l'internet ou encore du plateau de Saclay qui concentre grandes entreprises et centres de recherche-développement. Les espaces de la grande agriculture exportatrice sont également emblématiques de cette intégration aux échanges mondiaux. Le cas des **exploitations agro-productivistes brésiliennes**, s'étendant sur de très vastes superficies et en mesure de produire à bas coût, révèle la puissance de projection de l'agriculture du pays à l'échelle de la planète. Selon les géographes H. Théry et M-F. Fleury, le Brésil occupe ainsi la première place mondiale pour les exportations de soja, sucre, café, jus d'orange, bœuf, poulet, tabac et cellulose.

ZOOM ▶ Les Maldives sous pression de la mondialisation

L'archipel des Maldives, constitué de presque 1200 îles au cœur de l'océan Indien, est l'État le plus bas au monde et est déjà largement concerné par les conséquences du changement climatique. Selon un rapport du GIEC (2022), les Maldives font partie des cinq États les plus menacés par la montée du niveau marin. L'archipel subit plus largement de multiples pressions anthropiques liées notamment aux flux touristiques : en 2024, plus d'1,7 million de touristes ont été enregistrés pour une population d'environ 520 000 habitants. L'activité touristique, qui s'est développée depuis les années 1960-1970, fragilise les environnements terrestres et marins. De nombreux atolls sont devenus des « îles-hôtels », où l'urbanisation et la présence humaine perturbent et fragilisent ces zones de biodiversité. D'autres ont été transformés en îles-poubelles à l'image de Thilafushi, où plus de 400 000 m³ de déchets s'entassent depuis le début des années 1990 et où 600 m³ supplémentaires, issus majoritairement de l'activité touristique, s'y ajoutent quotidiennement. Face à la situation environnementale préoccupante, le pays a interdit la production, l'importation et la consommation de plastiques à usage unique en 2022. Des projets, soutenus par la Banque Mondiale, appuient le gouvernement dans la mise en place d'un système de gestion durable des déchets (Maldives Clean Environment Project), mais aussi dans la diversification économique et l'intégration économique des jeunes (Maldives Enhancing Employability and Youth Resilience). L'activité touristique et les flux mondialisés qu'elle engendre sont sources de dépendances et de vulnérabilités face aux risques politiques, climatiques, économiques ou sanitaires. En témoigne la chute brutale des revenus touristiques en 2020 dans le contexte de la pandémie.

Pour aller plus loin

Puissance et diversité de l'agriculture brésilienne
liennathan.fr/fhozt3

2. Les territoires du tourisme : flux touristiques et territoires « élus »

La mondialisation touristique sélectionne des lieux qui sont promus au rang de destination internationale pour des durées plus ou moins longues, en fonction du regard que la société porte sur ces lieux et de leur capacité à répondre aux attentes de loisirs, d'aventure contrôlée et de dépaysement d'une part croissante de la population mondiale. Depuis 1950, le développement et la démocratisation des transports aériens ont étendu l'espace touristique à l'ensemble de la planète, y compris aux territoires inhabités ou situés à la limite de l'écoumène. Ainsi, **l'activité touristique touche aujourd'hui les territoires les plus reculés ou contraignants**, comme le Groenland, l'Antarctique, les déserts les plus chauds, même si l'on est loin du tourisme de masse que l'on trouve sur les littoraux méditerranéens. **L'activité touristique concerne également des territoires longtemps considérés comme « a-touristiques »**, tels d'anciens espaces industriels des pays du Nord (comme les carreaux de mines du Nord-Pas-de-Calais, dont le bassin minier a été classé au patrimoine mondial de l'Unesco) ou des quartiers de bidonvilles des métropoles du Sud (à l'instar de la favela Rocinha à Rio). Le modèle des « 3 S » (*Sea, Sand, Sun*) constitue néanmoins un moteur toujours décisif de la mise en tourisme du monde. Les littoraux tropicaux, dont ceux des îles de l'océan Indien ou du Pacifique, continuent à attirer investisseurs et touristes.

L'ouverture d'un pays ou d'une région au tourisme signifie, pour ses habitants, une confrontation au monde, qui est généralement synonyme de transferts de richesses et d'intégration à l'économie mondiale, mais qui est aussi porteuse d'une perte d'identité potentielle, de déséquilibres économiques ou de risques environnementaux.

3. Les zones franches : des territoires qui misent sur la mondialisation des échanges

Une zone franche est un périmètre délimité dans lequel les entreprises sont soustraites au régime commun en vigueur dans le pays d'accueil, principalement dans les domaines douanier et fiscal. On distingue **deux types de zones franches : d'une part, les zones franches commerciales, majoritairement localisées dans les grands ports, où les transactions sont dédouanées** et où l'essentiel des activités concerne le groupage/dégroupage et le transit de marchandises ; **d'autre part, les zones franches industrielles, qui sont des parcs industriels dérogeant aux contraintes douanières et souvent aux taxes en vigueur dans le pays, et dont la finalité est la production de biens pour l'export**. Selon F. Bost, la diffusion des zones franches dans le monde, commencée dans les années 1950, s'accélère à partir des années 1980 et 1990, parallèlement à l'affirmation des pays dits « émergents » et des pays d'Europe de l'Est dans les échanges internationaux. **Ce processus a été encouragé par le recours croissant aux délocalisations vers les pays du Sud, opérées par les entreprises des pays industrialisés à la recherche d'une flexibilité et d'une compétitivité accrues.**

Ces territoires exemptés de taxes et de droits de douane revêtent différentes formes selon les pays. Ainsi, à partir de 1965, le Mexique et, dans son sillage, l'île Maurice privilégient le concept de « points francs », à savoir l'installation d'industries qui, tout en bénéficiant des avantages mentionnés, peuvent s'implanter n'importe où sur le territoire national en fonction de leurs besoins en moyens de production ou du marché qu'elles visent. Au Mexique, ces industries, appelées *maquiladoras*, se sont ainsi installées massivement le long de la frontière avec les États-Unis, dans des villes qui ont opté pour une spécialisation industrielle à destination du vaste marché états-unien. À Singapour, c'est l'ensemble du territoire singapourien qui peut être assimilé à une zone franche puisque la quasi-totalité des marchandises est importée en franchise de droits de douane. Jurong, la plus ancienne et la plus vaste des zones franches industrielles de l'île, est le symbole du succès de la politique industrielle singapourienne. **Depuis le début des années 2000, se multiplient des flux d'investissements Sud-Sud, issus des pays émergents les plus développés – à l'instar de la Chine, du Brésil et de l'Inde – et à destination de pays qui souhaitent bénéficier de cette dynamique de zones franches et qui offrent une main-d'œuvre moins chère.**

C. LES TERRITOIRES DES FLUX ILLÉGAUX : « ANTIMONDE » ET ESPACES GRIS DE LA MONDIALISATION

Les activités illégales et les flux qu'elles engendrent (commerce de drogues, d'armes, d'êtres humains, d'animaux, blanchiment d'argent sale) ont amené les géographes à réfléchir sur le rôle de ces activités dans le fonctionnement du monde et la façon dont elles se localisent dans certains territoires privilégiés. R. Brunet définit, dès 1992, le concept d'**antimonde** comme une « partie du monde mal connue et qui tient à le rester, qui se présente à la fois comme le négatif du monde et comme son double indispensable ». La notion de **zone grise de l'économie ou de la société** est également utilisée pour désigner un monde parallèle, caractérisé par le manque de régulation sociale, politique ou économique, ce qui s'explique par la défaillance des autorités. **Le processus de mondialisation, en tant qu'il démultiplie les possibilités d'échange et de mise en réseau des territoires, permet à certains lieux de se spécialiser dans les activités irrégulières qui peuvent être particulièrement lucratives et qui sont synonymes d'intégration au monde.** En effet, **ces lieux de l'antimonde n'existent et n'ont de raison d'être que par les liens qu'ils entretiennent avec le monde** : comme l'explique M. Houssay-Holzschuch, l'antimonde fonctionne à distance du monde, mais suffisamment proche pour pouvoir échanger et même s'en servir.

1. Les paradis fiscaux : les espaces gris de la mondialisation financière

Les paradis fiscaux, à l'image de nombreux espaces insulaires des Caraïbes et du Pacifique, mais aussi de petits territoires européens comme le Luxembourg, **sont des territoires où une fiscalité très faible, voire nulle, des formalités réduites et la confidentialité des opérations attirent les flux financiers des entreprises ou des particuliers**. On parle notamment d'« *offshoring* financier » lorsqu'une société installe une filiale dans un État étranger offrant de nombreux avantages fiscaux. L'objectif est de faciliter, dans la discrétion la plus complète, le transfert des bénéfices vers la filiale afin d'échapper à la taxation dans le pays d'origine. **Les flux offshore, totalement déconnectés de l'économie réelle, représentent environ 60 % des flux financiers de la planète.** Les paradis fiscaux permettent ainsi de réaliser **des opérations financières légitimes, mais celles-ci peuvent également servir à des fins de blanchiment d'argent ou de fraude fiscale**. Depuis la publication des *offshore leaks* en 2013, des journalistes d'investigation continuent de dévoiler l'étendue du phénomène de la finance de l'ombre qui repose sur l'évasion fiscale, l'absence de transparence et les pratiques de blanchiment. En 2016, les *Panama papers* ont révélé les pratiques du cabinet Mossack Fonseca, spécialisé dans les structures *offshore* visant à masquer la valeur et l'origine des patrimoines de centaines de clients. Le scandale des *Pandora papers* en 2023 vient apporter un nouvel éclairage sur l'ampleur de ces pratiques, tout en montrant comment les processus de régulation et de transparence accrues mis en place depuis 2008 commencent à agir. Les pratiques de fraude fiscale les plus grossières, menées dans les micro-États insulaires - épinglés notamment par la liste noire des paradis fiscaux de l'Union Européenne -, tendent en effet à se réduire. Mais on assiste dans le même temps à une recomposition de cette finance de l'ombre au sein d'États puissants, et beaucoup plus difficiles à contrôler. C'est le cas de Dubaï (fédération des Émirats arabes unis) qui a été retiré de la liste grise des paradis fiscaux de l'OCDE en février 2024, le pays ayant notamment instauré des taxes sur les bénéfices des entreprises. Toutefois, l'émirat s'est adapté et la dissimulation financière s'est transformée, faisant désormais de Dubaï un refuge privilégié de la grande criminalité et des trafiquants du monde entier. Ces derniers viennent blanchir leur argent sale en investissant dans des voitures de luxe ou des biens immobiliers. Selon l'agence européenne de police criminelle Europol, Dubaï s'impose ainsi comme un centre de coordination à distance des trafics de drogue de la planète, dont les flux profitent d'une coopération judiciaire défaillante. L'émirat est par ailleurs devenu, depuis 2022 et la guerre en Ukraine, un territoire de repli pour de nombreux entrepreneurs russes, non seulement les oligarques, mais aussi des dirigeants de PME et de start-up qui cherchent à échapper aux sanctions financières et commerciales.

Pour aller plus loin

Le site de la plus importante ONG de dénonciation de la corruption mondialisée
liennathan.fr/i8d7r2

2. Territoire des trafics de drogues, d'armes ou d'êtres humains : le cas du Sahara

Le Sahara est historiquement un espace de mobilités et de flux d'échelles régionale et continentale, mais les évolutions les plus contemporaines, associant multiplication des trafics en tous genres et développement du terrorisme international, en font un des territoires les plus emblématiques de la mondialisation grise ou parallèle. Le manque de régulation et de contrôle territorial par des États souvent défaillants, les atouts liés à l'immensité désertique et la position stratégique du Sahara à l'interface entre Afrique subsaharienne et Afrique du Nord méditerranéenne, se combinent pour faire du désert du Sahara un des territoires du terrorisme international, ainsi qu'un point de passage privilégié de flux illicites reliant différentes régions du monde.

D. DES ESPACES FRAGILISÉS ET MENACÉS PAR LA MULTIPLICATION DES FLUX

1. Flux financiers et crise des territoires

La crise financière de 2008, qui a touché l'ensemble de la planète et qui fait suite à la crise des *subprimes* de 2007, puis les crises au sein de l'Union européenne en 2011 (Grèce) et 2013 (Chypre) ont, dès le tournant des années 2000, témoigné du **risque que fait peser sur certains territoires la financiarisation de l'économie mondiale. La dépendance vis-à-vis des flux financiers, dont la volatilité peut être très élevée, est à l'origine d'une forte vulnérabilité des territoires qui ont misé sur la finance comme levier d'intégration au système économique mondial.** Ainsi, **certains petits territoires insulaires ou continentaux, qui disposent de peu de ressources, ont fait de l'accueil des investissements étrangers une manne pour leur développement économique**. L'île anglo-normande de Jersey en constitue un bon exemple, qui, sur une population de 90 000 habitants, comptait en 2008 plus de 17 000 emplois consacrés à la finance, et dont le paysage associe yachts de luxe et quartier des banques, sur le modèle de la City londonienne. Pourtant, la crise de 2008 et la stigmatisation croissante des paradis fiscaux ont entraîné une prise de conscience des risques liés à l'activité financière. Une volonté de diversification économique, mais aussi de recentrage culturel sur l'héritage anglo-normand, se dessine. L'intégration de l'île à des réseaux financiers globalisés et à un modèle culturel anglo-saxon ont donné ainsi naissance à un renouveau de la conscience identitaire de la communauté insulaire de Jersey.

ZOOM ▶ Chypre, victime des flux financiers

Jusqu'en 2008, la république de Chypre présente un secteur financier florissant, lié à de très bas niveaux d'imposition et dominé par les investisseurs russes, qui détiennent environ un tiers des dépôts bancaires. L'île est en effet utilisée comme plateforme pour les investissements à destination de la Russie, sa situation d'interface entre le Proche-Orient et l'Union européenne, comme son appartenance au monde du christianisme orthodoxe, expliquent son attractivité pour les intérêts russes. La ville de Limassol, station balnéaire et deuxième ville du pays, symbolise cette réussite chypriote. Paradis des sociétés offshore russes, la ville voit l'installation d'environ 30 000 Russes à partir du début des années 1990. Or, Chypre est touchée en 2008 par la crise financière internationale ; puis, à partir de 2011-2012, les liens financiers très étroits entre l'économie chypriote et la Grèce expliquent la diffusion de la crise grecque au sein de l'île. Au printemps 2013, un plan de restructuration du secteur bancaire et financier est alors imposé par la Troïka : Union européenne, Fonds monétaire international, Banque centrale européenne. Une hausse de l'impôt sur les sociétés et sur les intérêts du capital a été instaurée et les investisseurs se tournent vers d'autres territoires, notamment Singapour. L'enquête *Cyprus confidential* (2023), fondée sur la fuite de documents de cabinets de services financiers chypriotes, a de nouveau mis en évidence les dérives du modèle économique chypriote et de son rôle comme porte d'entrée dans l'UE de flux financiers douteux. Le territoire chypriote continue à accueillir des sociétés-écrans et constitue toujours une destination de l'argent russe, notamment celui des oligarques à la recherche d'une imposition minimale et d'un secret bancaire difficile à réformer.

2. Les territoires vulnérables en raison d'une trop forte dépendance aux échanges

Nauru, petite île d'Océanie, est aujourd'hui recouverte de mines de phosphate abandonnées. Entièrement dépendante de la richesse de son sous-sol et des exportations de phosphate jusqu'au tournant des années 2000, Nauru se caractérise désormais par un environnement dégradé et des dettes nombreuses. Le temps où les Nauruans avaient un revenu par habitant égal au triple de celui des Américains semble ainsi à jamais révolu. S'il s'agit d'un territoire singulier de par son caractère insulaire et son exiguïté, l'exemple de Nauru vient cependant attester du risque lié à une trop forte extraversion économique. **Différentes régions du monde ont opté pour un mode de développement fondé sur les échanges, qu'ils soient entrants ou sortants, à l'origine d'une vulnérabilité économique élevée.**
Ainsi, **les territoires de l'agriculture exportatrice sont exposés aux risques liés à la volatilité des cours des matières premières, à la concurrence de nouveaux acteurs sur les marchés mondiaux ou à celle des pays qui subventionnent leurs agriculteurs pour pouvoir exporter aux prix du marché mondial**, ceci tout en protégeant leur agriculture nationale, comme le font massivement les États-Unis ou les pays de l'Union européenne. Les pays du groupe de Cairns (du nom de la ville d'Australie où le groupe a été fondé en 1986), qui se caractérisent par une grande agriculture exportatrice, dénoncent ces subventions : l'Australie, le Canada, le Brésil, l'Argentine ou l'Afrique du Sud y voient en effet une concurrence déloyale sur le marché international.

Les espaces de l'industrie d'exportation sont, quant à eux, exposés aux risques de pertes de parts de marché liées à l'arrivée de territoires plus compétitifs, notamment en termes de coût de main-d'œuvre et de législation du travail. L'entrée massive des pays d'Asie de l'Est (Chine) et du Sud-Est (Indonésie, Philippines) sur les marchés textiles a ainsi fortement pénalisé les territoires du Maghreb spécialisés dans le textile à destination de l'Europe. En outre, le contexte de libéralisation économique , qui a dominé la fin du XXe siècle, a entraîné la disparition de certains accords commerciaux internationaux, pénalisant les territoires qui avaient misé sur un marché protégé. L'île Maurice a par exemple subi conjointement l'abolition des accords sur le sucre et celle des accords sur le textile, pénalisant à la fois ses territoires sucriers et ses « points francs » textiles, tous deux dédiés à l'exportation.

Il est également important de mentionner la **dépendance vis-à-vis de flux entrants. C'est le cas des territoires caractérisés par une monoactivité touristique.** Leur dépendance au contexte géopolitique international les rend particulièrement vulnérables, comme l'a montré l'effondrement des entrées touristiques et des devises dans les pays du printemps arabe après 2011 ou encore aujourd'hui dans le contexte de crises multiples au Moyen-Orient. On peut également évoquer la **dépendance de nombreux pays à l'importation de denrées alimentaires ou d'hydrocarbures**, pour lesquels une évolution à la hausse des cours ou la dégradation de la situation politique peuvent être synonymes de pénuries, ainsi que d'endettement des populations et des États. C'est le cas en Égypte, où les pénuries de carburant engendrent de fréquentes coupures d'électricité et où la dépendance aux importations de blé fait peser un risque majeur sur la sécurité alimentaire de la population.

Enfin, si la maritimisation des échanges et la conteneurisation ont propulsé des territoires au cœur des réseaux mondialisés, elles ont aussi créé un ensemble de dépendances, sources de vulnérabilité. Comme l'explique Antoine Frémont, le marché conteneurisé est désormais un marché oligopolistique qui marginalise les États les plus pauvres et fait peser des menaces sur leur commerce extérieur.

3. Des territoires en retrait, peu intégrés aux échanges mondiaux

Les espaces peu intégrés aux échanges et témoignant de formes de mal-développement regroupent une **variété de territoires, d'échelles différentes et situés dans différentes régions du monde. Ces territoires, que l'on peut qualifier de « périphéries », témoignent du nécessaire dépassement de l'opposition traditionnelle Nord-Sud puisqu'ils sont aussi présents au sein des pays dits « du Nord ».** Les inégalités territoriales doivent en effet de plus en plus se lire aux échelles régionales et locales. **Les territoires périphériques, au sens d'espaces marginaux ou marginalisés par les processus de mondialisation, s'analysent moins à l'échelle d'un pays qu'à celle d'une ville ou d'un quartier, prenant la forme d'îlots et d'archipels caractérisés par la discontinuité.** Parmi ces îlots ou auréoles en difficulté, on peut citer les **territoires ruraux des pays les moins avancés, peu intégrés aux réseaux d'échanges, peu compétitifs et fortement concurrencés**, à l'image de nombreux terroirs agricoles d'Afrique subsaharienne, dont les productions sont vendues plus cher sur les marchés urbains locaux que certains produits importés. Les territoires ruraux des pays du Nord relèvent, pour certains d'entre eux, de cette catégorie. Il s'agit notamment des **espaces ruraux enclavés, qui subissent par exemple un effet tunnel** : c'est le cas de certains territoires ruraux français situés sur le trajet du TGV ou d'une autoroute, mais ne disposant pas de gares ou d'échangeurs à proximité. Plus généralement, **de nombreux territoires ruraux, au nord comme au sud, doivent trouver des stratégies alternatives d'inté-**

gration à la mondialisation, parmi lesquelles la labellisation des produits agricoles ou l'intégration dans des filières équitables. C'est le cas des territoires traditionnels de l'arganier au Maroc, qui produisent l'huile d'argan très prisée par les firmes cosmétiques et qui sont désormais insérés dans des réseaux commerciaux internationaux.

Enfin, parmi les territoires en retrait, on trouve les **territoires urbains ou périurbains enclavés, mal reliés aux réseaux de transport et caractérisés par le cumul des difficultés socio-économiques**. **Leur intégration à la mondialisation est cependant indéniable, même si elle se fait par des voies alternatives, parfois par des flux illicites**, comme dans certains quartiers informels des métropoles du Sud ou certains quartiers urbains dits « sensibles » des villes du Nord [→CH. 7]. Comme le montrent A. Choplin et O. Pliez dans *La Mondialisation des pauvres* (2018), il existe une autre mondialisation, plus discrète que celle des grands centres métropolitains et des hubs internationaux. Les auteurs évoquent **la mondialisation des « espaces interstitiels », en marge des grands centres, et la qualifient de mondialisation « par le bas » et invisible** des médias. Elle connecte un certain nombre de lieux et d'espaces périphériques avec les centres de la planète par l'intermédiaire des circulations de biens et d'individus. Ce qu'illustrent les routes, en constante mutation, qui relient l'Asie, l'atelier du monde, au « marché des pauvres » en Algérie, au Nigeria ou en Côte d'Ivoire. C'est par exemple le cas des circulations entre la ville chinoise de Yiwu (sud de Shanghai) et la petite ville égyptienne de Salloum, frontalière de la Libye, où transitent les jeans chinois avant leur commercialisation dans les rues du Caire. Salloum est notamment emblématique de ces villes sahariennes en croissance, par leur rôle de carrefour à la fois marchand et migratoire.

II. Une sélection par les activités économiques : recomposition du système productif et nouvelle économie des services avancés et de la connaissance

D'après G. Benko, la mondialisation contemporaine se caractérise par la **coexistence de deux logiques de croissance – globalisation et polarisation** –, qui concernent à la fois les activités productives et les échanges de biens et services. Selon lui, « le processus de mondialisation s'accompagne d'un déséquilibre entre régions, mais aussi de phénomènes de concentration spatiale à l'intérieur même des régions[1] ». S. Montagné-Villette ajoute que **la mondialisation des activités et l'importance croissante de la finance entraînent une dilatation de l'écoumène économique** : « ce double changement conduit, depuis une vingtaine d'années, à une autre géographie de l'entreprise et du travail, ainsi qu'à une forme de rééquilibrage Nord-Sud[2] », qu'il s'agit de montrer et d'illustrer.

A. LES TERRITOIRES DE LA FINANCE ET DES SERVICES AVANCÉS

Parmi les espaces moteurs de la nouvelle économie financiarisée et globalisée évoquée par S. Sassen, les grandes métropoles et leurs CBD dominent, à l'image de la City londonienne ou de Manhattan, mais aussi de nombreux quartiers d'affaires ou de

1. G. Benko, *Espaces et sociétés*, 2006/2.
2. S. Montagné-Villette, *Géographie, Économie, Société*, 2008/10.

bureaux situés dans les espaces périurbains des grandes villes, pour lesquels J. Garreau a défini le concept d'« *edge city* » [→CH. 8]. **Ces territoires qui incarnent la centralité métropolitaine accueillent les grandes Bourses mondiales, les sièges sociaux des plus grandes entreprises et les services supérieurs destinés aux firmes transnationales** – services bancaires, assurances, conseil et audit. Si les centres d'affaires attestent du pouvoir des villes des pays dits « développés », et notamment des espaces centraux de l'archipel mégalopolitain mondial [→CH. 8], certaines métropoles du Sud, telles Shanghai, Mumbai, Taipei ou Singapour, accueillent une part croissante d'entreprises spécialisées dans les services avancés. Les interactions entre filiales et maisons mères dessinent alors un réseau de relations et d'interdépendances entre ces différents territoires métropolitains à l'échelle mondiale.

B. UNE NOUVELLE GÉOGRAPHIE DES TERRITOIRES PRODUCTIFS À TOUTES LES ÉCHELLES

1. Montée des pays émergents et fragmentation des alliances

■ Origine géographique des entreprises de haute technologie au sein des marchés émergents depuis 2014

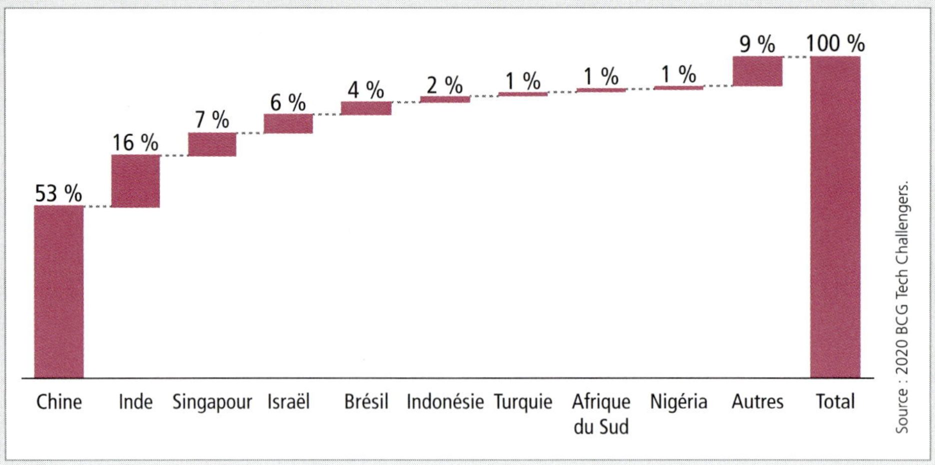

À partir des années 1970, le processus de désindustrialisation touche l'ensemble des pays qui ont fait de l'industrialisation des XIXe et XXe siècles le socle de leur croissance économique. La crise des anciens territoires industriels, qu'il s'agisse des industries minières, des industries lourdes ou, plus récemment, des industries de biens de consommation à faible valeur ajoutée, affecte de nombreuses régions des pays du Nord, dont les sites de production ont été fermés ou délocalisés vers des territoires aux coûts de main-d'œuvre inférieurs et/ou aux marchés prometteurs. En témoigne la *Rust Belt* de la région des Grands Lacs aux États-Unis, où les villes de Cleveland et Detroit sont les symboles d'une reconversion encore inachevée de l'industrie sidérurgique pour la première, et automobile pour la seconde. La hiérarchie des puissances économiques a notamment été remise en cause par l'apparition de nouveaux espaces productifs en Asie. Plus généralement, **un nouveau système productif, fondé sur la croissance des**

services, la délocalisation des activités et le rôle décisif des technologies de l'information et de la communication, recompose les territoires de l'industrie. Comme le souligne G. Benko, l'hypermobilité, rendue possible par la révolution informatique et celle des transports, remet en cause les paradigmes de la localisation des activités. Aujourd'hui, c'est aussi bien la production de biens ou services à faible valeur ajoutée que celle de produits de haute technologie, et même des activités de conception et d'innovation qui sont délocalisées, notamment vers l'Inde, la Chine ou encore Singapour. **Face à la reconfiguration de la géographie productive à l'échelle de la planète, il faut mentionner le rôle économique croissant, depuis la fin des années 2000, des BRIC (Brésil, Russie, Inde, Chine), devenues BRICS (intégration de l'Afrique du Sud en 2011) puis BRICS+.** En janvier 2024, les Émirats Arabes Unis, l'Égypte, l'Iran et l'Éthiopie ont en effet intégré officiellement le groupe. Si ce groupe élargi représente un poids démographique considérable à l'échelle mondiale, notamment grâce aux trois géants démographiques que sont l'Égypte, l'Iran et l'Éthiopie, il conserve une influence encore limitée. Il se caractérise par une forte hétérogénéité interne, qui nuit à l'approfondissement de la coopération et laisse une place dominante à la Chine. D'après une étude de BCG (Boston Consulting Group), plus de 10 000 entreprises de la Tech ont été fondées au sein des pays émergents depuis 2014, et plus de la moitié d'entre-elles sont localisées en Chine. Ces entreprises sont actives dans différents secteurs, allant de l'industrie des logiciels au *gaming*, et de l'intelligence artificielle à la cybersécurité.

La multiplication des fusions d'entreprises et l'éclatement des sites de production complexifient en outre la géographie des territoires de l'industrie et des services. Différents territoires entrent alors en compétition pour l'attraction des investissements productifs, pour lesquels les soutiens étatiques sont souvent décisifs. Ce fut en particulier le cas de l'entreprise sud-coréenne Daewoo, attirée en 1992 en Lorraine par les facilités d'installation et les fonds publics qui lui ont été accordés. Or, le constructeur automobile quitte la région dès 2002, illustrant le caractère mobile des activités productives et la vulnérabilité des territoires face au fonctionnement en réseau des firmes multinationales. Depuis le début des années 2020, de grands plans gouvernementaux ont encouragé la réindustrialisation et la relocalisation des industries sur le territoire français, mais la réalité demeure celle des pertes d'emplois industriels au profit des pays d'Europe de l'Est ou de pays extra-européens, à l'origine de difficultés pour de nombreux territoires en perte de vitesse. L'exemple du groupe Michelin est significatif de cette tendance, puisque le champion français des pneus a annoncé en 2024 la fermeture de deux de ses usines et la suppression de 1250 postes dans l'ouest de la France, alors que quatre autres usines avaient déjà fermé dans les deux dernières décennies et que la concurrence des pays asiatiques oblige le groupe à se positionner sur de nouveaux produits rompant avec sa tradition historique.

2. Le retour en force d'un ancrage territorial pour les territoires productifs ?

En dépit d'une tendance à l'éclatement productif à l'échelle mondiale, les contraintes spatiales liées au juste-à-temps ou à la suppression des stocks, mais aussi la recherche de synergies entre acteurs peuvent contribuer à la reterritorialisation des activités productives. Les **districts industriels** – théorisés par A. Marshall à la fin du XIXe siècle et appliqués à l'Italie du Nord contemporaine –, les **systèmes productifs locaux** ou encore les ***clusters*** [→ CH. 2] sont autant d'espaces productifs pour lesquels **l'ancrage territorial constitue un atout majeur**. Ces territoires reposent sur le principe de spécialisation dans un secteur productif donné et sur la multiplication des interactions entre les différents acteurs de la production, mais aussi avec ceux qui se situent en amont (recherche, sous-traitance) ou en aval (logistique). Les **pôles de compétitivité** qui se sont développés en France depuis 2004 sont révélateurs des synergies entre territoires, entrepreneuriat et recherche-développement. La Cosmetic Valley, qui s'étend de Tours à Rouen, figure parmi les 55 pôles de compétitivité français et regroupe les marques de la parfumerie et de la cosmétique les plus connues (Caudalie, Chanel, Clarins, Guerlain etc). Ce tissu industriel spécialisé est issu d'une première association de PME en 1994 dont la collaboration aboutit en 1996 à la création de la marque « Cosmetic Valley France » destinée à l'exportation. En 2005, l'ensemble constitué par une centaine de grandes marques, des fournisseurs, des entreprises de l'aval de la filière, des laboratoires de recherche (relevant de huit universités différentes) est labellisé pôle de compétitivité, plaçant l'innovation, l'ancrage territorial et le rayonnement international au cœur de la stratégie de développement. En 2028, une Maison internationale de la cosmétique devrait être créée à Chartres, constituant une vitrine et un vecteur d'opportunités au service de l'ensemble des acteurs de la filière et des territoires.

Pour aller plus loin

La carte des 55 pôles par secteur d'activités en 2020
liennathan.fr/d7w58s

Par ailleurs, **le territoire est parfois valorisé comme un gage de qualité, notamment dans les secteurs de production agroalimentaire**, où les labels associés au territoire, ou plutôt au terroir, se multiplient et servent de plus en plus de levier pour le développement rural.

C. LES TERRITOIRES DE L'INNOVATION, AU CŒUR DE L'ÉCONOMIE DE LA CONNAISSANCE

Depuis les années 1990, la diffusion rapide des technologies de l'information et de la communication s'est accompagnée de stratégies renouvelées des entreprises et des États qui ont fait de l'innovation un moteur de leur croissance. **Des territoires dédiés aux hautes technologies et aux synergies entre la recherche et l'industrie se sont alors multipliés, d'abord dans les pays du Nord avant de s'étendre aux pays émergents. Ces technopôles sont des lieux de fertilisation croisée associant les secteurs de la recherche fondamentale, de la recherche appliquée et de l'industrie.** Une **économie de la connaissance** se met ainsi en place : la matière première y est la matière grise et les stratégies de localisation dépendent avant tout des aménités offertes par les territoires – cadre de vie, universités, infrastructures de transport, vie culturelle. La majorité des grandes villes dispose ainsi de technopôles performants, qui travaillent de plus en plus en réseau entre eux à l'échelle régionale, voire mondiale.

ZOOM ▶ Singapour : le choix de la recherche et de l'innovation

Par sa localisation, à l'extrémité de la péninsule Malaise, Singapour verrouille la partie orientale du détroit de Malacca qui met en relation deux espaces maritimes majeurs : l'océan Indien et la mer de Chine. Dès le XIXe siècle, les Britanniques en ont pris le contrôle pour en faire une cité marchande et un relais sur la route de l'Extrême-Orient. De simple escale sur la route maritime vers la Chine et le Japon, Singapour est devenue un carrefour maritime et aérien majeur, ainsi qu'un centre d'activité complet, associant fonctions industrielles, financières et touristiques. Or, depuis le tournant des années 2000, l'île-État cherche à s'engager dans l'économie de la connaissance en investissant massivement dans la recherche-développement (2,5 % de son PIB et un objectif de 3 %) : elle a ainsi doublé en 10 ans la part du PIB qui y est consacrée et fortement accru le nombre de chercheurs et de publications scientifiques dans les grandes revues internationales. Le *Campus for Research Excellence and Technological Entreprise* (*Create*) abrite des laboratoires de recherche qui travaillent en partenariat avec de grandes institutions, tel le MIT de Boston. De nombreux technopôles ont également vu le jour : Biopolis, consacré à la recherche biomédicale, ou encore Fusionopolis, dédié aux technologies de l'information. Singapour cherche par ailleurs à attirer les cerveaux par des financements très attractifs des projets de recherche, ainsi que par l'organisation d'événements scientifiques d'échelle mondiale.

D. LES VILLES FACE AU DÉFI DE LA DÉCROISSANCE

Malgré une tendance à l'urbanisation croissante à l'échelle mondiale, de nombreux pays voient des villes perdre des habitants depuis la seconde moitié du XXe siècle. À côté des aspects démographiques et économiques de cette décroissance, les enjeux sont aussi d'ordre infrastructurel : il s'agit de **gérer et repenser le surdimensionnement des réseaux urbains**, notamment pour l'approvisionnement en eau ou en énergie. L'attention médiatique s'est largement concentrée sur la ville de Detroit, dans le Michigan (États-Unis), qui a été érigée en capitale de la décroissance urbaine. Or, comme le souligne le géographe Daniel Florentin, cette ville du Midwest aux dimensions hors normes et au contexte sociodémographique singulier est en réalité un cas limite, qui cache une **grande diversité de situations de « décroissance ordinaire »** : celle des villes petites et moyennes en marge de la mondialisation. Ainsi, entre 1960 et 2005, 42 % des villes européennes de plus de 200 000 habitants ont vu leur population diminuer. C'est plus particulièrement le cas dans les **anciennes régions industrielles**, qui se sont construites et urbanisées avec les première et seconde révolutions industrielles. En France, les villes en décroissance, essentiellement pour des raisons de déficit migratoire, sont notamment des agglomérations situées dans les **anciens bassins industriels ou miniers du Nord, du Nord-Est et du Massif central**. Toutefois, la décroissance n'est « ni une fatalité ni un cauchemar urbain » et peut engendrer une **stratégie de résilience et de « bifurcation territoriale »** (D. Florentin, 2019).

ZOOM ▶ ***Shrinking cities* : vers le *smart shrinkage* ?**

Face au processus de décroissance, de nouvelles stratégies urbaines, désignées par l'expression « *smart shrinkage* », sont à l'œuvre depuis les années 2000. Leur objectif est notamment de **rompre avec le dogme de la croissance**, qui domine largement parmi les professionnels des politiques urbaines. Il s'agit ainsi de passer du soutien à la croissance à la **gestion de la décroissance**, en **découplant croissance et développement urbain**. À cette fin, **diverses stratégies alternatives, participatives ou encore créatives sont proposées pour gérer les friches et les logements vacants**. Selon les contextes propres à chaque ville, ces espaces deviennent des lieux de production agricole ou participent des stratégies de verdissement. Ces politiques de **décroissance planifiée** s'accompagnent ainsi d'innovations politiques, socio-économiques et environnementales. Un certain nombre d'entre elles cherchent à mobiliser des processus participatifs, à l'image du projet de renouvellement urbain des Docks-de-Seine à Saint-Ouen (Île-de-France). Toutefois, des chercheurs ont aussi mis en avant les **impacts sociaux de ces stratégies**, menant, dans certains cas, à un **processus de gentrification environnementale et d'exclusion** d'une partie de la population. Le chercheur américain S. Safransky montre ainsi comment le projet de zone verte prévue par la ville de Detroit constitue une « nouvelle frontière » pour de jeunes « gentrifieurs blancs », entraînant le déplacement de la fraction la plus pauvre et noire de la ville vers la périphérie.

Comme le titrait un article du *Time* "Go Midwest, Young man" (2023), les villes du Midwest américain, longtemps symboles de désindustrialisation, connaissent une nouvelle attractivité, s'imposent comme de nouveaux territoires de croissance, ou du moins voient le début de trajectoires en rupture avec les décennies précédentes. Le chercheur Fabien Nadou met ainsi en avant **la mutation de la géographie économique des États-Unis avec une image et des formes de polarisation renouvelées** pour des villes comme Nashville dans le Tennessee, surnommée « Nash-Vegas » en référence à Las Vegas (Nevada), et de nombreuses villes de l'ancienne *Rust Belt*, à l'instar de Milwaukee (Wisconsin), Minneapolis (Minnesota), Columbus (Ohio), Buffalo ou Rochester (New-York). Ces dernières, caractérisées par un coût de l'immobilier inférieur et des projets urbains innovants, bénéficient par ailleurs d'un atout singulier dans le contexte du changement climatique puisqu'elles sont présentées comme des espaces-refuges face aux risques naturels, à la pénurie d'eau et aux températures estivales extrêmes du sud et de l'ouest des États-Unis. En 2022, l'entreprise américaine Intel, spécialisée dans les technologies informatiques, a ainsi choisi Columbus pour investir 20 milliards de dollars dans deux unités de pointe de puces électroniques.

III. Sélectivité de la mondialisation et recomposition territoriale à l'échelle de la planète

A. DES TERRITOIRES QUI ORIENTENT LES PROCESSUS MONDIALISÉS TOUT EN RENOUVELANT LEURS STRATÉGIES

Ces territoires demeurent concentrés dans les **pays historiquement les plus développés regroupés au sein du G7 devenu G8**, avec néanmoins l'**entrée en force de la Chine depuis les années 2000**. **Ces pays dominent les organisations économiques internationales, notamment l'OMC, et regroupent les territoires donneurs d'ordre et d'impulsion à l'échelle mondiale, en particulier les grandes métropoles** [→ CH. 7]. Ce sont en outre ces États qui abritent les marchés de consommation les plus rémunérateurs, sur lesquels les firmes transnationales continuent à fonder leur stratégie, même si les classes moyennes des pays émergents deviennent à leur tour une cible commerciale recherchée. Ainsi, le constructeur automobile Renault a fait le choix de lancer un ensemble de véhicules dédiés aux pays émergents. Dans sa stratégie « International Game Plan 2027 » dévoilée en 2023, l'entreprise a annoncé une gamme de huit modèles destinés aux marchés extra-européens, notamment l'Amérique latine, l'Afrique du Nord, la Turquie et l'Inde. Ce sont néanmoins les consommateurs des pays les plus développés qui continuent à orienter les goûts et les besoins d'une grande majorité de la population mondiale, tant en matière alimentaire que vestimentaire.

ZOOM ▶ Dubaï et Abou Dhabi, la « naissance d'un emporium » ?

Depuis leur indépendance au début des années 1970, les Émirats arabes unis ont connu un développement accéléré grâce aux revenus des hydrocarbures, propulsant de petites bourgades côtières comme Dubaï et Abu Dhabi sur la carte du monde. Villes-portes du Moyen-Orient, ces dernières sont devenues un véritable couple métropolitain au sein du réseau concurrentiel des grandes villes mondiales. Elles se sont imposées comme un *hub* majeur à l'échelle mondiale, bénéficiant d'une position privilégiée entre Europe et Asie. À la fois pôles d'attraction et de redistribution des voyageurs aériens, des capitaux et des marchandises, ces villes fondent leur développement contemporain sur des activités financières, commerciales et culturelles. Elles rayonnent à l'échelle mondiale tant par leurs investissements dans de multiples secteurs économiques que par leur capacité à attirer sur leurs territoires les investisseurs et les firmes transnationales, les grandes universités comme les plus grands événements mondiaux (l'Exposition universelle de Dubaï en 2020). Selon le géographe Raymond Wœssner (*Revue d'Économie Régionale & Urbaine*, 2016/1), Dubaï et Abu Dhabi sont ainsi le lieu d'émergence d'un « nouvel emporium pour le monde, qui absorbe et redistribue des ressources avec efficacité », ceci à l'image de l'emporium qui s'est constitué à Rome au IIe siècle avant J.-C. avec la création d'une véritable zone logistique urbaine associée au Tibre. Il souligne le rôle majeur des transports et de leurs infrastructures dans l'avènement de cet emporium à Rome comme aux Émirats. Les métropoles du Golfe sont aujourd'hui au cœur de stratégies innovantes en termes de logistique. Les Émirats arabes unis poursuivent l'**objectif de devenir un *hub* régional et une plaque tournante majeure du commerce mondial.** Ils misent de plus en plus sur **la logistique et le contrôle des modes de transport**, y compris pour leur **stratégie de sécurité alimentaire**. Comme l'a montré, en 2020, l'ouverture de la plus grande zone franche dédiée au secteur agroalimentaire (*Dubai Food Park*).

B. DES TERRITOIRES PROPULSÉS SUR LA SCÈNE MONDIALE : LE CAS SINGULIER DES PAYS DU GOLFE

Pays riverains du golfe Arabo-Persique peuplés historiquement par des populations bédouines, **les Émirats arabes unis, mais aussi le Qatar figurent parmi les territoires qui ont profité de la mondialisation pour affirmer leur puissance économique, financière, touristique ou sportive à l'échelle mondiale**. Le ressort en est la découverte et l'exploitation de vastes gisements d'hydrocarbures, qui s'intensifie après l'obtention de l'indépendance au début des années 1970. Mais ces territoires se caractérisent également par leur capacité à diversifier leur économie vers les services, à offrir des facilités commerciales grâce à l'établissement de zones franches et à investir massivement à l'étranger. **Les villes de Dubaï, Abu Dhabi ou Doha sont aujourd'hui des métropoles-vitrines de leur réussite économique et financière.** Les aéroports et leurs compagnies aériennes nationales (Emirates, Etihad ou Qatar Airways), les centres commerciaux qui accueillent les plus grandes marques mondiales du luxe, les complexes touristiques et de loisirs – aménagés notamment sur des îles artificielles à Dubaï –, ou encore les universités et les grandes écoles (la Sorbonne Abu Dhabi, l'Université américaine de Dubaï) sont autant de **lieux symboliques d'une intégration à la mondialisation qui se veut volontairement tape-à-l'œil. Elle cache néanmoins une facette moins clinquante, celle du recours à une main-d'œuvre immigrée, issue de filières migratoires majoritairement asiatiques, souvent peu payée, mal logée et encore souvent dépendante des employeurs émiratis ou qataris.** Cette intégration à la mondialisation alimente également la multiplication des méga-projets, à l'instar de *Neom* sur la Mer Rouge en Arabie Saoudite et les candidatures pour l'organisation de grands événements mondiaux. Ces derniers contribuent au *soft power* des pays de la Péninsule Arabique (Coupe du monde de football au Qatar en 2022, Exposition universelle à Riyadh en 2030, Coupe du monde de football en Arabie Saoudite en 2034). Depuis 2016 et l'arrivée au pouvoir du prince héritier Mohamed Ben Salman, l'Arabie Saoudite s'affirme parmi les acteurs régionaux majeurs et affiche ses ambitions plus globales de rayonnement et d'influence économique politique, culturelle ou sportive.

Pour aller plus loin

Neom en Arabie Saoudite
liennathan.fr/1ib6k2

C. LES PAYS ÉMERGENTS FACE AUX DÉFIS DE L'ÉQUITÉ SOCIALE ET DE L'ENVIRONNEMENT

Les pays émergents témoignent des paradoxes sociaux et environnementaux qui caractérisent certains « territoires gagnants » de la mondialisation. Qu'il s'agisse de la Chine, de l'Inde ou du Brésil, exemples les plus emblématiques d'une croissance et d'une intégration économiques rapides, ces pays sont traversés par des inégalités socio-économiques et territoriales très fortes, opposant par exemple agrocapitalistes du Mato Grosso et paysans sans terre du Nordeste au Brésil, ou bien entrepreneurs shanghaïens et paysans de l'intérieur chinois, qui doivent envoyer leurs fils et filles vers les usines du littoral pour subvenir à leurs besoins. Les migrations définitives ou temporaires vers la ville ou l'étranger constituent une stratégie ultime pour des populations en grande précarité à la recherche de moyens de subsistance [→ CH. 4].

Ces pays émergents ont été fortement influencés et façonnés par les politiques dominantes portées par les grands bailleurs de fonds internationaux, qu'il s'agisse de la Banque mondiale ou du Fonds monétaire international. **Les élites économiques et politiques de ces pays, souvent formées dans les universités anglo-saxonnes, se sont ainsi converties aux principes du libre-échange, parfois aux dépens d'autres pays du Sud dont les territoires productifs ne peuvent rivaliser.** En outre, **les choix économiques se font souvent au détriment de l'environnement**, qu'il s'agisse de l'Amazonie brésilienne grignotée par le front pionnier du soja et de l'élevage bovin, des forêts indonésiennes défrichées pour les plantations de palmiers à huile, ou de certains fleuves chinois parmi les plus pollués du monde.

D. DE NOUVEAUX TERRITOIRES DE LA MONDIALISATION DANS LE CONTEXTE DE LA COMPÉTITION POUR LES RESSOURCES

La recherche constante de nouvelles ressources minières ou énergétiques est à l'origine de **regards et d'usages nouveaux portés sur certains territoires situés à la limite de l'écoumène :** espaces arctiques, désertiques et steppiques, forêts denses ou encore fonds sous-marins. Ces territoires se trouvent désormais **sous les feux des projecteurs mondiaux, en raison de l'intérêt qu'ils représentent pour les États, pour les grandes firmes transnationales de prospection pétrolière ou minière, ou encore pour des ONG de protection de l'environnement et des peuples autochtones**. Ils sont notamment au cœur de nombreux projets d'exploitation des ressources et de développement économique. Ces territoires, par leur singularité géographique, leurs potentialités économiques et leur vocation patrimoniale, concentrent des **enjeux géopolitiques renouvelés et mondialisés**.

Le cas de la Mongolie est emblématique de ces territoires longtemps marginalisés et devenus stratégiques dans le contexte des convoitises croissantes pour les métaux et les terres rares. Territoire enclavé entre la Russie et la Chine, constitué d'une vaste steppe au Nord et du désert de Gobi au Sud, la Mongolie est traditionnellement un espace de l'élevage nomade et semi-nomade, peu intégré aux dynamiques économiques et commerciales. La transition écologique et la hausse de la demande en minerais, pour les batteries et les puces électroniques notamment, attisent des appétits multiples intégrant le pays à des dynamiques nouvelles qui stimulent le PIB national, mais aussi engendrent des pressions économiques, géopolitiques et environnementales nombreuses. Le pays possède en effet deux des plus grandes mines de cuivre de la planète avec des réserves estimées à plus d'un milliard de tonnes et serait l'un des pays les mieux dotés en gisements de terres rares.

Qu'il s'agisse de projets miniers, de projets d'énergies alternatives – solaire ou éolienne – dans les déserts ou sur les océans, de projets d'exploitation des fonds marins de l'Arctique ou des gisements pétroliers du sous-sol amazonien péruvien ou équatorien, **ces territoires sont les frontières de la mondialisation. Se pose alors la question des risques que fait peser cette intégration au système économique mondial sur les milieux et sur les sociétés locales.** Les enjeux d'un développement durable, mais aussi la possible sanctuarisation de ces territoires mobilisent de nombreuses associations à différentes échelles.

ZOOM ▶ L'Arctique, nouvelle frontière de la mondialisation [→ CH. 7]

Les territoires arctiques sont à la fois ceux de l'océan Glacial Arctique et des espaces terrestres voisins, à savoir les extrêmes Nord scandinave, sibérien, canadien, états-unien, ainsi que le Groenland et l'Islande. Ces territoires constituent une nouvelle frontière pour l'exploitation de ressources, mais aussi pour le développement de nouvelles routes maritimes, dont les passages dits « du Nord-Ouest » et « du Nord-Est ». Les fonds marins renfermeraient le quart des ressources pétrolières et gazières du globe, et suscitent par conséquent des convoitises nombreuses. Des rivalités géopolitiques opposent les États dans un objectif de contrôle des richesses et des voies maritimes. La délimitation des frontières maritimes, encore incomplète, suscite notamment des rivalités majeures entre les États. Ainsi, une expédition sous-marine de 2007 a planté un drapeau russe au pôle Nord. En outre, les perspectives ouvertes par le réchauffement climatique en termes d'allongement de la durée de navigation annuelle dans les eaux de l'Arctique encouragent les États à aménager les territoires littoraux du Grand Nord. Ainsi, afin de capter une partie des flux maritimes à venir, le Canada a inauguré un port en eaux profondes à Churchill, dans le Manitoba. À peine réélu en 2024, le président américain Trump affichait quant à lui ses convoitises quant à lui ses convoitises sur le Groenland (Danemark), confirmant la dimension stratégique majeure de ces espaces du Grand Nord.

Or, les territoires arctiques présentent des environnements vulnérables qui sont menacés par les différents projets d'aménagement. Ils abritent par ailleurs des populations autochtones, dont les terres et les modes de vie sont de plus en plus considérés comme des patrimoines mondiaux. Ils sont enfin au cœur des débats suscités par le changement climatique global. Face à la diversité des enjeux – économiques, politiques, stratégiques, socioculturels et environnementaux –, se pose la question de la mise en place d'une gouvernance des territoires du Grand Nord, qui doit être envisagée à l'échelle transfrontalière et même mondiale.

Partie II

Les défis du développement et les enjeux d'un monde durable

11 LES PARADOXES DE L'EAU

L'eau, comme le remarquait Gaston Bachelard dans *L'Eau et les rêves* (1942), est le premier miroir rencontré par l'homme. On pourrait de même, sans forcer le trait, relever que les problématiques liées à l'eau douce offrent un reflet à bien des enjeux rencontrés par la mondialisation contemporaine. Pas seulement parce que cette dernière, par opposition à un monde cloisonné et rigide, consiste en une fluidification des échanges, une valorisation des flux et, dans bien des domaines, la recherche de la circulation la plus liquide. Au-delà de la métaphore, l'eau s'inscrit en effet dans tous les systèmes productifs et tous les échanges qui font l'économie globalisée ; de plus, sa maîtrise est un enjeu social et politique mondial ; enfin, ses cycles sont indissociables des grands changements globaux qui affectent les dynamiques climatiques.

Quatre dimensions, donc : économique, sociale, géopolitique et environnementale. Élément vital, l'eau est d'abord le préalable à toutes les activités productives, agricoles comme industrielles, qui tissent la trame du monde globalisé. Les échanges directs d'eau à l'échelle mondiale sont certes quasiment inexistants, les volumes nécessaires sont trop importants pour s'y prêter. Les projets de transfert massif d'un pays à l'autre se heurtent à l'opposition des opinions publiques (Canada vers États-Unis, France vers Espagne). Mais les marchés agroalimentaires mondialisés sont autant d'occasions d'exportation indirecte d'eau, de même que les échanges industriels mettent en jeu des volumes considérables d'eau. La maîtrise des eaux, par ailleurs, n'a jamais cessé d'avoir des implications géopolitiques, depuis les **civilisations hydrauliques** d'Asie (Chine des Royaumes combattants du Ve au IIIe siècle avant notre ère, Empire khmer du VIIe au XIIe siècle de notre ère) jusqu'aux **barrages contemporains** des Trois-Gorges en Chine ou de la Renaissance en Éthiopie.

Pourtant, l'eau reste fondamentalement une ressource, valorisée par une société sur un territoire propre, et non une matière première, un bien échangeable après transformation : condition nécessaire de toute vie, elle échappe par là au marché et ses enjeux se lisent d'abord aux échelles locales, y compris les plus fines. Mais les pressions qui s'exercent sur l'accès à l'eau, pressions qu'accroissent la poussée démographique et le réchauffement climatique, diffusent tout autour du monde des problématiques convergentes.

Notions principales

Altermondialisme : ensemble des mouvements contestant la logique néolibérale de la mondialisation.
Vulnérabilité : fragilité face à un risque.
Aléa : processus imprévisible qui peut engendre un risque s'il survient là où se trouvent des enjeux sociaux et économiques.
Tragédie des communs : théorie selon laquelle un bien utilisé collectivement et gratuitement est voué à dépérir, tandis que des propriétaires en auraient pris soin.
Patrimoine : bien matériel ou immatériel, hérité et transmissible, appartenant à une collectivité.

CHRONOLOGIE

1931 : Plus d'un million de victimes dans les crues du Yangzi.
1938 : L'artillerie du Kuomintang fait sauter les digues du Huang He.
1970-1980 : Deux décennies de sécheresse au Sahel.
1986 : Pollution du Rhin à la suite de l'incendie de l'usine chimique Sandoz.
1997 : Premier forum de l'eau à Marrakech.
1997 : Convention de New York sur l'utilisation des cours d'eau internationaux.
1999 : « Guerre de l'eau » à Cochabamba, Bolivie.
2006 : Mise en eau du barrage des Trois-Gorges en Chine.
2020 : Mise en eau du barrage de la Renaissance en Éthiopie.

I. Les inégalités de l'offre et de la demande

A. UNE QUESTION PARTIELLEMENT MONDIALISÉE

1. Les échelles de l'inégale répartition

Si l'humidité de la Terre, « planète bleue », s'est imposée au regard des premiers astronautes, seul 1 % du gigantesque volume liquide se présente comme de l'eau douce directement utilisable (plus de 96 % des eaux sont océaniques, et plus des deux tiers de l'eau douce sont encore stockés sous forme de neige et de glace). La répartition de ces volumes d'eau douce est extrêmement inégale : par leur superficie et leur localisation géographique, certains pays sont bien mieux dotés que d'autres. 60 % des ressources naturelles mondiales sont ainsi situées dans neuf pays. À l'inverse, l'ensemble du Moyen-Orient et de l'Afrique du Nord, qui regroupe environ 7 % de la population mondiale, ne dispose que de 1 % des réserves mondiales d'eau douce. La moyenne des ressources en eau par habitant s'y situe au-dessous du **seuil de pénurie** (1 000 m^3), et elle pourrait descendre avant le milieu du siècle à 500 m^3, **seuil critique** pour la population.

Cette disparité se creuse en fonction des usages par les populations ; elle recouvre néanmoins une moyenne mondiale de 5 700 m^3 d'eau douce disponible par habitant et par an, un chiffre largement supérieur aux besoins des 7,3 milliards d'humains, même si la croissance démographique historique du xxe siècle a bouleversé ce rapport théorique : en 1950, la disponibilité par habitant était de 17 000 m^3, et encore de 7 500 m^3 en 1995.

La majorité des pays se situent au-dessus du **seuil acceptable** de 2 500 m^3 par habitant et par an, mais certains sont en situation de **vulnérabilité** et d'autres de **pénurie** (moins de 1 000 m^3 par habitant et par an). Certains dépendent presque exclusivement des cours d'eau, première source d'approvisionnement, d'autres des ressources souterraines mobilisées de plus en plus profondément (**aquifères fossiles**, non renouvelables). Les dynamiques du dérèglement climatiques remettent par ailleurs en cause les régimes climatiques, accentuant l'aridité, mais aussi multipliant les précipitations extrêmes. La demande, d'un autre côté, s'accroît à proportion de l'augmentation démographique : en 2030, la consommation globale excédera de 40 % l'offre d'eau douce immédiatement disponible. Depuis 1980, en effet, la consommation augmente chaque année de 1 %, et au milieu du siècle, elle devrait dépasser d'un quart à un tiers son niveau actuel. En 2020 déjà, 4 milliards d'individus affrontent une pénurie sévère pendant au moins un mois par an. Pour un pays comme l'Inde, 4 % des réserves et 16 % de la population mondiale, avec déjà 600 millions d'habitants exposés au **stress hydrique***, les tensions ne cessent d'augmenter.

Cet inégal accès se lit aussi à l'intérieur des espaces nationaux. Les villes du Sud sont ainsi presque toujours mieux alimentées que les campagnes, et à l'intérieur des premières, les différenciations de raccordement par quartiers restent importantes. En milieu rural, 263 millions de personnes habitent à plus d'une demi-heure du premier point d'eau, ce qui se traduit par des corvées d'eau fastidieuses, notamment pour les femmes.

DÉFINITION

Stress hydrique : accès insuffisant à une eau de qualité satisfaisante pour satisfaire les besoins. Le seuil retenu le plus souvent est celui de 1 700 m^3 par habitant et par an.

■ **Ressources en eau douce par États**

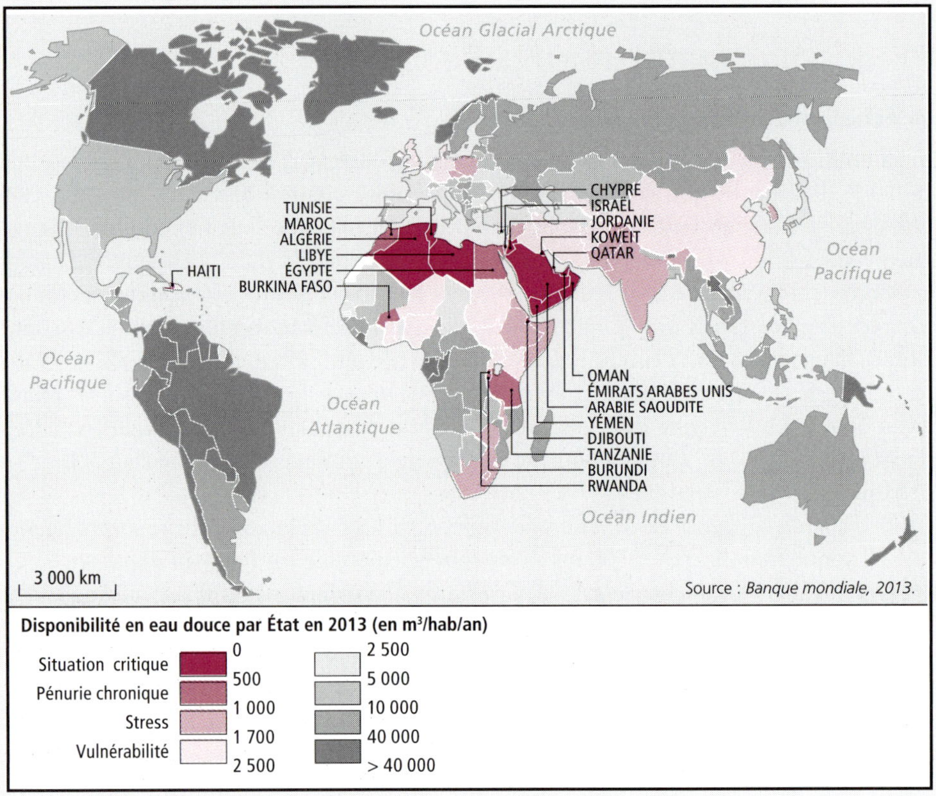

2. Stress hydrique et événements climatiques extrêmes

Le réchauffement climatique accentue l'évaporation. Couplé à la croissance démographique, il entraîne une multiplication des situations de stress hydrique : d'ici 2050, plus de la moitié de la population mondiale pourrait en être affectée d'une façon ou d'une autre. Une ville comme Le Cap (Afrique du Sud), en proie à une forte diminution des pluies, a failli suspendre la distribution d'eau en 2018. Amman (Jordanie), Melbourne (Australie) ou Santiago du Chili sont exposées, à terme, à une baisse d'un tiers à la moitié de leur disponibilité en eau douce. L'ensemble du Chili était en 2010, en moyenne, dans une situation de stress hydrique modéré (2,89 sur une échelle de stress croissant de 0 à 5), dix ans après, il se trouve dans une situation inquiétante (3,69). En 2040, il pourrait vraisemblablement se retrouver à 4,45, alors que sa population n'aura crû que modérément (de 18,6 millions d'habitants en 2020 à un peu plus de 20 millions en 2040). Les mêmes projections, prenant en compte des estimations modérées du changement climatique et des régimes de précipitations, évaluent à plus de trente les pays en situation de stress extrême en 2040, dont tous les pays du Moyen-Orient et du Maghreb. Dans les campagnes, l'exode rural accélérera, menaçant de déséquilibrer des villes en peine de fournir du travail et des services à leurs habitants. L'industrie aussi est mise sous pression : déjà en 2019, la sécheresse au Chili a imposé à la compagnie minière Anglo American une réduction de plus d'un quart de sa production de cuivre. L'année précédente, la baisse du niveau du Rhin avait paralysé le transport fluvial et privé les usines chimiques de BASF de leur eau de refroidissement.

L'absence ou le trop-plein de précipitations constituent la plus grande part des catastrophes naturelles, avec une fréquence accrue et un impact démultiplié par l'augmentation des populations, notamment sur les littoraux : **les inondations et précipitations extrêmes ont augmenté de 50 % ces dix dernières années, les sécheresses de plus d'un tiers**. Sur les vingt premières années du siècle, sécheresses et inondations ont entraîné plus de 166 000 morts, concerné plus de 3 milliards de personnes et coûté près de 700 milliards de dollars. (les températures extrêmes ont tué 43 000 personnes en Somalie en 2022, les inondations du Pakistan ont privé, encore un an plus tard, dix millions de personnes d'accès à l'eau potable). Elles entraînent des catastrophes annexes (incendies, épidémies) et des déplacements de population.

Le stress hydrique par pays, selon l'ONU, en 2018

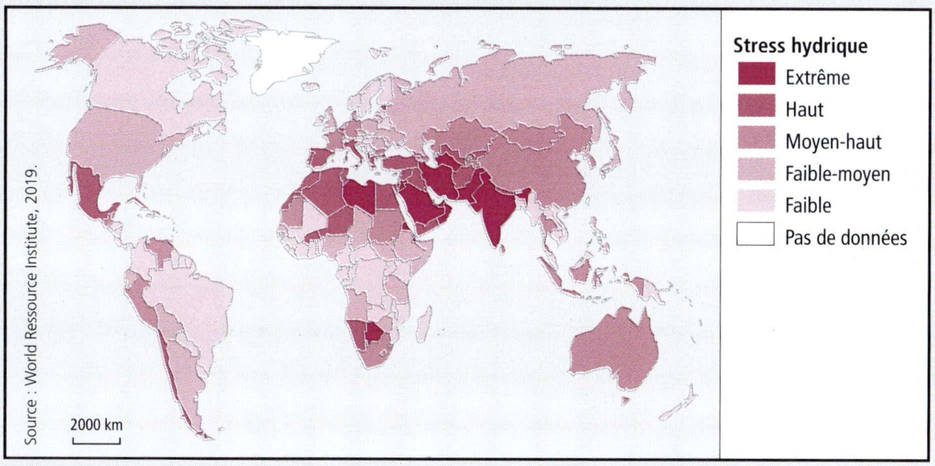

ZOOM ▶ Les dérèglements de la mousson africaine

Comme l'Asie du Sud et de l'Est, l'Afrique intertropicale connaît une alternance de saison sèche et de saison humide, la **mousson**, en fonction des mouvements des masses d'air humide océaniques. Si les années 1970 et 1980 ont été marquées par des sécheresses exceptionnelles, toute la bande sahélienne connaît depuis une pluviométrie plus vigoureuse. Par ailleurs, depuis le milieu des années 1990, la mousson prend la forme d'averses plus courtes et violentes – de quelques heures à quelques jours – et les périodes sèches sont devenues plus arides. L'été 2020 a ainsi vu des précipitations d'une violence inhabituelle, du Sénégal à l'Éthiopie. Niamey sur le Niger et Khartoum sur le Nil ont été brutalement inondées, plusieurs centaines de milliers de personnes ont dû se déplacer en urgence. Une situation qui résulte, certes, d'un **aléa climatique**, aggravé par le réchauffement climatique, mais aussi d'une **vulnérabilité**, résultat d'une mauvaise anticipation des autorités et des populations. Les sols, trop secs, n'arrivant pas à absorber les précipitations, le ruissellement emporte alors tout sur son passage. Mais le changement d'usage et l'artificialisation des sols, l'abandon des jachères dans les zones rurales, les constructions anarchiques en ville et le sous-dimensionnement des infrastructures démultiplient les effets des phénomènes naturels.

3. Prélèvements et usages

Le stock d'eau reste, par définition, constant depuis 3,4 milliards d'années, indépendamment des variations climatiques, autour de 1 400 millions de km^3. La demande ne cessant de croître, les prélèvements s'intensifient pour y répondre.

Les disparités d'approvisionnement en eau des populations dépendent davantage des capacités de mobilisation de moyens techniques que des disponibilités naturelles. Les disparités entre États dessinent les inégalités de développement comme peu d'autres indicateurs : les États-Unis prélèvent 1 840 m^3 par habitant et par an, alors que chaque Tchadien n'a accès qu'à 26 m^3 (70 fois moins). Israël ou la Californie offrent à leurs habitants un accès plus que confortable à l'eau, alors que les ressources y sont très limitées. À l'inverse, **faute de maîtrise du captage, du stockage et de la distribution, des pays abondamment pourvus, par la pluviométrie et les cours d'eau, sont incapables d'assurer la sécurité hydrique de leurs habitants** : en République démocratique du Congo, un des pays les mieux dotés au monde, l'accès à l'eau potable est un des plus médiocres. Même un pays émergent comme le Vietnam, arrosé par la mousson et traversé par des fleuves puissants, ne peut offrir à ses habitants que 371 m^3 par an (cinq fois moins qu'aux États-Unis).

Selon les situations, la part des usages varie, mais globalement, l'agriculture pèse pour 70 % des prélèvements, l'industrie pour 20 %, les usages domestiques pour seulement 10 %. L'ensemble de ces prélèvements représente 80 % des réserves d'eau douce disponibles. La demande agricole a été portée par les progrès de l'irrigation (notamment en Inde, qui pompe plus d'eau pour ce faire que les États-Unis et la Chine réunis), et les exigences de la poussée démographique augmentent continûment cette consommation. La croissance des pays émergents porte celle de la consommation d'eau par l'industrie (la cimenterie, la papeterie et l'industrie de l'aluminium sont particulièrement voraces).

Pour aller plus loin

- Le site du World Resources Institute, groupe de réflexion américain

liennathan.fr/652why

L'abondance des eaux a longtemps occulté la nécessité de réguler leur usage, incarnant de façon emblématique la « **tragédie des communs** », selon l'expression du biologiste Garrett Hardin (1968) : la ressource a été surexploitée par les industriels puisant gratuitement dans les cours d'eau ou par les agriculteurs recevant des subventions pour leurs prélèvements dans les nappes phréatiques* (en Inde, un tarif préférentiel à l'énergie nécessaire au pompage a été un des moteurs de la Révolution verte). Entre le début du siècle et 2025, les prélèvements agricoles ont progressé d'un quart, ceux de l'industrie et des ménages de la moitié.

Ces derniers sont désormais majoritairement des citadins, pour lesquels la consommation d'eau suit des évolutions parfois contradictoires. Dans les villes des pays développés, la consommation directe a tendance à diminuer (sur les vingt premières années du siècle, la consommation par habitant a baissé de moitié à Berlin, d'un tiers à Séville, de 15 % à Paris).

DÉFINITION

Nappe d'eau souterraine (ou aquifère) : couche de terrains perméables piégeant en profondeur une grande quantité d'eau. Les **nappes phréatiques**, de quelques mètres à plusieurs dizaines de mètres de profondeur, sont exploitables par des puits. À partir de 50 m et jusqu'à 400 m de profondeur, commencent les **nappes profondes**. Les eaux accumulées au cours des temps géologiques à de grandes profondeurs, les **aquifères fossiles**, ne se renouvellent que très lentement et constituent une ressource non renouvelable.

Une baisse qui s'explique par des comportements plus vertueux, des factures d'eau plus élevées, des réseaux mieux gérés et des appareils électroménagers moins voraces. Mais cette consommation domestique (hygiène, boisson, lessive), qui tourne en moyenne entre 120 et 150 litres par jour et par personne en Europe, est quatre à cinq fois moins importante que la consommation d'eau virtuelle*, celle qu'exige la production des biens de consommation.

Prélèvements mondiaux au cours du xxe siècle

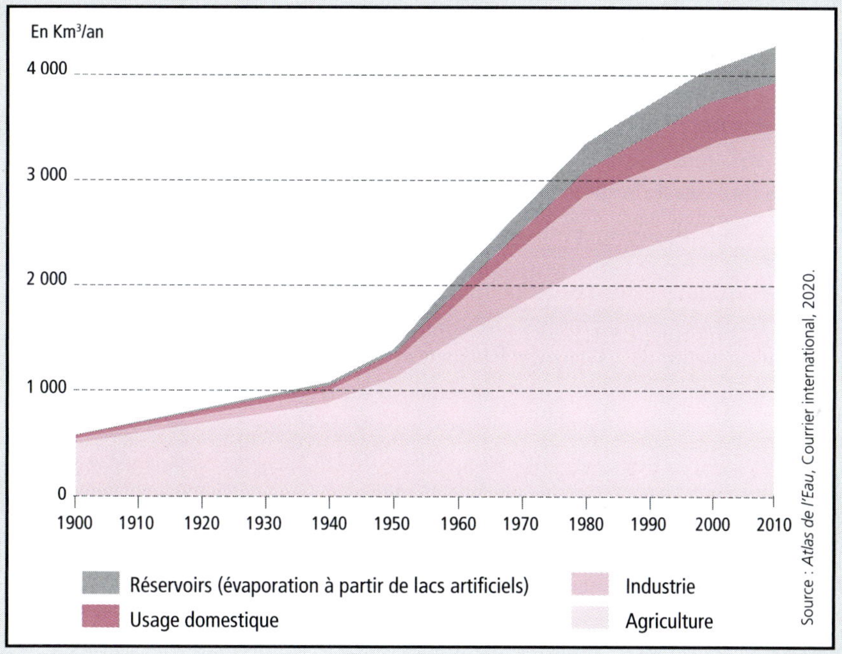

Source : *Atlas de l'Eau*, Courrier international, 2020.

Quantité d'eau nécessaire à la production de quelques biens de consommation

Hamburger	2 800 litres
Chemise en coton	2 500 litres
Tablette de chocolat	1 700 litres
Tasse de café	130 litres

Calcul de l'empreinte hydrique selon l'ONG *Foodprint Network.*

DÉFINITION

Eau virtuelle: quantité d'eau utilisée pour la production de biens intermédiaires et de biens de consommation.

B. LES DÉFIS DES INFRASTRUCTURES

1. L'approvisionnement

Entre 2000 et 2010, 600 millions de personnes supplémentaires (275 000 en moyenne par jour) ont été dotées de l'eau courante à domicile mais, dans le même temps, la population mondiale a crû de 770 millions. Le bilan est très inégal: si la situation s'améliore en Chine et en Inde, elle se dégrade en Afrique subsaharienne, et même en Ukraine. Les progrès dans les campagnes ne sont pas assez rapides et le stress hydrique dont souffrent les agriculteurs accélère l'exode rural.

En 2021, un tiers de l'humanité n'a toujours pas un accès sécurisé à l'eau potable, même si le nombre de ceux qui en bénéficient a doublé depuis 2000 (septième des **Objectifs du Millénaire pour le développement** – **OMD** – de l'ONU). Dans les territoires les plus en retard – notamment dans les campagnes subsahariennes, où moins de 5 % des ménages ont accès à de l'eau à domicile –, les situations varient à des échelles très fines: un village peut bénéficier d'un forage profond et d'une eau de qualité tandis que ses voisins restent sous-équipés.

Les réponses les plus efficaces relèvent ainsi souvent d'actions locales; à l'inverse, les investissements dans des équipements ambitieux ne tiennent pas toujours leurs promesses. Le grand chantier libyen de «**Grande Rivière artificielle**» (lancé en 1984 sous Kadhafi), qui amène à Tripoli, depuis 1996, l'eau captée dans les **aquifères fossiles** du désert, a un coût exorbitant: sa construction a absorbé jusqu'à 17 % du budget de l'État et sa maintenance est un gouffre financier, puisqu'il faut sans cesse creuser de nouveaux puits à plus de 1 000 m de profondeur pour en extraire l'eau acheminée vers la côte par un réseau de 3 500 km de canalisation.

ZOOM ▶ En Chine, le transfert des eaux vers le nord

En 2002, l'État chinois a lancé l'un des plus vastes chantiers hydrauliques jamais envisagés à la surface du globe. Il s'agit de transférer depuis le Yangzi Jiang, par trois voies d'eau complémentaires longues de plus de 4 000 km, 44,8 milliards de m^3 d'eau vers le nord et Pékin, au terme d'un chantier qui s'achèvera aux alentours de 2050 et aura déplacé à cette date 350 000 personnes. Le coût, estimé à 80 milliards de dollars, les implications incertaines sur l'environnement et l'habitat comme les déplacements de population attisent les critiques.

2. Pollutions et menaces

L'eau est très sensible aux pratiques de l'agriculture intensive, les nappes phréatiques emmagasinant nitrates et phosphates issus d'engrais azotés et résidus de pesticides. L'irrigation trop intense salinise les sols par remontée des sels minéraux, les zones littorales sont aussi concernées, les prélèvements d'eau douce induisant par capillarité des remontées d'eau de mer (au Bangladesh, au moins un tiers de la population boit de l'eau trop salée).

Les pollutions industrielles connaissent des évolutions différenciées entre les pays développés et les autres. Sous la pression des opinions publiques, les législations sur les rejets industriels sont devenues progressivement plus exigeantes dans les pays développés, les risques accidentels sont davantage pris en compte. En Europe, par exemple, la pollution du Rhin en 1986, après l'incendie de l'usine **Sandoz à Bâle** (15 000 m^3 de produits toxiques déversés dans le fleuve), a poussé à des normes plus strictes.

Mais la compétition pour gagner les activités industrielles a incité les pays émergents à plus de laxisme. En 2012, le gouvernement chinois reconnaissait que 40 % des rivières du pays étaient gravement polluées, et 20 % à un tel niveau de toxicité qu'il interdisait le moindre contact. La même année, 17 millions de tonnes de matières polluantes ont été charriées et déversées dans l'océan par les 72 principaux fleuves chinois (10 000 usines chimiques sont installées le long du Yangzi). Toujours selon le ministère de l'Environnement, un quart des usines de chimie, de pharmacie et de raffinage constituent une menace pour les champs et sources d'eau situées à proximité.

ZOOM ▶ Le dessalement, une solution et des questions

Les progrès techniques ont été spectaculaires au fur et à mesure du déploiement, le long des littoraux, de nouvelles usines de dessalement (elles sont 23 000 en 2025). Le procédé de l'osmose inverse équipe l'essentiel des nouvelles installations, moins gourmandes en énergie que les techniques thermiques classiques (un quart des installations). Si la production d'eau dessalée s'est imposée comme la solution préférentielle de nombreux pays arides et littoraux – les volumes produits sont dix fois plus importants qu'il y a vingt-cinq ans – les rejets de saumure* ont suivi la même pente : chaque litre d'eau potable produit s'accompagne d'un litre et demi de saumure, rejeté en mer pour 80 % des cas. Même avec les technologies les plus récentes (osmose inverse), la consommation énergétique et la pollution qu'elle entraîne restent élevées. L'eau dessalée est ainsi trop coûteuse pour les usages agricoles. En amont, l'importance des investissements nécessaires rend le dessalement financièrement et technologiquement inaccessible pour des pays peu développés.

Se pose aussi, notamment pour les pays du Moyen-Orient, qui fournissent, avec l'Afrique du Nord, la moitié de l'eau dessalée du monde, la question du risque stratégique en cas de guerre : la trentaine d'usines saoudiennes (17 % du total mondial d'eau dessalée) assurent la moitié de la consommation du pays, les cinq usines israéliennes 70 % de la consommation des ménages. Elles constitueraient autant de cibles prioritaires en cas de guerre.

Les **zones humides** (marais, mangroves, tourbières, etc.), enfin, sont en retrait généralisé (elles ont diminué de 85 % depuis le XVIIIe siècle) devant l'extension des aires agricoles. Elles sont pourtant considérées, qu'elles soient côtières ou terrestres, parmi les écosystèmes ayant le plus de valeur, derrière les récifs coralliens, mais devant les forêts tropicales, les rivières et lacs, ou encore les prairies : leur rôle dans l'approvisionnement en eau propre, l'atténuation des risques naturels (comme les inondations) et le stockage de carbone (par exemple, dans les tourbières ou la mangrove) sont fondamentaux.

3. L'assainissement

La croissance des villes du Sud fragilise leurs réseaux d'adduction d'eau et souligne les insuffisances de leurs infrastructures d'assainissement. Vecteurs épidémiologiques majeurs, les eaux doivent être traitées en amont pour leur consommation, les eaux usées doivent être assainies en aval avant d'être relâchées. Or, plus de 80 % des eaux usées se déversent directement dans la nature, plus ou moins chargées de bactéries, de microplastiques ou de produits pharmaceutiques et chimiques. Pourtant, près d'un milliard d'habitants doivent se soulager à l'air libre, un des échecs des OMD. Chaque année, 2 millions de décès évitables sont provoqués par un assainissement insuffisant (les diarrhées, notamment, tuent 830 000 personnes) : 4,2 milliards d'habitants n'ont pas l'usage d'une installation d'assainissement sécurisée. Aux risques de contaminations par bactéries s'ajoutent désormais les

DÉFINITION

Saumure : eau surchargée en sels, et dans le cas des rejets d'usines de dessalement, en produits chimiques.

nouvelles menaces que constituent les traces de résidus de médicaments et de microplastiques, qui concernent tout autant les pays développés. La pollution au plomb des eaux potables de Flint, dans le Michigan, entre 2014 et 2016, rappelle que ces derniers ne sont pas non plus à l'abri de catastrophes sanitaires.

80 % des eaux usées dans le monde sont rejetées sans traitement, et 2 % seulement du volume traité est réutilisé après retraitement. Certaines villes pionnières ont fait le choix de rendre potable cette ressource. C'est le cas de Windhoek, la capitale de la Namibie, où 35 % de la consommation provient des eaux usées. En Israël, 70 % des eaux récupérées par les égouts partent, après traitement, irriguer les terres. À Singapour, un réseau de récupération draine les eaux usées vers des unités de traitement. Une fois rendue potable, cette eau est diluée dans les réseaux domestiques, ce qui devrait permettre de répondre à un tiers des besoins des 5 millions d'habitants d'ici à 2030.

Accès aux sanitaires par État et territoire en 2022

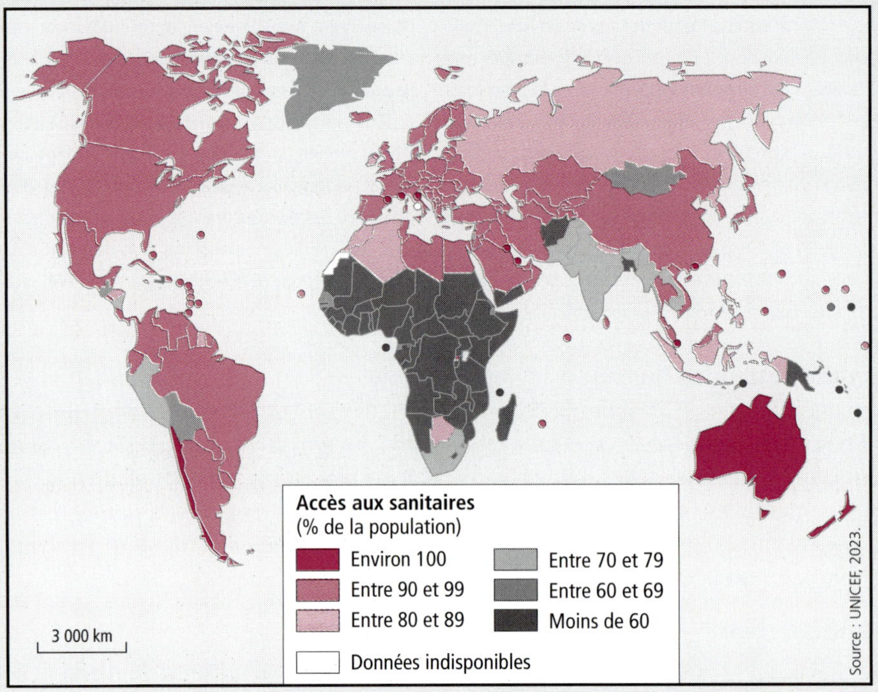

L'Afrique subsaharienne et l'Inde en retard spectaculaire pour le traitement des eaux.

II. Les enjeux marchands

A. UN SECTEUR EN PLEINE EXPANSION

1. La question du coût

Le droit à l'accès à l'eau a été consacré par l'ONU comme un droit fondamental en juillet 2010, par une résolution affirmant un « droit à un approvisionnement suffisant, physiquement accessible et à un coût abordable d'une eau salubre et de qualité acceptable pour les usages personnels et domestiques de chacun ». Dix ans plus tard, pourtant, 2,1 milliards de personnes sur la planète n'ont pas accès à une eau gérée en toute sécurité. La formulation retenue par les Nations unies ne fait pas de l'eau un bien universel gratuit et évite donc le débat sur la question sensible de la marchandisation de la ressource par le secteur privé. L'augmentation des prélèvements (multipliés par huit durant le XXe siècle) a en effet changé la donne et implique des modes de régulation plus contraignants : l'eau reste, aux yeux du droit, une res comunes, un bien universellement propre à tous, mais payer pour accéder à la ressource est un des moyens de la préserver. Pour les organisations internationales, à l'inverse de la revendication d'un accès universellement gratuit à une ressource vitale, il faut rendre accessibles à tous les services de l'eau (*affordability*), « un prix abordable de l'eau doit être assuré à chacun en mettant en place des structures tarifaires appropriées » (rapport Camdessus de 2003 présenté au G8). Soit, selon la Banque mondiale ou le PNUD, pas plus de 4 % des revenus de base d'un ménage. Un moyen terme entre le prix payé dans les pays riches (moins de 1 % en moyenne) et le coût de l'approvisionnement pour des familles non raccordées (plus de 10 % en Jamaïque ou au Nicaragua).

2. Les multinationales de l'eau

Les années 1980 ont marqué l'arrivée d'entreprises privées qui, contrairement aux municipalités, étaient capables de financer rapidement et massivement les équipements nécessaires. Les Françaises **Suez** (l'ancienne Lyonnaise des eaux), filiale de **Engie**, et **Veolia** (ex-Générale des eaux) ont longtemps profité de leur domination sur la scène nationale (60 % de la distribution en France encore en 2020), héritée d'un modèle ancien de concession par les pouvoirs publics. Mais elles n'occupent plus que respectivement 3 % et 2 % d'un marché mondialisé et en pleine expansion. Ici comme partout, les firmes des pays émergents montent en puissance, à l'image de Beijing Capital Group, mastodonte chinois des services aux collectivités. À une autre échelle, le marché de l'eau en bouteille est depuis longtemps très profitable dans les pays développés, où il est un enjeu de taille pour les grands groupes de l'agroalimentaire (Nestlé, Danone). Dans les villes en développement, des embouteilleurs locaux, sans garantie sanitaire, offrent souvent la seule solution face à l'insuffisance de la distribution au robinet. Le coût au litre y est alors dix à vingt fois plus élevé. Pourtant le marché (59 milliards de litres d'eau vendus en bouteille dans le monde en 2021, pour un chiffre d'affaires de 37,9 milliards de dollars) est appelé à se développer à proportion de l'augmentation des pénuries (40 % de la population mondiale exposée en 2050).

B. LES LIMITES DU MARCHÉ

1. Les conflits d'usage*

La logique marchande, dans ce domaine, opère souvent au détriment de groupes sociaux moins solvables comme acteurs économiques. La sécheresse de 2014 en Californie a ainsi menacé une partie considérable des agriculteurs de l'État le plus important des États-Unis dans ce secteur, mais les restrictions mises en place ne touchent pas les golfs, consommateurs dispendieux mais que protègent leurs chiffres d'affaires. L'industrie minière, dont les activités sont, pour plus de 20%, situées dans des régions affectées de stress hydrique, impose régulièrement ses besoins au détriment des populations locales. Sur le littoral méditerranéen, les arbitrages sont aussi favorables au tourisme (Tunisie), au détriment de l'agriculture vivrière. L'intervention de l'État est supposée permettre une allocation équitable de la ressource, prenant en compte les impératifs économiques, sociaux, environnementaux et même géopolitiques. Aux États-Unis, c'est ainsi le Corps des ingénieurs de l'armée qui est responsable de la gestion des infrastructures fluviales et qui doit arbitrer entre les différentes demandes. Lors de l'hiver 2012-2013, il a donc dû répondre à la demande des armateurs opérant sur le bassin du Mississippi, victimes des basses eaux engendrées par la baisse des précipitations, aggravée par l'**embâcle*** en amont, et contraints d'alléger le chargement des barges pour s'adapter à la baisse de navigabilité du fleuve. Or, ses 4 000 km voient transiter 60% des exportations nationales de céréales, 22% du pétrole et 20% du charbon. Mais lâcher de l'eau depuis les barrages-réservoirs en amont s'opposait aux intérêts de l'industrie, qui risquait de manquer d'électricité l'été, comme de l'agriculture, fortement dépendante de l'irrigation.

ZOOM ▶ Le rêve californien, construit en dépit des limites de la nature

La Californie a construit un système sans équivalent de barrages et de canaux (*Central Valley Project*, *California State Water Project*) pour acheminer l'eau de la Sierra Nevada vers les fortes densités urbaines du littoral, y compris en renversant le cours des rivières grâce à un système de pompes. San Francisco bénéficie ainsi depuis 1923 du barrage O'Shaughnessy, qui a exigé de noyer la vallée d'Hetch Hetchy, dans le parc national de Yosemite, un chantier achevé en 1934 malgré l'opposition des puissantes associations californiennes de préservation de l'environnement. L'État est aussi devenu le premier des États-Unis pour la production et les exportations agricoles, une composante essentielle de sa puissance économique. La distribution de l'eau repose sur un tissu enchevêtré de 400 agences et entités locales, éventuellement privées, mais aussi d'organismes à but non lucratif. Les **droits à l'irrigation** depuis les canaux sont accordés prioritairement aux agriculteurs les plus anciennement enregistrés, un système dépassé par l'accroissement de la demande à l'intérieur de l'État, mais aussi des États en amont des bassins, qui contestent les accords de partage datant de près d'un siècle. À partir de 2015, les sécheresses du début de la décennie ont imposé des restrictions à la consommation (qui doit baisser d'un quart), les réservoirs étant aux trois-quarts vides. En conséquence, les agriculteurs puisent de plus en plus profondément dans la nappe phréatique, au risque de l'épuiser, puisqu'il n'y a pas de restriction au pompage dans leur sous-sol. La consommation dispendieuse des ménages, la soif insouciante des agriculteurs et les exigences de l'industrie coexistent de plus en plus difficilement dans un État qui doit aussi faire face, à la fin de la décennie, à des incendies géants, autre conséquence de la sécheresse.

DÉFINITIONS

Conflit d'usage: heurts entre différents acteurs concurrents pour l'utilisation d'une ressource limitée.
Embâcle: période de gel des eaux d'un cours d'eau, suivie de la débâcle, la période de fonte.

Ces conflits entre les différents usages de l'eau (transport, loisir, énergie, agriculture, industrie, alimentation) ont toujours existé, mais ils se déploient traditionnellement aux échelles territoriales, voire entre États voisins. **Les modifications du climat fragilisent, à une échelle globale, des équilibres anciens.** Elles remettent aussi en cause des investissements qui semblaient offrir des réponses pragmatiques aux défis des usages concurrentiels : la sécheresse assèche ainsi les lacs de barrage de l'Ouest américain, qui satisfont depuis un siècle les besoins des villes, de l'industrie et de l'agriculture. À une échelle plus fine, les lourds investissements des stations de ski de moyenne montagne pour pallier la baisse de l'enneigement par de la neige artificielle sont menacés par l'élévation des températures.

2. La persistance de l'action publique

À cause de leur coût élevé, les infrastructures (barrages, aqueducs, réseaux d'adduction et de retraitement, d'irrigation) sont prises en charge, pour l'essentiel, par les pouvoirs publics. Ces dernières peuvent constituer des leviers de développement considérables, en Chine (barrage des **Trois-Gorges**) comme au Brésil (barrage de **Belo Monte**), sur l'exemple de la **TVA** (*Tennessee Valley Authority*) de Roosevelt, dispositif exemplaire dans la stratégie de lutte contre la grande crise des années 1930.

Pour la consommation domestique, l'échelle urbaine est souvent décisive. Les municipalités doivent gérer des réseaux souvent défectueux (en moyenne, plus de 50 % de perte pour les villes du Sud) et trouver des financements performants qui n'évincent pas les plus nécessiteux. Des tarifs progressifs, comme à Johannesburg, permettent un accès gratuit aux six premiers mètres cubes, soit 50 litres par habitant et par jour pour une famille de quatre personnes. Cette gratuité est compensée par un surcoût pour la tranche intermédiaire, la tarification s'élevant sensiblement ensuite.

Dans la foulée du désengagement libéral de l'État, les années 1980 ont été marquées par le transfert des services de l'eau (distribution, traitement) au secteur privé, par privatisation ou **délégation de service public***. Les villes d'Amérique latine, sous la pression de créanciers, y ont été confrontées. Mais en contrepartie des lourds investissements, longtemps négligés par les pouvoirs publics, les compagnies concessionnaires ont fortement augmenté les prix. Les protestations des usagers ont souvent débouché sur une reprise en main par les municipalités. Ce fut le cas en 1999 à **Cochabamba**, la troisième ville de Bolivie, théâtre d'une « guerre de l'eau » menée par des organisations sociales, fédérées dans une « coordination de défense de l'eau et de la vie » contre la concession à un consortium transnational, Augas de Turani, conduit par la firme américaine Bechtel. Les mouvements altermondialistes, en pleine expansion au tournant du siècle, ont érigé cette lutte locale en symbole de la résistance contre la toute-puissance des marchés.

De façon moins spectaculaire, à partir des années 2000, une tendance à la reprise en régie directe des services de l'eau s'est imposée dans de nombreuses métropoles : Paris, Lyon ou Rennes en France, mais aussi Atlanta ou Djakarta. Les enjeux sociaux (meilleur accès à l'eau, équité de la distribution) l'emportent alors sur le coût financier.

DÉFINITION

Délégation de service public : service public, du ressort traditionnel de l'État ou des collectivités locales et régionales, confié par contrat à une entreprise.

3. Des risques longtemps sous-estimés par les entreprises

Le changement climatique a remis en cause le peu de considération pour l'eau longtemps cultivé par les entreprises les plus voraces : même à l'heure du déploiement de critères **RES** (responsabilité environnementale et sociale, ou **ESG** – *environnemental, social and governance*), c'est un facteur peu pris en compte. Au Chili, la sécheresse persistante a poussé les opérateurs miniers à réduire leur production. L'été 2022, marqué par un fort déficit hydrique en Chine, a vu Foxconn comme Toyota devoir suspendre leurs lignes de production, les barrages n'arrivant plus à fournir suffisamment d'électricité. La Norvège risque de ne plus pouvoir exporter d'électricité, tandis que ce même été la limitation de la navigation sur le Rhin a piégé toute l'industrie lourde allemande, dont la compétitivité repose en partie sur l'utilisation peu coûteuse du transport fluvial.

III. Géopolitique de l'eau

A. LES CONFLITS POSSIBLES

1. Risques hydropolitiques* et menaces

À rebours de l'affirmation classique que le XXIe siècle sera marqué par des guerres pour l'eau, une étude de l'Université d'Oregon ne relève, sur les soixante-dix dernières années, que quatre actions militaires liées à l'eau. La comparaison avec le pétrole n'est pas justifiée : gérer des flux (l'eau) n'offre pas les mêmes opportunités géopolitiques que des stocks (pétrole).

Les situations conflictuelles sont pourtant nombreuses, notamment dans les régions arides. Les plus vives tensions concernent la Palestine, dont la plus grande part des ressources souterraines de Cisjordanie est captée par Israël. Les fleuves, qu'ils marquent une frontière ou qu'ils la franchissent, sont aussi sources de rivalités : 270 bassins sont transfrontaliers ; le Nil, cas extrême, traverse onze pays aux attentes et aux moyens très différents.

Les fleuves de l'Asie centrale, Amou-Daria et Syr-Daria, sont l'occasion de frictions entre les pays en amont, le Kirghizistan et le Tadjikistan, et en aval, le Kazakhstan et l'Ouzbékistan. L'irrigation intensive du coton, depuis Khrouchtchev, a conduit à l'assèchement de la mer d'Aral.

Les différends peuvent porter sur le partage des eaux, mais aussi sur les pollutions exportées : en 2005, à la suite d'une explosion dans une usine chinoise à Jilin, une nappe de benzène de 80 km de long s'est écoulée le long de la rivière Songhua, un affluent de rive droite de l'Amour, avant d'atteindre la Russie.

Si l'eau ne semble pas se prêter directement au déclenchement d'une guerre, la pression accrue par le changement climatique et la poussée démographique multiplient les risques de crise. En 1989, des pasteurs mauritaniens poussés par la sécheresse traversèrent le fleuve Sénégal, provoquant des violences sur les rives du fleuve, étendues rapidement aux deux pays. À une autre échelle, la guerre civile syrienne est née en 2011 dans des villes et banlieues surpeuplées alors que les sécheresses qui frappaient le pays depuis 2006 avaient entraîné des récoltes catastrophiques et une immigration rurale venue gonfler le chômage urbain. Les millions de déplacés que risquent d'entraîner montée des eaux et sécheresses récurrentes seront immanquablement sources de tensions et de conflits.

DÉFINITION

Hydropolitique : étude à toutes les échelles des conflits et des coopérations liés à l'usage des eaux douces.

ZOOM ▶ L'Indus, un accord fragile

L'**Indus** (3 180 km, essentiellement au Pakistan) forme avec ses affluents (Jhelum, Chenab, Ravi, Beas et Sutlej) le Pendjab, le riche « pays des cinq rivières », caractérisé par de forts rendements et des structures agraires atypiques en Asie, puisque y prédominent les exploitations de plus de 10 hectares grâce à l'intensité de l'irrigation (plus de 56 300 km de canaux). Depuis 1960, un traité international de partage des eaux signé par l'Inde et le Pakistan, garanti par les États-Unis et conforté par des prêts de la Banque mondiale, réserve à la première l'usage des trois affluents de la rive gauche, ce qui n'empêche pas les nationalistes indiens d'agiter régulièrement la menace d'un assèchement partiel d'un fleuve vital pour le Pakistan (Lahore, par exemple, dépend d'un canal indien pour son approvisionnement en eau). Jusqu'à présent, cependant, les bénéfices de cette gestion commune l'ont emporté sur les tentations de l'instrumentalisation nationaliste, y compris lors des phases les plus intenses de tension entre les deux rivaux.

2. L'eau comme instrument de pression

La mise en service par la Turquie du barrage Atatürk en 1992 – alors que l'Irak, en aval, était dans l'incapacité de répliquer – témoigne de la position de force que constitue une situation en amont par rapport à des pays dépendants en aval. Si l'ensemble du complexe GAP (*Güneydogu Anadolu Projesi*, projet d'Anatolie du Sud-Est), dont il constitue la pièce essentielle, a pour vocation de développer le sud-est anatolien turc, il entraîne aussi une baisse considérable des débits du Tigre et de l'Euphrate (de 80 % pour l'Irak, de 40 % pour la Syrie depuis 1975). Potentiellement, surtout, la Turquie pourrait assoiffer l'Irak, comme l'Éthiopie l'a fait avec l'Égypte avec la construction du barrage de la **Renaissance** sur le Nil. La menace d'un bombardement égyptien du barrage éthiopien rappelle des précédents spectaculaires, comme le dynamitage des digues du Huang He par le Kuomintang en 1938 pour freiner l'avance japonaise (6 millions de sinistrés et 900 000 victimes), ou les bombardements américains des digues du fleuve Rouge au Tonkin en 1972.

Dans l'Himalaya, le contrôle du Tibet par la Chine depuis 1950 lui offre une position de force puisque neuf des principaux fleuves d'Asie (dont l'Indus, le Gange, le Brahmapoutre et le Mékong) y prennent leur source : leurs **bassins-versants*** abreuvent un quart de la population de la planète (1,8 milliard de personnes).

ZOOM ▶ Une guerre pour le Nil entre deux géants africains ?

Lancé en 2011, alors que l'Égypte est en pleine révolution, le grand barrage de la Renaissance de l'Éthiopie (GERD), sur le Nil bleu (avec une production attendue de 6 000 mégawatts), doit faire de l'Éthiopie le premier producteur d'électricité du continent. Il met fin à un vieil accord colonial de 1929, confirmé en 1959, qui partageait alors les eaux du fleuve entre l'Égypte et le Soudan, à l'exclusion de l'Éthiopie. La mise en eau, commencée en juillet 2020, durera entre cinq et quinze ans, phase de tensions où le débit du fleuve pourrait baisser d'un quart. L'Égypte demande, en vain, à Addis-Abeba un minimum annuel de 40 milliards de m^3. L'Éthiopie ayant autofinancé le barrage, elle est plus à même de résister aux pressions des institutions internationales comme des États-Unis, proches des deux gouvernements, mais soucieux de ne pas s'aliéner l'Égypte dans leur plan de paix israélo-arabe. Le Caire a fait monter la pression, menaçant de s'opposer par tous les moyens à la menace d'« **hydro-hégémonie** » dont elle accuse l'Éthiopie. Comptant sur le soutien de ses alliés français et américains, l'Égypte a saisi le Conseil de sécurité des Nations unies, qui s'est démis au profit de l'Union africaine, une institution dans laquelle les deux rivaux s'impliquent fortement.

DÉFINITION

Bassin-versant : espace dans lequel l'ensemble des cours d'eau alimente le même fleuve. Il est limité par une ligne de partage des eaux qui sépare les bassins-versants voisins.

B. LES INSTRUMENTS DE GESTION

1. Les organismes internationaux

ZOOM ▶ Le bassin du Mékong, coopération défaillante et tensions grandissantes

Le **Mékong** traverse, sur 4 425 km, la Chine (province du Yunnan), le Myanmar (Birmanie), le Laos, la Thaïlande, le Cambodge et le Vietnam. 70 millions d'habitants vivent directement de son bassin, utilisé pour l'irrigation, la pêche et la pisciculture, mais aussi l'hydroélectricité. Le quatrième fleuve d'Asie fournit 2 millions de tonnes de poissons chaque année, plus qu'aucun autre bassin au monde. La pêche fluviale assure ainsi aux Cambodgiens 60 % de leurs besoins en protéines animales.

Fleuve transfrontalier par excellence, axe civilisationnel et économique, il est aussi au centre d'une géopolitique fluviale de plus en plus tendue. Longtemps bloquée par la succession des guerres indochinoises, la construction de grands barrages a débuté dans les années 1980, initiée par la puissance amont, la Chine, à partir de 1986 au Yunnan (dont le barrage de **Xiaowan**, le deuxième plus puissant au monde depuis sa mise en service en 2010, avec 4 200 MW installés, derrière celui des Trois-Gorges). En aval, **le Laos, pauvre et enclavé, entend s'affirmer comme un pôle de distribution de l'électricité**, la « batterie » de l'Asie du Sud-Est. Une cinquantaine de barrages y sont en construction pour fournir une électricité essentiellement revendue à la Thaïlande. L'impact sur les populations locales aurait néanmoins été sous-estimé selon de nombreuses ONG, de même que l'émission de méthane, fréquente en milieu tropical, qui ruinerait le côté vert de l'électricité produite. L'accumulation des sédiments dans les lacs de retenue aggrave l'érosion en aval, et affaiblit dangereusement le delta, cœur nourricier du Sud-Vietnam. D'un point de vue général, le gain énergétique et la régulation du fleuve sont les versants positifs d'une artificialisation du réseau hydraulique qui pèse sur la biodiversité et les activités traditionnelles, notamment la pêche. La complémentarité des besoins par rapport au fleuve n'a pas pour autant permis, jusqu'à présent, une gestion en commun du fleuve, une lacune qui menace particulièrement le Vietnam, dépendant des pays en amont. De façon révélatrice, il est le seul signataire de la Convention des Nations unies de 1997 sur les droits des cours d'eau internationaux (non contraignante). Dès 1957, cependant, les Nations unies ont promu le Comité du Mékong, devenu en 1995 **Commission du Mékong**, détachée de l'ONU, mais qui n'a aucun pouvoir de décision, et ne sert que d'organe de consultation et d'informations. Le Myanmar pas plus que la Chine n'y participent, et cette dernière a été accusée en 2019 d'une rétention déstabilisatrice d'eau par sa série de onze barrages sur le cours amont du fleuve. Cette année-là, alors que les plateaux tibétains qui alimentent le fleuve étaient particulièrement humides, son niveau en aval a atteint un étiage historique. Pourtant, la Chine, si elle se coordonnait avec les pays riverains, pourrait relâcher plus d'eau à la saison sèche et en retenir davantage lors de la mousson.

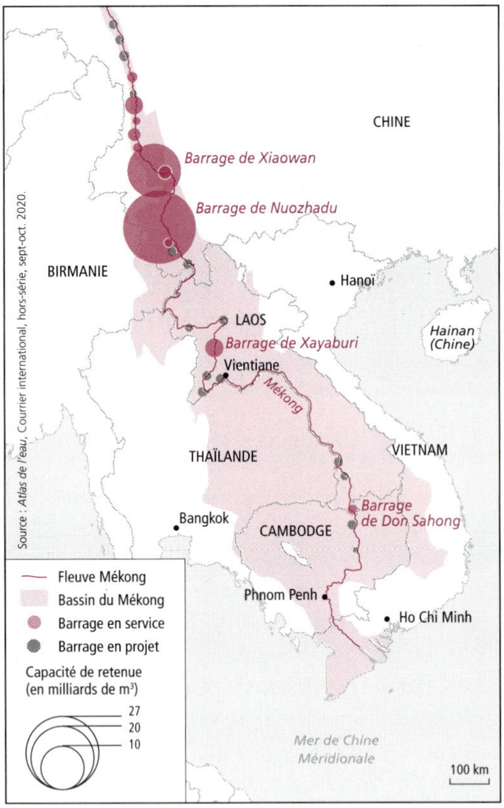

Bassin du Mékong

Les institutions internationales (Banque mondiale, FMI), les agences et programmes de l'**ONU** (PNUD, FAO), sans avoir de pouvoir exécutif, ont développé une expertise qui en fait des conseillers essentiels auprès des États et des opinions publiques. Les deux premiers, par leurs garanties et les prêts qu'ils effectuent, sont souvent indispensables à la réalisation de grands ouvrages. Ils ont favorisé, dans les années 1990, la signature de partenariats public-privé pour améliorer la gestion de l'eau. L'ONU a aussi mis à son agenda des conférences internationales sur les questions de l'eau, qui permettent de médiatiser les enjeux (**Forum mondial de l'eau** tous les trois ans depuis 1997). L'inscription des problèmes de l'eau dans les **OMD** puis, à partir de 2016, dans les **Objectifs du Développement durable** qui leur ont succédé jusqu'en 2030, facilite la levée de fonds.

Les zones d'intégration régionale ont fréquemment mis à leur agenda les questions de partage de la ressource, voire, dans le cas de l'Union européenne, celle d'un droit commun de l'eau. Sur cette question, l'Union reste prudente et se garde de parler d'un droit à l'eau. La directive du 23 octobre 2000 stipule que « l'eau n'est pas un bien marchand comme les autres, mais un **patrimoine** qu'il faut protéger », formulation transcrite sans difficulté par les différentes législations. La France évoque un droit d'accès à l'eau « qui fait partie du patrimoine commun de la nation », dont le prix doit être payé par les utilisateurs (loi sur l'eau de 1992).

Pour aller plus loin

Le site du Forum mondial de l'eau
liennathan.fr/w58iq9

2. Les faiblesses du droit international

Le droit de l'eau reste essentiellement national, voire régional, héritier de situations locales et de traditions séculaires. L'affirmation d'un droit international est encore contrastée et lacunaire. Les zones humides bénéficient cependant d'un des premiers textes environnementaux avec la **Convention de Ramsar**, signée dans cette ville iranienne en 1971. Elle a été ratifiée depuis par 170 États qui s'engagent à préserver les zones enregistrées (en France, par exemple, 46 sites couvrant 3,6 millions d'hectares), en reconnaissant leurs fonctions écologiques et économiques. Mais la Convention n'est pas dotée de moyens propres, elle n'est pas intégrée au système onusien, ce qui limite son efficacité à la bonne volonté des États.

La gestion commune des fleuves internationaux n'a longtemps été régie que par la Convention de Barcelone de 1921 sur la navigation fluviale. Depuis 2014, cependant, la **Convention de New York de 1997** sur les droits d'utilisation des cours d'eau internationaux est entrée en vigueur. Mais sa formulation vague (une utilisation « équitable et raisonnable » des cours d'eau) incite à la coopération sans poser de cadre strict. Son déploiement efficace supposerait par ailleurs un abandon de souveraineté délicat à envisager pour la plupart des États.

La gestion en commun des ressources en eau, que ce soit l'exploitation de nappes souterraines ou de cours d'eau transfrontaliers, reste en conséquence du ressort d'éventuels accords bilatéraux (plus de 2 500 ont été signés de 1948 à 2008). La gestion du Rhin par les pays riverains, dès 1815, en constitue le plus ancien modèle, que l'on retrouve plus ou moins pour le Danube, le Congo ou le Río de la Plata. Faute d'instance internationale spécialisée, les conflits sur l'eau peuvent être tranchés par la **Cour internationale de justice**, sollicitée par exemple en 1993 par la Slovaquie et la Hongrie dans leur différend à propos du barrage Gabcikovo-Nagymaros sur le Danube, un chantier lancé en 1977. Mais la Cour de La Haye ne peut prendre de décision que sollicitée par les deux parties, ce qui limite fortement ses interventions.

12 L'ÉNERGIE ET LES MATIÈRES PREMIÈRES SOUS PRESSION

La poursuite de l'accroissement de la population mondiale et le développement, qui implique une évolution des modes de vie et une augmentation de la consommation, suscitent chaque jour davantage de besoins. Dans un contexte de mondialisation, mais aussi d'essor du modèle du développement durable, la question des ressources, de leur gestion et de leur consommation, avec leurs conséquences en matière économique, sociale et environnementale, est au cœur des réflexions contemporaines. Longtemps, la distinction entre ressources renouvelables et non renouvelables n'a pas été perçue. **La prise de conscience des limites des ressources de la Terre, à part chez quelques penseurs, date du début des années 1970 avec les travaux du Club de Rome**, qui met alors en parallèle les implications de la croissance démographique, l'évolution des modes de vie avec les limites de la consommation des ressources terrestres.

Notions principales

Changement climatique : ensemble des transformations en cours du climat, notamment le réchauffement global, entraîné par les activités humaines.
Droit à polluer : possibilité pour une entreprise d'échanger dans un marché régulé les surplus de gaz à effet de serre produit par ses activités.
Transition énergétique : passage d'une énergie d'origine carbonée à des sources renouvelables et à une meilleure maîtrise de la consommation.

CHRONOLOGIE

1859 : Début de l'extraction industrielle du pétrole en Pennsylvanie.
Février 1945 : Accords du Quincy entre les États-Unis et l'Arabie saoudite.
1951 : Première centrale nucléaire (Idaho, États-Unis).
1960 : Fondation de l'OPEP.
1972 : *Halte à la croissance ?* Rapport Meadows.
1973 : Premier choc pétrolier.
1979 : Second choc pétrolier.
2007 : Exxon établit un record de bénéfices, avec 40 milliards de dollars.
2009 : La Chine devient première consommatrice d'énergie au monde.
11 mars 2011 : Catastrophe nucléaire de Fukushima.
2015 : Accords de Paris : engagement des États à limiter l'augmentation de la température moyenne mondiale à 2°c voire 1,5°c.
26 septembre 2019 : Accident technologique et industriel de Lubrizol (périphérie de Rouen).
1er août 2024 : Jour du dépassement (déficit qui a commencé à se creuser depuis le début des années 1970). Il faut désormais 1,75 Terre pour regénérer ce que l'humanité consomme.

I. Énergies* et matières premières*, du local au global

A. RESSOURCES, MONDIALISATION ET DÉVELOPPEMENT

La consommation de l'énergie et des matières premières est un marqueur pertinent des niveaux de développement. Leur utilisation, liée aux changements des modes de vie et de consommation, peut se lire dans l'espace et dans le temps. Sur la longue durée, les grandes phases d'évolution de l'humanité se comprennent aussi par **la découverte et la maîtrise des sources d'énergie et des ressources**. Ainsi, on date le début du paléolithique avec l'invention du feu, le néolithique voit l'émergence de l'agriculture et de l'élevage où les hommes contrôlent la reproduction d'espèces vivantes et se servent de leur énergie. Après la maîtrise de l'eau, notamment par l'Empire romain, la mobilisation des énergies naturelles s'accentue avec l'essor de la marine à voile et du moulin à vent (Moyen Âge). À partir du XVIIIe siècle, la notion de révolution industrielle dépend des restructurations liées aux usages des énergies. La première révolution industrielle marque le remplacement des énergies naturelles par des énergies fossiles. Le charbon est exploité au Royaume-Uni, car le pays fait face à une crise du bois. Cela induit une augmentation brutale de l'offre de l'énergie avec la **transformation de l'énergie thermique en énergie mécanique pour la production d'un mouvement**. La deuxième révolution industrielle se traduit par le passage à la domination des **hydrocarbures** et de l'électricité. On a pu parler d'une troisième révolution industrielle avec le développement de la **filière électronucléaire** et la redécouverte des énergies renouvelables.

1. L'exploitation des ressources

Les ressources énergétiques et minérales sont désormais au cœur de nos sociétés et participent à la satisfaction de leurs besoins croissants. Alors que la disponibilité de ces ressources est essentielle dans tous les pays, **leur localisation est très mal partagée, tant dans les réserves que dans les moyens de production et de transformation**. Il faut ainsi faire face à un triple défi, dont les réponses parfois peuvent s'opposer : il va falloir être en mesure d'assurer des approvisionnements à une population qui augmente rapidement et dont le niveau de vie s'élève sans baisser le niveau de consommation. Il faut par ailleurs assurer l'accessibilité aux ressources énergétiques et minérales à des populations qui en sont

DÉFINITIONS

Énergie : toute entité physique (mesurable) capable de produire un travail prenant la forme d'un mouvement ou d'une chaleur. C'est l'apport nécessaire à un matériel pour lui faire subir une transformation (modification de sa forme ou de son état) ou un déplacement. Les énergies sont dites « **primaires** » quand elles peuvent être utilisées directement (le charbon), et « **secondaires** » lorsqu'elles résultent d'une autre énergie (électricité). On peut les mesurer en identifiant leur **densité énergétique** : quantité d'énergie contenue dans un produit. Alors que les **énergies renouvelables** s'inscrivent dans les cycles naturels de la nature (hydraulique, éolien, etc.), donc considérées comme inépuisables, les **énergies fossiles** ont un stock fixe dans lequel on puise, c'est pourquoi ces dernières sont qualifiées de « **non renouvelables** ».

Matières premières : ensemble des **ressources naturelles** utilisées notamment dans l'industrie pour la production de tout produit fini ou semi-fini, en tant que composant ou en tant que ressource énergétique entrant dans le cycle de production ou d'acheminement du produit. En général, leur utilisation nécessite une **transformation** (affinage ou raffinage). C'est notamment le cas pour passer des minerais au métal (comme avec l'aluminium, le cuivre, l'argent) ou encore de la betterave (ou de la canne) au sucre.

Les **ressources minérales** résultent de la concentration de matières premières dans des gisements qui peuvent être exploités par l'homme ; elles regroupent les ressources énergétiques fossiles (charbon, pétrole, gaz), les ressources métalliques (y compris l'uranium), les minéraux industriels, les matériaux de construction et les pierres précieuses.

exclues actuellement (pour la cuisson, les déplacements, etc.). Ces deux objectifs doivent être atteints sans dégrader l'environnement terrestre déjà sous pression, en maîtrisant les prélèvements, mais aussi les rejets liés à l'exploitation des ressources et à leur utilisation.

Au-delà des questions énergétiques dont la problématique est largement dominée par le pétrole et les hydrocarbures en général, les matières premières recouvrent principalement les ressources alimentaires [→ CH. 14], l'eau [→ CH. 11], les pierres précieuses (or, diamant) et les métaux (fer, nickel, cuivre, etc.), parmi lesquels il faut analyser le rôle nouveau des terres rares.

ZOOM ▶ Les terres rares, un élément majeur de la puissance chinoise

La demande en terres rares augmente rapidement (6 % par an). Cette appellation désigne 17 métaux devenus essentiels pour les industries de haute technologie, notamment pour la fabrication de nouveaux produits tels que les véhicules électriques ou hybrides, les éoliennes, les panneaux solaires photovoltaïques, ou encore les postes de télévision couleurs, les tablettes, les ampoules basse consommation, etc. La rareté provient de la très inégale répartition géologique de ces terres rares et des pays qui cherchent à les exploiter. Ainsi, 98 % de la production des terres rares se font aujourd'hui en République populaire de Chine et cette concentration de la fourniture peut en faire une véritable arme géopolitique. Le quasi-monopole d'exploitation de la Chine lui permet de contrôler les prix et toute la filière de production. Depuis 2010, d'autres États se mobilisent pour développer cette ressource : les États-Unis, deuxième producteur, mais avec un volume 13 fois moindre, ont tenté une relance de leur production. L'Union européenne a commencé à en stocker pour diminuer la dépendance à court terme et le Japon a découvert d'immenses réserves dans le Pacifique. Mais toutes ces mesures ne remettent pas en cause à brève échéance l'actuelle domination de la Chine dans ce secteur.

2. L'évaluation des ressources

Géographiquement, l'inégalité de la répartition des ressources et des réserves pose le **problème de la maîtrise des territoires qui les contiennent et celui des disparités d'accès à ces ressources**. Alors que celles-ci sont principalement épuisables, se pose dans le même temps la question de la **durabilité du développement** qui s'appuie sur ces ressources. Dans l'ensemble, l'évaluation des énergies et des matières premières n'est qu'une estimation à un moment donné en fonction des possibilités d'accessibilité, d'extraction et de valorisation. À cela s'ajoute le prix de vente des produits qui rend certaines extractions rentables ou non. L'évaluation exacte de la durée des stocks existants est impossible, puisque toutes les réserves ne sont pas connues, ni les techniques nouvelles pour rendre certaines exploitations rentables. Aujourd'hui, on redécouvre d'anciens gisements connus et abandonnés du fait du changement de **seuil de rentabilité**. Dans le cas des hydrocarbures, l'estimation des stocks est rendue plus ardue encore en raison des politiques et stratégies commerciales des pays producteurs et des sociétés pétrolières qui ne déclarent pas nécessairement leurs réserves afin de peser sur les prix.

ZOOM ▶ Les hydrocarbures du Moyen-Orient

Le Moyen-Orient apparaît comme le principal réservoir d'énergie fossile, mais surtout la première région productrice d'hydrocarbures dans le monde, notamment avec l'Arabie saoudite, premier producteur de pétrole. Tirant des revenus considérables de l'extraction et du commerce des hydrocarbures, surtout à compter des années 1970, ces États possédant l'« or noir » envisagent la valorisation de leurs ressources comme une source de croissance et de prospérité. La coordination de ces différents États producteurs entre eux (création de l'OPEP) a permis une hausse des prix du baril, passant de 1,70 dollar en 1970 à 80 dollars en 10 ans, augmentant rapidement leurs revenus.

Depuis 1990, la fluctuation très forte des cours et leur augmentation générale dépendent notamment des estimations des réserves et des aspects conjoncturels (embargo, guerres, aléas climatiques). La baisse des prix du pétrole depuis 2014 fragilise les budgets des pétromonarchies trop dépendantes de la rente pétrolière.

Certaines estimations annoncent que le pic pétrolier *(peak oil)* a déjà été atteint ou est en passe d'arriver. Les réserves prouvées et vérifiées de l'Arabie saoudite sont très incertaines (la dernière évaluation certifiée date de 1979). Ainsi, grâce aux revenus accumulés et disponibles, certains États du Golfe assument leur volonté de (re)conversion. Abu Dhabi possède désormais une antenne universitaire de la Sorbonne et a ouvert sous concession un musée du « Louvre », dessiné par l'architecte Jean Nouvel, pour un coût de 83 millions d'euros pris en charge par l'émirat. De même, l'Arabie saoudite a financé la création de la King Abdullah University of Science and Technology (KAUST), avec 400 chercheurs internationaux et le troisième ordinateur le plus puissant au monde. Dubaï se présente comme la ville du tourisme de luxe avec ses îles artificielles.

Ces nouvelles orientations des investissements montrent la volonté de trouver d'autres sources de richesses que le pétrole, comme le confirment les stratégies de placements économiques et financiers du Qatar, notamment en France, dans les secteurs du luxe et du sport, entre autres.

3. Énergie et développement

L'énergie est souvent considérée comme un **préalable au développement**. La valorisation d'une énergie qui devient dominante assure à ceux qui la produisent et la maîtrisent un **potentiel de développement** plus fort par rapport aux autres. Alors que la période de la première révolution industrielle a été dominée par la Grande-Bretagne, l'après-Seconde Guerre mondiale a marqué la domination états-unienne avec le pétrole. Ainsi, les phases de développement s'appuient sur une énergie en particulier à l'échelle des États. À un niveau plus local, certaines activités peuvent prendre de l'ampleur grâce à la production de certaines énergies dont le transport est difficile. On peut penser ici au développement industriel des grandes vallées alpines grâce à la maîtrise de l'énergie hydraulique.

ZOOM ▶ Le bois, principale biomasse* énergétique

Pour une même énergie, on observe à l'échelle mondiale des enjeux opposés. Source d'énergie et matière première, la production industrielle de bois rond a atteint un volume de 2,03 milliards de mètres cubes en 2018 (données FAO). Les plus gros consommateurs restent les États-Unis, la Chine, l'Inde et le Brésil, mais la répartition géographique des types de consommation (bois de feu ou d'énergie, bois d'œuvre et d'industrie) est très contrastée.

Les productions et consommations diffèrent entre les pays développés et les pays en développement. Les premiers comptent pour 70 % dans la production et la consommation mondiales de produits industriels du bois. Les pays en développement, en revanche, produisent et consomment environ 90 % du bois de feu et du charbon de bois, combustibles qui constituent la principale source d'énergie des ménages dans bon nombre de pays, en particulier dans les zones rurales (chauffage et cuisine). En moyenne, les combustibles ligneux représentent 15 % de la consommation énergétique totale dans les pays en développement, mais peuvent compter pour plus de 70 % dans une trentaine de pays. La consommation de bois de feu et de charbon de bois reste plus forte aujourd'hui que celle du bois industriel à l'échelle mondiale. Et sa valeur énergétique suscite un intérêt accru, du fait du potentiel qu'il représente pour le secteur énergétique moderne, en tant que source alternative aux combustibles fossiles.

DÉFINITION

Biomasse : énergie renouvelable la plus développée dans le monde. Elle est principalement constituée par le bois de feu et les biocarburants (ou agrocarburants).

B. LES PRESSIONS SUR LES RESSOURCES

1. L'augmentation de la demande en énergie et en matières premières

La croissance démographique associée à l'élévation globale des niveaux de vie constitue le facteur fondamental pour comprendre la hausse de la consommation pour des denrées en majeure partie fossiles. La demande a donc progressé plus rapidement à partir de la révolution industrielle, et la plus forte accélération se situe au cours des cinq dernières décennies (triplement de la demande entre 1960 et 2010). La hausse actuelle est surtout tirée par la **croissance de la demande des pays émergents**. En outre, les modes de vie et de production impliquent des usages variés des ressources énergétiques et minérales : en plus des besoins liés au chauffage et à l'électricité pour les combustibles, il faut intégrer ceux de l'industrie et des transports (routier, aérien, par conduite, navigation intérieure). Ainsi, les énergies fossiles ont été les plus sollicitées, car le développement économique et industriel s'est principalement appuyé sur le charbon et le pétrole. Pour répondre à l'explosion de la demande, les hydrocarbures assurent aujourd'hui 55 % de la consommation mondiale et le charbon, dont la forte hausse s'est stabilisée, 27 % (le nucléaire 4 %, la biomasse, l'énergie hydraulique 6,7 % et le reste du renouvelable 7,5 % rassemblent un cinquième de la consommation).

Évolution et perspectives des composantes de la consommation énergétique mondiale

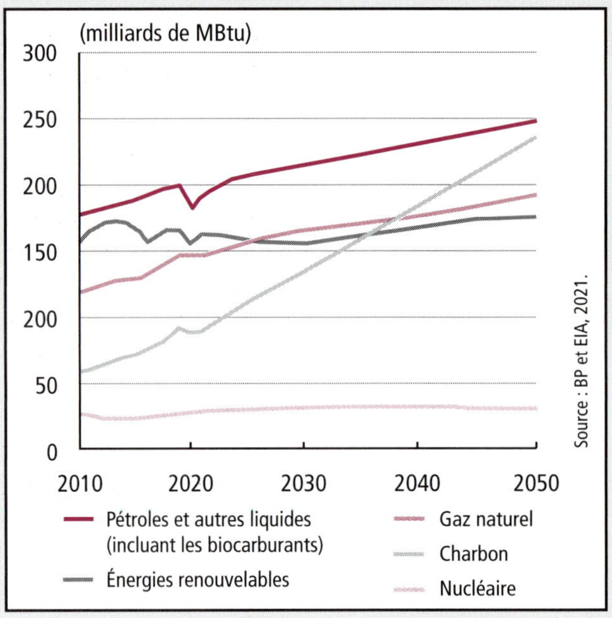

L'**industrie pétrochimique** est de loin le plus grand **consommateur de combustibles à des fins non énergétiques**. Elle transforme les combustibles fossiles (pétrole, gaz naturel et produits dérivés des fours à coke) et le carbone de la biomasse en produits organiques synthétiques. Le vapocraquage de produits pétroliers de raffinerie ou de liquides du gaz naturel est le principal processus de conversion pétrochimique. Les matières premières sont l'essence, le gazole et le gaz de pétrole liquéfié (GPL). L'éthane, le propane et le butane issus de la transformation du gaz naturel peuvent également être utilisés s'ils sont facilement disponibles. Pour la fabrication de certains produits manufacturés, il faut utiliser des procédés pétrochimiques et de raffinage (graisses et lubrifiants dans les moteurs selon leur viscosité, bitume pour les toits et routes du fait de ses qualités imperméabilisantes et résistantes, solvants et peintures, engrais).

La demande mondiale en électricité augmente presque deux fois plus vite que la consommation totale d'énergie, du fait des modes de vie qui réorientent les besoins. Ceci pose un véritable défi qui se trouve amplifié par le niveau d'investissement nécessaire au remplacement d'infrastructures énergétiques vieillissantes. Les ressources extractives et fossiles (le charbon et le gaz pour la production d'électricité, et le pétrole pour les transports) assurent toujours un rôle prédominant bien qu'en diminution relative du fait de l'essor des énergies renouvelables. Les **progrès dans la connaissance, la maîtrise des ressources et les nouvelles technologies** participent aussi à la modification des besoins et de la géographie de ceux-ci. L'uranium devient un véritable enjeu, tout comme certains métaux participant à la production de nouveaux biens de consommation, en particulier les batteries (lithium).

Ainsi, les marchés connaissent d'importantes **recompositions** liées à l'évolution de la demande (lieux de production et de consommation qui changent, nouveaux produits) tout en restant extrêmement sensibles aux variations des cours liées aux facteurs structurels, mais aussi conjoncturels internationaux ou locaux.

Dans ce mix énergétique, il s'agit de ne pas oublier que les ressources nationales diffèrent largement, et que la production énergétique de certains pays peut ne dépendre que d'une seule source, comme on peut l'observer au Laos, dépendant à presque 100 % de l'hydroélectricité.

2. Une géographie de la consommation révélatrice des enjeux de développement

Pour rappel, les pays du G20 représentent toujours 80 % de la consommation mondiale d'énergie, ce qui témoigne de très fortes inégalités.

Évolution de la consommation d'énergie par habitant et par région du monde

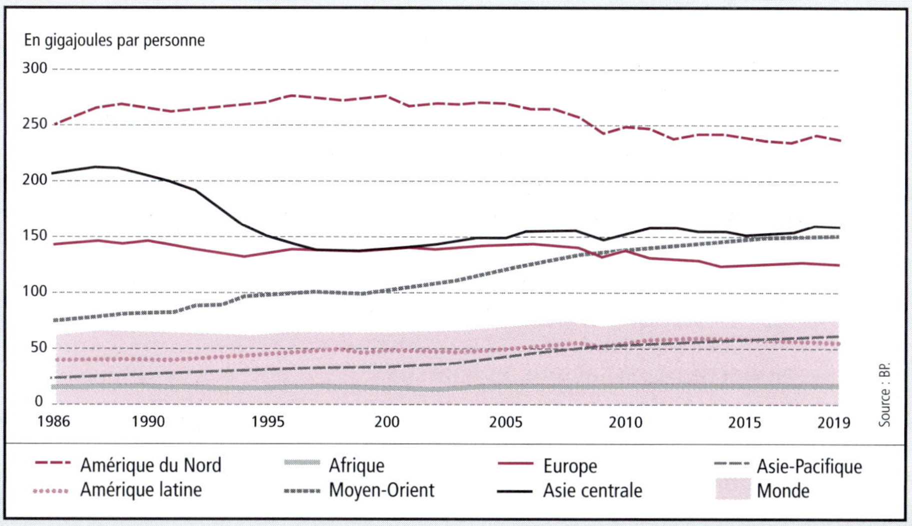

Par ailleurs, 37 % de l'énergie mondiale sont consommés en dehors de leur lieu de production. L'Europe et l'Amérique du Nord restent les principaux foyers de consommation. Ce groupe des **anciens pays industrialisés garde un poids majeur** même s'il connaît la hausse la plus modérée des régions mondiales. **C'est la consommation asiatique qui augmente le plus.** Ainsi, l'importance des **pays émergents et en développement** constitue le principal facteur de hausse de la consommation et participe à la **reconfiguration géographique de la demande mondiale**. La part des pays de l'OCDE dans la consommation est passée de 61,5 % en 1973 à 40 %, alors que la Chine a vu sa consommation en énergie primaire augmenter de 7 à plus de 24 % dans le même temps, le reste de l'Asie représentant maintenant 20 % du total.
Ce que l'on peut donc noter des évolutions énergétiques des dernières années, c'est avant tout la très forte augmentation de la consommation de gaz naturel, principalement due à la Chine et aux États-Unis, alors que l'on note peu de changement dans la consommation de pétrole. En revanche, la consommation d'électricité croît toujours plus rapidement, ce qui témoigne de l'électrification des usages qui se poursuit. Enfin, les énergies renouvelables continuent de se développer, en production totale, mais sans prendre plus de place dans le mix.
On constate cependant encore d'énormes écarts de consommation d'énergie. **1,6 milliard de personnes n'a presque pas d'accès à l'énergie**, la faible part de l'Afrique dans la consommation mondiale en témoigne à l'évidence (3,4 % de la consommation totale en 2020). Les quantités d'énergie consommées par les populations soulignent clairement les différences de développement et d'accessibilité (physique et économique) à ces ressources.

Le mix énergétique mondial (en exajoules) et le mix électrique mondial (en térawattheures) en 2023

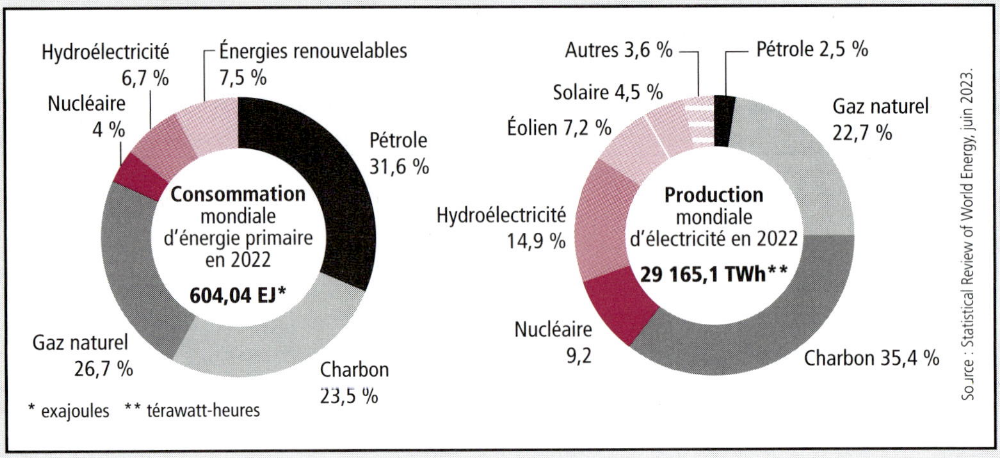

3. Un monde globalisé : circulations et marchés

L'évolution des pôles de consommation, la différence et la distance entre les lieux de production et les principaux lieux de consommation induisent un **essor des circulations de l'énergie et des matières premières**, accentué par la mise en interdépendance des marchés et des espaces liée à la mondialisation.
Aucun pays ne peut être considéré comme une île énergétique. **Les interactions entre les matières** énergétiques et minérales, **les marchés et les prix s'intensifient**. La fluctuation des cours d'un produit peut d'ailleurs avoir des conséquences sur les prix des autres ressources

ou sur leur production, montrant l'importance des interactions avec les autres secteurs. Par exemple, les prix modérés du gaz naturel, à la suite de l'exploitation du gaz de schiste, entraînent une réduction de la consommation de charbon aux États-Unis, qui peuvent donc exporter leur production excédentaire vers l'Europe, où le charbon a inversement détrôné le gaz, plus onéreux. En 2012, à son niveau le plus bas, le gaz naturel était vendu aux États-Unis à près d'un cinquième des prix d'importation pratiqués en Europe et à un huitième de ceux pratiqués au Japon, dont la demande a explosé à la suite de la catastrophe de Fukushima. Le coût très élevé du transport maritime du gaz (qui doit être comprimé 600 fois pour être liquéfié avant d'être transportable par un méthanier, puis subir l'opération inverse à son port d'arrivée) explique ce compartimentage des marchés autour de trois pôles régionaux (Amérique du Nord, Europe, Asie). À l'avenir, des convergences de prix entre ces marchés

ZOOM ▶ La Chine, un poids géopolitique de premier plan dans la gestion des ressources énergétiques et minérales

Malgré l'importance des productions et des réserves nationales, malgré l'immensité du territoire, les besoins chinois liés à la population et à la croissance ne sont pas couverts (c'est, par exemple, le premier marché automobile au monde). L'augmentation rapide de la consommation énergétique n'est pas en passe de se stabiliser, alors qu'elle dépasse celle des États-Unis depuis 2009 (plus de 3273 millions de tep par an en 2018, près du quart de la consommation mondiale).

Au cours de la dernière décennie, le charbon a répondu pour près de moitié à l'augmentation de la demande mondiale d'énergie. L'évolution de la demande en charbon dépend notamment de la portée des mesures favorables aux sources d'énergie à faible émission, du déploiement de technologies de combustion du charbon plus efficaces et, point particulièrement important à long terme, du captage et du stockage du carbone. C'est à Pékin et à Delhi que les décisions sur le marché mondial du charbon pèsent le plus, la Chine et l'Inde comptent en effet pour près des trois quarts de la hausse de la demande en charbon projetée hors OCDE (alors que la consommation de charbon baisse dans la zone OCDE). La demande chinoise devrait se stabiliser du milieu des années 2020 jusqu'en 2035. La consommation de charbon en Inde doit dépasser celle des États-Unis en 2025, date à laquelle l'Inde deviendrait le premier importateur net. Le ralentissement de la croissance chinoise ces dernières années a des répercussions sur les cours mondiaux de quasiment toutes les ressources : la perte de 3 points entre 2010 et 2013 a été l'un des principaux facteurs identifiés de la baisse de la demande en matières premières. En revanche, sa croissance continue à capter une part importante des ressources produites, en particulier sur ses régions voisines comme l'Asie du Sud-est. La région est aujourd'hui le troisième fournisseur de la Chine, laquelle consomme 40 % de la production mondiale de minerais.

Cette contribution repose en majeure partie sur l'Indonésie, qui concentre 9 % des ventes de minerais dans le monde. Ainsi, il apparaît que les pays d'Asie du Sud-Est sont devenus de nouveaux territoires convoités pour leurs ressources minérales, phénomène accentué par le fait que le secteur est considéré comme stratégique par les États de la région, car un des éléments essentiels à la croissance économique et de l'amélioration des conditions de développement des populations.

La Chine met en application une politique spécifique pour la gestion de ses ressources : la République populaire a créé un Bureau des réserves d'État chinois (SRB) dédié à ces questions. Ainsi, afin d'assurer l'approvisionnement nécessaire aux usines textiles, mais aussi pour soutenir les cours (mesure d'aide au revenu des paysans), le pays a effectué d'importantes réserves de coton. On observe la même démarche stratégique pour les marchés des métaux. Si l'on prend l'exemple du cuivre, la Chine a désormais un rôle pivot dans le panorama mondial en tant que premier pays producteur et consommateur de cuivre raffiné. Sa part dans la consommation mondiale est passée de 34 % en 2006 à 43 % en 2008. Depuis 2009, les réserves chinoises de cuivre sont gardées secrètes et influencent les cours mondiaux. Le cours du cuivre est négocié à Londres, à la Bourse des métaux (le LME – le *London Metal Exchange* –, fondé en 1571 sous Elizabeth Ire, supervise le stockage des lots de cuivre chaque jour échangés en Bourse). Cependant, en jouant sur ses réserves et ses capacités de production, la Chine a un rôle déterminant dans la fluctuation des cours mondiaux.

Le maintien du pétrole comme marchandise mondialisée et très échangée tient à son faible coût de transport, 7 à 10 fois inférieur à celui du gaz. Les prix sont ici convergents dans un marché globalisé.

gaziers régionaux sont envisageables, avec la flexibilisation du commerce de gaz naturel liquéfié (GNL) et l'évolution des conditions contractuelles. Les changements ressentis dans une partie du monde se répercuteront alors plus rapidement ailleurs. De même, la production de biocarburants au Brésil est imbriquée avec celle du sucre : les choix de transformation de la canne à sucre en carburant dépendent des cours de la denrée alimentaire et de la rentabilité de l'opération.

L'**augmentation récente des flux Sud-Sud** participe à la recomposition des rapports de force et à l'augmentation de la pression sur les ressources naturelles.

L'évolution de la pression sur les ressources en fonction des disponibilités fait apparaître d'importantes dynamiques spatiales.

En prenant le cas de l'Asie du Sud-Est, la mise en exploitation des minerais est d'abord initiée dans les pays archipélagiques (Indonésie, Philippines), mais à mesure que leurs gisements anciens s'épuisent, les exploitations minières se déplacent, depuis le début des années 2000, vers de nouvelles régions, de plus en plus éloignées (souvent jusque-là peu accessibles pour des raisons infrastructurelles ou de conflits) : le Myanmar, le Cambodge, le Laos et le Vietnam ou des régions comme l'Irian Jaya (Indonésie) deviennent de nouveaux fronts pionniers en ressources minérales recherchés à la fois par les États et par les multinationales minières. Certaines régions se sont ainsi développées grâce à l'exploitation des ressources minières et ont vu arriver des populations importantes, sous l'effet combiné de la ruée vers les ressources et de politiques nationales comme celle de la « transmigration » en Indonésie qui a, dans le cadre du développement minier, surtout porté sur les régions reculées de l'Irian Jaya, de Kalimantan (Bornéo) ou dans l'archipel des Moluques (B. Courmont, 2015). Aujourd'hui, cette dynamique territoriale s'inscrit localement dans la création d'une nouvelle capitale pour l'Indonésie, sensée être « verte », « intelligente », « zéro émission en 2045 », sur l'île de Bornéo, à 1200 km de la capitale actuelle Jakarta. Le gouvernement, porteur du projet, vise à ce que Nusantara devienne un pôle d'innovation en énergies vertes et s'appuie sur l'exploitation des minerais stratégiques associés en particulier celle du nickel (Sulawesi).

En dix ans, on constate par ailleurs une évolution rapide de la géographie de la pression sur les ressources énergétiques. En effet, plusieurs pays producteurs et exportateurs d'hydrocarbures, et, à ce titre, membres de l'OPEP, ont vu leur situation se transformer rapidement, en lien avec leur processus de développement et l'augmentation nette de leur consommation intérieure. C'est ce que l'on peut constater dans les pays en émergence, comme au Vietnam, où la consommation d'énergie a crû depuis 2005 à un rythme annuel moyen de 8 %, et celle de l'électricité de 15 % par an, ce qui implique un doublement de la capacité de production tous les cinq ans.

De même, alors que la Malaisie ou l'Indonésie s'étaient imposés comme acteurs dans les exportations d'hydrocarbures, les deux pays sont désormais importateurs, transforment les équipements portuaires correspondants ; leur production nationale ne suffit plus à répondre aux besoins de la population.

L'assertion ancienne d'André Siegfried, selon qui « en 1900, la Grande-Bretagne, bloc de charbon, règne sur le monde », soulignait l'**importance de ressources stratégiques pour conforter un pouvoir géopolitique à l'échelle mondiale**. La mondialisation contemporaine n'a fait que conforter cette relation, en particulier pour les énergies et les matières premières, sources des conflits d'usage ou de conflits territoriaux à différentes échelles.

Pour aller plus loin

Le site de l'Agence international de l'énergie
liennathan.fr/75eyx6

II. Des facteurs de tensions

La hausse de la consommation énergétique et de matières premières pèse sur l'empreinte écologique* de la planète. Dans le même temps, ces produits restent des ressources convoitées du fait de leur nécessité à tous les niveaux du développement.

A. DES RISQUES ÉCOLOGIQUES

La hausse considérable de la consommation pétrolière dans les économies émergentes, en particulier pour le transport, en Chine, en Inde et au Moyen-Orient, est supérieure à la baisse de la demande des pays de l'OCDE. **Le secteur des transports représente d'ores et déjà plus de la moitié de la consommation mondiale de pétrole**, une proportion qui ne cesse d'augmenter avec le doublement du parc de véhicules de tourisme (peut-être 1,7 milliard en 2035) et la hausse rapide de la demande en fret routier. Ce dernier est responsable de près de 40 % de l'augmentation de la demande mondiale en pétrole : la consommation de carburant pour poids lourds – principalement du diesel – augmente beaucoup plus rapidement que pour les véhicules de tourisme. Ceci s'explique en partie par le fait que les normes de consommation de carburant pour poids lourds sont encore peu répandues. Dans le cas des transports maritimes, les pratiques sauvages de dégazage* dans les eaux internationales participent à la pollution de l'environnement liée aux échanges. Ces actions réglementées doivent se dérouler dans les installations portuaires. Pour ne pas en payer le coût, certains équipages vident le contenu de leurs citernes et cuves directement dans les mers et les océans. On estime que 1,5 million de tonnes de pétrole ont été rejetées uniquement en mer Méditerranée à la suite de dégazages et déballastages* illégaux, soit l'équivalent de 20 marées noires de type *Prestige* ou de 75 *Erika* par an.

Les **modes de production et d'extraction de certaines matières premières** contribuent également aux dommages écologiques. Les mines à ciel ouvert sont certes beaucoup plus faciles à exploiter, mais ont des impacts environnementaux très lourds. La technique cherche à mettre à nu les filons en attaquant directement les couvertures rocheuses et forestières pour aller extraire la matière recherchée. Cela peut être la bauxite en Guinée, le charbon aux États-Unis, le nickel en Nouvelle-Calédonie et en Indonésie ou encore le cuivre de Chuquicamata dans le désert d'Atacama au Chili**. Ces pratiques exposent directement les populations vivant en aval de l'exploitation, celle-ci affectant la qualité des eaux récupérées dans les vallées** (solutés toxiques, fortes teneurs en métaux, etc.) et **déséquilibrant les écosystèmes**.

Au Canada, les sables bitumineux de l'Alberta sont exploités depuis 1967, mais la production augmente fortement depuis les années 1990, les perfectionnements techniques et la hausse du prix du pétrole rentabilisant les installations. 143 000 km² sont exploitables à faible

DÉFINITIONS

Empreinte écologique : élaborée par un ingénieur suisse, Mathis Wackernagel, elle mesure la pression de l'humanité sur la biosphère en évaluant combien d'hectares sont en moyenne nécessaires pour répondre à sa consommation de ressources et à ses besoins d'absorption de déchets. Selon ses calculs, tout habitant de la planète exigeait, en 2008, 1,8 hectare global. Sa méthode d'élaboration est discutable et discutée.

Dégazage : ventilation et évacuation des gaz produits par les hydrocarbures dans les citernes d'un navire (ces gaz nocifs doivent être éliminés pour permettre aux marins de pénétrer dans les citernes).

Déballastage : déchargement des eaux de lestage d'un navire, des résidus de cargaison liquide et des résidus de fonctionnement.

profondeur et fournissent plus de 1 million de barils par jour, au prix d'une consommation d'eau intense et de la destruction de la forêt boréale. Les débats en France sur la fracturation hydraulique pour l'exploitation des gaz de schistes rappellent ici les **choix à effectuer entre indépendance énergétique et préservation de l'environnement. Le compromis entre les bénéfices possibles (économiques et sociaux) et les dommages liés aux pratiques d'exploitation impose des débats publics et des décisions politiques.**

Les tensions se concentrent notamment sur le lien intrinsèque entre mine et énergie, y compris pour les énergies renouvelables ou dites « vertes ». Largement reconnu pour le charbon, plus souvent oublié dans le cas du nucléaire (l'uranium s'extrait comme toute autre matière fossile), les énergies renouvelables et vertes privilégiées comme mode de développement dans un contexte de changement climatique sont de fortes consommatrices de métaux. Ainsi, d'après Aurore Stéphant, ingénieure géologue, 60 % de la demande métallique contemporaine répond aux besoins de la transition énergétique uniquement pour la production de véhicules électriques : pour les batteries, les estimations projettent une production de lithium 21 fois supérieure à celle actuelle pour répondre à la limitation de l'augmentation des températures à 2°c (production très polluante pour actuellement 300 mines dans le monde, à laquelle il faut ajouter l'aluminium par exemple pour l'allègement du poids des véhicules, et entre 50 et 70 autres types de métaux).

ZOOM ▶ Les menaces environnementales de la fracturation hydraulique

L'extraordinaire développement de l'exploitation des gaz de schiste aux États-Unis (plus de 100 000 puits assuraient 34 % de la production de gaz aux États-Unis en 2011) s'est accompagné de polémiques, relayées entre autres par le cinéma. La fracturation hydraulique, seul procédé efficace à ce jour, consiste à injecter sous pression des produits chimiques dans la roche pour y regrouper les gaz épars. Le procédé entraîne des risques sismiques, une intense consommation d'eau et une pollution des nappes phréatiques. Il relâche entre 4 % et 8 % du méthane capté dans l'atmosphère, entraînant des conséquences climatiques lourdes. Une législation très peu contraignante, associée à de nouvelles technologies et aux cours élevés des hydrocarbures, a jusqu'à présent facilité l'exploitation de ressources considérables, mais elle s'est durcie depuis 2015 : désormais, les exploitants sont tenus de récupérer tous les rejets de méthane, ce qui renchérit l'installation des puits. Des mesures remises en cause à partir de 2017 puis 2025, par l'Administration républicaine.

B. DES TENSIONS ÉCONOMIQUES

Les **acteurs majeurs** de la géopolitique de l'énergie et des matières premières sont les **États exportateurs** (parfois rassemblés en organisations) et les **grandes entreprises** transnationales dont les moyens financiers peuvent se comparer aux budgets de certains États et dont les **stratégies de croissance** ont un rôle essentiel dans le développement des pays où elles sont implantées. Longtemps organisées en cartel d'exploitation, elles doivent compter, depuis les années 1970, avec les entreprises nationalisées constituées par les principaux pays pétroliers (Saudi Aramco en Arabie saoudite, Sonatrach en Algérie).

Ces entreprises dépendent cependant des États où elles exploitent les ressources pour pouvoir s'implanter et mener leurs explorations ou leur production. Ainsi, elles négocient directement avec les plus hautes sphères politiques, tandis que les États profitent des ***royalties*** issues de la production sur leur territoire. À l'échelle locale, il faut cependant **faire accepter l'installation** de ces grandes compagnies, qui parfois se heurtent aux populations riveraines. De véritables **bras de fer** peuvent être engagés entre entreprises, autorités politiques et/ou populations locales. La **stabilité politique** du pays est une donnée essentielle pour ces entreprises.

Chiffre d'affaires (CA) 2023 en milliards de dollars des principales compagnies pétrolières comparé au PIB 2023 de quelques pays

Compagnies	CA	Pays	PIB
Saudi Aramco (Arabie Saoudite)	489	Norvège	485
Sinopec (Chine)	415	Danemark	404
PetroChina (Chine)	399	Malaisie	400
ExxonMobil (États-Unis)	332	Chili	335
Royal Dutch Shell (Pays Bas / Royaume-Uni)	290	Portugal	287
TotalEnergies (France)	213	Hongrie	213
BP (Royaume-Uni)	203	Ukraine	179

Sources : Fortune 500, FMI.

ZOOM ▶ La production de nickel en Nouvelle-Calédonie

L'archipel possède de 20 à 30 % des réserves mondiales de nickel. La société historique de production de nickel en Nouvelle-Calédonie, la SLN (Société Le Nickel), propriété du Français Eramet, a longtemps eu le monopole de l'exploitation. Les accords de Nouméa (1988) ont abouti à la création d'une société gérée par les tribus kanakes, la Société minière du Sud Pacifique (SMSP), à qui la SLN a dû céder des mines. Elle doit aussi faire face à l'arrivée des géants brésilien Vale et suisse Xstrata, bien plus puissants financièrement. La firme suisse s'est associée à la SMSP, qui possède 51 % du capital du site de Koniambo, dans le nord de la Grande île, pour ouvrir en avril 2013 une des plus performantes usines métallurgiques du secteur. Elle a investi 5 milliards de dollars dans l'opération, avançant la part de la SMSP. L'effondrement des cours depuis 2014 perturbe l'économie locale, dont l'activité représente plus d'un quart des emplois du secteur privé et 90 % des exportations. L'arrivée sur le marché de l'Indonésie, désormais 1er producteur mondial, fragilise durablement l'archipel (fermeture d'une des principales usines de la Grande île).

Les tensions s'expriment aussi par l'évolution des politiques nationales dans leur gestion des ressources. L'Indonésie a mis un frein au mouvement d'ouverture tous azimuts des années 2000, en inscrivant dans la nouvelle loi minière de 2009, entrée progressivement en application en 2012 et 2014, des mesures et obligations destinées à renforcer le poids des investisseurs nationaux et des entreprises locales, notamment la transformation sur le sol indonésien de certains minerais bruts à travers la construction d'installations industrielles. Au Laos, un moratoire a suspendu toute nouvelle attribution de concession minière entre 2012 et 2016.

La décennie 2000 a été marquée par une hausse soutenue et continue du prix des matières premières. C'est pour qualifier cette situation que l'idée d'un « super cycle des matières premières » s'est imposée. Mais 2014 paraît avoir marqué le coup d'arrêt de cette période. Au-delà des hydrocarbures, c'est quasiment toutes les matières premières (y compris alimentaires) qui ont vu leurs prix s'effondrer. Depuis début 2015, la chute s'accélère, atteignant – 26 % pour le minerai de fer et – 15 % pour le café arabica. Seuls les métaux précieux et le coton font figure d'exception. Le cuivre, indicateur d'importance du fait de ses multiples usages (bâtiment, transport, électronique…), témoigne de l'ampleur du phénomène, en ayant perdu 31 % en deux ans et demi.

■ **Évolution du prix du baril de pétrole à New York, 1960-2024**

Ces fluctuations résultent de la contraction du commerce mondial en plus du ralentissement de la croissance chinoise. Mais la qualification de « super » est habituellement réservée aux cycles longs, plus rares, au nombre de trois depuis la révolution industrielle (1870 à 1914, 1946 à 1973, dite « période des Trente Glorieuses »), soit des cycles de plusieurs décennies : le troisième actuel fait donc débat tout en réunissant les trois éléments constitutifs : la démographie, la technologie et la mondialisation des échanges. C'est pourquoi sa probable « fin » est à nuancer car, au-delà de l'augmentation du nombre d'individus, l'essor de la classe moyenne, passant de 2 à 5 milliards d'individus entre 2010 et 2030, va nécessiter de nouveaux besoins en biens et services collectifs et individuels pour de nouveaux consommateurs solvables.

C. DES TENSIONS GÉOPOLITIQUES À PLUSIEURS ÉCHELLES

1. Des guerres de l'énergie ?

Le **contrôle direct ou indirect des ressources naturelles** constitue un enjeu majeur pour comprendre la géopolitique du monde contemporain. Les **volontés de contrôle** des espaces recelant des produits clés participent à la justification de nombreuses interventions armées, au premier rang desquelles celles des États-Unis en Irak en 1991 et 2003. Elles expliquent aussi en partie le jeu russe dans le Caucase, espace de transit des hydrocarbures de la mer Caspienne vers la mer Noire et la Méditerranée. Les espaces maritimes ne sont pas épargnés, et le dépôt très médiatisé en 2007 d'un drapeau russe par un sous-marin à l'aplomb du pôle Nord se voulait une prise de gage avant une éventuelle exploitation des ressources arctiques (le plateau continental de la région recèlerait d'importantes réserves de pétrole et de gaz). L'enjeu peut concerner les **lieux de production**, mais aussi les **itinéraires** utilisés pour le transport de ces ressources. Ainsi, les détroits sont historiquement des espaces très surveillés. Ces conflits et tensions peuvent aussi apparaître entre des groupes infra-étatiques comme dans le sud du Nigeria, où le partage des richesses du pétrole du delta du Niger n'a jamais été favorable aux populations locales, qui doivent en revanche en subir de catastrophiques conséquences environnementales. D'une façon générale, **la conflictualité est grande lorsqu'il n'y a pas adéquation entre la géographie d'une ressource convoitée et la géographie politique**. Les contentieux frontaliers sont par exemple attisés dans le golfe de Guinée par l'attribution des concessions pétrolières entre la Guinée équatoriale (attribuées aux sociétés espagnoles Cepsa et Spanish Gulf Oil) et le Gabon (permis d'exploitation fournis à Gulf Oil et Shell) sur des zones disputées.

ZOOM ▶ L'OPEP : une politique mondiale pour le cartel du pétrole

La création de l'Organisation des pays exportateurs de pétrole (OPEP) a profondément modifié les rapports de pouvoir à l'échelle mondiale. La domination états-unienne était incontestée durant toute la première moitié du XXe siècle : de 1900 à 1945, les États-Unis assuraient les deux tiers de la production mondiale, dans un contexte d'hégémonie des entreprises pétrolières anglo-saxonnes (les *Majors* constituant, en 1928, un cartel des pétroles). Les pouvoirs politiques au Moyen-Orient se sont stabilisés dans les années 1930, et les découvertes de gisements gigantesques dans les années 1940 ont permis l'apparition de pétromonarchies. Les États-Unis passent des accords avec elles (accords du Quincy notamment, en février 1945, avec la dynastie saoudienne) et s'appuient de plus en plus sur leur production abondante et bon marché.

L'OPEP est fondée à l'issue de la conférence de Bagdad, le 14 septembre 1960, par le Venezuela, l'Irak, l'Arabie saoudite, le Koweït et l'Iran dans le but de constituer une force de régulation du marché. Elle vise à rééquilibrer les relations entre les pays producteurs et les compagnies pétrolières occidentales qui régissent jusqu'alors le marché. Au-delà du contexte économique, l'action de l'OPEP sur l'évolution des prix du pétrole est étroitement liée à l'environnement géopolitique : les années 1970 sont celles de sa plus grande influence, avant un déclin depuis les années 1990, à l'image de la part de sa production dans la production mondiale de pétrole (55 % en 1970, 35 % en 2014). L'Indonésie en est sortie en 2009, devenue importatrice (mais elle conserve d'importantes réserves en gaz). Le souci de diversification des approvisionnements, comme la rentabilité des ressources non conventionnelles accélèrent ce rééquilibrage.

L'OPEP fixe par des quotas les parts de production de chaque pays producteur (en fonction de leurs réserves et des besoins des pays consommateurs) afin de stabiliser les cours et de les maintenir à la hausse tout en maîtrisant le cycle de production. Ce système de régulation reste toutefois affecté par les fluctuations du cours du dollar, monnaie de transaction du pétrole. Les dissensions politiques entre les membres du cartel jouent aussi fréquemment contre son efficacité. L'OPEP représente un peu moins des trois quarts des réserves prouvées dans le monde et 40 % de la production mondiale. Mais la valorisation des compagnies pétrolières et la notation des pays producteurs dépendant pour une part importante de l'appréciation des réserves, les montants communiqués sont probablement surestimés. En 2020, la production de l'OPEP a chuté d'une trentaine de millions barils par jour à 23. La croissance spectaculaire de la production de pétroles non conventionnels aux États-Unis change par ailleurs le rapport de force. L'ancien premier importateur mondial achetait encore en 2012 la moitié de son pétrole à l'étranger ; il pourrait, selon l'AIE (Agence internationale de l'énergie), devenir autosuffisant, devenant un temps le premier producteur mondial (de 2017 à 2019). La baisse des cours, depuis 2014, a poussé l'OPEP à tenter de s'entendre avec la Russie, principal exportateur en dehors du cartel, à partir de 2016.

REPÈRES

Gaz non conventionnel : terme générique recouvrant trois types de ressources gazeuses : le gaz de schiste – *shale gas* (resté dans la roche-mère où il s'est formé) –, le gaz de houille – le grisou redouté des mineurs (resté dans le charbon) – et le gaz de réservoir compact – *tight gas* (resté dans une roche-réservoir). Pour les exploiter, les méthodes traditionnelles de forage sont techniquement ou économiquement non viables, car ces gaz sont difficiles à extraire.

2. Géopolitique des marchés et nouvelles ressources

Les hydrocarbures non conventionnels dans le monde

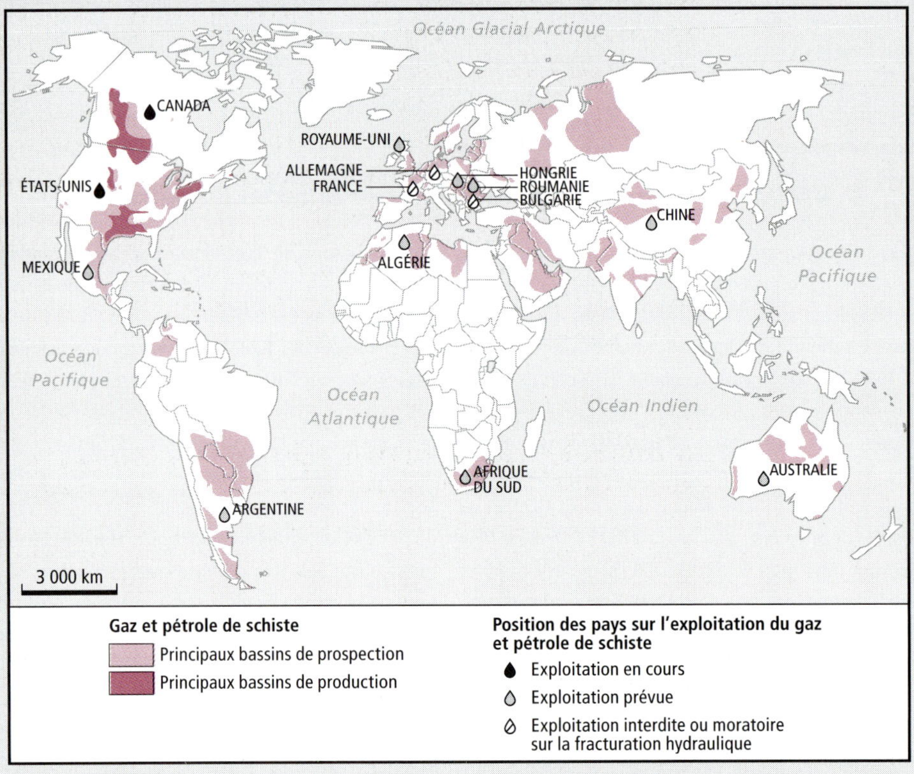

Le gaz et l'organisation de son marché illustrent les imbrications entre les **choix stratégiques** des États, les **disponibilités** de la ressource et la compétition entre entreprises. Le Russe **Gazprom, la plus grande entreprise mondiale de production et d'exportation de gaz**, est ainsi passé d'une position de force sur le marché européen à une phase de renégociations bien moins favorables. L'effondrement des prix du gaz sur le marché américain a, dans un premier temps, libéré vers l'Europe un charbon moins cher (qui concurrence désormais le gaz pour la production d'électricité), avant de voir les États-Unis mettre en place des terminaux de liquéfaction pour l'exportation vers l'Europe de ce gaz peu coûteux. Même si, pour l'instant, les perspectives d'exploitation en Europe de ces gaz de schiste ne sont pas très prometteuses (les réserves polonaises seraient 10 fois moindres qu'annoncées, la France est réticente à explorer les siennes), Gazprom, qui pensait avoir verrouillé le marché avec des contrats à long terme, voit ses clients renégocier des contrats *spots*, au comptant, bien plus attractifs pour les consommateurs. La position hégémonique que le groupe de Saint-Pétersbourg avait patiemment construite grâce à une géopolitique des tubes, qui en faisait un intermédiaire obligé pour le transit du gaz vers l'Europe, a surtout été remise en cause à partir de 2022 par la guerre en Ukraine. L'Europe qui absorbait les deux tiers des exportations de Gazprom les a progressivement remplacées par des importations de GNL américain ou qatari. Globalement l'Union européenne repense son agenda énergétique sous

l'angle de la souveraineté. Il s'agit de limiter les risques de rupture d'approvisionnement en favorisant la modération de la demande en énergie, l'accroissement de la production domestique (notamment à partir de sources d'énergie renouvelables) ainsi que la diversification des sources d'énergie, des fournisseurs et des itinéraires d'approvisionnement. Les tensions géopolitiques contribuent fortement à expliquer la variabilité des cours.
Ainsi, on observe une chute de plus de 30 % le 9 mars 2020 après l'échec d'un accord entre l'Arabie saoudite et la Russie (fin de l'alliance OPEP+). Inversement, l'invasion de l'Ukraine par la Russie en février 2022, et les interdictions d'importations du pétrole russe ont entraîné des incertitudes en matière d'approvisionnement et, par conséquent, une hausse des prix.

Pour aller plus loin

Le blog de Matthieu Auzanneau, journaliste spécialiste du pétrole
liennathan.fr/73a9sb

III. La question de la durabilité des énergies et matières premières

La majeure partie des énergies et matières premières aujourd'hui exploitées et consommées sont des ressources épuisables. Surconsommation des richesses du sous-sol, dégradations climatiques, besoins exponentiels en ressources minérales s'additionnent pour remettre en cause le seul modèle de développement qui a prévalu jusqu'ici, celui de l'Occident manufacturier, gourmand en matières premières et en énergies fossiles. Avec l'essor des pays émergents et la croissance démographique, la mondialisation met en lumière la réalité d'un « monde fini aux ressources limitées ». Comment assurer le développement de la planète alors que le partage de la croissance se recompose à l'échelle mondiale ? Mais dans le même temps, comment garantir la survie de l'humanité en écartant le risque que fait courir l'activité humaine à l'écosystème planétaire ? Ces deux questions au cœur du développement durable placent l'énergie et les matières premières dans les priorités des agendas politiques.

A. LA LIMITATION DE LA CONSOMMATION

Le coût relativement bas de l'énergie ou la pression pour que ces coûts se maintiennent à de tels niveaux n'incitent pas aux économies de consommation, notamment de la part des pays industrialisés, et cela malgré la diffusion d'un discours écologiste. On observe des **réticences à développer des formes de limitation de la consommation** par des taxes ou subventions trop coûteuses. Le Protocole de Kyoto (signé en 1997 et mis en application à compter de 2005, expirant en 2013) représentait la première action internationale pour la baisse de la consommation énergétique dans le but de réduire les émissions de six gaz à effet de serre (GES). Dès la fin de l'année 2011, le Canada s'est retiré du protocole, estimant ne pouvoir faire les efforts demandés sans nuire à sa vitalité économique. Les mécanismes mis en place par Kyoto visent spécifiquement le champ des énergies avec la sidérurgie, le ciment et les activités liées au bâtiment. L'objectif était donc d'**inciter à limiter les activités fortement consommatrices** : en France, 60 % des énergies sont consacrées au transport et au chauffage. Le **permis d'émission** correspond à l'achat de droits à polluer, qui suppose

une mise en œuvre conjointe afin de **créer des mécanismes de développement propre dans les pays en développement** et de **diminuer les GES dans les pays développés**. Pour ces derniers, la stratégie est donc de valoriser les activités moins énergivores (transports doux, moteurs hybrides, électroménager à basse consommation, par exemple) et de favoriser la certification (HQE – haute qualité environnementale – pour le bâtiment). Pour les pays développés, l'horizon est celui d'une **transition énergétique**, s'appuyant sur le développement de sources non carbonées et renouvelables d'une part, sur l'amélioration de l'**efficacité énergétique*** de l'autre. Ils sont amenés à développer des politiques incitatives (rachat à des prix subventionnés de l'énergie produite par des sources propres), dissuasives (principe des taxes carbone), éducatives (promotion des économies d'énergie), prospectives (développement des réseaux intelligents – *smart grids* – de distribution de l'électricité), coopératives (transferts de savoir-faire).
Ces dynamiques ont été portées principalement par l'Union européenne, poussée dans cette direction par ses opinions publiques, sa faiblesse en ressources énergétiques et l'intérêt de ses industriels à faire financer des solutions énergétiques d'avenir. Le paquet énergie-climat, revu à la hausse en 2019, repose sur le triptyque diminution des émissions, hausse du renouvelable, baisse de la consommation. Les émissions devront avoir diminué de 55 % en 2030 par rapport à 1990, les énergies propres devront atteindre 42,5 % du mix énergétique, 32,5 % d'économies d'énergie devront être réalisées. La neutralité carbone doit être acquise en 2050. Mais ce volontarisme se heurte à des obstacles de plus en plus nombreux. L'effort coûteux de transition énergétique n'est pas bien coordonné avec les autres puissances. L'Europe serait en conséquence pénalisée dans sa productivité, devant s'appuyer sur une énergie plus coûteuse parce que plus respectueuse de l'environnement. Les évolutions du marché, ensuite, sont défavorables : le faible coût du charbon, source d'énergie la plus polluante, et l'échec de l'instauration d'un marché des droits à polluer efficace n'incitent pas à la vertu énergétique. Dans les débats contemporains, s'opposent ainsi plusieurs idéologies sans le dire, entre les partisans de l'extension des « améliorations technologiques », telles que la 5G, et l'impératif de réduction de la consommation énergétique, mettant ainsi en évidence une hiérarchisation des priorités politiques et économiques par rapport aux enjeux environnementaux, souvent au nom du progrès. Les opinions publiques, enfin, idéalement favorables à la transition, rechignent à en payer le coût financier, comme elles s'opposent localement souvent aux infrastructures exigées. Le réflexe *nimby** (« *not in my backyard* ») prévaut régulièrement face aux implantations d'éoliennes, par exemple.

B. LES ENJEUX DES ÉNERGIES RENOUVELABLES

Le développement des énergies renouvelables est une des réponses mises en avant face à la logique de **déplétion* des ressources fossiles** et se présente comme indispensable pour freiner le changement climatique. Pour cela, plusieurs sources d'énergie sont proposées : la force éolienne, l'énergie solaire thermique mais aussi photovoltaïque, la géothermie (liée à la chaleur de l'eau et de la terre en profondeur), ainsi que la biomasse (transformation de

DÉFINITIONS

Efficacité énergétique : rapport entre les résultats d'un système productif et l'énergie produite à cet effet. Elle peut se comparer entre pays en mesurant l'intensité énergétique, soit la quantité d'énergie nécessaire par point de PIB.

***Nimby*:** acronyme américain (« *not in my backyard* » pour « pas dans mon jardin ») qui renvoie à la contradiction entre des exigences globales et leur acceptation locale.

déchets pour produire du gaz et de l'électricité, ou encore élaboration de biocarburants par fermentation alcoolique).

La **filière éolienne** connaît une croissance des plus significatives parmi les énergies renouvelables, en particulier l'éolien offshore (dans l'espace maritime) pour lequel les critiques éventuelles sur le paysage et les désagréments des riverains ont moins d'effets. Une éolienne peut produire 1 à 2 mégawatts et fournir les besoins domestiques de 1 000 à 2 000 personnes. L'Allemagne a clairement investi dans ce domaine afin de permettre sa sortie du nucléaire. Les pays d'Europe du Nord sont d'ailleurs pionniers, mais cela reste une source d'énergie chère : la maintenance en mer et le transport sous-marin de l'électricité renchérissent considérablement le coût. S'y ajoute, dans le cas allemand, la nécessité de développer un réseau de lignes à haute tension pour acheminer l'électricité produite en mer du Nord vers les régions industrielles du sud-est, à l'autre bout du pays.

L'**énergie solaire** apparaît comme une réponse viable pour la production d'eau chaude, mais l'utilisation de panneaux photovoltaïques reste très controversée. Autant la production d'électricité photovoltaïque n'occasionne pas de pollution particulière, autant la fabrication des modules est un processus industriel qui n'est pas neutre vis-à-vis de l'environnement (voracité, notamment, en terres rares). La discontinuité entre les espaces producteurs les plus prometteurs et les territoires les plus gourmands impose aussi un transport problématique de l'électricité produite. Malgré une baisse des coûts globale de la production énergétique solaire, l'ambitieux projet Desertec a été abandonné fin 2014. L'interconnexion coûteuse des réseaux électriques entre les pays du Maghreb et de l'Europe s'est ajoutée aux réticences des Espagnols, qui développent déjà des centrales solaires et exportent une part de leur production électrique vers le Maroc.

ZOOM ▶ L'essor des agrocarburants

À partir de la filière huile (diesel) et de la filière alcool (éthanol), les agrocarburants se présentent comme **une solution de remplacement et un carburant de substitution au pétrole**. La production d'agrocarburants dans le monde a connu une très forte augmentation, passant de 5 milliards de litres en 1980 à plus de 112 milliards de litres en 2024 dans le cas de l'éthanol. En complément, le biodiesel se développe depuis le début des années 1990. Alors que la **première génération** utilisait principalement des plantes alimentaires (ce qui ne manque pas de poser problème quand des populations ne disposent pas de nourriture en quantité et en qualité suffisantes), la **deuxième génération** valorise les résidus de culture, tels que la transformation de la lignine et de la cellulose du bois ou de la paille en alcool ou en gaz. Le problème identifié dans ces deux cas est le risque de déforestation pour répondre aux importants besoins en carburants et la nécessité de mobiliser de vastes surfaces agricoles, des engrais et machines agricoles qui participent à la pollution du milieu naturel. Une **troisième génération**, encore expérimentale, à base de microalgues (forts rendements et sans déforestation) n'est pas encore rentable économiquement. Pour le moment, ce système repose sur des systèmes agricoles industriels et participe à l'essor du palmier à huile dans les zones de forêts tropicales. **Le coût environnemental est donc fort et les bénéfices se font au détriment des paysans locaux.** 11 % de la SAU mondiale sont aujourd'hui dédiés à la production de carburants pour 6,5 % du trafic routier, au détriment de la production agricole et sans bénéfice énergétique décisif : les processus de transformation sont fortement consommateurs d'énergie fossile.

DÉFINITION

Déplétion : on parle d'économie de déplétion à propos des ressources fossiles non renouvelables pour décrire la gestion d'une ressource de plus en plus rare, une fois passé son pic d'exploitation (pour le pétrole, le *peak oil*), c'est-à-dire le moment où plus de la moitié des réserves accessibles ont été utilisées, et où, arithmétiquement, la continuation de l'exploitation se traduit par une courbe ascendante des prix. Le *peak oil* est, pour beaucoup de géologues, situé entre 2010 et 2020, ce que réfutent compagnies pétrolières et États producteurs.

En dehors de la question déterminante de la viabilité économique, un autre problème de ces **énergies nouvelles** réside dans l'**intermittence de leur fonctionnement**. En effet, on ne sait pas stocker l'électricité produite, alors que les modes de consommation exigent une continuité dans l'alimentation.

C. LES AMBIGUÏTÉS DU NUCLÉAIRE CIVIL

L'**énergie nucléaire** fait partie des modèles proposés pour **réduire les émissions de GES** et pour amoindrir la **dépendance** envers les hydrocarbures et le charbon très polluants. L'amélioration du potentiel énergétique de la fission doit renforcer son attractivité (une fission de quatrième génération est à l'étude, après celle de la troisième génération que représentent les EPR développés par Areva en Finlande, en France – à Flamanville – et en Chine). C'est l'orientation privilégiée de la France depuis 1974 qui a mis en place son plan électronucléaire après le premier choc pétrolier.

■ **Réacteurs nucléaires installés et projetés**

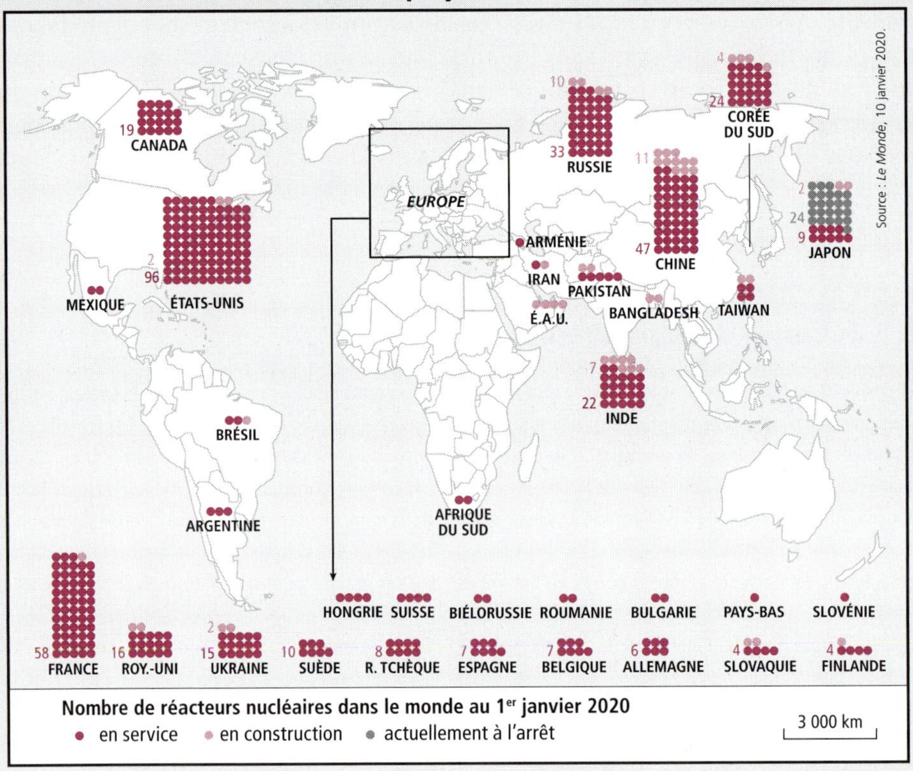

Les risques de la filière ont de nouveau mis son développement sur la sellette à l'occasion de la catastrophe de Fukushima (11 mars 2011). Les gains économiques se heurtent à l'acceptabilité sociale de risques statistiquement multipliés par l'essor du nombre de réacteurs :

– probabilité accrue d'accidents, liés à un dysfonctionnement industriel (Tchernobyl), à une catastrophe naturelle (Fukushima) ou à un attentat ;

– problématique de la gestion du transport et du stockage des **déchets radioactifs**, dont la durée de nocivité est de plusieurs milliers d'années ;
– enfin, augmentation du risque de dissémination de matériels nucléaires entre des mains mal intentionnées (groupes terroristes ou États proliférants).
Après le coup d'arrêt provisoire lié à l'accident de Fukushima, le nucléaire civil a repris son extension. Si l'Allemagne s'est engagée à s'en retirer, le programme chinois a repris après un moratoire, l'Inde entend privilégier dans son mix énergétique les nouvelles centrales et les pays émergents, comme le Vietnam et l'Indonésie, ont suspendu leurs projets.
L'extraction de l'uranium, par ailleurs, entraîne des risques sanitaires. Qu'elle se pratique dans les puits ouverts ou sous terre, l'extraction a des impacts sur l'environnement et sur la santé des travailleurs et des populations locales (gaz radon, thorium, contamination de la poussière des machines et outils).
À cela s'ajoute le maintien important d'**inégalités régionales et technologiques** : seuls 31 États sont détenteurs du nucléaire civil, dont 3 pays produisent 60 % de l'électricité nucléaire (France, États-Unis et Japon jusqu'à la catastrophe de Fukushima). La lourdeur des investissements, le niveau d'exigence technologique et les impératifs de sécurité réservent à un nombre limité de pays, et d'entreprises, la maîtrise de la filière.

La question de l'énergie et des matières premières est intimement liée à la mondialisation : l'essor considérable des échanges ne peut avoir lieu sans la maîtrise des énergies nécessaires pour les réaliser ; la hausse du niveau de vie entraîne celle de la consommation d'énergie ; le commerce mondial de ces produits constitue une composante essentielle des échanges mondialisés. Sans compter les relations entre les pays exportateurs cherchant à tirer le meilleur parti de leurs ressources et les pays importateurs soucieux de sécuriser leurs approvisionnements. Ajoutons enfin la question des risques liés à des produits souvent dangereux (au moins pour une partie de l'énergie) depuis l'échelle locale de production et de consommation jusqu'à l'échelle planétaire (changement climatique). **La question de l'énergie et, à un moindre degré, celle des matières premières constituent pourtant un talon d'Achille de la mondialisation**, puisque la croissance toujours plus importante de leur consommation bute sur les perspectives d'épuisement des ressources, les atteintes à l'environnement et l'exacerbation des tensions géopolitiques liées à l'inégale distribution de la production et de la consommation. L'idée d'une transition énergétique, plus que jamais à l'ordre du jour, suppose un changement substantiel des technologies et des usages de l'énergie, ce qui pose la question de son acceptation sociale.
Cependant, le récit sur la transition qui semble s'imposer dans les discours économiques et politiques ne permet de pas de résoudre la course à la production et à la consommation énergétique, et ses conséquences environnementales. En effet, son usage sert plutôt une promotion industrielle qui tend à faire penser que la mutation des sources énergétiques et leur décarbonation appuyée sur l'innovation et des réponses technologiques suffiraient à limiter le changement climatique. Pourtant, quand on observe la part des énergies fossiles et le coût environnemental de la production d'énergies renouvelables, la transition n'est pas là (comme l'affirme J.B. Fressoz, historien des sciences). L'enjeu principal, invisibilisé par la notion de transition énergétique, exige une modification profonde des pratiques appuyée sur la réduction de la production et de la consommation énergétiques, c'est-à-dire une plus grande sobriété, pas seulement des individus, mais aussi des entreprises et des États.

13 DÉFIS DÉMOGRAPHIQUES ET ENJEUX SANITAIRES

Depuis la seconde moitié du XVIIIe siècle, la Terre est entrée dans une phase de croissance démographique soutenue dont le rythme s'est nettement accéléré tout au long du XXe siècle jusqu'aux années 1970. Ainsi, la population mondiale est passée de 1 milliard d'habitants vers 1800 à plus de 8 milliards en 2024. Pour cette raison, certains auteurs évoquent le XXe siècle comme un basculement du monde qui connaît dans le même temps une interconnexion croissante des lieux qui le composent. Selon le géographe J.-M. Zaninetti, « la circulation mondiale des hommes, des capitaux et des informations a rétréci le monde à la dimension d'un "village planétaire", mais, dans le même mouvement, les hommes ont rempli le monde d'eux-mêmes et de leurs artefacts ».

Cet essor remarquable de la population mondiale impose des recompositions dans l'appréhension des défis démographiques et des questions sanitaires. L'allongement de la vie, qui participe à la croissance démographique, résulte de l'amélioration importante des conditions de vie, des progrès de la médecine et de leur diffusion. Pourtant, **les inégalités en matière de santé n'ont jamais été aussi fortes et ont même tendance à se renforcer**. Aujourd'hui, plus d'un tiers de l'humanité vit dans des environnements privés des conditions fondamentales pour la santé humaine, comme une nourriture suffisante et équilibrée ou un accès sécurisé à une eau saine et à l'assainissement [→ CH. 14 et 17]. Aux disparités des niveaux de développement, aux différentes structures sociales et territoriales des composantes mondiales, s'ajoutent les effets de la mondialisation économique, de l'accroissement des flux de toute nature, de l'urbanisation croissante, du creusement des écarts entre les pays les plus riches et les plus pauvres, soit autant de facteurs qui participent aux inégalité de santé de la planète. Cependant, la mondialisation contribue aussi à diffuser des **formes d'homogénéisation sanitaire** (obésité, cancers, affections chroniques, au nord comme au sud) en lien avec les processus mondiaux d'urbanisation, d'essor démographique et d'espérance de vie, de vieillissement, tandis que d'autres problèmes sanitaires (maladies infectieuses recrudescentes, malnutrition, etc.) reflètent toujours l'**inégal développement des sociétés mondiales**.

Notions principales

Transition démographique : passage d'un régime démographique traditionnel (forte mortalité et forte fécondité) à un régime démographique moderne (faible mortalité et faible natalité). La mortalité commence par diminuer avant la fécondité, ce qui entraîne donc une phase de très forte croissance démographique, avant de se stabiliser. Ce modèle peut évoluer du fait des politiques spécifiques mises en place par certains États.

Transition urbaine : modèle dérivé de la transition démographique, selon lequel tous les pays du monde connaîtraient, à des rythmes décalés, la même évolution vers un taux d'urbanisation élevé et une stabilisation de la croissance des villes.

CHRONOLOGIE

1800: L'espérance de vie à la naissance entre 30 à 35 ans (aujourd'hui, la moyenne mondiale est de 65 ans).
1948: Création de l'Organisation mondiale de la santé (OMS). Institution spécialisée de l'ONU pour la santé publique, son siège est à Genève.
1981-1983: Découverte des premiers cas de VIH/sida aux États-Unis en 1981 (centre de contrôle des maladies d'Atlanta). Identification du virus 2 ans plus tard par l'Institut Pasteur.
1989: Charte européenne de l'environnement et de la santé.
1996: Maladie de la « vache folle » ou encéphalopathie spongiforme bovine.
2002-2003: Épidémie mondiale du SRAS (syndrome respiratoire aigu sévère), forme de pneumonie atypique très contagieuse.
2008: Plus de la moitié de la population mondiale est désormais urbaine.
2013: 7 milliards d'hommes et de femmes.
2015: + de 54 % de la population mondiale est urbaine, + 50 % de la population dans une bande littorale de 200 km.
Fin 2019 : Début de la pandémie mondiale de SARS-CoV-2 – Covid-19, contamination de plus de 112 millions de personnes en un an, dans 189 pays (les États-Unis, l'Inde et le Brésil sont les plus touchés).

I. Deux défis démographiques majeurs : l'inertie de la croissance et le vieillissement

A. UNE PLANÈTE INÉGALEMENT OCCUPÉE

Avec une densité moyenne de 61 hab./km², l'**écoumène** (ensemble des terres habitées et exploitées par l'homme) n'apparaît pas comme très peuplé. Pour un pays comme la France, dont la densité moyenne est d'environ 124 hab./km², cela équivaut aux densités que l'on peut rencontrer en Ardèche (59hab/km²). Outre cette faible densité de peuplement à l'échelle mondiale, **les populations sont très inégalement réparties** : on remarque des espaces très densément peuplés – dans les grandes agglomérations, les densités dépassent les 10 000 hab./km² (Paris : 20 775 hab./km²) –, tandis que s'étendent de véritables déserts humains (Sahara : moins de 1 hab./km²). Ces inégalités de peuplement s'expliquent par de nombreux facteurs, physiques, historiques, sociaux et économiques.

1. Trois grands foyers de peuplement modifiés à la marge par la mondialisation contemporaine

Les plus fortes densités se concentrent sur quelques grands foyers de peuplement, berceaux de civilisations humaines qui existaient déjà dans l'Antiquité. **L'Asie concentre les trois cinquièmes de la population de la planète** avec deux foyers principaux : l'Asie de l'Est, dont la Chine, et l'Asie du Sud, avec l'Inde en particulier. Toute cette région du monde connaît des densités moyennes très élevées, y compris dans les zones rurales, qui connaissent des densités records, notamment dans les deltas vietnamiens et l'île de Java (plus de 1 000 hab./km²). En chiffres absolus, 1,5 milliard d'êtres humains sont concentrés dans le subcontinent indien, mais à une échelle plus fine, la moitié de la population vit dans la plaine indo-gangétique. De même pour la Chine : à l'échelle du pays, on voit apparaître une opposition forte en termes de densités entre la Chine littorale et la Chine intérieure, qui peut s'observer aussi à l'échelle des provinces (comme celle du Jiangsu, 654 hab./km²). Les plus fortes densités régionales au monde s'observent sur les littoraux, comme au Bangladesh (1 278 hab./km²) ou aux Pays-Bas (507 hab./km²). **L'Europe est en effet le troisième grand foyer**. Avec 747 millions d'habitants seulement (mais sur 4,1 % des terres émergées), l'espace européen est surtout très dense, notamment du fait de son tissu urbain, particulièrement au sein de la **mégalopole européenne qui s'étale de Londres à Milan en passant par la Rhénanie** (densité moyenne de plus de 350 hab./km²). À ces grands ensembles, il faut ajouter les foyers secondaires, tels que le littoral atlantique de l'Amérique du Nord, le golfe de Guinée et les littoraux latino-américains (notamment au Brésil).

Ainsi, à l'échelle mondiale, on peut observer que **les espaces les plus peuplés et les plus denses sont principalement les littoraux**. Les facteurs explicatifs sont en partie climatiques (la mer apporte de l'humidité dans la plupart des climats et des températures plus douces), mais les raisons principales sont humaines : la mer permet la pêche et les échanges, donc le développement d'activités non agricoles. Comme le montre l'histoire des côtes méditerranéennes, l'intérêt de l'installation près de la mer est très dépendant du contexte : un temps attractives à l'époque romaine, les côtes sont devenues répulsives chaque fois que le danger venait de la mer, comme lors de périodes d'invasion ou de grandes migrations, répulsives aussi tant que le Languedoc était infesté de moustiques et exposé à la malaria. Ces zones sont redevenues attractives aujourd'hui grâce aux ports, aux activités touristiques et, d'une manière plus générale, au processus de mondialisation. Près de 1,5 milliard de personnes vivent sur une bande côtière de 15 km et le mouvement de littoralisation se poursuit.

Ces grandes concentrations évoluent peu dans l'ensemble. Mais, à une échelle plus fine, les changements sont plus rapides et sensibles, notamment en raison des mouvements migratoires. Le phénomène dominant qui apparaît est que ces espaces pleins, tant en nombre d'habitants qu'en densité, se superposent avec les très grandes villes et les principaux espaces urbanisés. **Répondre aux besoins spécifiques des modes de vie urbains**, concernant désormais plus de la moitié de la population mondiale, est un véritable défi dont les questions sanitaires constituent un aspect essentiel.

2. Les déserts humains et les nouveaux enjeux de leur gestion

Un peuplement de faible densité se caractérise par la spécificité de sa mise en place, liée à des contraintes physiques et à des activités produisant des modes d'organisation de l'espace et des sociétés permettant leur mise en valeur. Ces espaces, souvent considérés comme les limites de l'écoumène, sont en réalité **l'objet d'enjeux politiques de contrôle de l'espace et l'objet de représentations qui leur donnent un rôle important à l'échelle mondiale**. En effet, les politiques de peuplement sont essentielles pour assurer le contrôle d'un espace, tout comme les tentatives de sédentarisation de populations nomades.

Les étendues vides de presque toute présence humaine qui apparaissent sur la carte mondiale peuvent être regroupées en différentes catégories selon leurs caractéristiques géographiques, comme les très hauts reliefs, certains milieux tropicaux humides (la cuvette congolaise, la forêt amazonienne) et les espaces arides ou polaires (l'Arctique, le Groenland, la Sibérie, le Sahara, le Namib et le Kalahari). Associés à des représentations globales, ces espaces participent au mythe de la nature intacte de toute influence humaine et deviennent d'**importants enjeux de protection d'environnements fragiles, de réserves d'espace, mais aussi de ressources pour l'humanité**. S'étendant souvent sur plusieurs États, ils peuvent aussi être l'objet de concertations et tractations internationales pour leur gestion, mais aussi sujets à des migrations touristiques importantes.

B. DEUX TOURNANTS DÉMOGRAPHIQUES EN MOINS DE TROIS SIÈCLES

1. Une croissance remarquable qui ralentit depuis les années 1970

Lorsque la population mondiale atteint 1 milliard d'habitants vers 1800, le décollage démographique de la planète a déjà débuté depuis plusieurs décennies dans une partie de l'Europe occidentale. Commence alors une longue phase de croissance marquée par des rythmes d'accroissement d'abord limités (+ 1 %/an au début du XXe siècle), puis très élevés, surtout après la Seconde Guerre mondiale (environ 2 %/an). C'est alors une véritable explosion démographique qui fait passer la population mondiale de 2,5 milliards en 1950 à 5 milliards en 1987. Compte tenu de l'inertie des structures démographiques, l'essor de la population mondiale se poursuit pour atteindre les 7 milliards aujourd'hui. **En réalité, un autre tournant majeur de l'histoire démographique planétaire est en cours depuis les années 1970 :** le ralentissement sensible du rythme de croissance. En à peine plus de quatre décennies, le taux d'accroissement de la population mondiale est passé de 2,1 %/an (taux record de 1965) à 1 %/an en 2020, soit une baisse considérable de presque la moitié. Désormais, les projections des démographes des Nations unies tablent sur une population de 9,5 milliards à l'horizon 2050 et une stabilisation de la population mondiale autour de 11 milliards d'individus vers 2100, encore que planent de nombreuses incertitudes sur la fiabilité des projections.

■ **Nombre d'années nécessaires pour augmenter la population mondiale de 1 milliard d'habitants**

Année	Population mondiale	
1800	1 milliard	
		130 ans
1930	2 milliards	
		30 ans
1960	3 milliards	
		14 ans
1974	4 milliards	
		13 ans
1987	5 milliards	
		12 ans
1999	6 milliards	
		14 ans
2013	7 milliards	
		10 ans
fin 2022	8 milliards	
		15 ans
2037 (estimations)	9 milliards	

Source : Nations unies

2. Transition démographique et transition urbaine

En 1929, le démographe américain Warren Thompson publie une histoire de la population dans laquelle il souligne les changements décisifs dans les taux de natalité et de mortalité à travers le monde depuis le XVIIIe siècle. Il propose d'appeler « transition démographique » cette transformation ; le concept est repris et popularisé en 1945 par la division de la population de l'ONU. Discuté un temps, le modèle de la transition démographique semble pertinent tout en connaissant des adaptations locales. Il n'a par ailleurs pas vocation à imaginer les évolutions démographiques postérieures à la fin de la phase de transition.

L'évolution de la population dans le monde s'explique par les contextes sociaux et historiques des grands ensembles. Les facteurs de ces changements sont issus des évolutions des contextes politiques et de l'amélioration des conditions de vie (connaissances médicales et techniques), notamment des femmes (qui meurent moins pendant la grossesse, l'accouchement et ses suites) et des enfants. **Dans le temps et l'espace, les rythmes diffèrent :** la transition s'est faite plus lentement en Europe et en Amérique du Nord (150 ans), puisque la baisse de la mortalité au XIXe siècle a été lente. Dans les pays en cours de transition, cette phase peut être réduite à une cinquantaine d'années, du fait d'une baisse de la mortalité beaucoup plus rapide grâce aux progrès de la médecine diffusés rapidement. Ces derniers pays, dits « du Sud », connaissent ainsi une croissance démographique très forte, devenant un enjeu majeur à l'échelle mondiale. La masse de la population est en effet un des éléments géopolitiques importants. Or, **les déséquilibres régionaux s'accentuent** : en un siècle, la part des Européens dans le monde (Russes inclus) est passée de 20 % à 9 %, alors que la population de l'Afrique a crû de 8 à 17 % du total mondial. Les perspectives indiquent l'accentuation de ces recompositions à l'échelle mondiale. On notera d'ailleurs que **cette pression démographique pèse de plus en plus sur des espaces de taille limitée** où la population se concentre, notamment les agglomérations urbaines et les littoraux.

■ Schéma théorique de la transition démographique

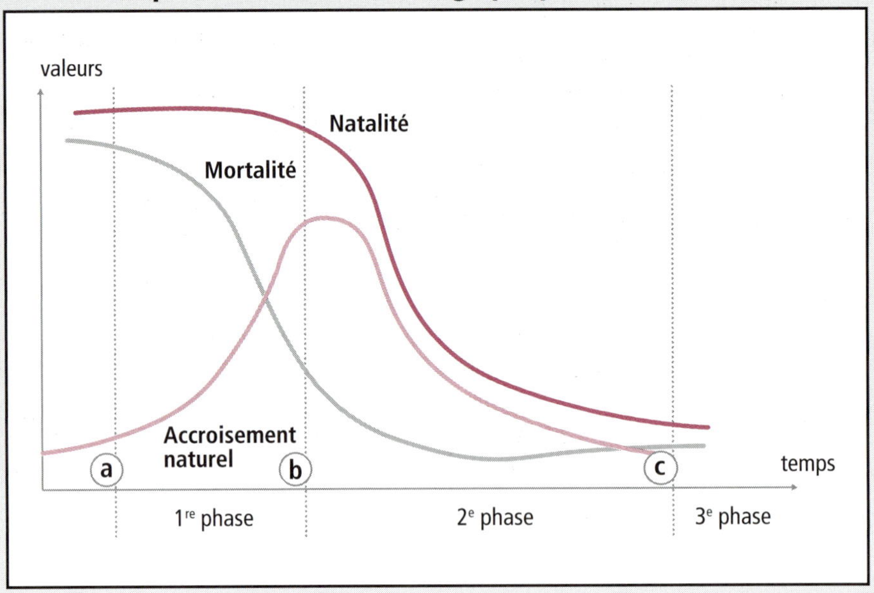

Il s'agit de ne pas donner au modèle de la transition démographique une capacité prédictive. En revanche, il permet une **comparaison des situations entre les États** afin de souligner les relations avec les changements sociaux, les crises politiques et/ou économiques. Ainsi, le modèle met en évidence la diversification des comportements plus qu'une uniformisation, tout en identifiant des récurrences plus globales. Après 1950, la population dans son ensemble a augmenté de manière significative, à des rythmes croissants jusqu'au milieu des années 1970, qui se sont progressivement diversifiés d'un pays à l'autre sous l'effet des reculs variables de la fécondité et de la mortalité : la « baisse de la fécondité ne débute jamais au même moment dans toutes les régions et dans tous les groupes sociaux au sein d'un pays, et elle ne va pas au même rythme » (I. Attané et M. Barbieri, 2009) mais, comme ailleurs dans le monde, les transitions de la fécondité dans

Croissance démographique par État 2010-2020

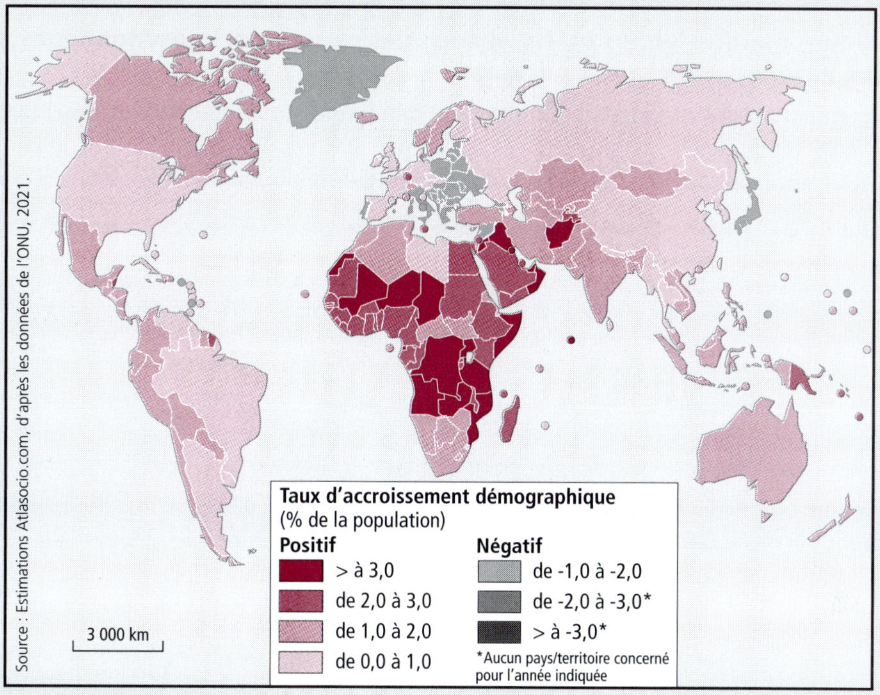

Perspectives démographiques pour les États de la planète en 2050

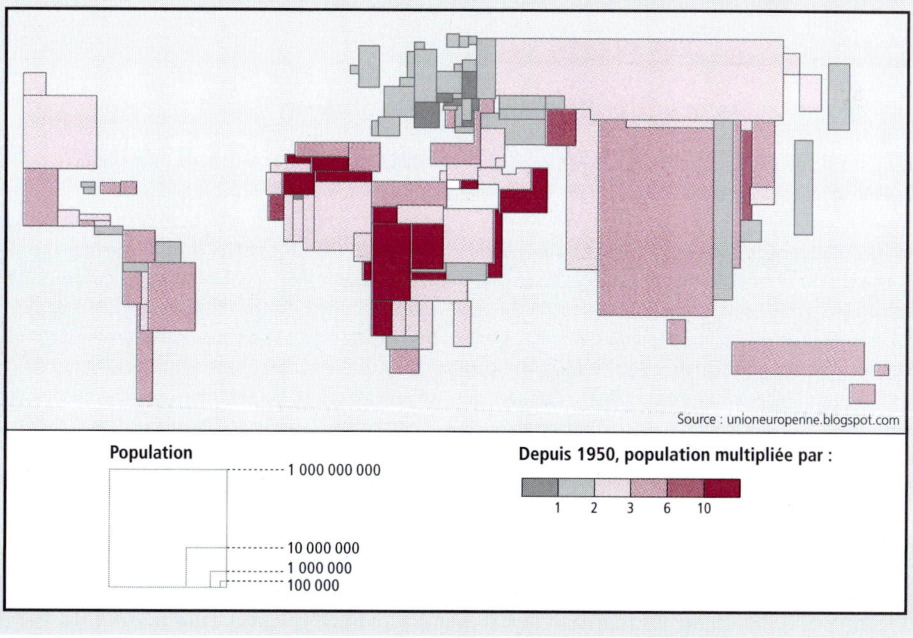

la région se produisent d'abord dans les populations urbaines et parmi les groupes sociaux les plus instruits.

3. Politiques malthusiennes ou natalistes: des raisons socio-économiques et des arrière-pensées géopolitiques

L'accentuation des inégalités et la difficulté de répondre aux besoins fondamentaux d'une part importante de l'humanité (en eau, en alimentation, en logement décent) relancent les thèses malthusiennes: la croissance démographique serait insoutenable pour les équilibres de la planète.

REPÈRES

Malthus: économiste libéral, il a théorisé le concept de surpopulation. À partir du constat que la population se développait plus vite que les ressources dont elle disposait, il pronostique, en 1798, une catastrophe démographique (*Essai sur le principe de population*). Pour lui, seule une baisse importante et volontaire de la natalité, des plus pauvres en particulier, peut l'empêcher. On appelle donc « malthusianisme » une doctrine hostile à l'accroissement de la population d'un territoire et préconisant la restriction volontaire de la natalité.

Pour faire évoluer les pratiques sociales et les comportements démographiques, certains États mettent en place des **politiques volontaristes** de contrôle des naissances. Cela se justifie par l'idée qu'avoir moins de bouches à nourrir, élever ou éduquer participe à une meilleure diffusion de l'amélioration des conditions de vie. Mais ces changements sociaux profonds peuvent avoir des effets non anticipés du fait des contextes culturels locaux.
Ces conceptions peuvent être totalement inversées en fonction de la situation démographique et politique de l'État concerné. Ainsi sont mises en œuvre des politiques natalistes mues par des formes de nationalisme ou de rivalité avec les pays voisins. C'est ce que l'on peut voir notamment dans le cas du Pakistan par rapport à l'Inde, mais surtout dans les stratégies volontaires organisées par l'État d'Israël.

ZOOM ▶ Les aspects géopolitiques de la natalité en Israël

Appuyé par un impératif religieux « Fructifiez, multipliez, emplissez la terre, conquérez-la » (Genèse 1:28), l'État israélien est parvenu à concilier la tradition religieuse juive avec la technique contemporaine (favorisant la gestation pour autrui, les dons de sperme et les inséminations artificielles en cas de stérilité). Israël a un taux de natalité de 21 %, supérieur à celui de tous les pays occidentaux, mais toujours inférieur à celui des habitants des territoires occupés (33 %). Médias et politiques s'allient pour rappeler le « danger démographique » qui menace l'existence d'une majorité juive, alors que les prévisions envisagent à terme une majorité palestinienne « entre la Méditerranée et le Jourdain » (Israël et les territoires occupés inclus). Pourtant, la fécondité palestinienne diminue sur le moyen terme, même à Gaza, et celle des Juifs israéliens se maintient, voire augmente. Cette géopolitique de la natalité est observable aussi à une échelle plus fine, du fait du poids croissant des orthodoxes. En Cisjordanie, le taux de fécondité des 500 000 colons serait aujourd'hui proche de 5 enfants par femme (supérieur à celui des autres populations du territoire), ce sont les colons qui contribuent le plus au maintien d'une fécondité élevée en Israël (2,6 enfants par femme). Ainsi, ils pourraient représenter le quart de la population en 2025.

Les politiques de soutien ou de limitations de la natalité sont ainsi profondément liées aux orientations nationales et priorités décidées en fonction des objectifs économiques et des idéologies formulées par les gouvernements et cadres culturels de la société. Ainsi, si pour la Chine et le Vietnam, la maîtrise des naissances vise à garantir l'édification du socialisme dans les années 1980, au Laos ou au Cambodge, il s'agit plus de garantir le développement et la préservation des ressources, marquant la diffusion du modèle de durabilité dans le développement au début des années 2000.

La baisse de la fécondité globale participe à la stabilisation de la population mondiale à terme. Dans le même temps, elle contribue au vieillissement de la population et à ses conséquences sociales et économiques. Cependant, tous les États ne sont pas égaux face à ces phénomènes démographiques et n'y répondent pas de la même manière.

ZOOM ▶ La politique de l'enfant unique en Chine

La question démographique est depuis longtemps un défi majeur pour la Chine. Elle est liée à l'immensité du pays, mais aussi à la capacité peuplante d'une civilisation à forte productivité agricole et, plus récemment, à la transition démographique, que la population chinoise a entamée dans les années 1940. Avec sa politique de « l'enfant unique », le gouvernement chinois a cherché à limiter les naissances. 400 millions de naissances auraient ainsi été évitées.

En 1972, commence la première campagne « *wan, xi, shao* » (se marier tard, espacer les naissances si possible tous les quatre ans, avoir peu d'enfants, deux étant l'idéal), qui crée des centres de planning familial dans tout le pays. On observe une diminution rapide de l'indice de fécondité dans ces années-là (7,50 en 1963 ; 5,81 en 1970 ; 3,57 en 1975). La peur de l'arrivée massive à l'âge fécond des générations nées entre 1961 et 1967-1970 (les premiers auraient 20 ans en 1980) pousse le gouvernement chinois à mettre en place une politique plus contraignante : « la politique de l'enfant unique », en janvier 1979, sous l'impulsion de Deng Xiaoping. Ce système fonctionne avec des pénalités pour les familles ayant deux enfants et plus, et des avantages pour celles qui n'ont qu'un enfant. On assiste alors à des infanticides de filles, mais surtout à un nombre important de naissances de fillettes non déclarées (plus de 20 millions ?), même si le gouvernement a assoupli le système grâce à quelques dérogations (si le premier enfant est handicapé ou si c'est une fille à la campagne, pour les 55 minorités ethniques). En effet, dans la tradition chinoise, c'est le garçon qui reste habiter avec les parents et qui pourra assurer leurs besoins, en l'absence de système de retraite.

Le taux brut de reproduction (nombre moyen de filles par femme) est un indicateur qui permet d'identifier en partie les inégalités entre filles et garçons. On estime que, sur 1 000 naissances, il naît 512 garçons et 488 filles, quand il n'y a pas de manipulations. Si le nombre de filles est inférieur, ce qui se combine aussi parfois avec une mortalité infantile plus forte, cela témoigne d'un déséquilibre lié à des pratiques (échographies, avortements sélectifs à la naissance, moindres soins ou alimentation insuffisante ensuite). La nuptialité* risque alors de baisser, notamment pour les hommes les plus défavorisés, et la natalité va baisser du fait des femmes moins nombreuses. La population chinoise va encore augmenter jusqu'à 1,5 milliard d'habitants autour de 2030, mais le vieillissement est inéluctable, avec 17 % de plus de 60 ans en 2018.

Ces dernières années ont été marquées par de nouveaux assouplissements de cette politique (en 2013, autorisation d'avoir deux enfants si l'un des deux parents était lui-même enfant unique) puis par sa suppression : depuis 2016, tous les couples ont l'autorisation d'avoir deux enfants. Ce changement d'approche du Parti communiste vise à remédier au déséquilibre entre le nombre d'hommes et de femmes, au vieillissement accéléré que connaît la population chinoise et au ralentissement de la croissance économique. En effet, le rapport 116 hommes pour 100 femmes a des conséquences sur la nuptialité, en baisse, alors que le renouvellement des générations n'est plus assuré.

DÉFINITION

Nuptialité : selon l'INSEE, le taux de nuptialité mesure le rapport du nombre de mariages de l'année à la population totale moyenne de cette même année.

C. LE VIEILLISSEMENT : LE MONDE AU RISQUE DE L'ALLONGEMENT DE LA VIE

1. Les progrès de l'espérance de vie : les signes du développement humain

L'**espérance de vie** à la naissance est un indicateur qui permet d'identifier le niveau de mortalité dans une population à un moment donné. Estimant le **nombre d'années que pourrait vivre un nouveau-né**, ce calcul prend en compte les différents **risques de décès** identifiés pour chaque âge dans la société où il naît. Au cours des 60 dernières années, l'espérance de vie moyenne à la naissance a augmenté de plus de 20 ans dans l'ensemble du monde, passant de 46,5 ans en 1950-1955 à 72 ans en 2022. Cela représente un accroissement moyen de l'espérance de vie de 4 mois par an au cours de cette période. Cet **allongement rapide de la durée de la vie** est lié au développement économique et humain : amélioration de la quantité et de la qualité alimentaires, politiques d'hygiène et de santé publique (campagnes de vaccination), progrès de la médecine (permettant notamment de faire reculer la mortalité infantile).

Cet indicateur peut être complété par l'**espérance de vie corrigée de l'incapacité** (EVCI), élaborée par l'OMS en 2000, qui soustrait à l'espérance de vie les années de maladies graves et d'invalidité majeure : sur les 191 États membres de l'OMS, l'EVCI est supérieure ou égale à 70 années dans 24 pays et supérieure à 60 années dans plus de la moitié. Le Japon arrive en tête – 74,5 années –, suivi de l'Australie et de la France – 73,1 années. À l'opposé, 32 pays sont à moins de 40 années : à l'exception de l'Afghanistan, tous sont localisés en Afrique subsaharienne, dont trois sont en dessous des 30 ans : Malawi, Niger, Sierra Leone. L'EVCI permet ainsi d'identifier les **contrastes majeurs dans le monde liés aux disparités de développement et de conditions de vie**.

La progression mondiale cache localement des situations critiques de recul de l'espérance de vie. Les zones de diminution témoignent de contextes locaux difficiles (souvent temporaires) et de mutations profondes des systèmes politiques, sociaux et économiques. Ainsi, certains pays issus de l'ex-URSS, autrefois bien placés du fait des politiques publiques et de l'accès aux soins, ont vu leur espérance de vie moyenne baisser à la chute du système soviétique et dans les débuts de la transition postsoviétique.

ZOOM ▶ L'Europe vieillissante

On observe en Europe un indice de fécondité très bas depuis les années 1970. Le continent forme la partie du monde où la natalité et le nombre d'enfants par femme sont les plus bas. À l'intérieur de l'Union européenne, aucun État ne dépasse depuis la fin des années 1980 le seuil de 2,1 enfants par femme, seuil de renouvellement des générations. De ce fait, malgré l'immigration, nombre de régions et d'États en Europe perdent ou vont perdre des habitants. On parle de « dépopulation ».

Le phénomène s'est répandu en Europe orientale après la chute de l'URSS et la désorganisation des structures sociales et économiques de ces espaces, et il s'étend, dans les années 2000, à des pays comme l'Allemagne (depuis 2003) ou l'Italie (depuis 2006).

2. Le vieillissement : un phénomène mondial à ses débuts seulement

La croissance démographique, le progrès de l'espérance de vie et la baisse de la fécondité sont les trois éléments de l'équation expliquant l'accroissement du nombre de personnes âgées, et de leur part dans la population. C'est la **population qui augmente le plus vite dans le monde**. Ces évolutions, signes d'un développement global, modifient les structures démographiques, notamment dans certaines sociétés (l'Europe est la plus touchée, mais aussi le Japon) dont les enjeux de santé sont essentiels. Du fait des politiques de contrôle des naissances, la Chine va, elle aussi, connaître, de manière accélérée, une **baisse du nombre de ses actifs** (70 millions de moins en 2050 par rapport à 2010), entraînant un déficit de main-d'œuvre et de nouveaux besoins. Selon les projections démographiques des Nations unies, la part des personnes âgées de plus de 65 ans devrait tripler entre 2000 et 2050, pour atteindre 330 millions de personnes (24 % de la population totale).

La pyramide des âges de la population en 2025

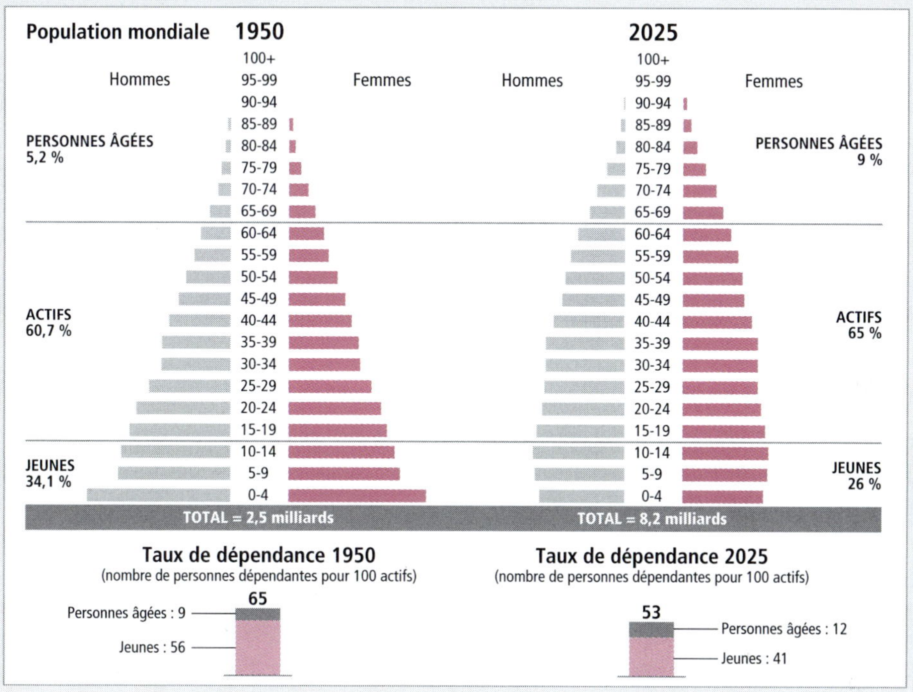

3. Anticiper le vieillissement démographique

Pour l'instant, la part des jeunes dans la population de la plupart des pays du Sud reste forte, alors que celle des personnes âgées n'a pas encore beaucoup augmenté. Cette situation représente, pour quelques décennies seulement, une opportunité démographique pour les pays du Sud, leur permettant de développer leur économie tout en se préparant à supporter prochainement une importante population âgée. Alors que les pays du Nord tentent d'apporter dès maintenant des réponses concrètes aux problèmes du vieillissement de leurs populations (évolution des systèmes de retraite, prise en compte de la dépendance croissante, etc.), les pays du Sud doivent affronter une situation de vieillissement très rapide dans un contexte marqué par l'érosion de la solidarité familiale sans qu'une solidarité collective (systèmes de retraite) ne soit en mesure de prendre le relais.

II. Inégalités et crises sanitaires : de nouveaux enjeux mondialisés

En 1946, l'OMS définit en 1946 la santé comme « **un état de complet bien-être physique, mental et social qui ne consiste pas seulement en une absence de maladie ou d'incapacité** ». Avec la mondialisation croissante, les questions de santé témoignent du renforcement continu des interdépendances démographiques, sociétales et environnementales. Cette mondialisation sanitaire s'applique aussi bien aux risques qu'aux stratégies de riposte, d'où l'intérêt d'évaluer les aspects positifs et négatifs de la globalisation pour la santé des hommes.

Pour aller plus loin
Le site de l'OMS
liennathan.fr/f6ep62

A. LA MONDIALISATION DES QUESTIONS DE SANTÉ

1. Les effets du changement climatique sur la santé

Dans le contexte actuel de la densification humaine, particulièrement dans les espaces littoraux et urbanisés, les modifications du climat exposent des populations croissantes à ses manifestations extrêmes, telles que les vagues de chaleur ou de froid (facteurs de surmortalité pour les personnes les plus vulnérables), les cyclones et ouragans (avec leurs conséquences directes et indirectes), l'élévation du niveau de la mer (engendrant des « réfugiés environnementaux »). De tels bouleversements écologiques ne sont pas sans effets sur les ressources alimentaires, les disponibilités en eau et la géographie des risques infectieux. Si l'on prend ce dernier exemple, le réchauffement ferait tomber les barrières thermiques qui maintiennent les maladies tropicales dans leur environnement traditionnel. Selon J.-M. Amat-Roze, « une nouvelle géographie des insectes vecteurs bouleverserait la carte de plusieurs maladies à transmission vectorielle », comme le paludisme ou la fièvre jaune.

2. Mobilités et maladies transmissibles

Les relations entre la santé et la mobilité sont aussi anciennes que l'histoire des sociétés humaines, mais plusieurs moments marquent des étapes fondamentales : les Grandes découvertes permettent l'unification microbienne du monde au XVIe siècle, la révolution des transports amplifie le processus au XIXe siècle, la mondialisation contemporaine parachève le mouvement avec l'éclosion de pandémies* fulgurantes et de maladies émergentes. **Il n'y a pas d'épidémie sans transmission.** Tant que les communautés étaient de taille modeste et assez isolées les unes des autres (faiblesse des réseaux de communication), le

DÉFINITION

Pandémie : épidémie qui se répand largement sur un ou plusieurs continents, parfois même à toute la planète. L'épidémie désigne l'augmentation rapide de l'incidence d'une pathologie en un lieu et à un moment donné (causées par une maladie contagieuse, le plus souvent d'origine infectieuse).

risque de propagation épidémique restait assez limité. La concentration massive de personnes au sein de cités de plus en plus grandes, dans des camps militaires, ou dans des marchés ponctuels, associée à un manque réel de mesures hygiéniques, a contribué à l'accentuation du risque épidémique. Au-delà des constantes dans les modes de diffusion des maladies, on peut observer leurs recompositions liées aux aspects contemporains des modes de vie et de transport.

Changement climatique et santé humaine

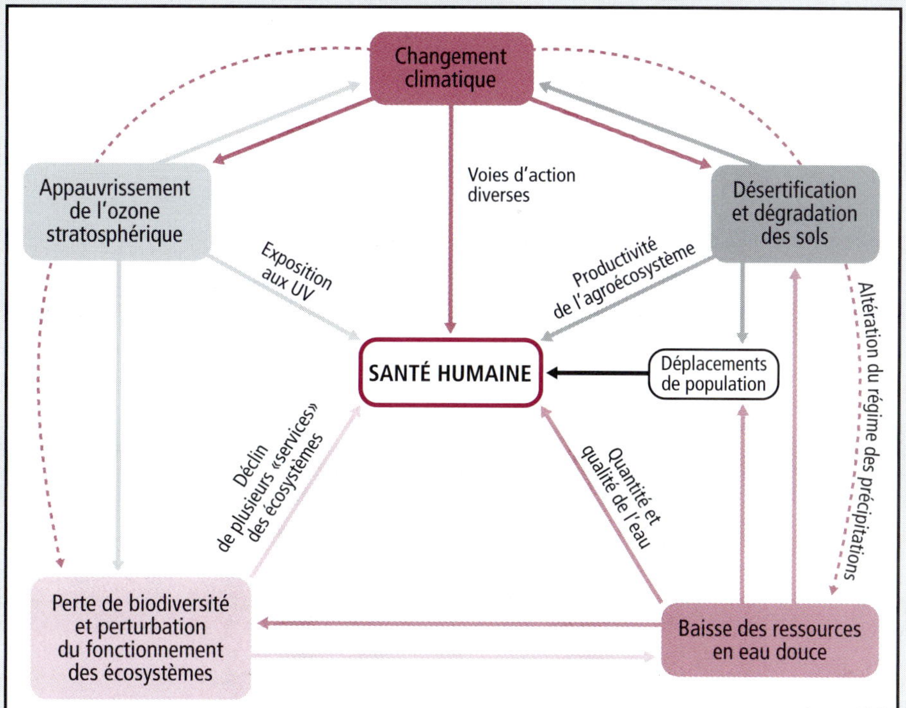

Source : *OMS*.

Pour un même lieu de départ et un même mode de propagation (lié aux échanges intercontinentaux), on observe des **diffusions spatiales différenciées entre la peste noire**, par vagues à partir des points d'entrée des espaces terrestres (les ports), **et le SRAS et la Covid-19**, de manière plus réticulaire [→ TABLEAU]. La contamination par une même épidémie de plusieurs continents témoigne de la vulnérabilité qui perdure quand elle touche aux pratiques spatiales des sociétés. Le SRAS montre ainsi la faiblesse actuelle de la société globalisée, structurée en réseau. En contrepoint, on peut relever des continents entiers (Amérique du Sud et Afrique) à l'écart de cette contamination, montrant leur moindre connexion à ces réseaux entre les pôles mondiaux que sont les métropoles globales.

Malgré les progrès de la science et de la médecine, le nombre de victimes des maladies transmissibles devrait augmenter, car la mondialisation favorise l'interconnexion croissante des lieux et des espaces. La diffusion des vaccins est une dimension essentielle de la mondialisation de la santé et dès l'apparition des premiers vaccins homologués, l'OMS a alerté sur la nécessité d'un accès équitable au niveau mondial, certains États ayant les moyens de réaliser des stocks et de signer des accords avec les entreprises pharmaceutiques propriétaires.

Les pandémies, une diffusion liée aux mobilités mondiales : comparaison de trois épidémies

	La peste noire	Le SRAS (syndrome respiratoire aigu sévère)	Le SRAS-CoV-2 – Covid-19
Lieu d'origine	Chine – Asie centrale	Chine, province du Guandong	Chine, Wuhan
Espaces touchés par la diffusion de l'épidémie (dans l'ordre de contamination)	Hubei, province chinoise → provinces voisines → rives de la mer Noire (Crimée) → ports du pourtour méditerranéen : Messine, Gênes et Marseille, Venise, Constantinople, Alexandrie, Le Caire → à l'Est vers Gaza, Beyrouth, Damas → côte nord de l'Afrique (Tunis jusqu'au Maroc) *La peste arrive dans des pays ravagés par la guerre de Cent Ans.* → Sud-Ouest de la France par Toulouse (Garonne) → Bordeaux → côte Atlantique à Weymouth (côte sud de l'Angleterre) → Bristol → Irlande → Londres → Bergen (mer du Nord + Scandinavie) → Norvège à Danemark → Allemagne → Pologne à Russie, en 1352.	Guandong (flambée) : services hospitaliers : un médecin → hôtel de Hong Kong → 16 personnes du même étage → hôpital de Hong Kong + Singapour, Toronto, Vietnam → expansion à 30 pays, notamment dans les villes des pays développés (Europe, États-Unis et Canada) et pays voisins de la Chine du Sud (Singapour, Taïwan, Thaïlande, etc.), quelques cas ponctuels dans quelques grandes métropoles.	Chine – Asie de l'Est – États-Unis / France et Europe – reste du monde
Trajets, modes de transport et de contamination	Coïncidence entre les itinéraires de contagions et les grandes voies commerciales terrestres et maritimes : route de la soie ; rôle des bateaux.	Par contact. Lieux de traitement des symptômes. Vols intercontinentaux.	Par contact des gouttelettes. Contamination forte dans les lieux d'échanges et de rencontres.
Nombre de personnes affectées	Effondrement démographique. 25 millions de morts, soit un tiers de la population en Europe : 100 000 morts à Naples, 80 000 à Paris, 16 000 à Marseille, 80 000 à Reims, 50 000 à Londres.	8 422 cas et 916 décès recensés le 7 août 2003 (OMS), dont plus de 95 % dans le Pacifique occidental. Touche principalement les personnels de santé.	770 millions d'infections et 7 millions de décès en août 2023, en particulier aux États-Unis, au Brésil et en Inde
Temporalité	1331 : Chine – Asie centrale 1346 : arrivée sur la mer Noire 1347 : Marseille et le pourtour de l'espace méditerranéen 1348 à 1352 : contamination de toute l'Europe	Novembre 2002. Flambée en février 2003. Diffusion internationale entre mars et juillet 2003.	Fin 2019, identification mi-décembre 2019. Diffusion mondiale à partir de janvier 2020, par vagues.
Information sur l'épidémie	Importante littérature liée à l'univers fantasmagorique autour de la mort et de l'Apocalypse, mais dont on tire des observations plus ou moins scientifiques.	Mise en réseau de 10 laboratoires par l'OMS : identification du virus en 2 semaines.	Course aux vaccins entre plusieurs laboratoires. Homologation d'un vaccin fin 2022 par l'OMS
Réponse sociale et sanitaire	Prémices d'une gestion de crise : afin de prémunir les habitants de toute contagion, les pestiférés sont maintenus à l'extérieur des villes. Dans le même temps, les voyageurs avec leurs marchandises font l'objet de quarantaines très strictes. Mesures d'exclusion des malades, voire de répulsion.	Émission d'avis d'alerte par l'OMS : classement des pays selon 3 niveaux de risque et 3 niveaux de capacité à réagir à l'épidémie de SRAS pour déterminer l'ordre de priorité des bénéficiaires d'une aide de l'OMS.	Confinement plus ou moins radical, localisé à certaines villes ou étendu à des États entiers. Limitation des échanges transfrontaliers. Difficultés d'approvisionnement en matériel de protection.

Par ailleurs, les travaux sur les modes de gestion de la pandémie mettent en avant une universalisation des outils de contrôle des corps avec l'usage généralisé (par les institutions étatiques) d'outils de traçage, de QR codes et de connexions entre les smartphones notamment.

Ajoutons aussi, au titre des effets sanitaires liés aux mobilités, le **rôle des flux de l'économie de trafic** (pour utiliser cette expression faute de mieux). L'essor du tourisme sexuel (troisième commerce illégal dans le monde après la drogue et les armes), la mondialisation des marchés de la drogue et des médicaments dangereux constituent des vecteurs importants de diffusion des risques sanitaires.

Les évolutions de la mortalité et des facteurs de morbidité ont été modélisées par la transition épidémiologique*. Mise en évidence par Abdel Omran en 1971, elle permet de montrer le passage des maladies infectieuses et des famines, qui touchent principalement les enfants et agit fortement sur la mortalité infantile, à une phase du recul des pandémies (une période où l'espérance de vie est multipliée par deux, passant de 30 à 60 ans), pour aller vers une situation de diffusion des maladies dégénératives.

La dernière épidémie récente du virus Ebola se comprend aussi au prisme des mobilités dans la région d'Afrique de l'Ouest. Fin 2013, c'est dans une région à la frontière de trois États (Liberia, Sierra Leone et Guinée) qu'est diagnostiqué le premier cas, mais l'épidémie n'étant pas déclarée pendant trois mois, la diffusion n'a pu être contrôlée. À l'intérieur de ce foyer initial, les dynamiques de propagation et leur caractère transnational s'appuient sur une histoire des flux humains marqués régionalement par quinze années de conflits en plus d'une faiblesse du système de soins.

3. L'universalisation des maladies non transmissibles

La **mondialisation des risques sanitaires en lien avec l'évolution des modes de vie** est un des phénomènes marquants des dernières décennies. Certains auteurs parlent de « maladies du développement ». Même dans les pays à forte mortalité, près de la moitié de la morbidité* est due aux maladies non transmissibles. L'essor de la longévité et l'évolution des facteurs de risques sanitaires font que la plupart des pays sont confrontés à la double charge des maladies transmissibles et non transmissibles avec la permanence d'infections anciennes (paludisme, tuberculose, rougeole) et l'émergence de maladies infectieuses (VIH/sida, Ebola, SRAS, Covid-19). Parmi les maladies non transmissibles mondialisées, les maladies cardiovasculaires et l'obésité connaissent un développement sensible.

Le tableau de la page suivante permet de faire apparaître les principaux facteurs de risque et de mortalité en fonction du niveau de développement des pays. Selon les conditions sanitaires et les pratiques sociales, on observe que les dangers ne se situent pas au même niveau. Plus encore, on peut identifier une évolution davantage liée aux **comportements des individus** pour les pays développés, alors que le premier groupe est plus touché par des facteurs environnementaux et des « **maladies de l'insuffisance** » (un manque d'accès aux infrastructures et services fondamentaux : eau, alimentation).

DÉFINITIONS

Transition épidémiologique : « Période de baisse de la mortalité qui accompagne la transition démographique. Elle s'accompagne d'une amélioration de l'hygiène, de l'alimentation et de l'organisation des services de santé et d'une transformation des causes de décès, les maladies infectieuses disparaissant progressivement au profit des maladies chroniques et dégénératives et des accidents. » (INED)

Morbidité : nombre de personnes souffrant de maladie pendant un temps donné, en général une année, dans une population.

L'urbanisation, la sédentarisation et l'adoption de nouveaux modes de vie (notamment de nouvelles habitudes alimentaires) modifient la société mondiale et, par contrecoup, les caractéristiques sanitaires.

ZOOM ▶ Mondialisation et virus émergents

Depuis le début du XIXe siècle, les alertes et les épidémies n'ont pas manqué : SRAS (depuis 2003), cas humains dus au virus H5N1 de la grippe aviaire, pandémie grippale due au virus A-H1N1 (depuis 2009), coronavirus et virus grippal H7N9 (depuis 2013), soit au moins cinq virus émergents en 10 ans.

Les phénomènes d'émergence suivent le même mécanisme : les virus se propagent aux êtres humains à l'occasion de contacts directs avec les animaux qui hébergent ces virus. Ainsi, dans le sud de la Chine, la promiscuité entre les populations et les animaux de basse-cour (canards et porcs) favorise le passage de la barrière d'espèce dans le cas des virus grippaux. La mondialisation joue un rôle incontestable dans la diffusion de ces virus émergents lié à l'essor des déplacements humains et… des animaux (sans compter les migrations d'espèces animales sauvages). S'y ajoutent très certainement des facteurs environnementaux qui abaissent les défenses immunitaires, favorisant alors le développement du virus dans l'organisme humain.

Ajoutons que les progrès scientifiques contribuent également au sentiment d'intensification, car la découverte du VIH/sida en 1981 a poussé les responsables sanitaires à développer des outils de surveillance et de réponse aux épidémies.

Le réseau mondial d'alerte et d'action en cas d'épidémie mis en place par l'OMS en 2000 a permis d'identifier plus rapidement les infections émergentes. Alors qu'il a fallu 2 ans entre la détection des premiers cas de sida et l'identification du VIH en 1983, il n'aura fallu que 2 mois entre les premiers cas de SRAS signalés et la mise en évidence du coronavirus qui le causait.

Depuis fin 2019, la pandémie SARS-CoV-2 – Covid-19 (Coronavirus *disease* de 2019) contribue à mettre en évidence les modalités et formes de la mondialisation, l'importance des politiques publiques et de la prise en compte (ou en charge) politique de la gestion des crises sanitaires, et la prégnance persistante des inégalités, à différentes échelles. En quelques mois, plus de la moitié de l'humanité s'est vu appliquer des formes plus ou moins strictes de **restriction aux déplacements** sous forme de couvre-feu, de confinement partiel ou total, comme seule réponse possible, non pas pour protéger, mais pour éviter la saturation totale des infrastructures sanitaires et hospitalières. La gravité de la maladie, sa très forte transmissibilité et sa létalité en conséquence ont impliqué une **prise en charge politique de la gestion de la crise**, cherchant un équilibre précaire entre protection sanitaire et exigence économique. Sans présager des évolutions possibles de la pandémie, plusieurs éléments doivent être soulignés : **la crise sanitaire a mis en exergue l'importance des inégalités** économiques et sociales entre les groupes sociaux, entre ceux en mesure de rester confinés et ceux devant aller travailler, et ainsi s'exposer potentiellement à une contamination, à corréler avec l'utilité sociale de leur métier dont la reconnaissance sociale et salariale est loin d'être proportionnée. À cela s'ajoutent les facteurs de comorbidité exposant plus vivement les personnes avec des maladies chroniques ; la qualité de leur prise en charge dépend fortement de leurs ressources et du système de santé dont les personnes dépendent, fragilisant là encore les plus précaires avec une couverture sociale moindre. Enfin, en termes géopolitiques, on peut constater que la mondialisation apparaît tant comme cause de la diffusion rapide à l'échelle mondiale que « victime » par les conséquences économiques de la gestion de la crise. Plus spécifiquement, les fonctions régaliennes ont été rapidement réactivées : les États ont ainsi fermé leurs frontières, y compris au sein de structures suprarégionales comme l'Union européenne, réagissant nationalement avant de trouver des positions communes à l'échelle de l'espace Schengen.

4. Des inégalités sanitaires à différentes échelles

Les processus d'uniformisation des modes de vie ne réduisent pas les disparités de santé, qui ont même tendance à s'accentuer.

Autre inégalité mondiale selon l'OMS : 15 % de la population consomment 91 % de la production de substances pharmaceutiques.

Enjeux sanitaires : des « maladies de l'insuffisance » aux « maladies de l'excès » au début du XXIe siècle

Facteurs de risque	PED à forte mortalité : le taux de mortalité est fort chez l'enfant et chez l'adulte (impact du VIH/sida)		PED à faible mortalité : le taux de mortalité est faible chez l'enfant et chez l'adulte		Pays développés : le taux de mortalité est très faible chez l'enfant	
	Rang	Taux en %	Rang	Taux en %	Rang	Taux en %
Insuffisance pondérale	1	14,9	4	3,1		
Pratiques sexuelles à risque	2	10,2			9	0,8
Eau non potable et défaut d'assainissement et d'hygiène	3	5,5	10	1,8		
Fumée de combustibles solides à l'intérieur des habitations	4	3,7	8	1,9		
Carence en zinc	5	3,2				
Carence en fer	6	3,1	9	1,8	10	0,7
Carence en vitamine A	7	3,0				
Hypertension artérielle	8	2,5	2	5,0	2	10,9
Tabagisme	9	2,0	3	4,0	1	12,2
Hypercholestérolémie	10	1,9	6	2,1	4	7,6
Abus d'alcool			1	6,2	3	9,2
Surcharge pondérale			5	2,7	5	7,4
Apport insuffisant en fruits et légumes			7	1,9	6	3,9
Sédentarité					7	3,3
Usage de drogues illicites					8	1,8

D'après le *Rapport sur la santé dans le monde*, 2002, OMS.

Espérance de vie en bonne santé par États et territoires en 2021

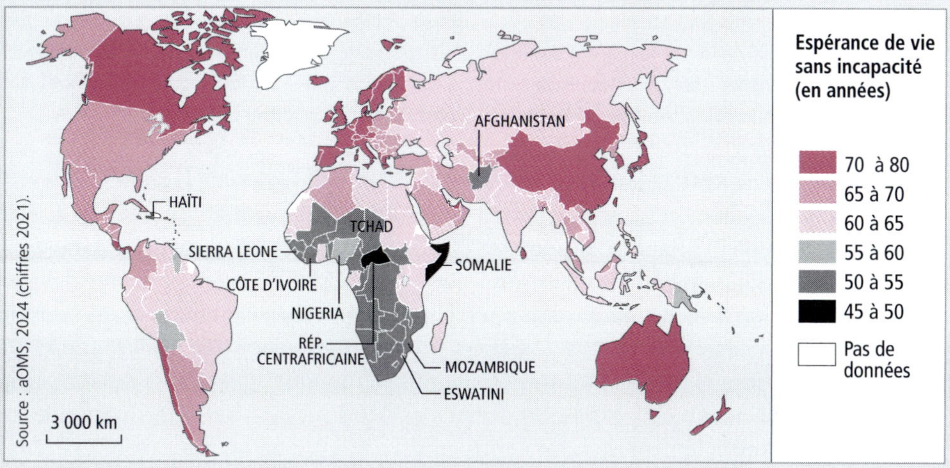

Mais ces grandes différences planétaires masquent des disparités à toutes les échelles. Aujourd'hui, c'est sans doute à l'échelle intra-urbaine que se trouvent les plus profondes fractures. Selon J.-M. Amat-Roze, « le fossé est moins entre pays en développement et pays développés qu'entre les personnes pauvres, où qu'elles soient, et tous les autres ». Même si le propos mérite des précautions d'utilisation, le PNUD évoque à ce sujet, dans son *Rapport mondial sur le développement* de 2005, l'émergence d'une « classe défavorisée planétaire ».

B. LA MONDIALISATION DES STRATÉGIES DE RIPOSTE

1. La gouvernance de la santé

Si l'OMS est créée en 1948, il faut attendre la décennie 1970 pour qu'elle affirme son hégémonie en matière de politique sanitaire à l'échelle mondiale (programmes de vaccination, de recherche sur les maladies tropicales endémiques, etc.). Pendant cette décennie, son action s'applique en premier lieu aux pays pauvres, en Afrique subsaharienne principalement. À partir des années 1980, ses activités changent d'échelle parce que des problèmes menacent la santé des populations au nord comme au sud (choc de l'émergence du VIH/sida, essor de l'obésité et du tabagisme, menaces bioterroristes). Ainsi, l'OMS a créé en 2000 le GOARN (réseau global d'alerte et de réponse) et a modifié en 2005 son règlement sanitaire international, qui couvre désormais un champ élargi d'urgences de santé publique.

ZOOM ▶ L'Union européenne et la santé

Depuis les années 1980, l'UE joue un **rôle moteur** en matière de santé au sein des pays développés. Dès 1989, la CEE signe une charte spécifique pour l'environnement et la santé qui pose le principe que la « bonne santé et le bien-être exigent un environnement propre et harmonieux dans lequel tous les facteurs physiques, psychologiques, sociaux et esthétiques reçoivent leur place ». Ce texte participe à l'armada de la protection sanitaire dans la logique contemporaine de la mondialisation et du développement durable, appuyant l'autorité des agences telles que l'Agence européenne d'évaluation des médicaments (EMEA), créée en 1995, pour centraliser la procédure de mise sur le marché des médicaments. Les agences sont des structures d'expertise sectorielle dont le rôle est l'évaluation scientifique des risques et leur surveillance. Elles n'ont pas un rôle de mise en œuvre directe de politiques, mais elles s'inscrivent dans un plan d'aide à la communication, à la décision et à la gestion. Les **agences sanitaires européennes** ont des relais nationaux, mais leur harmonisation européenne est encore incomplète. La directive *Reach* de la Commission européenne (règlement de 2007 sur l'enregistrement, l'évaluation, les autorisations et les dérogations sur les substances chimiques) ajoute que ce n'est plus aux autorités publiques de prouver que ces produits sont, dans certains cas, nocifs, mais aux entreprises de montrer l'inocuité de leurs produits. En 2005, les ministres européens de la Santé proposaient d'indiquer la mention « bon pour la santé » sur les produits alimentaires ayant un profil nutritionnel global positif.

Face aux défis de la lutte contre les pandémies et de l'amélioration de la santé des hommes, les organismes des Nations unies recherchent désormais l'association des différents acteurs (OMS, HCR, Unicef, Banque mondiale, ONG, fondations, etc.), comme l'illustre, par exemple, l'organisation mondiale de la lutte contre le VIH/sida ou la grippe aviaire. La gouvernance mondiale de la santé est devenue une large polyphonie, d'autant plus que sont nées, au cours des années 1970, des associations privées regroupant des professionnels de la santé bénévoles pour venir en aide aux populations victimes des guerres ou des catastrophes (exemples de Médecins sans frontières, fondée en 1971, et de Médecins du monde, créée en 1980). Incontestablement, la lutte contre le VIH/sida a joué un rôle d'accélérateur dans la mise en place de cette gouvernance mondiale.

ZOOM ▶ VIH/sida et mondialisation

Le VIH/sida est considéré comme une pandémie, en tant qu'épidémie de masse d'une maladie transmissible et s'étendant à différents continents (40 millions de personnes sont porteuses du virus en 2023, dont 70 % en Afrique). Cette maladie s'est développée sur l'ensemble du globe, du fait de la propagation et de la diffusion d'un phénomène viral, liées à la mondialisation des échanges. Les migrations et mobilités – déplacements de personnes, durables (migrations liées aux guerres et conflits en Afrique, notamment) ou ponctuels (pèlerinages et tourisme, en particulier sexuel) – sont permises, entre autres, par l'ouverture des différentes frontières. Ainsi, on observe une explosion du sida dans les pays d'Europe de l'Est et en Russie à partir du milieu des années 1990. Ces échanges sont accompagnés aussi par la diffusion de pratiques spécifiques qui favorisent la propagation de la maladie (comme la toxicomanie). Cette maladie témoigne, dans ses modalités de diffusion, d'une échelle mondiale des échanges.

Cependant, l'accessibilité inégale à la prévention et aux soins témoigne d'une mondialisation incomplète. Aujourd'hui, les populations des États du Sud commencent à accéder aux traitements anti-sida grâce à des génériques. Sur 26 millions de séropositifs en Afrique, les deux tiers sont traités par trithérapie en 2020. Parmi les acteurs privés dans les crises sanitaires, il faut rappeler l'importance des laboratoires pharmaceutiques et de recherche. Alors que la mortalité due à ce virus a chuté de manière spectaculaire en Europe et en Amérique du Nord depuis l'introduction des trithérapies en 1996, les pays du Sud et l'Afrique subsaharienne en particulier n'en ont pas profité dans un premier temps. La situation africaine, selon l'agence ONUSIDA en mai 2013, s'est néanmoins nettement améliorée : la mortalité due au virus a baissé d'un tiers entre 2005 et 2011. À l'échelle mondiale, les décès liés à cette maladie ont chuté de moitié depuis le pic de 2005 (mais cela représente toujours 630 000 personnes en 2023).

Pour aller plus loin

Le site de l'ONUSIDA
liennathan.fr/n22k7p

2. Les enjeux économiques de la santé

Les dépenses publiques de santé conditionnent l'existence d'un système de soin performant et accessible à tous, mais reposent sur un investissement économique de plus en plus important. Les améliorations technologiques et institutionnelles sont ainsi profondément liées à la richesse des pays et à leur volonté politique de financer ce service. Cela reproduit alors les inégalités mondiales fragilisant les pays et populations les plus pauvres. Pour cette raison principale, **les ressources financières investies dans la santé dans le monde ne sont pas engagées où les besoins sont les plus forts**. Cependant, les États-Unis, qui consacrent la part du PIB la plus importante au monde à leur système de santé, ne sont pas considérés comme performants par l'OMS du fait de l'iniquité d'accès aux soins (les dépenses de santé privées s'élèvent à 56 % des dépenses de santé globales du pays, contre 25 % en moyenne dans les autres pays riches).

À côté de ces dépenses publiques, **les entreprises privées jouent un rôle essentiel dans le secteur de la santé**. En termes de recherche et développement (R&D), d'importantes multinationales sont au cœur des évolutions de la santé mondiale, du fait du poids des brevets et de leur rôle dans les politiques publiques. À la naissance de l'OMC, ont été adoptés les accords sur les ADPIC (aspects des droits de propriété intellectuelle qui touchent au commerce). Tous les États membres se sont engagés à mettre leurs législations en accord avec ces règles internationales au plus tard en 2006 sous peine de sanctions économiques. Ces accords obligent les États à accorder des brevets protégeant les médicaments pendant 20 ans. Cette uniformisation de la législation sur les brevets peut être vue comme une arme des grands groupes pharmaceutiques multinationaux contre les industries locales, permettant la **privatisation** des connaissances au nom de la nécessité de rentabiliser des recherches coûteuses. Des restrictions fortes en découlent, notamment pour le développement des génériques, dans les pays où l'accès aux soins reste un luxe. Ainsi, les lobbys des grands laboratoires font pression sur l'OMC et les États afin d'assurer des monopoles dans de vastes marchés émergents notamment. L'autre implication est la baisse de la recherche privée par ces mêmes laboratoires pour certaines maladies faute de marché solvable (malgré des dépenses lourdes dans la recherche : dans les cinq entreprises, tous secteurs confondus, qui investissent le plus dans la R&D, on compte trois laboratoires pharmaceutiques). Le cas du paludisme (touchant principalement des pays pauvres) est particulièrement représentatif.

ZOOM ▶ L'Inde et les génériques

Jusqu'en 2005, l'Inde refusait de reconnaître le brevetage de molécules, encourageant ainsi ses laboratoires à dupliquer légalement, pour son marché intérieur, les médicaments du monde entier. Acquérant ainsi un savoir-faire apprécié, ils ont pu s'adapter depuis aux règles de l'OMC sur la propriété intellectuelle. Mais les géants occidentaux de la santé, qui cherchent à profiter de la forte croissance du marché indien du médicament (14 % chaque année), doivent composer avec la vigilance de la Cour suprême indienne. Celle-ci a débouté, en 2013, le groupe suisse Novartis qui tente depuis 2006 de faire breveter en Inde son médicament le plus vendu, le Glivec, un anticancer qui lui assure 12 % de son chiffre d'affaires. Vendu 4 000 dollars par mois, il est doublé en Inde par un générique disponible à moins de 73 dollars. La justice refuse de reconnaître dans le Glivec la « nouveauté ou la créativité » qui justifierait la protection d'un brevet, mais y voit plutôt un effet d'*evergreening*, un procédé classique de modification marginale d'un produit risquant de tomber dans le domaine public et d'être ainsi éliminé par les génériques. L'Inde est devenue un exportateur majeur de ces derniers, exportant ainsi dans 140 pays un antirétrovirus du sida fabriqué par le laboratoire Cipla.

Les enjeux économiques de la santé dépendent aussi de l'essor des mobilités à l'échelle mondiale liées aux disparités de développement. L'émigration de personnes qualifiées vers des pays à plus haut revenu est une constante, qui s'effectue au détriment des besoins importants sont présents dans les régions d'origine. Les déserts médicaux en Europe sont en partie palliés par des médecins étrangers pour répondre aux besoins de leur population enclavée, mais les conséquences sont lourdes quand le départ des agents de santé concerne des pays ou continents entiers au bénéfice des États de l'OCDE. Les pays à faibles revenus sont particulièrement durement touchés : parmi les 57 pays où la pénurie était jugée critique, 36 étaient des pays d'Afrique subsaharienne. Les migrations internationales de médecins et de personnels infirmiers étant de plus en plus visibles, on impute souvent la responsabilité des pénuries au phénomène migratoire. D'où un débat dans lequel on oppose les aspects négatifs des migrations et les droits individuels des personnels de santé à quitter n'importe quel pays, y compris le leur. La fuite des diplômés des États en situation de difficulté d'accès aux soins devient ainsi très problématique, notamment pour l'Afrique subsaharienne, qui concentre 24 % des maladies pour seulement 3 % du personnel sanitaire.

Inversement, les disparités des coûts et la facilité de déplacement produisent de nouvelles mobilités ayant comme objet l'accès aux soins. **Depuis la fin des années 1990, le tourisme médical connaît un essor notable à l'échelle mondiale.**

La mondialisation est constitutive de ces transformations des pratiques puisqu'elle a permis l'intensification et la massification du trafic aérien, l'internationalisation des normes sanitaires, tout en maintenant une différenciation

■ Les principaux laboratoires pharmaceutiques mondiaux en 2021, en milliards de dollars

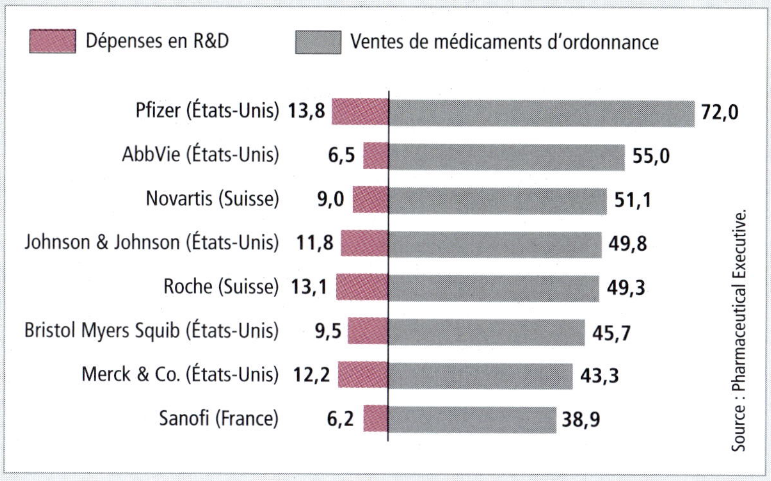

■ Le marché pharmaceutique mondial par zones géographiques en 2023

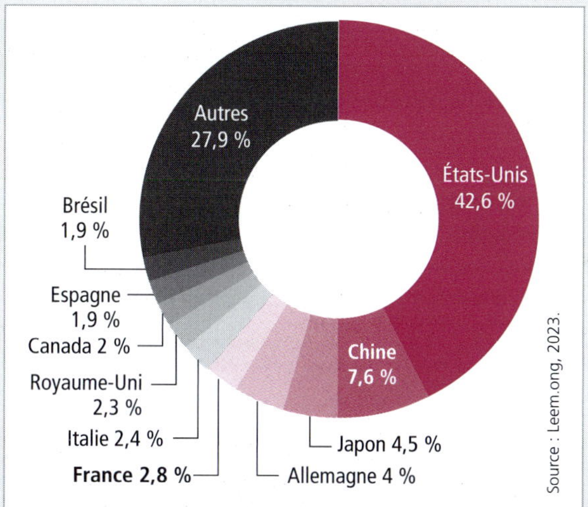

des prix. L'import de couronnes dentaires d'Europe de l'Est en France se développe fortement ; on observe aussi la création de *packages tours* (vers la Thaïlande ou les pays de Maghreb) incluant billet d'avion, séjour en hôtel avec traitement médical et convalescence en bord de mer pour des clientèles aisées, mais qui parfois ne pourraient se le permettre dans leur propre pays.

Ainsi, la globalisation accélérée des problèmes de santé publique met en évidence des phénomènes croissants d'interdépendance sans pour autant gommer les traits spécifiques du milieu local. Pour cette raison, certains chercheurs ont choisi le néologisme « glocalisation sanitaire » pour nommer cette combinaison multiscalaire.

14 NOURRIR LES HOMMES

On estime que 733 millions de personnes, soit une personne sur onze dans le monde, ont souffert de la faim en 2023, selon le dernier rapport des Nations Unies sur l'état de la sécurité alimentaire et de la nutrition dans le monde. Non seulement nous sommes loin d'atteindre **l'objectif de développement durable n° 2** - Faim « zéro » - d'ici 2030, mais les niveaux de sous-alimentation sont comparables à ceux de 2008-2009 avec un nombre préoccupant de personnes confrontées à l'insécurité alimentaire et nutritive. Alors que les chiffres de la faim augmentent, les données révèlent en parallèle une hausse constante de l'obésité au cours de la dernière décennie, passant de 12,1 % (2012) à 15,8 % des adultes (2022). Les projections indiquent que d'ici 2030, le monde comptera plus de 1,2 milliard d'adultes obèses. C'est donc un « double fardeau de la malnutrition » qui affecte les populations mondiales : la coexistence de la sous-nutrition avec les situations de surpoids et d'obésité. Ces tendances soulignent les défis complexes de la malnutrition et les enjeux multiples associés à l'alimentation et à la disponibilité des produits agricoles.

Au cœur de chaines de valeur mondialisées et fortement vulnérables aux risques géopolitiques, financiers et climatiques, les agricultures et agriculteurs du monde sont sous pressions multiples et subissent des injonctions croissantes : produire plus, tout en protégeant l'environnement et en assurant une alimentation saine, nutritive et accessible financièrement à tous. Alors que l'agriculture a connu plusieurs révolutions successives depuis le XVIIIe siècle, il apparaît que seule une nouvelle révolution sera en mesure de concilier ces attentes nombreuses et en partie contradictoires. Alors que sept personnes sur dix vivront en milieu urbain d'ici 2050, l'alimentation des citadins constitue notamment un défi majeur. Si l'agriculture urbaine et la volonté de reconnecter les territoires urbains et ruraux via des circuits courts se développent, les grandes villes demeurent fortement dépendantes d'espaces productifs agricoles lointains. Les filières agro-alimentaires souvent longues et reposant sur une diversité d'acteurs inégaux (en taille et en puissance financière) assurent le transport, la transformation et la distribution des productions. Les villes constituent par ailleurs des laboratoires privilégiés de la mondialisation des modes de consommation mais aussi de l'émergence de nouvelles tendances alimentaires, interrogeant à la fois la dimension culturelle, identitaire et innovante de l'alimentation.

Ce chapitre cherche à répondre aux questions suivantes : comment nourrir la planète et ses plus de 8 milliards d'êtres humains – 9,7 milliards attendus en 2050 –, avec quelles productions (nature, quantité et qualité de l'alimentation) et quels producteurs ? Pour quels consommateurs et selon quelles modalités d'accès à l'alimentation ? Il s'agit ainsi d'étudier à la fois les lieux, les territoires et les réseaux de la production, de la transformation et de la commercialisation de l'alimentation mondiale.

Notions principales

Sécurité alimentaire : la sécurité alimentaire existe lorsque tous les êtres humains ont, à tout moment, un accès physique et économique à une nourriture suffisante, saine et nutritive leur permettant de satisfaire leurs besoins énergétiques et leurs préférences alimentaires pour mener une vie saine et active (Sommet mondial de l'alimentation, 1996).

Systèmes agroalimentaires : l'ensemble des acteurs et des activités interdépendantes qui ajoutent de la valeur à la production agricole et aux activités extra-agricoles associées, telles que le stockage des aliments, le regroupement, la manutention après récolte, le transport, la transformation, la distribution, la commercialisation, l'élimination et la consommation. La production agricole fait référence à la production des cultures primaires, de l'élevage, de la pêche et de la foresterie (définition de la FAO).

CHRONOLOGIE

XVIIIe siècle : Première révolution agricole en Angleterre

Années 1950-1970 : Révolution agricole productiviste et « révolutions vertes »

1980-1990 : Processus de libéralisation des agricultures des pays du Sud

Années 2000-2010 : Prémices d'une troisième révolution agricole (biotechnologies, techniques culturales simplifiées)

2000 : Objectifs du millénaire pour le développement. Objectif 1 : « éliminer l'extrême pauvreté et la faim »

2008 : Crise des prix agricoles et « émeutes de la faim » dans le monde

Années 2010 : Inscription du « repas gastronomique des Français », de la « diète méditerranéenne » et de la « cuisine traditionnelle mexicaine » au patrimoine culturel immatériel de l'humanité (UNESCO)

Années 2000-2020 : Prémices et diffusion d'une troisième révolution agricole (biotechnologies, robotique, génétique, numérique, bio-contrôle)

2019 : Finalisation de l'accord de libéralisation des échanges entre l'Union Européenne et le Mercosur, dont la mise en œuvre est toutefois repoussée (en raison notamment de l'opposition de la France)

2022 : Début de la guerre en Ukraine fragilisant les chaînes agro-logistiques

2023 : Adoption de la nouvelle Politique Agricole Commune (2023-27) de l'Union Européenne

2024 : Manifestations des agriculteurs européens face aux incertitudes économiques et politiques, exacerbées par les défis climatiques

I. Alimenter en quantité et en qualité une population mondiale en croissance : un défi majeur

A. L'INÉGALE RÉPARTITION DE L'ALIMENTATION MONDIALE : UN BREF ÉTAT DES LIEUX

1. La faim dans le monde

Selon la définition donnée lors du Sommet mondial de l'alimentation de 1996 (FAO), « la sécurité alimentaire existe lorsque tous les êtres humains ont, à tout moment, un accès physique et économique à une nourriture suffisante, saine et nutritive leur permettant de satisfaire leurs besoins énergétiques et leurs préférences alimentaires pour mener une vie saine et active ». La sécurité alimentaire comporte ainsi 4 dimensions principales : d'abord, la disponibilité physique des aliments qui dépend elle-même du niveau de production alimentaire, des stocks et de la capacité d'un pays à importer ; l'accessibilité économique et physique des aliments ; un apport adéquat d'énergie et de nutriments ; et enfin, la stabilité dans le

Carte
La faim dans le monde
liennathan.fr/vuec14

temps. Si l'accès à une alimentation suffisante est un combat quotidien pour des millions de personnes, on observe une différenciation géographique très forte à l'échelle de la planète : la proportion de la population souffrant de la faim continue d'augmenter en Afrique (20,4 %), se maintient en Asie (8,1 %), et diminue légèrement en Amérique latine (6,2 %). Par ailleurs, à l'échelle des territoires, on constate que 80% des personnes sous-alimentées vivent en milieu rural. La moitié d'entre-eux appartiennent à des foyers de petits agriculteurs, 20 % sont des ouvriers agricoles ou des paysans sans terre, et 10 % sont des éleveurs nomades. La grande majorité des gens qui ont faim dans le monde appartient donc paradoxalement à des familles paysannes, particulièrement vulnérables au changement climatique et mal intégrées aux circuits de commercialisation et de valorisation de leurs productions.

Mesurer la faim dans le monde

1. Sécurité alimentaire
Situation d'accès stable à une nourriture suffisante, saine et nutritive permettant à chacun de satisfaire des besoins alimentaires pour mener une vie saine et active.
Moins de 5% de la population souffre de malnutrition aigüe. Plus de 2100 kcal par personne/jour : disponibilité régulière de nourriture en quantité et en qualité suffisante.

2. Insécurité alimentaire
Situation d'accès limité à une alimentation adéquate, où les personnes et ménages ont des difficultés pour satisfaire leurs besoins essentiels.
5-10% de la population souffre de malnutrition aigüe.
2 100 kcal par personne/jour : régime alimentaire à peine adéquat.

3. Crise alimentaire et des moyens de subsistance aigüe
Situation d'insuffisance critique de l'accès à l'alimentation, assortie de taux élevés de malnutrition aigüe, où les personnes et ménages ne peuvent satisfaire leurs besoins alimentaires minimaux qu'en vendant des avoirs essentiels.
10-15% de la population souffre de malnutrition aigüe.
Incapacité à satisfaire le besoin minimal de 2 100 kcal/personne/jour sans mesures extrêmes : choix alimentaires limités.

4. Crise humanitaire
Situation d'insuffisance grave de l'accès à l'alimentation, assortie d'une mortalité excessive, une malnutrition très élevée et en progression et un épuisement irréversible des moyens de subsistance.
15-40% de la population souffre de malnutrition aigüe.
Moins de 2 100 kcal par personne/jour : accès à pas plus de 3 groupes alimentaires.

5. Famine
Situation de manque total d'accès à l'alimentation et aux autres besoins de base dans laquelle la faim, la mort et le dénuement sont généralisés.
Plus de 30% de la population souffre de malnutrition aigüe.
Disponibilités très insuffisantes en kcal par personne/jour : accès à 1 ou 2 groupes alimentaires.

Estimations de la FAO pour 2019.

Quant aux situations de malnutrition par excès, elles touchent avant tout les populations citadines et s'étendent très rapidement au sein des pays émergents, en Amérique latine, en Asie, mais aussi dans les pays d'Afrique subsaharienne où les classes moyennes urbaines sont de plus en plus touchées. Cette situation s'explique notamment par la diffusion de nouveaux modèles de consommation, en rupture avec l'alimentation traditionnelle. En témoigne la généralisation du *snacking*, avec une domination de *snacks* riches en graisses et en sucres vendus à très bas coût, dans un contexte où le manque d'éducation et la défaillance des pouvoirs publics renforcent la diffusion de la « malbouffe ».

ZOOM ▶ Les enjeux de la définition de la faim

Au cœur de la problématique de la faim, la définition de la famine suscite de nombreuses controverses. L'ONU a ainsi mis en place différents critères pour définir l'exceptionnalité de cette situation : un taux de mortalité supérieur à deux personnes par jour pour 10 000 individus, une malnutrition aigüe touchant plus de 30% de la population, moins de 2100 kcal disponibles par jour et par personne, moins de 4 litres d'eau par jour et par personne, une perte effective totale de tout moyen d'existence, 20% de la population d'une même région doivent être concernés. Le chercheur Stephen Devereux (*Theories of famine*, 1993) indique quant à lui qu'une famine est une « crise de subsistance touchant des groupes de population particuliers dans une région délimitée et sur une période de temps déterminée ». Au-delà de ces difficultés de définition, un enjeu majeur est celui des discours et des termes employés qui peuvent être très différents selon les personnes interrogées – experts et scientifiques, médias, ONG, institutions internationales, gouvernements –. Ainsi, lors de la crise de 2005 au Niger, alors que les experts scientifiques ont employé le terme « famine », la communauté internationale a eu recours à des expressions moins sensibles, telles que « crise alimentaire », sans doute sous la pression du gouvernement nigérien qui ne reconnaissait pas l'existence d'une telle situation de gravité. En l'absence d'un consensus entre les acteurs concernés, la gestion de la crise et la mise en œuvre de l'aide alimentaire sont alors d'autant plus lents, manquant de coordination et d'efficacité.

2. Le spectre continu des crises alimentaires

La crise alimentaire de 2008 et les **émeutes de la faim*** qui ont éclaté dans de nombreux pays du Sud, dont le Mexique, l'Équateur, l'Égypte, le Sénégal, le Cameroun ou l'Indonésie, ont fait (re)prendre conscience des risques à la fois sociaux, économiques et politiques liés à l'alimentation de la population mondiale. Cette crise, marquée par l'emballement du prix des denrées agricoles, a été particulièrement préjudiciable aux grands pays importateurs de produits alimentaires et a touché en premier lieu les catégories urbaines pauvres et précaires, mais elle a aussi été très négativement ressentie par certaines catégories sociales urbaines intermédiaires. À l'échelle internationale, cette crise alimentaire a ouvert une fenêtre politique permettant à de grandes institutions internationales comme la FAO de redéployer un discours mobilisateur consacré à l'agriculture et au développement agricole, ceci après deux décennies de libéralisation et de désengagement des États encouragés par les institutions financières internationales (FMI et Banque mondiale). Plus de dix ans après, la crise sanitaire du Covid-19 a exacerbé cette prise de conscience de la vulnérabilité des populations et de leur nécessaire protection face aux perturbations des chaînes logistiques mondiales.
L'alimentation s'impose ainsi comme un facteur géopolitique de premier plan et les questions agricoles et alimentaires sont centrales dans la sécurité et la stabilité des territoires et des États. Si le prix Nobel de la Paix a été décerné en 2020 au Programme alimentaire mondial des Nations unies, on constate que l'accès à l'alimentation et le risque de la faim constituent toujours et encore une arme de guerre particulièrement dangereuse. La succession récente des crises géopolitiques dans la région de la mer Noire, de la mer Rouge et du Golfe arabo-persique ont renforcé les menaces sur l'approvisionnement de millions de personnes. La

DÉFINITION

Émeutes de la faim : en 2008 à la suite du redressement brutal des prix agricoles, au Mexique puis en Afrique et en Asie, on assiste à une vague des manifestations contre le coût de la nourriture.

dépendance vis-à-vis des céréales venues de Russie et d'Ukraine s'est imposée comme un risque majeur dans de nombreux pays africains depuis l'éclatement de la guerre en Ukraine en février 2022. Ces pays ont cherché à diversifier leurs sources d'approvisionnement et développent des stratégies visant à renforcer leur souveraineté alimentaire.

B. PENSER LE LIEN ENTRE AGRICULTURE ET ALIMENTATION

1. Des systèmes alimentaires en mutation

La notion de **système alimentaire** permet de faire le lien entre alimentation des populations et agriculture, puisqu'elle désigne « la façon dont les hommes s'organisent dans l'espace et dans le temps pour produire, distribuer et consommer leur nourriture » selon L. Malassis. Au cours de l'histoire des sociétés humaines, les systèmes alimentaires sont passés par différentes étapes qui révèlent les mutations profondes de la relation entre production et alimentation. Aux débuts de l'activité agricole, il y a environ 10000 ans, se constituent les premières exploitations agricoles qui sont à la fois le lieu de la production alimentaire et celui de la consommation. Si ce stade d'autoconsommation est encore largement présent dans les pays les plus pauvres et concerne toujours aujourd'hui plusieurs centaines de millions de personnes dans le monde, une séparation entre lieu de production et lieu de consommation s'est progressivement affirmée. Le processus de commercialisation a ainsi complexifié et allongé de façon croissante les **chaînes alimentaires** reliant producteurs agricoles et consommateurs. À partir du milieu des années 1950, se met en place l'âge agro-industriel du système alimentaire, avec une généralisation du mode de production industriel, caractérisé notamment par la standardisation des productions, et de la consommation de masse. Cette étape **agro-industrielle**, dans un contexte d'urbanisation accéléré, s'accompagne d'un allongement très important de la chaîne agroalimentaire et d'une très forte réduction du temps consacré à la préparation et à la prise des repas. Depuis la fin du XXe siècle, se dessine un quatrième âge de l'alimentation, qualifié de « **système agro-tertiaire** », au sein duquel les aliments tendent à devenir – du point de vue de leur contenu économique – non plus des biens matériels, mais des services. Ainsi, aux États-Unis, près de la moitié du prix final du produit alimentaire moyen est formée par des prestations de services ou des prélèvements : transport, marketing, intérêts bancaires et assurances, marges de distribution, impôts et taxes, profits. La part constituée par les matières premières agricoles est tombée en dessous de 20 %. En ce qui concerne la consommation, la moitié du budget des ménages consacré à l'alimentation est dépensée dans les restaurants, largement dominés par les *fast-foods*.

2. Géographie des systèmes alimentaires

Ces mutations majeures des systèmes alimentaires ont affecté inégalement les pays de la planète. La prédominance du modèle agro-industriel, représentant environ 40 à 45 % de l'alimentation mondiale, semble s'affirmer au Nord comme au Sud, avec une forte croissance en Asie du Sud-Est, en Amérique latine et en Afrique australe. Ce modèle n'est cependant pas encore majoritaire. Ce sont les formes dites « traditionnelles », marquées par une forte dimension artisanale, qui représentent toujours une part majoritaire de la consommation alimentaire mondiale et qui restent la source principale d'approvisionnement de nombreuses populations des pays des Suds. Au Nord, où la diffusion du modèle agro-industriel est plus ancienne, ces systèmes traditionnels luttent pour se maintenir ou se (re)développent, en revendiquant une plus grande prise en compte des enjeux de durabilité sociale et environnementale, notamment via la promotion de produits certifiés, de terroir, ou encore biologiques, ainsi que des pratiques d'agriculture régénérative. L'avenir de nombreuses exploitations agricoles et leur transmission aux générations suivantes sont toutefois des enjeux majeurs.

C. MONDIALISATION ET ENJEUX ALIMENTAIRES

La mondialisation contemporaine est marquée par la multiplication des échanges, dont ceux des produits agricoles : les exportations mondiales de produits agricoles ont atteint une valeur de 13 272 milliards de dollars en 2023 et devraient connaitre une croissance annuelle de plus de 7% jusqu'en 2028.. Pour autant, l'immense majorité de la production agricole ne franchit pas de frontières : le blé, principal produit agricole échangé en valeur, n'est commercialisé internationalement qu'à hauteur d'environ 15 % de sa production. Se pose néanmoins la question de la transformation des pratiques alimentaires que ces échanges induisent et de l'**homogénéisation des modes de consommation** à l'échelle mondiale. La pandémie liée au coronavirus est venue toutefois questionner ces modèles alimentaires dominants et a mis au premier plan la question de la relocalisation des agricultures et de l'alimentation.

1. Le modèle de la transition alimentaire

La diffusion de nouvelles habitudes alimentaires s'inscrit dans le processus de **transition alimentaire**, qui a commencé au début du XIXe siècle dans les pays industrialisés avant de toucher, à partir des années 1970-1980, les pays en développement, où il se poursuit aujourd'hui. La transition alimentaire est le passage d'une alimentation fondée sur la consommation directe de céréales et féculents (riches en fibres et sucres complexes) à une alimentation comprenant davantage de sucres simples, de graisses (notamment des produits transformés par l'industrie) et de protéines d'origine animale. Un marqueur de cette transition est la progression continue de maladies chroniques liées à la suralimentation (obésité, diabète, maladies cardiovasculaires). La consommation de viande dépend historiquement de facteurs culturels et civilisationnels, les populations d'origine européenne consommant de longue date davantage de calories d'origine animale que les populations asiatiques, qui sont des civilisations du végétal (riz), on assiste aujourd'hui à la diffusion de ces modes de consommation occidentaux auprès des populations des pays en développement, ceci en lien avec la croissance du niveau de revenus/habitant et la montée en puissance des classes moyennes.

2. Mondialisation des pratiques alimentaires, risques socioculturels et environnementaux

■ **L'usage des terres à l'échelle mondiale**

Source : Our World in Data, basé sur les données des Nations Unies, 2018.

Selon de nombreux experts, les modèles alimentaires des pays occidentaux, caractérisés par une plus forte consommation de protéines d'origine animale, ne pourront pas se généraliser à l'échelle du globe sans poser de sérieux problèmes sanitaires ou environnementaux. Les menus protéinés, fondés sur la viande et les produits laitiers, ont en effet des impacts nombreux : ils entraînent une **forte augmentation de la demande de céréales pour nourrir le bétail** et une **part croissante des superficies de terres** vont alors à l'alimentation animale aux dépens de l'alimentation humaine directe. Ainsi, plus du tiers des céréales produites dans le monde est désormais destiné à la nourriture d'animaux d'élevage. Cette proportion nettement plus élevée dans les pays riches – de l'ordre de 50 à 60 % – progresse rapidement dans de nombreux pays émergents, à l'instar de la Chine. La croissance de la consommation de viande s'accompagne d'**impacts environnementaux majeurs**, tant en termes de consommation de terres arables, de déforestation, de besoins croissants en eau et de rejets de méthane, à l'effet de serre redoutable.

ZOOM ▶ Vers la patrimonialisation des pratiques alimentaires ?

En réaction au processus d'homogénéisation des cultures alimentaires et à la diffusion de nouvelles pratiques encouragées par l'agro-industrie, différents mouvements en faveur de la patrimonialisation culinaire et alimentaire ont vu le jour dans les dernières décennies. Ainsi, en 2010, l'UNESCO a inscrit au patrimoine culturel immatériel de l'humanité le « repas gastronomique des Français » et la « diète méditerranéenne ». L'alimentation constitue en effet une pratique culturelle fondamentale et s'impose comme un **marqueur identitaire** pour de nombreux peuples à l'échelle de la planète. Le processus de patrimonialisation des pratiques alimentaires – au sens de leur sauvegarde, leur valorisation et leur promotion – soulève une grande diversité d'enjeux puisqu'il représente à la fois un atout politique pour le pays, un levier touristique à différentes échelles, un argument marketing pour les producteurs, restaurateurs ou commerçants, ou encore un argument de défense communautaire et culturelle. La **patrimonialisation alimentaire** se fait cependant à double tranchant. D'une part, elle peut « s'accompagner d'une forme de réappropriation par les populations locales autour de leurs valeurs alimentaires mises en avant dans les médias, les restaurants et les discours », selon l'anthropologue Pascale de Robert. D'autre part, elle peut aussi engendrer une désappropriation par les peuples concernés, dans la mesure où les aliments, à l'image du quinoa andin ou de l'açaï amazonien, attirent de nouveaux acteurs productifs, disparaissent des marchés locaux pour alimenter d'autres types de marchés, l'envolée de leurs prix les rendant inaccessibles pour leurs consommateurs initiaux.

3. Risques sanitaires et enjeux agroalimentaires : une préoccupation mondiale

Fermeture de frontières, choix de plusieurs grands pays exportateurs de constituer des stocks préventifs, inquiétudes de nombreux citoyens de la planète pour leur approvisionnement quotidien, promotion de la reterritorialisation d'une agriculture globalisée et d'une prise en compte environnementale accrue, promotion de l'agriculture urbaine : autant de processus consolidés à la suite de la crise sanitaire de la Covid-19. Celle-ci a mis en lumière la dépendance de nombreuses exploitations agricoles des pays développés vis-à-vis de la main-d'œuvre à bon marché venue de l'étranger. Plus largement, la pandémie a contribué à **replacer l'alimentation en haut des agendas politiques, suscitant de nombreux débats sur les enjeux de la souveraineté agricole et alimentaire** et encourageant **diverses politiques nationales**, visant à assurer et améliorer la sécurité alimentaire des populations. En Chine, le Président Xi Jinping a lancé une campagne anti-gaspillage alimentaire en réaction à la pandémie. Les pays du Golfe ont quant à eux mis en œuvre d'ambitieuses stratégies de sécurisation de leur approvisionnement aux échelles nationale et internationale. L'agriculture et ses impacts sur l'environnement sont par ailleurs au cœur de débats scientifiques – et médiatiques – renouvelés. Les maladies transmises à l'homme par le règne animal, désignées par le terme « zoonose », suscitent des réflexions croissantes sur les interactions entre activités humaines et nature et leurs conséquences épidémiologiques. Les usages croissants du foncier et la déforestation à des fins agricoles produisent des « interfaces à risque », où populations, troupeaux d'élevage et réservoirs de vie sauvage entrent en contact.

La pandémie de COVID-19 a aussi souligné la **pertinence de l'approche « One Health - Une seule santé » pour comprendre et affronter les risques sanitaires mondiaux.** Cette approche, initiée dans les années 2000, repose sur un principe simple, selon lequel la protection de la santé de l'homme passe par celle de l'animal et de leurs interactions avec l'environnement.

■ *One health*, une seule santé

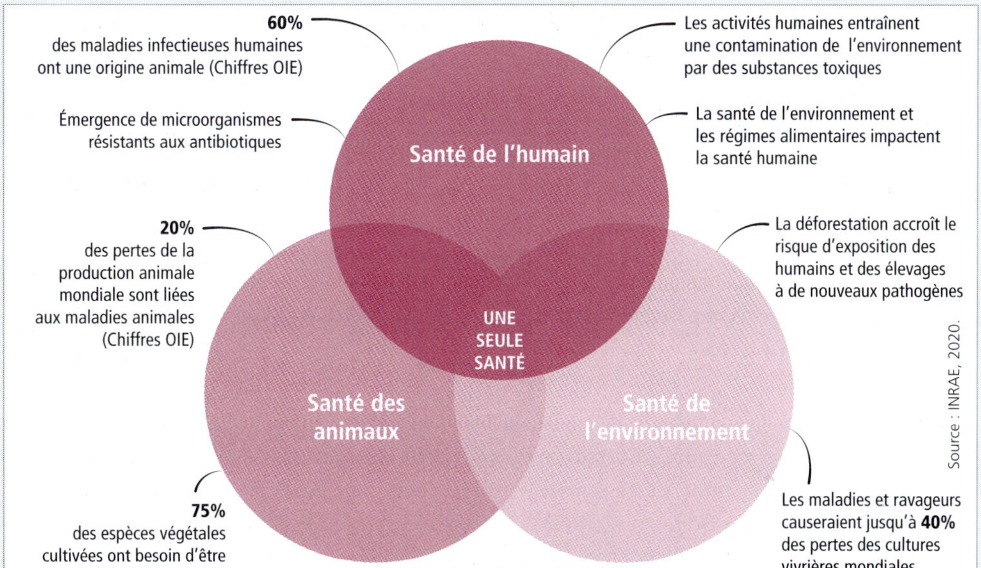

OIE : Office international des épizooties
FAO : Food and agriculture organization

Source : INRAE, 2020.

II. Des campagnes nourricières : les territoires de la production agricole dans la mondialisation

A. DES INÉGALITÉS TRÈS FORTES ENTRE AGRICULTURES ET AGRICULTEURS À DIFFÉRENTES ÉCHELLES

Dans le contexte de mise en concurrence accrue des agriculteurs à l'échelle de la planète, les inégalités entre modèles productifs, acteurs agricoles et territoires ruraux tendent à se renforcer.

1. Des inégalités qui demeurent entre agricultures des pays développés et émergents et des pays les moins avancés

Il s'agit à la fois d'inégalités en termes de capacité de production, mais aussi d'accès aux filières et aux marchés les plus rémunérateurs. Le cas de l'Afrique subsaharienne, et notamment de la zone sahélienne, est particulièrement emblématique des difficultés de certains territoires à nourrir leur population et à assurer un revenu décent aux paysanneries. La comparaison entre la *corn belt* des États-Unis et la zone sahélienne est à ce titre particulièrement éclairante. D'un côté, les agriculteurs américains les mieux équipés peuvent cultiver aujourd'hui 450 hectares de maïs et soja par actif, à l'aide de tracteurs très puissants, de semoirs et moissonneuses-batteuses de très grande largeur et en simplifiant au maximum les techniques culturales *via* l'utilisation de semences améliorées et de **variétés génétiquement modifiées**. Avec des rendements de 100 quintaux par hectare pour le maïs, un travailleur peut, à lui seul, produire 22 500 quintaux de maïs par an. À l'opposé, dans le cas de la zone sahélienne, les agriculteurs doivent faire face à des conditions pédologiques et climatiques défavorables, ne disposent d'aucune capacité d'innovation et sont dans l'impossibilité de produire la quantité minimale de grains nécessaire à l'alimentation annuelle de leur famille. Ainsi, au nord du Burkina Faso, les agriculteurs, seulement équipés de houes et d'instruments de sarclage, ne peuvent pas mettre en culture plus de 0,6 ou 0,7 hectare par actif et leurs rendements sont extrêmement faibles, rarement au-delà de 3 quintaux à l'hectare. Les greniers de céréales étant vides au bout de quelques mois, seule la vente du bétail permet de réunir l'argent nécessaire aux achats alimentaires, ce qui conduit à une vulnérabilité alimentaire et nutritionnelle des familles paysannes sur le long terme.

2. Des inégalités accrues entre producteurs d'un même pays, au Nord comme au Sud

Si les différences de capacités productives entre pays demeurent fortes, **les inégalités entre producteurs se lisent également au sein d'un même pays, d'une même région ou d'un même village**, en fonction du niveau de capitalisation des exploitations, des types de production et de marché, des capacités d'adaptation aux innovations. Ainsi, le secteur dit « de l'**agrobusiness** », que l'on retrouve au Nord comme au Sud, est dominé par de grandes entreprises capitalistes dont l'objectif est la recherche de modèles de production les plus performants et compétitifs. Leur mode de fonctionnement, fondé sur une gestion managériale et l'emploi d'une main-d'œuvre salariée, contraste fortement avec des exploitations plus traditionnelles encore en grande partie familiales dans la majorité des pays du monde. La montée en puissance de ces grandes exploitations suscite de nombreuses polémiques, entretenues par des syndicats et des associations de défense paysanne, mais aussi par des associations de consommateurs. La France a ainsi connu un débat virulent né du projet d'installation d'une « ferme des 1 000 vaches » dans la Somme. Considéré comme une menace pour l'avenir des petits éleveurs laitiers français, dans un contexte caractérisé par la baisse des prix du lait et la fin des quotas laitiers en Europe, ce projet n'a finalement jamais reçu l'autorisation de l'État français et a été stoppé en 2021. Au-delà de cette opposition idéologique entre deux modes de production, l'enjeu majeur pour les producteurs de toutes tailles demeure le prix d'achat très bas de leurs productions, d'où le choix de plus en plus contraint d'accroître les cheptels (comme les superficies) ou, de façon plus radicale, d'arrêter l'élevage. Ce sont donc des mesures de politiques publiques et de soutien actif des producteurs qui permettront aux petits éleveurs de survivre ou de disparaître.

B. TYPOLOGIE DES TERRITOIRES PRODUCTIFS CONTEMPORAINS

À la lumière des inégalités évoquées précédemment, différents types de territoires et d'acteurs de la production agricole et agroalimentaire, au Nord et au Sud, peuvent être mis en évidence. Comment se distinguent-ils et quels sont leurs atouts et contraintes spécifiques ?

1. Les territoires de la production agro-industrielle : les campagnes motrices de la mondialisation agricole et alimentaire

Les campagnes dites « productivistes » et « intensives », qui accueillent les grandes exploitations industrielles exportatrices et les bassins de production associés à une filière agro-industrielle (betteraves, soja, pommes de terre...), sont devenues les emblèmes de la mondialisation agricole et alimentaire, au Nord comme au Sud. Parmi les pays particulièrement représentatifs de ces campagnes motrices de la mondialisation, on trouve les nouveaux grands pays agricoles qui ont émergé depuis les années 1990, à l'image du Brésil ou de l'Argentine en Amérique du Sud, mais aussi de nombreux pays des Suds, tels le Mexique, l'Afrique du Sud, le Kenya, qui se sont spécialisés dans certaines productions à haute valeur ajoutée pour l'exportation ou la transformation industrielle (tomates pour les concentrés, fruits pour l'industrie du jus). Ces campagnes participent activement à la multiplication des échanges – par voie aérienne et maritime – de produits frais et transformés, à la diffusion de cultures au-delà de leurs aires de production (haricots verts et roses en Afrique subsaharienne, kiwis et avocats en Égypte et au Maroc...) et contribuent ainsi à la disponibilité tout au long de l'année de **produits standardisés** dans les supermarchés de la planète. Outre les enjeux sociaux et environnementaux auxquels elles doivent faire face, ces campagnes sont aussi le symbole de ce que les chercheurs anglo-saxons désignent par l'expression « *food from nowhere* ».

ZOOM ▶ Territoires et productions agricoles, moteurs de la puissance brésilienne

En réponse à la forte demande mondiale de produits agricoles depuis les années 2000, le Brésil a connu une expansion rapide des cultures de soja, de riz, de maïs, de canne à sucre, ainsi que de l'élevage, contribuant à son rôle moteur dans les échanges agricoles mondiaux. Le pays est ainsi devenu le premier producteur et exportateur mondial de soja, production destinée en priorité à la consommation animale européenne et chinoise. Le Brésil est par ailleurs parmi les premiers exportateurs mondiaux de volailles et de viande bovine. Cette augmentation des exportations agricoles et sa spécialisation dans un nombre réduit de productions ont toutefois des conséquences majeures : très grande dépendance du pays vis-à-vis des marchés internationaux, domination d'une minorité de puissants entrepreneurs qui exercent de fortes pressions sur les pouvoirs publics, extension des surfaces agricoles aux dépens de la forêt et du cerrado. Ainsi, 80 % des défrichements sont dus à l'élevage bovin extensif, très grand consommateur d'espace et à l'origine de nombreuses inquiétudes sur l'avenir du couvert forestier amazonien et de certains peuples autochtones.

2. Les campagnes des petites paysanneries traditionnelles, menacées de disparition ?

Dans cette catégorie, peuvent être regroupés différents types d'espaces ruraux appartenant à différentes aires géographiques. On y trouve les espaces ruraux enclavés, mal reliés aux grands marchés mondiaux et caractérisés par des modes de production artisanaux, à l'image des campagnes vivrières d'Afrique subsaharienne ou des paysanneries andines. Ce sont aussi les campagnes occidentales autrefois vivantes, caractérisées aujourd'hui par des agricultures devenues non compétitives et offrant peu d'alternatives économiques : celles des petites exploitations des pays du Nord qui n'ont pas les moyens de s'agrandir ou de se moderniser et qui ne trouvent pas de repreneur. Enfin, ce sont les campagnes dont les paysanneries sont en proie à des spirales d'endettement et d'appauvrissement, en raison notamment du désengagement des États ou de leur dépendance économique et financière vis-à-vis de créditeurs, d'entreprises semencières et d'engrais, etc., à l'instar de certaines campagnes indiennes, où la révolution verte a engendré des processus d'endettement pouvant mener au suicide des paysans, ou encore les campagnes du Nordeste brésilien qui cumulent les difficultés. Ces différents territoires sont ainsi emblématiques d'un processus de marginalisation accéléré depuis les dernières décennies.

3. Les territoires des agricultures familiales, majoritaires à l'échelle mondiale

Derrière le qualificatif « familial », on entend principalement un mode de production et d'organisation reposant sur le travail familial et sur des interrelations fortes entre chaque famille d'agriculteurs et son exploitation. Les agricultures familiales contribuent de façon majeure à la production mondiale, assurant toujours environ 70 à 80 % de celle-ci, et sont également une source directe de revenus et d'emploi pour environ 40 % de la population mondiale. Promues par les politiques publiques au sein de nombreux États, les exploitations agricoles familiales sont, selon la FAO, « l'une des clés de la sécurité alimentaire et du développement rural durable ; la sécurité alimentaire et la préservation de l'environnement dans le monde dépendent des 500 millions d'exploitations agricoles familiales, sur lesquelles repose l'agriculture dans la plupart des pays. Les exploitations agricoles familiales constituent un groupe extrêmement hétérogène ». Elles sont en effet omniprésentes à la surface de la planète mais aussi très différentes les unes des autres, désignant à la fois le maraîcher breton à la tête de quelques hectares qu'il exploite avec sa conjointe, le producteur de maïs du Middle-West américain qui exploite seul ses terres, en passant par les familles paysannes ouest-africaines productrices de manioc, de cacao ou d'ananas pour les marchés domestiques ou internationaux. Fortement ancrées dans des territoires qu'elles façonnent et aménagent par leurs pratiques, ces agricultures jouent un rôle primordial dans la gestion des ressources et de la biodiversité, le maintien de la diversité culturelle et le développement local. Alors que les structures agricoles sociétaires se développent dans la plupart des pays du monde, les agricultures familiales sont ainsi confrontées à une concurrence accrue : concurrence économique, mais aussi concurrence pour l'accès aux ressources, notamment à l'eau dans les pays où l'irrigation est un enjeu majeur, ce qui pose la question clé du partage équitable des ressources entre producteurs.

C. DES TERRITOIRES PRODUCTIFS CONVOITÉS : L'ACCAPAREMENT DES RESSOURCES ENVIRONNEMENTALES

1. Des terres arables de plus en plus convoitées

Dans un contexte de forte volatilité des prix agricoles, de nombreux États de la planète cherchent à réduire leur dépendance vis-à-vis des marchés internationaux et à assurer la sécurité alimentaire de leur population en produisant plutôt qu'en recourant aux importations. Ces États, mais aussi différents acteurs économiques et financiers (entreprises privées, fonds d'investissement) considèrent alors les terres arables comme de véritables ressources stratégiques à acquérir. Parmi les pays acquéreurs de ces ressources foncières, on trouve les pays qui n'ont pas ou plus les surfaces exploitables nécessaires à leur autonomie alimentaire. Il s'agit principalement de la Chine, du Japon, de la Corée du Sud ou encore des pays du Golfe. Ils cherchent à investir dans les régions du monde qui disposent des ressources foncières et hydriques abondantes soit de façon directe, notamment par leurs fonds souverains (Arabie Saoudite, Émirats Arabes Unis, Qatar), soit par des entreprises étatiques, soit enfin via leurs entreprises privées.

Les principales réserves foncières se situent aujourd'hui dans le monde tropical : Amérique latine (Brésil, Argentine, Bolivie, Colombie, Pérou), Asie du Sud-Est (Indonésie) et Afrique subsaharienne. Environ la moitié des projets concerne l'Afrique, avec parmi les principaux pays d'accueil le Cameroun, l'Éthiopie, la République démocratique du Congo, le Ghana, Madagascar, le Soudan, la Tanzanie, la Zambie. Toutefois, les investisseurs se tournent progressivement vers les réserves foncières de nouveaux pays, à l'instar de l'Europe centrale et orientale, de l'Australie, mais aussi des pays d'Europe occidentale, où les investissements chinois se sont notamment développés.

2. L'accaparement des terres et de l'eau au cœur des controverses

Ce processus d'acquisition de surfaces agricoles par des États étrangers ou par de grandes firmes, désigné par l'expression « **accaparement des terres et de l'eau** » **(land and water grabbing)**, a été fortement médiatisé depuis les années 2010, engendrant de nombreux débats et polémiques. Diverses associations et ONG de défense des paysanneries et des ressources environnementales se sont ainsi engagées pour dénoncer les pratiques de grands groupes dans les pays en développement. Ce fut le cas à l'occasion de la lutte contre un grand projet de la firme Daewoo à Madagascar dès 2008, lutte qui a fait date dans l'histoire des bras de fer entre sociétés civiles et grands groupes. Ce projet de location de 1,3 millions d'hectares pour 99 ans à la société sud-coréenne avait suscité de telles oppositions que le gouvernement malgache était tombé. Plus de quinze ans après, les dirigeants successifs de Madagascar continuent à promouvoir les partenariats avec des entreprises étrangères pour exploiter de vastes surfaces de terres. Souvent présentés par les investisseurs comme une opportunité de développement économique et de créations d'emplois pour les pays hôtes et leurs populations, ces **grands investissements fonciers font l'objet de nombreuses controverses par leurs impacts sociaux et environnementaux**. En effet, s'ils reposent sur une simple logique de rentabilité financière à court-terme et sont mal-encadrés par des États défaillants, ces projets engendrent de multiples risques pour les populations à différentes échelles : spoliation de terres, paupérisation d'une partie de la population rurale, réduction de la sécurité alimentaire du pays, pollution environnementale. Ainsi, le développement d'une agriculture intensive exclusivement tournée vers l'exportation, à l'image des cultures d'**agro-carburants** ou de **produits à forte valeur ajoutée destinés à l'exportation**, peut réduire la part des cultures vivrières dans la production locale et, le cas échéant, menacer la sécurité alimentaire des populations concernées. Lorsque les projets s'inscrivent dans des logiques de court terme, visant à un retour rapide sur investissement, **les risques environnementaux sont également majeurs** : déforestation, surexploitation des ressources en eau, pollution des nappes et des sols.

Pour aller plus loin

Madagascar, 15 ans après les journées internationales
liennathan.fr/cdt803

ZOOM ▶ Du fourrage américain pour nourrir les vaches saoudiennes : vives controverses autour de l'utilisation de l'eau

L'Arabie saoudite est le plus grand producteur laitier des pays du Golfe avec plus de 2 milliards de litres produits et la plus forte consommation de produits laitiers par habitant. Pour nourrir son cheptel de plus de 100 000 vaches laitières, Almarai, à la tête de la plus grande ferme de la planète, importe 100% de ses besoins en fourrage. 60% de son approvisionnement se font via des formes d'agriculture contractuelle et des achats à l'international et 40% via ses propres exploitations de luzerne (fourrage) à l'étranger : 14 000 ha en Californie et aux États-Unis et 3000 ha en Argentine. Almarai a par ailleurs investi dans le comté de La Paz en Arizona, alors même que cet espace est marqué par de très vives tensions sur l'eau, des conflits d'usage croissants et des risques majeurs de pénurie. Les investissements saoudiens ont suscité de vives controverses et poussé la gouverneure d'Arizona Katie Hobbs à suspendre le bail de Almarai à l'automne 2023. Toutefois, cette décision ne concerne en réalité qu'un quart de l'ensemble des terres cultivées à destination des vaches saoudiennes puisque, au-delà des 3500 acres concernés, l'entreprise est toujours propriétaire de 10 000 acres plus au sud de l'Arizona.

III. Réseaux, espaces et lieux de l'alimentation mondiale

A. L'INSERTION CROISSANTE DES AGRICULTURES DU MONDE DANS DES FILIÈRES AGROALIMENTAIRES

1. La notion de filière agroalimentaire

Par l'expression « filière agroalimentaire », on désigne les relations qui lient toutes les activités contribuant à la production, à la transformation et à la commercialisation d'un type d'aliment. Il s'agit ainsi de l'ensemble des activités économiques associant la production agricole aux secteurs industriels, commerciaux et financiers situés en amont et en aval. Ces différentes étapes mettent en réseau différents acteurs et différents lieux – parcelle agricole, chambre froide au sein de l'exploitation, usine de transformation, aéroport ou port, zone logistique, supermarché, par exemple – qui peuvent être éloignés les uns des autres et reliés entre eux par des **chaînes logistiques** plus ou moins complexes. Le prix final du produit acheté par le consommateur résulte ainsi des ajouts successifs de valeur ajoutée à chaque étape ; c'est d'ailleurs de plus en plus l'expression « **chaîne de valeurs** » qui est utilisée pour décrire ce processus.

2. Des filières agroalimentaires mondialisées, dominées par les acteurs de l'aval

Les filières agroalimentaires se caractérisent par des **relations de pouvoir inégal entre les différents acteurs de la chaîne**, avec notamment un rôle considérable des acteurs de l'aval : les grossistes, les industries de transformation et, de façon croissante, de puissantes chaînes de supermarchés, ainsi que des consommateurs dont les habitudes de consommation évoluent. Les producteurs de la planète sont ainsi confrontés à des **marchés dont les acteurs, notamment les centrales d'achat des supermarchés** [→ VOIR ZOOM CI-APRÈS], **ont le pouvoir d'imposer leurs prix**. Les exigences en termes de **standardisation des produits, de traçabilité, de respect de normes sociales et environnementales** sont par ailleurs particulièrement contraignantes. Ainsi, les productions de fruits et légumes standardisés destinées à l'exportation et à la vente dans les grandes chaînes de distribution doivent disposer des certifications les plus exigeantes, à l'image de *GlobalGAP* – mise en place en 1997 en Europe, cette certification atteste de l'usage de « bonnes pratiques agricoles » au sein des exploitations – ou *Tesco Nurture* – certification indépendante de la chaîne britannique de magasins Tesco, lancée en 1992 et fondée sur un audit annuel de chaque producteur.

ZOOM ▶ Redonner du pouvoir et de la valeur aux producteurs : les défis des lois EGALIM en France

Depuis les États généraux de l'alimentation qui ont eu lieu en France en 2017, plusieurs lois, dites Egalim, ont été votées en 2018, 2021 et 2023 afin de rééquilibrer le rapport de force entre l'amont et l'aval des filières agroalimentaires **et encadrer les relations entre producteurs, industriels et distributeurs**. Comme l'explique Alessandra Kirsch, les objectifs sont à la fois de renforcer la capacité à négocier des producteurs et éviter la destruction de la valeur agricole le long de la chaine, ceci alors que les distributeurs sont engagés dans une guerre des prix et que l'inflation réduit le pouvoir d'achat des consommateurs. La première loi Egalim a notamment instauré des indicateurs de coûts de production, le seuil de revente à perte et l'encadrement des promotions. Puis, Egalim 2 a cherché à davantage encadrer les relations entre l'agriculteur et son premier acheteur avec la mise en place d'un principe de non-négociabilité de la matière première agricole, principe que la loi Egalim 3 a étendu. Face aux insuffisances de la loi et **en réponse à la colère des agriculteurs français à l'hiver 2024,** le gouvernement envisage un Egalim 4. Il faut toutefois bien garder à l'esprit qu'une **telle législation, même remaniée, ne pourra résoudre tous les problèmes du secteur dans un marché** concurrentiel et complexe.

B. DE L'AGRICULTEUR AU CONSOMMATEUR

1. Réseaux et espaces de l'approvisionnement alimentaire

Un circuit est dit « long » lorsque au moins deux intermédiaires interviennent entre le producteur et le consommateur, avec par exemple la vente par le producteur à un grossiste (coopérative, centrale d'achat, négociant) puis l'achat par le consommateur chez un détaillant. À l'inverse, **un circuit court est un circuit de distribution n'impliquant aucun ou qu'un seul intermédiaire** : il se caractérise donc avant tout par une proximité relationnelle, mais on observe aussi une forte proximité spatiale. En France, un agriculteur sur cinq commercialise une partie de sa production en circuit court, ce qui lui offre une rémunération accrue et une moindre dépendance vis-à-vis de grossistes ou d'autres intermédiaires. Il peut ainsi pratiquer la vente directe : soit à la ferme, via la cueillette par les consommateurs ou l'ouverture d'un magasin à la ferme, soit à l'extérieur de l'exploitation sur les marchés ou au sein de lieux de distribution. Les **Associations pour le maintien d'une agriculture paysanne (AMAP)** sont emblématiques de cette recherche de reconnexion entre consommateurs et producteurs locaux. Le circuit court recouvre aussi la vente *via* un intermédiaire : un épicier, un restaurant, un opérateur de restauration collective, ce qui est de plus en plus encouragé par les communes dans un souci de développement territorial et de maintien de l'agriculture sur le territoire.

Les circuits courts, fortement plébiscités dans les pays développés, se présentent ainsi comme une alternative alimentaire au système agro-industriel et à la grande distribution, dont les méthodes font l'objet de critiques croissantes sur les plans social, environnemental et économique. Cet intérêt pour les circuits courts s'explique par les nouvelles attentes des consommateurs, à la recherche de proximité pour plus de sécurité alimentaire à la suite des crises et scandales sanitaires successifs (vache folle, lasagnes à la viande de cheval…). Toutefois, ces circuits courts ne peuvent, pour le moment, alimenter l'ensemble de la population en raison d'une inadéquation entre la demande et l'offre. Caractérisées par des volumes plus faibles et des productions spécifiques (avec notamment des produits biologiques), ils se caractérisent en partie par des prix supérieurs, que les consommateurs ne sont pas tous prêts à assumer. Plus largement, un territoire densément peuplé, à l'image des plus grandes métropoles, a besoin de diversifier ses sources d'approvisionnement pour assurer la sécurité alimentaire de sa population. Par exemple, l'Île-de-France aurait besoin d'une surface six fois plus vaste de terres que celle actuellement exploitée pour nourrir ses 12 millions d'habitants. La combinaison de ces deux types de circuit – courts et longs – semble donc toujours incontournable. **Des systèmes alternatifs de commercialisation sont par ailleurs de plus en plus nombreux à être expérimentés au sein des pays du Nord, à l'image des supermarchés coopératifs.**

2. Identifier les territoires de la précarité alimentaire en France

En France, environ **8 millions de personnes** sont touchées par l'insécurité alimentaire et seuls 3,5 millions d'entre-elles accèdent à l'aide alimentaire. Afin de mieux cibler l'action publique et les politiques alimentaires à l'échelle locale, il apparaît important de mieux évaluer la précarité dans les territoires. C'est l'objectif d'un groupe de chercheurs de la Chaire Unesco-Alimentations du monde en partenariat avec l'INRAE qui a construit un indice afin d'identifier les territoires les plus vulnérables à la précarité alimentaire. Cet indice se fonde sur quatre dimensions de la précarité : monétaire, socioéconomique, de santé et de mobilité. Pour chaque dimension, des indicateurs existants et accessibles ont été standardisés de 0 à 1, la valeur 1 étant attribuée à la situation la plus défavorable en termes d'accessibilité alimentaire.

C. TERRITOIRES DE LA TROISIÈME RÉVOLUTION AGRICOLE ET LABORATOIRES DE L'ALIMENTATION DU FUTUR

1. Les défis de l'agriculture face au changement climatique

Toutes les agricultures du monde, sans exception, sont exposées au changement climatique avec des conséquences qui se révèlent dramatiques pour les paysanneries les plus vulnérables. Face à la **multiplication des événements météorologiques extrêmes ou à des périodes de sécheresse prolongée**, les agriculteurs se retrouvent bien souvent démunis et trop peu armés pour faire face aux pertes de revenus et s'adapter aux risques liés au climat. Si certains territoires agricoles pourront bénéficier des modifications climatiques sur le long terme, via l'extension des périodes de cultures par exemple (cas de la culture du blé en Russie) ou la possibilité de cultiver de nouvelles productions (cas de la vigne en Grande-Bretagne), de nombreuses régions agricoles sont menacées par la chute des rendements agricoles et la perte de récoltes pour toute une saison en cas de catastrophe climatique (inondations, tempêtes). Les chercheurs et diverses entreprises privées se sont lancés dans une **course à l'innovation à l'échelle de la planète, afin d'élaborer une agriculture climato-intelligente capable de s'adapter** aux défis climatiques. Des semences résistantes à la sécheresse, des méthodes d'irrigation moins consommatrices en eau ainsi que des modes de production en environnement contrôlé se diffusent progressivement. Or, ces innovations restent souvent inaccessibles dans la plupart des pays des Suds, ou du moins ne concernent qu'une minorité de grandes exploitations. Par ailleurs, certaines solutions technologiques et la tendance au « techno-solutionnisme » contribuent parfois à l'exploitation accrue des ressources, plutôt qu'à leur préservation. Si elle n'est pas encadrée et associée à des mesures de contrôle, la diffusion de l'irrigation au goutte-à-goutte s'accompagne, dans de nombreux cas, d'une consommation croissante accrue des ressources hydriques, via l'extension des superficies cultivées et l'augmentation des quantités prélevées dans les nappes.

ZOOM ▶ Une troisième révolution agricole en cours ?

La troisième révolution agricole, que des chercheurs font débuter à la fin du XXe siècle, s'appuie sur des innovations, elles-mêmes issues de **ruptures technologiques dans la génomique, le numérique et la robotique**. Cette révolution, devrait permettre d'accroitre la résilience des exploitations au changement climatique et la transition des modes de production afin de préserver les ressources environnementales et accélérer la décarbonation. Si le développement de ces nouveaux outils (techniques culturales simplifiées, nouvelles techniques génomiques, digitalisation et intelligence artificielle, biocontrôle) offre des solutions aux agriculteurs, il modifie également fortement l'organisation du travail agricole et favorise les concentrations d'exploitations aux dépens des modèles d'agriculture familiale.

Pour aller plus loin

Vers un Egalim 4 : quels enjeux pour les filières ?
liennathan.fr/qt30d5

2. Des espaces laboratoires de l'alimentation du futur

Le secteur de la recherche et un nombre croissant d'entreprises se projettent dans l'alimentation du futur et élaborent activement **des aliments ou des ingrédients d'un genre nouveau**. Depuis 2015, l'Union européenne a défini ces ***novel food***. C'est le cas des innovations récentes en matière de protéines alternatives, dont l'objectif est de réduire la part des protéines animales, notamment bovines, dans l'alimentation. On distingue **trois grands types de protéines alternatives** : celles issues des **plantes**, notamment des légumineuses (pois cassés, pois chiches, petits pois, haricots, lentilles, soja, fèves, etc.) ; celles issues de la **fermentation** ; et enfin celles issues de la **culture cellulaire** de viande ou de poisson. L'ambition de ces innovations alimentaires est notamment de répondre aux objectifs de réduction des gaz à effet de serre, mais aussi de réduire les risques pour la santé liés à un régime alimentaire trop carné. Sur la période 2010-2022, 14,2 milliards de dollars ont été investis dans les protéines alternatives, dont plus de la moitié dans les protéines végétales. Si les investissements dans la fermentation sont plus récents, ils ont été massifs depuis 2021. **L'Amérique du nord domine** le paysage des protéines alternatives avec 8,5 milliards de dollars d'investissement entre 2010 et 2022, contre 1,6 milliard pour l'Europe. Toutefois, malgré ces investissements considérables, les substituts à la viande peinent à s'imposer pour des raisons à la fois culturelles, légales et administratives mais aussi financières.

CONCLUSION

Si les agricultures du monde ont été capables d'accroître considérablement leurs capacités productives, les inégalités entre producteurs et entre acteurs des filières agroalimentaires sont particulièrement criantes. Au-delà des controverses, ce sont des choix de société qui s'imposent et qui impliquent un engagement fort de tous les acteurs des chaînes de valeur pour continuer à nourrir le monde, mais surtout pour assurer une alimentation juste, équitable et durable. Dans un contexte où beaucoup d'agriculteurs ont déjà disparu dans les pays développés ou sont en voie de disparition au Sud, où les ressources environnementales et la biodiversité sont menacées, où les risques liés à l'alimentation s'accroissent, il semble vital de s'engager dans une transition agricole et alimentaire respectueuse de celles et ceux qui nous nourrissent et des espaces où ils vivent.

15 LA BIFURCATION DE L'ANTHROPOCÈNE

L'environnement, soit les interactions entre les milieux naturels et les activités humaines, n'a longtemps été perçu que comme une variable de peu d'importance. Selon l'économiste français Jean-Baptiste Say, par exemple, dans son *Traité d'économie politique* (1803), « les richesses naturelles sont inépuisables, car, sans cela, nous ne les obtiendrions pas gratuitement. Ne pouvant être ni multipliées ni épuisées, elles ne sont pas l'objet des sciences économiques ». En Occident, les dégradations locales de l'environnement ont pourtant été perçues avec de plus en plus d'acuité à partir de la révolution industrielle. La croissance démographique, l'extension des processus industriels au reste du monde et les données accumulées par les sciences de la nature (climatologie, glaciologie, biologie...) ont abouti à une prise de conscience élargie que les atteintes à l'environnement s'exerçaient à une échelle globale. Depuis les années 1980, les institutions internationales tentent d'établir des consensus sur les problèmes à traiter et sur les moyens pour y parvenir. Les perturbations du climat constituent la plus spectaculaire manifestation d'un enjeu global mais, à côté de problématiques locales, l'érosion de la biodiversité, la pression accrue sur les systèmes naturels, comme les forêts et les océans, témoignent de la nécessité d'une approche multilatérale des défis environnementaux. Depuis 1992, des Sommets de la Terre, organisés par l'ONU, ont permis de médiatiser l'ensemble des risques et de créer une dynamique forte dans les opinions publiques. D'autant plus que les **pollutions** de tout ordre sont désormais à l'origine de 9 millions de morts, 16 % des décès annuels, un chiffre qui n'a plus rien de marginal (trois fois les morts cumulés des suites du sida, de la tuberculose et du paludisme). À la perspective d'une crise environnementale – réparable, par exemple, par le développement durable – a succédé néanmoins la perception d'un changement bien plus profond : l'**Anthropocène**, une bifurcation (J.-B. Fressoz et Ch. Bonneuil) qu'il n'est plus question de repousser, mais à laquelle il faut s'adapter. L'action humaine étant à l'origine du dérèglement, ce dernier ne s'inscrit pourtant pas sous le régime de la fatalité : les sociétés humaines, par leurs choix collectifs, par la coopération multilatérale, ont en leur pouvoir la capacité de ré-habiter le monde.

Notions principales

Biosphère : l'ensemble des êtres vivants et de leurs milieux, l'ensemble des écosystèmes.

Développement durable : possibilité théorique de mener de front croissance économique, progrès social et préservation de l'environnement.

Décroissance : mouvement de pensée prônant une baisse contrôlée et volontaire de la consommation.

CHRONOLOGIE

1872 : Création du premier parc naturel, Yellowstone aux États-Unis.
1961 : Création du WWF (*World Wildlife Fund*), rebaptisé en 1986 *World Wide Fund for Nature*.
1967 : Naufrage du pétrolier *Torrey Canyon* au large de la Cornouaille.
1972 : Première conférence internationale sur l'environnement à Stockholm, fondation du PNUE (Programme des Nations unies pour l'environnement).
1972 : Rapport Meadows, *Halte à la croissance ?* (*The Limits to Growth*).
1986 : Le 26 avril, explosion de la centrale nucléaire de Tchernobyl (URSS), la pire catastrophe industrielle de l'histoire pour l'environnement.
1987 : Protocole de Montréal : convention internationale sur la suppression des chlorofluorocarbures (CFC), gaz de synthèse attaquant la couche d'ozone.
1987 : Rapport Brundtland (*Notre avenir à tous*) remis à l'ONU : définition de la notion de développement durable (*sustainable development*).
1988 : Mise en évidence du réchauffement climatique par James Hansen devant le Congrès américain. Création du Groupe d'experts intergouvernemental sur l'évolution du climat (GIEC) par l'Organisation météorologique mondiale (OMM) et le PNUE.
1992 : Premier Sommet de la Terre à Rio.
1997 : Conférence de Kyoto sur le changement climatique, « *Conference Of Parties* » n° 3, ou COP3.
2002 : Sommet de la Terre à Johannesburg. Pour la première fois, des entreprises y participent.
2011 : Le tsunami du 11 mars entraîne l'accident nucléaire de Fukushima, au Japon.
2015 : Accord de Paris, à la suite de la COP21, qui dessine l'action internationale pour lutter contre le changement climatique.
2016 : L'amendement de Kigali au Protocole de Montréal programme la disparition des gaz HFC.
2021 : COP15 de la Convention sur la diversité biologique, à Kunming, en Chine ; COP26 sur le climat à Glasgow, Écosse.

I. Prise de conscience

A. NATURE ET SOCIÉTÉS

1. Une rupture inédite

Quand Buffon relevait, en 1778, que « la face entière de la Terre porte aujourd'hui l'empreinte de la puissance de l'homme », c'était pour s'en réjouir. Là où les Lumières du XVIIIe siècle et le positivisme du XIXe opposaient à la nature, immobile et conservatrice, le progrès, associé à la liberté et à la richesse, **le XXe finissant a dressé le diagnostic des pertes et menaces entraînées par les activités humaines**.

Depuis le **rapport Meadows** sur le prix de la croissance, commandé en 1972 par le **Club de Rome***, la mesure des dangers pesant sur l'environnement a intégré leur dimension globale. Si les opinons publiques occidentales ont été progressivement sensibilisées, durant les Trente Glorieuses, aux atteintes locales à l'environnement, c'est surtout à partir des années 1980 qu'elles ont pris conscience des transformations mondialisées entraînées par les activités humaines. Le *Goddard Institute* de la NASA, c'est-à-dire son centre d'étude du climat,

DÉFINITION

Club de Rome : fondé en 1968, il est composé d'hommes politiques, d'experts et d'entrepreneurs, choisis par cooptation. Il entend peser sur les décisions politiques en publiant des rapports, dont le plus célèbre est le rapport Meadows de 1972.

et son dirigeant, **James Hansen**, ont ainsi popularisé l'hypothèse hautement probable du réchauffement climatique. En 2000, le prix Nobel de chimie **Paul Crutzen** proposait d'appeler «**Anthropocène**» l'époque géologique actuelle, le système terrestre étant désormais influencé de façon prépondérante par les activités humaines («*anthropos*» en grec). Pour la première fois, les phases de la temporalité géologique et celles de l'histoire humaine, jusqu'ici obéissant à des échelles chronologiques différentes, convergent. Cette époque – que l'Union internationale des sciences géologiques, lors du vote de sa **sous-commission pour la stratigraphie du Quaternaire** en mars 2024, se refuse à reconnaître, – succéderait à l'**Holocène**, commencé il y a environ 11 700 ans avec la fin de la dernière glaciation. Son début est discuté, et les dates proposées sont plus significatives par leurs implications idéologiques que pour leur caractère historique. On peut retenir 1945, première explosion atomique et début de la dissémination universelle de particules radioactives, ou 1784, avec le perfectionnement de la machine à vapeur par James Watt. On peut remonter même au-delà, par exemple en 1610, quand l'effondrement de l'agriculture américaine, à la suite du choc microbien de la conquête, a entraîné un minimum historique de rejet de CO_2, avant une irrésistible poussée en avant. Le développement du riz il y a 5 000 ans en Asie, sans doute à l'origine d'une augmentation sensible de la concentration de méthane (CH_4), peut aussi être relevé, comme la chasse à grande échelle pratiquée par *Homo sapiens* il y a 50 000 ans, précipitant l'extinction d'une bonne part des grands mammifères de l'ère quaternaire.

Incontestablement, cependant, une «**grande accélération**» (selon l'expression du chimiste **Will Steffen** en 2007) s'est mise en place depuis les années 1950 : les tendances socio-économiques dessinées depuis le début du XIXe siècle s'envolent (population, croissance économique, consommation d'énergie, urbanisation, construction de barrages, transports), tandis que les dynamiques du **système terrestre** (gaz à effet de serre, ozone stratosphérique, hausse des températures, acidification des océans, déforestation, érosion de la biodiversité, artificialisation des sols...) croissent de façon parfois exponentielle. On peut n'y voir qu'une corrélation ; on peut aussi, c'est le point de vue dominant des scientifiques, établir des relations de cause à effet. Des cycles naturels (eau, azote, phosphate) sont passés sous l'emprise des activités humaines, notamment depuis le développement de l'agriculture productiviste. Dans les sédiments, des marqueurs artificiels rejetés depuis un siècle et demi (radionucléides, plastiques, pesticides, perturbateurs endocriniens, gaz fluorés) sont autant de traces durables de la nouvelle époque. Par opposition à l'Holocène, marqué par une relative stabilité des gaz atmosphériques et des climats, **ce nouveau cours de l'évolution terrestre est caractérisé par la rapidité et la brutalité des transformations qui le travaillent**.

2. L'impasse de l'anthropocentrisme

L'anthropologue **Philippe Descola** décrit comme un «grand partage» la mise à distance de la nature par la pensée occidentale classique (*Par-delà nature et culture*, 2005). Pour Descartes, la nature n'est plus en effet «qu'une chose étendue, flexible et muable» dont l'homme est «comme maître et possesseur», offerte donc à la réflexion et à l'action humaine. De cette partition découle une position de surplomb qui repose sur l'affirmation d'une différence de nature, et non de degré, entre humain et non-humain, et qui sous-tend durablement le rapport entretenu par les sociétés occidentales à leur environnement.

Ce découplage a servi de socle à toute la pensée productiviste, la réflexion sur la croissance puis celle sur le développement les ont désencastrés de la nature, créant l'illusion d'un progrès économique autoentretenu et illimité, grâce au perfectionnement infini des techniques. L'Anthropocène est un technocène qui a transformé progressivement les milieux de vie (forêts, eaux, sous-sols, terres arables, pâturages...) en ressources, c'est-à-dire en biens marchandisables, annexant aussi l'énergie, les savoir-faire ou les ressources génétiques. L'impérialisme et la colonisation ont étendu cette logique à l'ensemble du globe.

REPÈRES

La réflexion cartésienne sur les rapports de l'homme au monde s'inscrit ouvertement dans le droit fil de la Bible, dont le Livre de la Genèse invoque le commandement divin adressé à l'homme au sortir du Jardin d'Éden : « emplissez la terre et soumettez-la ». Mais l'Église a aussi opéré son aggiornamento sur ces questions-là, notamment à l'occasion de l'encyclique *Laudato si'* du pape François en 2015, pour qui la théologie chrétienne appelle à « une relation de réciprocité responsable entre l'être humain et la nature », condamnant « l'exploitation sauvage de la nature ».

Mais ce point de vue a été critiqué au XXe siècle, à travers la redécouverte de la complexité des sociétés animales, tandis que les anthropologues, étudiant d'autres manières d'habiter le monde, dénonçaient l'occidentalocentrisme. Le terme même de « nature » finit par en devenir suspect à certains, comme le climatologue anglais James Lovelock, qui lui substitue, dans les années 1970, celui de « Gaïa » (personnification de la Terre dans la mythologie grecque), une figure reprise par le philosophe Bruno Latour. De façon plus large, les sciences sociales valorisent l'élargissement aux composantes de l'environnement de la notion de **bien commun***, non plus comme ressources ouvertes à tous, mais comme responsabilité partagée. Ce qui remet en cause le principe d'appropriation, mais aussi l'individualisme au cœur de l'occidentalisation du monde. Les conséquences politiques de ces interrogations commencent à se faire jour, notamment avec l'extension du droit au non-humain. En 2017, la Nouvelle-Zélande a ainsi conféré au fleuve Whanganui un statut d'« entité vivante », l'Équateur et la Bolivie ont inscrit les droits de la nature dans leurs Constitutions. Une telle démarche n'évacue pourtant pas toutes les contradictions ; elle peut, à l'inverse, pousser à des hiérarchisations problématiques. Ainsi, selon Evo Morales (2013), alors président de la Bolivie, « le respect des droits de la **Pachamama** [la « Terre mère » dans les cosmogonies précolombiennes] est plus important que le respect des droits humains ».

3. La tentation démiurgique

Le XXe siècle a été riche en projets colossaux de transformation accélérée de l'environnement. Les scientifiques soviétiques ont ainsi rêvé de créer en Sibérie, par le détournement de fleuves, une mer intérieure artificielle qui adoucirait le climat. La puissance atomique a aussi été mobilisée dans l'espoir d'un remodelage de la nature par l'action humaine à grande échelle : les ingénieurs soviétiques réalisèrent 128 explosions nucléaires pour tester différents usages civils de la nouvelle technologie. Pas plus qu'aux États-Unis, aucun ne fut retenu. Le **technosolutionnisme** n'a pour autant pas été démonétisé, il tient notamment lieu désormais de discours officiel et d'adaptation tactique des secteurs les plus poussés à se réformer (aviation, transport, ciments, plastiques etc.).

Dans la continuité de cet optimisme technologique, des projets de **géo-ingénierie**, souvent issus des universités et des laboratoires californiens, se proposent, en effet, de déployer des solutions définitives et prométhéennes : la plastification du Grand Nord permettrait de récupérer le méthane dégagé par le réchauffement des sols, des constellations de satellites-miroirs renverraient les rayons du soleil, comme pourrait le faire l'injection d'aérosols dans la

DÉFINITION

Biens communs : ressources, pas forcément matérielles, gérées collectivement par les usagers. Ils peuvent être à l'échelle globale (les océans, par exemple), comme locale (un pré communal, par exemple).

haute atmosphère. La tentation du repli est aussi agitée à travers les utopies de colonisation spatiale vantées par Elon Musk, ou les projets de villes flottantes, indépendantes, elles aussi, de tout pouvoir étatique : autant de réflexes **libertariens*** et antidémocratiques nourris aux sources classiques de l'égoïsme social, de l'eugénisme et désormais du **transhumanisme***. Les solutions en aval correspondent à une approche plus conservatrice, qui rêve de s'affranchir de la nécessité d'un changement de mode de vie. Les industriels des secteurs minier, de l'acier et des cimenteries entendent promouvoir les techniques de séquestration et de stockage du CO_2 (technologies CCS – *Carbon Capture and Storage*), qui sont loin d'être réalisables à grande échelle et à moindre coût : capter le CO_2 d'un centrale au charbon augmenterait de 40 % sa consommation d'énergie, sans qu'aucune solution de stockage n'offre de garantie suffisante de sécurité. Les programmes de reforestation à l'échelle du monde pour créer des puits de carbone, souvent évoqués, exigent une forte coopération internationale. Ils se heurtent aux exigences de l'agriculture et à la pression démographique des zones intertropicales. Si la Chine poursuit ses efforts dans ce domaine avec d'importants moyens, notamment au nord pour contenir le désert de Gobi, les résultats ne sont pas encore probants. Mais c'est surtout le projet africain de **Grande Muraille verte**, lancé en 2005, qui marque le pas. En 2020, 4 millions d'hectares seulement ont été aménagés sur les 100 millions visés à l'horizon 2030, le long d'une ligne de 8 000 kilomètres, du Sénégal à Djibouti. Le financement est loin d'atteindre les 4 milliards de dollars prévus en 2015 dans le cadre de l'Accord de Paris.

B. UN SUJET POLITIQUE

1. Protection et préservationnisme

Les critiques de l'environnementalisme insistent sur ses aspects conservateurs et préservationnistes, hérités de sa naissance occidentale. Les premiers parcs naturels ont été délimités aux marges des territoires exploités économiquement, aux États-Unis comme en Afrique ou en Inde, et souvent en expulsant les communautés indigènes. Les parcs nationaux africains dérivent ainsi des réserves créées par les colons entre 1850 et 1960, au service du fantasme d'une nature originelle, édénique, qu'il faudrait soustraire à la violence et à l'ignorance de ses habitants. Aux États-Unis, c'est le **mythe de la *wilderness***, la nature sauvage et puissante, développé par le philosophe Ralph Waldo Emerson (1803-1882) puis par son disciple Henry David Thoreau (1817-1862), qui préside à la fondation du parc de Yellowstone, en 1872, puis au *Wilderness Act* de 1964, la loi sur la protection de la nature. Dans cette optique, il s'agit de défendre des territoires « où l'humain est un visiteur qui ne fait que passer ». Le géographe Philippe Pelletier rappelle à quel point les premières sociétés de protection de la nature, souvent fondées et dirigées par des aristocrates, étaient imprégnées d'élitisme, voire d'eugénisme.

Les scientifiques s'accordent pourtant sur la nécessité de protéger des aires de plus en plus larges pour ralentir l'érosion de la biodiversité, une protection qui ne doit pas être une mise sous cloche, mais qui, pour être efficace, doit être garantie par les populations habitant ces territoires. La 15e édition de la Conférence des parties (COP) de la Convention des Nations unies sur la diversité biologique, en 2021, propose un objectif de 30 % de la surface du globe

DÉFINITIONS

Libertariens : aux États-Unis, partisans de la forme la plus poussée du libéralisme, considérant toute intervention de l'État comme une atteinte à la responsabilité individuelle.

Transhumanisme : mouvement intellectuel prônant le dépassement de l'humanité et de ses contraintes par la technique, dans la croyance que celle-ci éliminera le vieillissement et augmentera les capacités humaines.

protégée, contre 15,3 % des terres et 7,5 % des mers en 2020. Mais les zones préservées jusqu'à présent l'ont souvent été moins pour la biodiversité qu'elles abritent que parce qu'elles étaient peu intéressantes à exploiter. Les biologistes estiment qu'il faudrait pourtant prioriser les zones de forte biodiversité, celles où vivent des espèces menacées, notamment les grands mammifères, ainsi que des espaces indispensables à la régulation des climats (forêts, toundra, espaces humides). Pour être efficaces, les aires protégées doivent aussi être reliées par des corridors permettant la migration des espèces, une des stratégies d'adaptation au réchauffement climatique. C'est ce que valorise l'Union européenne avec le **réseau Natura 2000***, qui s'appuie sur une trame verte.

2. Les années 1970 et 1980 : la croissance contre l'environnement

La perception de l'importance des bouleversements entraînés par les activités humaines n'a pas suivi une trajectoire linéaire. Les Trente Glorieuses n'avaient pas ignoré le problème, et l'environnement est progressivement devenu un enjeu dont se sont emparées les opinions publiques à l'occasion de catastrophes (pollution au mercure à Minamata au Japon en 1956, naufrage du pétrolier *Torrey Canyon* en 1967). Les pesticides sont mis en cause dans le livre de Rachel Carson *Silent Spring*, paru en 1962 : vendu à plus de deux millions d'exemplaires dans le monde, cet ouvrage entraîne l'interdiction du **DDT*** aux États-Unis et la création de l'**EPA** (Agence de protection de l'environnement) en 1970. Les responsabilités du modèle économique sont questionnées par des cercles de réflexion, à l'instar du Club de Rome, qui commande une analyse à une équipe d'économistes du MIT : publié en 1972, le **rapport Meadows**, *The Limits to Growth*, dénonce le mythe d'une croissance que l'on voudrait infinie, alors qu'elle repose sur l'exploitation de ressources finies. Signe de cette préoccupation, l'ONU s'ouvre à cette dimension évidente de l'ordre mondial, absente pourtant de la charte fondatrice de 1945, et organise à **Stockholm, en 1972, une première conférence sur l'environnement**. La même année voit le lancement du Programme des Nations unies pour l'environnement (**PNUE**) ; s'il n'a pas le statut d'agence, tous les pays de l'ONU lui sont néanmoins associés depuis 2012. À son tour, l'UNESCO organise à Belgrade, en 1975, une conférence pour inciter à valoriser la question de l'environnement dans l'enseignement. Mais la vingtaine d'années suivantes est, à l'inverse, marquée par la marginalisation de cette question. Les politiques libérales imposent la croissance économique comme réponse à la crise des pays développés, les plus dynamiques des pays du Sud reproduisent le modèle productiviste pour s'affirmer sur la scène internationale et sortir de la pauvreté. **La diplomatie environnementale ne retrouve de l'allant qu'avec la sortie de la guerre froide**, une dynamique paradoxalement favorisée par l'accident de la centrale nucléaire de Tchernobyl, en 1986, et la prise de conscience qu'elle suscite dans le monde entier. Dans le même temps, l'accélération de la mondialisation relégitime le multilatéralisme : le rapport Brundtland de 1987 et le Protocole de Montréal la même année précèdent le Sommet de la Terre à Rio en 1992. Une centaine d'États y participent, ainsi que 1 500 ONG, qui établissent la Convention sur la diversité biologique, la Convention-cadre sur les changements climatiques et la Convention des Nations unies contre la désertification. Trois conventions qui

DÉFINITIONS

Réseau Natura 2000 : réseau européen de milliers de sites à forte valeur écologique gérés de façon durable (18 % des terres de l'Union européenne).

DDT : insecticide organochloré puissamment utilisé, à partir de la Seconde Guerre mondiale, contre les poux et les moustiques, jusqu'à ce que l'on découvre ses effets secondaires dans les années 1960.

établissent des rencontres régulières, les **COP** (*Conferences of Parties*). L'**Agenda 21** qui est adopté constitue un cadre pour appliquer les principes du développement durable.

3. Montréal

Sur des problèmes ponctuels, des accords ont été réalisés, si un consensus scientifique se dégageait et que des solutions économiquement acceptables étaient envisageables. Le **traité de Montréal** de 1987 a interdit la production des chlorofluorocarbures (**CFC**), des gaz identifiés comme responsables d'un trou, au-dessus de l'Antarctique, dans la couche d'ozone de la haute atmosphère, une nappe qui protège naturellement la Terre des rayons ultraviolets du soleil. Depuis 1987, ce traité a permis la quasi-disparition de la production de ces gaz, qui n'existent pas à l'état naturel, le recul de leur accumulation dans la stratosphère et le début de comblement du trou. Le mécanisme institutionnel (responsabilités communes et différenciées, souplesse des exigences envers les pays en développement, progressivité des engagements) a ensuite été dupliqué pour la gouvernance du climat, à Kyoto en 1997, puis à Paris en 2015.

La fin de l'utilisation des CFC avait cependant entraîné un contrecoup imprévu : leur remplacement par des gaz encore plus nocifs, les hydrofluorocarbures (**HFC**), dont la production a depuis augmenté au rythme de 15 % chaque année. Si leur impact sur la couche d'ozone est bien moindre, leur effet de serre est 15 000 fois plus puissant que le CO_2. À Kigali, le 15 octobre 2016, les 197 États signataires du Protocole de Montréal se sont engagés à une suppression progressive des HFC, après sept ans de négociations. **À la différence de l'Accord de Paris, le Protocole de Montréal est un traité coercitif**, qui prévoit des sanctions en cas de non-respect des engagements. Par l'**amendement de Kigali**, les signataires s'engagent à réduire la production globale de HFC de 85 % en 2047 par rapport à 2016, selon un calendrier différencié : en 2019, les pays développés ont dû baisser de 10 % leur utilisation de gaz HFC avant suppression d'ici à 2050. Un deuxième groupe de pays émergents, dont la Chine, s'engage à geler sa production avant 2024. Le dernier groupe (l'Inde et les pays gros utilisateurs de climatisation) est tenu d'y arriver en 2028.

La suppression des HFC est l'un des instruments les plus immédiatement disponibles pour atteindre les objectifs de la COP21. Le dispositif doit éviter l'émission d'environ 72 milliards de tonnes équivalent CO_2 d'ici à 2050 (l'équivalent des émissions annuelles de l'Allemagne), soit 0,5 °C de réchauffement évité à l'échelle du monde d'ici à 2100. Des alternatives existent, le propane ou les hydrofluoro-oléfines, qui ne sont cependant pas neutres. Par ailleurs, des trafics de HFC ont déjà été démantelés, ce qui laisse entendre que les instruments de contrôle ne sont pas assez efficaces.

C. LES RÉPONSES DES SOCIÉTÉS

1. Économie circulaire, économie d'usage

Pour rompre avec la linéarité de la consommation, la voie de l'**économie circulaire**, prônée depuis 2000 par le Japon, depuis 2012 par l'Allemagne et les Pays-Bas, cherche à valoriser les déchets, à intégrer une exigence écologique à tous les niveaux, de la conception au recyclage. La notion de cycle (« *cradle to cradle* ») remplace celle de durée de vie du produit (« *cradle to grave* »). L'économie circulaire s'appuie sur l'**écoconception**, à savoir la conception de produits ou d'organisation en prévoyant la réutilisation de tout ou partie de leurs composants, l'**écologie industrielle**, l'**économie de fonctionnalité**, qui consiste à vendre un usage plutôt qu'un bien, le **réemploi** du produit en seconde main, la **réparation**, la **réutilisation** à partir des produits démontés et le **recyclage**.

Ce dernier se heurte pourtant à d'évidentes limites. L'accroissement de son usage par l'industrie ne peut que difficilement camoufler les limites d'une croissance reposant sur la valorisation des matières premières. La consommation mondiale de celles-ci s'accroît de plus de 2 % par an au XXIe siècle et le recyclage ne peut au mieux que reporter d'un demi-siècle leur épuisement. Près des trois quarts de l'acier sont déjà recyclés, alors que la croissance de sa consommation s'établit à 3,5 % chaque année depuis un siècle. Les gisements de fer continuent pourtant à être exploités de plus en plus intensément ; le recyclage n'a probablement fait gagner qu'une douzaine d'années avant l'épuisement de la ressource. Même bien organisé, le marché du recyclage, de la collecte à la transformation, est par ailleurs vorace en énergie.

L'idée d'un **commerce équitable** est antérieure à l'actuelle phase de la mondialisation ; elle apparaît dès les années 1940, s'étoffe avec l'ONG britannique Oxfam dans les années 1950 et connaît un important développement, à partir des années 1970, dans le secteur emblématique du café au Mexique, avec la création du label **Max Havelaar** par un prêtre-ouvrier néerlandais, Frans van der Hoff. La mondialisation permet paradoxalement d'élargir à une plus vaste échelle les logiques du commerce équitable (réduction des marges des intermédiaires, refus de la spéculation, encouragement de l'artisanat et de la petite agriculture comme vecteur du développement des pays des Sud). Avec les risques de dérive, de récupération et de détournement. Le commerce équitable donne un primat à la démarche citoyenne sur la consommation, se veut désormais au carrefour du développement durable, de l'économie sociale et solidaire, et de la solidarité internationale. Si son chiffre d'affaires croît plus vite que celui du commerce dans son ensemble (il dépasse le milliard d'euros depuis 2019 en France), il reste partout très minoritaire. Une vingtaine de millions de personnes seulement, à travers 1 500 groupements de producteurs, y participent dans le monde.

L'**économie d'usage**, enfin, autre modèle de rupture bousculant des marchés bien établis, s'appuie sur le potentiel de désintermédiation que permettent Internet et la téléphonie mobile. Le partage de biens par des utilisateurs qui les mutualisent (par exemple, en louant l'usage d'une automobile plutôt qu'en en possédant une) doit permettre une utilisation optimale des biens, et donc une moindre pression sur les ressources nécessaires à les produire. BlaBlaCar, Airbnb, Uber abaissent certes les coûts pour le consommateur, mais sans générer massivement d'emplois. Leurs détracteurs relèvent aussi que, derrière leurs revendications libératrices et libertaires, ils correspondent à un optimum de la dérégulation libérale (s'affranchissant notamment de nombreuses règles de sécurité). Leur extension se fait ainsi au détriment du droit du travail, mais aussi de l'environnement : des études montrent, pour la Californie, que la circulation automobile augmente à proportion du déploiement de Lyft ou Uber (qui mettent en contact, via leurs réseaux, des conducteurs et des passagers). Ils affaiblissent aussi les services publics ; les usagers d'Uber sont en effet moins souvent des conducteurs que des utilisateurs des transports en commun, dont la rentabilité est affectée par la perte de ces usagers.

2. Les limites du développement durable

À partir des années 1980, les institutions mondiales ont cherché à contrer la dégradation de l'environnement par la mise en œuvre de modes de production moins prédateurs. C'est ce cadre que le **rapport Brundtland**, remis à l'ONU en 1987, définissait sous le terme « **développement durable** », reposant sur trois piliers : l'économie, le social et l'environnement. Pour nombre de militants environnementalistes, l'opération ne serait guère différente du *greenwashing* utilisé par les entreprises pour se présenter, abusivement, comme actrices de la défense de l'environnement. Il s'agirait de perfectionner le capitalisme libéral sans remettre en cause son rôle dans les déséquilibres du monde : une visée souvent définie comme

conservationniste. Le secteur de la pêche met en avant, dans cette logique, le concept central de « **rendement maximal soutenu** », inspiré de la gestion des forêts allemandes à la fin du XVIIIe siècle : une prédation qui n'excède pas la capacité d'un stock de poissons à se renouveler permettrait ainsi une pêche durable. Mais le calcul est toujours sujet à caution, et il ne prend pas en compte, dans une vision linéaire, cloisonnée et réversible de la nature, les aléas et les interactions entre espèces.

L'ONU a tenté de rafraîchir le concept en promouvant celui d'**économie verte**, apparue au sommet de Séoul en 2005 et mise en avant au Sommet de la Terre « Rio+20 » de 2012. Dans un rapport de 2011, le PNUE définit l'économie verte comme devant « entraîner une amélioration du bien-être humain et de l'équité sociale tout en réduisant de manière significative les risques environnementaux et la pénurie de ressources ». Une rupture consensuelle avec une « économie brune », prédatrice et dépendante de ressources fossiles et épuisables. Au risque de placer la sphère marchande en position de commandement de la biosphère, de l'atmosphère et de l'eau, réduits au rôle de fournisseurs de « **services écosystémiques** ». La notion, en vogue depuis une vingtaine d'années, sert de métrique pour mieux gérer les milieux naturels ; elle couvre ainsi le principe de la « **compensation écologique** » qui prône pour chaque aménagement, en échange, une restauration, ou une création, dans un autre lieu, des fonctions écologiques détruites.

L'Union européenne promeut une « économie verte et inclusive », la Banque mondiale préfère parler de « croissance verte et solidaire », tout en reconnaissant que « les modes de croissance suivis actuellement dans le monde ne sont pas viables et sont de surcroît totalement inefficaces ». Changer globalement de système suppose pourtant des accords internationaux sur la définition et l'estimation du coût environnemental ainsi qu'une intégration systématique dans les normes comptables privées et publiques : un processus long, peu adapté aux urgences environnementales.

3. L'enjeu énergétique

Concrètement, l'énergie est logiquement au cœur des transformations attendues, au vu de son importance cruciale dans le changement climatique. La **sobriété énergétique**, élimination du gaspillage et optimisation des comportements, constitue le volet le plus immédiatement mobilisable, avec des marges substantielles de baisse de la consommation dans les pays riches (amélioration de l'isolation des bâtiments, réduction des éclairages publics, responsabilisation des usagers...). Les pays en développement doivent en priorité améliorer leur **intensité énergétique**, en moyenne deux fois plus médiocre que celle des pays riches, pour que le total mondial diminue de 60 % d'ici 2050 (c'est, selon l'AIE, la condition pour ne pas dépasser une hausse de 2 °C de la température moyenne).

L'efficacité énergétique peut être améliorée en densifiant l'habitat, en déployant des réseaux intelligents de distribution de l'énergie (« ***smart grids**** »). Toutes les étapes de la chaîne énergétique doivent être repensées dans cette optique : la production (centrale à cogénération – électricité et chaleur), la transformation (par exemple, méthanisation des déchets afin de produire de l'électricité), le stockage, la distribution, la consommation. Les pouvoirs publics sont les seuls à pouvoir agir à une échelle efficace, en accompagnant les innovations et les meilleures pratiques par des mesures législatives. L'Union européenne a, par exemple, interdit

DÉFINITION

Smart grids : les réseaux électriques intelligents optimisent la gestion des flux par une interaction permanente entre les usagers et les fournisseurs.

sur son territoire la vente d'ampoules à filament, permettant une transition accélérée vers la généralisation des ampoules à basse consommation (à l'origine bien plus chère, puisque ne bénéficiant pas encore d'économies d'échelle). Mais l'AIE estime que les investissements dans la recherche en matière énergétique (17 milliards de dollars en 2014) sont insuffisants, et les capitaux privés insuffisamment mobilisés pour permettre une **transition énergétique** assez rapide pour être efficace.

ZOOM ▶ Le double défi de la transition énergétique

Le terme « transition » a été préféré par les politiques à celui, plus anxiogène, de « crise énergétique ». Un tel programme – remplacer sans heurts une énergie d'origine carbonée par une énergie issue d'une source renouvelable – suppose que cette dernière puisse se substituer intégralement à celle-là en garantissant un maintien de la croissance. Historiquement, en effet, la croissance économique a toujours suivi la hausse de la consommation énergétique. Selon les économistes Gaël Giraud et Zeynep Kahraman, il a fallu une augmentation annuelle de 10 % de la consommation d'énergie par habitant pour générer une hausse d'environ 6 % du PIB entre 1970 et 2010. De même, la croissance des Trente Glorieuses résulterait pour les deux tiers de la mobilisation de nouvelles ressources énergétiques, pour un tiers seulement d'innovation.

L'autre défi que doit relever la transition énergétique, c'est qu'il s'agirait d'une rupture historique sans équivalent : les nouvelles sources d'énergie se sont toujours additionnées aux anciennes, sans jamais les remplacer. Le charbon n'a pas supprimé la combustion du bois, essentiel aujourd'hui dans la consommation domestique africaine, pas plus que le pétrole n'a aboli celle du charbon, dont le pic de consommation n'est toujours pas atteint au début des années 2020. Il s'agirait donc d'une double nouveauté : créer autant, voire plus de richesses avec moins d'énergie, substituer des sources renouvelables à des sources qu'on abandonnerait. Or, si, en 2020, la compétitivité de l'énergie renouvelable a progressé bien davantage que prévu, le PNUE estime que la production de sources carbonées (hydrocarbures et charbon) devrait continuer à progresser de 2 % par an jusqu'en 2030.

4. La décroissance

La thèse de la décroissance, née dans les années 1960 avec la contestation écologique de la société de consommation, a repris de la consistance avec la crise de 2008-2009, et une stagnation de fait, non construite ni souhaitée, dans nombre de pays riches. En France, les réflexions de **Pierre Rabhi**, dans la foulée de celles de **Jacques Ellul**, théoricien chrétien, dès les années 1930, de l'abandon du productivisme (promoteur du slogan « Penser globalement, agir localement »), lui donnent une consistance spirituelle, au-delà du simple constat de l'épuisement inévitable des ressources. Les écrits de **Serge Latouche** définissent les objectifs économiques d'une société décroissante, dans laquelle « on vivrait mieux avec moins », ce qui reste politiquement un slogan difficilement vendable. L'idée de décroissance va plus loin que l'hypothèse du rapport Meadows de 1972, *Limits to Growth* (*Les limites à la croissance*), à l'origine de l'option d'une croissance zéro. Elle repose sur des changements de civilisation, avec l'adoption d'une **sobriété volontaire** et une suspicion, plus ou moins poussée selon les théoriciens, de la technique. Une **décroissance soutenable** supposerait l'adoption de mesures concertées à l'échelle mondiale, ce qui pose à une autre échelle la question politique.

Pour aller plus loin

Le site de Extinction Rebellion, mouvement social écologiste fondé en 2018 au Royaume-Uni

liennathan.fr/5h23zy

II. La grande transformation

A. LES SOLS ET LES EAUX

1. L'épuisement de la pédosphère*

L'accroissement sans précédent de la population au XXe siècle a exigé une **intensification de la pression agricole sur les sols**, épuisant des éléments nutritifs comme l'azote et le phosphore. La rotation des cultures et la fumure animale, les réponses séculaires à cet appauvrissement, ont été remplacées, dans le cadre d'une agriculture productiviste, par des intrants de synthèse et des phosphates importés, qui ont durablement changé la structure des sols, tandis que la généralisation des labourages augmente l'érosion. L'extraction de l'azote atmosphérique pour en extraire de l'azote assimilable comme engrais (procédé Haber-Bosch de 1913) a perturbé en profondeur le cycle de l'azote, les flux anthropiques y sont deux fois plus importants que les flux naturels. Le cycle du phosphore est encore plus fortement marqué : les flux artificiels (extraction du phosphate et usage comme engrais) sont huit fois plus importants que ceux qui ne sont pas provoqués par l'homme.

L'exploitation minière et les rejets industriels ont rejeté sur les sols, depuis le début de la révolution industrielle, des quantités toujours croissantes de métaux lourds (plomb, cadmium, mercure, zinc). Leur très longue persistance (3 000 ans dans le cas du plomb) stérilise à long terme certains sols, et rend dangereuses pour d'autres les productions agricoles. La seconde partie du XXe siècle a connu une multiplication des scandales en Europe, aux États-Unis et au Japon, lorsque l'on commença à mesurer les effets sanitaires de ces négligences industrielles. Le renforcement des législations et la baisse de l'activité industrielle et minière ont stabilisé ces rejets dans les pays développés, mais ils restent croissants dans les pays émergents. L'extraction minière transforme aussi la **lithosphère** (la croûte terrestre) , surtout depuis que les mines à ciel ouvert, plus faciles à exploiter, se sont généralisées (lignite en Allemagne, charbon dans le Wyoming, cuivre au Pérou). Les crêtes et les sommets sont arasés, les fonds de vallées comblés par les déblais. Les cratères descendent à plusieurs centaines de mètres de profondeur (1 200 m pour la mine de cuivre de Bingham Canyon, dans l'Utah) et s'étalent sur plusieurs km^2. Les surfaces dégradées par les activités humaines s'étendent sur environ 2 milliards d'hectares, soit un quart de la surface agricole mondiale. Les pratiques plus douces, comme la **permaculture**, qui ne considèrent pas les sols comme des substrats neutres mais prennent en compte leurs dynamiques, restent encore très minoritaires face aux facilités du productivisme : leurs rendements sont plutôt meilleurs, mais comme elles ne s'appuient pas sur des économies d'échelle, leurs coûts sont plus élevés.

2. Les transformations de l'hydrosphère

Les eaux de surface reçoivent l'érosion, elles sont donc aussi le réceptacle de la pollution des sols. Les engrais en excédent comme les pesticides y aboutissent aussi, tout comme ils s'infiltrent dans les eaux souterraines. Les rejets en mer, *via* les fleuves, de ces eaux surchargées en nutriments provoquent la prolifération d'algues qui absorbent une trop grande part

DÉFINITION

Pédosphère : la fine couche recouvrant la croûte terrestre (la lithosphère), soit le sol. Rarement épaisse de plus d'un mètre, constitué durant des millénaires, elle est faite de particules minérales, de matières organiques et de gaz. Cette très fine pellicule englobe ce que les géosciences appellent la zone critique, la niche géologique de la vie.

de l'oxygène de l'eau pour que survivent les autres espèces. Ces **zones mortes** s'accumulent le long des littoraux, ou dans les mers fermées comme la Baltique, mais sont aussi désormais repérées au large : ces zones pauvres en oxygène se déploieraient sur 4,5 millions de km^2, une superficie équivalente à celle de l'Union européenne.

Les pollutions aquatiques ont constitué une des principales causes de mortalité au XXe siècle, un problème en partie réglé pour les villes des pays développés. Mais en 2017, encore 1,2 million de personnes mourraient en raison de l'insalubrité de l'eau, faute de traitement suffisant.

B. L'AIR

La quasi-totalité (99 %) de la population mondiale vit désormais dans un environnement malsain en termes de particules fines, même si la situation était pire en 2015. En 2019, l'exposition moyenne s'élevait à 33 $\mu g/m^3$, plus de six fois les recommandations de l'OMS (5 $\mu g/m^3$).

1. L'ère de l'automobile

Le XXe siècle a été façonné par l'automobile, dans une dynamique qui ne s'est pas épuisée au début du suivant : encore 97 millions de véhicules ont été construits en 2017 (81 millions seulement en 2022), 1,4 milliard de véhicules circulent tout autour du monde, sur les 3 milliards construits depuis un peu plus d'un siècle. Aux États-Unis, la forme de la ville a été fixée par la généralisation de la voiture, rendant possible un étalement urbain forcément énergivore. Le « tout automobile » s'est imposé comme une évidence, rétrospectivement surprenante quand on songe au prix à payer en termes de tragédies (en France, en 1972, les accidents de la route tuaient 18 000 personnes ; l'OMS relève 1,3 million de morts dans le monde en 2017, principale cause de décès chez les 15-29 ans, et 20 à 50 millions de blessés). L'extension des réseaux routiers reste par ailleurs l'une des grandes causes d'artificialisation des sols.

La circulation automobile a remplacé dans la plupart des villes des pays riches la pollution industrielle, elle s'y est additionnée dans celles des pays pauvres. **Les moteurs relâchent des particules fines** (les PM 2,5, d'un diamètre inférieur à 5 microns) qui se fixent dans les alvéoles pulmonaires et migrent dans le sang et les artères. La réaction des oxydes d'azote et les composés organiques donnent de l'ozone, autre polluant redoutable. Pour les pays de l'OCDE, le coût de la mortalité lié à la pollution des transports routiers s'élève à 785 milliards de dollars (2016), un coût désormais plus élevé dans les pays du Sud, où la circulation croît spectaculairement, tandis que les normes (taux de plomb ou de soufre dans les carburants, notamment) restent peu exigeantes. Les années 2020 pourraient cependant constituer un tournant : en 2015, le scandale du **Dieselgate** (Volkswagen avait truqué ses moteurs Diesel pour qu'ils paraissent conformes aux normes) a retourné les opinions publiques et accéléré une transition vers le véhicule électrique (dont le processus de fabrication est par ailleurs très polluant). Nombre de villes commencent à bannir les véhicules à moteur thermique (Oslo en 2025), des pays annoncent l'interdiction de leur vente en 2035 (UE), voire dès 2030 (Royaume-Uni).

2. Le piège des villes

L'Inde, malgré un faible taux d'urbanisation (35 %) et une consommation d'énergie par habitant encore basse, s'est installée en tête des pays les plus atteints par la pollution aérienne. Les particules fines (PM 2,5) provoquent chaque année la mort prématurée (avant 65 ans) d'un million de personnes tandis que 84 % des Indiens sont exposés à des niveaux de pollution largement supérieurs aux normes de l'OMS. Les pics de pollution, liés à la circulation automobile, aux usines à charbon, à l'incinération à l'air libre des ordures, aux chantiers, sont à l'origine de ces dépassements (jusqu'à 40 fois les limites fixées par l'OMS le 10 novembre 2020 à Delhi). Le gouvernement Modi ne cesse pourtant d'alléger les contraintes environnementales depuis 2014, notamment dans l'utilisation du charbon, au nom de la compétitivité économique. La Chine a réussi, à l'inverse, à améliorer la qualité de l'air de ses principales métropoles par des mesures fortes, notamment à Pékin et dans la région du Hebei qui l'entoure.

Répartition des décès liés à la pollution de l'air, par grandes régions du monde

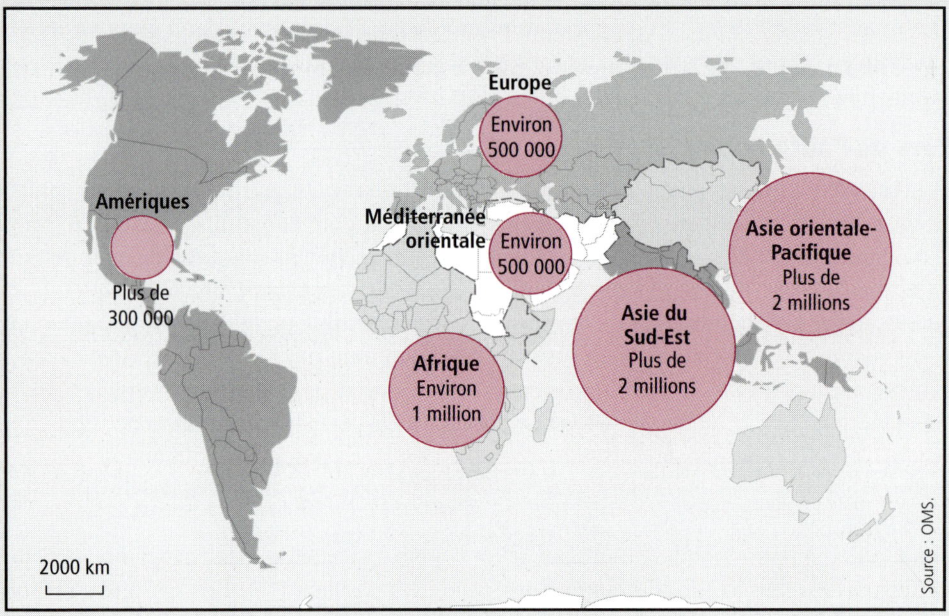

Même les pays développés, malgré le déclin déjà ancien de l'industrie et des normes bien plus exigeantes, payent un lourd tribut aux pollutions aériennes : en Europe, les trois quarts des citadins sont exposés à des niveaux de particules fines qui dépassent les seuils de l'OMS. La mortalité prématurée annuelle monte à 417 000 en 2018 (selon l'Agence européenne pour l'environnement), un chiffre sous-évalué selon l'Institut Max-Planck de chimie, qui l'estime à 800 000, dont 67 000 en France (contre 48 000 morts selon Santé publique France). Une étude de chercheurs de Harvard et d'universités britanniques estimait même, en février 2021, que la pollution aérienne était responsable de 8,7 millions de morts prématurées dans le monde en 2018 (soit un décès sur cinq), et de 100 000 en France.

III. Les ruptures

A. LA SIXIÈME EXTINCTION

1. L'empreinte écologique

Si les écosystèmes ont toujours été modifiés par la proximité humaine, le phénomène prend, depuis la révolution industrielle, une ampleur sans précédent, à un rythme accéléré selon tous les indicateurs mobilisables. Ainsi, la pression exercée par l'humanité sur les écosystèmes pour satisfaire ses besoins correspond chaque année à l'équivalent de la capacité régénératrice de 1,6 Terre, selon le groupe de réflexion *Global Footprint Network*, et l'humanité aurait besoin de 2 planètes en 2030, de 3 après 2050. La pire **empreinte écologique*** par habitant est atteinte par le Qatar (8,9 fois ce que la Terre peut produire), il en faudrait 5 si la Terre vivait au rythme des États-Unis. Avec 2,7 planètes, la France est mal classée, tandis que les pays les plus pauvres, l'Afghanistan, Haïti, l'Érythrée, la Palestine et le Timor oriental, sont affectés de l'empreinte la plus faible (environ 0,3). Si l'indice est contesté, son évolution comme les comparaisons qu'il permet donnent un éclairage médiatique et mobilisateur à la question environnementale. Il occulte cependant les **différences de vulnérabilité** des pays, proportionnellement inverse à leur niveau de vie : plus de 90 % des décès liés à la pollution proviennent ainsi de pays à revenus faibles et moyens, notamment ceux d'Asie du Sud.
Si on passe d'une comparaison spatiale à un décompte chronologique, le jour à partir duquel l'humanité vit à crédit intervient de plus en plus tôt dans l'année : *Global Footprint Network* calcule ainsi, selon une méthodologie changeante, la date à partir de laquelle la consommation de ressources renouvelables pour une année est dépassée (la **biocapacité** est rapportée à l'empreinte écologique). Évalué à la fin décembre au début des années 1970, ce jour du dépassement (*Earth Overshoot Day*) était situé le 29 juillet en 2019.

2. Les menaces sur la biodiversité

Autre indicateur, l'**indice planète vivante**, élaboré par le WWF, mais repris par le **PNUE**, qui suit 9014 populations appartenant à 2 688 espèces animales. Il enregistre un déclin de 52 % des populations d'espèces sauvages de 1970 à 2010, et de 60 % dans les pays en développement (83 % en Amérique latine). Une espèce sur huit est menacée à terme de disparition (sur peut-être 10 millions d'espèces animales et végétales, dont 80 % ne sont pas encore connues). Pour l'**Union internationale pour la conservation de la nature** (UICN), c'est même un quart des espèces qui est sur sa liste rouge, donc menacée de disparition : un quart des mammifères (40 % pour les marins), 41 % des amphibiens. L'organisation non gouvernementale occupe une place singulière dans le paysage de la lutte pour la protection environnementale puisqu'elle est consultée par les organes de l'ONU. Depuis son congrès fondateur à Fontainebleau en 1948, elle a progressivement constitué un rare espace de dialogue entre des États, des agences gouvernementales, des ONG, des peuples indigènes,

Pour aller plus loin

Le site de Footprintntwork, les promoteurs de l'empreinte écologique
liennathan.fr/5cd52u

DÉFINITION

Empreinte écologique : indicateur de la pression exercée par les sociétés humaines sur l'environnement.

■ La capacité biologique par habitant en 2022

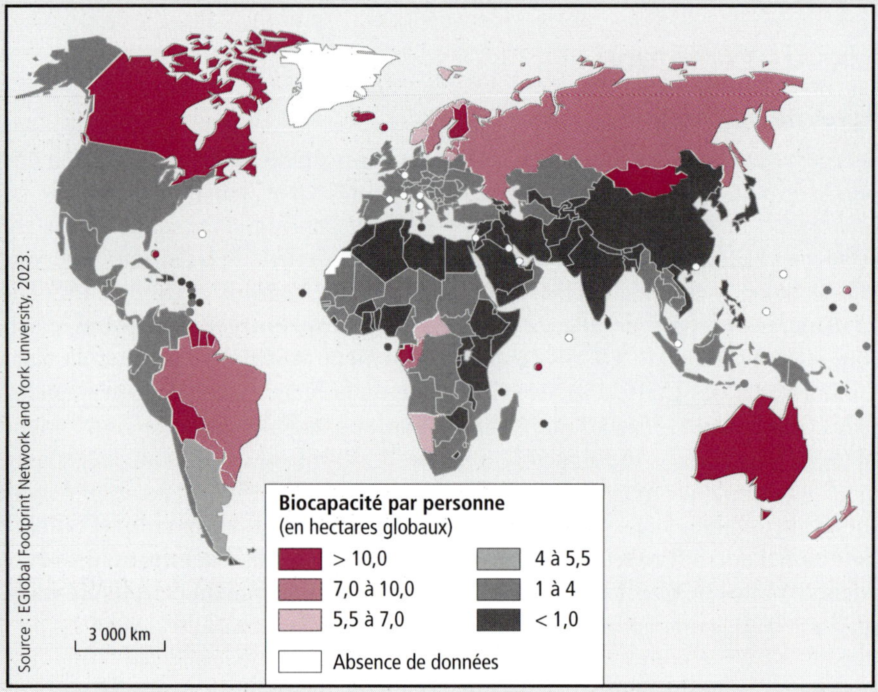

■ Évolution de la date du « jour du dépassement » de la Terre

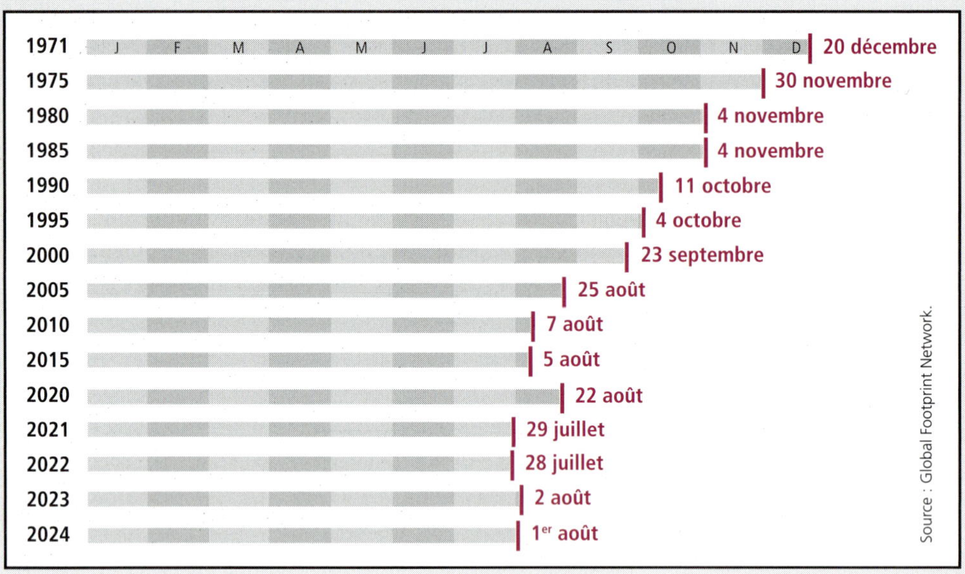

et ses recommandations ont abouti à l'adoption d'importantes conventions internationales : celle de **Ramsar** sur les zones humides et la Convention sur le commerce international des espèces de faune et de flore sauvages menacées d'extinction (**Cites**), créée en 1973. À l'instar de l'essentiel des organismes multilatéraux (177 pays en font partie), elle ne dispose pas d'instrument coercitif pour appliquer ses décisions, et doit s'en remettre à la bonne volonté des États membres pour mettre en œuvre des politiques de lutte contre le braconnage.

En élargissant les chiffres collectés par l'**UICN**, certains scientifiques avancent le chiffre de 7 % du 1,9 million d'espèces animales et végétales connues qui auraient déjà disparu lors de ces dernières décennies. De quoi parler d'une **sixième extinction des espèces**, la première provoquée par l'homme (la cinquième, il y a 65 millions d'années, avait vu la disparition des dinosaures). Depuis 2012, l'ONU a créé la Plateforme intergouvernementale scientifique et politique sur la biodiversité et les services écosystémiques (**IPBES**), qui fonctionne sur le modèle du GIEC et regroupe 132 pays. Des militants environnementalistes l'accusent cependant de ne pas être toujours imperméable aux pressions industrielles, depuis un rapport contesté sur la pollinisation en 2015.

Les causes de ce recul incontestable de la biodiversité sont multiples et croisées ; elles sont toutes imputables aux activités humaines. Dans une tentative de hiérarchisation, l'IPBES pointe comme premiers responsables les **changements d'affectation des sols**, pour 30 % des impacts (déforestation, étalement urbain, extraction minière). Suivent la **surexploitation des ressources naturelles** pour un quart (dont les trafics illégaux, qui dépasseraient 210 milliards de dollars par an), la **pollution** pour 14 %, le **changement climatique** pour un pourcentage équivalent, puis les **espèces invasives** pour 11 %. Dans tous les cas, les interactions humaines avec la nature sont incriminées. D'autant plus que l'essentiel de la **biomasse des mamifères** (95 %) est constituée d'humains et d'animaux d'élevage. Ces derniers émettent du méthane et, par leurs déjections, des quantités d'azote que les sols ne peuvent souvent plus absorber. Les Pays-Bas, un des exemples les plus aboutis de l'agriculture productiviste intensive, ont fini par être rattrapés par le problème et s'étaient engagés en 2022 à réduire de 30 % leur cheptel, non sans résistance de la part des agriculteurs devenus dépendants aux revenus générés par l'élevage hors sol.

ZOOM ▶ Les espèces menacées en 2020

La liste rouge des espèces menacées, publiées en décembre 2020 par l'UICN, établit un bilan pour 128 918 espèces animales et végétales. 35 765 sont classées comme « menacées d'extinction », dont 6 811 en « danger critique », 11 732 « en danger » et près de 14 000 apparaissent comme « vulnérables ». Plus de la moitié des espèces de primates africains et 98 % de celles des lémuriens de Madagascar sont menacées, le hamster européen est en danger critique d'extinction. Depuis 1964, l'UICN a enregistré l'extinction de plus d'un millier d'espèces. Des espèces communes disparaissent insensiblement dans les milieux tempérés ; ainsi, la population des chardonnerets a baissé de 40 % en France entre 2005 et 2015, à l'instar des oiseaux des champs, dont les effectifs se sont effondrés d'un tiers en quinze ans dans les campagnes françaises.

L'ONU s'est emparée du dossier de la biodiversité, en réunissant les Conférences des parties (COP) de la **Convention sur la diversité biologique** depuis l'adoption de la convention à Rio en 1992. Aucun des vingt ambitieux « objectifs d'Aichi » fixés en 2010 lors de la COP10 de Nagoya n'a pourtant été validé dix ans plus tard : l'agriculture devait être « gérée d'une manière durable », la pollution « ramenée à un niveau n'ayant pas d'effet néfaste sur les fonctions des écosystèmes et la diversité biologique », « l'extinction d'espèces menacées connues évitée ». La prochaine décennie doit s'inscrire dans des objectifs réalistes, autour de l'approche « *One Health* », « Une seule santé », intégrant santés humaine, animale et environnementale.

3. Le rôle de la chimie agricole

Le **recul des abeilles**, « espèce sentinelle », constaté depuis les années 1990, fonctionne en effet comme un avertissement inquiétant. L'apport des abeilles à l'économie mondiale, par la pollinisation, est estimé entre 235 et 577 milliards de dollars chaque année : les trois quarts des cultures alimentaires dépendent de la pollinisation. Mais elle n'échappe pas à la disparition rapide des insectes, dont la biomasse se réduirait de 2,5 % chaque année au niveau mondial. Un tiers des colonies d'abeilles manqueraient en Europe, une situation encore plus inquiétante aux États-Unis.

Les causes du recul des pollinisateurs semblent multiples (réchauffement climatique, espèces invasives, pesticides, transformations de l'usage des sols), mais les nouvelles générations d'insecticides systémiques – comme les **néonicotinoïdes** – sont souvent pointées du doigt par les apiculteurs. Les insectes ne sont pas les seules victimes de ces produits de synthèse qui s'accumulent dans les sols. En 2020, une étude portant sur 180 échantillons de sols autour de Chizé, dans les Deux-Sèvres, a établi la persistance et l'accumulation des néonicotinoïdes, parmi une trentaine de pesticides (insecticides, fongicides ou herbicides), y compris en dehors des parcelles traitées. 80 % des vers de terre, notamment, en concentrent des quantités qui vont jusqu'à 400 fois la dose mesurée dans le nectar du colza.

ZOOM ▶ La logique des marchés débordée par la dégradation des milieux naturels

Dans la perspective optimiste du libéralisme (la « main invisible » d'Adam Smith), la diminution d'un bien se traduit par une augmentation de son coût, un signal-prix. Ce dernier a valeur d'alerte et doit susciter une prise de conscience, débouchant sur la recherche d'alternatives à la ressource, ou sur sa protection lorsqu'elle n'est pas substituable, comme c'est le cas lorsque la ressource coïncide avec l'ensemble des milieux naturels. Dans le cas de la disparition des abeilles, on arrive pourtant à des réponses inverses. Paradoxalement, la forte valeur économique de l'activité des insectes fait de sa raréfaction une opportunité. Des apiculteurs américains en arrivent ainsi à louer les services de leurs essaims à des arboriculteurs (amandiers, pommiers), spéculant alors, à court terme, sur la dégradation des milieux.

B. PAYSAGES

1. Les usages de la terre

L'IPBES estime qu'une poursuite du rythme actuel des activités humaines ne laisserait plus que 10 % des terres épargnées par l'activité humaine d'ici à 2050, contre un quart en 2020. L'intensification de l'exploitation des sols débouche pourtant sur une perte de leur productivité, c'est-à-dire de leur capacité à fournir de la biomasse pour répondre à la demande alimentaire ou énergétique : sur les quinze premières années du siècle, 20 % de la surface terrestre végétale a ainsi expérimenté la loi des rendements régressifs. C'est particulièrement vrai en Asie (27 % des sols), victime de l'épuisement des terres irriguées (Inde), moins en Europe (14 %), où la dégradation des terres est un peu plus limitée par une moindre pression démographique. Au total, 40 % des terres sont désormais dégradées, ce qui affecte directement la moitié de l'humanité, alerte la Convention des Nations unies sur la lutte contre la désertification (UNCCD).

Les besoins toujours croissants de l'alimentation se sont jusqu'à présent traduits par d'importants changements d'affectation des terres, entraînant 80 % de la déforestation, 17 % des émissions de gaz à effet de serre et une part décisive de la perte de biodiversité. **Une transformation du système alimentaire mondial est indispensable pour mettre fin**

à cette dégradation. Ce qui passe par une hausse soutenable des rendements (par l'intensification du travail et non par l'usage de toujours plus d'intrants), une baisse du gaspillage et une diminution de moitié de la consommation de protéines animales là où elle est élevée.

2. La déforestation

Par leur extension (un tiers des terres émergées), par leur appropriation par de nombreuses populations (1,6 milliard de personnes en tirent leur subsistance), par leur rôle décisif, enfin, dans la machinerie climatique comme dans la biodiversité, les forêts constituent une des clés du dérèglement environnemental, mais aussi un des leviers les plus immédiatement utiles dans la lutte pour l'enrayer : en Europe, par exemple, les forêts ont absorbé, ces vingt-cinq dernières années, 10 % des émissions de gaz à effet de serre. Le réchauffement global a cependant accru la vulnérabilité des forêts aux incendies, de plus en plus étendus et incontrôlables (Russie, Californie, Canada, Australie etc.). La dégradation des forêts et la déforestation remettent ainsi en cause cette capacité des forêts à capter le CO_2 : **l'Amazonie est sur le point de se transformer en émetteur net de CO_2.** Il en va de même pour les forêts françaises, dont le bilan carbone net est passé de presque 80 millions de tonnes absorbées à la fin des années 2000 à environ 35 millions au début des années 2020.

Taux annuel d'expansion de la forêt et de déforestation 1990-2020

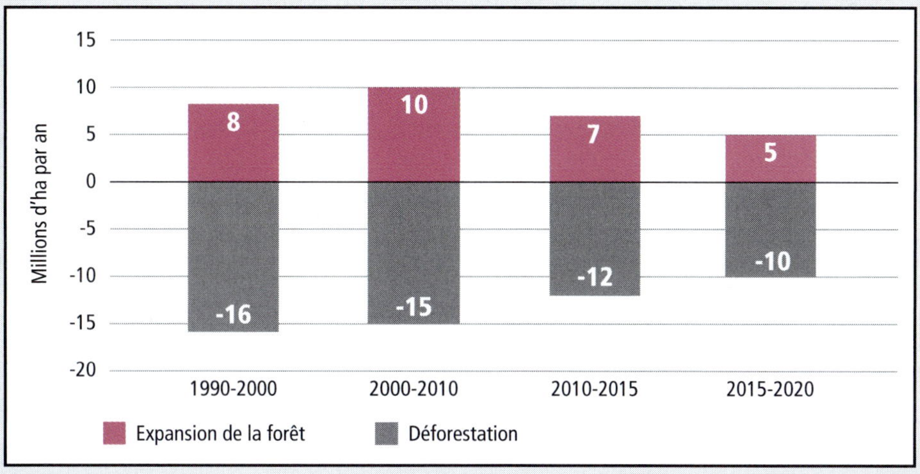

La déforestation n'est pas un mouvement général ; la couverture forestière est néanmoins passée de 31,6 % des terres émergées en 1990 à 30,6 % en 2015 (en vingt-cinq ans, c'est à peu près l'équivalent de la superficie de l'Afrique du Sud qui a été perdu). Le recul affecte surtout les forêts tropicales. Le mouvement général a tendance à diminuer, sauf en Afrique : la perte nette de surface boisée était de 12 millions d'hectares chaque année entre 2010-2015, une destruction réduite à une moyenne de 10 millions d'hectares durant la période 2015-2020. De façon globale, la destruction des forêts tropicales correspond chaque année à l'équivalent de la superficie des Pays-Bas, elle est d'abord le fruit de l'expansion agricole, mais aussi de plus en plus d'incendies non-voulus. En 2023 encore les forêts tropicales primaires ont reculé de 3,7 millions d'ha, une destruction en baisse de 9 % (grâce en grande partie à l'alternance politique au Brésil, où la baisse a été de 36 %). Pourtant la COP26 de Glasgow s'était engagée à la fin de la déforestation d'ici 2030. La hausse des plantations de production comble en partie les abattages, ce qui participe à une baisse de moitié du rythme de la déforestation. **Les pays du Nord, mais aussi la Chine, reboisent en effet assez abondamment** (mais les forêts plantées n'assurent pas la même efficacité écosystémique que les forêts naturelles), **tandis que le Brésil et l'Indonésie ont connu les plus grandes pertes ces dernières années**. 80 % des reculs sont dus à l'agriculture, essentiellement l'agriculture industrielle (soja au Brésil et dans la région de Gran Chaco entre l'Uruguay et le Paraguay, huile de palme en Afrique occidentale et caoutchouc dans le bassin du Mékong). Le trafic de bois tropical, au détriment des forêts primaires, alimente, lui, la corruption et les conflits.

Les initiatives multilatérales se sont multipliées depuis les années 1990, notamment les incitations financières à préserver, au titre de puits de carbone, les forêts : c'est le sens du mécanisme de « réduction des émissions provenant de la déforestation et de la dégradation des forêts » (**REDD+**) mis en place par la Convention-cadre des Nations unies sur les changements climatiques. Les efforts de conservation sont rémunérés à proportion des tonnes de carbone séquestrées, un système peu incitatif tant que le marché du carbone reste déprimé. En 2014, le PNUE chiffrait par ailleurs à 30 milliards de dollars la somme annuelle nécessaire pour assurer la conservation des forêts tropicales, un investissement qui reste à financer par des instruments pérennes. Les acteurs institutionnels sont cependant suspects de privilégier une approche industrielle, négligeant les acteurs de terrain et l'économie informelle, dont la prise en compte pourrait pourtant être bien plus efficace. Pour l'ONU (2021), il faudrait restaurer 1 milliard d'hectares d'ici à 2030, mais en moyenne 6 millions d'hectares seulement ont été replantés chaque année dans la décennie 2010.

Le secteur privé doit prendre en compte les campagnes d'opinion, et les entreprises concernées (papier, agroalimentaire, BTP) multiplient les labels et les certifications, pour le soja, l'huile de palme, l'élevage, le cacao, le caoutchouc ou le papier. La consommation du Nord reste en effet largement responsable de la pression sur les forêts du Sud, malgré le rôle évidemment croissant des villes et pays émergents : l'Europe absorbe près d'un quart du soja, presque autant de l'huile de palme. La traçabilité est donc indispensable pour responsabiliser les acteurs que sont les consommateurs et les distributeurs, mais elle suppose une transparence des entreprises et des normes universelles.

La capacité des pouvoirs publics à gérer la pression sur les forêts est aussi décisive. Haïti n'a jamais été en mesure de protéger efficacement ses écosystèmes, faute d'un appareil d'État efficace. Le déboisement n'a laissé que 4 % du pays aux forêts. De l'autre côté de la frontière, en République dominicaine, la couverture forestière se monte à presque 30 % : lors du passage de l'ouragan Jeanne en 2004, les sols, davantage protégés par les arbres, y ont bien mieux résisté. Tandis que les glissements de terrain et les inondations provoquaient 5 400 morts à Haïti, le bilan n'était que de 18 victimes du côté dominicain.

C. UN MONDE DE DÉCHETS

Les déchets urbains, les plus importants, ne cessent de progresser : leur production par habitant a doublé en dix ans, une dynamique qui devrait se consolider avec un nouveau doublement de 2020 à 2025. Leur traitement est très inégal : ils ne sont collectés qu'à moins de 40 % dans les pays du Sud, mais finissent alors le plus souvent dans des décharges à ciel ouvert.

1. Le plastique

Issu pour l'essentiel des hydrocarbures, le plastique a conquis le monde au XXe siècle, dépassant en 1979, en volume, la production d'acier (le ciment reste le matériau de synthèse le plus produit). Sur les 460 millions de tonnes sorties des usines en 2020, (500 millions en

2024)40 millions ont été rejetés (23 millions sur les terres et 14 millions dans l'eau). La production dégage par ailleurs 3 à 5 % des émissions de GES. Déchets à très longue durée de vie, les plastiques non retraités finissent pour une part importante dans les océans: leur volume y a été multiplié par dix depuis 1980; au rythme actuel, il quadruplera d'ici 2050, pour une masse totale qui correspondrait à 50 kg par mètre de littoral. On estime en 2023 que les 11 millions de tonnes de palstique rejetés dans les océans causent chaque année la mort de 1,4 million d'oiseaux et de 14 000 mammifères marins. Décomposé en microparticules, il se retrouve dispersé jusque dans les plus grandes profondeurs et s'insinue dans la chaîne alimentaire. L'Anthropocène est ainsi un **plastocène** ; le plastique est un marqueur chronologique dans les sols puisqu'il se retrouve dans les couches géologiques contemporaines, en « plastiglomérats » plus ou moins persistants.

Les efforts entrepris en 2020, s'ils étaient appliqués, n'arriveraient qu'à réduire le volume de 7 % d'ici vingt ans, tant les plastiques se sont imposés. Le **recyclage** est techniquement possible, mais peu rentable, ce qui conduit les pays développés à exporter leurs plastiques collectés (pour la moitié dans le cas de la France) vers l'Afrique et l'Asie essentiellement, dans des conditions peu contrôlées. En 2018, cependant, la Chine, premier marché du recyclage (et producteur de 30 % du plastique mondial), a cessé ses importations, ce qui a pris au dépourvu de gros exportateurs comme la Californie (la consommation moyenne de plastique par habitant aux États-Unis, 105 kg, est le double de la moyenne mondiale). L'afflux vers les pays de l'Asie du Sud-Est les a poussés à leur tour à être plus exigeants. En 2020, la Turquie avait en revanche récupéré une part importante de ce marché. La limitation de la consommation semble être une des pistes les plus logiques pour sortir de cette crise, ce que l'Union européenne tente de mettre en œuvre avec l'interdiction des plastiques à usage unique. Depuis 2021, l'Union a aussi instauré une taxe de 80 centimes par kilo de plastique non recyclé, afin d'obtenir un recyclage intégral à l'horizon 2030, alors que le taux global ne dépasse pas 9 % en 2020 (moins de 2 % chez Coca-Cola, le premier consommateur de plastique au monde avec près de 3 millions de tonnes par an). 56 FTN génèrent par ailleurs la moitié de la production de plastique. Mais les filières de recyclage restent à mettre en place, tandis que les entreprises pétrolières, soucieuses de relais de croissance alors que l'usage des carburants devrait diminuer sous l'effet des taxes, font pression pour maintenir la place prépondérante, et peu substituable, du plastique dans les objets du quotidien. Ce groupe de pression est soutenu dans les négociations internationales par un front unissant les pays pétroliers, la Chine, la Russie et l'Inde, qui privilégie les solutions en aval (recyclage), à l'inverse d'un groupe d'une cinquantaine de pays de la coalition « de haute ambition », conduits par le Pérou et le Rwanda. Les États-Unis louvoient entre les deux. Un traité juridiquement contraignant doit être élaboré à l'ONU d'ici 2024, tandis que le G7 se proposait en 2023 « d'abolir toute nouvelle pollution plastique d'ici 2040 ».

2. Les défis du nucléaire

Le sociologue allemand **Ulrich Beck** estimait, en 1986, après la catastrophe de Tchernobyl, que « nous proposons à l'humanité d'embarquer dans un avion pour lequel aucune piste d'atterrissage n'a encore été construite ». L'ère nucléaire, inaugurée tragiquement à Hiroshima le 6 août 1945, est doublement représentative de l'Anthropocène. Elle représente, d'une part, les risques industriels les plus lourds (Tchernobyl en 1986, Fukushima en 2011) ; elle inscrit, d'autre part, l'action humaine dans une temporalité qui excède celle de l'histoire, puisque les déchets produits par l'industrie de l'**atome** peuvent avoir une durée de vie de plusieurs centaines de milliers d'années. Parmi l'ensemble des déchets, ceux dits « de haute activité » ne constituent que 0,2 % du volume, mais ils concentrent 95 % de la radioactivité totale.

■ **Production mondiale de plastique**

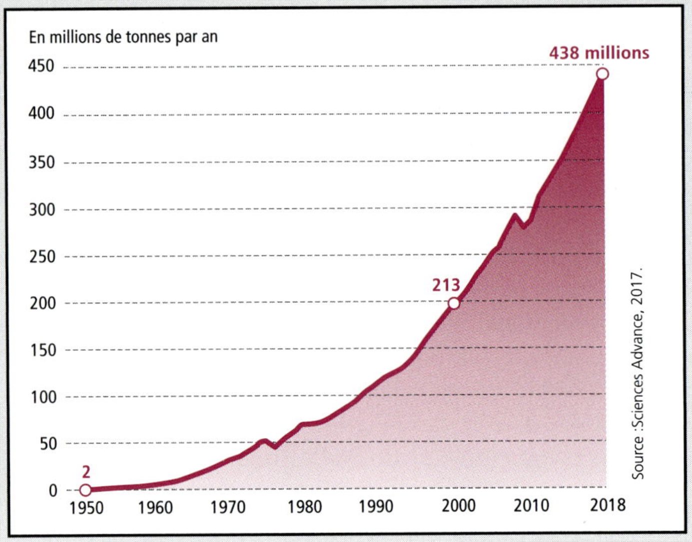

Le nucléaire militaire ne représente qu'une part minime des déchets (9 % en France), mais les essais à l'air libre, que la Chine a poursuivis jusqu'en 1980, ont essaimé des radio-isotopes, comme le césium 137, dans l'ensemble de l'atmosphère. Le nucléaire civil s'inscrit, lui, dans des logiques fortement mondialisées : supervisé par un organisme de l'ONU, l'**Agence internationale de l'énergie atomique**, régi par des traités internationaux, dont le traité de non-prolifération nucléaire de 1968, il fonctionne selon une chaîne qui associe producteurs de matières premières (Niger, Kazakhstan), usines d'enrichissement du minerai (aux États-Unis, par exemple), industriels (Westinghouse, Areva – devenue Orano), électriciens exploitants (TEPCO au Japon) et enfin, retraitement (dans l'usine de La Hague, notamment). D'où une circulation intense et des risques sensibles de dissémination, à mettre en balance avec la vertu climatique de l'énergie nucléaire, qui ne rejette que peu de gaz à effet de serre. La gestion des déchets a longtemps été négligée. Le Royaume-Uni, notamment, jusqu'à la convention de Londres de 1993, privilégiait l'immersion des fûts de résidus radioactifs dans l'océan Atlantique. Les États-Unis ont même étudié, dans les années 1980, la possibilité de les envoyer dans l'espace. Au début du XXIe siècle, la solution retenue est celle d'un stockage souterrain profond, dans des couches géologiques stables, après vitrification des déchets ultimes (ceux qui ne peuvent plus être retraités). Mais les populations des sites retenus n'acceptent que difficilement la perspective de voir leur territoire assigné à un tel dépôt pour des temps indéfinis (les autorités de tutelle réfléchissent à des signalétiques explicites pouvant être comprises dans des dizaines de milliers d'années par de lointains descendants qui ne comprendraient plus nos langues).

3. La persistance chimique

Le XXe siècle a aussi été celui du triomphe de la chimie de synthèse, qui a progressivement envahi les objets du quotidien, des vêtements aux meubles et aux ustensiles de cuisine. Le volume des substances chimiques de synthèse a été multiplié par 50 depuis 1950. Des matériaux perçus comme particulièrement avantageux au moment de leur mise au point se sont ensuite révélés être redoutablement dangereux : le téflon de DuPont, efficace antiadhésif, est produit à l'aide d'un tensioactif cancérogène. Le bisphénol A, utilisé jusqu'en 2015 en France dans les plastiques alimentaires, est un perturbateur endocrinien (qui dérègle le système hormonal). Depuis 2001 et la **Convention de Stockholm sur les polluants organiques persistants**, un cadre mondial de régulation se met progressivement en place (le **règlement REACH** de l'Union européenne a été adopté en 2006).

Les législations pour lutter contre les pollutions de l'industrie chimique ont poussé à des délocalisations massives vers les pays émergents, moins exigeants, notamment en Asie. Par les processus industriels qu'elle exige, l'industrie chimique a été à l'origine d'accidents industriels considérables. L'explosion, dans la nuit du 2 au 3 décembre 1984, de l'usine de pesticides de Union Carbide à Bhopal, la capitale du Madhya Pradesh, en Inde, a tué de 3 800 à 25 000 personnes, en blessant de 100 000 à 500 000. L'eau bue par les habitants a été gravement polluée durant une trentaine d'années, tandis que les responsables américains n'ont jamais été juridiquement inquiétés. Les négligences à l'origine de la tragédie résultent d'une quête de réduction des coûts, ce qui inscrit Bhopal au cœur des interprétations de l'Anthropocène comme **capitalocène**.

ZOOM ▶ La puissance des groupes de la chimie

La chimie est particulièrement difficile à réguler du fait de sa tendance à la concentration oligopolistique, qui lui offre une position de force dans le dialogue avec les autorités publiques. Bayer est ainsi devenu le premier acteur dans le domaine des semences et de l'agrochimie en rachetant Monsanto en 2018 pour 63 milliards de dollars. Le groupe de Leverkusen, jusqu'alors identifié positivement à l'invention de l'aspirine, prenait un risque en termes d'image de marque, Monsanto étant, à l'inverse, associé à trois catastrophes environnementales: le DDT, l'agent orange et le glyphosate. L'absorption de l'Américain a entraîné l'Allemand dans une série de contentieux (7 800 procès aux États-Unis) qui l'ont fragilisé en Bourse: deux ans après la fusion, la capitalisation de Bayer était moins importante que le prix déboursé pour acheter son rival.

La fusion des Américains DuPont et Dow, en 2015, a donné naissance à Corteva, l'achat du Suisse Syngenta par le Chinois ChemChina en a fait le deuxième groupe chimique au monde.

16 LES DÉFIS DU CHANGEMENT CLIMATIQUE

Au XIXᵉ siècle, le principe de l'**effet de serre**, phénomène naturel indispensable à la vie sur Terre, est progressivement découvert : des gaz, principalement de la vapeur d'eau et du dioxyde de carbone (CO_2), renvoient vers la Terre une partie du rayonnement solaire. **Les activités humaines rajoutent leurs émissions à ce processus naturel**, de plus en plus nettement dès lors que l'entrée dans l'ère industrielle, à partir du XIXᵉ siècle, se traduit par une croissance sans précédent de la population, de l'intensification agricole et de la consommation d'énergie. Cette nouvelle ère historique est décisive, elle fait sortir la planète, par l'activité de l'humanité, d'un « régime d'énergie somatique » (John McNeill), dans lequel l'énergie mobilisable résultait essentiellement de l'accumulation de la force physique humaine et animale. À la place, débute l'ère des combustibles fossiles, charbon puis hydrocarbures, durant laquelle l'énergie a été tirée de réserves souterraines qui résultaient de l'accumulation de millions d'années de photosynthèse.

En 1896, le chimiste suédois Arrhenius établit la loi du **réchauffement climatique**, selon laquelle une progression géométrique de la quantité de CO_2 dans l'atmosphère entraîne une croissance arithmétique de la température. La prise de conscience que le climat était perturbé par les activités humaines a ensuite lentement cheminé au XXᵉ siècle. À partir des années 1970, elle s'exprime dans des termes qui n'ont pas radicalement changé depuis. En 1979, a ainsi eu lieu à Genève, à l'instigation de l'Organisation météorologique mondiale, une première Conférence internationale sur le climat. La même année surtout, la Maison-Blanche demande un éclairage à l'Académie nationale des sciences américaine, un avis publié sous le nom de **rapport Charney**. Son préambule était sans appel : « Nous avons la preuve irréfutable que l'atmosphère se modifie et que nous contribuons à ce changement. Les concentrations atmosphériques de dioxyde de carbone augmentent continûment, ce qui est lié à la combustion des ressources fossiles et à l'utilisation des sols. » Il a fallu pourtant attendre quelques années encore pour que la question climatique s'impose dans le paysage médiatique et dans le débat public. L'audition au Sénat américain, le 23 juin 1988, du directeur du *Goddard Institute for Space Studies*, le laboratoire d'étude du climat de la NASA, **James Hansen**, est souvent retenue comme l'événement déclencheur qui fit basculer le débat des cénacles scientifiques à l'espace public.

Perçue tardivement comme un enjeu crucial, **la question climatique s'inscrit désormais au cœur du champ politique** : elle est mise en avant par la société civile, au moins dans les démocraties occidentales, ce qui impose aux pouvoirs publics de prendre en considération des perspectives de moyen ou long terme, à rebours des intérêts immédiats de l'économie. Le mouvement *Fridays for Future*, lancé en 2018 par la lycéenne suédoise Greta Thunberg, en mobilisant les jeunesses européennes, a ainsi illustré ce déplacement des rapports de force. Même les régimes autoritaires ne peuvent plus ignorer cette demande de leur société : les dirigeants chinois sont aussi sous la pression d'une opinion publique qui associe de plus en plus la détérioration de son environnement à la problématique globale du climat. Les années 2020 sont en conséquence marquées par la recherche de stratégies efficaces de **transition énergétique**, clef de la lutte contre le dérèglement climatique.

Notions principales

Transition énergétique : passage d'une énergie d'origine carbonée à des sources renouvelables et à une meilleure maîtrise de la consommation.
Changement climatique : ensemble des transformations en cours du climat, notamment le réchauffement global, entraîné par les activités humaines.
Droit à polluer : possibilité pour une entreprise d'échanger dans un marché régulé les surplus de gaz à effet de serre produit par ses activités.

CHRONOLOGIE

1824 : Identification de l'effet de serre
1979 : Première Conférence internationale sur le climat
1988 : Mise en évidence du réchauffement climatique par James Hansen devant le Congrès américain. Création du Groupe d'experts intergouvernemental sur l'évolution du climat (GIEC) par l'Organisation météorologique mondiale (OMM) et le Programme des Nations unies pour l'environnement (PNUE)
1992 : Convention-cadre des Nations unies sur les changements climatiques
1997 : Conférence de Kyoto sur le changement climatique, (*Conference of the Parties* n° 3, ou COP3)
2015 : Accord de Paris, à la suite de la **COP21**, qui dessine l'action internationale pour lutter contre le changement climatique.
2017 : Le président D. Trump annonce le retrait des États-Unis de l'Accord de Paris, une décision annulée par son successeur J. Biden en 2021 , réactivée en 2025.
2018 : Lancement du mouvement de grève de l'école pour le climat, *Fridays for Future*, par Greta Thunberg

I. Une rupture historique

La variabilité du climat est d'abord liée à des événements naturels pour une échelle temporelle fine (volcanisme, courants marins), et astronomiques pour des périodes longues (variation de l'orbite terrestre et activité cyclique du soleil). Des périodes de grandes glaciations, durant de 50 000 ans à plus de 1,2 millions d'années, se sont ainsi succédées à l'ère Quaternaire (qui a commencé il y a 2,58 millions d'années), la dernière il y a plus de 20 000 ans (le niveau des mers était alors plus bas de 130 mètres). À l'époque historique on enregistre aussi des **variations séculaires**, comme « l'optimum climatique médiéval », un réchauffement commencé autour de l'an Mille sur l'Atlantique Nord, auquel a succédé le « petit âge glaciaire » entre le début du XIVe siècle et la fin du XIXe.

On peut en revanche établir avec certitude que l'accélération actuelle du climat est causée **essentiellement par les activités humaines** : une étude internationale sur l'année 2023, alors la plus chaude repérée historiquement avec 1,43 °C de plus que la moyenne d'avant l'ère industrielle, attribue à 10 % la hausse de la température cette année-là au phénomène climatique **El Niño** (un réchauffement récurrent du Pacifique équatorial), les 90 % restant étant d'origine **anthropique**.

A. HAUSSE DES TEMPÉRATURES ET ÉMISSION DE GES

1. La dynamique des GES

En dehors de l'eau, les gaz à effet de serre sont constitués pour plus de 70 % de CO_2, pour un quart de méthane et de protoxyde d'azote, de gaz fluorés pour les 5 % restants. Si l'accumulation de ces gaz dans l'atmosphère a crû de façon générale depuis l'entrée dans l'ère industrielle, c'est l'augmentation du CO_2 qui a été la plus spectaculaire depuis deux siècles et demi. Calculée en partie par million (ppm), la présence de CO_2 dans l'atmosphère est restée approximativement stable du début des temps historiques jusqu'à la fin du XIXe siècle, autour de 280 ppm. L'accélération, depuis cette seconde révolution industrielle, de ce que l'on a longtemps décrit comme le progrès technique, lui a fait suivre une **croissance quasiment exponentielle**, jusqu'à dépasser, en 2023, les 419 ppm, un pic jamais atteint depuis 450 000 ans (soit 151 % du niveau pré-industriel). Pour autant, l'atmosphère ne reçoit qu'une partie du dioxyde de carbone (environ 41 % de ce qui a été émis depuis deux siècles), la végétation et les sols en absorbent un tiers, les océans un quart, constituant ainsi des **puits de carbone** de plus en plus sollicités.

Émissions annuelles de CO_2 dans le monde de 1990 à 2022

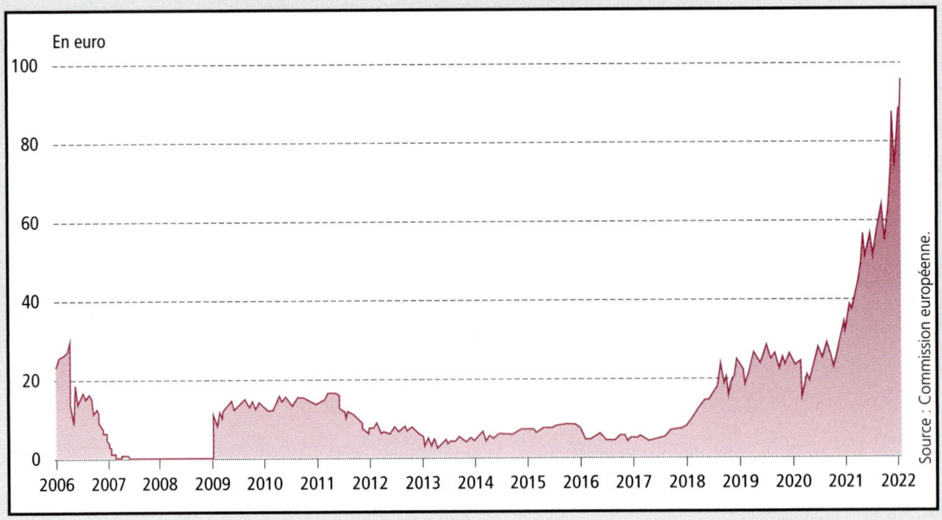

En 2018 encore, les chiffres de l'**AIE*** (Agence internationale de l'énergie) indiquaient une tendance continue à l'augmentation des GES : les émissions de CO_2, trois ans après les accords de Paris, continuaient d'augmenter de 2,1 %. Elles ont néanmoins presque stagné en 2019 (0,6 %), pour la première fois, avant la baisse conjoncturelle de 2020. Mais le bilan pour la phase de la mondialisation contemporaine reste sans équivalent dans l'histoire : **les rejets de CO_2 ont progressé de 62 % entre 1990 et 2019**. La moitié environ des GES émise

DÉFINITION

AIE : l'Agence internationale de l'énergie a été créée au lendemain du premier choc pétrolier, à la demande des États-Unis. Elle représente depuis le point de vue des pays consommateurs et livre annuellement un rapport sur les perspectives des marchés de l'énergie dans le monde.

par l'humanité l'a été depuis cette date de 1990. La production énergétique est responsable pour un tiers de ces émissions, l'agriculture et la déforestation un quart, l'industrie 18 % et les transports 15 %. Dans le secteur de l'énergie, l'utilisation accrue du charbon, notamment en Chine et en Inde, a annulé les progrès réalisés grâce au développement des énergies renouvelables. Par ailleurs, la déforestation ne faiblit pas, les transports augmentent tandis que les pays-ateliers captent les processus industriels sans s'encombrer, le plus souvent, d'une législation environnementale contraignante.

La croissance des émissions, 1,3 % par an en 2023, est cependant un peu moins vive que lors de la première décennie du siècle (de 2000 à 2010, les émissions de GES ont augmenté de 2,2 % par an), mais ce progrès relatif et fragile est très loin d'être suffisant pour valider les engagements de la communauté internationale.

ZOOM ▶ Le rôle accru du méthane dans le réchauffement

Après une stabilisation au début du siècle, les émissions de méthane ont progressé de 9 % entre 2006 et 2017, et sa concentration atmosphérique a plus que doublé depuis l'ère préindustrielle. Le méthane est naturellement produit par des zones humides et des bactéries pour 40 % de ses émissions. Il est aussi absorbé dans les sols par d'autres bactéries, et en partie dégradé dans l'atmosphère. Les résidus, en revanche, ont un potentiel de réchauffement 28 fois plus important que le CO_2. Les émissions sont en majorité d'origine **anthropique** (60 %), provoquées par l'élevage, notamment bovin, les fuites lors de l'extraction d'hydrocarbures (particulièrement pour la fracturation hydraulique) et la gestion des déchets. Lors de la COP26 de Glasgow en 2021, plus de cent États, dont la France, les États-Unis, l'Arabie saoudite, le Canada ou l'Irak, se sont engagés à réduire les émissions mondiales de méthane d'au moins 30 % d'ici à 2030 par rapport aux niveaux de 2020. Un engagement non-suivi par la Chine, la Russie ni l'Inde.

2. Le réchauffement

Les relevés de températures moyennes à la surface du globe indiquaient, en 2020, que les cinq plus chaudes années jamais enregistrées depuis 1850 étaient les cinq dernières. **La température progresse de façon accélérée : en moyenne de de 0,26 °C entre 2014 et 2023, contre + 0,18 °C par décennie entre 1970 et 2010**. Elle est d'ores et déjà (de 2014 à 2023) plus élevée de 1,19 °C qu'avant le déploiement de la civilisation industrielle. Au rythme suivi par les émissions de GES jusqu'en 2018, le seuil des 2 °C supplémentaires par rapport à l'époque préindustrielle pourrait être franchi dès 2030 ; la fin du siècle risque de connaître un réchauffement compris entre 3,7 °C et 4,8 °C : les conséquences échapperaient, dans ce cas, aux modélisations envisageables pour les capacités des ordinateurs des climatologues. La trajectoire s'est cependant améliorée, puisqu'en 2024 le GIEC projetait plutôt une hausse de 2,7° C.

Les villes sont des marqueurs sensibles de la hausse des températures, qui y sont amplifiées par l'urbanisme. En 2020, 350 métropoles connaissent déjà plus de trois mois de chaleur extrême, au-delà de 35 °C. Si l'évolution était linéaire, elles pourraient alors être près de 1 000 en 2050, abritant 1,6 milliard de citadins. L'Inde est particulièrement exposée : alors que les températures moyennes y sont déjà supérieures de 2 à 3 °C à celles du début du XXe siècle, elles sont, en ville, de 5 à 7 °C plus chaudes que dans les campagnes environnantes : la canicule* de l'été 2015 a vu des températures de 48 °C à Nagpur, dans le centre du

DÉFINITION

Canicule : selon l'Organisation météorologique mondiale, période de plus de cinq jours consécutifs au cours de laquelle la température excède de 5 °C la température moyenne habituelle.

pays ; en avril 2024, elles ont même frolé les 50° C à New Delhi. En 2020, Bagdad, la capitale irakienne, a battu tous les records enregistrés, avec 51,6 °C. Mais les régions marquées par des climats chauds n'ont pas le monopole de ces températures extrêmes ; Los Angeles a ainsi atteint, en septembre 2020, les 49 °C, quelques semaines après un record sibérien de 38 °C enregistré dans la ville de Verkhoïansk.
Couplées à l'humidité, qui augmente dans certaines régions chaudes, notamment en Asie du Sud, ces fortes chaleurs risquent de rendre invivables, littéralement, des zones aujourd'hui habitées.

Pour aller plus loin

Le site du GIEC
liennathan.fr/2k4pg7

3. Les trajectoires

Le respect des engagements à maintenir une température supportable sur Terre passe, à terme, par la **neutralité carbone**, soit des émissions de CO_2 équivalentes à la capacité naturelle d'absorption des sols, de la végétation et des mers. Un objectif officiellement visé, en 2021, par l'Union européenne, le Royaume-Uni, les États-Unis, le Japon et la Corée du Sud à l'horizon 2050, pour 2060 pour la Chine. Il faudrait cependant que l'ensemble des émissions planétaires baissent de 3,3 % chaque année d'ici 2050 pour espérer atteindre, à la fin du siècle, une hausse moyenne de la température limitée à 2 °C, soit une réduction entre 40 % et 70 % d'ici à 2050, avant de les ramener à un niveau proche de zéro d'ici à la fin du siècle. **Ne pas dépasser 1,5 °C, comme prévu par l'Accord de Paris, exigerait la fin des nouvelles émissions autour de 2050.** Dans le premier cas, les efforts actuels (2021) des signataires de l'accord devraient être multipliés par trois, par cinq pour le second. Ces perspectives sont avancées avec d'autant plus de prudence par les climatologues qu'elles reposent sur une évolution relativement linéaire de la hausse des températures. Le risque d'atteindre des **seuils de rupture**, au-delà duquel le processus s'emballerait, est pourtant élevé si les températures moyennes dépassaient une hausse de 2 °C. Les probabilités d'une telle évolution devenue incontrôlable par quelque action humaine que ce soit sont ainsi envisagées en cas de modification, même minime, de la température et de la salinité de l'océan Glacial Arctique. La circulation océanique de l'Atlantique nord en serait perturbée, le Gulf Stream notamment, qui joue un rôle majeur dans la modération des températures européennes. Le réchauffement des terres arctiques, en Russie et au Canada, pourrait se traduire par la libération de masses considérables de méthane et de CO_2, résultant de la décomposition de matières organiques piégées depuis de millénaires dans les sols gelés en permanence, parfois sur des centaines de mètres d'épaisseur (le **permafrost** ou **pergélisol**). S'installerait alors une boucle de rétroaction redoutable, le méthane libéré augmentant les températures, ce qui entraînerait toujours plus d'émissions de méthane.

B. INTERDÉPENDANCE ET CONVERGENCE

1. Des responsabilités inégales

L'accumulation des GES dans l'atmosphère est historiquement d'abord due au développement ancien des pays d'Europe occidentale et aux États-Unis. **La croissance sans précédent de la Chine depuis quarante ans lui a en revanche valu de devenir le premier émetteur de GES depuis le début du XXIe siècle**, avec 30 % du total en 2024. Les

États-Unis suivent désormais loin derrière, avec 11 %. Leurs émissions baissent, contre toute attente, depuis leur pic de 2007 (de presque un quart en 2020), un mouvement confirmé même sous l'Administration Trump, en raison de la désaffection pour le charbon. L'Inde (8 %) a doublé l'Union européenne, dont le maximum d'émissions date de 1979, (6 %), puis la Russie, le Brésil, l'Indonésie et le Japon complètent le classement. L'Union européenne, dont le maximum d'émissions date de 1979, suit avec une part de 10 % du total, l'Inde (7 %), puis la Russie et le Japon complètent le classement.
Si on rapporte les émissions par pays à chaque habitant, les pétromonarchies arrivent largement en tête, victimes de l'abondance pétrolière et de la systématisation de la climatisation. Les États-Unis sont loin devant l'Europe, désormais rattrapée par la Chine.

Principaux pays émetteurs de gaz à effet de serre

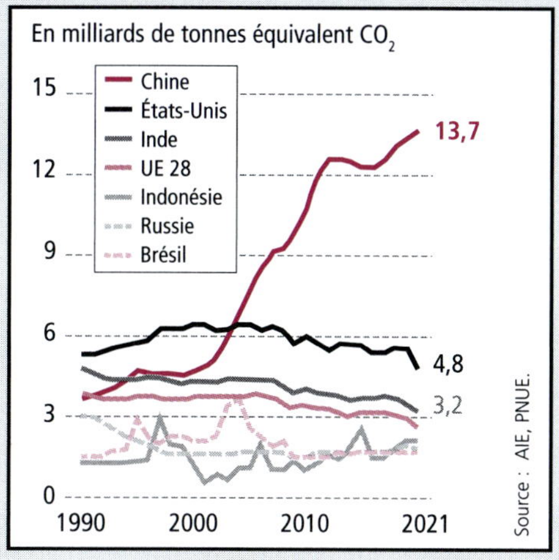

Émissions de GES des principaux pays du monde

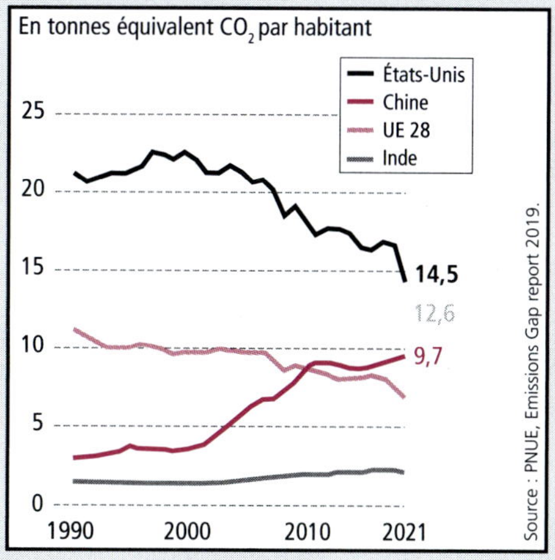

Les progrès récents des pays industrialisés n'en font cependant pas des modèles de vertu écologique : au-delà de l'amélioration de leur **efficacité énergétique**, ils sont en grande partie dus aux transferts industriels vers les pays émergents, qui constituent, d'une certaine façon, une exportation de leur pollution. Dans le cas français, l'**empreinte carbone*** réelle, qui intègre les émissions générées au cours de leur production par les biens que nous importons, est relativement stable. Depuis les années 2010, les émissions ainsi délocalisées, mais dont notre consommation est responsable, sont plus importantes que celles produites sur notre territoire, une situation valable pour l'ensemble des pays riches.

DÉFINITION

Empreinte carbone : quantité de carbone ou d'équivalent produite par l'activité d'une personne, d'une entreprise ou d'un État.

Émissions composant l'empreinte carbone de la France

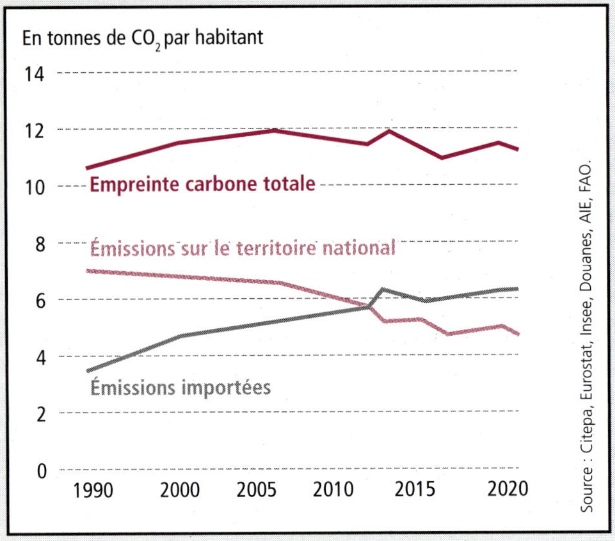

ZOOM ▶ L'Inde face au réchauffement climatique : surexposition et engagements non contraignants

L'équation indienne face aux défis du réchauffement climatique est simple, à défaut d'être aisément soluble. Son retard en équipement lui impose de produire plus d'énergie, alors qu'elle est déficitaire dans ce domaine : 300 millions d'Indiens vivent encore sans électricité, 363 millions sont sous le seuil de pauvreté. Mais elle est aussi l'un des pays les plus exposés aux conséquences des transformations du climat. D'où un engagement récent à développer des ressources renouvelables, et la ratification, en septembre 2016, de l'Accord de Paris.

Les émissions indiennes de GES ont progressé de deux tiers entre 1990 et 2012, atteignant le troisième rang mondial, et sans infléchissement du modèle de croissance, elles devraient presque doubler d'ici à 2030. Refusant toute contrainte, New Delhi s'est néanmoins engagée à réduire d'un tiers par rapport à 2005 l'**intensité carbone*** de son PIB d'ici à 2030.

Alors que la demande indienne devrait représenter un quart de la hausse mondiale de la consommation d'énergie d'ici à 2040, le gouvernement veut multiplier la capacité de production d'énergie renouvelable par quatre et demi par rapport à 2017, pour atteindre, avec le nucléaire, 40 % de sa production d'électricité fournie par du non-fossile en 2030. Le solaire sera particulièrement sollicité, et l'Inde est à l'origine de l'**Alliance solaire internationale**, un partenariat entre 120 pays. Mais même en suivant ce scénario optimiste, le charbon occuperait encore 40 % de la consommation énergétique.

Narendra Modi n'oublie pas de rappeler que les émissions par habitant de son pays sont 10 fois inférieures à celles des États-Unis et 4 fois à celles de la Chine. D'où un appel à « passer d'un discours sur le changement climatique à celui sur la justice climatique », qui justifie, à l'abri de l'argument de la responsabilité historique des pays industriels, une faible prise de responsabilité.

Le pays est pourtant déjà l'une des principales victimes du réchauffement. Les **moussons** sont plus abondantes et courtes, la **fonte des glaciers** himalayens entraîne crues et glissements de terrain, et les **cyclones** sont plus nombreux.

DÉFINITION

Intensité carbone : quantité de CO_2 rejetée par unité de richesse créée, souvent exprimée par point de PIB.

2. Les inégalités en amont et en aval

Au-delà des frontières, les niveaux de vie sont les déterminants les plus profonds pour expliquer la diversité des situations par rapport aux transformations du climat. En amont, **les 10 % les plus riches de la population mondiale émettent la moitié du CO_2, la moitié la plus pauvre des habitants de la planète n'en est responsable que de 7 %**. L'empreinte carbone de chacun des 1 % des plus riches habitants de la planète est 100 fois supérieure à celle de l'un de la moitié la plus pauvre. Sont en cause les différences de consommation, notamment celle des services (numériques, notamment), les transports et l'alimentation. Cette responsabilité aggravée des plus riches se retrouve à l'intérieur de chaque société : aux États-Unis, **les 10 % les plus riches émettent dix fois plus (73 tonnes de CO_2 par an et par individu) que la moitié la moins riche** (qui, cependant, émet deux fois plus par habitant que son équivalent européen). En Afrique subsaharienne, **la moitié la moins riche n'émet qu'une demi-tonne** par an.

La vulnérabilité s'accroît par ailleurs inversement aux revenus : 140 millions d'habitants des pays en développement devraient, selon l'ONU, se trouver sans abri d'ici le milieu du siècle du fait du changement climatique. Vingt ans plus tard, en 2070, en supposant qu'il n'y ait pas de déplacement majeur de population, 1,2 milliard d'Indiens, un demi-milliard de Nigérians, 185 millions de Pakistanais ou encore 150 millions d'Indonésiens devraient vivre dans les conditions de température équivalentes à celle du Sahara aujourd'hui. Les plus vulnérables se trouvent aussi être les moins responsables dans la production de GES : l'Afrique, 17 % de la population mondiale en 2020, n'est à l'origine que de 3,5 % des émissions de CO_2. Les pays développés sont aussi exposés, cependant, à de nouvelles menaces entraînées par le réchauffement. Les insectes porteurs de germes pathogènes s'acclimatent à la hausse des températures, et des épidémies cantonnées jusqu'ici à la zone tropicale débordent sur les latitudes tempérées (dengue, chikungunya, Zika). Les barrières d'altitude sont aussi remises en cause. Les hauts plateaux africains, jusqu'ici préservés de la malaria par leurs températures tempérées, le sont de moins en moins : 40 millions d'Éthiopiens qui vivent au-dessus de 1 600 m d'altitude sont ainsi menacés à terme.

II. L'accélération des menaces

A. UNE VULNÉRABILITÉ VARIABLE

1. Les événements extrêmes

Le changement climatique se traduit par un réchauffement généralisé, mais aussi par d'autres symptômes, comme les phénomènes météorologiques extrêmes. Ces quarante dernières années, la fréquence d'apparition des cyclones de forte intensité a augmenté d'environ 15 %, leur zone de déplacement s'est élargie et leur violence accrue. L'ensemble de ces phénomènes météorologiques a été multiplié par près de dix depuis les années 1960 : on en comptabilisait 30 en 1960, entre 300 et 400 chaque année du XXIe siècle. Les inondations et les glissements de terrain sont les plus fréquents, suivis des tempêtes, des sécheresses et des incendies qui s'ensuivent. Si certains phénomènes, comme les feux en Sibérie l'été, ont toujours été relevés, leur intensité et leur probabilité se sont largement accrues, sur une zone géographique de plus en plus étendue. Les incendies ont aussi ravagé, depuis les années 2010, avec une force décuplée et durant des périodes de plus en plus longues, l'Australie, l'Amazonie ou la Californie. L'effet sur le réchauffement global en est doublement catastrophique : la combustion de milliers d'hectares de forêts libère de gigantesques quantités de GES tandis qu'elle supprime des puits de carbone indispensables à la régulation naturelle du climat.

Les phénomènes cycloniques sont plus fréquents et plus violents, ils sévissent aussi à des latitudes de plus en plus élevées, dans l'hémisphère Nord comme dans le Sud : l'élargissement de la bande d'impact, une cinquantaine de kilomètres par décennie, expose désormais des rivages jusqu'à présent protégés. Le phénomène s'inscrit dans une tendance générale à l'« **expansion des tropiques** », selon l'expression des météorologues, un étalement vers les latitudes tempérées des caractéristiques climatiques tropicales. Dans le sud-ouest de l'océan Indien, dont la température augmente plus rapidement qu'ailleurs, les cyclones frappent de plus en plus régulièrement des pays comme le Mozambique et Madagascar.

Le coût réel de cette augmentation est difficile à établir, tant il varie dans le temps (les niveaux de vie augmentant), mais surtout tant il ne peut prendre en compte le prix des vies supprimées (54 000 par an en moyenne ces trente dernières années) ou dévastées : chaque année, selon la Banque mondiale, **les catastrophes naturelles, très majoritairement climatiques, plongent 26 millions de personnes dans l'extrême pauvreté**. Selon les comptes du réassureur Swiss Re, l'ensemble des pertes économiques entraîné par les catastrophes naturelles s'élevait à 155 milliards de dollars en 2018, après 350 milliards en 2017. D'après les calculs de l'ONU, le coût a progressé de 150 % en vingt ans, s'établissant à 2 300 milliards de dollars sur la période 1998-2017. Des sommes qui constituent un plaidoyer en faveur de l'adaptation : on évalue généralement qu'un dollar investi dans la prévention en éviterait quatre ou six de pertes économiques liées aux événements climatiques. Logiquement, les pays les plus pauvres sont les moins résilients : le coût des tempêtes tropicales peuvent valoir plusieurs fois leur PIB aux États des Caraïbes, et même une puissance moyenne comme le Pakistan a dû faire face en 2022 à des inondations qui lui ont coûté 10 % de son PIB. À l'inverse les incendies, inondations et tempêtes catastrophiques ont représenté les États-Unis en 2023, si elles étaient sans équivalent, n'ont pesé qu'environ 1 point de PIB.

2. La fonte des glaces

Outre le risque de fonte du pergélisol, le réchauffement de l'Arctique risque de libérer de gigantesques quantités d'eau jusqu'à présent maintenues gelées. À la suite de l'« amplification arctique », il se réchauffe deux fois plus vite que le reste du monde : la fonte accrue de la glace et de la neige remplace une couverture blanche très réfléchissante par de la végétation ou de l'océan, plus sombres, qui absorbent davantage les rayons du soleil, enclenchant un cercle vicieux. La fonte de la banquise est scrutée à chaque fin d'été depuis le début des relevés satellitaires en 1979. Par deux fois, en 2012 et en 2020, sa superficie est passée en dessous de 4 millions de kilomètres carrés, alors que la moyenne mesurée à la mi-septembre, entre 1981 et 2010, s'établit à 6,3 millions de kilomètres carrés de surface de mer gelée. Le phénomène n'augmente pas le niveau des océans, puisqu'il s'agit d'une pellicule d'eau de mer gelée, mais il fragilise les écosystèmes, d'autant plus qu'il aiguise les appétits des industries extractives et semble rendre rentables de nouvelles routes maritimes. La débâcle de l'**inlandsis** (calotte glaciaire) du Groenland représente en revanche une vraie menace. Le Groenland a perdu 532 milliards de tonnes de glace en 2019, un délestage qui conduirait à une disparition irrémédiable de l'inlandsis si ce régime de perte de masse persistait.

L'étendue des glaces de l'Antarctique s'est contractée dans des proportions comparables (27 % depuis 1979), menaçant, là aussi, d'accroître spectaculairement la hausse du niveau marin et de modifier les courants marins : le continent austral est recouvert par un inlandsis qui regroupe 90 % des glaces du globe, et sa fonte annuelle a été multipliée par cinq et demi depuis les années 1980 (250 milliards de tonnes de glace contre 40 milliards).

3. Les enjeux agricoles et industriels

Aux échelles locales, les transformations du climat remettent en cause de nombreuses adaptations agricoles. Elles affectent plus durement les pays les plus pauvres, bien en peine de mettre en place un accompagnement financier pour leurs agriculteurs. En Afrique, notamment, les variations pluviométriques vont probablement perturber la croissance, très forte ces dernières années, du maïs, alors qu'il constitue désormais un apport calorique décisif pour le continent. Les rendements devraient décroître de 20 à 40 % en Afrique de l'Ouest, tandis que les terroirs qui se prêtent à sa culture devraient se réduire de 30 à 50 %.

Les infrastructures ferroviaires, autoroutières et même aéroportuaires sont aussi confrontées à des aléas et à des avaries matérielles (déformation des rails, rupture des câbles...). Les centrales nucléaires sont menacées par les fortes chaleurs et les pénuries d'eau, indispensable à leur refroidissement. Les rejets de ces dernières ne doivent ainsi pas dépasser 28 °C en France, une limite désormais régulièrement atteinte lors des canicules. En 2018, sept des 126 réacteurs en opération en Europe ont dû ralentir leur activité en raison des fortes chaleurs.

Les vagues de chaleur entraînent une croissance forte des systèmes de climatisation, des dispositifs qui ont permis la croissance démographique du sud des États-Unis à partir des années 1950. Le refroidissement de l'air, pour des usages commerciaux, d'habitation, ou tertiaires, représente déjà aujourd'hui 20 % de la consommation d'électricité des bâtiments, mais d'après l'AIE, le refroidissement des bâtiments pourrait peser, en 2050, autant que le cumul de la consommation électrique actuelle de la Chine et de l'Inde si l'efficacité énergétique des bâtiments ne progresse pas sensiblement. Au milieu du siècle, les trois quarts de la population habiteront des villes qui nécessiteront, pour beaucoup, une climatisation, renforçant les îlots de chaleur (l'air chaud est expulsé au-dehors), un cercle vicieux à l'échelle locale.

4. La rupture des équilibres océaniques

L'immense volume des eaux océaniques joue un rôle décisif dans la régulation naturelle du climat en absorbant environ un quart des émissions de CO_2. Mais cette activité de puits de carbone est perturbée par le changement climatique : plus les eaux de surface sont chaudes, moins elles absorbent le CO_2. La dissolution du dioxyde de carbone par l'eau de mer modifie par ailleurs le pH des océans en l'acidifiant. Se met ainsi en place une dynamique autoentretenue, l'acidification des océans réduisant leur capacité à atténuer la hausse des températures, qui à son tour aggrave le phénomène.

Les perturbations pour les écosystèmes sont encore compliquées à saisir, mais un symptôme spectaculaire a marqué les opinions publiques : le recul des coraux, dont la calcification est ralentie par l'acidification de l'eau.

Les perturbations océaniques concernent aussi les rivages, menacés par l'expansion du volume des eaux de mer. **L'élévation du niveau des océans résulte de l'entrecroisement de conséquences du réchauffement :** dilatation thermique des océans, fonte des glaces continentales, perte de glace des calottes glaciaires du Groenland et de l'Antarctique, accroissement des retenues d'eau douce (barrages et prélèvements). Si le niveau des mers s'élevait de 50 cm d'ici 2050, des centaines de métropoles littorales où vivent aujourd'hui plus de 800 millions de personnes risqueraient d'être inondées. L'Asie est particulièrement exposée, elle qui doit sa spectaculaire affirmation dans la mondialisation à ses littoraux. Plus des deux tiers des habitants du monde exposés à un risque annuel d'inondations côtières habitent dans huit pays d'Asie (la Chine, pour près de 100 millions de personnes, le Bangladesh, l'Inde, le Vietnam, l'Indonésie, la Thaïlande, les Philippines et le Japon). Au Bangladesh, les deux tiers du territoire ne dépassent pas 5 m au-dessus du niveau de la mer, et 8 millions de Bangladais (sur 169 millions d'habitants en 2020) risquent d'avoir à fuir leurs terres d'ici à 2050, selon la Banque mondiale, tandis que le pays devrait perdre jusqu'à 40 % de sa superficie agricole. En Indonésie, Djakarta a planifié de gigantesques travaux de sécurisation. Une grande muraille de 7 m de haut, s'enfonçant à 16 m sous le niveau de la mer, doit s'étendre sur 32 km et permettre de former 17 îlots artificiels pour reloger une partie des 10 millions d'habitants menacés. Cette menace est loin d'être virtuelle, la hausse du niveau marin moyen a été calculée à 2,5 mm par an au cours de la décennie 1993-2004, un rythme qui a crû de 25 à 30 % dans les dix ans suivants (2004-2015), avec une élévation d'environ 3,3 mm chaque année. Les conséquences sont difficiles à cartographier, car la hausse est différemment absorbée par les littoraux, et elle n'est pas uniforme (elle est ainsi quatre fois plus forte dans le Pacifique sud).

Les prévisions du GIEC*, estimées très prudentes par beaucoup de spécialistes, tablent sur une hausse moyenne de 1 m d'ici la fin du siècle. Un pays comme le Vietnam perdrait, dans ce cas, 10 % de son territoire, notamment dans le delta du Mékong, très densément peuplé. Mais l'Agence américaine d'observation océanique et atmosphérique (NOAA, *National Oceanic and Atmospheric Administration*) envisage plutôt une hausse de 2 mètres.

Les scénarios extrêmes dessinent un monde dans lequel même l'adaptation des littoraux historiques serait illusoire, puisqu'une fonte de l'ensemble des glaces des pôles et des montagnes se traduirait par une élévation de 65 m du niveau des océans, remodelant la géographie du globe de façon radicale.

B. GÉOPOLITIQUE DU CHANGEMENT CLIMATIQUE

1. Les risques de déstabilisation

La hausse des températures et l'aridification, combinée à de fortes densités rurales, provoquent déjà des tensions que ne manquent pas d'exploiter de nombreux groupes terroristes : c'est le cas au Sahel, où les djihadistes jouent des opportunités que leur offre la compétition entre agriculteurs et éleveurs pour une eau de plus en plus difficilement accessible. Dans le bassin du lac Tchad, la baisse des rendements de la pêche, en appauvrissant les populations, favorise de même Boko Haram. L'instabilité résulte de la faible capacité de sociétés déjà affaiblie par des conflits à faire face aux transformations climatiques. Le Parlement européen identifie ainsi, en 2020, trois grandes zones très peu résilientes face au réchauffement : le Sahel d'abord, mais également, au sud du continent, une bande s'étendant de l'Angola à Madagascar, très exposée elle aussi, comme l'est une troisième bande, du Moyen-Orient jusqu'en Asie du Sud. Au total, plus de 1 milliard de personnes vivent dans les 31 pays de ces trois zones, un ensemble disparate, qui n'évoluera pas de façon similaire,

DÉFINITION

GIEC : le Groupe d'experts intergouvernemental sur l'évolution du climat a été créé à la demande du G7, en 1988, pour fournir une synthèse objective sur les questions climatiques. Il a depuis intégré des experts des pays du Sud pour être pleinement représentatif. Il est accusé par les climatosceptiques de catastrophisme, mais des études scientifiques – par exemple, celles sur le rythme de la hausse du niveau des océans – pointent régulièrement sa trop grande prudence et sa quête du consensus.

mais qui concentre les risques de déstabilisation.
Si les changements climatiques aggravent incontestablement les conflits d'usage, s'ils précipitent des déplacements de population qui favorisent les violences, les possibilités d'un conflit interétatique sont aussi scrutées par les états-majors (en France, depuis 2016, la question est étudiée par le ministère des Armées), comme par le Conseil de sécurité de l'ONU.

2. Les défis du leadership

Si les premiers modèles permettant de calculer les conséquences du changement climatique ont été élaborés dès les années 1950, à la suite des relevés d'accumulation du CO_2 effectués par l'observatoire de Mauna Loa à Hawaï, il a fallu attendre 1979 pour que se tienne à Genève une première Conférence mondiale sur le climat. Mais les priorités économiques des années 1980 ont alors marginalisé la question. Marqués par l'obsession néolibérale du primat de la croissance économique, travaillés par le chômage, les pays développés ont négligé la question et perdu une décennie décisive dans la lutte contre le réchauffement, avant la création du **GIEC** (Groupe d'experts intergouvernemental sur l'évolution du climat) en 1988, puis la signature en 1992 de la Convention-cadre des Nations unies sur les changements climatiques. Si celle-ci a débouché sur un premier accord en 1997, celui de Kyoto, les États-Unis qui en étaient à l'origine ont ensuite, sous la direction de George W. Bush, refusé de le ratifier, comme ils ont annoncé se retirer en 2017 puis en 2025, de l'Accord de Paris. Ce refus d'assumer le leadership dans un domaine crucial a été vu comme un renoncement des administrations républicaines. Les faibles marges de manœuvre parlementaire des présidents démocrates ont, d'un autre côté, freiné le déploiement des différentes mesures d'un « *Green New Deal* » sous Barack Obama (2008-2016), comme sous Joe Biden.
La Chine, devenue la principale émettrice de gaz à effet de serre, a logiquement saisi l'occasion de s'imposer aussi dans ce domaine de la transition énergétique, vu comme un vecteur de puissance. En 2014, elle passait déjà un accord avec les États-Unis, préalable nécessaire au succès de la réunion de la **COP21** à Paris : dans une émulation réciproque, les deux principaux pollueurs s'engageaient à améliorer leur situation, la Chine se fixant un premier cap, à savoir réduire ses émissions de GES avant 2030. En 2020 surtout, en pleine crise pandémique, elle a pris les devants et annoncé viser la neutralité carbone en 2060. Ses intérêts sont évidents d'un point de vue économique : en 2020, elle est en position hégémonique sur les principaux marchés de la transition énergétique, ses entreprises dominant la production d'éoliennes (presque la moitié), de batteries lithium-ion (plus des deux tiers) et de panneaux solaires (les trois quarts). Si, pour Xi Jinping, « des eaux vertes et des collines verdoyantes donneront des montagnes d'or et d'argent », ces bénéfices économiques sont aussi recyclés politiquement : *Le Quotidien du Peuple*, organe officiel du PCC, présente la Chine comme imprégnée d'un « profond patrimoine culturel d'amour et de protection de la nature, hors de portée des autres cultures », soit la « civilisation écologique » dont Pékin se veut le champion. Le défi est cependant colossal pour Pékin, puisqu'il exige de **décarboner une économie profondément dépendante du charbon** (source de plus de 57 % de l'énergie consommée par le pays en 2020).
Le retour des États-Unis dans les négociations multilatérales à partir de 2021 peut laisser espérer des progrès plus rapides, d'autant plus que les initiatives non étatiques se sont multipliées, à l'image des engagements pris par de nombreuses mégapoles tout autour du monde. La marginalisation des voix climatosceptiques dans le concert des nations rend possible le déploiement d'une double logique vertueuse de coopération internationale et de compétition technologique.

3. L'impact migratoire

La remise en cause d'équilibres séculaires, voire millénaires, se traduit par des mouvements de population qui devraient s'accentuer. Les activités humaines qui ont présidé à la sédentarisation, l'élevage et l'agriculture, ont fixé une grande partie de la population dans une bande climatique relativement étroite, caractérisée par des températures moyennes oscillant autour de 11 °C à 15 °C, les régions tropicales et équatoriales (températures de 20 °C à 25 °C) étant moins intensément peuplées. Ce schéma est resté peu ou prou en place depuis 6000 ans (les dernières grandes glaciations se sont achevées 10000 ans avant le début de notre ère). Une hausse moyenne de la température du globe de 3 °C d'ici 2070 – scénario probable si les émissions de GES continuaient au rythme de ces dernières années – pourrait se traduire, pourtant, par un réchauffement bien plus élevé dans ces régions : pour la moitié de la population, à localisation égale du peuplement, la température augmenterait de plus de 7 °C. Dans les régions tempérées, la moyenne passerait à 20 °C (l'équivalent actuel de l'Afrique du Nord), tandis qu'elle pourrait s'élever à 29 °C dans les régions intertropicales. En 2020, une telle situation ne concerne que moins de 1 % de la surface terrestre (le Sahara, notamment), elle s'appliquerait dans un demi-siècle à presque 20 % de la planète, des territoires qui connaissent aujourd'hui le plus fort accroissement démographique : **sans mouvement migratoire massif, 3,5 milliards de personnes devraient alors vivre dans des conditions radicalement hostiles**. Une hausse plus contenue des températures (2 °C) abaisserait ce chiffre à 1,5 milliard, 1 milliard si la trajectoire respectait les engagements de l'Accord de Paris.

Le HCR (Haut-Commissariat des Nations unies pour les réfugiés) ne reconnaît pas le statut de réfugié climatique, qui participe en réalité pour une part de plus en plus forte à celui de réfugié économique. Mais on estime à **environ 25 millions chaque année les déplacés climatiques**, le plus souvent à l'intérieur du même pays. Pour la Banque mondiale, dans une étude de 2018, le total de ces déplacés climatiques pourrait s'élever à plus de 140 millions de personnes d'ici trente ans faute d'une politique d'adaptation suffisante. Ce rapport de la Banque mondiale reste très prudent sur les incidences politiques de ces mouvements, qui devraient entraîner aussi des franchissements de frontières, les déplacés devenant des migrants.

III. Perspectives et stratégies

A. UN SUJET POLITIQUE

1. Coût du réchauffement, prix de l'action climatique

Le rapport rédigé en 2006, pour le compte du gouvernement britannique, par l'économiste **Nicholas Stern**, ancien gouverneur de la Banque d'Angleterre, proposait une approche économique de l'impact du changement climatique. Évaluant le coût de la non-intervention face au processus, en regard des économies réalisées en cas de lutte contre le réchauffement, il délivrait un verdict sans appel : une prise en compte du réchauffement climatique à hauteur de 1 % du PIB mondial (anticipation, aménagement, réduction des émissions) permettrait de réduire le coût des conséquences. Plus on attend, en revanche, plus le prix de celles-ci (événements climatiques extrêmes, désertification, hausse des océans, réfugiés climatiques) s'alourdira.

Les modèles économiques utilisés pour décrire le coût d'une politique climatique radicale restent cependant incomplets. La transition énergétique coûterait à elle seule approximativement de 1 600 à 3 800 milliards de dollars par an dans le monde au cours de la période 2020-2050 (entre 1 à 3 % du PIB mondial), mais il faudrait défalquer de ce chiffre les gains de croissance qu'engendreraient des dépenses aussi massives (1,1 point de plus, selon le FMI). On peut aussi rapporter ce chiffre à ceux de la finance : c'est moins de 0,3 % des actifs financiers mondiaux, ou presque l'équivalent de l'augmentation du bilan des grandes banques centrales chaque année depuis 2007. Pourtant, encore en 2020, les investissements verts restent inférieurs à ceux qui soutiennent l'industrie carbonée.

Si le rapport gain/perte est sans la moindre ambiguïté, la nécessité de rompre avec un modèle historique de croissance s'est heurtée à deux objections. La première est celle des **climatosceptiques**, largement financés par l'industrie pétrolière et les réseaux conservateurs américains. Pour eux, c'était la thèse soutenue par le président américain G. W. Bush (2000-2008), rien ne prouve la nature **anthropique** du réchauffement climatique. L'autre objection est politique et renvoie à la question de la gouvernance mondiale : quels instruments peuvent être mobilisés pour mettre en œuvre un programme qui ne peut qu'être mondialisé ? L'insuffisance des investissements ressort de cette logique : faute d'une action de tous, celle d'acteurs isolés les pénalise. Par ailleurs, ces investissements, de plus en plus rentables, ne peuvent se faire que dans la durée, et les incertitudes de la finance internationale favorisent largement les investissements à court terme. Un horizon qu'il faut pourtant dépasser pour éviter un **effondrement historique** des sociétés humaines.

2. Kyoto, une première étape

Le **Protocole de Kyoto**, signé en 1997 sur une initiative américaine, portée par le vice-président démocrate Al Gore, a constitué la première application d'une réponse mondialisée à la crise climatique. Sur les 132 signataires, 38 pays développés – les autres en étaient exempts – s'étaient engagés à réduire de 5 % leurs émissions de GES en 2012 par rapport à 1990. La ratification russe, en 2005, a permis l'entrée en vigueur du traité, mais les États-Unis, entre-temps dirigés par les républicains, se sont finalement refusés à le signer. Premier accord d'importance, il ne règle pas le problème auquel il s'attaque, puisqu'à l'heure de son expiration, le 31 décembre 2012, si les signataires avaient globalement tenu leurs engagements, les émergents étaient devenus des contributeurs bien plus importants à l'émission de GES, sans avoir à assumer d'engagements.

L'histoire du Protocole témoigne aussi des évolutions dans la perception de la gouvernance mondiale. Deux approches se sont opposées. L'Europe – surtout l'Allemagne et la Grande-Bretagne – voulait assigner par le haut des objectifs de baisse d'émissions à chaque pays, une approche contraignante, « *top down* ». Pour le Japon ou les États-Unis, chaque État devait faire des propositions de réduction, le rôle de la gouvernance climatique étant alors simplement de les contrôler et de rappeler aux États leurs engagements. **Cette approche « *bottom up* » domine aujourd'hui la diplomatie climatique, elle s'est imposée à l'Accord de Paris de décembre 2015.** À rebours des taxes proposées par les Européens, les États-Unis ont aussi imposé des mécanismes flexibles, fondés sur le marché : achat ou vente des permis d'émission, possibilité donnée aux pays développés de réduire leur facture de CO_2 en investissant dans les pays du Sud, pour y développer des « projets de développement propre ».

Cette scène diplomatique est traversée par une recomposition des alliances traditionnelles, ainsi depuis la COP27 en Égypte une ***High Ambition coalition*** réunit quatre-vingt pays qui militent en faveur de mesures plus poussées, à l'inverse du conservatisme des producteurs de charbon et d'hydrocarbures.

3. L'Accord de Paris, insuffisant et ambitieux

Après l'échec de la Conférence de Copenhague qui devait donner, en 2009, un successeur au Protocole de Kyoto, **la Conférence de Paris, en décembre 2015, a scellé le premier accord intégral sur le climat**. Entré en vigueur en 2020, avec une révision prévue tous les cinq ans, celui-ci fixe comme objectif de limiter la hausse moyenne de la température mondiale « nettement en dessous de 2 °C », en visant 1,5 °C. Chaque pays choisit les moyens pour y arriver, l'accord est non contraignant, mais il repose sur l'idée, optimiste, d'une émulation sous la pression des opinions publiques.

L'UE, qui s'est toujours voulue exemplaire, est apparue moins volontariste, empêtrée dans sa dépendance énergétique, notamment au charbon pour l'Allemagne et la Pologne. Les États-Unis et la Chine étaient en revanche entrés, depuis 2014, dans une coopération concrète, principalement dans les domaines de l'efficacité énergétique et de la réduction des émissions des véhicules. Confrontés à la multiplication des événements climatiques extrêmes pour le premier et aux coûts sanitaires pour le second, les deux plus gros pollueurs de la négociation semblaient évoluer vers une acceptation de leurs responsabilités, avant le désengagement de Donald Trump en 2017. Incontestable succès diplomatique, l'accord est aussi un compromis dont les limites sont vite apparues. Les engagements pris en 2015 mettent la planète sur une trajectoire de réchauffement de 3,2 °C d'ici à la fin du siècle, bien plus que le maximum de 2 °C, ou 1,5 °C, prévu par l'accord. Ne pas dépasser 2 °C de réchauffement implique, en 2020, un triplement des efforts, rester en dessous de 1,5 °C une multiplication par cinq. Ce demi-degré de différence entraînerait des impacts forts en matière de multiplication des événements climatiques extrêmes, d'élévation du niveau de la mer ou de baisse des rendements agricoles. Fin 2023, l'ONU estimait que sans les accords de Paris, les émissions de GES auraient été de 16 % supérieures à celles de 2019, au lieu de 2 %. Pourtant les recommandations du GIEC recommandaient une baisse de 43 % pour tenir l'engagement de contenir le réchauffement à + 1,5 °C.

Une des clefs du succès de l'accord résidera dans la capacité des pays riches et émergents à accompagner les pays les plus pauvres dans la voie du développement. Le **Fonds vert pour le climat**, avec ses 10 milliards de dollars prévus, a été imaginé par l'ONU comme un instrument d'accélération de l'aide vers les pays les moins développés. Le transfert annuel de 100 milliards de dollars des pays riches vers les pays pauvres à partir de 2020, annoncé à Copenhague en 2009, ne s'élevait qu'à 80 milliards en 2019, selon l'OCDE (pour les trois quarts sous forme de prêts) ; en revanche, il n'y aurait, selon l'ONG britannique Oxfam, qu'une vingtaine de milliards d'aide réelle cette même année. Les deux tiers de ces fonds visent par ailleurs à réduire les émissions de ces États, pourtant faibles, un tiers seulement prend en compte leur adaptation (entre 140 milliards et 300 milliards de dollars chaque année d'ici à 2030 selon l'ONU), des investissements peu ou pas rémunérateurs à court terme.

Aux deux-tiers enfin les financements restent publics, les investissements privés étant pourtant indispensables pour initier une dynamique forte. Les **économies en développement** ne reçoivent que 20 % des investissements mondiaux dans l'énergie propre, alors qu'elles représenteront 80 % de la croissance des émissions à venir. Or, selon la Banque mondiale, les investissements devraient s'y établir entre 1 000 milliards et 2 000 milliards de dollars par an.

ZOOM ▶ Le Fonds vert pour le climat

Siégeant en Corée du Sud, le Fonds vert pour le climat est constitué à 80 % de dons des États ou d'organismes privés. Il est destiné à financer la **lutte** contre le changement climatique et l'**adaptation** des sociétés, notamment les plus pauvres, là où aucun retour sur investissement n'est attendu. Son conseil d'administration (27 membres) prend ses décisions à la majorité qualifiée. La France assurera sa contribution grâce aux revenus tirés de la taxe sur les transactions financières. Les États-Unis s'en sont retirés sous D. Trump, après avoir versé un milliard de dollars sur les trois prévus. Fin 2019, il a levé près de 10 milliards de dollars (la moitié venant de la France, de l'Allemagne et du Royaume-Uni) pour les quatre années à venir. En cinq ans d'activité (2014-2019), il a cependant permis de réunir 14 milliards de dollars d'investissement.

B. COMPORTEMENT, INTERDICTIONS, TAXES ET MARCHÉS

1. L'enjeu énergétique

Charbon et hydrocarbures sont à l'origine de 85 % des émissions humaines de CO_2, soit plus des deux tiers du total des rejets de gaz à effet de serre. Lutter contre le dérèglement climatique exige en conséquence de sortir le plus rapidement possible d'une économie carbonée, c'est le cœur de la **transition énergétique**.

La **sobriété énergétique** joue sur les comportements, et passe par l'élimination du gaspillage. L'amélioration de l'isolation, la réduction de l'éclairage urbain, l'information sur la consommation des appareils en veille font partie des pistes mises en avant par les pouvoirs publics, avec des marges importantes de réduction de la consommation dans les pays riches. Les pays en développement devraient, eux, abaisser leur **intensité énergétique***, pour que le total mondial diminue de 60 % d'ici 2050. Selon l'AIE, rester dans la trajectoire de 1,5° C exige une baisse de 95 % de la production d'énergies fossiles à l'horizon 2050.

La densification de l'habitat, la mise en place de réseaux intelligents de distribution de l'énergie (***smart grids***) sont des éléments essentiels de l'amélioration de l'**efficacité énergétique**. Celle-ci repose sur des améliorations techniques à tous les niveaux de la chaîne énergétique : production (centrale à cogénération – électricité et chaleur), transformation (par exemple, méthanisation des déchets afin de produire de l'électricité), distribution, consommation. L'interdiction européenne de vente d'ampoules à filament, à partir du moment où d'autres types, moins énergivores, étaient disponibles, illustre l'indispensable rôle des pouvoirs publics dans ce domaine, mais aussi la nécessité d'opérer à une échelle plus large. Selon l'AIE, les efforts de R&D en matière énergétique (17 milliards de dollars en 2014) sont largement insuffisants, et les capitaux privés doivent être davantage sollicités.

Le développement des techniques de séquestration et de stockage du CO_2, qui n'est pas encore au point, ainsi que des programmes de reforestation massive pour créer des puits de carbone sont d'autres pistes, exigeant la même coopération internationale pour être efficaces. Longtemps mis de côté lors des COP, les enjeux de l'énergie ont fini par s'y imposer à partir de la COP26 de Glasgow de 2021, citant le rôle du charbon, puis en 2023 de celle de **Dubaï**, évoquant, sans date, une « transition hors des énergies fossiles » (« *transitioning away from fossil fuels in energy systems* »). Sans contrainte, cette COP28 appellait à un triplement de la production d'énergies renouvelables et de doublement de l'efficacité énergétique en 2030 par rapport à 2023.

DÉFINITION

Intensité énergétique : quantité d'énergie nécessaire pour créer de la richesse, exprimée par exemple en tonnes équivalent pétrole (tep) par point de PIB. On parle d'efficacité énergétique pour qualifier le ratio inverse, c'est-à-dire la richesse créée par unité d'énergie consommée.

Historiquement en effet, la croissance économique a toujours suivi la hausse de la consommation énergétique. Selon les économistes Gaël Giraud et Zeynep Kahraman, il a fallu une augmentation annuelle de 10 % de la consommation d'énergie par habitant pour générer une hausse d'environ 6 % du PIB entre 1970 et 2010. De même, **la croissance des Trente glorieuses résulterait pour les deux tiers de la mobilisation de nouvelles ressources énergétiques**, pour un tiers seulement d'innovation. Enfin, des accords internationaux sur l'estimation du coût environnemental sont nécessaires. Une fois ces procédures de quantification établies, elles doivent être intégrées dans les normes comptables internationales, privées et publiques.

2. Taxes carbone et droits à polluer

Pour sortir de la croissance carbonée, une nécessité, deux stratégies s'imposent : la **taxe pigouvienne***, intégrant aux prix le coût des **externalités négatives***, ou bien la **fixation d'un prix à la pollution, échangeable sur un marché dédié**. L'idée que la pollution soit l'objet d'un marché incorpore à la logique libérale la question de la limitation des ressources et de leur destruction définitive, absente de l'hypothèse de la « main invisible » d'Adam Smith, et envisagée uniquement de façon conservatrice par Malthus.

Variation du prix de la tonne de carbone émise sur le marché européen

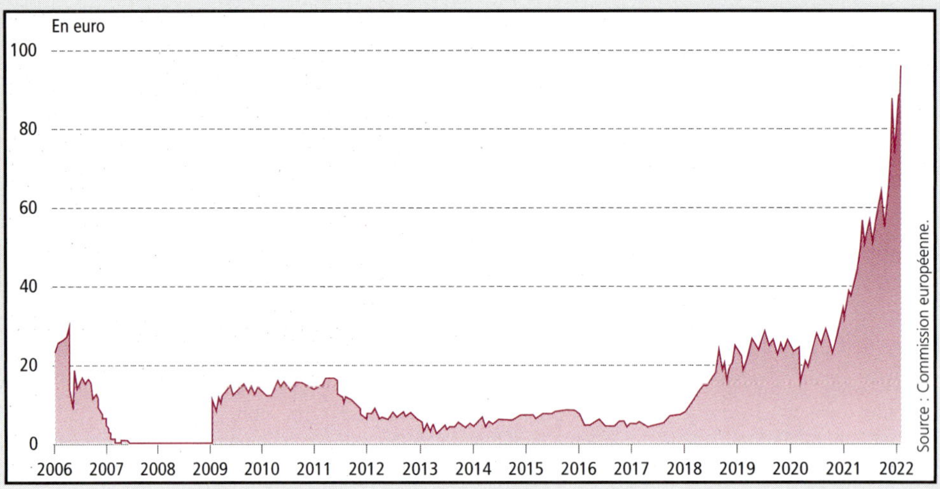

La préférence pour un système d'échange des droits à polluer plutôt que pour une taxation s'est imposée dès le Protocole de Kyoto. Les 38 pays développés signataires d'un engagement se voyaient attribuer un certain quota d'émissions de GES, dont les unités pouvaient être vendues ou achetées. Par ailleurs, un mécanisme de développement propre (**MDP**) permettait d'obtenir des crédits d'émissions en échange de transferts de technologies vertes dans les pays en développement. Ceux-ci pouvaient ainsi bénéficier d'investissements dans

DÉFINITIONS

Taxe pigouvienne : le Britannique Arthur Cecil Pigou est le premier économiste à relever que l'économie dissimule des coûts cachés, notamment la pollution, qu'il faudrait intégrer aux prix, par le biais d'une taxe.

Externalités négatives : coûts pour la collectivité et l'environnement qui ne sont pas pris en compte dans le prix. La pollution générée par les processus industriels en constitue l'exemple type.

un domaine qui ne relève pas, pour eux, de la priorité, et dans lequel ils n'auraient pas eu, sans ce mécanisme, d'incitations, puisque le Protocole les exemptait de toute contrainte. Enfin, **c'est l'Union européenne qui a véritablement lancé le marché du carbone**, avec l'inauguration, en 2003, du Système d'échange de quotas d'émission de l'UE (*European Union Emissions Trading Scheme*), fer de lance de sa politique climatique. Un plafond est assigné à 12 000 sites industriels dans six secteurs (au total, la moitié des émissions de l'UE). Le marché est organisé comme un marché financier classique : échange de quotas en Bourse, ou de gré à gré, au comptant ou à terme. Comme un marché classique, il connaît aussi son lot d'escroqueries. Mais il est surtout victime de l'effondrement du cours de la tonne de carbone : de 30 euros en 2008, elle est passée à 3,20 euros en 2013, avant de remonter, en 2019, pas très loin des 30 euros nécessaires pour que la vertu énergétique soit plus rentable que l'insouciance consommatrice. Les quotas étaient en effet devenus surabondants à partir de 2010, un autre dégât collatéral de la crise, ce qu'a répété la pandémie de 2020, avant une nouvelle envolée sur les ailes de l'inflation en 2022. À partir de 2023, le marché doit s'élargir et les quotas gratuits progressivement disparaître (ils avaient été émis pour compenser la perte de compétitivité des entreprises européennes face aux importations non-régulées). L'adoption pogressive d'une taxe-carbone aux frontières doit rétablir l'équité, sur le marché européen, pour les entreprises de l'UE (le **MACF**, mécanisme d'ajustement carbone aux frontières, est entré en vigueur depuis octobre 2023).

En attendant un marché mondialisé, les efforts européens ne sont que de peu d'effets, si ce n'est d'attiser les critiques, qui y voient une baisse supplémentaire de compétitivité de l'Union face aux États-Unis et aux émergents. Ils ne prennent en compte qu'une des dimensions du problème, l'industrie, puisque les transports, l'agriculture ou les usages domestiques y échappent. L'UE a cependant élargi son marché aux transports maritimes et aux vols intérieurs, tandis qu'un second marché du carbone, **ETS 2**, sera payé par les consommateurs, à la pompe ou sur leurs factures d'électricité et de chauffage, à partir de 2027. Au total, le périmètre du marché du carbone s'élargira ainsi à 65 % des émissions de CO_2 du Vieux Continent, contre 40 % auparavant. L'idée pourtant chemine, et des États américains comme des entreprises se sont organisés, sans cadre contraignant, tout comme la Chine, qui depuis 2013 expérimente dans le Guangdong, sa plus riche et industrielle province, un marché régional. On recense une trentaine de marchés réglementés du carbone dans le monde, pour un montant de 900 milliards de dollars.

Émerge aussi un **marché volontaire**, bien plus petit (2 milliards de dollars) mais en forte croissance (31 % chaque année entre 2016 et 2021). Des entreprises y achètent des quotas (reboisement, protection de forêts, etc.), certifiés par des agences de certification, afin d'atteindre les objectifs de décarbonation qu'elles se sont fixés, sans contrainte légale. Le système, autorisé par les articles 6.2 et 6.4 de l'accord de Paris, est néanmoins souvent assimilé à du *green washing* : Air France ou Danone, prétendent atteindre, grâce à ces crédits, atteindre la neutralité carbone à l'horizon 2050 grâce à ces crédits, Stellantis vise même 2038. Les États peuvent faire de même, c'est le cœur de la stratégie carbone des Émirats-Arabes-Unis, hôtes de la COP28 de 2023 : dans une logique que ses opposants qualifient de **colonialisme carbone**, *l'UAE Carbon Alliance* a annoncé son intention d'acheter plus de 410 millions d'euros de crédits-carbone africain d'ici à 2030. Le pays pourrait ainsi s'exonérer de tout effort, tandis que plus d'un million de Libériens verraient leurs moyens de subsistance affectés (le Liberia a concédé à la société **Blue Carbon** des droits exclusifs sur 10 % de la surface de son territoire, le Zimbabwe 20 %). Fondée en 2022, la société gère deux ans plus tard 25 millions d'hectares, soit l'équivalent de la moitié de la superficie française. Au Libéria, elle touche 70 % des droits carbone, contre 30 % pour l'État. L'efficacité même de ces crédits-carbone est par ailleurs contestable, les organismes de certification utilisant des méthodologies opaques et peu contrôlées. Hommage du vice à la vertu, le marché pourrait faire mentir l'adage libéral selon lequel le marché n'est ni moral ni immoral, mais amoral.

Au-delà des taxes et échanges de droits à polluer, des instruments financiers donnant un avantage aux investissements bas carbone doivent aussi être imaginés, alors qu'il reste à démanteler les **subventions accordées aux énergies fossiles**, qui, encore en 2020, se montaient à 5 900 milliards de dollars, soit 7 % du PIB mondial (contre 30 milliards de dollars générés en 2021 par les taxes carbone dans les 32 pays qui en sont dotés). Historiquement, en effet, le développement de nouvelles sources d'énergie ne s'est jamais traduit par une substitution, mais par une addition (le charbon n'a pas remplacé le bois, ni le pétrole le charbon).

ZOOM ▶ Les enjeux du marché chinois du carbone

Les effets d'échelle sont toujours spectaculaires avec la Chine. Alors que le pays est parti tardivement (en 2013) dans l'expérimentation d'un marché du carbone, ce dernier devrait devenir le plus important au monde (cinq fois plus important que le marché européen). Après des expérimentations à l'échelle locale (Shenzhen) puis régionale avec le Guangdong, la plus riche province, un marché national a commencé à fonctionner expérimentalement en 2016. Lancé depuis 2021, les interrogations subsistent sur son fonctionnement, sur sa définition (quelles activités y seront incluses ?), sur la fiabilité des mesures, ni, enfin, sur les modalités de vente des quotas. Si les prix restent aussi faibles qu'au milieu des années 2010 (en dessous de 10 euros la tonne de CO_2 émise), le marché ne sera pas incitatif ; s'ils sont trop élevés, ils risquent de ne pas être appliqués à l'heure du ralentissement de la croissance.

3. Le rôle des marchés

Encore en novembre 2020, la Réserve fédérale américaine reconnaissait que « **les marchés financiers ont des difficultés à analyser et chiffrer les risques climatiques** ». Pourtant, l'économie carbonée n'est plus aussi porteuse. La capitalisation boursière des principaux groupes mondiaux du charbon s'est ainsi fortement contractée durant la deuxième décennie du siècle, à proportion de la baisse des cours de la houille (aux États-Unis, 70 % de moins en dix ans). Peabody Energy, le numéro un américain du secteur, a perdu 95 % de sa valeur en cinq ans. Les investisseurs, même sous les mandats de D. Trump, ne croient plus à l'avenir d'une source d'énergie trop polluante. Les groupes pétroliers sont, eux, sous la pression de leurs actionnaires, qui les pressent de préparer la transition énergétique : en 2016, Exxon comme Chevron devaient accepter la publication annuelle d'une évaluation de l'impact financier des politiques de lutte contre le changement climatique.

Les Bourses font face aux campagnes de désinvestissement dans les énergies fossiles, lancées par des organisations environnementales, comme **350.org** (dont le nom vient du seuil de CO_2 en ppm à ne pas dépasser pour rester en dessous de 2 °C de hausse de la température). Le groupe de presse britannique *The Guardian* a rejoint un mouvement qui a incité des centaines d'institutions à des annonces de désengagement plus ou moins poussé (l'Église d'Angleterre, des universités américaines, l'université d'Oxford, les héritiers Rockefeller). Des investisseurs institutionnels, Axa et le Crédit agricole, et le plus important des fonds de pension, le Californien CalPERS, renforcent cette dynamique. De façon plus surprenante, le fonds souverain norvégien, le plus puissant au monde, qui gère les bénéfices tirés du pétrole, a rejoint le mouvement. Mais cet engagement est ambigu : il ne s'agit que de refuser de financer les techniques les plus discutables (fracturation hydraulique, schistes bitumineux, charbon), pas encore l'ensemble de l'industrie des combustibles fossiles. La motivation relève en grande partie de la prudence stratégique plus que de l'engagement. Et les sommes concernées pèsent encore peu par rapport aux milliers de milliards de dollars que représentent en Bourse, dans le monde, les groupes de l'énergie carbonée. Encore moins par rapport à l'ensemble des investissements mondiaux, plus de 100 000 milliards de dollars chaque année.

ZOOM ▶ Les évolutions de la stratégie d'Exxon, de l'offensive à la défensive

Depuis septembre 2020, Exxon, leader du secteur pétrolier, n'est plus pris en compte dans le calcul de l'indice Dow Jones, que le groupe, issu de la Standard Oil de Rockefeller, avait intégré dès 1928. Première capitalisation boursière encore en 2011, l'entreprise pèse toujours 173 milliards de dollars, loin cependant des 300 milliards de dollars qu'elle avait dépassés. Mais les marchés parient sur un inéluctable déclin d'un groupe dont le cours est surévalué par une politique systématique de redistribution généreuse de dividendes aux actionnaires, comme par des rachats systématiques d'actions, au détriment d'investissements productifs. Une politique suivie par les autres pétroliers : de 2010 et 2018, les profits d'ExxonMobil, Shell, BP, Chevron et Total ont atteint 329 milliards de dollars, mais ils ont consacré 536 milliards au versement de dividendes et aux rachats d'actions ; la différence a été financée par la vente d'actifs et par l'émission de dettes. L'industrie pétrolière espère par là pallier un déficit croissant d'image de marque, alors que de nombreuses enquêtes ont révélé que, pendant des décennies, elle a dépensé des sommes astronomiques pour nier son rôle dans le réchauffement climatique, tout en étant consciente de ses responsabilités.

Pour aller plus loin

Le site de Jean-Marc Jancovici, spécialiste des enjeux environnementaux, ingénieur et consultant
liennathan.fr/v25c8w

4. Une porte étroite, mais entrouverte

La crise de 2020 a forcé les gouvernements à lancer d'ambitieux plans de relance, dont beaucoup intègrent une accélération de la transition énergétique. Les scénarios de **relance verte soutenue** peuvent, sur le papier, déboucher sur une allocation de 1,2 % du PIB mondial à la lutte contre le changement climatique. **La période récente a montré que croissance et transition énergétique n'étaient pas incompatibles :** entre 2007 et 2016, 22 pays représentant 20 % des émissions mondiales ont ainsi vu leur croissance économique consolidée tout en réduisant leurs émissions de CO_2. Les pays scandinaves tirent des résultats concrets de leur volontarisme environnemental : entre 1995 et 2012, leur PIB a progressé de 45 % en volume, avec une consommation d'énergie et des émissions en baisse de presque 20 %. Danemark, Suède et Norvège y sont parvenus grâce à une amélioration de l'efficacité énergétique, une politique favorable au renouvelable (environ un tiers de la consommation finale) et, depuis 2002, un marché unique de l'électricité entre pays aux ressources complémentaires (éolien au Danemark, nucléaire en Suède et Finlande, hydroélectrique en Norvège). La participation au marché européen du carbone n'a pas empêché la Suède d'introduire une **taxe carbone** depuis 1991. À l'origine, elle coûtait 24 euros par tonne de CO_2 émise, et elle est montée à 114 euros en 2019, une hausse compensée par la baisse d'autres taxes. Ce modèle a été repris par quelques pays depuis, dont la France en 2014 (une taxe de 22 euros en 2016, qui devait s'élever progressivement à 56 euros en 2020, mais qui, faute de pédagogie et de compensation, a soulevé les protestations des Gilets jaunes en 2018). Elle reste depuis gelée à un peu plus de 44 euros, ce qui a rapporté environ dix milliards d'euros par an. À la différence du marché carbone qui ne concerne que l'industrie, la taxe est universelle (transports, agriculture, BTP).

Partie III

La France, une puissance en mutation depuis les années 1990

17 LES IMPACTS TERRITORIAUX DE LA MONDIALISATION EN FRANCE

La France est l'un des pays les plus intégrés dans les réseaux d'échanges de la mondialisation. Elle occupe ainsi la dix-septième place des économies les plus ouvertes, loin devant les États-Unis ou le Japon, dans un classement établi en 2018 par le Forum économique de Davos à partir de cinq critères : l'importance des échanges commerciaux dans l'activité économique, les flux de capitaux, les mouvements de main-d'œuvre, les échanges technologiques et l'intégration culturelle. **L'Union européenne constitue le cadre et l'échelle privilégiés de cette intégration.**

Les dynamiques de mondialisation mettent en concurrence les espaces et favorisent les principaux pôles des réseaux d'échanges internationaux et de la puissance économique, politique et culturelle planétaire. Il s'agit alors d'étudier dans quelle mesure la France participe de ces dynamiques, mais aussi quelles sont leurs **conséquences sur l'organisation et l'aménagement du territoire national**. Au-delà de la distinction binaire entre espaces gagnants et perdants, en quoi la mondialisation est-elle à l'origine de profondes recompositions spatiales à différentes échelles ? Dans quelle mesure celles-ci remettent-elles en cause les grands (dés)équilibres du territoire français ?

Quelques chiffres clés (2023-2024)

Population (millions d'habitants)	68,4 (23e rang mondial)
PIB (milliards de dollars)	2806 (7e rang mondial)
Part du PIB dans le monde	2,9 %
Part de la dette publique	110 % du PIB
IDH	0,901 (26e rang mondial)
Taux de chômage	7,3 %

Source : INSEE, Banque mondiale, FMI.

Notions principales

Système productif : ensemble des activités produisant de la richesse dans un réseau d'interdépendances.

Métropolisation : renforcement des principaux pôles urbains, qui polarisent les activités à haute valeur ajoutée au détriment des ensembles plus petits.

Aménagement du territoire : politique nationale de réduction des inégalités territoriales par la décentralisation d'activités, le développement d'infrastructures et un système d'aides et d'incitations fiscales.

CHRONOLOGIE

1962 : Création de la politique agricole commune (PAC)
1969 : Création du technopôle de Sophia Antipolis
1981 : Ouverture de la première ligne TGV entre Paris et Lyon
2005 : Création des « pôles de compétitivité »
2007 : Lancement de la consultation internationale sur le Grand Paris
2008 : Crise des *subprimes* et début de la crise financière mondiale
2011 : Explosion de la crise des dettes souveraines
2015 : Alors que le taux de chômage atteint 10,5 % de la population active, on dénombre 2 440 000 millionnaires de nationalité française
2016 : Ouverture du quatorzième cycle de négociations du Partenariat transatlantique de commerce et d'investissement (TTIP), désavoué par le gouvernement français
2020 : Brexit ; crise du coronavirus
2024 : Jeux olympiques de Paris

I. Une forte intégration à l'« euro-mondialisation »

A. LES MARCHANDISES : UNE PLACE NOTABLE MAIS FRAGILE DANS LE COMMERCE MONDIAL

1. Une ouverture croissante

De nombreux indicateurs attestent de l'**ouverture croissante et généralisée de l'économie française**. Alors que le commerce extérieur français de marchandises a été multiplié par près de cinq en valeur entre le début des années 1980 et la fin des années 2000, les échanges de services ont été multipliés par quatre sur la même période. De même, le taux de pénétration* du marché manufacturier français a plus que doublé dans les trois dernières décennies et dépasse 21 % en 2024.

Ce développement des échanges a de nombreux impacts sur le tissu économique français : plus de 6 millions d'emplois dépendent directement ou indirectement des exportations de biens et services. La France est également l'un des pays les plus ouverts aux investissements et aux capitaux étrangers.

Toutefois, bien que la globalisation continue, son rythme s'est ralenti avec la crise financière mondiale et sa nature a changé. Plus que le commerce de marchandises, **les nouvelles technologies de l'information et les réseaux sociaux sont désormais les moteurs principaux de la mondialisation**.

2. La forte polarisation de l'Union européenne

En 2023, deux tiers des échanges avec la France sont assurés par dix pays. Outre la Chine et les Etats-Unis, **huit d'entre eux sont européens**, aux premiers rangs desquels l'Allemagne, l'Italie et la Belgique. La part des exportations et des importations de biens et services dans le PIB français a plus que doublé entre 1968 et 2023, passant de 14 % à respectivement 34 % et 36 %.

Les conséquences de la sortie du Royaume-Uni de l'Union européenne (« Brexit », entraînant le départ du pays de l'union douanière et du marché unique le 31 décembre 2020) sur les

DÉFINITION

Taux de pénétration : rapport des importations sur la demande intérieure.

échanges bilatéraux et communautaires se font déjà sentir : entre 2020 et 2023, les exportations britanniques vers l'UE ont diminué d'un quart et les importations d'un tiers. Ce recul, particulièrement marqué en France, concerne moins les biens que les services, en particulier les services financiers et de transports. En sens inverse, le Brexit a fourni l'opportunité d'accueillir de nouveaux investissements, notamment dans le secteur financier.

■ **Structure géographique des exportations et des importations françaises en 2023**

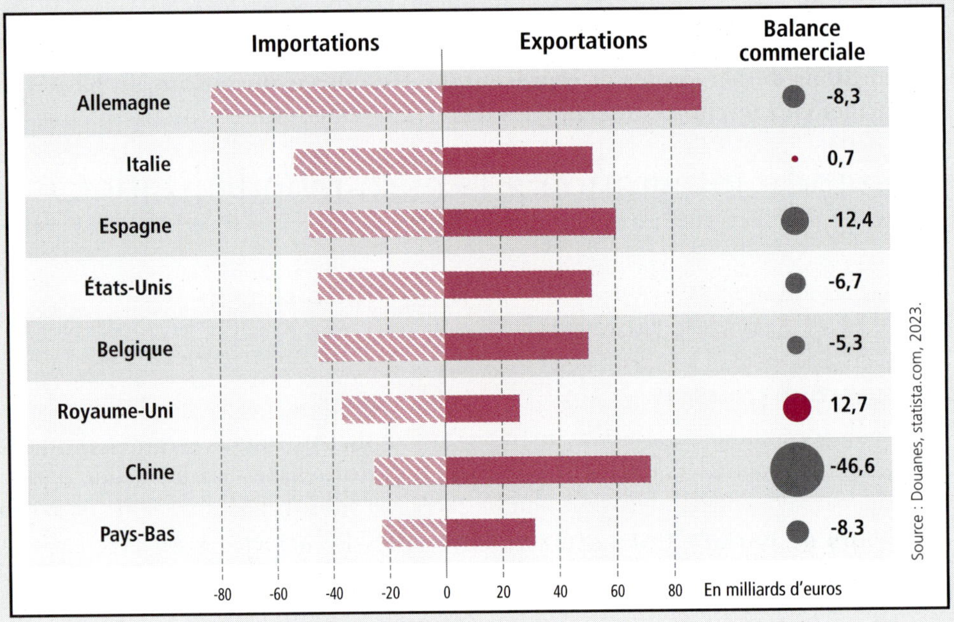

Source : Douanes, statista.com, 2023.

B. LES CAPITAUX : LE RÔLE CROISSANT DES INVESTISSEMENTS ÉTRANGERS

1. La France au cœur des flux IDE*

La France est tout à la fois un investisseur majeur à l'étranger et une terre d'accueil privilégiée de l'investissement international. Alors que le stock mondial d'IDE a été multiplié par 12 entre 1980 et 2004, celui détenu par la France a été multiplié par 26, tandis que celui d'investissements étrangers en France a été multiplié par 17. En 2023, après la crise financière et celle du coronavirus, la France est le septième pays du monde en matière d'émission de flux d'IDE et le dixième en matière de réception. À contre-courant de la tendance mondiale, les stocks français et en France, continuent de progresser depuis cinq ans, témoignant d'un renforcement de l'attractivité du pays. Lors du sommet « Choose France » organisé en mai 2024 au Château de Versailles, le Gouvernement a annoncé 15 milliards d'euros d'investissements étrangers portant sur 56 projets et entraînant la création potentielle de 10 000 emplois (dont 4000 emplois industriels).

DÉFINITION

IDE (investissements directs étrangers) : mouvements internationaux de capitaux réalisés en vue de créer, maintenir ou développer une filiale à l'étranger.

Aujourd'hui, environ deux tiers des stocks d'IDE dans l'économie française sont détenus par des investisseurs européens (Pays-Bas, Belgique, Allemagne), les États-Unis possédant une grande partie du reste.
Ces derniers sont particulièrement actifs dans l'industrie : près du quart des emplois industriels sous contrôle étranger sont fournis par des groupes américains.
Toutefois, on assiste depuis une quinzaine d'années à une progression lente mais continue des investissements en provenance des pays d'Asie, comme en témoignent plusieurs projets chinois : création par l'entreprise Huawei d'un centre de recherche fondamentale en Île-de-France ; installation à Lyon du leader mondial de la fabrication de panneaux solaires (Yingli Green Energy) ; multiplication des investissements dans les vignobles et les terres agricoles. Au total, **les 18 000 sociétés étrangères présentes en France emploient 2,2 millions de personnes et représentent 40 % des exportations du pays**.
Les principaux territoires réceptacles des IDE sont les grandes métropoles, le Grand Paris en tête, et les régions frontalières [→ DOCUMENT]. Les capitaux étrangers privilégient soit des logiques de branche (les groupes agroalimentaires s'installent dans l'Ouest ou le Bassin parisien en raison de la facilité d'approvisionnement en produits agricoles), soit des logiques de main-d'œuvre, qualifiée (les hautes technologies en Île-de-France, Rhône-Alpes-Auvergne et dans les métropoles du Sud-Ouest).

2. L'essor des partenariats industriels

Alors que le marché intérieur n'a plus la même importance dans l'économie, l'internationalisation des firmes françaises s'est accentuée. Cette dynamique concerne surtout les grandes entreprises et s'opère principalement par **constitution de groupes industriels et financiers transnationaux** ; ceux-ci réalisent désormais 65 % de leur production à l'étranger.
Plusieurs de ces créations ont eu lieu à l'échelle européenne, dans un objectif d'amélioration de la coopération et de la compétitivité au sein de l'UE. Le domaine aéronautique et aérospatial, avec la création du groupe Airbus, mais aussi avec la mise en place de l'Agence spatiale européenne, en est l'exemple phare. Né de la fusion en 2000 d'Aérospatiale-Matra (France) et de Daimler-Chrysler Aerospace (Allemagne), Airbus est aujourd'hui le deuxième groupe aérospatial à l'échelle mondiale. *Airbus aircraft* en constitue la part la plus importante avec la moitié des effectifs, mais il comprend également deux autres entités : *Defence and Space* (aérospatiale, défense et sécurité), *Helicopter* (hélicoptères civils et militaires). Sa spécificité réside dans son implantation territoriale, qui prend la forme d'un archipel de sites de production situés en France, en Allemagne, au Royaume-Uni ou en Espagne et travaillant en réseau.
Toutefois, au-delà de quelques grandes réussites (dont le secteur du luxe offre un autre exemple), **la logique de la mondialisation l'emporte souvent sur la logique européenne**. Le secteur automobile illustre bien cette tension. Si le rapprochement entre PSA et Fiat Chrysler a donné lieu à la création en 2021 à la création d'un géant Stellantis capable de faire face à General Motors ou Toyota, Renault avait choisi, à la fin des années 1990, une alliance avec le Japonais Nissan, devenant le troisième groupe automobile mondial en 2019. Alors que les liens actionnariaux ont été en grande partie dénoués en 2024, Renault redevient un groupe mineur sur un marché mondial recomposé par l'électrification.

C. LES HOMMES : DES FLUX DE PLUS EN PLUS NOMBREUX ET COMPLEXES

1. Une place en évolution dans l'espace migratoire international

La population française a été façonnée par des vagues successives d'immigration. Massive pendant les Trente Glorieuses, dans une période de forte croissance économique, celle-ci a connu un net ralentissement à partir des années 1970, avant de reprendre au XXIe siècle. Depuis 2000, la part des personnes immigrées dans la population totale a progressé de 7,5 % à près de 11 % en 2023, soit 7,3 millions d'immigrés. Alors que l'Union européenne est l'un des pôles d'attraction majeurs de l'immigration internationale, la France a longtemps présenté un solde migratoire faiblement positif, en hausse ces dernières années. Il est évalué par l'INSEE à +183 000 personnes en 2023, soit une contribution à hauteur des trois quarts de la hausse de la population.

La mondialisation a contribué à la diversification des origines géographiques des migrants* [→ DOCUMENT]. Alors qu'en 1962, les Espagnols et les Italiens formaient encore la moitié des immigrés présents sur le territoire français, ils représentaient en 2019 moins d'un immigré sur dix (7,1 %). À l'inverse, la part des immigrés nés au Maghreb a été multipliée par deux (environ 30 % de la population immigrée en 2023). Même si leur part reste modeste, un nombre croissant d'immigrés viennent d'Afrique subsaharienne (15 %) et d'Asie (15 %).

L'immigration à destination du territoire français se caractérise également par une temporalité de plus en plus variable : alors que les itinéraires des migrants sont marqués par une complexité croissante, la France n'est souvent qu'une étape, un « rebond » selon l'expression de Gildas Simon, au sein d'un circuit migratoire d'échelle plus vaste.

À l'échelle régionale, on constate une forte concentration des immigrés dans les régions du Nord et de l'Est (Île-de-France, Hauts-de-France, Grand Est, Rhône-Alpes, PACA), en raison de leur tradition industrielle et/ou de leur proximité frontalière. Les grandes aires urbaines (Lille, Lyon, Marseille) captent la plupart de ces populations. Ainsi, **la région parisienne est la principale aire de destination et de stabilisation du pays** : elle est à la fois un lieu d'arrivée, un espace de transit et un pôle de fixation en raison de la forte concentration d'activités et de l'attraction exercée par les communautés immigrées déjà établies. De véritables filières migratoires se sont mises en place, privilégiant le regroupement d'individus de même origine. À plus grande échelle, la concentration de populations immigrées dans certains secteurs urbains contribue à l'émergence et au dynamisme de « quartiers ethniques », à l'image de Belleville, où se regroupent les communautés asiatiques à Paris, ou de Belsunce à Marseille, spécialisé dans le textile. Ce cosmopolitisme a de nombreux impacts sur le tissu urbain et commercial des métropoles, tout en jouant sur leur image internationale et sur leur rayonnement.

DÉFINITION

Migrants : les termes employés pour qualifier les migrants sont multiples et labiles. Une distinction usuelle différencie les « réfugiés* », contraints de quitter leur pays pour des raisons vitales, des autres migrants cherchant de meilleures perspectives économiques. De nombreux chercheurs remettent toutefois en question la pertinence de cette approche. Ce débat sémantique illustre en réalité les clivages politiques et idéologiques qui traversent l'appréhension de la question migratoire en France.

Les immigrés en France selon le continent et le pays de naissance en 2023

Continent de naissance	Pays de naissance
Afrique (47,7 %)	Algérie **(12,2 %)**, Maroc **(11,7 %)**, Tunisie **(4,8 %)**, Comores **(2,1 %)**, Côte d'Ivoire **(2 %)**
Europe (32,3 %)	Portugal **(7,9 %)**, Italie **(3,9 %)**, Espagne **(3,2 %)**, Royaume-Uni **(2 %)**, Roumanie **(2 %)**
Asie (13,7 %)	Turquie **(3,3 %)**
Amérique, Océanie (6,3 %)	

Source : INSEE.

La mondialisation des flux migratoires a remis en cause la conception française de l'immigration. Depuis les débuts de la politique de « maîtrise des flux » en 1974, la France semble hésiter face aux enjeux que représentent la présence sur le territoire des « sans-papiers » et la place des immigrés dans la société. La loi de 2006 relative à l'immigration et à l'intégration marque une inflexion – largement controversée – pour tenter d'adapter l'immigration aux « capacités d'accueil » de la France et à ses besoins économiques (notion d'« immigration choisie »). La France appartient par ailleurs à l'« espace Schengen » depuis sa mise en place en 1995. Ratifiée par la plupart des pays de l'UE (à l'exception de l'Irlande et du Royaume-Uni) et par certains pays extérieurs (Islande, Norvège, Suisse), cette convention a permis d'assurer une libre circulation au sein des pays membres. Mais elle a aussi eu pour conséquence de renforcer les frontières externes de l'Europe et le contrôle à l'entrée des immigrants internationaux. Déjà contestés par plusieurs associations et par l'ensemble des Églises, ces cadres de régulation ont été mis à rude épreuve par l'**augmentation massive, à partir du début des années 2010, du nombre de migrants souhaitant se rendre dans l'Union européenne**. Celle-ci est liée à la convergence de plusieurs facteurs, notamment l'aggravation des violences dans les États en proie à des guerres civiles (Syrie, Libye, Irak), mais aussi la persécution de minorités (Soudan) ou, plus généralement, la dégradation des conditions de vie des franges les plus précaires des populations de certains pays d'Afrique subsaharienne (Érythrée) et d'Asie (Afghanistan, Bangladesh). En 2023, environ 355 000 personnes sont entrées irrégulièrement dans l'UE, soit le chiffre le plus élevé depuis 2016. La gestion de cet afflux a provoqué de vives tensions diplomatiques entre les pays de l'Union européenne, qui ont adopté des postures et des politiques très contrastées en termes d'accueil des migrants. Les autorités françaises ont une nouvelle fois semblé hésiter sur l'attitude à adopter en la matière, entre, d'une part, des injonctions à la solidarité, à l'instar de l'Allemagne jusqu'en 2024 (plus d'un million de migrants accueillis en 2015), et d'autre part, une grande frilosité liée à la défiance d'une partie de la population et à l'instrumentalisation de la question migratoire dans le débat politique. Le contrôle de l'immigration est devenu l'une des préoccupations majeures des Français. En 2024, la loi relative à l'immigration est adoptée, après toutefois avoir été largement censurée par le Conseil constitutionnel pour ses dispositions relatives au durcissement de l'accès aux prestations sociales, aux quotas migratoires annuels et au resserrement des critères du regroupement familial.

■ **Les flux migratoires en France depuis 2006**

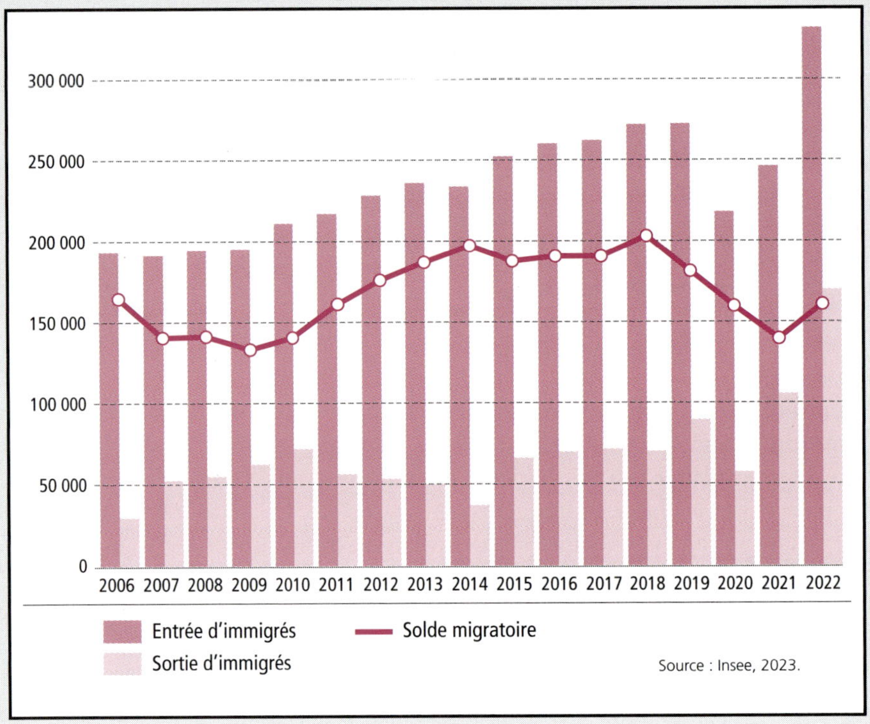

2. Un pôle touristique d'envergure mondiale

ZOOM ▶ Le tourisme au péril du coronavirus ?

La crise sanitaire liée à la pandémie de Covid-19 a provoqué, partout dans le monde, un effondrement de la fréquentation touristique. Lors de la première vague épidémique (printemps-été 2020), la France a mieux résisté que ses voisins européens, notamment l'Espagne et l'Italie, qui ont enregistré une baisse d'environ 70 %, tirée par la quasi-disparition de leur clientèle estivale internationale. En France, le recul n'a été que de 40 %, notamment parce que les Français ont massivement séjourné dans l'Hexagone. Les pertes de recettes touristiques globales pour l'ensemble de l'année 2020 n'en sont pas moins estimées, par l'agence Atout France, entre 50 et 60 milliards d'euros. La présence durable et diffuse du virus sur le territoire contribue à faire évoluer les destinations : le littoral et la campagne sont plébiscités, tandis que l'outre-mer et les grandes villes sont délaissés, fragilisant les acteurs du tourisme urbain et culturel. Simple ajustement conjoncturel ou prémices d'un changement de modèle ? Il est encore trop tôt pour le dire.

La France se distingue par la place et le rôle qu'elle n'a cessé de tenir dans l'histoire mondiale du tourisme. Dès le XIXe siècle, la fréquentation aristocratique du littoral azuréen, des stations thermales ou des sommets alpins contribue à capter des flux issus de toute l'Europe. Ces pratiques se sont généralisées au cours du XXe siècle à la faveur de l'essor économique et des avancées sociales. Depuis deux décennies environ, la baisse du coût des transports (en particulier dans le secteur aérien) et les progrès de l'intégration régionale ont conduit à une **véritable explosion du tourisme international**. Celle-ci concerne tout particulièrement les pays européens, au premier rang desquels la France : avec environ 100 millions de visiteurs internationaux et 450 millions de nuitées (en incluant le tourisme domestique) en 2023, des chiffres supérieurs à la période précédant la crise du coronavirus, **l'Hexagone est la première destination touristique mondiale** devant l'Espagne et l'Italie. Le pays bénéficie de sa situation au cœur d'une Europe occidentale prospère et densément peuplée, mais aussi d'un patrimoine naturel et culturel particulièrement riche et diversifié.

Les emplois salariés dans les secteurs d'activité du tourisme (2019)

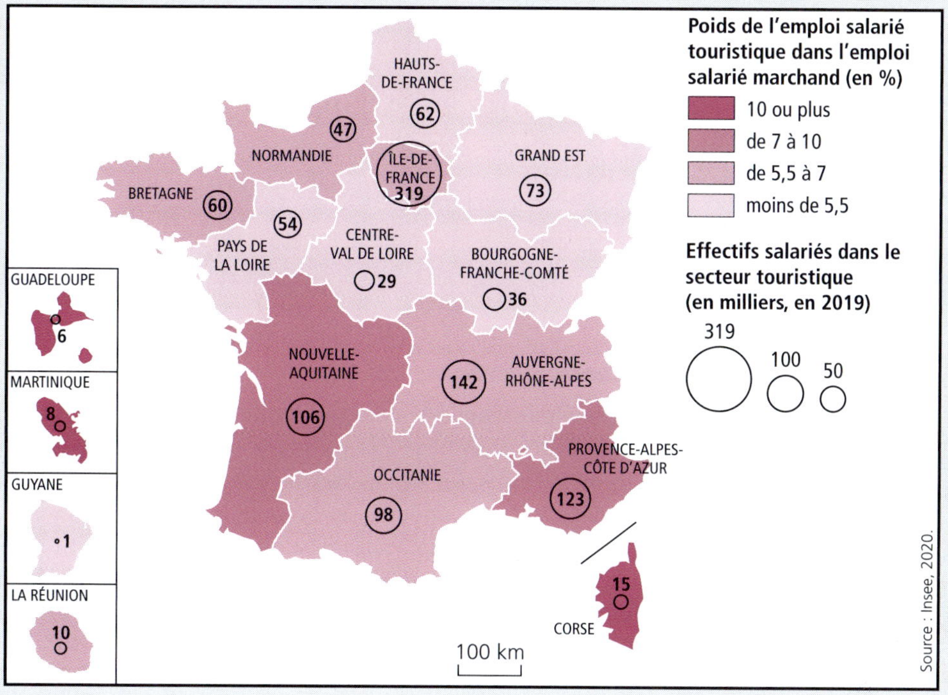

Si les touristes européens représentent encore, en 2023, environ 80 % des arrivées, 75 % des nuitées et 65 % des recettes, la période récente a été marquée par la croissance rapide des flux en provenance des pays émergents (Inde, Brésil et surtout Chine) et par l'irruption de la clientèle moyen-orientale et russe. Ces visiteurs sont particulièrement recherchés, car ils dépensent traditionnellement plus que la moyenne. En effet, **le tourisme** représente environ 2 millions d'emplois, des centaines de milliers d'entreprises et plus de 7 % du PIB. Certaines régions particulièrement attractives captent l'essentiel des flux ; ainsi, la région parisienne (principalement Paris) et la Côte d'Azur représentent plus de la moitié des emplois induits [→ DOCUMENT]. Le tourisme international est également présent, de façon plus diffuse, dans le Val de Loire et dans les Alpes (tourisme hivernal).

DÉFINITION

Réfugiés : au sens de la Convention du 24 juillet 1951, un réfugié est « une personne qui se trouve hors du pays dont elle a la nationalité ou dans lequel elle a sa résidence habituelle ; qui craint avec raison d'être persécutée du fait de sa « race », de sa religion, de sa nationalité, de son appartenance à un certain groupe social ou de ses opinions politiques, et qui ne peut ou ne veut se réclamer de la protection de ce pays ou y retourner en raison de ladite crainte ».

Par ailleurs, l'attractivité touristique de la France a été sensiblement dégradée à la suite des attaques terroristes qui ont visé Paris et Nice en 2015 et 2016. Une partie de la clientèle internationale a évité la capitale française, avec des conséquences notables sur les secteurs de l'hôtellerie et de la restauration (– 13 % de revenus générés en 2015, notamment dans le secteur haut de gamme). Après une forte reprise de la fréquentation en 2018 et 2019, la récente crise du coronavirus met de nouveau à rude épreuve la « résilience touristique » du pays [→ ZOOM]. Dans ce contexte instable, les Jeux olympiques de Paris de 2024, s'ils ont attiré des visiteurs, ont contribué à restaurer l'image de la France à l'international ; leurs effets sur la fréquentation devraient se faire sentir durablement.

II. Des impacts territoriaux contrastés à différentes échelles

A. MUTATIONS DU SYSTÈME PRODUCTIF ET RECOMPOSITIONS DE L'ESPACE INDUSTRIEL

1. De la tertiarisation à la technopolisation

Jusqu'aux années 1960, la France industrielle se confond, pour l'essentiel, avec la France de l'industrie lourde, dont les activités sont liées à la présence de ressources minières ou de bassins de main-d'œuvre formée depuis des siècles (textile). Les paysages et les sociétés présentent de forts particularismes sur des étendues assez limitées (les « pays noirs » du Nord et de l'Est). Accompagnant la croissance, la modernisation du système productif dans les années 1960 et 1970 se traduit par une mutation vers **une économie néo-industrielle où les services et les activités de conception supplantent le monde de la production**. Ainsi, entre 1978 et 2008, 150 000 postes ont été créés en moyenne chaque année dans les services marchands, alors que 60 000 ont été détruits dans l'industrie ; la part de l'emploi industriel dans l'emploi total du secteur marchand passe de 33 % (5,5 millions d'emplois) à 19,9 % (3,8 millions). Cette **double dynamique de tertiarisation/désindustrialisation** est toutefois ambiguë. En effet, en France comme ailleurs, la partition classique en trois secteurs est de moins en moins opérante : non seulement l'industrie ne peut plus être confondue avec le secteur secondaire, mais on assiste à une « fusion de la production industrielle et du tertiaire à toutes les échelles, de l'entreprise locale à la multinationale[1] ».

À partir des années 1980, **la mondialisation contribue à renforcer et à accélérer ces évolutions**. D'un côté, elle encourage la spécialisation dans les activités les plus intensives en travail qualifié et en valeur ajoutée, qui se traduit notamment par **l'orientation croissante de l'activité industrielle vers le secteur des hautes technologies, appelée « technopolisation »**. De l'autre, la pression concurrentielle accrue oblige les entreprises à augmenter leur compétitivité. Le système productif français s'est partiellement adapté à ce nouveau contexte. Il occupe des positions fortes dans plusieurs secteurs de haute technologie comme l'aéronautique, l'industrie nucléaire, le matériel militaire, les transports. Mais ses spécialisations sont trop limitées et laissent de côté des secteurs innovants comme l'informatique ou les biotechnologies.

1. Félix Damette et Jacques Scheibling.

ZOOM ▶ Délocalisations et relocalisations

Le processus de délocalisation est un élément important des stratégies des entreprises, qui cherchent à implanter des sites de production dans les territoires les plus compétitifs. La délocalisation des industries de main-d'œuvre (textile, électroménager) vers les pays du Sud à bas coûts salariaux, notamment la Chine, est un thème récurrent qui focalise les inquiétudes de l'opinion publique comme des pouvoirs publics. Cependant, de nombreuses études montrent que les délocalisations qui ont engendré le plus de pertes d'emplois s'effectuent vers d'autres pays industrialisés d'Amérique du Nord ou de l'UE. Les pouvoirs publics cherchent à intervenir dans les stratégies des entreprises afin de maintenir des sites de production et des emplois, mais aussi d'attirer des investissements et d'encourager la création d'entreprises. Ainsi, l'implantation de Toyota à Onnaing près de Valenciennes (4 000 emplois créés depuis 2001) a été rendue possible par l'engagement d'acteurs institutionnels à différentes échelles. Plus largement, au cours des dernières années, l'État est directement intervenu – avec un succès inégal – pour empêcher la délocalisation de plusieurs activités jugées stratégiques (chantiers navals) ou essentielles à leur bassin d'emploi (automobile). Un processus de relocalisation concerne, par ailleurs, une minorité d'entreprises françaises depuis les années 1990. Trois facteurs principaux encouragent ce mouvement modeste et fragile (moins de 15 000 emplois relocalisés) : la mécanisation et la robotisation, qui permettent de remplacer le travail peu qualifié et de limiter les coûts salariaux ; des problèmes de qualité ou de sécurité de certains produits assemblés à l'étranger ; le coût du transport. Ainsi, certaines activités transférées en Chine des groupes Atol (lunettes) ou Smobby (jouets) ont été en partie relocalisées en France.

Les principales difficultés concernent toutefois les industries manufacturières : alors que la petite taille des sociétés est devenue un handicap pour affronter le marché globalisé, **leur compétitivité a été mise à mal par la concurrence des pays émergents dans plusieurs secteurs traditionnels**, ce qui a occasionné de nombreuses fermetures et délocalisations de sites de production [→ ZOOM CI-DESSUS]. Dans ces conditions, la question de l'adaptation de la France à la mondialisation fait l'objet de nombreux débats politiques et scientifiques. Le ralentissement durable de l'économie européenne, alors que le géant étatsunien poursuit sa marche en avant, a contribué à lui donner une acuité nouvelle, en cristallisant les craintes d'un décrochage du pays.

2. « Évitement industriel » et spécialisation fonctionnelle

Au sein du territoire français, ces évolutions ont entraîné de **profondes recompositions de l'espace industriel**. Le déclin des bassins de la première industrialisation a conduit à une disparition des anciens « pays noirs » et à une dilution des paysages industriels traditionnels. Au contraire, la technopolisation s'est accompagnée d'un mouvement de **reconcentration de l'industrie**, traduisant l'attrait des plus grandes aires urbaines sur les créations d'emplois hautement qualifiés. Enfin, la dissociation territoriale entre industries de base, industries de consommation et branches de pointe conduit à une **spécialisation fonctionnelle de plus en plus prononcée**.

La géographie productive n'est toutefois que lentement remodelée, comme en témoigne le poids encore très disparate de l'industrie de part et d'autre de la ligne Le Havre-Marseille – devenue une ligne La Rochelle-Valence à la suite de la diffusion industrielle vers l'ouest et le sud du Bassin parisien.

B. UNE MÉTROPOLISATION SINGULIÈRE

1. Un mouvement sélectif de reconcentration métropolitaine

La métropolisation est l'une des principales traductions spatiales de la mondialisation. Elle désigne la **concentration croissante des hommes et des activités économiques dans les villes occupant les positions les plus élevées des hiérarchies urbaines** nationales et internationales. Cette dynamique concerne notamment la partie la plus qualifiée, innovante et internationalisée du système productif et de la population active. En effet, les trente dernières années ont apporté des changements profonds dans la localisation des fonctions urbaines. Dans le contexte de la mondialisation, les entreprises recherchent avant tout ce qui facilite leur adaptation aux nouvelles conditions de leur activité : marché important, ouvert et internationalisé ; services externalisés ; sous-traitants ; formation de haut niveau ; équipements et services publics ; accessibilité aux grands réseaux de transports internationaux.

ZOOM ▶ Les fonctions métropolitaines supérieures

La catégorie des « fonctions métropolitaines » a été créée par l'Insee après le recensement de 1990 afin de compléter l'analyse traditionnelle par secteur d'activité et de mettre en évidence les fonctions caractéristiques des plus grandes villes (en 2008, quinze aires urbaines concentrent plus de deux tiers de l'emploi qui en résulte). Plusieurs fois actualisée depuis, elle comprend les activités suivantes.

– *Conception-recherche* : professions de la conception, de la recherche et de l'innovation. Dans l'industrie, elles recouvrent les phases préliminaires à la fabrication. Elle se distingue de la fonction suivante par la dimension d'innovation incluse dans les travaux des métiers concernés.

– *Prestations intellectuelles* : professions de mise à disposition de connaissances spécifiques pour le conseil, l'analyse, l'expertise.

– *Commerce interentreprises* : professions en relation directe avec le commerce de gros et le commerce entre les entreprises, que ce soit pour l'achat ou la vente.

– *Gestion* : professions de la gestion d'entreprise, de la banque et de l'assurance.

– *Culture-loisirs* : professions de la culture et des loisirs, sportifs ou non.

Pour aller plus loin

Le site du ministère de la Cohésion des territoires et des relations avec les collectivités territoriales, héritier de la DATAR

liennathan.fr/y98e8y

Une bonne combinaison de ces éléments, ou « **synergie métropolitaine** », constitue une « assurance-flexibilité[2] » pour des entreprises soumises à un contexte sans cesse évolutif. Dans ces conditions, **une sélection s'est opérée entre les villes** : d'un côté, celles où se concentrent les fonctions supérieures, de commandement ou de production à haute valeur ajoutée [→ ZOOM CI-DESSUS], deviennent les moteurs de la croissance ; de l'autre, celles où se localisent les fonctions banales sont marginalisées.

2. Le poids écrasant de Paris

En France, **cette double dynamique de mondialisation-métropolisation a conduit au renforcement du rôle de Paris dans le système productif national et international**. En effet, en raison de ses nombreux avantages comparatifs, la région capitale a capté

2. Pierre Veltz.

la plupart des fonctions métropolitaines et des emplois stratégiques créés dans le pays : « pendant que la province se développait, la région parisienne entrait dans une catégorie différente, celle des grandes métropoles mondiales[3] ».
Aussi, si le clivage entre « Paris et le désert français[4] » est désormais obsolète, en raison du développement et de l'attractivité croissante des métropoles régionales, **la domination fonctionnelle de la capitale s'est accentuée**. Dans le domaine politique, Paris regroupe les sièges du pouvoir exécutif, législatif et judiciaire, ainsi que l'administration centrale et les représentations diplomatiques étrangères. Dans le domaine économique, le poids de Paris concerne surtout le secteur tertiaire et notamment sa partie la plus qualifiée et la plus abstraite, comme la finance (91 % des transactions financières). La capitale concentre également les sièges sociaux des entreprises nationales (382 des 500 plus importantes du pays) et multinationales, regroupés dans les quartiers d'affaires centraux (Opéra, VIIIe arrondissement) ou péricentraux (La Défense : 20 % du PIB de l'Île-de-France). Paris joue également un rôle prépondérant en matière d'innovation et de recherche (41 % des chercheurs – et jusqu'à 54 % dans la recherche industrielle –, 35 % des étudiants des grandes écoles). La prééminence parisienne se traduit également dans le domaine culturel, la capitale concentrant les équipements les plus prestigieux (musées, salles de concerts) et la grande majorité des actifs travaillant dans le secteur de la création et de l'édition. Desservi par un dense réseau de transports qui en fait l'une des villes les plus accessibles du monde, Paris est enfin un pôle touristique majeur et un important centre international de congrès.
Dans ces conditions, **Paris est la seule métropole française considérée comme « complète »**, c'est-à-dire cumulant l'ensemble des fonctions stratégiques, **et « mondiale »**, c'est-à-dire concentrant les activités les plus internationalisées. Dans les classements internationaux, elle figure aux côtés (ou directement à la suite, selon les auteurs) des villes globales que sont Londres, New York et Tokyo, places centrales de la globalisation économique. Les autres villes françaises sont en retrait et correspondent davantage à des « métropoles incomplètes », de rang européen (Lyon, Lille, Toulouse) ou simplement national (Nantes, Rennes, Bordeaux).
Cette position dominante s'accompagne toutefois de **faiblesses structurelles**. Après une période de concentration métropolitaine rapide, le taux de croissance du PIB de l'Île-de-France est aujourd'hui moins élevé que celui du reste du pays. En outre, plus la productivité régionale s'accroît (sa part dans le PIB national est passée de 22 % à 31 % entre 1988 et 2021), plus le revenu distribué localement régresse ou stagne (20 % du revenu national). Cette **disjonction entre insertion croissante dans les échanges mondialisés et développement local** a pu être analysée comme la manifestation d'un « paradoxe francilien[5] ». Dans un contexte de concurrence exacerbée entre métropoles mondiales, ces faiblesses ont contribué à relancer le débat sur les performances économiques et les problèmes de gouvernance* de la région capitale.

DÉFINITION

Gouvernance : ensemble des mesures, des organes de décision et d'information permettant d'assurer le bon fonctionnement d'un État, d'une institution ou d'une organisation publique ou privée.

3. Jean Robert.
4. Jean-François Gravier, 1947.
5. Laurent Davezies.

3. Les effets territoriaux de la métropolisation

a) Déterritorialisation ou reterritorialisation ?

Les grandes métropoles s'inscrivent dans un réseau d'échanges de natures diverses (économique, humaine, informationnelle) qui les rend interdépendantes. Ce réseau a pu être défini comme un «**archipel mégalopolitain mondial**» [→ CH. 8], polarisé par les trois grandes mégalopoles mondiales, dont la dorsale européenne, qui s'étale du bassin de Londres au nord de l'Italie. Si seul le quart nord-est du territoire français s'inscrit pleinement dans cet ensemble mégalopolitain, Paris y est rattaché par de puissantes infrastructures (Eurostar, Thalys, TGV Est européen) et de nombreux échanges qui attestent de sa participation aux dynamiques mégalopolitaines.

Les conséquences de l'émergence de cette «économie d'archipel» sur le territoire français font l'objet de débats. Certains auteurs mettent en avant **la perte de l'ancrage régional et l'apparition de nouvelles discontinuités spatiales**. Ainsi, le quartier de La Défense entretient plus d'échanges avec la City londonienne qu'avec les zones d'activités des villes du Bassin parisien ; de même, le renouveau économique de Lille n'a eu que peu d'effets sur le développement du bassin minier, alors que les industries aéronautiques de Toulouse

ZOOM ▶ Les villes moyennes dans la mondialisation

Les villes moyennes françaises sont souvent présentées comme faisant partie des plus touchées par les difficultés urbaines et socio-économiques. Fortement enracinées dans le récit territorial national, elles ont connu de profonds bouleversements au cours des trente dernières années : les réorganisations post-fordistes ont fragilisé leur base productive, souvent faiblement diversifiée, tandis que le double effet de la métropolisation et de la contraction des dépenses publiques a affaibli leur capacité historique de polarisation de leur environnement rural. En somme, c'est le modèle de développement territorial des villes moyennes qui semble durablement remis en cause, au point que certains experts ont pu annoncer leur « disparition ». De nombreux travaux récents invitent pourtant à nuancer et à contextualiser ces représentations.

Si les bases industrielles des villes moyennes, souvent très spécialisées et à faible teneur technologique, ont été incontestablement fragilisées par la mondialisation, leurs capacités d'adaptation aux mutations en cours ne sont pas négligeables. Ainsi, des grappes productives innovantes se sont développées autour de villes moyennes comme Châtellerault (aéronautique) ou Cognac (agroalimentaire). Par ailleurs, la pérennité de leur fonction d'encadrement contribue à une certaine résilience de ces villes face à la crise. En réalité, les villes moyennes connaissent des dynamiques contrastées, largement déterminées par les systèmes territoriaux au sein desquelles elles s'inscrivent, notamment par leurs rapports aux métropoles environnantes. L'émergence, dans les pratiques quotidiennes comme dans les politiques publiques, de vastes pôles métropolitains associant une métropole régionale et plusieurs villes moyennes satellites attestent des rapports complexes qui se nouent entre les différents niveaux de la hiérarchie urbaine, entre concurrence, dépendance et complémentarité. Ainsi, la stratégie territoriale d'Albi, élaborée autour du triptyque patrimoine/université/innovation, constitue un exemple original de différenciation positive vis-à-vis de la métropole toulousaine voisine.

Enfin, depuis 2017, les villes moyennes ont été replacées au premier plan de l'agenda politique national. Le plan « Action cœur » de ville vise à favoriser le maintien ou le développement des fonctions commerciales et économiques dans les centres des villes moyennes, afin d'améliorer à la fois leur attractivité et le cadre de vie de leurs habitants. 222 d'entre elles, réparties sur l'ensemble du territoire national, ont signé une convention avec des partenaires publics et privés, qui programme un ensemble de projets inscrits dans les objectifs du plan. Alors que la crise sanitaire confère une nouvelle attractivité résidentielle à ces villes « à taille humaine » et à moindre coût, le gouvernement a amplifié ses efforts en faisant des villes moyennes les têtes de pont de la déclinaison territoriale du plan de relance.

DÉFINITION

Système productif localisé : organisation productive localisée autour d'un bassin d'emploi et mettant en relation diverses unités productives ayant des activités similaires ou complémentaires.

fonctionnent en réseau avec Hambourg et Londres, mais peu avec celles de leur région, à l'exception des sociétés de sous-traitance installées près de la ville. D'autres insistent, au contraire, sur les **nouvelles formes de territorialisation industrielle**. D'une part, la métropolisation témoigne d'un enracinement des firmes à l'échelle locale, qui valorise les avantages comparatifs des territoires urbains : compétences locales, qualité des infrastructures, densité des réseaux sociaux et entrepreneuriaux accumulés au fil du temps. D'autre part, de nombreuses entreprises industrielles articulent avec succès insertion dans la compétition globalisée et maintien d'une forte base territoriale locale et/ou régionale. Ainsi, la DATAR[6] encourage, depuis les années 2000, l'organisation de « systèmes productifs localisés* » (SPL) spécialisés autour d'un produit ou d'un métier (textile autour de Cholet, plasturgie dans la région d'Oyonnax). L'évolution contrastée des villes moyennes témoigne de l'ambivalence de ces dynamiques.

b) À l'échelle de l'espace urbanisé : une spécialisation sociospatiale croissante

Les quartiers d'affaires, ou ***central business districts*** (CBD) dans la terminologie anglo-saxonne, constituent sans doute le type d'espace métropolitain le plus reconnaissable : urbanisme sur dalle, tours de bureaux, organisation autour d'un pôle multimodal de transports, exclusivité des activités tertiaires, marquages sociaux associés à une fréquentation diurne par des cadres. En France, le quartier de La Défense en est un cas à la fois pionnier et emblématique (premier quartier d'affaires en Europe en termes de surface de bureaux), dont le modèle a été transposé dans la plupart des métropoles régionales (La Part-Dieu à Lyon, Mériadeck à Bordeaux, Euralille à Lille).

Le développement de CBD ne représente toutefois qu'un des aspects des **transformations fonctionnelles des zones centrales**, marquées notamment par : la disparition de la fonction de production, en lien avec la désindustrialisation ; une hyperconcentration des activités tertiaires à caractère directionnel ; de fortes tensions sur la fonction résidentielle, le prix de l'immobilier contraignant les populations modestes à délaisser le centre pour les périphéries, tandis que les élites urbaines et les « classes créatives » investissent les quartiers autrefois populaires (**gentrification***) ; une mise en tourisme, associée à de nouvelles pratiques festives et événementielles.

Le centre-ville constitue désormais une vitrine pour la métropole et un enjeu essentiel en termes de fréquentation touristique.

Mais **les périphéries urbaines sont également les réceptacles des dynamiques métropolitaines** : périurbanisation généralisée ; accueil des fonctions logistiques indispensables au fonctionnement métropolitain (aéroports, plateformes multimodales) ; installation de fonctions directionnelles et d'activités technologiques dans de nouvelles « centralités périphériques » (parcs d'activités, technopôles*) ; ouverture d'immenses centres commerciaux ; croissance et complexification des mobilités.

DÉFINITIONS

Gentrification : phénomène urbain d'embourgeoisement, par lequel le profil économique et social des habitants d'un quartier se transforme au profit d'une couche supérieure.

Technopôle : parc d'activités à haute valeur ajoutée dont l'objectif est de créer des synergies entre production, recherche et formation. À différencier de « technopole » (sans accent), désignant une ville dont les fonctions lui permettent de jouer un rôle moteur dans la production de richesse et de développement.

6. Devenue 2014, le Commissariat général à l'égalité des territoires (CGET) puis, en 2020, l'Agence nationale de la cohésion des territoires (ANCT).

Plus généralement, **la métropolisation contribue à renforcer la spécialisation fonctionnelle et sociale des espaces urbains**. Ainsi, les quartiers les plus prospères côtoient, parfois sans transition, les secteurs de relégation ; plusieurs mondes urbains vivent en parallèle. Le sociologue Jacques Donzelot a évoqué une « **ville à trois vitesses** » pour rendre compte des logiques de séparation sociospatiale à l'œuvre depuis les années 1980 dans les aires urbaines façonnées par la mondialisation : les « grands ensembles » relégués, surtout présents dans certaines banlieues ; les espaces périurbains ; les centres embourgeoisés. Des travaux récents contestent cette vision et mettent en avant la complexité et l'**inscription à différentes échelles des dynamiques de recomposition socio-économique des espaces urbains**.

C. LA VALORISATION DES INTERFACES

1. Nouvelles échelles, nouvelles centralités

Fondée sur un développement des échanges au sein d'un marché unique garantissant la libre circulation des biens et des personnes, l'« euro-mondialisation » a profondément changé l'organisation et les représentations du territoire français. Dans un grand nombre de domaines, **l'échelle française seule n'a plus de sens**.

a) Internationalisation des flux et évolutions de l'accessibilité

Ainsi, **les trafics sur les réseaux français sont de plus en plus marqués par la dimension européenne**. Le trafic international représente désormais 40 % des tonnes-kilomètres transportées, porté notamment par la forte croissance des flux de transit : occupant une position d'isthme, l'Hexagone est un **carrefour majeur au sein des pays de l'Europe de l'Ouest**. L'internationalisation des flux, mais aussi la promotion par l'Union européenne d'un réseau transeuropéen de transport, ont contribué à redessiner la France des transports : si l'axe principal nord-sud (Lille-Paris-Lyon-Marseille), superposant trafics routier, ferroviaire (TGV) et aérien, voit son importance renforcée, on assiste à l'émergence d'un corridor de circulation entre les péninsules Ibérique et Italienne par la plaine du Languedoc. Un autre couloir, d'importance moindre, relie le Benelux et la région parisienne à l'Espagne *via* Bordeaux.

ZOOM ▶ Le carrefour lillois

Sa situation frontalière, renforcée par la discontinuité des réseaux de transport entre la France et la Belgique, a longtemps fait de la capitale des Flandres un cul-de-sac hexagonal. L'ouverture internationale a bouleversé ce schéma : l'amélioration de l'équipement autoroutier (A1, A22, A23, A27) et surtout l'interconnexion entre les réseaux nationaux ont fait de Lille un carrefour majeur entre Europe du Nord et Europe du Sud. Cette accessibilité accrue a permis de décloisonner les marchés du travail régionaux et d'étendre l'influence de la métropole largement au-delà de la frontière. Mais le véritable tournant pour Lille a été l'ouverture du tunnel sous la Manche en 1994. Grâce à une forte mobilisation des acteurs régionaux et à l'autorité politique de Pierre Mauroy (qui était alors maire de Lille et Premier ministre), la SNCF a accepté de modifier le tracé de la ligne à grande vitesse entre Paris et Londres, initialement prévu sans étape jusqu'à Calais, pour desservir la ville. Lille devient alors le carrefour des axes TGV Paris-Londres, Paris-Bruxelles et Londres-Bruxelles. Cette situation à mi-chemin entre trois capitales et à proximité du plus puissant ensemble logistique européen (Anvers-Rotterdam-Amsterdam) constitue l'atout majeur d'un vaste plan de redynamisation économique, qui se traduit notamment par la construction d'un nouveau quartier d'affaires autour de la gare TGV Lille Europe (Euralille) et par l'essor de la plateforme multimodale Delta 3 de Dourges, à 20 kilomètres au sud de la ville.

Par ailleurs, **la mondialisation conduit à envisager la situation et l'accessibilité des territoires à de nouvelles échelles** : alors que l'organisation de la centralité française, marquée par la place dominante de Paris, dévalorisait les espaces périphériques, la position d'interface est désormais valorisée. Ainsi, l'interconnexion des systèmes de communication permet aux grandes villes frontalières du Nord et de l'Est de s'affirmer comme des carrefours, ou tout au moins des relais, entre la France et l'axe rhénan, principal corridor nord-sud européen [→ ZOOM].

b) Hiérarchisation des transports et essor des grands *hubs*

Les réseaux de transport à haut niveau de service (lignes à grande vitesse et liaisons autoroutières) se sont développés de façon sélective : ils desservent principalement les territoires à forte concentration d'activités et de population, au premier rang desquels les métropoles, qui engendrent les flux les plus importants. Ainsi, en interconnectant seulement les plus grandes villes, **les transports rapides sont à la fois une cause et une conséquence de la métropolisation du territoire français**. À titre d'exemple, la maille du TGV impose des nœuds tous les 250 à 400 km, de telle sorte que de vastes zones interstitielles subissent un « effet tunnel* » : chaque ouverture de LGV a exclu des villes qui jouaient jusqu'alors un rôle de relais au sein des grands axes ferroviaires, comme Amiens (évitée au profit de Lille) ou Dijon (au profit de Lyon).

Le trafic aérien porte au paroxysme la logique de polarisation : les aéroports d'Orly et de Roissy captent 60 % du trafic passagers de la France métropolitaine et 90 % du fret [→ ZOOM, CI-APRÈS]. La faiblesse des aéroports de province, dont aucun ne dépasse le seuil des 10 millions de passagers, est illustrée par l'absence de liaisons régulières transocéaniques (malgré le soutien des collectivités locales, la ligne Lyon-New York a rencontré un échec commercial récurrent).

Cette évolution concerne également le transport de marchandises : la réorganisation des modalités et des circuits de distribution des produits s'est traduite par l'émergence de nœuds de réception et de redistribution des marchandises, qui sont d'autant plus performants qu'ils accueillent plusieurs modes de transport et facilitent les ruptures de charge ou les transits. On parle alors de **plate-forme multimodale**, dont Roissy est également une illustration. La plate-forme Delta 3, inaugurée en 2003 à Dourges, dans le Pas-de-Calais, à une vingtaine de kilomètres au sud de la métropole lilloise, à proximité des grands foyers de production et de consommation de l'Europe du Nord, en est un autre exemple associant transport ferroviaire, fluvial et autoroutier.

Plus généralement, les distorsions de l'espace-temps engendrées par la vitesse ont de nombreuses conséquences sur le territoire : élargissement des aires de marché, multiplication des opportunités d'activités, mais aussi et surtout, renforcement de la concurrence entre les lieux et de leur spécialisation. Loin d'être facteur d'homogénéisation, **le développement des transports modernes est donc source de hiérarchisation et de différenciation spatiales**.

DÉFINITION

« Effet tunnel » : situation d'un espace traversé par un axe de transport, mais n'en bénéficiant pas. Ainsi, un espace éloigné des points d'accès d'une autoroute, de gares ou d'une ligne à grande vitesse (LGV) souffre d'un « effet tunnel ».

ZOOM ▶ Le *hub* de Roissy

Alors que le poids démographique relatif de l'Île-de-France tend à se réduire depuis 20 ans, la concentration du trafic aérien à Orly et Roissy-Charles-de-Gaulle a continué de s'accentuer pour les passagers comme pour le fret. Cette polarisation est liée à l'application du modèle *hubs and spokes* (littéralement « moyeux et rayons »), développé aux États-Unis à la fin des années 1970 à la suite de la déréglementation du secteur aérien. La stratégie consiste à faire converger les lignes secondaires vers un aéroport unique, qui joue le rôle de plateforme de correspondance en assurant un nombre très important de connexions entre les villes. Disposer d'un aéroport « pivot », ou *hub*, est donc devenu un outil stratégique indispensable pour les grandes compagnies aériennes. Ainsi, la mise en place par Air France du *hub* de Roissy en 1996 est à l'origine, avec la création d'une alliance internationale avec la compagnie néerlandaise KLM, de son spectaculaire redressement au tournant des années 1990 et 2000. 117 villes, dont 90 étrangères, sont accessibles en aller-retour dans la journée, ce qui permet à la compagnie de drainer *via* Paris d'importants trafics en correspondance moyen/long-courrier. Air France capte également des passagers en correspondance train/avion grâce à la présence, au cœur de son *hub*, d'une gare TGV : des liaisons rapides sont proposées entre la Région Nord-Pas-de-Calais ou Bruxelles et le monde entier.
Toutefois, la pandémie de Covid-19 a porté un coup d'arrêt brutal au développement de la compagnie. En 2020, celle-ci a perdu jusqu'à 15 millions d'euros par jour, en raison notamment d'un taux de remplissage moyen inférieur à 30 %. Pour éviter la faillite, le groupe Air France-KLM a eu besoin d'une recapitalisation à hauteur de 7 milliards d'euros, financée dans une large mesure par les États français et néerlandais. Le groupe a retrouvé la rentabilité en 2023, mais traverse encore plusieurs turbulences (difficultés de l'activité cargo, hausse des coûts unitaires, instabilité géopolitique).

2. L'attractivité sélective des littoraux

La croissance et l'internationalisation des échanges maritimes ont conduit à faire des littoraux des espaces privilégiés de la mondialisation. En France, dès les années 1970, **plusieurs branches industrielles (sidérurgie, pétrochimie) ont été littoralisées** afin de bénéficier de l'abaissement des coûts de transport des matières premières. Ces implantations ont reçu l'aide de l'État dans le cadre de l'aménagement du territoire, comme le site industrialo-portuaire de Dunkerque, mais les créations d'emplois ont été modestes et n'ont pas permis d'enclencher des dynamiques industrielles pérennes.
De même, **les principaux ports français ont pris tardivement le virage de la conteneurisation** et se trouvent aujourd'hui en retard sur leurs concurrents de la *Northern Range* pour Le Havre (Rotterdam, Anvers ou Hambourg) et du bassin méditerranéen pour Marseille (Algésiras en Espagne, Gioia Tauro en Italie). La France dispose pourtant d'un armateur puissant à l'échelle internationale : la compagnie CMA-CGM (troisième rang mondial dans le trafic de conteneurs), dont le siège se trouve à Marseille. De grands projets contemporains visent à combler ce retard par l'équipement des ports en infrastructures de stockage et de réception des conteneurs (Port 2000 au Havre, 4XL à Fos-sur-Mer).
Aujourd'hui, en même temps que déclinent les formes traditionnelles de mise en valeur (pêche, aquaculture), soumises à une rude concurrence, les littoraux sont investis par de **nouvelles dynamiques**, témoignant d'un « balnéotropisme » croissant : installation de retraités, développement des résidences secondaires, « mise en tourisme ». Mais ils sont aussi une terre d'accueil privilégiée des fonctions technopolitaines ; ainsi, l'installation de Sophia Antipolis à proximité de Nice a été le point de départ de la création d'un « arc méditerranéen technopolitain », incluant notamment Aix-Marseille et Montpellier. Ces évolutions conduisent à une **sélection croissante entre espaces dynamiques et espaces en déprise**, et à l'apparition d'importants conflits d'usage.

3. Les dynamiques des espaces frontaliers

a) Des espaces charnières

Les régions frontalières sont devenues des espaces charnières qui bénéficient **de nombreuses dynamiques économiques, sociales et politiques supranationales**, tendant à en faire de nouvelles centralités à l'échelle européenne.

Si la frontière n'est plus une rupture, elle continue cependant à représenter une discontinuité qui peut être source de **flux de natures diverses** : marchandises, capitaux, touristes et surtout travailleurs. En 2023, on estime à environ 450 000 (soit un doublement en vingt ans), le nombre de personnes résidant en France qui franchissent quotidiennement une frontière pour aller travailler dans les pays voisins, notamment en Belgique, au Luxembourg, en Allemagne et en Suisse ; seuls 11 000 résidents des pays européens voisins effectuent le trajet inverse.

b) Des coopérations transfrontalières multiples

Les régions frontalières sont aujourd'hui des **lieux privilégiés de coopération institutionnelle**. Les formes et les échelles de cette coopération sont multiples : agglomérations transfrontalières (binôme urbain Strasbourg-Ortenau, eurométropole franco-belge Lille-Courtrai-Tournai) ; coopérations infrarégionales (Regio Basiliensis, Pôle européen de développement de Longwy) ; eurorégions, qui élargissent l'espace frontalier au-delà de sa définition traditionnelle et développent des politiques spécifiques d'aménagement du territoire dans divers secteurs (économie locale, activités culturelles, institutions scolaires, réseaux de transport, protection environnementale). On recense ainsi sur le territoire français les eurorégions Kent-Nord-Pas-de-Calais entre France et Grande-Bretagne ; Saarlorlux entre France, Allemagne et Luxembourg ; Alpes-Méditerranée entre France et Italie ; etc. Lancé en 1984 par la CEE, **le programme Interreg a pour objectif d'encourager les programmes de coopération transfrontalière** par des dotations financières.

D'autres ensembles, marqués par des contours plus flous et par une moindre institutionnalisation, ont aussi vu le jour à plus petite échelle, notamment pour les régions océaniques qui ne sont pas en contact frontalier avec d'autres pays européens. Ainsi en est-il de l'Arc atlantique, qui regroupe un ensemble de régions dont le caractère périphérique semble se renforcer avec l'intégration des pays de l'Est au sein de l'UE. Cependant, malgré plusieurs décennies de lobbying, la capacité de ces régions à s'affirmer en Europe reste encore limitée et « beaucoup reste à faire pour construire une macrorégion qui ne serait pas une périphérie[7] ».

III. Enjeux et défis pour le XXIe siècle

A. GAGNANTS ET PERDANTS DE LA NOUVELLE DONNE TERRITORIALE

1. Des contrastes à toutes les échelles

La mondialisation apparaît désormais comme le principal facteur de compréhension des disparités territoriales. Une interprétation classique de ce constat tend à opposer des **territoires gagnants** à des **territoires perdants**. D'un côté, on trouverait, aux côtés

7. Raymond Wœssner.

des grands pôles urbains concentrant l'essentiel des activités marchandes et productives : les espaces agricoles productivistes ayant su tirer profit, non sans remises en question sociales et environnementales, de la politique agricole commune : régions de grande culture céréalière mécanisée du Bassin parisien, régions d'élevage intensif ayant développé des systèmes hors-sol comme en Bretagne ; les espaces technopolitains des régions de l'Ouest et du Sud, bénéficiant de l'influence de métropoles dynamiques ; les bassins d'emploi spécialisés s'appuyant sur un dense réseau de PMI innovantes. D'un autre côté, se rassembleraient les territoires marginalisés et/ou appauvris par la mondialisation : espaces agricoles en difficulté, aux exploitations trop petites et insuffisamment modernisées (moyenne montagne) ; diagonale des faibles densités, marquée par la déprise socioéconomique et le manque d'accessibilité ; vieilles régions industrielles (du Nord et de l'Est) en cours de reconversion ; bassins d'emploi de villes moyennes monofonctionnelles ou de foyers portuaires en déclin.

Il convient toutefois de nuancer cette approche. D'une part, à la suite des travaux de Laurent Davezies, on sait qu'il y a parfois **disjonction entre insertion économique, richesse et développement local**. Ainsi, dans de nombreux territoires, la source du dynamisme provient non des activités productives, mais des revenus du secteur public (salaires des fonctionnaires), de la consommation des résidents secondaires et des touristes, des prestations sociales et des retraites. Cette « **économie résidentielle*** » rend la lecture des disparités territoriales plus complexe : une région comme le Limousin dispose d'un revenu net (après impôts et transferts) par habitant proche de la moyenne nationale, alors que son PIB par habitant est inférieur de près de 20 % à cette même moyenne. D'autre part, **l'inscription spatiale des difficultés est de plus en plus microgéographique** et n'isole que rarement des régions continues : les plus fortes inégalités de revenus ne se trouvent-elles pas au cœur même de l'Île-de-France ? Comme le rappelle le géographe Roger Brunet, « le territoire français a plus d'une pente ».

2. Des différenciations renouvelées par la crise

Fin 2024, si l'économie française est définitivement sortie de la crise provoquée par la pandémie de Covid-19, elle reste dans une situation fragile. En dépit de plusieurs signaux encourageants (progression des investissements des entreprises, reprise de la consommation des ménages après une puissante vague d'inflation, stabilisation du chômage), la dynamique de croissance demeure faible, tandis que de vastes plans sociaux alimentent la vieille crainte du décrochage. Il est vrai que les quinze dernières années ont été marquées par de nombreuses turbulences.

La crise financière de 2008 a été davantage une crise de la production : la valeur ajoutée de nombreux secteurs s'est effondrée dans presque tous les pays occidentaux. Cependant, la France a été relativement épargnée : la baisse du PIB n'a pas été accompagnée par un recul de la consommation des ménages, ni par une réduction de la masse salariale. La protection du modèle social français, fondé sur l'emploi public et sur la consommation, a limité le contrecoup. Mais **ces amortisseurs publics ont été à leur tour fortement fragilisés** à la suite de la crise de la dette souveraine, qui a explosé véritablement en 2011.

DÉFINITION

Économie résidentielle : économie fondée sur la consommation de la population réellement présente sur un territoire (résidents permanents et touristes). Pour sa part, l'Insee a retenu l'expression « économie présentielle » pour nommer cette sphère économique qui se distingue donc des activités productives réalisées par les entreprises implantées sur un territoire.

Ce double retournement a fait émerger de **nouvelles inégalités territoriales**, qui ont fait l'objet d'analyses controversées. Alors que le géographe Christophe Guilluy oppose de façon schématique une « France métropolitaine », bien insérée dans la mondialisation, à une « France périphérique », plutôt rurale et périurbaine, marginalisée socialement et spatialement, Laurent Davezies présente pour sa part l'image d'une France « à plusieurs vitesses » : la France « marchande dynamique » des métropoles technopolisées (40 % de la population) ; la France du Sud-Ouest « non marchande dynamique » du fait des revenus issus de la consommation touristique et résidentielle ; la France « marchande en difficulté », incluant les territoires touchés par l'infléchissement de l'industrie ; enfin, la France « non marchande en difficulté » sans base économique solide et fortement dépendante des dépenses publiques. Toutefois, la plupart des travaux scientifiques récents invitent à dépasser ces oppositions par trop schématiques et à prendre acte du **caractère généralisé de la métropolisation** [→ ZOOM]. Ce processus disloque les ordonnancements territoriaux et crée des inégalités partout et à toutes les échelles, au sein des métropoles comme en dehors d'elles.

B. LES DILEMMES DE L'AMÉNAGEMENT DU TERRITOIRE

1. De nouveaux acteurs

Enfin, les dynamiques de mondialisation ont contribué à l'émergence d'autres logiques territoriales et d'action publique. Cette recomposition s'est opérée autour de deux axes, remettant en question le modèle d'État-nation à la française à la fois **par le haut** et **par le bas**. D'un côté, les lois de **décentralisation** de 1982-1983, complétées en 2002-2004 (« Acte II ») et en 2014-2016 (« Acte III »), ont débouché sur une nouvelle organisation administrative accordant aux collectivités locales (régions, départements, intercommunalités, métropoles, communes) des compétences territoriales avec des capacités d'investissements, en matière d'infrastructures par exemple. D'un autre côté, **l'aménagement du territoire français dépend de plus en plus des objectifs, des acteurs, des financements des politiques de l'Union européenne**. Ainsi, la France a obtenu 40,1 milliards d'euros pour la période 2014-2020 au titre du plan de relance européen (deux fois moins que l'Espagne et l'Italie toutefois).

2. L'enjeu de l'accessibilité

Tel est le cas, notamment, des politiques de transport. Depuis 1994, l'Europe promeut la constitution d'un réseau transeuropéen de transport (RTE-T), fondé sur un ensemble de projets prioritaires visant la **réalisation d'un espace communautaire unifié**. En France, les principaux projets concernent le raccordement TGV/ICE à Strasbourg, la LGV Rhin/Rhône, le tunnel entre Lyon et Turin, et la LGV languedocienne entre Barcelone et Montpellier. Dans ce contexte, les politiques de transport sont soumises à des **exigences contradictoires** : la volonté de réduire les inégalités de desserte et de garantir à tous les territoires un niveau satisfaisant d'accessibilité se heurte à la nécessité de renforcer l'équipement en liaisons de haut niveau des espaces les plus dynamiques et les plus ouverts. Les pressions croissantes sur les budgets publics consacrés aux transports donnent à ce débat une acuité particulière : d'un côté, le saupoudrage risquerait de pénaliser les espaces moteurs du pays dans la compétition internationale ; de l'autre, une sélection trop rigoureuse des projets pourrait conduire à l'extension des zones marginalisées. En 2007, le **Grenelle de l'environnement** a marqué une inflexion vers une prise en compte accrue du développement durable. D'un côté, le développement des capacités routières et aéroportuaires a été strictement limité. De l'autre, une priorité politique et financière a été

ZOOM ▶ Des « deux France » à la démultiplication des inégalités

La rhétorique des « deux France » s'inscrit dans une histoire longue : l'est urbain et industrialisé contre l'ouest rural et paysan au XIXe siècle ; Paris et le « désert français » au lendemain de la Seconde Guerre mondiale ; la « diagonale du vide » des années 1970. Ces lignes de fracture se fondaient, au moins partiellement, sur des observations objectives et rendaient compte au moins autant des oppositions que des complémentarités entre les territoires. Au contraire, la notion de « France périphérique » et ses variantes se bornent à postuler un clivage irréductible entre des territoires « gagnants » et des territoires « perdants ». Pourtant, des dizaines de travaux de sciences sociales ont documenté de manière beaucoup plus précise et rigoureuse les effets inégalitaires de la mondialisation sur les sociétés et sur les territoires. On peut en rappeler ici quatre de leurs principaux résultats.

(1) Les grandes transformations socio-économiques des quarante dernières années, comme la tertiarisation de l'économie et la polarisation de la société, ont concerné **tous les types de territoires** dans des proportions assez comparables, y compris entre les métropoles (hors Île-de-France) et le reste du pays. Ainsi, la part des ouvriers et des employés a décliné de manière continue et régulière depuis 1980 dans les espaces ruraux aussi bien qu'urbains. Contrairement à de nombreuses idées reçues qui voudraient faire des franges périurbaines et rurales les lieux d'ancrage des nouvelles classes populaires, le cœur des villes accueille encore, en stock, une large majorité d'entre eux.

(2) Les disparités territoriales ne distinguent plus nettement telles ou telles catégories (urbain / rural, Paris / Province, métropoles / France périphérique) ; elles s'inscrivent désormais à des **échelles fines au sein de tous les territoires**. Ainsi, les grandes villes sont à la fois des lieux privilégiés de concentration des richesses et des points de fixation de la pauvreté ; les ménages aux faibles niveaux de vie y sont fortement surreprésentés, y compris dans les métropoles régionales les plus dynamiques, comme Lyon ou Toulouse. Au contraire, de très nombreux territoires non métropolitains sont en bonne santé démographique et économique. Avec un taux de chômage de 5 % et un taux de pauvreté de 12 %, le département du Cantal, souvent cité comme emblème de la France périphérique, pourrait presque apparaître comme un havre de prospérité en regard d'une des métropoles les plus attractives de France, Montpellier (13 % de chômeurs et 19 % de pauvres).

(3) Selon les points de vue, les temporalités et les indicateurs considérés, **on trouve des « gagnants » et des « perdants » partout en France**, dans des combinaisons diverses et labiles. Non seulement les difficultés ne sont pas toujours cumulatives, mais elles dépendent désormais moins des « stocks » (la population et l'emploi sur place) que des « flux » (les mobilités résidentielles et quotidiennes). Ainsi, la géographie de la décroissance démographique ne dessine plus une « diagonale du vide » immuable mais la dispersion de poches cumulant déficits naturel et migratoire, notamment dans les franges sud (Berry) et est (Ardennes, plateau de Langres) du Bassin parisien. Au cœur de la région capitale, la Seine-Saint-Denis est le 7e département de France métropolitaine pour la richesse produite, mais l'avant-dernier pour le revenu médian des ménages : suivant un mécanisme de sas, plus les populations s'insèrent et déménagent, plus les quartiers s'appauvrissent.

(4) En France plus qu'ailleurs en Europe, et plus encore que dans les autres pays industrialisés, les impacts de la mondialisation sont partiellement compensés par de **puissants mécanismes de redistribution à la fois sociale et territoriale**. Fondés sur un système complexe de prélèvements et de transferts, adossés à une fonction publique nombreuse et présente dans l'ensemble du territoire national, ces mécanismes ont permis de faire de la France l'un des pays les moins inégalitaires de l'OCDE. Ainsi, les contrastes interrégionaux y sont nettement moins prononcés qu'en Allemagne, en Italie ou en Grande-Bretagne ; à l'échelle départementale, les inégalités de revenus n'ont jamais été aussi faibles que dans les années 2010. Par ailleurs, un réseau de services et d'équipements publics dans les espaces peu denses a été déployé au nom de l'équité territoriale. Ces filtres expliquent, dans une large mesure, la moindre progression des inégalités en France que chez ses voisins depuis les crises de 2008 et de 2020. De même, l'État n'a jamais « abandonné » les campagnes et les villes petites et moyennes au profit des métropoles, comme le voudrait une vulgate simpliste relayée par certains essayistes et responsables politiques. En matière de dotations par habitant, la banlieue lyonnaise est nettement moins bien lotie que la Haute-Loire, alors que les difficultés sociales y sont autrement plus intenses. Quant aux déserts médicaux, ils se trouvent aussi bien dans certaines campagnes isolées qu'en Île-de-France. Toutefois, la contraction des dépenses de l'État et des collectivités ainsi que les injonctions récurrentes à la « rationalisation » des politiques publiques ont incontestablement fragilisé de nombreux territoires. Les nombreuses revendications des Gilets jaunes exigeant plus de « justice spatiale » rappellent que les Français sont à la fois profondément attachés à ce modèle protecteur et de plus en plus inquiets des conséquences des réformes passées et en cours sur son fonctionnement et son avenir.

accordée aux transports collectifs ferroviaires et fluviaux. Toutefois, de nombreux observateurs estiment que la crise économique conduit les décideurs à sacrifier les exigences écologiques sur l'autel de la compétitivité du pays. Si la construction du nouvel aéroport de Nantes sur le site contesté de Notre-Dame-des-Landes a finalement été abandonnée le 17 janvier 2018, cette tension s'est de nouveau manifestée avec acuité lors de la crise des Gilets jaunes, déclenchée par l'augmentation de la taxe intérieure de consommation sur les produits énergétiques (TICPE). Plusieurs grands projets, comme les lignes à grande vitesse Bordeaux / Toulouse et Lyon / Turin, font l'objet de contestations fortement enracinées localement.

3. L'enjeu de la compétitivité

Plus généralement, en matière d'aménagement du territoire, après plusieurs décennies de politiques visant à réduire les déséquilibres spatiaux, **priorité est désormais donnée au renforcement de la compétitivité des territoires**. En témoignent notamment la baisse des aides étatiques aux espaces industriels en difficulté et la mise en place en 2005 des « pôles de compétitivité ».

ZOOM ▶ Lyonbiopôle

Lyonbiopôle est un pôle de compétitivité à vocation mondiale qui a pour objectif de conforter la position dominante de la région lyonnaise dans le domaine biotechnologies (28 000 emplois) et, en particulier, dans celui des vaccins. Il repose sur l'engagement de grandes entreprises lyonnaises comme BioMérieux, Sanofi Pasteur (filiale de Sanofi-Aventis spécialisée dans les vaccins) et Mérial, de PME-PMI locales, de firmes étrangères, d'acteurs universitaires et hospitaliers, d'institutions publiques (le CEA à Grenoble), mais aussi des collectivités territoriales (le Grand Lyon ou la Région Rhône-Alpes). Lyonbiopôle s'appuie sur un dense réseau industriel local : depuis 1990, environ 50 PME et start-up ont été créées dans le secteur des sciences de la vie dans la région. Les nombreux partenariats industriels à l'échelle mondiale et l'insertion des acteurs régionaux de la recherche dans des réseaux européens contribuent à la visibilité du pôle de compétitivité à l'échelle internationale.

ZOOM ▶ Le projet du Grand Paris

Le projet du Grand Paris lancé en 2007 a été pour l'essentiel réduit au « Grand Paris Express », qui articule la mise en place d'un métro avec le développement économique et social de territoires définis comme stratégiques, sur la base de « contrats de développement territorial » (CDT). Un compromis qui ne masque pas les incertitudes financières : la construction des quatre nouvelles lignes du Grand Paris Express, qui devraient ouvrir entre 2025 et 2031 et bénéficier à 2 millions de Franciliens, est désormais estimée à près de 30 milliards d'euros.

Les lois MAPTAM* et Notre mettent en place une métropole « intégrée », constituée d'un nouvel établissement public de coopération intercommunale (EPCI). Depuis 2016, la Métropole du Grand Paris (MGP), regroupant la ville de Paris et 130 communes (toutes celles de la petite couronne - Hauts-de-Seine, Seine-Saint-Denis et Val-de-Marne - ainsi que sept communes de la grande couronne), soit près de sept millions d'habitants. Les communes membres de la métropole (sauf Paris) sont par ailleurs réparties en onze EPCI, qui se partagent les compétences avec la MGP (chargée notamment du logement et de l'urbanisme), mais aussi la région (responsable des transports). Le millefeuille administratif qui prévaut encore justifiait la création d'un échelon de décision identifiable, mais les rivalités politiques ont vidé la MGP de la plus grande partie des attributions prévues à l'origine. Les territoires du Grand Paris concentrent la richesse mais aussi les disparités territoriales et sociales les plus criantes de France, entre emplois précaires et postes à haute rémunération, quartiers en grande difficultés et zones de spéculation immobilière. Un rapport de 2019 estime à environ à 150 000 les créations d'emplois lorsque les lignes du métro, qui bénéficieront à 2 millions de Franciliens, seront terminées. Elles sont aussi supposées fluidifier le marché du travail régional, doper l'emploi dans des bassins peu dynamiques et peut-être raccourcir et limiter les déplacements (en 2023, un Francilien passait chaque jour en moyenne 1 heure 32 dans les transports).

Prenant le relais du développement des technopôles dans les années 1970 (Sophia Antipolis, ZIRST de Meylan), cette politique se caractérise par le regroupement sur un même site d'entreprises, d'établissements d'enseignement supérieur et d'organismes de recherche ayant vocation à travailler en synergie pour mettre en œuvre des projets innovants de développement économique. Bénéficiant d'exonérations fiscales, ces pôles hiérarchisés sont avant tout situés dans les grandes métropoles : l'Île-de-France en possède huit, dont quatre « mondiaux » ou à « vocation mondiale » (Finance Innovation, Medicen Paris Region, Systematic, Cap Digital). De la même façon, un petit nombre de « campus d'excellence », localisés dans les principales aires urbaines du pays, ont été retenus par le gouvernement pour devenir la vitrine scientifique de la France à l'échelle mondiale.

ZOOM ▶ Le poids de la région Île-de-France

Sur 2 % du territoire, elle regroupe 19 % de la population et 23 % des emplois, elle produit 31 % du PIB national et concentre 39 % des dépenses de R&D.

Le poids de la région Île-de-France
2 % du territoire français
19 % de la population française
23 % des emplois
31 % du PIB national
39 % des dépenses de R & D

Enfin, le double processus de métropolisation et d'ouverture accrue de l'économie française explique l'évolution du regard porté par les aménageurs sur la prééminence macrocéphale de la capitale française. Considéré comme une pathologie au lendemain de la Seconde Guerre mondiale, **le poids de Paris est de plus en plus analysé comme un atout de la France dans une économie globalisée** : avec près de 760 milliards d'euros de PIB en 2023, soit 31 % du PIB national et plus que l'Irlande ou la Belgique, l'Île-de-France est le principal « joker territorial[8] » de la compétitivité du pays. C'est ainsi qu'est né en 2007 le projet du Grand Paris, dont l'objectif affiché est d'accroître l'attractivité de la région capitale pour soutenir l'économie française [→ ZOOM CI-AVANT].

Dans ces conditions, les politiques publiques seront-elles obligées de choisir inévitablement entre la cohésion territoriale, la sobriété écologique et la compétitivité économique ? Quels seront les mécanismes de régulation territoriale les plus efficaces ? Faudra-t-il aider les lieux en crise (au travers d'actions de sauvetage) ou, à l'inverse, aider les gens à quitter ces aires en panne (« *people to jobs or jobs to people?* ») ? Ces dilemmes et ces questions seront au cœur de l'action publique territoriale dans les dix ou vingt prochaines années.

8. Laurent Davezies.

DÉFINITIONS

Loi Notre : la loi du 7 août 2015 portant « nouvelle organisation territoriale de la République » a pour objet principal de renforcer les compétences des régions et des établissements publics de coopération intercommunale, en particulier par la création des 14 « métropoles » institutionnelles.

Loi MAPTAM : la loi du 27 janvier 2014 de modernisation de l'action publique territoriale et d'affirmation des métropoles, dite « loi MAPTAM », a notamment créé plusieurs métropoles, dont trois dotées de règles particulières : la Métropole du Grand Paris [VOIR CI-DESSUS] ; la métropole d'Aix-Marseille-Provence, en fusionnant les six intercommunalités dont au moins une des communes appartient à l'unité urbaine de Marseille ; la métropole de Lyon, qui remplacera la communauté urbaine de Lyon et exercera, sur son périmètre, les compétences du département du Rhône. Quatorze autres métropoles dites « de droit commun » ont été créées au 1er janvier 2015.

La région parisienne : quelques chiffres clés

12,4 millions d'habitants
1 034 hab./km²

12 012 km²

793 820 étudiants

6,7 millions d'emplois

54,2 millions de m² de surface de bureau

757 630 milliards de PIB
62 105 € de PIB/hab.

1 204 323 entreprises
281 620 entreprises créées
6670 défaillances d'entreprises

7 gares TGV
1000 trains grandes lignes quittent les gares de la région chaque jour

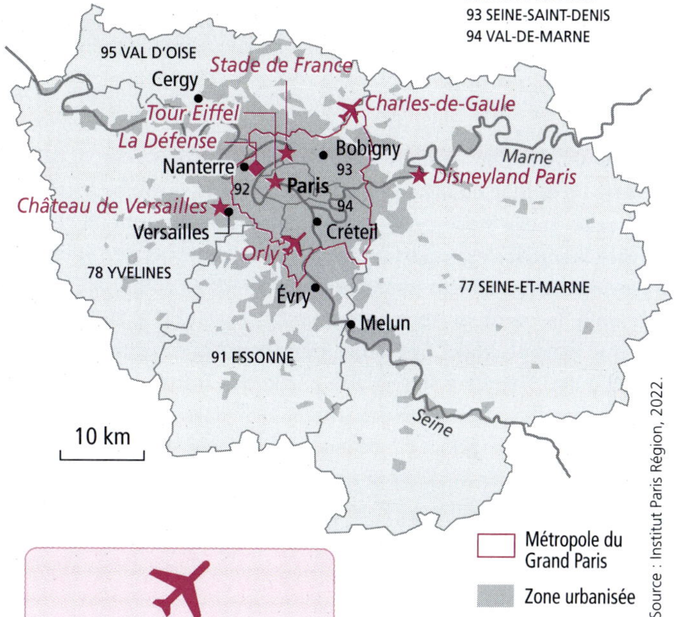

Source : Institut Paris Région, 2022.

99,7 millions de voyageurs aériens

207 milliards d'importations
145 milliards d'exportations

120 000 emplois dans la R&D
90 000 chercheurs
21,7 milliards d'euros d'investissement dans la R&D

Pour aller plus loin

Le rapport de Terra nova : « Après la décentralisation : 15 propositions pour refonder l'action territoriale »
liennathan.fr/orzwe2

18 LA FRANCE, UNE PUISSANCE MOYENNE DANS LA MONDIALISATION

La "**grande nation**" comme les Allemands aiment à moquer la France depuis l'époque des guerres de la révolution et de l'empire, de 1792 à 1815, a toujours prétendu être **porteuse d'une vocation universelle**. Si elle a conservé une influence diplomatique et culturelle au-delà du cadre européen, **son rôle mondial s'est pourtant fortement** érodé **ces dernières décennies**. Elle avait semblé dans un premier temps être condamnée par la fin de la colonisation, elle qui avait fait, tardivement, de son empire la condition sous-entendue de sa grandeur. La liquidation tragique de « la plus grande France » avait pourtant libéré des opportunités et redessiné des priorités qui lui permettent un rebond indéniable dans la seconde partie des Trente glorieuses. Faisant le pari de la construction européenne, elle a trouvé dès les années 1960 dans le marché commun un substitut bien plus performant au colonialisme. La CEE, devenue UE depuis 1992, lui a servi, selon le pari gaullien, de « levier de puissance », mais aussi de porte d'entrée dans la mondialisation. Cette insertion est cependant contrastée. Son industrie a en effet reculé, et son commerce extérieur est loin des excédents des années 1960 : de 1945 à aujourd'hui, elle n'a connu que 22 années d'excédent commercial.

L'écart entre ces ambitions et un sentiment de déclassement renouvelle au XXIe siècle un discours décliniste traditionnel (N. Baverez, *La France qui tombe*, 2003).

Avec moins de 0,86 % de la population mondiale et de 0,5 % des terres émergées, la France peut probablement encore correspondre à la définition qu'en donnait Valéry Giscard d'Estaing, celle d'une « **grande puissance moyenne** ». Elle se distingue par son PIB, le septième au monde, un siège permanent au Conseil de sécurité de l'ONU, la possession de l'arme nucléaire, une des deux armées qui compte en Europe, une image de marque culturelle et patrimoniale singulière, une capitale qui comptent parmi les *global cities*, une langue de culture et de communication.

L'héritage est lourd cependant et le contexte pas toujours favorable : les défis géopolitiques se renouvellent, tandis que la compétition économique s'accentue. Renouveler les ressorts classiques de la puissance suppose une meilleure articulation avec ceux des partenaires européens, ce qui exige des compromis rarement évidents à identifier.

Notions principales

Champions nationaux : l'expression est utilisée dans les années 1960, sous de Gaulle et Pompidou, pour de grandes entreprises, publiques ou privées, supposées incarner dans différents secteurs l'excellence et la puissance de l'économie française.

Françafrique : ce mot valise rends compte des relations singulières de la France de la Ve République avec son ancien domaine colonial africain, des liens néo-coloniaux tissés par une diplomatie parallèle, des relations personnelles entre dirigeants, des accords de sécurité et des privilèges économiques.

CHRONOLOGIE

1948 : proclamation à Paris de la Déclaration Universelle des Droits de l'Homme

1960 : première explosion d'une bombe nucléaire française, dans le désert du Sahara

2003 : devant le Conseil de sécurité de l'ONU, le ministre des Affaires étrangères, Dominique de Villepin, met en garde les États-Unis contre une guerre en Irak.

2013 : intervention française au Mali, qui deviendra l'opération Barkhane.

2015 : attentats islamistes le 7 janvier (Charlie Hebdo) puis le 13 novembre (terrasses et Bataclan)

2017 : élection à la présidence de la République d'Emmanuel Macron

2024 : pour la troisième fois d'affilée, le parti d'extrême droite de Marine Le Pen (RN, anciennement FN) gagne les élections européennes.

Un site de référence

L'INSEE

liennathan.fr/u025hn

I. Une place redéfinie par la mondialisation

A. UNE PUISSANCE SINGULIÈRE DANS LE MONDE

1. L'héritage colonial

L'empire colonial français s'était construit essentiellement en trois temps : à partir du XVIIe siècle, des comptoirs éparpillés en Afrique comme en Inde, des « îles à sucre » (Réunion, Saint-Domingue – l'actuel Haïti - Martinique, Guadeloupe), et des axes fluviaux en Amérique du Nord (Saint-Laurent et Mississippi). L'Algérie a été conquise à partir de 1830, mais c'est surtout sous la IIIe République que les conquêtes ont pris de l'ampleur (Afrique de l'Ouest, Indochine et Océanie - Polynésie, Nouvelle-Calédonie -).

ZOOM ▶ La Nouvelle Calédonie

À la population mélanésienne, qui représente 41 % aujourd'hui, s'est ajoutée un peuplement français depuis la conquête de 1853 (30 % du total), puis des Asiatiques et des Polynésiens (10 %). L'île constitue alors un point avancé dans la compétition qui oppose aux Britanniques les Français dans le Pacifique, elle sert de base arrière aux Américains dans la Seconde Guerre. Le bagne installé de 1864 à 1924 en a fait une colonie pénitentiaire, avant que l'exploitation du **nickel**, « l'or vert », ne s'impose dans son économie à partir des années 1950. Les revendications indépendantistes débouchent sur des violences à partir de 1984, une **prise d'otages en 1988 sur l'île d'Ouvéa** qui s'achève par un assaut mortel. Les accords Matignon (octobre 1988) permettent une sortie de crise en mettant en place un statut provisoire de 10 ans en attente d'un référendum sur l'indépendance. En 1998, les accords de Nouméa offrent une large autonomie au territoire,trois référendums en 2018 puis 2020 et 2021 ont vu l'emporter le maintien dans le cadre français. Depuis 2024, les tensions ont repris, sur fond de crise du nickel (les cours se sont effondrés face à une surproduction à bas prix en Indonésie).

Il en reste des confettis qui couvrent 121 000 km² constitués d'îles des Antilles, de Saint-Pierre-et-Miquelon dans l'Atlantique Nord, d'archipels dans l'océan Indien et le Pacifique Sud, ainsi que de la Guyane (plus grand département français). 2,8 millions d'habitants vivent dans ces territoires d'outre-mer, représentés à l'échelle nationale et exerçant divers degrés d'autonomie. Cette **présence territoriale tout autour du monde est stratégique**. Ainsi, la Polynésie a été utilisées pour 193 essais nucléaires de 1966 jusqu'en 1996, tandis que la Guyane abrite à Kourou le centre spatial français et européen.

ZOOM ▶ Kourou

Situé à proximité de l'Équateur, le Centre Spatial Guyanais, ouvert en 1964 à la place d'un site algérien, offre à la France une latitude optimale pour les lancements. La très faible densité de peuplement, les facilités foncières et la rareté des cyclones sont autant d'atouts pour une zone étendue sur 750 km². La coopération européenne a permis, à partir de 1977 avec le programme Ariane, un essor des activités commerciales. En 35 ans, 200 fusées ont permis à la France de participer au marché très fermé des lancements de satellites de télécommunication. Le centre emploie directement 1700 personnes, dont dépendent près de 4500 emplois indirects, soit 15 % du PIB de la Guyane, dont il est le premier employeur hors fonction publique.

■ Les territoires ultra-marins français

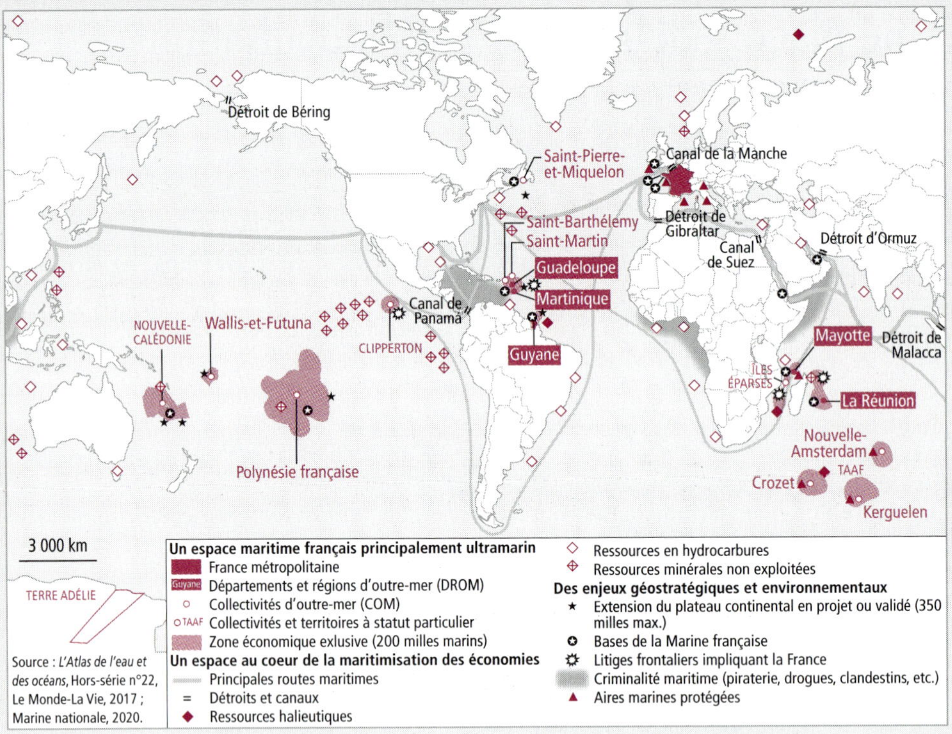

Longtemps privilégiés, les liens avec les anciennes colonies d'Afrique se sont récemment normalisés. Pourtant les années 2020 sont celles de la dissolution de la **Françafrique**, cette relation paternaliste post-coloniale construite autour de diplomaties parallèles et de relations personnelles entre dirigeants. La fin de la guerre froide a marqué un premier désengagement, sur fond de contraintes budgétaires et de suppression du service militaire en France (1997). La fin de la présence militaire au Sahel (Mali, Niger, Burkina Faso) entre 2022 et 2023, du Tchad en 2024 puis du Sénégal, constitue au milieu des années 2020 un tournant décisif dans le désengagement de la France, qui ne conserve plus que trois bases sur le continent (Djibouti, Libreville, Abidjan). Un des principaux éléments du dispositif français en Afrique sub-saharienne, le **franc CFA** (franc de la Communauté financière africaine), monnaie commune à quinze pays, est appelé depuis 2020 à disparaître au profit de l'**Éco**, une transition compliquée qui tarde à se réaliser.

ZOOM ▶ L'APD en 2025

L'aide publique au développement (APD) de la France est la cinquième au monde selon l'OCDE (12,3 milliards d'euros en 2022, un peu plus de 8 % du total de l'APD mondiale), elle était la seconde dans les années 1990. Elle n'atteignait que 0,55 % de son PIB en 2022, loin des 0,7 % visés pour 2025. Elle a baissé de 10 % entre 2010 et 2017, avant de reprendre jusqu'en 2024, quand elle a fait les frais du retour de l'austérité budgétaire. Le volume global est artificiellement gonflé car la France y comptabilise notamment des allégements de dette et des dépenses d'accueil des réfugiés. Gérée par l'**AFD, l'Agence française de développement**, elle consiste en prêts pour un quart et en dons pour les trois quarts. L'aide technique est passée de 10 000 coopérants dans les années 1990 à 600 aujourd'hui, victime collatérale de la fin du service national. La plus grande part provient de levées de fonds de l'agence sur les marchés financiers (institution hybride, l'AFD est à la fois une banque et une agence de développement). Un tiers des financements de l'AFD ont porté en 2019 sur les infrastructures et le développement urbain, 17 % sur le secteur productif (soutien aux PME*, microcrédit), 9 % sur l'eau et l'assainissement, 10 % sur l'éducation et la santé. L'Afrique bénéficie de la moitié de ses interventions, tandis que progresse la part des émergents.

2. Le coût de l'outre-mer

Majoritairement issus de la première colonisation, les territoires d'outre-mer ont gagné en autonomie au XXIe siècle. Ainsi, les statuts de la Nouvelle-Calédonie (une dizaine depuis 1956) tentent de désamorcer les lourdes tensions entre Mélanésiens et Européens. Héritage de l'exploitation coloniale, **l'économie reste dépendante de la métropole**. Les processus d'autonomisation restent fragiles (tourisme, production agricole). L'insertion régionale reste médiocre, à l'exception de la Nouvelle-Calédonie, qui possède avec Nouméa l'un des ports les mieux équipés du Pacifique sud. Mais la prospérité relative repose essentiellement sur des transferts financiers depuis Paris (plus de sept milliards d'euros chaque année pour la Réunion par exemple) et les institutions européennes. Le coût de la vie, jusqu'à 40 % plus élevé qu'en France métropolitaine pour l'alimentation, nourrit un fort mécontentement social.

ZOOM ▶ Les statuts de l'outre-mer

Depuis la révision constitutionnelle de mars 2003, l'appellation DOM-TOM (départements et territoires d'outre-mer) a été remplacée par celle de DROM-COM (départements et régions d'outre-mer - collectivités d'outre-mer), à savoir :
- les départements et régions d'outre-mer (**DROM**), dont le statut est aligné sur leurs équivalents de métropole (depuis

DÉFINITION

PME : les petites et moyennes entreprises (PME) emploient moins de 250 personnes, et génèrent un chiffre d'affaires annuel n'excédant pas 50 millions d'euros. Les microentreprises (moins de 10 salariés) en font partie.

1946 : **Guadeloupe, Martinique, Guyane et Réunion**. Devenu 101e département en 2011, **Mayotte**, ne possède qu'un conseil général). Dans un nombre restreint de domaines ils peuvent fixer eux-mêmes des règles propres à leur territoire. Les DROM ont le statut européen de régions ultrapériphériques de l'Union européenne (Mayotte depuis 2014).

- les collectivités d'outre-mer (**COM**), ont leurs propres statuts : **Saint-Pierre-et-Miquelon**, est une « collectivité territoriale de la République française ». **Saint-Barthélemy** et **Saint-Martin** sont depuis 2007 des « collectivités d'outre-mer », fiscalement autonomes, **Wallis-et-Futuna** est constitué en « territoire d'outre-mer ». La **Polynésie française** enfin a un statut de « pays d'outre-mer » (POM), lui accordant une autonomie plus large.
- la **Nouvelle-Calédonie** bénéficie d'un « partage de la souveraineté ».
- les Terres australes et antarctiques françaises (**TAAF**), inhabitées, disposent d'une administration propre, basée à la Réunion.
- l'île Clipperton, au large des côtes occidentales du Mexique, fait partie des propriétés domaniales de l'État. Les îles Eparses, dans le Canal du Mozambique (le détroit qui sépare Madagascar de l'Afrique), récifs coralliens longtemps affectés du statut de « Territoires résiduels de la République », ainsi que celle de Tromelin, à l'Est de Madagascar, sont réclamées respectivement par Antananarivo et l'Ile Maurice.

3. La France, une puissance maritime incomplète

L'extension insulaire du territoire français poursuivait des objectifs stratégiques. C'est ainsi que la France avait revendiqué sa souveraineté sur Clipperton en 1858 en vue d'en faire un port, jamais construit, dans l'optique d'un percement de l'isthme de Panama. Gérer la vaste ZEE que dessinent les possessions françaises dans tous les océans implique le maintien d'une flotte coûteuse. Ces ambitions se heurtent pourtant à une contraction inéluctable des moyens : la trentaine de patrouilleurs encore sur zone en 2008 dans le Pacifique ne sont plus que 15 en 2025.

Le potentiel des fonds sous-marins renforce par ailleurs la maîtrise des océans. Par l'extension de sa ZEE autour des îles Eparses et de Mayotte, la France contrôle ainsi les deux tiers du Canal du Mozambique, par où transite un tiers du pétrole sorti du détroit d'Ormuz. Mais la souveraineté implique, au vu du droit international, une occupation régulière, forcément coûteuse. Clipperton par exemple, inhabitée, est régulièrement utilisée par des trafiquants de drogues. Elle entraîne aussi des contestations : Madagascar conteste l'extension de la ZEE française dans le canal du Mozambique, comme Maurice pour celle de la minuscule île inhabitée de **Tromelin** (1 km²). La Chine soutien ces contestations, comme celle du Vanuatu dans le Pacifique à propos des deux îlots volcaniques inhabités **Matthew et Hunter**, à 300 km à l'est de la Nouvelle-Calédonie. Le Canada conteste lui le partage de la ZEE de Saint-Pierre-et-Miquelon.

Au total, la ZEE française représente plus de **11,7 millions de km²,** 21 fois l'hexagone, dont la moitié outre-mer, soit la **deuxième mondiale** derrière les États-Unis et loin devant l'Australie. Elle partage des frontières maritimes avec une trentaine de pays, plus qu'aucun autre État. La Commission des limites du plateau continental, instituée par la Convention des Nations-Unies sur le droit de la mer de Montego Bay de 1982, a reconnu en 2015 des extensions de 150 milles nautiques en fonction du prolongement du plateau continental, 423 000 km² autour des îles Kerguelen, de loin la plus grande surface, mais aussi au large de la Nouvelle-Calédonie, de la Guyane, de la Martinique et de la Guadeloupe. En 2020, 150 000 km² supplémentaires au large de la Réunion et de Saint Paul et Amsterdam (TAAF) ont été accordés (ces droits ne portent que sur les ressources du fond et du sous-sol, et non sur la pêche).

REPÈRES

La demande d'extension du domaine maritime : auprès de la Commission des limites du plateau continental de l'ONU a été élaborée par le **programme Extraplac** (programme national d'EXTension RAisonnée du PLAteau Continental), mis en place en **2002**, piloté par le secrétariat général la mer, rattaché au 1er ministre, avec l'appui scientifique et techniques des géologues et des cartographes de **l'Ifremer** (institut français de recherche pour l'exploitation de la mer) et du **SHOM** (service hydrographique et océanique de la marine).

Si les demandes concernant la Polynésie étaient acceptées, la ZEE française s'étendrait de près de 1,5 million de km^2. Paris s'est pourtant positionnée en 2022 à la conférence des Nations Unies sur l'océan puis à la COP 27, en faveur la préservation des grands fonds marins, après l'interdiction depuis 2017 des forages offshores.

ZOOM ▸ Les sous-marins nucléaires français

La France est dotée de 4 **SNLE** (sous-marins nucléaires lanceurs d'engins) et de 6 **SNA**, sous-marins nucléaires d'attaque (sans missiles nucléaires) de classe « Rubis ». La classe « Suffren », issue du programme Barracuda, succède à ces derniers depuis 2020 avec plus d'autonomie, une discrétion acoustique dix fois supérieure et la possibilité d'embarquer des commandos (le programme a coûté 9 milliards d'euros).
Les SNLE constituent la Force Océanique Stratégique (**FOST**). La France avait lancé en 1967 avec le « Redoutable » ses propres **SNLE**, équipés de **SLBM**, *submarine launched ballistic missile* (missiles nucléaires à longue - intercontinentale - ou moyenne portée, lancés depuis un sous-marin). Au cœur de la dissuasion française, les sous-marins à propulsion nucléaire peuvent rester plusieurs semaines sans faire surface et sont quasiment indétectables. Depuis 1997, la classe « **Triomphant** » lui a succédé, avant une nouvelle génération à l'étude qui s'imposera à partir de 2035. Un SNLE au moins est toujours à la mer depuis 1972, assurant la permanence de la dissuasion nucléaire.

L'importance accrue ces dernières années de la **zone indopacifique** (dénomination utilisée par les Japonais et les Américains) oblige la France à assumer ses responsabilités (1,6 millions de Français y vivent). Seul pays européen à y être présent, de Djibouti à la Polynésie, elle possède trois bases, et quelque 7 000 militaires. Elle s'appuie sur ses exportations d'armes et resserre sa coopération avec les puissances régionales qu'inquiètes l'activisme chinois (partenariats stratégiques avec le Japon, la Malaisie, l'Inde, le Vietnam, Singapour, l'Indonésie). Un ambassadeur pour l'Indopacifique a été nommé en 2020. Pourtant les difficultés à porter secours à Mayotte, ravagée par un cyclone en décembre 2024, soulignent l'immense écart entre le discours stratégique et les limites opérationnelles.
La valorisation économique de ce domaine maritime reste très lacunaire. Le domaine des **câbles sous-marins** constitue cependant une exception, les groupes français contrôlant presque toute la chaîne de valeur du secteur. Alcatel Submarine Networks (ASN), avec son usine de Calais, est le premier fabricant européen de câbles télécoms sous-marins avec un tiers du marché mondial, en concurrence avec l'américain SubCom et le japonais NEC. Ses sept navires câbliers et les sept d'Orange représentent un quart de la flotte mondiale (ils sont intégrés par un décret de 2017 à la **flotte à caractère stratégique**). Pour sécuriser cette position favorable, l'État a nationalisé ASN en juin 2024.
La **pêche est majoritairement artisanale** (80 % des navires font moins de 12 mètres), même si certaines eaux sont poisonneuses en métropole (golfe de Gascogne), à Saint-Pierre-et-Miquelon ou dans les TAAF (on y pêche en particulier la légine, poisson parmi les plus chers du monde, dans la ZEE des Kerguelen et de Crozet). Les 13500 pêcheurs, qui font de la

France la troisième productrice de l'UE (derrière l'Espagne et le Danemark) sont fragilisés par le Brexit et le coût du carburant. La production nationale ne couvre qu'un tiers des besoins. Les constructions navales militaires sont représentées par le groupe public **Naval Group** (anciennement DCNS, Direction de chantiers navals, héritier des arsenaux de la marine créés en 1631 par Richelieu puis renforcés par Colbert une trentaine d'année après). La France est le 2e pays exportateur en tonnage de navires de guerre sur la période 2015-2019 (derrière la Corée du Sud).

ZOOM ▶ La Marine nationale

La France est le seul pays européen avec le Royaume-Uni à posséder une **flotte de guerre** de dimension mondiale. Elle comprend une composante nucléaire coûteuse (4 SNLE), un **groupe aéronaval** autour du *Charles-de-Gaulle* (en service depuis 2001), seul porte-avions à propulsion nucléaire non-américain (mais l'*US Navy* en possède 11). Les frégates et les patrouilleurs qui la complètent en font l'une des principales flottes au monde, loin cependant derrière la Chine et surtout les États-Unis. Son format a été divisé par deux en trente ans, elle ne compte plus que 19 grands bâtiments de surface, contre 37 alors.

Elle peut s'appuyer sur le deuxième réseau mondial de bases navales, articulé autour de l'outre-mer et de bases à l'étranger (Djibouti, Abou Dhabi depuis 2011, Libreville, Abidjan).

B. UN DÉCLASSEMENT CONSTANT DANS L'ÉCONOMIE MONDIALISÉE

1. Des positions solides dans certains secteurs

En 2024, la France génère le **septième PIB du monde**, derrière l'Inde et le Royaume-Uni. Elle demeure une puissance industrielle, même si le secondaire ne représente plus que 20% du PIB en 2024, 15 % pour le manufacturier (contre 19 % en 1985), soit deux points de plus que le Royaume-Uni, mais 6 points derrière l'Italie.

De même, en dépit d'un recul récent, notamment au profit de l'Allemagne, l'agriculture française (1,9 % du PIB, 2,5 % et 1,42 millions d'emplois s'y on ajoute l'ensemble du secteur agroalimentaire) entraîne un puissant secteur agro-alimentaire qui dégageait 6,6 milliards d'excédents en 2023 (cinquième exportateur mondial de denrées agricoles derrière les États-Unis, l'Allemagne, les Pays-Bas et le Brésil).

Les positions de force traditionnelles dans l'environnement, les déchets et l'eau (Veolia et Suez), le bâtiment et les travaux publics, les infrastructures et le matériel de transport (Alstom), l'industrie pharmaceutique (quatrième exportateur mondial de médicaments) ou le nucléaire civil (EdF et Orano), sont fragilisées par la concurrence des pays émergents. L'aéronautique reste un point fort (excédent de 30 milliards en 2023) : le motoriste Safran réalise 80 % de son chiffre d'affaires dans ses ventes à l'étranger. Dans les services, la France conserve ses positions dans les banques et assurances et les **services aux entreprises** (services informatiques, où Capgemini est quatrième mondial et Atos bien classé).

Elle demeure **leader mondial de l'industrie du luxe**, qui réalise plus de 80 % de ses ventes sur le marché international et participe à l'image de marque du pays. Les vins et spiritueux, les parfums et cosmétiques (L'Oréal), la maroquinerie et la joaillerie (LVMH, Kering, Hermès) constituent les principaux atouts de la France à l'export (les « KHOL » pèsent un quart de la capitalisation du CAC 40). Les marques françaises occupent traditionnellement un quart du chiffre d'affaires du secteur au niveau mondial. Sur 270 marques de prestige dans le monde, 130 sont françaises, assurant dans ce secteur des excédents confortables (38 milliards d'euros en 2023).

■ **La balance commerciale agricole française (2024)**

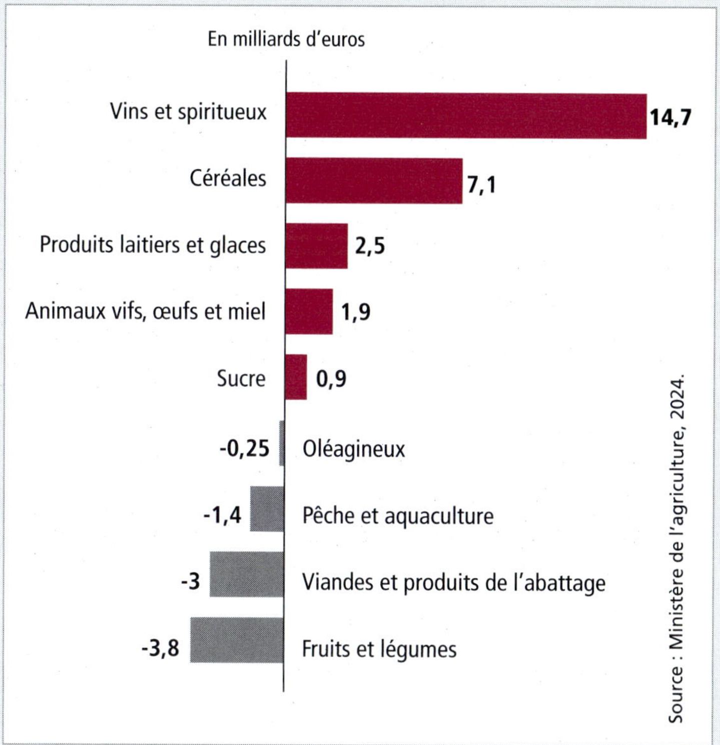

Au total, vingt-quatre entreprises tricolores figurent en 2024 parmi les 500 premières mondiales en chiffre d'affaires (quarante-deux à la fin du XXe siècle), une baisse sensible par rapport à l'idéal des « **champions nationaux** » poursuivis durant les Trente Glorieuses.

ZOOM ▶ SEB et Essilor, deux succès industriel français

Une solide croissance interne couplée à une politique d'acquisitions continue (rachat de l'italien Luxottica en 2017) ont permis à Essilor de devenir numéro un mondial de l'optique, en s'appuyant sur une politique d'innovation (elle est classée par Forbes dans les 50 entreprises mondiales les plus innovantes). Seb, dans un secteur du petit électroménager pourtant laminé par la production asiatique, a vu ses ventes régulièrement progresser. Le groupe originaire de Bourgogne (Société d'Emboutissage de Bourgogne) s'est offert le groupe chinois Supor, spécialiste des autocuiseurs à riz, après de nombreux concurrents français (Téfal, Moulinex, Calor) ou européen (Rowenta, Lagostina, Krups). Avec 32 000 employés et plus de 20 marques, le groupe SEB est présent dans plus de 150 pays mais maintient 10 de ses 29 sites industriels en France.

2) Les faiblesses de fond

Outre la montée en puissance des géants émergents, le recul français dans l'économie mondiale s'inscrit dans des héritages qu'elle peine à dépasser.

- Celui des spécialisations d'abord. Faute d'investissements suffisants et de diversification, ses gammes de produits ne dégagent pas assez de valeur ajoutée **:** les exportations de haute technologie relèvent ainsi pour les deux tiers du secteur de l'aéronautique civile et militaire –

secteur cyclique qui repose sur peu de très gros contrats (Dassault a attendu vingt ans avant ses premiers contrats d'exportation du Rafale en 2015, avec l'Égypte et l'Inde). Les avantages comparatifs, malgré une recherche souvent performante, se sont érodés dans le domaine des technologies de l'information (au profit des pays émergents), des biotechnologies (au profit des États-Unis et du Royaume-Uni) ou de l'électronique grand public (téléphones, ordinateurs, téléviseurs). Dans ce dernier segment, la France ne compte qu'une dizaine d'acteurs de taille modeste (quelques milliers d'emplois) et ne pèse rien face aux poids lourds américains, japonais ou coréens. La baisse des marges entraîne **une insuffisance de la recherche-développement** qui contribue à ce **déficit de compétitivité technologique**. L'incapacité de Sanofi comme de Pasteur à fournir dans les temps un vaccin contre la Covid-19 a lourdement illustré ce décrochage français.

La production française est aussi **sous-équipée en robotique industrielle** : 42 000 appareils contre 74 000 en Italie et 221 000 en Allemagne au milieu des années 2020. La baisse des investissements entraîne celle des gains de productivité (ils ne progressent plus que de 0,5 % par an à partir de 2015, ils étaient supérieurs à 1 % dans les années 1980). En conséquence et en forçant le trait, on peut reprocher à la France de vendre des biens espagnols à des prix allemands.

- Traditionnellement ensuite, le tissu entrepreneurial ne favorise pas assez l'international. L'industrie française souffre d'un **nombre limité de PME** compétitives (146 000 en tout, 30 % des salariés). Elles ne pèsent que pour 2 % des exportations françaises, contre 9 % pour les 3,5 millions d'Allemandes et 54 % pour les 4,4 millions d'Italiennes.

Il s'agit d'un effet de la politique de modernisation industrielle, volontariste et centralisée, menée pendant les Trente Glorieuses qui a privilégié les **grandes entreprises** (257 en 2022 selon l'INSEE) - privées ou publiques – au détriment des PME, mais surtout des entreprises de taille intermédiaire (**ETI***), ces structures de plus de 250 salariés (et moins de 5 000), ou 50 millions d'euros de chiffre d'affaires, qui sont au cœur du système productif allemand. La France n'en compte que 6 200, bien moins que l'Allemagne (12 000), le Royaume-Uni (10 000) ou même l'Italie (8 000). Elles sont pourtant un échelon décisif de la compétitivité française, réalisant 30 % des investissements et représentant un quart des salariés (3,5 millions). Mais si elles assurent 22 % des exportations, c'est deux fois moins que leurs équivalentes allemandes.

L'écosystème politique et réglementaire leur reste encore peu favorable, alors pourtant qu'un tiers d'entre elles sont industrielles (bien plus que la moyenne des entreprises). La fiscalité favorise ainsi clairement les **grandes entreprises**, supposées s'acquitter de 25 % d'impôts sur leurs bénéfices (33 % avant 2022) : elles ne paient que 18 % effectivement, contre 24 % pour les PME, grâce à la déductibilité des intérêts d'emprunts auxquels elles recourent davantage. Ces FTN, les groupes automobiles notamment, produisent de préférence à l'étranger (elles y emploient 6,6 millions de salariés, 55 % de leur masse salariale, dans 48 600 filiales réparties dans 190 pays) plutôt que d'exporter depuis la France. Au total, la France ne compte que 146 200 entreprises exportatrices en 2023, toutes tailles confondues, contre 207 920 en Italie et 306 612 en Allemagne.

- L'héritage d'un marché du travail plutôt protecteur et rigide, enfin, a traditionnellement été considéré comme un **obstacle pour les investisseurs**. Les réformes libérales mises en

DÉFINITION

ETI : les entreprises de taille intermédiaire (ETI) emploient entre 250 et 4 999 salariés, et leur chiffre d'affaires n'excède pas 1,5 milliard d'euros.

place depuis une dizaine d'années atténuent largement cette perception : si le coût unitaire du travail avait davantage augmenté en France qu'en Allemagne au début du siècle, cette dernière a assoupli sa rigueur salariale pour relancer sa consommation depuis le milieu des années 2015, tandis que la France a mis en place des politiques plus austères. La reprise française après la pandémie de 2020 – 2021 a été pourtant bien plus poussive que celles des économies comparables : en 2024 le PIB français avait crû de 3,7 % par rapport à 2019, contre 4,8 % pour celui de l'UE, et 10,7 % pour celui des États-Unis.

2. Une place incertaine dans l'économie de la connaissance*

Les interactions entre le capital humain, les innovations, l'environnement institutionnel, dessinent **une économie de la connaissance** cruciale dans le positionnement des puissances au XXIe siècle.

La France ne manque pas d'atouts dans cette compétition, la part de la recherche et développement (R&D) a augmenté ces dernières années, grâce notamment au crédit d'impôt recherche (2,2 % du PIB). Mais la croissance a été plus faible que nos voisins (plus 0,13 point en dix ans, contre 0,31 pour la moyenne de l'UE) : la R&D en France s'élève à 793 euros par habitant contre 1 200 euros par habitant pour les pays nordiques, l'Allemagne ou la Belgique. L'Organisation mondiale de la propriété intellectuelle (qui dépend de l'ONU) la place cependant en 2024 en 12e position, juste derrière la Chine et devant le Japon, dans le classement des pays les plus innovants. Dans le secteur de l'IA, elle se classe en 6e position en 2024. Ses efforts dans le domaine de l'enseignement sont constants, et elle réussit à concentrer des chercheurs en Ile-de-France en quantité comparable à la masse de la Silicon Valley (80 000 environ). La région parisienne n'a pour autant engendré aucun Apple ou Hewlett-Packard français. Si la recherche de base est solide, c'est traditionnellement le lien avec les applications industrielles qui est déficient.

ZOOM ▶ La France en position favorable dans l'essor des ordinateurs quantiques

La recherche française a participé dans les années 1980 à la deuxième révolution quantique. Des entreprises ambitieuses perpétuent cette orientation en étant bien placées dans quatre des cinq principales branches technologiques qui doivent aboutir à un ordinateur quantique (Quandela dans la photonique, Pasqal sur les atomes neutres, Alice & Bob sur les circuits supra-conducteurs, Quobly sur le silicium).

Elles s'appuient sur un écosystème de recherche performant, autour de deux pôles majeurs (Paris et Grenoble), articulé à des institutions de pointe (CNRS, CEA, ENS, Inria) et 5 startups *hardware* qui en sont issues (« *spin-outs* »). Les pouvoirs publics ont estimé que la compétition était suffisamment importante pour justifier un **plan quantique** d'un milliard d'euros. Le marché mondial pourrait s'élever à plusieurs centaines de milliards de dollars par an (800 milliards à horizon 2040 selon le cabinet de conseil BCG). Mais les investissements doivent être constants avant des retombées commerciales encore lointaines, et leur ampleur suppose probablement, outre une bonne coordination entre public et privé, une inscription à l'échelle européenne, jamais évidente.

La technologie étant par ailleurs à « double-usage » (civil et militaire), le ministère des Armées, via la Direction Générale de l'Armement, a aussi investi à hauteur d'un demi-milliard d'euros.

DÉFINITION

Économie de la connaissance : regroupe **toute valorisation du savoir**. La Commission européenne (**conférence de Göteborg** en 2009) y distingue trois piliers : la R&D, l'éducation, les technologies de l'information et de la communication.

En dépit de la renommée de certaines institutions (la Sorbonne) et des grandes écoles (Polytechnique, les ENS, HEC, classée régulièrement en tête des écoles de management dans le monde), les établissements français ne sont pas spectaculairement positionnés dans le classement de Shanghai des universités mondiales, mais progressent cependant. Ainsi, en 2024, seuls quatre d'entre elles figurent sur la liste des 100 premières universités : Saclay atteint le 12e rang (première non-anglo-saxonne), PSL est au 33e rang, Sorbonne Université au 41e rang, Paris Cité au 60e. Strasbourg et Grenoble en revanche ont quitté les 100 premières places. Avec 18 universités dans les 500 premières, la France se classe au **sixième rang**, derrière les États-Unis (15 des 20 premières places), le Royaume-Uni, la Chine, l'Allemagne, le Canada. Un classement stable depuis 2003. L'existence d'une structure de recherche partiellement détachée des universités (le CNRS), le poids accordé par le classement aux publications dans le monde anglo-saxon, enfin et surtout la petite taille et la fragmentation des établissements français sont les principaux facteurs explicatifs de ces performances médiocres. Les grandes écoles d'ingénieurs françaises, dont le modèle est unique au monde, attirent de très bons étudiants, mais sont encore peu tournées vers la recherche et se voient donc sous-estimées par ces classements. C'est le cas de Polytechnique, reléguée en 2024 au-delà du 300e rang.

Le regroupement sous forme de pôles d'**initiative d'excellence** (IDEX) doit améliorer la visibilité de l'enseignement supérieur dans une compétition internationale aux enjeux décisifs pour l'économie de la connaissance. **Paris-Saclay** englobe Orsay, Centrale-Supélec, AgroParisTech et l'ENS-Paris-Saclay, sans compter les partenariats avec l'Inserm, le CEA ou le CNRS. Soit 48 000 étudiants, 9 000 chercheurs et enseignants-chercheurs, 275 laboratoires et 7 organismes de recherche représentant 13 % du potentiel de recherche français. Mais avec un budget d'environ 900 millions d'euros, Paris-Saclay est loin des 30 milliards de Harvard.

ZOOM ▶ La persistance de l'excellence mathématique française

Depuis 1936, douze chercheurs français ont été récompensés par la médaille Fields, juste derrière les Américains. La sélection précoce par les mathématiques et les classes préparatoires draine vers les Écoles Normales Supérieures et Polytechnique les étudiants les plus prometteurs. En 2023, Saclay se classe en 2e position dans le classement de Shanghai pour les mathématiques, Sorbonne Université et Paris Cité sont aussi dans les dix premières, 35 dans les 500 meilleures. Les masters de probabilités et finances, la finance quantitative, notamment celui de Nicole El Karoui à la Sorbonne, fournissent les plus gros contingents, et les plus réputés, de cette spécialité utilisée par les fonds financiers.

La richesse du tissu scientifique dans cette discipline – quelque 3 000 chercheurs et enseignants-chercheurs dans une cinquantaine de laboratoires, notamment en région parisienne –assure le vivier nécessaire pour favoriser des travaux de très haut niveau. La France attire des talents étrangers, comme Arthur Avila, brésilien de naissance, et échappe à la fuite des cerveaux qui frappe d'autres disciplines.

Pour l'État, qui en assume l'essentiel du financement, les mathématiques offrent l'avantage d'être peu coûteuses, au contraire de la biologie ou la physique qui exigent une masse critique financière, technique et industrielle. Mais la position française est fragile par rapport à l'attractivité des laboratoires américains : la moitié des lauréats ont un poste dans ce pays.

C. UNE ÉROSION COMMERCIALE RÉGULIÈRE

1. Une conversion durable à l'ouverture

Cinquième importateur et exportateur mondial de biens et services, la France reste un acteur important dans les échanges mondiaux. L'échec de la dernière tentative protectionniste, en 1981-1982, avait conduit à un « **tournant de la rigueur** » au nom de la compétitivité et des logiques de l'intégration européenne.

Ce développement des échanges a de nombreux impacts sur le tissu économique français : plus de 6 millions d'emplois dépendent directement ou indirectement des exportations de biens et services. Ce qui relativise le déficit commercial constant depuis 2005. La France est également l'un des pays les plus ouverts aux investissements et aux capitaux étrangers. Son propre stock détenu à l'étranger lui garantit des revenus réguliers qui atténuent, dans la balance des comptes courants, le déficit de la balance commerciale : ainsi en 2021, année d'un déficit commercial record de 84,7 milliards d'euros (3,4 % du PIB), la balance courante n'accusait qu'un déficit de 0,9 % du PIB. Les investissements placés à l'étranger par les entreprises françaises rapportent d'une vingtaine à une centaine de milliards d'euros chaque année, le stock de ces IDE s'élève en 2023 à 1 400 milliards d'euros, les États-Unis constituant le premier pays d'accueil, devant les Pays-Bas et la Belgique. Ces filiales à l'étranger (environ 50 000 au total) sont un atout pour la France, mais elles reflètent aussi une faiblesse de fond : plus nombreuses que leurs équivalentes allemandes, elles rapportent un quart de moins faute de spécialisations aussi performantes. Dans l'autre sens, la France est devenue depuis 2017 le premier pays européen pour l'accueil d'IDE, le stock de ces IDE entrants étant deux fois moindre que celui des sortants.

2. Des échanges européano-centrés

■ **Les exportations de la France dans le monde (2010-2023)**

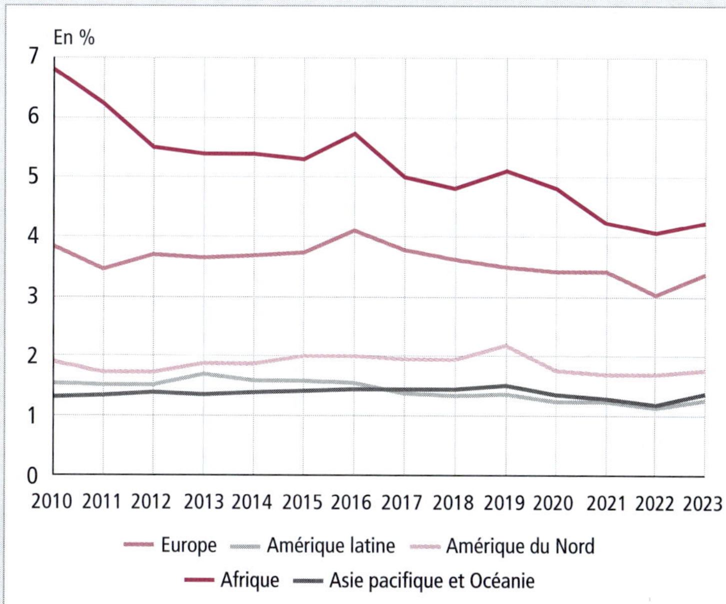

Source : Direction générale du Trésor, 2024.

La France réalise près de 60 % de ses exportations et de ses importations avec les pays membre de l'UE (la moitié avec des pays membres de la zone euro). Mais la **Chine est devenue son deuxième fournisseur, derrière l'Allemagne et devant la Belgique.** L'Allemagne, l'Italie et la Belgique sont ses principaux clients. L'Afrique subsaharienne, longtemps bien représentée relativement à son poids modeste dans le commerce mondial, n'occupe plus qu'une place marginale, avec moins de 2 % des échanges commerciaux de la France, un chiffre équivalent à celui de l'Amérique latine. La France n'occupe plus que 3,2 % des parts de marché, contre 17 % à la Chine, un taux deux fois plus faible qu'au début du siècle. Depuis 2017, Paris a même perdu sa place de premier fournisseur européen du continent au profit de l'Allemagne.
L'ensemble des Amériques et de l'Asie pèsent moins du quart des exportations françaises, alors qu'ils polarisent plus de la moitié du commerce international. Ce déséquilibre concerne l'ensemble des pays de l'UE mais prend en France une ampleur singulière ; ainsi, les échanges français avec la Chine et l'Inde restent très inférieurs à ceux de l'Allemagne (dans un rapport de 1 à 3).

3. Un déficit commercial récurrent depuis vingt ans

La part de marché de la France au sein du commerce mondial **ne cesse de se réduire** depuis une vingtaine d'années (de 5,8 % des exportations mondiales en 1995 à 2,7 % en 2023), tandis que l'Allemagne, qui utilise la même monnaie et paye encore plus chère son électricité, maintient ses positions autour de 7,5 %. Entre 2000 et 2023, les exportations françaises de biens et services sont ainsi passées de 18 à 12,3 % de la zone euro, alors que l'Allemagne a maintenu sa part d'environ 30 % à 26,6 %.

Évolution de la balance commerciale de la France (sans les services)

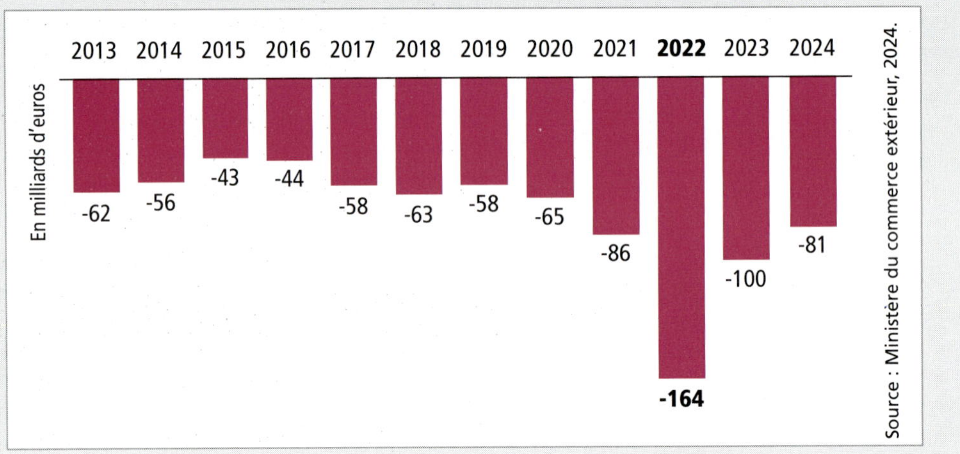

Si elle reste **excédentaire pour les services**, (81 milliards en 2024, grâce aux entrées touristiques et aux services financiers), sa **balance des biens est en revanche déficitaire depuis 2004**. Le déficit commercial fluctue depuis le milieu des années 2010 entre 50 et 100 milliard d'euros annuellement (100 milliards en 2023), autour de 3 % du PIB. Il est structurellement creusé par le **déficit industriel croissant** (50 milliards en 2021 contre 12 en 2015), plus ou moins aggravé par le **déficit énergétique**, 70 % du total en 2023, en fonction des variations des prix. La France est désormais **déficitaire avec un partenaire sur deux**.

L'aéronautique reste le premier secteur excédentaire, suivi des parfums et cosmétiques et des vins et spiritueux (plus de 17 milliards d'exportations en 2022), des secteurs d'excellence sujets aux aléas internationaux (la campagne anti-corruption chinoise, par exemple, a pesé sur les exportations de cognac).

Le **retournement récent du solde automobile**, en rupture avec un siècle d'excédents, témoigne de la fragilité des positions françaises : encore positif d'une dizaine de milliards au milieu des années 2000, le solde commercial dans l'automobile enregistrait en 2023 un déficit de 24 milliards. Signe inquiétant à l'heure de la transition énergétique, **le déficit en biens environnementaux** (batteries, panneaux solaires, véhicules électriques) se creuse, à 18 milliards en 2023. Dans un marché où les exportations sont écrasées aux trois-quarts par la Chine, la protection européenne semble la seule solution pour protéger la production nationale.

ZOOM ▶ Les déséquilibres des échanges franco-chinois

D'environ 10 milliards d'euros en 1995, le volume des échanges est passé à près de 100 milliards d'euros en 2023. Leur taux de croissance annuel a approché les 15 % par an en moyenne pendant deux décennies. Le commerce des biens est fortement déséquilibré, dans un rapport de 1 à 2,5 en faveur de la Chine. Dans les exportations françaises vers la Chine, la part de l'aéronautique reste prépondérante, autour d'un tiers. Les autres principaux secteurs sont la chimie, les alcools et l'électronique. Les importations de produits chinois en France sont tirées par trois secteurs : l'électronique, le textile et les produits électriques. Le déficit commercial entre la France et la Chine, Hong Kong inclus, s'est creusé, de 5 milliards d'euros à la fin du XXe siècle à 41 milliards en 2023, soit le premier déficit commercial français, loin devant la Belgique (- 12 milliards) et l'Allemagne (– 9 milliards). Dans certains domaines cependant les exportations vers la Chine ont progressé : l'agroalimentaire (environ 20 % du total des exportations), la santé et les cosmétiques, la ville durable. Si 1 100 entreprises françaises sont implantées en Chine, on compte seulement 250 entreprises chinoises en France. La dépendance de la France vis-à-vis de la Chine reste cependant assez modérée, puisqu'en 2020, la Chine représentait 4 % de nos exportations et 7 % de nos importations, un chiffre un peu inférieur à la moyenne européenne (5 % et 7 %), et surtout de l'Allemagne, qui est en conséquence bien plus exposée au ralentissement chinois.

L'ensemble des entrées et sorties de capitaux reste négatif chaque année, ce qui signifie que la France vit à crédit : le déficit commercial n'est que partiellement compensé par les excédents des services et ceux des revenus de capitaux (17 milliards de revenus en 2023). Ainsi en 2023, **la balance des revenus courants* était négative de 34 milliards d'euros**.

Pour aller plus loin

Le rapport de la Direction générale du Trésor
liennathan.fr/40hj2b

DÉFINITION

Balance des revenus courants : la somme de toutes les entrées et sorties de capitaux sur le territoire national, soit le solde des biens, des services et des revenus de capitaux.

II. Influence et poids géopolitique

A. LA REDÉFINITION DU RÔLE DE LA FRANCE

1. Une place singulière

Membre permanent du **Conseil** de sécurité de l'ONU depuis sa création en 1945, la France bénéficie à ce titre d'un droit de veto - qu'elle n'a toutefois plus utilisé seule depuis 1976 à l'occasion de l'indépendance des Comores (sans Mayotte). A l'inverse de la méfiance du général de Gaulle, qui parlait, à propos de l'ONU, d'un « machin », les gouvernements français sont favorables en la **régulation multilatérale** des questions environnementales, économiques et géopolitiques. Elle participe aussi à la « diplomatie de clubs » à travers les G 20 et G7 (une initiative de Valéry Giscard d'Estaing en 1975 dans un contexte de crise économique).

20 000 ressortissants français travaillent dans les 190 organisations internationales auxquelles participe la France, soit 9 % de leurs effectifs. Certaines ont leur siège en France, comme l'UNESCO ou l'OCDE à Paris, Interpol à Lyon ou le Parlement européen à Strasbourg. Elle a réussi avec succès à occuper une place proéminente dans la diplomatie climatique en obtenant à Paris en décembre 2015 le succès de la COP 21.

L'institut Pasteur reste par ailleurs bien implanté tout autour du monde, héritier d'un savoir-faire réputé dans le domaine des maladies tropicales. Les ONG médicales (**Médecins sans Frontières**) sont aussi très présentes dans les crises sanitaires du Sud.

2. Un foyer classique de contestation de l'ordre du monde

Des initiatives françaises ont joué un **rôle majeur dans le mouvement altermondialiste**, notamment sous l'impulsion de l'association Attac, fondée en France en 1998 avant de se développer dans 38 pays. A l'origine du **Forum social mondial**, l'association milite pour l'instauration d'une taxe sur les transactions financières. Mais le mouvement court derrière une dynamique depuis une vingtaine d'années évanouie. De même que le mouvement des « indignés », virulent en 2011 en Europe, en Israël ou aux États-Unis (*Occupy Wall Street*) n'a, contre toute attente, jamais pris en France

L'altermondialisme français est cependant vif dans le monde paysan, (la **Confédération paysanne**), il passe par des organisations humanitaires, les travaux de chercheurs en sciences humaines, des réseaux de mobilisation sur les questions sociales (logement, travail, droit des migrants), des organisations écologistes, la tradition libertaire. Les mobilisations tradition-nelles à l'occasion des sommets internationaux sont moins dynamiques depuis la pandémie de 2020. Si le mouvement des **gilets jaunes** de 2019 n'avait que peu de revendications globales, il a été perçu en revanche de l'extérieur comme extrêmement important, ravivant malgré lui le mythe d'une France éternellement révolutionnaire.

3. Les moyens d'une diplomatie amoindrie

Si depuis le traité de Versailles de 1919, le français a perdu son statut de première langue diplomatique, la France a conservé un réseau diplomatique, le troisième au monde, avec 163 ambassades bilatérales, derrière les États-Unis et la Chine (si on prend aussi en compte les consulats, et pas uniquement les ambassades, la Turquie et le Japon lui sont néanmoins passés devant en 2023).

ZOOM ▶ La politique arabe de la France

Après l'indépendance de l'Algérie, la diplomatie française s'est attachée à conforter la place de la France au Moyen-Orient, notamment dans le cadre du choix du pétrole (1963) comme source d'énergie privilégiée. La condamnation d'Israël, dont la France était jusque-là le principal pourvoyeur d'armes, lors de la Guerre des 6 jours en 1967 est mise au compte de cette politique arabe.

La France s'appuie sur des pays qui lui sont liés historiquement, le Liban, le Maroc et la Tunisie. Avec l'Algérie, pour laquelle elle est un partenaire économique essentiel, les relations restent polluées encore au début du XXIe siècle par l'instrumentalisation des mémoires de la guerre. La guerre Iran-Irak avait permis de se rapprocher provisoirement de la dictature de Saddam Hussein, gros acheteur d'armes. Mais les bénéfices de cette politique n'ont jamais été évidents : la France paye aussi cher que d'autres son pétrole, et elle s'est trouvée à son corps défendant victime collatérale de la guerre civile au Liban (attentat de 1983 contre les casques bleus français à Beyrouth, première campagne terroriste en France en 1985, qui ouvre une séquence dont l'année 2015 – janvier et novembre – rappelle tragiquement qu'elle est inscrite durablement dans l'histoire).

La politique arabe se voulait aussi une manifestation d'indépendance vis-à-vis des États-Unis, une attitude qui culminait en 1967 lors de la Guerre des Six jours, et encore en 2003, lorsque J. Chirac menaçait d'utiliser son veto onusien si les États-Unis avaient réclamé un mandat de l'ONU pour intervenir en Irak. Mais le succès d'estime à l'Assemblée générale de D. de Villepin, ministre des Affaires étrangères, n'empêchait pas la guerre.

N. Sarkozy, après des tentatives malheureuses de rapprochement avec la Libye de Kadhafi (officiellement reçu en 2007) et la Syrie de Bachar Al-Assad (invité le 14 juillet 2008), lançait une intervention aérienne en Libye en 2011, dans le cadre de l'OTAN pleinement réintégrée : un tabou sautait, tandis que la France se convertissait à la politique du *regime change*, chère à G. W. Bush. Déstabilisée par les Printemps arabes, la diplomatie française s'est alors rapprochée des pétromonarchies, multipliant les ouvertures vers le Qatar et les Emirats Arabes Unis, où une base française s'est ouverte, une première dans le Golfe arabo-persique.

L'intervention au Mali, le 12 janvier 2013, a été placée par Fr. Hollande sous le signe de la « guerre contre le terrorisme », un vocable néo-conservateur. La France a été ensuite la première après la conquête de Mossoul par l'EI, en juin 2014, à rejoindre la coalition américaine, une décennie après le refus français de s'engager en Irak. Un an plus tard, le président décidait d'étendre le champ d'action de l'aviation française à la Syrie, pour prévenir, en vain, les menaces d'attentats préparés depuis les bases de l'EI.

En 2020, après un accident industriel majeur dans le port de Beyrouth, le président Macron tentait d'imposer, soutenu par l'opinion publique libanaise, une réaction à l'incurie de l'État. Si la démarche témoignait des liens vivaces entre le Liban et l'ancien colonisateur, elle n'a pas été suivie de résultats spectaculaires : un résumé assez net, somme toute, de la politique arabe de la France.

La diplomatie française hérite d'un discours traditionnellement sensible aux problèmes des pays en développement. Bien implantée en Afrique, un peu moins au Moyen-Orient, la France est bien moins influente en Asie, d'où une volonté d'affirmer qu'elle est un acteur qui compte dans l'Indopacifique. Le crédit accordé à sa bonne gestion de quelques crises récentes (Côte d'Ivoire en 2011, Mali en 2013) s'est vite érodé, y compris dans son ancien « **pré carré africain** ». Les liens privilégiés et complexes tissés depuis les indépendances, la « Françafrique », se sont distendus. Depuis le milieu des années 1990, elle a réduit sa présence pour des raisons budgétaires, mais aussi structurelles (fin du service militaire qui fournissait un important contingent de coopérants gratuits), dans un contexte général de désengagement lié à la sortie de la guerre froide. Les scandales politiques ont aussi mené à la fin du **ministère de la Coopération** en 1999, un instrument décisif de l'influence française post-coloniale. Les nouvelles générations africaines sont par ailleurs demandeuses d'une **démilitarisation** de la présence africaine et reprochent à l'ancien colonisateur son arrogance (caricaturalement illustrée par le **discours à Dakar**, en 2007, de Nicolas Sarkozy jugeant que « le drame de l'Afrique, c'est que l'homme africain n'est pas assez entré dans l'histoire »). Les initiatives du président Macron ont tenté de prendre en compte ces critiques : dénonciation des « crimes de la colonisation », restitution d'œuvres d'art au Bénin, annonce de la disparition du franc CFA, rapprochement avec le Rwanda de Paul Kagamé, commande du rapport Stora sur la guerre d'Algérie, puis de celui sur le rôle controversé de la France dans le génocide rwandais de 1994 (rapport Duclert). Mais le mouvement est profond, et le **retrait militaire du Sahel au début des années 2020** (les forces françaises en 2025 n'y sont plus présentes) marque l'entrée dans une nouvelle ère.

La politique étrangère de la France tente dès lors de s'appuyer sur des **bases plus pragmatiques**, tenant compte des nouvelles contraintes budgétaires : le Quai d'Orsay a cherché à se rationnaliser, le recrutement doit évoluer tandis qu'en 2021 le gouvernement de Jean Castex mettait en place une refonte des grands corps de l'État très contestée par les diplomates.

B. LA PUISSANCE MILITAIRE ET SA DIFFICILE ADAPTATION

1. Une capacité de projection et une force de frappe isolées en Europe

La première phase géopolitique post-guerre froide était placée sous le signe des **risques de la faiblesse** : menace de prolifération nucléaire, d'État faillis et d'attaques de groupes non-étatiques. La France, comme toutes les grandes puissances militaires, a dû s'adapter au retour des **menaces de la force**. Le renouveau de l'impérialisme russe à partir de 2008 (invasion de la Géorgie) a rappelé en effet qu'une **puissance nucléaire avérée***, même garante de l'ordre multilatéral, peut s'engager dans une pratique désinhibée de la guerre. L'armée française doit donc s'adapter et se préparer aussi à un conflit classique de haute intensité, engageant infanterie, blindés et forte consommation de munitions.

Le maintien de la **dissuasion nucléaire** depuis 1960, affirmation ultime d'indépendance, distingue la stratégie militaire française de celle de ses alliés européens, un choix, un temps critiqué après la guerre froide, qui est redevenu consensuel avec la montée des risques nucléaires au XXIe siècle.

ZOOM ▶ Les évolutions de la doctrine nucléaire française

La dissuasion française a été repensée deux fois depuis la fin de la guerre froide. En 1996, la composante terrestre (silos enterrés du plateau d'Albion) est supprimée et les essais abandonnés, au profit de la simulation sur ordinateurs. En 2001, son concept est révisé. Face aux puissances régionales proliférantes (du Pakistan, Corée du Nord et peut-être Iran), la France se dote d'une dissuasion dite « **du fort au fou** » : des armes capables de cibler les centres de pouvoir d'un régime adverse. Parallèlement est adopté le principe de « l'ultime avertissement » qui permet au chef de l'État d'échapper au tout ou rien (l'apocalypse nucléaire ou l'inaction) en recourant à une frappe limitée. Le nombre de têtes a été réduit de 650 à 300, réparties depuis 2015 en trois lots de 16 missiles pour chacun des quatre sous-marins nucléaires lanceurs d'engins (mer-sol balistiques stratégiques) et de 54 vecteurs ASMPA (« air-sol de moyenne portée améliorée »), dont sont en charge deux escadrons de Rafale.

La dissuasion nucléaire coûte trois milliards d'euros par an, notamment dans un très lourd programme de simulation, soit environ un quart du budget de la défense, avec un effet d'éviction sur la modernisation des forces conventionnelles.

DÉFINITION

Puissance nucléaire avérée : selon le Traité de Non-Prolifération Nucléaire (TNP) de 1968, les cinq puissances dotées à cette date de l'arme nucléaire, à savoir les cinq membres permanents du Conseil de Sécurité de l'ONU, l'URSS, les États-Unis, la Chine, le Royaume-Uni et la France.

Depuis 1997 et la fin du service militaire, les armées avaient investi dans leur professionnalisation et leurs capacités de déploiement dans le monde. L'armée française est intervenue avec la coalition menée par les États-Unis en Afghanistan à partir de 2001, jusqu'en 2013. Les interventions en Libye (2011) et au Mali (l'opération Serval en 2013, devenue **Barkhane** en 2014, achevée en août 2022) ont montré l'efficacité des forces conventionnelles lors d'opérations limitées. Depuis les débuts de la Ve République, la France a mené 32 opérations militaires extérieure, plus que n'importe quel autre pays, exceptés les États-Unis. En moyenne près de 10 soldats laissent la vie chaque année dans sur les théâtres **d'opérations extérieures** (**Opex**). Particularité française en Europe, ces opérations dépendent de la volonté présidentielle, pas de votes au Parlement, ce qui contribue à une quasi-absence de débats. L'article 35 de la Constitution réserve pourtant à l'Assemblée nationale les déclarations de guerre (ce qu'elle n'a jamais fait).

Avant une contraction dans les années 2020, environ 5600 militaires étaient engagés en 2019 dans une dizaine d'Opex, au Sahel (5100 hommes), en Centrafrique, au Liban (comme casques bleus), en Côte d'Ivoire. Les forces françaises ont activement participé, à partir de 2014, à la lutte contre **Daech** en bombardant les territoires de l'État Islamique en Irak et en Syrie (opération **Chamal**), ce qui a fait de la France le deuxième contributeur à cette coalition anti-terroriste, loin derrière les États-Unis cependant. La présence au Moyen-Orient, assurée traditionnellement en retrait depuis Djibouti (1300 hommes, 7 Rafale) est plus visible depuis la décision, sous le président Sarkozy, d'ouvrir une base sur le Golfe, à Abou Dhabi (700 hommes, 6 Rafale).

Avec les forces de « présence » et de « souveraineté » présentes outre-mer, près de **30 000 soldats** étaient alors stationnés hors de la métropole. Au total, en comptant les territoires d'outre-mer, la France disposait alors de 10 bases, le deuxième réseau au monde (loin derrière les États-Unis, 600 sites et 200 000 soldats, mais devant le Royaume-Uni et ses 6 bases).

La présence classique en Afrique est pourtant appelée à s'effacer, tandis que le retour de la guerre de haute intensité en Europe exige à l'inverse un redéploiement des forces sur le vieux continent. L'armée française était présente dans les Balkans dans les opérations de maintien de la paix depuis les années 1990, elle se déploie à partir de 2022 en Roumanie dans le cadre de la réplique de l'**OTAN** à l'invasion russe de l'Ukraine. **Après les avoir quittées en 1966, la France a réintégré en 2009 les structures de commandement intégrées de l'Alliance - à l'exception du domaine nucléaire**. La France poursuit dans le même temps son ambition historique de renforcer la défense européenne en vue d'une **autonomie stratégique**. Paris et Londres avaient, malgré des analyses divergentes sur l'intégration européenne, signé en novembre 2010 deux traités de défense (accords de Lancaster House), qui s'étendent jusqu'à la coopération nucléaire.

2. La défense, du recadrage à la sanctuarisation

L'évolution de l'environnement géopolitique, associée à l'impératif de contraction des dépenses publiques (depuis 2000, la France dépense en moyenne un milliard d'euros par an dans les OPEX), a conduit à **réévaluer les capacités et les priorités de la France en matière de défense et de sécurité.** La baisse des crédits a logiquement débuté dans les années 1990, lorsque la sortie de la guerre froide a permis de toucher les **dividendes de la paix : la part du PIB consacrée à la défense est en conséquence passée de 3 % du PIB à 1,5 % (2014).** 54 000 postes (17 %) ont été supprimés de 2012 à 2015, en application des précédentes réformes. Les attentats de janvier et novembre 2015 ont cependant entraîné une suspension de cette logique et relancé l'effort de défense, la guerre en Ukraine a consolidé cette logique. Le seuil OTAN de 2 % du PIB est désormais atteint. Le budget

atteint les 60 milliards d'euros en 2025, sur la période 2024-2030 il augmentera de 35 %, au huitième rang mondial.
Le Livre blanc de la Défense nationale d'avril 2013 définissait trois piliers de la stratégie nationale : **la protection du territoire, la dissuasion nucléaire** (dont les moyens sont préservés) **et les interventions extérieures.** La vocation de la défense nationale – pouvoir entrer en premier dans une guerre – et ses grands équipements – un porte-avions, quatre sous-marins lanceurs d'engins et six d'attaque, 200 chars lourds, 195 avions de chasse – ne sont pas remis en cause. Les priorités sont le combat aérien, la **cyber défense**, le renseignement (drones, satellites…), et les moyens de commandement et de ciblage. Depuis 2019, les moyens spatiaux sont regroupés au sein d'un **commandement militaire de l'espace** (CDE), installé à Toulouse à partir de 2025. L'équipement reste sans équivalent en Europe, mais ne permettrait pas de rentrer dans une guerre de haute intensité. **L'armée de l'air**, comme la marine, a dû s'adapter ces dernières années à une forte contraction de ses moyens : ses effectifs ont chuté d'un tiers entre 2014 et 2019, ses avions de chasse (195) sont trois fois moins nombreux qu'il y a trente ans.

Évolution du budget français de la défense

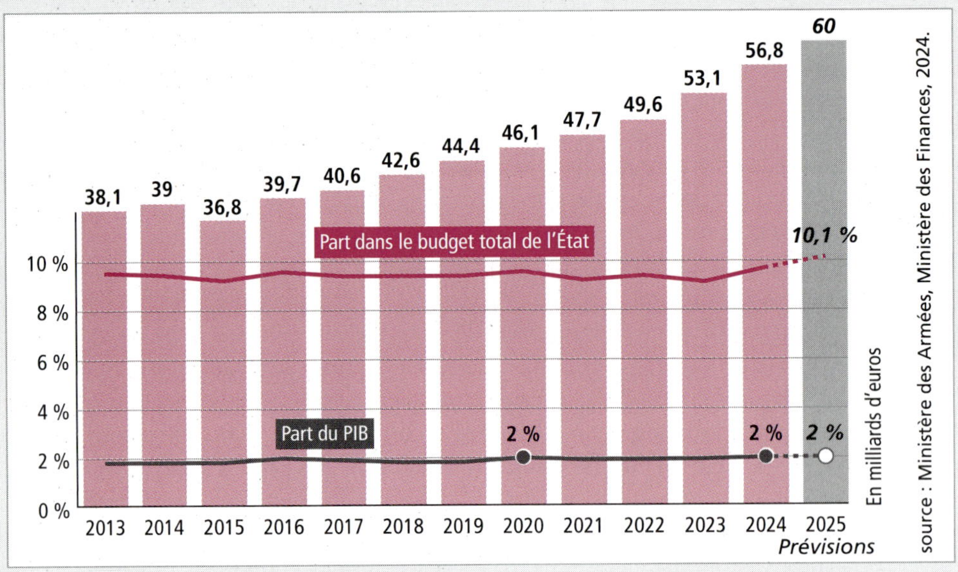

La recherche de clients extérieurs est décisive pour financer la **base industrielle et technologique de défense**, et donc **l'autonomie stratégique** de la France, mais si le marché mondial de l'armement se porte bien, avec une croissance de l'ordre de 8 % par an, il reste cyclique. La France, ici comme souvent, est tributaire de gros contrats (les 92 Rafale vendus en 2022 pour 21 milliards d'euros ont représenté 78 % des exportations d'armes). Après quinze ans sans aucune commande étrangère, le Rafale de Dassault est finalement au cœur de la production française d'armes, avec plus de 300 appareils exportés vers huit pays, et 192 achetés par la France. L'Australie avait en revanche commandé pour 8 milliards et cinquante ans de coopération militaro-industrielle 12 sous-marins, le « contrat du siècle », avant une volte-face humiliante en septembre 2021. La France est pourtant passée sur la période 2019-2023 au **deuxième rang mondial des exportations d'armes** avec 11 % des parts de marché, loin derrière les États-Unis à près de 42 %.

ZOOM ▶ La base industrielle et technologique de défense (BITD) en France en 2025

4000 entreprises dont 9 grands groupes industriels, 210 000 emplois (dont 80 % dans six groupes : **Dassault**, **Naval Group** – l'ex-DCNS - **Airbus**, **Nexter**, **Safran** et **Thales**) et près de 17 milliards d'euros de chiffre d'affaires, dont 51 000 emplois et 11 milliards par la seule commande publique nationale, l'État étant actionnaire de 26 % à 100 % de chacun des groupes. L'absence d'une européanisation de l'industrie de la défense fragilise ces entreprises, trop dépendantes d'une seule commande publique pour investir suffisamment, face aux Américains et aux pays émergents. En 2023, une année médiocre à 8 milliards d'exportations (contre 28 milliards en 2021), l'Indonésie a néanmoins commandé 18 Rafale (pour 2,6 milliards d'euros), la Lituanie des canons Caesar de KNDS-Nexter (qui ont fait leur preuve en Ukraine), l'Angola trois corvettes de la société normande CMN, la Grèce quatre drones tactiques Patroller et leur centre de pilotage au sol fabriqués par Safran.

Mais le risque de dépendre de clients privilégiés, notamment l'Arabie saoudite, pèse sur la diplomatie. La Pologne, avec l'arrivée au pouvoir des conservateurs, avait abandonné un contrat de cinquante Caracal français au profit d'hélicoptères américains Black Hawk. De même que les gros contrats ne se font pas sans contreparties : pour vendre ses Rafale au Qatar, la France a autorisé Qatar Airways à ouvrir des lignes vers Lyon et Nice, au détriment d'Air France et de ses lignes vers l'Asie.

C. LES INCOMPRÉHENSIONS EUROPÉENNES

1. L'affaiblissement du leadership

La construction européenne avait été pensée par les dirigeants français comme un substitut à l'effacement de l'empire pour **prolonger le rayonnement de la France**. La politique agricole commune (PAC) mise en place en 1962, a ainsi largement été inspirée par les représentants français afin de moderniser l'agriculture nationale en garantissant des débouchés et des prix planchers aux producteurs. Mais ce premier poste de dépenses (40 % du budget européen) est de longue date critiqué par les partenaires de Paris, qui a moins réussi à peser sur sa réforme pour la législature 2021-2027.

Globalement, les élargissements successifs de l'UE ont dilué la capacité d'influence de la France. Par ailleurs en 2014, 2019 puis 2024 le FN, puis RN, parti d'extrême droite europhobe, est devenu le premier parti français au Parlement européen, au détriment de la capacité d'impulsion française dans les institutions. Les difficultés budgétaires, puis les aléas de la politique nationale sous le second mandat d'Emmanuel Macron, fragilisent le rôle directeur de la France dans des institutions européennes mises sous pression par la dégradation de la situation internationale dans les années 2020.

2. Le permanent rééquilibrage du couple franco-allemand

L'idée européenne moderne est liée à l'impératif de la réconciliation définitive entre la France et l'Allemagne. La coopération franco-allemande est à l'origine de chacune des étapes majeures du projet européen : la CECA en 1951, les bases de l'union économique et monétaire avec le système monétaire européen (SME) lancé par Valéry Giscard d'Estaing et Helmut Schmidt face à la crise des années 1970, le traité de Maastricht de 1992 enfin, porté par François Mitterrand et Helmut Kohl.

La relation franco-allemande a toutefois été profondément redéfinie par les ruptures du XXIe siècle. D'abord parce que le projet européen a largement été démonétisé dans l'opinion publique française, victime de l'opacité de sa structure bureaucratique et du flou de ses objectifs. Les divergences économiques ensuite ont éloigné Berlin et Paris. L'Allemagne était ainsi en excédent budgétaire entre 2014 et 2020 (dépassant les 38 milliards d'euros en

2017), tandis que son industrie performante lui permettait de tirer vers le haut les exportations de l'UE.
Paris n'est plus en 2025 que le quatrième partenaire économique de Berlin, derrière désormais la Chine, les États-Unis et même les Pays-Bas. Depuis la fin de la Guerre froide et son unification, l'Allemagne est par ailleurs, théoriquement, devenue autonome sur la scène internationale : le couple franco-allemand est moins nécessaire à Berlin, qui ne l'a pour autant jamais remis en question.
Le président Macron s'était cependant imposé depuis son élection en 2017 comme premier opposant des populismes eurosceptiques. Les dépenses contraintes par la pandémie ont par ailleurs permis une convergence forcée sur la question de la dette. Les idées de souveraineté européenne, mise en avant par le président français dans le discours de la Sorbonne au début de son premier mandat, ont incontestablement progressé à l'occasion des crises de la pandémie puis de la guerre russe en Ukraine. **Le retour de la guerre en Europe à partir de 2022 a aussi relancé Paris par rapport à Berlin**, victime de sa naïveté envers Moscou. L'Allemagne s'est piégée au début des années 2020 par deux choix stratégiques qui se sont retournés contre elle, celui de faire le pari du gaz russe pour alimenter son appareil industriel, celui de miser sur le marché chinois pour écouler ses exportations (notamment dans l'automobile), un atout au début du siècle qui devient un piège à l'heure des guerres commerciales.

III. Un rayonnement culturel en recul

A. LES AMBIGUÏTÉS DE LA FRANCOPHONIE

1. Une position menacée

Le terme de francophonie date de la fin du XIXe siècle (O. Reclus), et réapparaît en 1962 dans la revue *Esprit*. Il s'identifie alors à une communauté de valeurs et d'idéaux, c'est dans ce sens qu'à partir de la Cinquième République sont mis en place tout un ensemble d'institutions : Haut Comité pour la défense et l'expansion de la langue française (1964), Agence de Coopération culturelle et technique (1970), devenue **Organisation internationale de la francophonie** (OIF) en 2005, sommets de la francophonie à partir de 1986. Mais il ne s'agit pas d'un Commonwealth à la française, et les autorités françaises n'ont fait que rejoindre un mouvement initié dès 1962 par le président sénégalais, et agrégé de grammaire, Senghor. Certains pays y adhèrent en dépit d'une faible présence du français, l'Algérie à l'inverse, où le français reste très fort, refuse tout cadre institutionnel. Selon Pompidou, lui-même agrégé de lettres, « c'est à travers notre langue que nous existons dans ce monde autrement que comme un pays comme les autres ».
Langue officielle et de travail (avec l'anglais) de l'ONU, mais aussi de l'Union européenne, le français l'est aussi au comité international olympique (CIO). S'il demeure une des langues importantes de la diplomatie, il a progressivement perdu au XXe siècle le statut prestigieux de langue des élites, et son usage dans les enceintes internationales est en net recul : en 1996, 38 % des documents officiels de l'Union étaient rédigés en français, 5 % seulement en 2016.

La démographie des pays émergents non francophones et la stratégie expansionniste de certains d'entre eux dans les zones francophones, notamment la Chine en Afrique, contribuent également à fragiliser la francophonie, dont l'essentiel des locuteurs sont désormais africains.

ZOOM ▶ La francophonie en 2025

- la francophonie revendique 300 millions de locuteurs, une progression de 10 % en 4 ans (4 % de la population mondiale), dont plus de 96 millions en Afrique, dont 212 peuvent le parler quotidiennement et 130 le font effectivement. L'anglais est loin devant (1,2 milliards de locuteurs, langue officielle dans 56 États), l'espagnol compte 485 millions de locuteurs.
- 5e langue parlée dans le monde (selon les estimations), 2e langue de l'Union européenne.
- 60 % des francophones ont moins de 30 ans.
- 13 États ont le français comme langue officielle unique et 18 comme langue co-officielle.
- quelque 125 millions de personnes apprennent le français, pour 76 millions d'entre eux il s'agit de la langue d'enseignement, pour 49 millions, d'une langue étrangère. Le réseau d'enseignement français a beau être déployé dans 157 pays (460 écoles et lycées, 850 Alliances françaises), il ne couvre qu'un million d'élèves, l'essentiel étant donc à la charge des États. En 2015, le Maroc a décidé la francisation de son enseignement. Avec l'allemand, le français reste la langue la plus traduite derrière l'anglais – 12 % des flux mondiaux. Elle serait (très loin derrière l'anglais) la deuxième langue la plus apprise dans le monde, elle est la quatrième sur Internet.
- selon les projections de l'OIF, en 2050, près de 85 % des 750 millions de francophones vivront en Afrique. En Europe, il n'y aura alors plus que 12 % des francophones dans le monde. Mais ce chiffre repose sur des extrapolations optimistes : aujourd'hui les francophones ne constituent qu'un tiers des Sénégalais ou des Béninois, pourtant des places fortes du français en Afrique.

Les progrès de l'influence linguistique sont aussi fragilisés par les impératifs budgétaires (la contribution française à l'OIF a baissé d'un quart de 2010 à 2015) et la dilution relative du poids de la France.

Le modèle éducatif français s'exporte par deux biais : le réseau français à l'étranger et l'accueil d'étudiants étrangers en France. Les écoles et lycées français à l'étranger[1], épaulés par l'Alliance française, constituent un instrument majeur de rayonnement, dans une logique de séduction des élites héritée de la diplomatie la plus classique.

La France reste encore le septième pôle d'accueil universitaire au monde, avec 430 000 étudiants étrangers en 2024, un chiffre en augmentation régulière (plus 17 % en cinq ans), 500 000 sont espérés en 2027. Les étudiants du Maroc et d'Algérie sont les plus nombreux, suivis des Chinois puis des Sénégalais, un quart enfin sont originaires de l'Union européenne. Ils se répartissent équitablement entre les sciences dures, les sciences humaines et lettres et l'économie.

REPÈRES

L'Alliance française : fondée en 1883 pour promouvoir la langue et la culture française, elle compte plus de 1200 établissements dans les années 1980, dans 102 pays. Fondation reconnue d'utilité publique depuis 2007, elle s'appuie en 2021 sur plus de 800 établissements dans 132 pays pour un demi-million d'étudiants.

1 En 2023 : 540 établissements scolaires français à l'étranger, dans 131 pays. En 2019, 370 000 jeunes y étaient accueillis (dont 60 % d'étrangers), un chiffre que le président Macron voudrait doubler.

■ **Les francophones dans le monde**

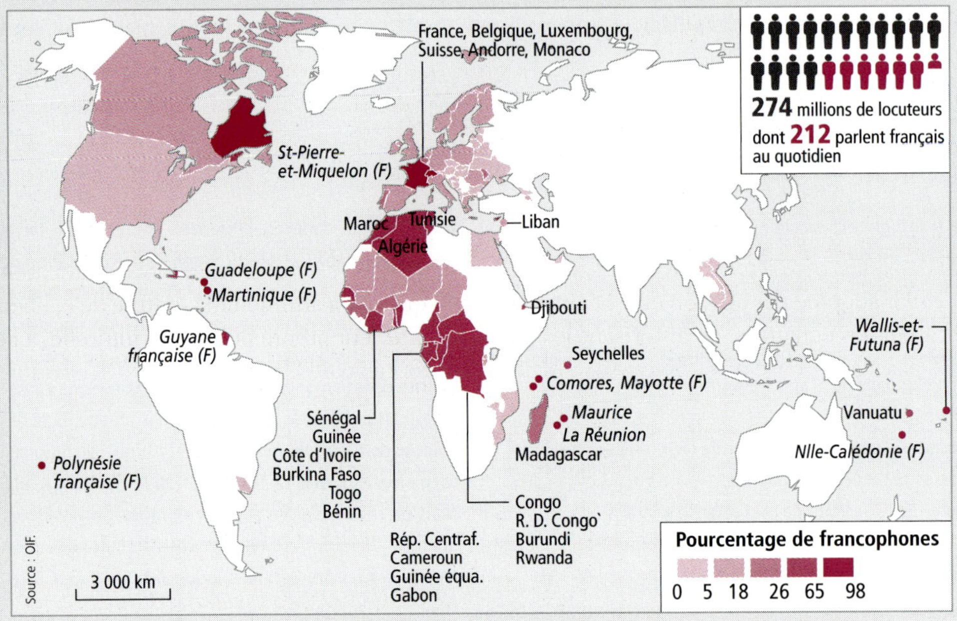

2. La langue comme instrument politique

Pendant longtemps, le combat en faveur du français était assimilé à une tentative vaine de contenir l'expansion de la langue anglaise dans le monde. Depuis quelques années, **le projet francophone s'est modernisé et a dépassé le seul périmètre de la langue**. Ainsi, l'organisation internationale de la francophonie (OIF), fondée en 1970, s'est progressivement ouverte à divers pays où le français ne sert ni de langue vernaculaire ni même de langue officielle (par exemple l'Albanie). La rwandaise Louise Mushikiwabo en est secrétaire générale depuis 2019. Regroupant 77 pays ou gouvernements, soit plus de 890 millions d'habitants répartis sur les cinq continents, elle s'est dotée d'un projet politique collectif mettant en valeur la diversité culturelle, le respect des droits de l'homme, la gouvernance démocratique et solidaire, l'attachement au multilatéralisme. Le réseau scolaire comme l'Alliance française (812 établissements) portent aussi les valeurs de la République, ce qui ne va toujours de soi à l'occasion de nouvelles ouvertures dans le Golfe arabo-persique (lycée Voltaire à Doha).

Pour de nombreux observateurs, toutefois, l'avenir du français en tant que langue mondiale dépendra avant tout de son usage comme *lingua franca*, économique notamment, dans les Etats en croissance démographique du sud du Sahara : son expansion ou son recul au profit de l'anglais, voire du chinois, seront conditionnés par sa capacité à offrir à ses locuteurs des perspectives économiques – et donc par l'implication des pays francophones du Nord, la France en tête, dans le développement de ces pays.

B. UNE INFLUENCE PERSISTANTE

1. Une politique culturelle singulière

Dans la tradition étatique française, l'État est un acteur majeur des scènes culturelles, et déploie une stratégie continue dans un secteur identifié comme un élément crucial d'influence.

Depuis 2010, l'opérateur central de promotion de la culture à l'étranger, **l'Institut français**, sous la tutelle du Quai d'Orsay, doit piloter les actions culturelles extérieures, avec un budget étriqué (les 143 Instituts de 2010 ne sont plus que 98 en 2025).

D'un autre côté, **l'exception culturelle** dont la France s'est fait le champion (affirmation en 1993, adoptée par l'Union européenne en 1999) qui vise à affranchir la culture de la libéralisation des échanges, en autorisant les États à définir leur propre politique culturelle, a cédé le pas à la défense de la **diversité culturelle** (adoptée par l'Unesco en 2005). L'exportation de la culture française passe ainsi du coup par une plus grande ouverture aux productions extérieures, notamment dans les domaines de l'édition et du cinéma :

- Le **CNL** (Centre National du Livre) permet que la part des traductions atteigne 14 % de la production éditée (le français est la seconde langue la plus traduite, 10 % des livres traduits dans le monde le sont à partir du français). Deuxième poste de l'industrie culturelle, le livre pèse 4 milliards de chiffre d'affaires.
- Le **CNC** (Centre National du Cinéma) joue un rôle décisif dans la création nationale avec le dispositif de l'avance sur recette et un financement appuyé sur l'ensemble des recettes : seule en Europe la France a réussi à préserver une part significative de ses écrans à sa production nationale (38 % en 2018), la fréquentation des salles étant de loin la plus forte du continent (devant le Royaume-Uni). Mais par l'Aide aux cinémas du monde, il permet aussi de produire et de diffuser des films depuis des pays où il serait impossible de le faire sans cela. Le dispositif permet au cinéma français de bien s'exporter : en 2019, pour 213 millions d'entrées en France pour l'ensemble des films, les films français ont attiré 45 millions de spectateurs à l'étranger, générant 244 millions de recettes. La production française est la cinquième au monde.

De façon large, l'industrie culturelle emploie 1,25 millions de personnes, un chiffre en augmentation régulière.

2. La richesse patrimoniale

La variété des sites naturels et du patrimoine architectural et urbain, mais aussi la capacité de la France à la faire valoir, expliquent le nombre important (37) de sites classés au patrimoine mondial de l'UNESCO. Le savoir-faire français est également reconnu dans des secteurs traditionnels comme le luxe, la mode et la gastronomie, ou innovants comme la musique électronique et les jeux vidéo. Les arts plastiques ont en revanche migré vers des scènes extérieures. La création contemporaine, en règle générale, n'a pas la reconnaissance, loin de là, qu'avait celle des générations précédentes.

La scène intellectuelle ne fournit plus de figures universelles ni de discours structurants internationalement. En 2014 cependant le succès inattendu du *Capital au* XXI*e siècle* de Th. Piketty (2,5 millions d'exemplaires en quatre ans), illustre probablement une nostalgie pour la figure de l'intellectuel français. Houellebecq à sa façon en incarne un autre versant (traduit dans une quarantaine de langues).

À Stockholm, les jurés du Prix Nobel de littérature n'ont pas abandonné leur tropisme français : avec Annie Ernaux en 2022, la France a empoché son 16e prix Nobel de littérature, sur

119 prix décernés depuis 1901, (devant les États-Unis,13 lauréats). Sur l'ensemble des prix, la France est le quatrième récipiendaire, avec 61 prix en 2022, derrière les États-Unis (sept fois plus), le Royaume-Uni et l'Allemagne.

3. Une voix de moins en moins audible

L'influence historique de la France, avec comme référence majeure la déclaration des Droits de l'homme et du citoyen de 1789 lui a servi à tisser des coalitions dans les enceintes du multilatéralisme. Un positionnement fragilisé par le déclin des institutions internationales. Isolée sur ce point, **la France peine aussi à défendre sa définition de la démocratie républicaine**. Son refus de reconnaître les communautarismes heurte par exemple les tendances lourdes de ce début de XXIe siècle : partout l'exaltation des différences est brandie comme la meilleure réponse au risque d'uniformisation globalisée. Les commentaires dénonciateurs de la presse américaine libérale sur l'interdiction française de porter un voile intégral dans l'espace public sont édifiants sur l'isolement français sur ces questions fondamentales de la laïcité. Les réactions très vives lors des attentats de 2015 ont pourtant rappelé, dans un contexte tragique, que la France reste un pays symboliquement à part, ce qu'a de nouveau rappelé l'émotion lors de l'incendie de Notre Dame en avril 2019.

Cette image de marque démocratique a fait du pays une **destination privilégiée des réfugiés politiques** : avec 178 000 dossiers déposés en 2019, la France était au deuxième rang européen des demandes d'asile après l'Allemagne. La crise migratoire de 2015 a souligné en revanche sa perte d'attractivité.

Bibliographie

ATLAS

Atlas de l'Anthropocène, Presses de Sciences Po, 2019, 164 p.

Atlas 2016 des enjeux maritimes, Le marin, Rennes, 2016.

Atlas géopolitique mondial 2024, édition du Rocher.

Balaresque, N., Oster, D., *La cartographie*, Nathan, 2014.

Barré, B., Mérenne-Schoumaker, B., *Atlas des énergies mondiale*, Paris, Autrement, 2021, 95 p.

Blachon, D., *Atlas mondial de l'eau*, Paris, Autrement, 2022, 98 p.

Carroué, L., *Atlas de la mondialisation*, Paris, Autrement, 2020.

Cattaruzza A., *Atlas des guerres et conflits*, Autrement, 2017, 96 p.

Durand, M.Fr. (dir.), *Espace mondial, l'atlas*, Paris, Presses de Sciences-po, 2018, 198 p.

Mérenne-Schoumaker, B., *Atlas des matières premières*, Paris, Autrement, 2020, 96 p.

Pison, G., *Atlas de la population mondiale*, Paris, Autrement, 2023, 240 p.

Tertrais, Br. (dir.), *Atlas militaire et stratégique*, Autrement, 2023, 96 p.

Tétard, Fr., *Grand Atlas*, Autrement, 2025, 128 p.

Wihtol de Wenden, C., *Atlas des migrations*, Paris, Autrement, 2025, 96 p.

GÉNÉRALITÉS

Adda, J., *La mondialisation de l'économie : genèse et problèmes*, Paris, La Découverte, 2012, 256 p.

Giraud P.N., *La mondialisation, émergences et fragmentation,* Auxerre, Sciences humaines Édition, 2008, 160 p.

Ghorra-Gobin C., *Dictionnaire critique de la mondialisation*, Paris, Armand Colin, 2012, 648 p.

J. Sapir, J. (2008), *La démondialisation, Paris, éditions du Seuil, 2008, 257 p.*

GLOBALISATION FINANCIÈRE ET ENTREPRISES

Artus, P. et Virard, M.P., *Globalisation, le pire est à venir*, Paris, La Découverte, 2008, 164 p.

Carroué L., *La planète financière*, Paris, Armand Colin, 2015, 253 p.

Krugman, P., *Sortez-nous de cette crise... maintenant !* Paris, Flammarion, 2012, 284 p.

Norel Ph., *L'invention du marché*, Paris, Le Seuil, 2004, 579 p.

Levêque, fr., *Les entreprises hyperpuissantes*, Paris, Odile Jacob, 2021, 140 p.

MARCHÉS, ÉCHANGES ET FLUX

Berger, S., *Made in Monde, les nouvelles frontières de l'économie mondiale*, Paris, Seuil, 2006, 357 p.

Chalmin Ph. (dir), *Les marchés mondiaux, rapport Cyclope*, Economica, Paris, une nouvelle version chaque année.

Fressoz, J.-B., *Sans transition*, Paris, Seuil, 2024, 407 p.

Krugman, P., *La mondialisation n'est pas coupable : vertus et limites du libre-échange*, La Découverte, 2000, 218 p.

Milanovic, B., *Le capitalisme sans rival*, La Découverte, 2020, 304 p.

Orain, A., Le monde confisqué, Paris, Flammarion, 2025, 365 p.

MONDIALISATION ET SOCIÉTÉ

Dictionnaire critique de l'Anthropocène, CNRS éditions, 2020, 926 p.

Bonneuil Chr., Fressoz J.-B., *L'événement Anthropocène*, Seuil, 2016, 332 p.

Bourguignon, Fr, *La mondialisation de l'inégalité*, Paris, Seuil – La République des Idées, 2012, 106 p.

Cohen, D., *Homo Economicus, prophète (égaré) des temps nouveaux*, Albin Michel, Paris, 2012, 280 p.

Florida, R., *The Rise of the creative class*, N.Y., Basic Books, 2012, 512 p.

John R. McNeill, *Du nouveau sous le soleil. Une histoire de l'environnement mondial au siècle*, Champ Vallon, 2010, 523 pages.

Piketty, Th., *Le capital au XXIe siècle*, Paris, Seuil, 2013.

Stigliz, J., *Le prix de l'inégalité*, Paris, Les liens qui libèrent, 2012, 540 p.

Fressoz, J.B., *Sans transition*, Paris, Seuil, 2024, 407 p.

Milanovic, B., *Le capitalisme sans rival*, La Découverte, 2020, 304 p.

Orain, A., *Le monde confisqué*, Paris, Flammarion, 2025, 365 p.

TERRITOIRES ET FRONTIÈRES

Amilhat Szary, A-L., Les frontières ne reviennent pas, elles n'ont jamais disparu, *in* Badie B. (dir.), *Le Monde ne sera plus comme avant*, Les liens qui libèrent, 2024.

Colombel, Y., Oster, D. (dir.), *La France, territoires et aménagement face à la mondialisation*, Paris, Nathan, 2023, 317 p.

Foucher, M., *L'obsession des frontières*, Paris, Perrin, 2007, coll. Tempus 2012, 219 p.

Veltz, P., *Mondialisation, villes et territoires. L'économie d'archipel,* Paris, PUF, 2014, 288 p.

Fernandez, J., Holeindre, J. V., *Nations désunies*, Paris, CNRS Editions, 2022, 361 p.

Rosière Stéphane, *Frontières de fer. Le cloisonnement du monde*, éd. Syllepse, 2020, 192 p.

Liste des zooms

CHAPITRE 1

CHAPITRE 2

CHAPITRE 3

CHAPITRE 4

CHAPITRE 5

CHAPITRE 6

CHAPITRE 12

CHAPITRE 13

CHAPITRE 14

CHAPITRE 15

CHAPITRE 16

CHAPITRE 17

CHAPITRE 18

Liste des cartes et des schémas

CHAPITRE 1

CHAPITRE 2

CHAPITRE 3

CHAPITRE 4

CHAPITRE 5

CHAPITRE 6

CHAPITRE 7

CHAPITRE 8

CHAPITRE 9

CHAPITRE 10

CHAPITRE 11

CHAPITRE 12

CHAPITRE 13

CHAPITRE 14

CHAPITRE 15

CHAPITRE 16

CHAPITRE 17

CHAPITRE 18

N° de projet : 10306445 - Dépôt légal : Mai 2025
Imprimé en Italie par L.E.G.O. S.p.A., en Mai 2025